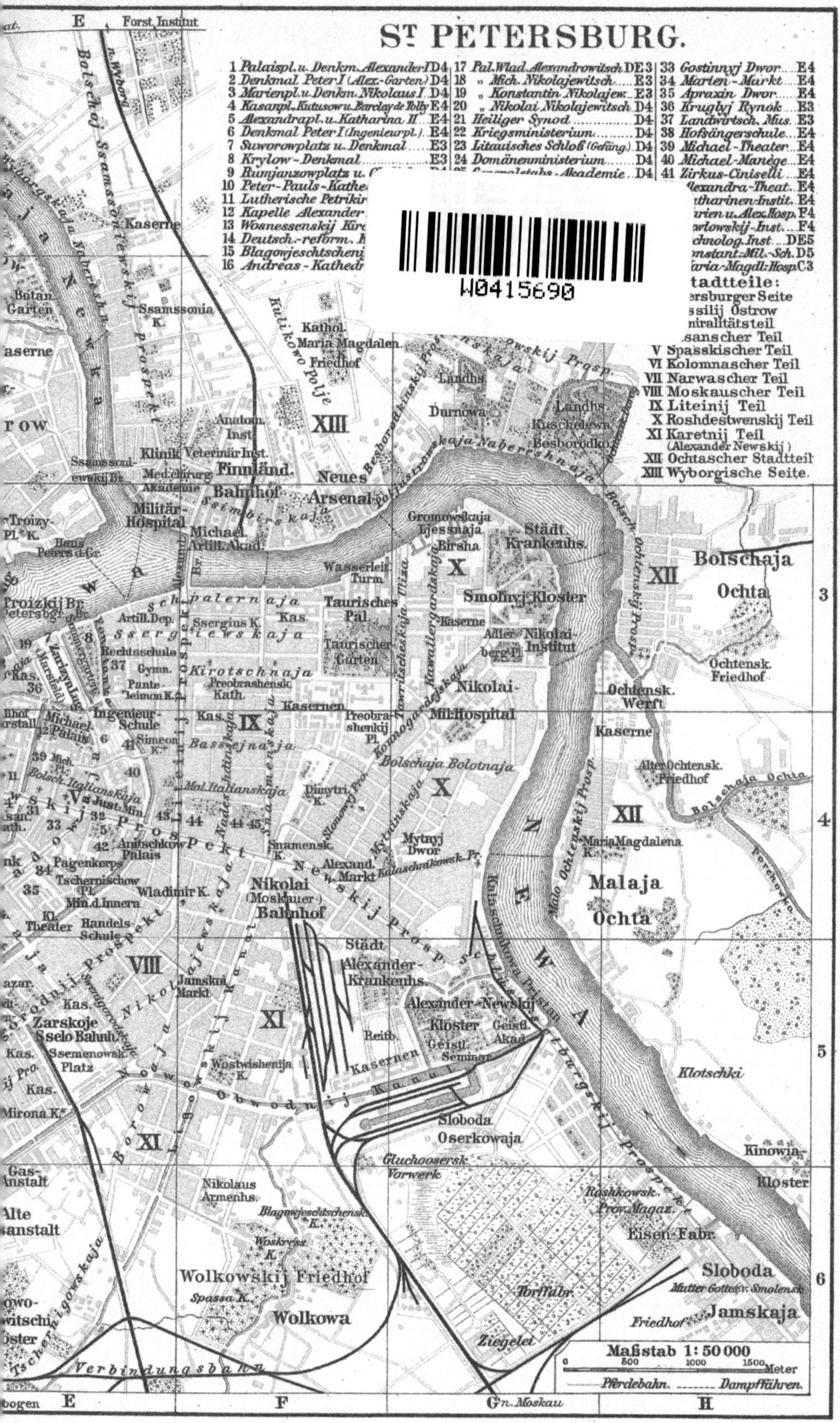
ST PETERSBURG.
1 Palaispl. u. Denkm. Alexander I D4
2 Denkmal Peter I (Alex.-Garten) D4
3 Marienpl. u. Denkm. Nikolaus I. D4
4 Kasanpl. Kutusow u. Barclay de Tolly E4
5 Alexandrapl. u. Katharina II. E4
6 Denkmal Peter I (Ingenieurpl.) E4
7 Suworowplatz u. Denkmal E3
8 Krylow-Denkmal E3
9 Rumjanzowplatz u.
10 Peter-Pauls-Kathe
11 Lutherische Petrikir
12 Kapelle Alexander
13 Wosnessenskij Kirc
14 Deutsch.-reform.
15 Blagowjeschtschen
16 Andreas-Kathedr
17 Pal. Wlad. Alexandrowitsch DE3
18 " Mich. Nikolajewitsch E3
19 " Konstantin Nikolajew. E3
20 " Nikolai Nikolajewitsch D4
21 Heiliger Synod D4
22 Kriegsministerium D4
23 Litauisches Schloß (Gefäng.) D4
24 Domänenministerium D4
33 Gostinnyj Dwor E4
34 Marien-Markt E4
35 Apraxin Dwor E4
36 Kruglyj Rynok E3
37 Landwirtsch. Mus. E3
38 Hofsängerschule E4
39 Michael-Theater E4
40 Michael-Manège E4
41 Zirkus-Ciniselli E4
V Spasskischer Teil
VI Kolomnascher Teil
VII Narwascher Teil
VIII Moskauscher Teil
IX Liteinij Teil
X Roshdestwenskij Teil
XI Karetnij Teil (Alexander Newskij)
XII Ochtascher Stadtteil
XIII Wyborgische Seite.
Maßstab 1: 50 000
0 500 1000 1500 Meter
Pferdebahn. Dampffähren.
E F G H
3 4 5 6

Marianna Butenschön
St. Petersburg

PETRO PRIMO
CATHARINA

Marianna Butenschön

ST. PETERSBURG

Stimmen zur Stadtgeschichte

Osburg Verlag

Vorsatz: Der Stadtplan von St. Petersburg entstammt
Meyers Konversations-Lexikon, 5. Auflage, 1897.
Nachsatz: Umgebungskarte von St. Petersburg
nach einem Original von 1895.

Erste Auflage 2021

www.osburgverlag.de

Lektorat: Bernd Henninger, Heidelberg
Korrektorat: Mandy Kirchner, Weida
Umschlaggestaltung: Judith Hilgenstöhler, Hamburg
Satz: Hans-Jürgen Paasch, Oeste
Druck und Bindung: CPI books GmbH, Leck
Printed in Germany
ISBN 978-3-95510-240-1

Inhalt

»Hier werde eine Stadt am Meer«

Von Europa gebaut,
von Europa besucht,
von Europa beschrieben,
von Europa gelesen.

Der 12. Juni 1991 war ein denkwürdiger Tag in der bewegten Geschichte der berühmten Stadt an der Newa, die damals noch Leningrad hieß und die zweitgrößte Stadt der Sowjetunion war, von der sowjetischen Propaganda gefeiert als »Wiege der proletarischen Revolution«, von der russischen Intelligenzija bedauert als »Große Stadt mit Provinzschicksal«, deren glanzvolle vorrevolutionäre Geschichte verschwiegen und vergessen worden war und deren Zukunft im Dunklen lag. An diesem langen, hellen Junitag, einem arbeitsfreien Mittwoch in der Zeit der Weißen Nächte, sollten die Leningrader auf die Frage antworten, ob sie wünschen, dass ihre Stadt ihren ursprünglichen Namen Sankt-Peterburg, kurz St. Petersburg zurückerhält. An dem Referendum, das nicht bindend und eher eine Volksbefragung war, nahmen 64,69 Prozent der Wahlberechtigten teil, und 54,86 Prozent davon antworteten mit »Ja«. Es war das erste nicht gefälschte Abstimmungsergebnis in der ehemaligen UdSSR, und es war ein knappes Ergebnis.

Der Volksbefragung war eine lange und heftige Auseinandersetzung in der Stadt und im Land vorausgegangen, weil es viele Gegner der Rückbenennung gab. Vor allem die Kommunisten wehrten sich gegen den »deutschen« Namen der Stadt und die angebliche »Entweihung« ihres Idols Lenin, des Führers der Bolschewiki, und für die Kriegsveteranen und Überlebenden der Leningrader Blockade im Zweiten Weltkrieg konnte es keine »Petersburger Blockade« geben. In den Zeitungen erschienen Briefe von »Werktätigen«, die verlangten, alle »Petersburger« aus der Stadt auszusiedeln und ihre Wohnungen den Leningradern zu geben. Staatspräsident Michail S. Gorbatschow* sah »weder sittliche noch politische Gründe« für eine Namensänderung, und der Oberste Sowjet der UdSSR rief die Leningrader am 5. Mai 1991 sogar warnend auf, als stünde der Weltuntergang bevor, bloß keine antisowjetische Handlung zuzulassen: »Ohne Leningrad – kein Oktober! Ohne Leningrad – kein W. I. Lenin!«

Die Warnung verfing nicht mehr, zumal die Befürworter der Rückbenennung auch einen mächtigen Verbündeten hatten. Alexij II., der neue Patriarch von Moskau und ganz Russland, hatte sich nachdrücklich für die Rückgabe des historischen Namens ausgesprochen und erklärt, dass die Stadt sich an Zar Peter, ihren Gründer, erinnern und den Namen des Apostels Petrus, ihres Schutzheiligen, tragen müsse. Der Vater des Patriarchen, ein Geistlicher, war gebürtiger Petersburger, er selbst hatte an der Geistlichen Akademie in Leningrad studiert und war vor seiner Wahl zum Oberhaupt der Russischen Orthodoxen Kirche im Juni 1990 Metropolit von Leningrad und Nowgorod gewesen. Seine Hochheiligkeit kannte die Stadt und ihre Geschichte also gut.

Drei Monate später, am 6. September 1991, gab der Oberste Sowjet Russlands der Großen Stadt ihren historischen Namen per Ukas zurück, während das Leningrader Gebiet seinen sowjetischen Namen behielt, und St. Petersburg begann, sich auf seine Geschichte zu besinnen. Den ersten Schritt auf der Suche nach der verlorenen Zeit tat die Tageszeitung *Leningrad am Abend*, die schon am 7. September 1991 wieder mit ihrem alten Titelkopf *Petersburg am Abend* erschien. Links daneben prangte ein Foto vom Reiterstandbild Peters I., dem bekanntesten Wahrzeichen der Stadt, darüber stand in großen Lettern die Bitte »Geheiligt werde Dein Name!« aus dem Vaterunser. Das war eindeutig: Die Stadt hatte sich vom gottlosen

* Aus Gründen der Verständlichkeit werden russische Namen und Begriffe im laufenden Text phonetisch transkribiert. – Die Russen haben neben ihrem Vornamen immer einen Vatersnamen, z. B. Peter Alexejewitsch Romanow (Peter, Sohn von Alexei), Michail Sergejewitsch Gorbatschow (Michail, Sohn von Sergei). – Die Daten folgen dem Gregorianischen Kalender bzw. Kalender neuen Stils, der erst im Februar 1918 in Russland eingeführt wurde. Bis 1918 galt der Julianische Kalender bzw. Kalender alten Stils, der im 18. Jahrhundert 11 Tage, im 19. Jahrhundert 12 Tage und im 20. Jahrhundert 13 Tage hinter dem Gregorianischen zurück war. In den älteren russischen Quellen sind die Daten alten Stils erhalten. Gelegentlich werden beide Daten genannt.

Führer der Bolschewiki abgewandt und sich wieder ihrem alten Schutzheiligen, dem Apostel Petrus, unterstellt, dessen Namen Zar Peter ihr einst gegeben hatte, freilich in der holländischen Form: Sankt-Piterburch.

Touristen, die sich in diesen Septembertagen in der Stadt aufhielten, waren in Leningrad angekommen und reisten aus St. Petersburg wieder ab. Im Oktober 1991 erhielten 43 Straßen und Plätze ihren ursprünglichen Namen zurück, 1992 wurde aus dem Kirow-Theater wieder das Marientheater (Mariinski teatr). Die Zeitungen brachten nun lange Beiträge zur Stadtgeschichte, und mancher Leser wurde über Nacht zum Hobbyhistoriker. Die großen Buchhandlungen, allen voran das wohlbekannte Dom knigi (Haus des Buches) im sog. Singer-Haus am Newski Prospekt, richteten Petersburg-Abteilungen ein, Stadtführer machten Fortbildungskurse, und Schulklassen richteten Kreuze und Grabsteine auf den verfallenden Friedhöfen wieder auf, jäteten Unkraut und harkten die Wege. Das Schulzentrum der Ermitage bot Kurse zur Stadtgeschichte an, und in den Schulen wurde das Unterrichtsfach »Geschichte und Kultur von Sankt Petersburg« eingeführt.

In der großen Halle des Moskauer Bahnhofs wurden Reisende allerdings noch eine Zeitlang von einer alabasternen Lenin-Büste auf hohem Postament begrüßt, die erst in der Nacht auf den 1. Juli 1993 abgenommen und in der Nacht auf den 23. Juli 1993 durch eine vergrößerte Bronzekopie der markanten Wachsbüste Peters des Großen von Bartolomeo Carlo Rastrelli ersetzt wurde. Der Tausch musste nachts vorgenommen werden, weil die Kommunisten Widerstand angekündigt hatten. Eine offizielle Einweihung des neuen Denkmals fand nicht statt. Es war, als hätten die Stadtväter doch noch Angst vor der eigenen Courage bekommen …

Doch Peter I., den schon die Zeitgenossen den »Großen« nannten, war in seine Stadt zurückgekehrt und mit ihm sein Schutzpatron, der Apostel Petrus, der Türsteher des Himmels, der bekanntlich die Schlüssel zum Paradies verwahrt. Und hatte Peter sein Sankt-Piterburch anfangs nicht sein »Paradies« genannt? Jedenfalls konnte die rückbenannte Stadt nun auf eine gute Zukunft hoffen und sich für die Rückkehr in den Kreis der großen Metropolen Europas rüsten.

Im Vergleich zu den anderen Hauptstädten des alten Kontinents ist St. Petersburg freilich eine junge Stadt, keine natürlich gewachsene, sondern eine geplante Stadt, am Reißbrett entworfen und eilig hochgezogen – das größte und kostspieligste Städtebauprojekt des

18. Jahrhunderts, ein Utopia am Rande der damals bewohnten Welt, das Realität wurde. Mit St. Petersburg beginnt die Geschichte des modernen Russland. Im Mai 1703 von Zar Peter I. scheinbar wider jegliche Vernunft und ohne Rücksicht auf Verluste im sumpfigen Delta der Newa gegründet und von ihm 1712 mitten im langen Nordischen Krieg zur Hauptstadt seines riesigen Reiches erhoben, war es dazu bestimmt, dem rückständigen Moskowien als »Fenster nach Europa«, zu dienen, als Motor der Europäisierung und Modell der Modernisierung. Das ging nicht ohne Hilfe ausländischer Fachleute, die dem Ruf Peters und seiner Nachfolger in die neue Reichshauptstadt in großer Zahl willig folgten und vielfach führende Stellungen einnahmen, sodass Petersburg bald »an eine europäisch-amerikanische Kolonie« (Nikolai Gogol) erinnerte. Von Nikolaus I. ist der Satz überliefert: »Petersburg ist russisch, aber es ist nicht Russland.«

Insofern war die Gründung dieser Stadt, eine Provokation der Natur und des gesunden Menschenverstandes, das wichtigste politische Ereignis des beginnenden 18. Jahrhunderts, ein epochales Ereignis, dessen Bedeutung sich den Zeitgenossen nicht sofort erschloss. Doch mit der Gründung St. Petersburgs und der 1721 erfolgten Annahme des Kaisertitels durch Peter I., änderten sich die Vektoren der russländischen Politik von Grund auf. Die Romanows zogen mit den alten europäischen Dynastien gleich, und aus dem fernen halbasiatischen Zartum Moskowien mit dem altbackenen, byzantinisch-orthodoxen Moskau als Hauptstadt wurde das Kaiserreich Russland mit dem eleganten, weltläufigen, multikulturellen St. Petersburg als Hauptstadt, eine europäische Großmacht, die sich endgültig an der Ostsee festgesetzt hatte, attraktives Einwanderungsland für Abertausende Europäer – Militärs, Seeleute, Architekten, Ingenieure, Wissenschaftler, Lehrer, Apotheker, Ärzte, Handwerker, Buchbinder, Uhrmacher, Bauern, Kaufleute, Unternehmer, Künstler, Schauspieler, Tänzer, Schriftsteller, Abenteurer. Und von Anfang an waren unter den Einwanderern besonders viele Deutsche vor allem aus Sachsen, Pommern und Preußen, die zu Hause kein Auskommen gefunden hatten und auf ein besseres Leben in Russland hofften.

Zwar kehrte Peter II., ein Enkel Peters I., noch einmal nach Moskau zurück und blieb dort, weil er in den Wäldern der Umgebung der Ersten Residenzstadt wohl besser jagen konnte als in den Petersburger Sümpfen, doch schon die Kaiserin Anna, eine Nichte Peters I., kam 1730 mit dem Hof wieder nach Petersburg, um seine

Politik der Öffnung fortzusetzen. Sie war es, die nach den verheerenden Bränden von 1737 eine Baukommission einsetzte, die Stadtbezirke einteilen und die weitere Planung und Entwicklung der Stadt vornehmen sollte. Sie vergab auch die ersten Straßennamen. In der Folge haben die meisten Romanow-Herrscher, allen voran Elisabeth Petrowna, Katharina II., Paul I. und seine Söhne Alexander I. und Nikolaus I., Einfluss auf die architektonische Entwicklung der Hauptstadt genommen und sie geprägt, während die Zuwanderung ausländischer Fachkräfte anhielt.

Einige von ihnen hatten bereits einen Namen wie der französische Balletttänzer Jean-Baptiste Landé, der 1734 nach St. Petersburg kam und vier Jahre später die erste russische Ballettschule gründete, aus der die weltberühmte Waganowa-Ballettakademie hervorging. Oder der schottische Architekt Charles Cameron, der auf Einladung Katharinas II. in den kaiserlichen Sommerresidenzen Zarskoje Selo und Pawlowsk baute. Oder der französische Bildhauer Etienne-Maurice Falconet, der das Reiterstandbild Peters des Großen auf dem Senatsplatz schuf und den Stadtgründer nicht als siegreichen Feldherrn darstellte, sondern als Reformer, der »alle Hindernisse mit der Hartnäckigkeit eines Genies überwinden musste«. Oder der deutsche Sturm-und-Drang-Dichter Friedrich Maximilian Klinger, der es in russischen Diensten zum Generalmajor und Direktor des Ersten Kadettenkorps brachte und sein Hauptwerk in Russland schrieb. Oder Leo von Klenze, der bayerische Hofarchitekt, der 1839 nach Petersburg kam und für Nikolaus I. die Neue Ermitage entwarf. Oder Franz Krüger, der Berliner Maler, der über Jahrzehnte die offiziellen Porträts dieses Kaisers schuf, der seit 1836 Ehrenbürger von Berlin war.

Andere machten sich erst in St. Petersburg einen Namen wie der schwedische Ingenieur und Industrielle Immanuel Nobel, dessen Sohn Alfred einen Teil seiner Kindheit und Jugend in der Stadt verbrachte und später das Dynamit erfand. Oder Carl Siemens, ein jüngerer Bruder von Werner von Siemens, der 1853 im Auftrag der Berliner Telegrafen-Bauanstalt von Siemens & Halske nach Russland ging, um den Aufbau eines landesweiten Telegrafennetzes zu leiten, und 1855 eine Niederlassung der Firma in St. Petersburg eröffnete. Oder der Schlesier Karl Oswald Bulla, der in Petersburg zum Starfotografen und Begründer der russischen Fotoreportage avancierte. Oder Heinrich Schliemann, der polyglotte Kaufmann aus Ankershagen in Mecklenburg-Schwerin, der in Russland mit dem

Indigohandel ein reicher Mann wurde, in Petersburg Neu- und Altgriechisch lernte, die *Ilias* im Original las und hier beschloss, Troja auszugraben. Das kostspielige Unternehmen finanzierte er mit dem Geld, das er in Russland verdient hatte, im Krimkrieg auch durch den Handel mit Kriegsmaterialien. Im Januar 1864 erhielt dieser Petersburger mit Migrationshintergrund, der auf der 1. Linie 28 der Wassili-Insel wohnte, die erbliche Ehrenbürgerwürde. Carl Siemens, der in den 1880er-Jahren das Monopol im Bereich elektrischer Straßenbeleuchtungen in ganz Russland erwirkt hatte, wurde 1895 für seine Verdienste um Russland von Nikolaus II. in den Adelsstand erhoben. Ob die Mecklenburger Schliemann und Siemens, beide Untertanen des Kaisers von Russland und Kaufleute der 1. Gilde, sich gekannt haben?

Als Hauptstadt hat St. Petersburg zwei Jahrhunderte lang Russlands Geschicke bestimmt und das Schicksal Europas und der Welt mitbestimmt. Bis 1917 hat »der Winterpalast«, die barocke Residenz der Petersburger Kaiser, in der europäischen Politik die Rolle gespielt, die 1918 »der Kreml«, die mittelalterliche Zitadelle der Moskauer Zaren, übernahm. Und die Geschichte hat es so gewollt, dass die Stadt gelegentlich auch Zufluchts- und Wallfahrtsort war, mal der europäischen Rechten, mal der europäischen Linken. Hierher flüchteten französische Legitimisten vor den Folgen der Revolution von 1789 und vor Napoleon, hierher pilgerte in den 1920er-Jahren die europäische Linke in der Überzeugung, hier eine neue, bessere Welt vorzufinden.

Die strenge Zentralisierung des kaiserlichen Russland war der Grund dafür, dass sich das Schicksal des Landes in seiner Hauptstadt entschied, auch wenn sie am äußersten nordwestlichen Rand des Reiches lag und für das weite, bäuerlich geprägte Land stets ein Fremdkörper war, eine steinerne Stadt mit einzigartigen architektonischen Ensembles verschiedenster Stilrichtungen, die bis in die Gegenwart so erhalten sind, wie sie geplant und gebaut wurden.

Von den besten französischen, italienischen, deutschen, englischen und einheimischen Architekten errichtet, ist St. Petersburg als »europäisches Gesamtkunstwerk« bezeichnet worden. Darüber hinaus war es im 19. Jahrhundert eine von Europas Kulturhauptstädten, in die »man« reiste, wie »man« nach Paris, London oder Rom reiste, eine elegante, vielsprachige Metropole, die unzählige große Künstler aus ganz Europa anzog, glänzend bezahlte und feierte. Die Liste der Stars ist lang.

Von Mlle George über Mlle Rachel bis Sarah Bernhardt kamen sie, die großen französischen Tragödinnen, und begeisterten die Petersburger. Sarah Bernhardt trat dreimal in Petersburg auf, gerne hätte sie die Anna Karenina gespielt. Hector Berlioz, der Nikolaus I. seine *Symphonie fantastique* gewidmet hatte, dirigierte seine Sinfoniekantate *Fausts Verdammung*, die in Paris durchgefallen war, mit dem größten Erfolg in St. Petersburg und dann auch in Moskau. Marius Petipa, ein Balletttänzer aus Marseille, debütierte am Marientheater, stieg zum Ersten Ballettmeister und Chefchoreographen der Kaiserlichen Theater auf und schuf in St. Petersburg 60 Ballette, von denen einige – darunter *Dornröschen*, *Der Nussknacker* und *Schwanensee* – bis heute in seiner Choreographie aufgeführt werden. Der Franzose gilt als Begründer des klassischen russischen Balletts. – Auch die lange russische Karriere des österreichischen Violinisten, Dirigenten und Komponisten Léon Minkus begann in St. Petersburg, wo er 1871 zum offiziellen Ballettkomponisten der Kaiserlichen Theater ernannt wurde und die Musik zu vielen Balletten von Petipa schrieb. Ihr größter gemeinsamer Erfolg war das romantische Ballett *La Bayadère*, das am 23. Jan./4. Febr. 1877 im Petersburger Bolschoi Theater uraufgeführt wurde.

Und noch manch anderer Uraufführung von Rang kann sich St. Petersburg rühmen. So fand im Haus der Adelsversammlung (Newski Prospekt 30/Gribojedow-Kanal 16) am 26. März/7. April 1824 die Premiere der *Missa Solemnis* von Beethoven statt. In diesem Haus, heute Sitz der Schostakowitsch-Philharmonie, sind sie aufgetreten: Franz Liszt, Clara Schumann, Pauline Viardot, Hector Berlioz und Richard Wagner. Letzterer bedauerte schon kurz nach seiner Rückkehr aus Russland, nicht in St. Petersburg geblieben zu sein. Seine Petersburger Erlebnisse seien die »einzigen Lichtblicke« seines Lebens »seit langer Zeit« gewesen, schrieb er einer Freundin. Am 10. November 1862 wurde im Petersburger Bolschoi Theater Verdis Oper *Die Macht des Schicksals* uraufgeführt, die einzige Oper, die von einem Ausländer speziell für ein russisches Theater geschrieben wurde. In der Petersburger Redaktion wird sie auch heute noch vom Marientheater aufgeführt.

In diesem Theater fand am 19. Dezember 1890 die lang erwartete Premiere von Tschaikowskis neuer Oper *Pique Dame* statt. Das Libretto stammte von Modest Tschaikowski, dem jüngeren Bruder des Komponisten, die Choreographie des Intermezzos von Marius Petipa. Die Handlung basiert lose auf Puschkins gleichnamiger

Erzählung, war aber ins 18. Jahrhundert verlegt worden und hat ein tragisches Ende: Lisa wirft sich von der Ermitage-Brücke in die Newa. Danach gingen, so heißt es, noch viele unglücklich Verliebte an dieser Stelle ins Wasser.

Im Herbst 1892 wurde die *Pique Dame* in Prag, zwei Jahre später in Wien aufgeführt. Im Januar 1892 hatte im Stadttheater Hamburg die westeuropäische Erstaufführung der Oper *Eugen Onegin* unter dem Dirigat des jungen Ersten Kapellmeisters Gustav Mahler stattgefunden. Tschaikowski war anwesend und höchst zufrieden, er war sechsmal in Hamburg und mochte die Stadt. Der Komponist starb, nachdem er noch am 28. Oktober 1893 die Uraufführung seiner Sechsten Sinfonie, der *Pathétique*, selbst dirigiert hatte, überraschend am 6. November 1893 in der Wohnung seines Bruders Modest in der Malaja morskaja 13. Er starb vermutlich an der asiatischen Cholera, die in der Hauptstadt grassierte. Auf kaiserliche Anordnung erhielt er ein Staatsbegräbnis, dessen Kosten Alexander III. persönlich übernahm. Die Totenmesse fand in der Kasaner Kathedrale statt. Sie war überfüllt. Zehntausende folgten dem Sarg zum Tichwiner Friedhof des Alexander-Newski-Klosters.

Nur ein paar Wochen später kam der junge Bassbariton Fjodor Schaljapin nach St. Petersburg. Am 1. Februar 1895 unterzeichnete er einen Vertrag mit der Kaiserlichen Oper und wurde am Marientheater eingesetzt. Er war 21 Jahre alt und am Ziel seiner Wünsche, sang den Méphistophélès aus Gounods Oper *Faust*, den Sussanin aus Glinkas *Ein Leben für den Zaren*, den Fürsten Gremin aus Tschaikowskis *Eugen Onegin* und den Grafen Robinson aus Cimarosas Oper *Die geheime Ehe*. 1901 ging Schaljapin an die Mailänder Scala, wo seine Weltkarriere begann. Auch die legendäre Compagnie *Ballets russes* des großen Impresarios Sergei Djagilew, die 1909 erstmals triumphal in Paris auftrat, hat ihre Ursprünge in St. Petersburg.

Kurzum, mochte Russland den Europäern fremd bleiben, seine Hauptstadt war es nie. St. Petersburg war Russlands europäischste Stadt. Und schon wegen der verwandtschaftlichen Beziehungen zwischen den Romanows und mehreren deutschen Dynastien waren die Beziehungen zu den Deutschen besonders eng, den deutschstämmigen Kaiserinnen folgten auch immer viele Landsleute ins ferne St. Petersburg, sodass die Deutschen gegen Ende des 19. Jahrhunderts mit acht bis zehn Prozent der Stadtbevölkerung die größte und einflussreichste nationale Minderheit stellten. Mehrere Gouverneure bzw. Bürgermeister der Hauptstadt, kaiserliche Minister und Botschafter waren deutscher bzw. deutschbaltischer Herkunft. Kein Wunder daher, dass die Petersburger Deutschen vielfach in die russische Literatur eingegangen sind. Puschkin nannte St. Petersburg einmal »eine deutsche Stadt«, und Gogol fand, Petersburg sei »schon ein akkurater Deutscher«.

Manches erinnert noch an die historische Nähe. Die lateinischen »bukwy« (»Buchstaben«), deren Rezept ein deutscher Bäcker um 1844 aus St. Petersburg mitbrachte und fortan in seiner Deutschen & Russischen Bäckerei in Dresden buk, sind als »Russisch Brot« hierzulande immer noch gefragt, in Petersburg sind sie vergessen. Richard Eilenbergs *Petersburger Schlittenfahrt* aus dem Jahre 1886 wird zu Weihnachten und zum Jahresende immer noch gerne gespielt und ist auch in Russland noch populär. Für seinen *Krönungsmarsch* op. 34 zu Ehren Alexanders III. erhielt Eilenberg vom Kaiser persönlich eine goldene Uhr. Der Gassenhauer *Denkste denn, denkste denn, du Berliner Pflanze* war schon 1837 als *Marsch aus Petersburg* nach Berlin gekommen, mitgebracht von Wilhelm von Preußen, der so gerne nach St. Petersburg reiste und immer herzlich empfangen wurde. Auf die Melodie legten gewitzte Berliner später den bekannten Text. Die Marschpolka, die während der Eröffnungsfeier der XXII. Olympischen Winterspiele im Februar 2014 in Sotschi gespielt wurde, kam also nicht aus Berlin, sondern war ein Gruß aus Petersburg!

Mit Ausbruch des Ersten Weltkrieges war die deutsch-russische Symbiose in St. Petersburg zu Ende. Am 4. August 1914 stürmte der Mob die erst 1913 fertiggestellte Kaiserlich Deutsche Botschaft am Isaaksplatz, plünderte Geschäfte und belästigte die deutschsprachigen Mitbürger, die umgehend ihre Namen russifizierten. Alle Wagner-Inszenierungen verschwanden aus dem Repertoire des Marientheaters, die deutschsprachigen Zeitungen der Hauptstadt wurden verboten, die deutschen Ladenschilder abgenommen. Vergessen war, dass die Petersburger dem alten Kaiser Wilhelm noch 1873 einen herzlichen Empfang bereitet und die Orchester der kaiserlichen Garderegimenter für ihn auf dem Schlossplatz die *Kaiserhymne* und die *Wacht am Rhein* gespielt hatten.

Die Umbenennung St. Petersburgs in Petrograd (Peterstadt) am 31. Juli/12. Aug. 1914 kam unerwartet. Die Russifizierung des »deutschen« Namens war eine Reaktion auf die deutsche Kriegserklärung und die russischen Niederlagen in Ostpreußen, aber freudig aufgenommen wurde sie nicht, weil sie eine Abkehr vom Willen des

Stadtgründers bedeutete, der seine Stadt eben nicht nach sich selbst benannt hatte. Der Maler und Kunsthistoriker Alexander Benois sah in der Umbenennung Verrat am Stadtgründer und sogar den Anfang vom Ende des Imperiums. Die Petersburger konnten sich lange nicht an den neuen Namen gewöhnen, schließlich hatten sie auch ihren himmlischen Schutzpatron verloren. Im April 1916 notiert der Dichter Alexander Blok nach einem Spaziergang: »Auf dem Denkmal Falconets hält sich eine Bande von Jungs und Hooligans am Schwanz fest, sitzt auf der Schlange und raucht unter dem Bauch des Pferdes. Totaler Niedergang. Ende Petersburgs.«

Mit der Machtergreifung der Bolschewiki im Oktober 1917 änderten sich die Vektoren der russischen Politik erneut. Sowjetrussland zog sich zurück, schottete sich ab und verharrte in selbstgewählter Isolation, und als die neuen Herren die Hauptstadt Sowjetrusslands im März 1918 nach Moskau verlegten, angeblich »vorübergehend«, tatsächlich für immer, ging ein Zeitabschnitt zu Ende, der als »Petersburger Periode« der russländischen Geschichte bezeichnet wird. Es begann die neue Zeit, eine Zeit, die der Stadt – nach dem Statusverlust – Hunger, Terror, Flucht, Krieg, Entvölkerung und Provinzialisierung brachte und als »Generalprobe« für die Leningrader Blockade im Zweiten Weltkrieg bezeichnet worden ist. Am Ende des Bürgerkrieges 1920 zählte Petrograd nur noch 700 000 Einwohner (gegenüber 2 ½ Millionen Einwohnern der Vorkriegszeit).

Das »Fenster nach Europa« ging wieder zu, obwohl es durch die Ritzen immer zog und Leningrad – so hieß die Stadt seit Lenins Tod im Januar 1924 – die westlichste Stadt des Landes blieb. Leningrad wurde aber auch eines der großen Zentren des militärisch-industriellen Komplexes, das durch den weiteren Zuzug von (bäuerlichen) Arbeitsmigranten aus allen Ecken der Sowjetunion einen demographischen Wandel erlebte, der das Antlitz der Stadt nachhaltig veränderte. Eleganz, Geschmack und Haltung kamen ihr abhanden. Dmitri Schostakowitsch wähnte sich nun in »St. Leninsburg«. In den 1930er-Jahren, zur Zeit des Großen Terrors, »galt nicht der Tod als Verhängnis, nein: das Leben in Leningrad«, schreibt Anna Achmatowa. Nach dem Zweiten Weltkrieg – nur 500 000 Menschen hatten das Ende der Blockade in Leningrad erlebt – strömten erneut Menschen aus allen Landesteilen in die leere Stadt, wiederaufgebaut wurde sie nur langsam, die urbane Infrastruktur vernachlässigt; Vorrang hatte die Rüstungsindustrie. Gegen Ende des 20. Jahrhunderts lebten kaum noch gebürtige Petersburger oder deren Nachfahren in St. Petersburg.

Die enorme kulturelle Rolle, die St. Petersburg zu Beginn des 20. Jahrhunderts als »Laboratorium der Moderne« (Karl Schlögel) in Europa gespielt hat, wurde bis gegen Ende der Sowjetzeit bewusst verschwiegen, die Namen der großen Kulturschaffenden des »Silbernen Zeitalters«, der Schriftsteller, der Philosophen, der Maler, die entweder emigriert, mundtot gemacht oder umgebracht worden waren, fielen der Vergessenheit anheim. Für die Leningrader begann die ruhmreiche Geschichte ihrer Stadt erst im Oktober 1917, das unermessliche Leid der 900 Tage der Blockade hat sie geadelt. Doch noch Jahrzehnte nach dem Ende des imperialen Petersburg fanden prominente UdSSR-Reisende, das Beste an Leningrad sei das alte Petersburg, verfallende Kulisse einer untergegangenen Zeit.

Von Anfang an von Chronisten begleitet, von großen Autoren und prominenten Reisenden erkundet und beschrieben, Handlungsort vieler Romane, Kulisse und selbst Subjekt so mancher Erzählung, hat wohl keine andere Stadt von dieser Größe und mit einer so kurzen Geschichte so viel Literatur hervorgebracht und so viele kontroverse Ansichten und Meinungen über Sinn und Zweck ihrer Gründung und Existenz provoziert wie diese.

Der »Petersburger Text« der russischen Literatur weist die Stadt als literarische Schatzkammer aus. Und da im zaristischen Russland die Literatur in mancher Hinsicht die Publizistik ersetzte und zeitweise die »gesamte Energie des nationalen Lebens in der Literatur konzentriert« war (Juri Lotman), bilden Auszüge aus den Klassikern die städtische Wirklichkeit durchaus realistisch ab. Tagebücher und Memoiren, Reiseberichte und Briefe; Mythen und Legenden ergänzen den Fundus. Der Begriff Literatur meint im Falle Petersburgs also ein umfangreiches Schrifttum, das die Stadtgeschichte über die Jahrhunderte aus vielen Blickwinkeln wiedergibt, reflektiert und interpretiert und durch seine Polyphonie beeindruckt.

Schon Ende der 1980er-Jahre war eine vergessene Wissenschaft wieder aufgelebt – die Petersburgkunde, die fast so alt ist wie die Stadt selbst und mittlerweile auch noch eine Fülle von Publikationen produziert hat, die zusammen mit Neuauflagen längst vergriffener älterer Werke der Landeskunde den Buchmarkt förmlich überschwemmten, darunter *Die Seele Petersburgs* von Nikolai P. Anziferow, das Kultbuch jener Jahre. Die Historiker brachten eine Geschichte Petersburgs nach der anderen und Biographien der Petersburger Kaiser von Peter I. bis Nikolaus II. heraus oder schilderten einzelne herausragende historische Ereignisse wie den Bau der

Ermitage-Gebäude Mitte des 18. Jahrhunderts, den Mord an Paul I. im Michael-Schloss Anfang März 1801, den Dekabristenaufstand auf dem Senatsplatz im Dezember 1825, den Brand des Winterpalastes im Dezember 1837, den Bombenanschlag auf Alexander II. im März 1881, den (letzten) historischen Kostümball im Winterpalast im Februar 1903, das »Silberne Zeitalter« der Stadt, den Blutsonntag im Januar 1905, die 300-Jahr-Feier des Hauses Romanow im Jahre 1913, den Oktoberumsturz von 1917, die Umbenennungen der Jahre 1914 und 1924, den Großen Terror der 1930er-Jahre, die Leningrader Blockade oder den Leningrader Underground der 1970er- und 1980er-Jahre, jene alternative Subkultur, die den Boden für den legendären Besuch Michail Gorbatschows im Mai 1985 in der Stadt bereitete.

Dass der neue Parteichef seine Politik der Perestroika nicht in Moskau, sondern in Leningrad öffentlich verkündete, war sicher kein Zufall, denn hier konnte er noch am ehesten auf Zustimmung zum geplanten »Umbau« rechnen. Es war dann auch kein Zufall, dass sich namentlich die Leningrader unter Führung ihres soeben neugewählten, charismatischen Bürgermeisters Anatoli A. Sobtschak am 19. August 1991 gegen die reaktionären Putschisten in Moskau stellten und durch ihr entschiedenes »Nein!« wesentlich zum Scheitern des Putsches beitrugen. Die riesige Protestdemonstration gegen die Putschisten am 20. August auf dem Schlossplatz ist unvergessen. Aus Einwohnern waren Bürger geworden ...

Im Vorfeld des 300. Geburtstages 2003 entdeckten schließlich auch Osteuropa-Historiker im Westen die Stadt neu und widmeten ihrer Geschichte und Kultur umfangreiche Darstellungen, gar nicht zu reden von unzähligen Reise- und Stadtführern und Petersburg-Romanen. Auch Bestsellerautoren wie Ken Follett und J. M. Coetzee ließen sich von dieser Stadt inspirieren.

Daniil Granin schrieb seinen großen Roman *Abende mit Peter dem Großen*, Natalja Galkina ihren *Archipel des Heiligen Petrus*. Andere Petersburger Autoren holten »ihr« Petersburg in ihren Memoiren in die Gegenwart. Die Literaturwissenschaftler nahmen sich das Petersburg der Dichter vor und beschrieben Puschkins Petersburg, Gogols Petersburg, Dostojewskis Petersburg, Anna Achmatowas Petersburg und Mandelstams Petersburg. Iossif Brodskis Petersburg wird wohl kein anderer mehr besser beschreiben als er selbst, der nach einem politischen Prozess wegen »Nichtstuns« bzw. »Parasitentums« 1964 zu fünf Jahren Verbannung am Weißen Meer verurteilt worden war, nach internationalem Protest vorzeitig freikam und 1972 ausgebürgert wurde. Der Dichter ging in die USA und nannte sich fortan Joseph Brodsky.

Mehrere Prosastücke, die Brodsky im amerikanischen Exil bereits auf Englisch geschrieben hatte, erschienen 1986 unter dem Titel *Less Than One. Selected Essays* in New York. Eine Hommage an Petersburg, das für Brodsky »eine Schule des Maßes, der Komposition« und die »schönste Stadt auf dem Antlitz der Erde« war. Der verstoßene Poet, der 1987 den Literaturnobelpreis erhielt und 1991 zum *poeta laureatus* Amerikas gekürt wurde, starb am 28. Januar 1996 in New York. Er war herzkrank und wollte lieber mit seinem eigenen Herzen sterben als mit einem fremden leben. In die erneut umbenannte Stadt, die ihm im Mai 1995 die Ehrenbürgerwürde verliehen hatte, ist er nicht mehr zurückgekehrt, wollte es auch nicht. »Das Beste von mir ist doch da, meine Gedichte«, pflegte er zu sagen. Er hatte sich leidenschaftlich für die Rückbenennung eingesetzt. Erst 1999, drei Jahre nach seinem Tod, erschien *Less Than One* endlich auch in St. Petersburg. In vielen Begleittexten heißt es allerdings immer noch, Brodsky sei in die USA »emigriert«. Als hätte der Dichter Petersburgs seine Stadt freiwillig verlassen …

Auch die Ausländer, die von Anfang an in der Stadt gelebt hatten, rückten ins Blickfeld der Forscher, wobei ihre besondere Aufmerksamkeit den Deutschen galt, die der Residenz zusammen mit Holländern, Engländern, Franzosen, Polen, Finnen, Juden u. a. ihr besonderes Flair verliehen und einen bedeutenden Anteil an der Entwicklung der Petersburger Kultur hatten. Nun wurde ihre Leistung gewürdigt.

Kurzum, die Stadt eignete sich ihre Geschichte wieder an und schien ein für alle Mal all das fixieren zu wollen, was einmal in ihr war, damit ihr nichts mehr verloren ging.

Besonders erfolgreich war der Historiker und Journalist Dmitri Scherich mit seinem erstmals 1993 erschienenen Stadtkalender, der unter dem Titel *Petersburg. 300 Jahre. Tag für Tag* zum 300. Geburtstag der Stadt am 27. Mai 2003 in dritter Auflage herauskam. Darin konnte der Leser nachlesen, was sich an einem beliebigen Tag in einem beliebigen Monat und Jahr seit 1703 in der Stadt ereignet hatte. Einer derart präzisen Chronik über 300 Jahre kann sich auch keine andere Stadt in Europa rühmen. Unter dem 27. Mai 1703 heißt es knapp: »Festung auf der Haseninsel gegründet. Geburtstag Sankt Petersburgs«.

Es ist ein legendenumwobener Geburtstag, obwohl St. Petersburg eine junge Stadt ist. Eine der Gründungslegenden besagt, dass ein Adler über dem Zaren kreiste, als er an diesem Tag, dem 16. Mai alten Stils, den Grundstein für die Festung legte, die er Sankt-Piterburch nannte. Längst wissen die Historiker, dass Peter I. bei der Grundsteinlegung gar nicht anwesend war, sondern 250 km weiter nordöstlich weilte, in Lodejnoje pole am Fluss Swir. Dort hatte der Zar und Zimmermann 1702 eine Werft gegründet und half nun als Schiffsbaumeister Peter Michailow beim Bau der Fregatte *Standart*, des ersten Schiffs der künftigen Baltischen Flotte, das er auch selbst projektiert hatte. Im August 1703 lief die *Standart* vom Stapel und segelte unter dem Kommando Seiner Zarischen Majestät nach Sankt-Piterburch, um die Festung und die nach ihr benannte Siedlung gegen Angriffe der Schweden zu schützen.

Dass ein Adler am Gründungstag über dem Zaren kreiste, ist natürlich eine schöne Legende, aber der König der Lüfte und Gesandte der Götter, Symbol der Kraft, der Stärke und der Herrschaft in der Mythologie vieler Völker, unterstreicht die gottähnliche Stellung des gesalbten Zaren und die göttliche Bestimmung seiner Stadt. Damit wurde die Stadtgründung, ein Gewaltakt, der Hundertausende Menschenleben gekostet hatte und das Land auch sonst teuer zu stehen kam, ein Akt göttlicher Fügung. Es war daher logisch, dass Peter seine Stadt nicht nach sich selbst benannte, wie man denken könnte, sondern nach seinem Schutzpatron, dem Apostel Petrus. Natürlich wusste der Zar, dass Petrus »Stein« oder »Felsen« bedeutet und dass Christus auf diesen Felsen seine Kirche bauen wollte, und mag sich Ähnliches vorgestellt haben. Der Name sollte aber auch dokumentieren, dass St. Petersburg in der Nachfolge Roms, Konstantinopels und Moskaus gesehen werden musste. Den Beinamen »nördliches Rom« erhielt die junge Stadt jedenfalls schon im frühen 18. Jahrhundert, seit Katharina II. wurde sie auch »Palmyra des Nordens« genannt, und natürlich galt sie wegen ihrer vielen Wasserwege, Brücken und Inseln auch immer als »nördliches Venedig«.

Nach einer anderen Legende gelang es Peter zunächst nicht, die Stadt im Morast der Newa-Mündung zu errichten, weil die Häuser gleich wieder im Sumpf versanken. Also errichtete er die Stadt in der Luft, und als sie fertig war, senkte er sie ab und setzte sie auf die Erde, namentlich auf die rund 100 Inseln des Newa-Deltas, von denen noch 42 erhalten sind. Sie blieb stehen, dem Spiel des Lichts und des Wassers, der Winde und der Schatten ausgesetzt. Ein Wunder.

Natürlich kannte Alexander Puschkin all die Legenden, als er sein berühmtes Poem *Der Eherne Reiter* schrieb, das er eine »Petersburger Erzählung« nannte. Seit Puschkin hält sich in den Köpfen der Russen hartnäckig die Vorstellung, dass St. Petersburg in einer menschenleeren öden Gegend entstand, wo nur »hier und da im Ufermoor« eine Hütte »grau« stach hervor, »die karge Wohnstatt eines Finnen«. Und Wald, »in den sich nie verlor ein Sonnenstrahl durch Nebellinnen, rauschte ringsum«. Tatsächlich war die Gegend von finnougrischen Stämmen und Russen besiedelt, und auch Schweden hatten sich dort niedergelassen. Die Archäologen haben jedenfalls Ruinen der schwedischen Festung Nyenschanz und Spuren von rund 40 Dörfern aus vorpetrinischer Zeit gefunden. Aber »Peters Schöpfung« erschien eben noch gewaltiger, wenn sie aus dem Nichts emporwuchs, steinern, riesig, fremd. Der *Eherne Reiter* begründet den Petersburger Text, Puschkin ist der Schöpfer des Mythos Petersburg.

Auch vermittelt das Poem den Eindruck, als wollte Peter von Anfang an in dieser Gegend eine Stadt gründen. (»Von hier aus drohen wir dem Schweden / Hier werde eine Stadt am Meer.«) Doch sein erstes Anliegen war ein Hafen an der Ostsee und der Bau einer Flotte: Russland sollte eine Seemacht werden. Der lange Nordische Krieg zwischen Russland und Schweden um die Vormachtstellung an der Ostsee hatte gerade erst begonnen, und formal entstanden Festung und die um sie herum wachsende Siedlung auf schwedischem Territorium. Erst 1704 sprach der Zar in einem Brief erstmalig von seinem »Paradies« als seiner künftigen Hauptstadt, und erst nach dem Sieg über die Schweden in der Schlacht von Poltawa im Sommer 1709 ging er an den Ausbau der Stadt, die ein russisches Amsterdam werden sollte. Schließlich hatte Peter in Holland gelebt und dort verschiedene Gewerke erlernt, er sprach fließend Holländisch, und so wählte er die holländische Form für den Namen der Festung, der dann auf die Stadt überging: Sankt-Piterburch, woraus in den 1730er-Jahren das »deutsche« Sankt Petersburg wurde. In der Literatur des 18. Jahrhunderts kommen auch schon mal das griechische »Petropolis« und das russische »Petrograd« vor. Auch Puschkin spricht im *Ehernen Reiter* von Petrograd. Im Volksmund hieß die Stadt jedoch von Anfang an nur »Piter«, (»Pieter«) und dabei ist es geblieben.

Die Namensgebung zu Ehren des Apostels Petrus erfolgte am 29. Juni alten Stils, der nach dem russisch-orthodoxen Kirchenkalender den Aposteln Petrus und Paulus gewidmet ist. An diesem

Tag wurde in der Festung in Peters Anwesenheit feierlich der Grundstein für die den beiden Aposteln gewidmete Peter-und-Paul-Kathedrale gelegt, die erste Kirche der Stadt und künftige Grablege der Romanows. Der Schweizer Architekt Domenico Trezzini ersetzte die Holzkirche ab 1712 durch einen Steinbau. Die Arbeiten dauerten 21 Jahre. In dieser Zeit ging der Name der Festung auf die junge Stadt und der Name der Kathedrale auf die Festung über: Peter-und-Paul-Festung.

Schon im August 1703 hatte Sankt-Piterburch die erste Überschwemmung seiner Geschichte erlebt, im November 1706 folgte die zweite. Seit Menschengedenken war das Wasser nicht so hoch gestiegen, durch die Straßen fuhren Boote. »Aber es hielt sich nicht lange, weniger als drei Stunden«, schrieb Zar Peter seinem Freund und Günstling Menschikow, »und es war tröstlich zu beobachten, dass die Menschen wie in Zeiten der Sintflut auf Dächern und Bäumen saßen … Obwohl das Wasser hoch stand, hat es keinen großen Schaden angerichtet.« Überschwemmungen suchten die Stadt nun fast jedes Jahr heim, meistens im Oktober/November und fast immer in der Nacht oder am frühen Morgen. Auch das unstete Klima machte den Petersburgern zu schaffen, der Nebel, der Regen, die Feuchtigkeit, die scharfen Winde und letztlich auch die geheimnisvollen Weißen Nächte.

Kein Wunder daher, dass der Stadtgründung von Anfang an etwas Unnatürliches, Künstliches, Geheimnisvolles, Mythisches anhaftete, zumal sie auch so viele Opfer gefordert hatte. Die Stadt entstand auf Gebeinen und Tränen und wurde auch noch zwangsbesiedelt, sodass Peter der Große, jähzornig und brutal, vielen Zeitgenossen nicht als Reformer galt, sondern als Antichrist in Person. Der kühnen Idee Peters, »Hier werde eine Stadt«, stand auch immer der bittere Fluch seiner ersten, von ihm verstoßenen Frau Jewdokija Lopuchina »Petersburg soll veröden!« gegenüber.

Im 18. Jahrhundert einmütig besungen und gepriesen, wird das »glänzende Petersburg« im 19. Jahrhundert zur Kasernen- und Behördenstadt, die den Einzelnen erdrückt, zum Sinnbild der Autokratie, die nicht mehr sakrosankt ist. »Halb Petersburg steckt in Uniform«, notiert 1840 der Bremer Reiseschriftsteller Johann Georg Kohl. »Unfreier Geist, Pracht besticht«, heißt es bei Puschkin, »grandiose Stadt der Sklaven« bei Apollon Grigorjew. Die Stadt ist nun eines der großen kontroversen Themen der russischen Publizistik, an ihrer Existenz scheiden sich die Geister. Die einen sehen in St. Petersburg das wichtigste Symbol der Europäisierung des Landes, die anderen das Symbol der Abkehr vom ursprünglichen, wahren »heiligen« Russland, für das immer noch Moskau steht, die Erste Residenzstadt, in der auch die Petersburger Kaiser sich krönen ließen.

Das »Sankt« im Namen der nördlichen Hauptstadt entfällt, und es mehren sich die negativen Urteile über ihren Gründer, den genialen Despoten, der eiskalt über Leichen ging. Joseph de Maistre, sardischer Botschafter am Petersburger Hof, nennt Peter den Großen nun den »Mörder seiner Nation«, weil er ihr eine fremde Zivilisation aufzwang, andere sehen ihn nur noch als Imitator. Der Historiker Nikolai M. Karamsin bezeichnet die Gründung Petersburgs gar als Peters »glänzendsten Fehler«. Peter sei zweifellos ein großer Mann gewesen, doch er hätte noch viel größer sein können, wenn er die Umgestaltung des Staates ohne Gewalt, Folter und Hinrichtungen verwirklicht hätte.

Doch gehören zur Geschichte einer Stadt nicht nur ihr Gründer, ihre Erbauer und Einwohner, ihre Besucher und Chronisten, sondern auch die Helden ihrer Literatur und deren Schöpfer. Das gilt insbesondere für St. Petersburg, den »Startplatz« (Joseph Brodsky) der großen russischen Literatur. St. Petersburg ist eine Stadt der literarischen Helden, ohne sie wäre die Stadt undenkbar. »Petersburg taucht so oft in Romanen, Gedichten und Legenden auf, dass es weniger einer wirklichen als einer erfundenen Stadt gleicht, und die Kraft des Talents von Puschkin, Gogol und Dostojewski lassen uns ihre Helden manchmal wirklicher erscheinen als jene Menschen, denen wir gerade auf der Straße begegnen«, schreibt Ryszard Kapuściński, der polnische Reiseschriftsteller. So ist es, und da der Leser oft auch die Adressen der literarischen Helden mitgeliefert bekommt und ihnen auf ihren Wegen folgen kann, darf er sich einbilden, bereits in dieser Stadt gewesen zu sein. Die »literarische« Stadt ist nicht mehr da, aber die realen Schauplätze der fiktiven Handlungen sind geblieben, Erinnerungsorte, die wohl die meisten Petersburger und Freunde der russischen Literatur kennen.

Alexander Puschkin, geboren 1799 in Moskau, Schüler des berühmten Kaiserlichen Lyzeums in Zarskoje Selo, war der letzte Sänger des klassizistischen Petersburg. In seinem Versroman *Eugen Onegin* (1833) und in der Erzählung *Pique Dame* schildert Puschkin die mondäne Petersburger Gesellschaft, die er verabscheute, obwohl er ein Teil von ihr war. Sein Onegin räkelt sich noch gegen Mittag gemächlich im Bett, erhält drei Einladungen für den Abend, fährt zum Boulevard, »dort zu flanieren ohne Sorge«, um sodann im »Talon«, einem französischen Restaurant am Newski Prospekt 15, zu speisen und abends auf einen Ball am Englischen Kai 10 zu eilen, wo »ein prächtiges Gebäude glänzt«. Es ist dasselbe Gebäude, in dem Natascha Rostowa in Tolstois *Krieg und Frieden* Silvester 1809 ihren ersten großen Ball erlebt. »Das gesamte diplomatische Korps war geladen. Auch der Kaiser hatte sein Erscheinen in Aussicht gestellt. Das allen Petersburgern wohlbekannte Haus des Gastgebers – es lag am Englischen Quai – strahlte von ungezählten Lichtern.« Die einflussreiche Fürstin Natalja Petrowna Golyzina, Prototyp der Pique Dame, lebte in der Malaja Morskaja 10, einer der »literarischen« Straßen der Hauptstadt. Ganz Petersburg kannte diese Adresse.

Doch anders als Onegin, sein Alter Ego, fühlte sich Puschkin in dieser Gesellschaft nicht wohl. »Denkst Du etwa«, schreibt er einmal seiner Frau, »dass das säuische Petersburg mir nicht zuwider ist? Dass es eine Freude ist, zwischen Pasquillen und Denunziationen zu leben?« Die wenigen Salons, in denen er verkehrte, nannte er »Oasen des kulturellen Lebens«. Der Dichter, selbst Opfer von Pasquillen und Denunziationen, starb am 29. Jan./10. Febr. 1837 im Alter von nur 37 Jahren an den Folgen eines Duells in seiner Wohnung an der Moika 12. In diesen Jahren waren immer mehr Engländer nach St. Petersburg gekommen, sodass die *Literaturzeitung*, für die auch Puschkin schrieb, sich gezwungen sah, ihren Lesern das Fremdwort »tourist« zu erklären: »So nennen die Engländer ihre Landsleute, die aus Müßiggang oder um einen Spleen loszuwerden, durch Europa ziehen.«

Nikolai Gogol, der Ende 1828 aus der Ukraine nach St. Petersburg gekommen war, um hier seine schriftstellerische Karriere zu beginnen, hatte sich Petersburg »sehr viel schöner, großartiger« vorgestellt. Die Gerüchte, die andere über die Stadt verbreiten, seien auch trügerisch, schreibt er seiner Mutter. »Hier nicht wie ein Schwein zu leben, d. h. einmal am Tage Schtschi und Kascha zu haben, ist ungleich teurer, als wir dachten. Für die Wohnung zahlen wir achtzig Rubel im Monat, nur für Wände, Holz und Wasser. Sie besteht aus zwei kleinen Zimmern und dem Recht, die Küche der Wirtin zu benutzen. Die Lebensmittel sind auch nicht billig, ausgenommen Wild, das kein Leckerbissen für unsereinen ist. Kartoffeln werden im Dutzend verkauft, ein Dutzend Zwiebeln kostet 30 Kopeken. Das alles zwingt mich, wie in der Wüste zu leben, ich bin gezwungen, auf mein schönstes Vergnügen, das Theater, zu verzichten. Wenn ich erst einmal hingehe, werde ich schon oft hingehen, aber das ist kostspielig für mich, d. h. für meine magere Tasche.« Gogol beschreibt die Merkwürdigkeiten der Stadt, die in seinen Erzählungen »ihre Wunderlichkeit preisgab« (Vladimir Nabokov).

Seine erste Petersburger Wohnung lag in der Gorochowaja 46. Sie war klein und eng, er zog mehrfach um. Die Erzählungen *Newski prospekt, Die Nase* und mehrere Kapitel der *Toten Seelen* entstanden in der Malaja Morskaja 17.

Von Gogol wissen wir, dass es »nichts Schöneres als den Newski prospekt gibt, wenigstens in Petersburg nicht: für Petersburg bedeutet er alles«. Der Newski mit seinen Palästen, Kirchen, Hotels und Geschäften war der bekannteste Handlungsort und die vornehmste Adresse der nördlichen Hauptstadt, freilich »ein trügerisch schöner Ort, der besonders gefährlich wird am Abend, wenn »Satan in eigener Person« die Lampen anzündet, um »alles in einem falschen Lichte erscheinen zu lassen«. Bei Gogol rücken die kleinen Leute ins Bild, arme Beamte, Handwerker, Händler. In seinem Petersburg begegnet man »Tausenden von unfassbaren Charakteren und Erscheinungen«. Dem Kollegien-Assessor Kowaljow kommt seine Nase abhanden, die selbständig in der Uniform eines Staatsrats in der Stadt herumspaziert. Die Nachbildung der Nase aus rosa ukrainischem Marmor an der Fassade des Hauses Wosnessenski Prospekt 36/11 ist eine Touristenattraktion. Auf der Suche nach seinem gestohlenen Mantel geistert Akaki Akakijewitsch Baschmatschkin noch als Toter durch die nächtliche Stadt und versucht, einen neuen Mantel zu stehlen. Anzeige erstattet der Arme beim Polizeimeister in der Bolschaja Morskaja 22.

Fjodor Dostojewski kam 1837 nach Petersburg, um an der Ingenieurschule im Michael-Schloss (seit 1823: Ingenieurschloss) zu studieren. Er schloss das Studium als Fähnrich ab, blieb jedoch nicht beim Militär, sondern wurde Schriftsteller und lebte 28 Jahre in der Stadt, die ihn berühmt machen sollte. Fjodor Michailowitsch war überzeugt, »dass es in Petersburg viele Leute gibt, die im Gehen mit sich selbst sprechen. Es ist die Stadt der Halbverrückten«. Er zog zwanzigmal um, bevorzugte Wohnungen in Eckhäusern mit Blick auf eine Kirche. Die Stadt ist bei Dostojewski immer gegenwärtig, ist Kulisse. Als Erster stellt er den Großstadtmoloch dar, die Anonymität der großen Mietskasernen, die Einsamkeit der Bewohner, die brunnenartigen Hinterhöfe und die Kneipen, Armut und

Prostitution. Sein »Kellermensch« hat »das besondere Unglück, in Petersburg zu leben, der abstraktesten und ausgedachtesten Stadt der ganzen Welt«. In einer »feuchten, stürmischen Petersburger Novembernacht« begegnet Herr Goljadkin auf der Uferstraße der Fontanka einem Doppelgänger, der in Wahrheit er selbst ist. Rodion Raskolnikow, ein auffallend hübscher Jüngling »von ziemlich hohem Wuchs, schlank und wohlgestalt« und »so schlecht gekleidet, dass sogar ein an dergleichen Gewohnter sich geschämt hätte, am Tage in solchen Lumpen auf die Straße zu gehen«, lebt in der Dachkammer eines vierstöckigen Hauses beim Heumarkt, dem »Bauch« Petersburgs, »wo fast ausschließlich Handwerker und Arbeiter gedrängt hausten [...]«.

Wie Dostojewski selbst, der seiner Frau einmal erzählte, er habe Raskolnikow gesehen, so kann sich auch der heutige Besucher einbilden, ihn gesehen zu haben, auf dem Heumarkt oder in seiner Umgebung. Das Raskolnikow-Haus in der Graschdanskaja 19 sieht jedenfalls noch so aus, wie Dostojewski es gesehen haben dürfte, und es ist leicht zu finden. *Die Brüder Karamasow* und das *Tagebuch eines Schriftstellers* schrieb Dostojewski am Kusnetschny Pereulok 5/2, in der Wohnung im ersten Stock, in der er 1881 starb. Aus seinen Fenstern konnte er die Wladimir-Kirche sehen.

Die Gorochowaja, eine der drei ältesten zentralen Straßen der Stadt, ist fast so literaturträchtig wie die Malaja Morskaja. »In der Gorochowaja uliza, in einem der großen Häuser, dessen Bevölkerung für eine ganze Kleinstadt reichen würde, lag eines Morgens Ilja Iljitsch Oblomow im Kabinett seiner Wohnung im Bett.« So beginnt Iwan A. Gontscharows berühmter Roman über diesen Nichtstuer, für den das Liegen »sein normaler Zustand« war. – Viel später lebte ein mindestens ebenso bekannter Russe, der Wanderprediger Grigori Rasputin, tatsächlich in der Gorochowaja 64; ermordet wurde er im Palast der Jussupows an der Moika 94. Wohnung und Tatort kann man besichtigen.

Iwan Turgenjew, der Russland aus Abscheu vor der Leibeigenschaft und aus Liebe zu Pauline Viardot verließ, verbrachte mehr als die Hälfte seines Lebens außerhalb Russlands, lebte in Deutschland und Frankreich und kam nur zu Besuch in seine Heimat. Aber wenn er in St. Petersburg war, wo die Literaturhistoriker insgesamt 17 Adressen des Autors ausfindig gemacht haben, ging er unbedingt in die Kaiserliche Ermitage, um sich Neuzugänge anzusehen. Sein Roman *Väter und Söhne,* die Geschichte eines akuten Generationenkonflikts, war im Frühjahr 1862 d a s Stadtgespräch. Turgenjew hatte einen Namen für die unzufriedenen Studenten gefunden, die an nichts mehr glaubten, Flugblätter verteilten und auf den Straßen gegen die Obrigkeit demonstrierten, wie im Sommer 1861. Er nannte sie »Nihilisten«. In diesem Sommer nahm die Polizei Hunderte Demonstranten fest und schaffte sie in die Peter-und-Paul-Festung, worauf an deren Eingang die Inschrift »Universität Petersburg« erschien. Der Schriftsteller starb am 3. September 1883 in Bougival bei Paris, doch begraben werden wollte er in St. Petersburg. Sein Begräbnis war ein grandioses Spektakel. Zehntausende folgten dem Sarg vom Warschauer Bahnhof bis zum Wolkowo-Friedhof. In der Presse hieß es, die Sicherheitskräfte hätten nichts zu tun bekommen.

Leo Tolstoi verließ sein Gut Jasnaja poljana bei Tula nur ungern. Er mochte Petersburg nicht, war in seinem Leben wohl zehnmal in der Hauptstadt, doch seine Aufenthalte waren immer nur kurz. Seine Absicht, an der Petersburger Universität einen Abschluss zu machen, verwirklichte er nicht, veröffentlichte die meisten seiner frühen Werke jedoch zuerst in der Petersburger Zeitschrift *Sowremennik (Der Zeitgenosse)*, deren Redaktion sich an der Uferstraße der Fontanka 19 befand. Eine Gedenktafel am Haus Fontanka 38 nahe der Anitschkow-Brücke erinnert daran, dass der Graf hier bei seinem zweiten Aufenthalt in der Stadt im November/Dezember 1855 abgestiegen ist und bei seinem Kollegen und Freund Iwan Turgenjew gewohnt hat. In seinen großen Romanen *Krieg und Frieden* und *Anna Karenina* beschreibt Tolstoi die sog. »große« Welt Petersburgs, die hauptstädtische Aristokratie und die Hofbeamtenschaft, die man gleich auf den ersten Seiten von *Krieg und Frieden* kennenlernt. Die Damen und Herren treffen sich im Salon der Madame Scherer, einer Hofdame, parlieren Französisch oder sprechen Russisch mit französischem Akzent, langweilen sich beim Smalltalk und bilden sich ein, bedeutend zu sein. Eine ganz andere Welt als die Welt Raskolnikows am Heumarkt, zwei Seiten Petersburgs, wie sie unterschiedlicher nicht sein könnten. 1900 wurde Tolstoi zum Ehrenmitglied der Petersburger Akademie der Wissenschaften gewählt, eine Straße und ein Platz auf der Petrograder Seite sind nach ihm benannt.

Anton Tschechow schrieb zwar für eine Petersburger Zeitung und besuchte hin und wieder seinen Petersburger Verleger, doch er blieb in seinem geliebten Moskau, seine *Drei Schwestern* zieht es nach Moskau, nicht nach Petersburg. »Tolstois Petersburg«, »Turgenjews Petersburg« oder »Tschechows Petersburg« gibt es nicht.

Ossip Mandelstam hatte als Kind ständig das Gefühl, »dass sich in Petersburg unbedingt etwas sehr Prachtvolles und Feierliches ereignen müsse«. Unübertroffen sind seine Schilderungen der 1890er-Jahre im *Rauschen der Zeit* und der Ereignisse von 1905.

Auch *Anna Achmatowa*, deren Familie 1890 aus Odessa nach Zarskoje Selo zog, behielt die Stadt der neunziger Jahre in Erinnerung. »Ein Petersburg vor den Straßenbahnen, ein Petersburg der Pferde, Pferdebahnen, krachend und knirschend, ein Petersburg der Dampfboote, von Kopf bis Fuß mit Ladenschildern vollgehängt, die die Architektur der Häuser erbarmungslos zudeckten.« Die Dichterin des »Silbernen Zeitalters« wohnte nach eigener Aussage 35 Jahre »in einem der bemerkenswertesten Petersburger Paläste (dem Fontänenhaus der Scheremetjews)« an der Fontanka und »freute sich über die vollendeten Proportionen dieses Gebäudes aus dem 18. Jahrhundert«. Das Fontänenhaus ist in ihre Lyrik eingegangen, der Silberweide vor ihrem Fenster hat sie ein Gedicht gewidmet. Ihr großes Triptychon *Poem ohne Held*, an dem sie 22 Jahre gearbeitet hatte, nannte sie – wie Puschkin seinen *Ehernen Reiter* – eine »Petersburger Erzählung«. Es ist eine »Gedächtnisdichtung, die das Jahrhundert bewahrt« (Fritz Mierau). Und natürlich hat diese Dichtung einen Helden. Es ist die Stadt selbst, »Granitstadt des Ruhms und des Unheils«.

Joseph Brodsky, Achmatowas Schüler und Freund, lebte von 1955 bis zu seiner Ausbürgerung 1972 im Murusi-Haus (»Dom Murusi«) am Litejny Prospekt 24. Das Haus hatte schon viele Literaten beherbergt, bevor die Familie Brodski in die Wohnung Nr. 28 zog, die aus anderthalb Zimmern bestand. Brodsky verabscheute den Namen Leningrad und sagte lieber »Pieter«, denn er erinnerte sich an diese Stadt in einer Zeit, »wo sie noch nicht wie ›Leningrad‹ aussah – gleich nach dem Krieg«. –

Auch die lange Liste der prominenten Besucher, auf die St. Petersburg so stolz ist, zeigt, wie nahe die Stadt einmal Europa war. Beeindruckt oder begeistert von Peters Stadt waren sie alle, Kritik oder Zweifel kamen selten auf.

Casanova, der 1765 »noch die ersten Anfänge« sah, quartierte sich preiswert in »einer großen, schönen Straße ein, die man Millionnaja nennt«. Er war skeptisch, die Existenz dieser Stadt kam ihm noch gegen Ende seines Lebens »unwahrscheinlich« vor. »Alles erschien mir, als hätte man es schon als Ruine erbaut [...].«

Auf *Denis Diderots* Aufenthalt in Petersburg im Herbst/Winter 1773/1774 weist eine Gedenktafel am Isaaksplatz 9 hin. Der berühmte

Franzose, Enzyklopädist und Philosoph, wollte zwei Monate bleiben und blieb fünf Monate, obwohl er das Klima nicht vertrug und die ganze Zeit kränkelte. Doch Petersburg jubelte. Diderot wurde dreimal wöchentlich von Katharina II. empfangen und diskutierte stundenlang mit ihr über Reformen, die sie nicht verwirklichte. Aber sie kaufte seine Bibliothek und stellte ihn als Bibliothekar seiner Bücher ein, die nun Ihrer Majestät gehörten. Schon vor seiner Russlandreise hatte Diderot der Kaiserin seinen Freund, den Bildhauer Etienne-Maurice Falconet, für ein Denkmal Peters des Großen empfohlen. Falconet traf 1766 in Petersburg ein und blieb zwölf Jahre. Wahrscheinlich ist kein anderes Denkmal Europas so oft von so prominenten Besuchern beschrieben und von Dichtern besungen worden wie dieses. Der Eherne Reiter ist der Geist des Ortes, seine Energie wirkt fort.

Im Januar 1809 kamen *Friedrich Wilhelm III.* und *Luise von Preußen* auf Staatsbesuch nach St. Petersburg. Sie wurden zarisch empfangen, der Einzug war feierlich. »Ein Galawagen mit sieben Fensterscheiben und acht Pferden nahm mich auf, und so zogen wir durch die mit Militär besetzten Straßen dem Schlosse zu. 46 Infanteriebataillone und vier Reiterregimenter standen in Parade«, notiert die Königin in ihrem Tagebuch. »Die Stadt ist außerordentlich schön«, schreibt sie an ihren Sohn Friedrich Wilhelm, den Kronprinzen, »man kann sie mit keiner anderen vergleichen, weil die Kanäle so breit und lang sind, dass alles ungeheuer groß sein muss, um Effekt zu machen, und dass alle Gebäude dennoch im *größten* Stil gebaut sind und auch solchen Effekt machen.«

Auguste-Frédéric-Louis Viesse de Marmont, Herzog von Ragusa, Sonderbotschafter König Karls X. bei der Krönung Nikolaus' I. im Juli 1826, war einer der wenigen Besucher, der fragte, ob St. Petersburg überhaupt Bestand haben werde. Diese schöne Stadt könne wegen des strengen zerstörerischen Klimas nur um den Preis fortgesetzter Ausgaben und ständiger Reparaturen erhalten werden. An dem Tag, an dem der Souverän entfernt werde und die Mittel für ihren Unterhalt weniger würden, sei ihr Untergang sicher. »Also kann man sagen, wenn es erlaubt ist, sich so auszudrücken, dass diese Stadt zur ewigen Jugend verdammt ist oder zum Untergang.«

Alexander von Humboldt, der Anfang Mai 1829 den Eisgang auf der Newa erlebte, wurde in der Stadt »von 8 Uhr morgens bis in die tiefe Nacht von Haus zu Haus getrieben« und sehnte sich »nach der freien Luft fern von den Städten«. Er wurde mehrfach vom Kaiserpaar zum Essen eingeladen, und Nikolaus I. persönlich führte ihn durch den Winterpalast. »Wir bleiben noch, um eine der Granitsäulen der Isaac-Kirche (60 Fuss und von einem Stücke) heute Morgen (in 30 Minuten) aufrichten zu sehen«, schreibt Humboldt seinem Bruder Wilhelm unter dem 19. Mai. Er erlebte eine technische Höchstleistung seiner Zeit. Einen Tag später brachen Humboldt und seine Begleiter nach Moskau auf.

Astolphe de Custine, Autor des russlandkritischen Bestsellers *La Russie en 1839*, Paris 1842, fand die berühmte Stadt »ihrem Rufe nicht entsprechend«, nannte sie »eine Stadt ohne Charakter«, »mehr pomphaft als imposant, mehr groß als schön« und glaubte, dass Petersburg untergehen werde, »sobald die Russen ihre Macht sich ausbreiten sehen. Ich glaube an die Dauer Petersburgs wie an die eines politischen Systems, wie an die Beständigkeit eines Menschen. Das kann man von keiner andern Stadt der Welt sagen.« Der Selbstherrschaft blieben noch 80 Jahre …

Alexandre Dumas, der 1858 zwei Monate an der Newa verbrachte, fand, dass in Petersburg wie in ganz Russland der beste Tee getrunken werde. Warum? Weil der dort getrunkene Tee auf dem Landweg herbeitransportiert wurde. Auf dem Seeweg verlor er laut Dumas an Geschmack. Der Franzose erlebte Petersburg als Stadt der Verbote, äußerte für das Rauchverbot auf dem Newski Prospekt wegen der Brandgefahr jedoch Verständnis. Da er mit dem berühmten schottischen Medium *Daniel Dunglas Home* angereist war, der seine Séancen selbst in den kaiserlichen Palästen abhalten durfte, während Dumas bestrebt war, zum Essen in die besten Häuser eingeladen zu werden, waren die beiden d a s Stadtgespräch des Sommers 1858. Dumas' *Russlandreise* wurde ein großer Erfolg.

Helmuth von Moltke, der spätere Generalfeldmarschall, der im August 1858 als Adjutant des Prinzen Friedrich Wilhelm von Preußen zur Krönung Alexanders II. über Petersburg nach Moskau reiste, mokierte sich über die Vorliebe der Russen »für Balkons und besonders für Säulen, die beide in diesem abscheulichen Klima geradezu widersinnig sind«. Auch Moltke sah die Notwendigkeit ständiger Reparaturen infolge der Feuchtigkeit.

Otto von Bismarck, der preußische Gesandte, der im März 1859 in St. Petersburg eintraf, fand erst nach langem Suchen ein passendes Gebäude für die Gesandtschaft. Er wusste natürlich, dass die Stadt schön war, »wenn ich mich aber dem Gefühl des Wunderns hingäbe, so würde es über die außerordentliche Belebtheit der Straßen sein«, schreibt er. Bismarck hatte viel Arbeit, aber zu wenig Geld, um gebührend am gesellschaftlichen Leben der Hauptstadt teilnehmen zu können. Am Englischen Kai 50 weist eine Plakette darauf hin, dass in diesem Haus der künftige Reichskanzler lebte. Bismarck behielt Petersburg in »angenehmer Erinnerung«.

Lewis Carroll, der berühmte Kinderbuchautor, reiste 1867 als Tourist nach St. Petersburg und fand die Stadt wunderbar, herrlich und »so durchaus verschieden von allem, was ich je gesehen habe, dass mir ist, ich könnte und müsste damit zufrieden sein, tagelang nichts anderes zu tun, als in ihr herumzuspazieren«. Die Entfernungen in der Stadt waren enorm, und Carroll schien, »als ob man in einer Stadt für Riesen umherginge«.

Marc Chagall kam Anfang 1907 aus Witebsk nach St. Petersburg, um hier zu studieren, fiel aber durch die Zulassungsprüfung für die *Kunst- und Handwerksschule des Barons Stiglitz* und musste auf die weniger exklusive Schule der *Kaiserlichen Gesellschaft zur Förderung der Bildenden Künste* gehen, in der er nach eigener Aussage nichts lernte. Als Jude aus dem Ansiedlungsrayon konnte er nicht ohne Wohnberechtigung in Petersburg leben, und seine Mittel erlaubten ihm nicht, ein Zimmer zu mieten. Er musste sich mit Zimmerecken begnügen. Eine Zeitlang holte er sich einmal im Monat in der Millionnaja 14 bei Baron David G. Günzburg, dem Bankier, Industriellen und bekannten Orientalisten, dürftige 10 Rubel Fördergeld ab. Danach brachte er sich als Schildermaler durch. 1910 ging Chagall nach Paris.

Nach dem Oktoberumsturz 1917 und der Rückverlegung der Hauptstadt des Landes nach Moskau Anfang 1918 erlebt Petrograd zum ersten Mal, was später als Generalprobe für die Blockade im Zweiten Weltkrieg bezeichnet wurde: Krieg, Gewalt, Hunger, Tod, Entvölkerung, Terror. »Petropolis verwandelt sich in Nekropolis«, notiert Nikolai P. Anziferow im März 1922 und »fixiert Petersburg im Augenblick seines Verschwindens« (Karl Schlögel).

Wenig später bestätigt *Stefan Zweig* den Befund. Mit dem Sturz der Monarchie habe »diese Stadt ihren lebendigen Sinn verloren«. In den Augen anderer Besucher hatte sie jedoch einen neuen Sinn erhalten – als »erste Zitadelle der Sowjetmacht« und als »neue, rein und bewusst proletarische Zivilisation«.

André Gide konnte sich »keine schönere Stadt, keine harmonischere Verschmelzung von Stein, Metall und Wasser« vorstellen. »Sankt Petersburg ist wie ein Traum von Baudelaire.« Gide hat 1936 nicht gemerkt, dass die Stadt vor Angst zitterte, weil die Geheimpolizei jederzeit jeden holen konnte. »Leicht und heiter weht hier der Geist.« Ein fataler Irrtum.

Eine Atempause war den Leningradern nicht vergönnt. Hitler hatte beschlossen, die Stadt auszuhungern und dem Erdboden gleichzumachen. Der Leningrader Blockade (1941–1944) fielen annähernd zwei Millionen Menschen zum Opfer – eines der schlimmsten Kriegsverbrechen der Deutschen an der Ostfront, das die Bezeichnung »Leningrader Holocaust« nahelegt.

Die Nachkriegsjahre dauerten Jahrzehnte, und noch Anfang der 1990er-Jahre sah die Stadt an manchen Stellen aus wie gegen Kriegsende. Nicht umsonst wurde hier im Jahre 2000 der Film *Der Untergang* gedreht, und es ist verbürgt, dass ältere Leningrader zu Tode erschraken, als sie Bruno Ganz beim Set in der Maske Adolf Hitlers erblickten.

Der Übergang zur Marktwirtschaft war auch für St. Petersburg schmerzhaft. Es kam zu erheblichen Versorgungsengpässen. Die Stadt sah verkommen aus, Ratten liefen am helllichten Tag über die Straßen. An den Wegen und vor den Kirchen verkauften alte Frauen Selbstgestricktes. Wenige wurden schnell sehr reich, die Mehrheit der Bevölkerung verarmte.

Rechtsradikale Gruppen entstanden, Angriffe auf Farbige waren keine Seltenheit. Beim Gostinny dwor am Newski Prospekt konnte man problemlos *Mein Kampf* erwerben, und Europas rechtspopulistische Parteien begannen, sich ausgerechnet in dieser Stadt mit russischen Gesinnungsgenossen zu treffen. Nach *Focus*-Recherchen bilden russische Rechtsextremisten seit einigen Jahren in einem Camp in Stadtnähe deutsche Neonazis militärisch aus.

Um die Jahrtausendwende war die Fernsehserie *Banditski Peterburg (Banditenpetersburg)* ein Straßenfeger. Politische Morde, Bandenkriege und Schutzgelderpressung waren an der Tagesordnung. Kriminelle Autoritäten drängten in die Politik. Die ehemalige Hauptstadt war in Gefahr, ihren in Jahrhunderten erworbenen Ruf zu verlieren.

Nach einer landesweiten Erhebung lebten Mitte der 1990er-Jahre immer noch 22,4 Prozent der Petersburger in einer Kommunalka, einer Gemeinschaftswohnung, in der mehrere Familien zusammenleben und sich Bad und Küche teilen. Selbst zu Beginn des 21. Jahrhunderts hatten Überlebende der Leningrader Blockade immer noch keine eigene separate Wohnung. Aber in der Innenstadt waren elegante Altbauwohnungen und vor den Toren der Stadt schicke

Datschensiedlungen entstanden. Hunderttausende Petersburger sind seit 1991 emigriert, viele nach Israel. Neue Minderheiten haben sich gebildet, Arbeitsmigranten aus Mittelasien und dem Kaukasus, die vorwiegend in den Schlafstädten untergekommen sind. Hin und wieder ist von ethnischen Spannungen die Rede.

Der 300. Geburtstag, im Mai 2003 mit Staatsbesuch aus aller Welt pompös gefeiert, hat St. Petersburg ins Bewusstsein der europäischen Öffentlichkeit zurückbefördert. Doch Nachrichten aus der Großen Stadt fließen spärlich. Wie eh und je sitzen die Korrespondenten in Moskau und reisen wenig. Nur außergewöhnliche Anlässe wie ein Terroranschlag, der FIFA Confederation Cup oder eine Fußballweltmeisterschaft locken sie nach Petersburg. Dann stellt der erstaunte Europäer fest, dass man dort auch Fußball spielt, sogar guten Fußball. Wer hätte das gedacht!

»Wenn aber Petersburg nicht die Hauptstadt ist, dann gibt es gar kein Petersburg, dann existiert es nur dem Anschein nach«, schreibt Andrej Belyj, oft zitiert, im Prolog seines großen Petersburg-Romans aus dem Jahr 1913. Doch St. Petersburg, obwohl schon lange nicht mehr Regierungssitz, ist noch da. Natürlich. Es existiert nicht nur dem Anschein nach, es existiert real, als Russlands »Nördliche« Hauptstadt, als großer Ostseehafen, als wichtiges Wirtschafts-, Industrie- und Wissenschaftszentrum, als Tagungsort der Interparlamentarischen Versammlung der Gemeinschaft Unabhängiger Staaten (GUS), als ewige Rivalin Moskaus und als Welterbe der Unesco, die das historische Zentrum mit seinen mehr als 2000 Palästen, Kirchen und Prunkbauten 1990 wegen seiner »Einzigartigkeit, Authentizität und Integrität« auf die Liste des Weltkulturerbes setzte. Als weltbestes Kultur-Reiseziel hat die Stadt seither mehrfach den World Travel Award, den begehrtesten Preis der Tourismusindustrie, erhalten. Zudem veranstaltet St. Petersburg seit 1997 alljährlich ein internationales Wirtschaftsforum, ein russisches Davos, das Akteure aus Politik und Wirtschaft aus mehr als 100 Ländern zu Kontakten und Geschäftsanbahnungen nutzen, und es entsendet weiter große Künstler wie Valery Gergiev und Anna Netrebko in die Konzertsäle und Opernhäuser der Welt.

Somit belegen Politik, Wirtschaft, Tourismus, Sport und Kultur, dass St. Petersburg Geltung zurückgewonnen hat, und allmählich dämmert es den Europäern, dass Russland zwei Hauptstädte hat. Doch als Kulturhauptstadt gilt St. Petersburg und nicht etwa Moskau. Andrej Belyj ist widerlegt.

I. Die Gründung

Das bronzene Reiterstandbild Peters des Großen auf dem Senatsplatz, das bekannteste Wahrzeichen der Großen Stadt, heißt im Volksmund und in der Literatur der »eherne Reiter«. Der Beiname des 1782 eingeweihten Denkmals, das der französische Bildhauer Etienne-Maurice Falconet im Auftrag Katharinas II. schuf, geht auf das berühmte Poem *Der eherne Reiter* (1833) von Alexander Puschkin zurück, eine »Petersburger Erzählung«, der ein »wirkliches Ereignis« zugrunde lag, nämlich die verheerende Überschwemmung vom 7. November 1824, als der Wasserspiegel auf 3,4 Meter über normal stieg. Puschkins letztes Poem, das eine Antwort auf den antizaristischen Dramenzyklus *Ahnenfeier* seines polnischen Freundes Adam Mickiewicz war und am Anfang des *Petersburger Textes* der russischen Literatur steht, handelt vom Kampf eines kleinen Beamten gegen die feindliche Umwelt und den plötzlich lebendig gewordenen Giganten auf dem Bronzeross, »durch dessen kaiserliches Wort die Stadt entstand«. Von der Naturgewalt bedroht, von dem »großen Städtebauer« verfolgt, den zu kritisieren er gewagt hat, weil jener die Stadt ungeschützt auf Wassergrund errichten ließ, verliert Eugen, der dreiste Empörer, den Verstand und das Leben. Doch die ersten Strophen des *Ehernen Reiters* handeln vom Ursprung der Stadt, der vor allem durch dieses Poem zur Legende, zum Mythos, wurde. Erst spätere Autoren stellen die Gründung als das dar, was sie tatsächlich war: ein Gewaltakt, der unzählige Menschenleben kostete, vollzogen von einem Despoten, der meinte, den gesunden Menschenverstand und die Natur herausfordern und bezwingen zu können. »Peters Schöpfung« im sumpfigen Delta der Newa war kein Ort zum Leben, sondern ein Ort zum Sterben, kein »Paradies«, sondern ein Friedhof, die falsche Stadt am falschen Ort, Symbol des Bruchs mit Moskowien und Symbol eines von Anfang an umstrittenen Reformprozesses, der Russland in eine ungleiche Entwicklung trieb. Diskutiert wird über die Stadtgründung bis heute. War es richtig, die Stadt am Rande des Imperiums zu gründen? War es richtig, dem Land einen Reformkurs aufzuzwingen, der es von seinen Wurzeln trennte? Als die Selbstherrschaft zunehmend in Frage gestellt wurde, sahen viele Intellektuelle die Stadt als deren Verkörperung und den »Ehernen Reiter« als Sinnbild des aussichtslosen Kampfes des Einzelnen gegen staatliche Allmacht. Schon Nikolaus I. hatte erraten, worum es Puschkin ging, den Text persönlich zensiert und Änderungen verlangt, die der Dichter ablehnte. Das Poem erschien, leicht verändert, erst nach Puschkins Tod.

Alexander Puschkin
(1799–1837)

»Hier werde eine Stadt am Meer«

Er stand am weltumspülten Strand
In tiefem Sinnen, unverwandt
Ins Ferne schauend. Bleiern zogen
Die Fluten durch das niedre Land;
Ein Kahn trieb einsam auf den Wogen,
Und hier und da im Ufermoor
Stach eine Hütte grau hervor,
Die karge Wohnstatt eines Finnen,
Und Wald, in den sich nie verlor
Ein Sonnenstrahl durch Nebellinnen,
Rauschte ringsum.
Stolz dachte er:
»Von hier aus drohen wir dem Schweden.
Hier werde eine Stadt am Meer,
Zu Schutz und Trutz vor Feind und Fehden.
Hier hatte die Natur im Sinn
Ein Fenster nach Europa hin*,
Ich brech es in des Reiches Feste;
Froh werden alle Flaggen wehn
Auf diesen Fluten, nie gesehn,
Uns bringend fremdländische Gäste.«

* Zitiert nach Algarotti.

Peter I. denkt über den Bau Sankt Petersburgs an der Ostseeküste nach, Alexander Benois, Aquarell, 1916

Hin gingen hundert Jahre – und
Das Wunder mitternächt'ger Lande,
Die Stadt, wuchs auf aus Meeresgrund,
In stolzem, prunkvollem Gewande:
Wo einst der Stiefsohn der Natur,
Der Finne, sein betrübtes Leben
Erstritt durch Netz und Angelschnur
An öden Ufern – heute streben
An dem in Stein gefassten Strand
Empor in goldnem Kuppelbrand
Kirchtürme, schimmernde Paläste,
Und Schiffe schneiden durch die Flut
Aus aller Welt, voll reichem Gut,
Begrüßt als gern willkommne Gäste;
Die Newa hüllte sich in Stein;
Die Wasser überspannen Brücken,
Und dunkelgrüne Gärten schmücken
Der Inseln malerische Reihn.
Und vor der jungen Metropole,
Neigt Moskau demütig das Haupt,
wie vor der Kronengloriole
Die Zarinwitwe, machtberaubt. […]

Adam Mickiewicz
(1798–1855)

»Vom Teufel erstellt«
[…] Welchen Ursprung hat die Hauptstadt aller Reußen?
Was vermochte diese slavischen Millionen,
Sich der Mühe solchen Landes zu befleißen,
Abgerungen einem Meer und den Tschuchonen?
Diese Erde, die nicht Brot und Früchte gibt,
Schnee und Regen bringt dem Lande nur der Wind;
Streng und unstet, wie Despoten es beliebt,
Zeiten, die zu heiß, bald zu frostig sind!
Nicht dem Volk gefiel's. – Die sumpfig-kot'ge Statt
Hat dem Zaren zugesagt, da ließ er bauen
Seine Residenz, nicht seines Volkes Stadt:
Alle Menschen sollten seine Allmacht schauen. –

In den Treibsand, in des rohen Sumpfes Massen,
Hat er Hunderttausende von rohen Pfählen,
Hunderttausend Sklavenleiber rammen lassen.
Um auf Leibern, Balken diesen Grund zu stählen,
Boden, da er andre Generationen
Spanne vor die Boote, Karren, vor die Wagen,
Um aus fernen Meeren, fremden Regionen
Bauholz herzuschaffen, Steine herzutragen.

Dacht' er an Paris – schon ließ er seine besten
Plätze bauen. Da er Amsterdam gesehen,
Ließ er Wasserstraßen, Damm an Damm erstehn.
Hörte er von großen römischen Palästen –
Sieh, da stehn sie. Und Venezia, die Schöne,
halb an Land und bis zum Gürtel hin im Meer,
Eine märchenhaft-betörende Sirene,
Hat's dem Zaren angetan – So musste er
In der Stadt die Sümpfe in Kanäle fassen,
Brücken drüberspannen, Gondeln gleiten lassen.
Hat Paris, Venedig, London obendrein,
Hat nicht deren Leben, Schönheit, Charme allein.
Unter Architekten ward ein Sprichwort laut:
Da von Menschenhänden Rom ward aufgestellt,

Und Venedig ward von Göttern aufgebaut;
Wer indessen jemals Petersburg geschaut,
Sagt: der Teufel war's, der diese Stadt erstellt.

Alexei Tolstoi
(1883–1945)

»… die Festung Pieterburg zu nennen«

Mürrisch dreinblickend, ein frisches, grellrotes Brandmal auf der Stirn, die nackten Füße in Eisenketten auf dem Gerüst gespreizt, umklammerte Fedjka Wasch-dich-mit-Dreck den langen Handgriff seiner Eichenramme und ließ sie mit weit ausholender Armbewegung auf einen Pfahl niederfallen … Ein kräftiger Mann war er. Die anderen verfolgten aufmerksam – der eine hatte den Karren niedergesetzt, der andere stand mit emporgestrecktem Bart bis an die Hüften im Wasser, ein dritter hatte den Balken von der Schulter zu Boden geworfen –, wie sich der Pfahl mit jedem Schlag immer tiefer in das schlammige Ufer eingrub.

Es war der erste Pfahl, den man einschlug, um das Ufer der kleinen Insel Janni-saari, was auf Finnisch Haseninsel bedeutet, zu befestigen. Vor drei Wochen hatten die russischen Truppen, etwa zwei Werst flussaufwärts, den mit Erdwällen verschanzten Platz Nyenschanz an der Newa zur Kapitulation gezwungen. Die Schweden hatten die Newa-Ufer aufgegeben und sich hinter den Sestra-Fluss zurückgezogen. Die schwedische Flotte lag aus Furcht vor Untiefen weit draußen in der Bucht, ihre Segel schimmerten fern auf der sonnenbestrahlten, wogenden Flut. Zwei kleine Schiffe hatten es gewagt, in die Newa-Mündung bis zur Insel Hirwi-saari einzulaufen, wo hinter einem Verhau die Batterie des Hauptmanns Wassiljew verborgen war, sie wurden jedoch von Galeeren umringt und geentert.

Nach blutigem Ringen war der Weg aus dem Ladoga-See ins offene Meer frei. Aus dem Osten kamen zahllose Wagenzüge. Haufen von Arbeitern und Sträflingen. Peter hatte Romodanowskij geschrieben: »… hier fehlt es gar sehr an Leuten, befiehl allen Städten, Ämtern und Behörden, die Diebe und Räuber zu sammeln und hierherzuschicken.« Tausend und abertausend Arbeiter, die tausend und abertausend Werst zurückgelegt hatten, wurden auf Flößen und in Booten ans rechte Newa-Ufer, auf die Insel Koibu-saari, übergesetzt, wo Zelte und Erdhütten am Ufer standen. Holzfeuer rauchten, Äxte klangen und Sägen kreischten. Hierher, an den Rand der Welt, kam in unübersehbarem Zuge Arbeitsvolk, um nie wieder zurückzukehren. Vor Koibu-saari – auf der Newa – auf der sumpfigen Insel Janni-saari, schritt man, um die schwer errungene Mündung aller Handelsstraßen des russischen Landes zu schützen, zum Bau einer Festung mit sechs Bastionen. »… Mit der Leitung der Bauarbeiten werden sechs Befehlshaber betraut: die erste Bastion baut Bombardier Peter Alexejew [d. h. Peter I. persönlich] die zweite Menschikow, die dritte Fürst Trubezkoi, die vierte der Fürst-Papst Sotow …« Nach der Grundsteinlegung wurde während des großen Gelages in Peters Erdhütte bei Trinksprüchen und Böllerschießen beschlossen, die Festung Pieterburg zu nennen.

Jacob von Stählin, Gelehrter, russländischer Staatsrat (1709–1785)

… einen Hafen an der Ostsee zu besitzen

Bei manchen mag wohl auch die Nachricht von der Anlage von Petersburg und wie es zugegangen, dass diese Stadt so schnell erbaut und in so wenig Jahren, als wohl niemals auch nur die kleinste Stadt entstanden ist, so groß, so weitläufig und so ansehnlich geworden, für eine Anekdote gelten. Der Zar Peter hatte schon lange vor dem Kriege mit Schweden Lust bekommen, einen Hafen an der Ostsee zu besitzen, um seine Lieblingssache, die Schifffahrt, in dieser ihm zu vielerlei Absicht so wohl gelegenen Gegend zu treiben und eine Flotte daselbst zu erbauen. Sobald es ihm nun durch den Krieg gelungen war, sich der Gegend, wo nun Petersburg steht, zu bemeistern, nahm er sich auch vor, eine Stadt daselbst zu bauen, nämlich sein geliebtes St. Petersburg. Im Jahre 1703 fing er wirklich an, den Grund seiner Stadt mit einer Festung an der einen Seite der Newa und einer Admiralität an der andern zu legen. Vor sich fand er in der ganzen Gegend nichts als eine einzige hölzerne Fischerhütte auf der Festungs- oder der sogenannten Petersburgischen Seite, darinnen er sich anfänglich aufgehalten hat und die noch bis auf den heutigen Tag zum Andenken beibehalten worden und noch unter einem Dache zwischen steinernen Pfeilern und Bogen zu sehen ist. Anfänglich ging es zwar mit diesem neuen Anbau etwas langweilig und willkürlich zu. Der Zar konnte das Ende des kaum angefangenen Krieges noch nicht voraussehen und die Beibehaltung des eingenommenen Landes an der Newa sich ebenso gewiss noch nicht versprechen. Sobald er aber nach der gänzlichen Niederlage der schwedischen Armee bei Poltawa 1709 den sichern Schluss und die gewisse Rechnung machen konnte, dass die bis dahin eroberten Länder an der Ostsee und die Mündung der Newa ihm niemand mehr aus den Händen reißen würde, fing er nun ohne weiteren Anstand an, im Ernst auf die völlige Erbauung Petersburgs zu denken und von nun an Anstalten zur Ausführung dieses Vorhabens zu machen. Ehe er aber die Hand an das Werk selbst legte, woran er ohnehin durch die eifrige Fortsetzung des Krieges von vielen Seiten noch einige Jahre abgehalten ward, entwarf er sich verschiedene Pläne zur Anlage seiner neuen regulären Stadt, denn was bisher hin und wieder gebaut worden, war nur aus Not, ohne Zusammenhang und allen Plan. Darunter gefiel ihm denn derjenige am meisten, der die meiste Ähnlichkeit mit der Anlage der weltberühmten Stadt Amsterdam, sonderlich in Ansehung der dortigen vielen Grachten (Kanäle), hatte. Denselben wollte er nun auf einer von den verschiedenen Inseln der Newa, und zwar vorzüglich auf der mittleren, anlegen, die damals schon den noch beibehaltenen Namen Wasilij-Ostrow (Basili-Insel) führte. Diese zu schwedischen Zeiten noch ganz öde gelegene Insel hatte damals noch keinen Namen. Ihre Benennung aber ist eine Anekdote, sie stammt von dem Namen eines Offiziers einer russischen Bombardierkompanie, Wasilij Dimitrijewitsch Kartschmin, her. Als im Jahr 1703 der Zar Peter noch ohne Flotte, allein mit sechzig Lotgen oder schlechten kleinen Fahrzeugen, zwei bei dieser Insel in der Mündung angekommene schwedische Kriegsschiffe unvermutet angegriffen und erobert hatte und hernach ein paar Batterien zur Bestreichung der Mündung und zum Abhalten feindlicher Fahrzeuge von der Newa anlegen lassen, war dieser Wasilij mit einem Kommando Kanoniers und Bombardiers* daselbst postiert. Da nun dieser Wasilij viele Jahre lang mit seinem Kommando auf der Insel stand und alle zarischen und anderen Befehle an denselben allezeit an Wasilij auf der Insel überschrieben waren, so wurde sie von jedermann Wasilij-Insel (russisch Wasilij-Ostrow) genannt. Mitten durch dieselbe in der großen Perspektive sollte ein großer Kanal in gerader Linie

* Bombardier, Unteroffizier bei der Artillerie, Vorgesetzter der Kanoniere. – Kanonier, unterster Dienstgrad bei der Artillerie.

von der kleinen Newa in den Meerbusen und so wieder ein anderer in der kleinen Perspektive hundert Faden weit von der großen und parallel mit demselben, zwölf kleinere aber von der kleinen Newa in die große quer durch die Insel gezogen werden, nämlich mitten in jeder Gasse einer, zwischen zwei Linien oder Reihen Häuser, deren jedes mit einem Hof- und Gartenplatze versehen war. Das von solchen Kanälen ausgegrabene Erdreich sollte teils zur Erhöhung der etwas niedrigen Insel selbst, teils zu einer Befestigung rings um die neue Stadt mit einem Walle und gleichweit abstehenden Bollwerken nach Coehorns Manier angewendet werden. In dem großen Kanale sollten die Schiffe von Kronstadt herauf gerade vor die Packhäuser und die Börse und von da wieder beladen nach Kronstadt in die See gehen; die kleinen Kanäle aber in den Quergassen oder Linien sollten für Barken, Boote und andere kleine Fahrzeuge zur bequemen Zufuhr aller Notwendigkeiten der Einwohner von einem Arm der Newa in den andern dienen. In der großen und kleinen Perspektive waren vielerlei Marktplätze und fast mitten auf der Insel ein schöner Lustgarten, eine Werste lang und breit, zum allgemeinen Spaziergange und tiefer hinunter, gegen die See zu, Triften zu gemeinen Viehweiden gelassen worden.

Dieser neuen Stadt gegenüber, am gegenseitigen oder linken Ufer der großen Newa, war bereits das Admiralitätsgebäude, mit Wall und Graben und Bastions befestigt, und darin die Schiffswerft angelegt zu sehen, wo Kriegsschiffe und andere Fahrzeuge gebaut wurden.

In der Nähe derselben auf der davon genannten Admiralitätsseite oder Stadtviertel waren die Wohnungen der Seeoffiziere, Schiffbauer, Schiffszimmerleute und Matrosen gelegen, davon sind noch heutzutage nur die Benennungen der Straßen, die kleine und große Morskoj (Seegassen), übrig. […]

Endlich, mit dem Jahre 1714, da sich der Zar im Besitz einer seiner vornehmsten Eroberungen befand, das vorteilhafteste Ende des Krieges übersehen konnte und nun mehr Sorge als vorher auf die Ausführung seiner Absichten in Zivilsachen verwenden konnte, erschien seine gedruckte Ukase zur unverzüglichen Erbauung seiner neuen Stadt auf der Wasilij-Insel.

Zufolge dieses durch das ganze eigentliche Russland ergangenen Befehls mussten sowohl geistliche als weltliche Güterbesitzer, Klöster und Edelleute, nach einer ihren Besitzungen angemessenen Größe Häuser auf Wasilij-Ostrow auf ihnen angewiesenen Plätzen und nach dem einem jeden angewiesenen Plane von sechs, zehn, zwölf, fünfzehn bis zwanzig Faden in die Länge bauen und binnen drei Jahren, bei Strafe der Konfiskation ihrer Güter, in vollkommenen wohnbaren Zustand setzen.

Zum Behuf sotaner Ausführung waren zugleich alle befördernden Mittel veranstaltet, dass sich niemand über den Mangel an Materialien und Bauleuten beschweren oder damit entschuldigen konnte. In einem besonders eingerichteten Baukontor unter dem italienischen Baumeister Tressino [Domenico Trezzini] konnte jeder ohne Aufenthalt den Riss zum Bau nach seiner Nummer unentgeltlich bekommen. Einige Werste von Petersburg, oberhalb der Newa an der Schlüsselburgischen Landstraße, waren so viele Ziegelhütten angelegt, dass sie millionenweise Ziegel zu liefern imstande waren, Bauholz, Kalk und Plieten* zu Grundlagen wurden in zureichender Menge aus den Gegenden der Ladoga und dem Nowogorodischen Gouvernement zu Wasser angeführt und für gesetzte sehr billige Preise überlassen. Bretter, Dielen und Latten lieferten die um Petersburg angelegten Wind- und Wasserschneidemühlen reichlich, und zu Zäunen, Ställen und andern Hofgebäuden brachten das Holzwerk etliche tausend jährlich aus dem Lande über die Ladoga auf der Newa mit allen Arten von Waren und Proviant ankommende Barken. Bau-, Zimmer- und andere Werkleute wurden auf zarischen Befehl in Menge aus dem innern Russland zur Arbeit nach Petersburg geschafft, und sogar zur ersten Pflasterung der Straßen war längst vorher schon verordnet, dass kein Fahrzeug, weder zu Lande noch zu Wasser, bei Geldstrafe nach Petersburg reingelassen werden sollte, welches nicht nach dem Verhältnis seiner Größe zehn, zwanzig und mehr Feldsteine mit aufgeladen und bei Schlagbäumen der Stadt an die zum Empfang derselben verordneten Kommissariate abliefern würde. Wie es nun in Abwesenheit des Zaren mit dem eifrigen Bau dieser neuen Stadt auf Wasilij-Ostrow ergangen sei, wie sie Seine Majestät bei Dero Zurückkunft aus Frankreich (1718) fast gänzlich fertig, aber auch zu seinem empfindlichsten Verdruss in der Hauptsache wider seine Absicht mit unverbesserlichen Fehlern angelegt gefunden, sie deshalb verlassen und den weiteren Anbau nicht mehr betrieben habe, ist aus der folgenden Anekdote zu sehen.

Autor: van Bruyns, Generalequipagemeister des Admiralitätskollegiums

---

* Kleine Plattfische, zählen zu den Karpfenfischen.

Verdorbene Kanäle und Linien!

Man wundert sich manchmal, warum die auf Wasilij-Ostrow zu Petersburg angefangenen Kanäle durch die Linien oder Gassen nicht sämtlich ausgeführt und zustande gebracht worden; davon habe ich gelegentlich folgende wahre Umstände und Ursachen erfahren. Nachdem der Zar Peter verschiedene Vorschläge zur Anlage der Stadt Petersburg untersucht und aus Liebhaberei fürs Wasser denjenigen erwählt hatte, nach welchem die Hauptstadt auf der Insel, Wasilij-Ostrow genannt, angelegt, die Insel mit Bollwerken umgeben und in der Mitte der Linien der Straßen Kanäle zur Gemeinschaft der großen und kleinen Newa dienen sollten, vergaß der Herr, genau zu befehlen, wie breit die Straßen zwischen den Linien und folglich der Kanal in der Mitte angelegt werden sollte, oder er verließ sich vielmehr auf den Verstand derjenigen, denen die Ausführung anbefohlen worden, dass sie der Hauptabsicht gemäß die gehörige Breite der Kanäle, auf welchen wenigstens ein paar Barken oder andere Fahrzeuge einander ausweichen könnten, nicht außer Augen lassen würden. Darauf reiste der Zar zu seiner Armee und ein paar Jahre darauf, 1716, nach Holland und Frankreich, mit hinterlassenem Befehl, so schleunig an diesem Werke zu arbeiten und es instand zu setzen, als es immer möglich wäre. Als er nun nach etlichen Jahren (1718) nach Petersburg zurückkam, war sein Erstes, dass er sich in einer Schaluppe nach Wasilij-Ostrow begab, um die ziemlich weit gebrachten Linien und Kanäle in Augenschein zu nehmen. Daselbst fand der Herr zu seinem größten Vergnügen die meisten Linien bereits mit hölzernen und teils steinernen Häusern, insonderheit aber der ersten Linie gegenüber mit dem prächtigen Palast des Fürsten Menschikow und einem langen steinernen Flügel am Kanal hinauf besetzt und bebaut. Sogleich fiel ihm aber auch zum größten Verdruss das allzu enge Maß von der Breite der Kanäle und Gassen an den beiden Seiten in die Augen. Er schwieg erst ganz und schüttelte nur zum öftern mit dem Haupte bei der Betrachtung dieses vermutlichen Fehlers, traute sich aber selbst noch nicht recht zu, ob die Kanäle schmäler als die Grachten in Amsterdam wären, nach welchen er eigentlich die seinigen anzulegen gedacht hatte. In solchem Zweifel fuhr er von da geradenwegs nach dem Quartier des holländischen Residenten, Herrn de Wilde, und fragte ihn, ob er ihm nicht sagen könnte, wie breit eigentlich die Grachten und Kanäle von Amsterdam wären. Der Resident antwortete Seiner Majestät, dass er es eigentlich nicht auswendig anzugeben vermöchte, er holte aber einen Plan von Amsterdam mit dem Maßstabe hervor und legte ihn dem Zar vor, der sogleich seinen Zirkel herauszog, das Maß der breitesten und schmalsten Grachten abnahm und in seine Schreibtafel schrieb. Hierauf ersuchte er den Herrn von Wilde, sich bei ihm in die Schaluppe zu setzen und nach seinen neuen Grachten auf Wasilij-Ostrow zu fahren. Daselbst ließ der Herr die Breite etlicher der ersten Kanäle und Gassen messen, und als er fand, dass die Straßen an den beiden Seiten der Kanäle und der Kanal selbst zusammen kaum so breit angelegt waren, als eine Gracht allein in Amsterdam, ohne die Straßen zu beiden Seiten mitgerechnet, ist, schrie der Herr im Zorn aus und sagte: »Hol es der Teufel, es ist allzusammen verdorben!« und fuhr zurück nach Hofe.

Dass die misslungene Absicht des Monarchen bei diesem Stadtbaue Seiner Majestät nachmals lange im Kopf herumgegangen sein müsse, war gar deutlich zu merken. Bei aller Gelegenheit warf es der Zar dem Fürsten Menschikow, dem die Oberaufsicht über diesen Bau anvertraut gewesen, bitterlich vor. Von Zeit zu Zeit fuhr Seine Majestät in der Schaluppe nach Wasilij-Ostrow, betrachtete die ausgebauten Linien von mehr als tausend Häusern und die teils vollendeten, teils angefangenen Kanäle manchmal stundenlang und fuhr wieder davon, ohne ein Wort zu sprechen. Endlich, als das Jahr darauf der große Architekt le Blond, den der Zar zu Paris in seine Dienste angenommen hatte, zu Petersburg angekommen war, führte er denselben sogleich nach Wasilij-Ostrow, ging die ganze Insel mit ihm, den Plan in der Hand, durch und fragte ihn endlich nach etlichen Stunden: »Nun, mein Herr le Blond, was ist da nach meinem Plane zu tun?« Le Blond zuckte die Achseln und sagte: »Raser, Sire, raser, da ist anders nichts zu tun als abzubrechen und von neuem zu bauen, die Kanäle zu füllen und andere zu graben.« Der Zar antwortete darauf: »Das habe ich gedacht«, begab sich wieder in die Schaluppe und fuhr davon. Nachmals hat er le Blond mit andern ansehnlichen Werken zu Peterhof und auf andern Plätzen beschäftigt, von Wasilij-Ostrow aber niemals mehr gesprochen.

Autor: Herr de Swart, holländischer Resident und Successor des oben erwähnten Herrn de Wilde, bei dem er damals als Legationssekretär zu Petersburg gestanden.

Über die Verlegung der Hauptstadt von Moskau nach St. Petersburg 1712 liegt kein schriftliches Dokument vor. Sie erfolgte durch den Umzug des Hofes und der Reichsinstitutionen an die Newa.

Dmitri Mereschkowski
(1865–1941)
Tagebuch der Hofdame Arnheim* 1. Mai 1714

»Ein zweites Amsterdam«
[...] Es gibt hier eine Menge Kanäle. »Wenn Gott mir Leben und Gesundheit gibt, wird Petersburg ein zweites Amsterdam werden!« prahlt der Zar. »Alles soll so eingerichtet werden, wie es in Holland Sitte ist.« Diese Worte kehren in jedem seiner Ukase von der Erbauung der Stadt wieder.

Der Zar hat eine Vorliebe für gerade Linien. Alles, was geradlinig und regelmäßig ist, erscheint ihm schön. Wenn es möglich wäre, würde er die Stadt mit Lineal und Zirkel erbauen. Den Einwohnern ist befohlen, »die Häuser in einer Linie zu bauen, sodass kein Gebäude vor oder hinter der Linie zu stehen komme, damit alle Straßen und Gassen gleichmäßig und schön werden«. Jedes Haus, das aus der Linie herausjagt, wird erbarmungslos niedergerissen.

Der Stolz des Zaren ist die unendlich lange, gerade, die ganze Stadt durchschneidende »Newa-Perspektive«. Sie liegt ganz einsam mitten im ödesten Sumpf, ist aber bereits mit drei und vier Reihen verkümmerter Linden bepflanzt und sieht wie eine Allee aus. Sie wird außerordentlich rein gehalten. Jeden Sonnabend wird sie von schwedischen Gefangenen gekehrt.

Auf vielen dieser geometrisch geraden Linien der projektierten Straßen gibt es noch fast keine Häuser. Nur die Absteckpfähle ragen hervor. Auf anderen Straßen, die bereits vorhanden sind, kann man noch die Spuren alter Ackerfurchen sehen.

Die Häuser werden zwar aus Ziegelsteinen, die »nach der Vorschrift des Vitruvius« hergestellt sind, gebaut, aber so nachlässig und eilig, dass sie einzustürzen drohen. Wenn man durch eine Straße fährt, erzittern alle Häuser: der sumpfige Grund schwankt allzu sehr. Die Feinde des Zaren prophezeien, dass einst die ganze Stadt in den Sumpf versinken wird.

Einer unserer Begleiter, der alte Baron Löwenvold, der Generalkommissar von Livland, ein freundlicher und kluger Mann, erzählt uns manches Interessante über die Gründung der Stadt.

* Hofdame der Charlotte von Braunschweig-Wolfenbüttel, die 1715 den Zarewitsch Alexej Petrowitsch, Peters Sohn, heiratete.

Porträt Zar Peters des Großen, Jean Marc Nattier, Ölgemälde, 1717

Zur Errichtung der ersten Erdwälle der Peter-Pauls-Festung brauchte man trockene Erde; in der Nähe gab es aber nichts als Schlamm und Moos. Man beschloss daher, Erde von entfernteren Plätzen in alten Säcken, Bastmatten und selbst in Kleiderschößen zu den Bastionen herbeischleppen zu lassen. Bei dieser Sisyphusarbeit gingen zwei Drittel der Unglücklichen zugrund, hauptsächlich infolge der gottlosen Gaunerei und Dieberei derjenigen, die für den Unterhalt der Arbeiter sorgen sollten. Monatelang bekamen sie kein Brot zu sehen, das übrigens in dieser öden Gegend oft um kein Geld aufzutreiben ist. Sie lebten von Kohl und Rüben, litten an Ruhr und Skorbut, schwollen vor Hunger, froren in Erdlöchern, die Tierhöhlen glichen, und starben wie die Fliegen. Die Errichtung der Festung auf dem »Lusteiland« (eine nette Bezeichnung!) kostete allein hunderttausend Ansiedlern das Leben, die man wie Vieh von allen Enden Russlands hierher zusammengetrieben hatte. Diese naturwidrige Stadt, dieses entsetzliche »Paradies«, wie der Zar sie zu nennen pflegt, steht wahrlich auf Menschengebeinen!

Hier macht man weder mit Lebenden noch mit Toten irgendwelche Umstände. Ich sah schon mit eigenen Augen am Lebensmittelmarkt oder am Großen Kaufhaus, wie die in Bastmatten gewickelte, mit Stricken an eine Stange gebundene Leiche eines Arbeiters von zwei Männern fortgeschafft wurde; und viele andere werden ganz nackt auf elenden Schlitten nach dem Friedhof gefahren und ohne irgendwelche Zeremonien verscharrt. Es sterben täglich so viel Bettler, dass man keine Zeit hat, sie nach christlicher Sitte zu bestatten.

Als wir einmal an einem heißen Sommertage auf der Newa fuhren, sahen wir auf dem blauen Wasser graue Flecken: es waren Haufen toter Mücken, von denen es in den hiesigen Sümpfen eine Unmenge gibt. Sie schwammen aus dem Ladogasee. Einer unserer Ruderer schöpfte einen ganzen Hut voll ihrer Leichen. Während ich mit geschlossenen Augen den Erzählungen Löwenvolds von der Erbauung Petersburgs zuhörte, sah ich im Geist auf der Newa einen endlosen Zug grauer, winziger, wie diese Mücken zahlloser Menschenleichen schwimmen; und niemand kennt sie, niemand gedenkt ihrer.

Nach Haus zurückgekehrt, setzte ich mich in meinem winzigen Zimmer, einem echten Vogelbauer, das im Mezzanin, dicht unter dem Dache liegt, an mein Tagebuch.

Es war schwül, und ich öffnete das Fenster. Es duftete nach Frühlingswasser, Teer und nach Hobelspänen von Tannenholz. Am Ufer der Newa waren zwei Zimmerleute, ein alter und ein junger, mit dem Ausbessern eines Bootes beschäftigt. Ich hörte das Klopfen ihrer Hämmer und das gedehnte, traurige Lied, das der Jüngere, sehr langsam und immer dasselbe wiederholend, sang. Hier sind einige Worte dieses Liedes, soweit ich sie verstehen konnte:

In der großen Stadt Sankt Petersburg,
Auf dem Newastrom, dem Mütterchen,
Auf der Insel der Wassiljewskij
Takelte ein junger Maat sein Schiff.

Ich sah auf den blassgrünen, wie Eis durchsichtigen und kalten Abendhimmel des »Paradieses« und lauschte dem traurigen Liede, das wie Weinen klang; und auch ich hatte Lust zu weinen.

Peter Ustinov
(1921–2004)

»Ein unmöglicher Ort für eine Hauptstadt«
Der breite Fluss, der der Stadt ihr außergewöhnliches Antlitz verlieh, heißt Newa, ein Wort, das den Wohlklang eines Mädchennamens besitzt, im Finnischen jedoch nichts anderes bedeutet als »Schlamm«. Dies lässt ahnen, auf welche widersinnige Herausforderung Peter sich in seiner nie versiegenden Zuversicht eingelassen hatte. Es war ganz einfach ein unmöglicher Ort für die Errichtung einer zukünftigen Hauptstadt, und Tausende von denen, die in Sumpf und Morast die Fundamente legten, gingen zugrunde. Später kam das geflügelte Wort auf, St. Petersburg ruhe auf den Gebeinen seiner Erbauer. Peter indes trieb die Errichtung seiner Petropolis unbeirrt voran; die Stadt wurde zum triumphalen Denkmal seiner Vision; unter niedrig dahinjagenden Wolken erglänzend, vom anbrandenden Meer benetzt, war St. Petersburg ein Schlag ins Gesicht des rückständigen, trägen, finster dahinbrütenden Moskau, das dem Zaren in seiner Kindheit und Jugend so viel angetan hatte.

Boris Pilnjak
(1894–1938)

»Jedes Jahr starben an die hunderttausend«
Gardeoberoffizier Sotow sammelte Material, das er in sein Jurnal niederschreiben wollte – Material über die Gründung von Sanktpetersburg, das *Paradies* Peters – diese furchtbare Stadt auf den todbringenden Sümpfen mit ihren todbringenden Nebeln und brandigen Fieberkrankheiten. Peter hatte wegen eines zufällig (wie

alles, was er anfing) angezettelten Krieges mit den Schweden, den er zufällig in die Nähe von Nyenschanz getrieben hatte, zufällig in den Sümpfen des Newa-Deltas, auf der Jenisaari-Insel, die Peter-Pauls-Festung gegründet, ohne im Geringsten an ein Paradies zu denken. Das war im Jahre Siebzehnhundertunddrei gewesen, und erst nach zehn Jahren hatte er damit begonnen, Sankt-Piter-Burch zu erbauen; aber dann baute er ebenso unbändig, ungestüm und unbarmherzig wie alles, was er machte.

Wichtigste Aufgabe beim Bau des Paradieses war, dass es Moskau in nichts gleichen durfte. Sanktpetersburg sollte aus Stein gebaut sein: Eine Verordnung des Gossudar stellte es überall im Lande unter strengste Strafe, Gebäude aus Stein zu errichten – außer in Sanktpetersburg; dort hingegen musste ein Haus, wenn es aus Holz gebaut war, mit Brettern verkleidet und so bemalt werden, als wäre es aus Ziegelstein. »Wegen des türkischen Kriegs ist sehr wenig Arbeitsleut nach Sankt-Piter-Burch verschickt, derhalben säumet nit, künftigen Sommers und zum Winter die gebotten Zahl zuschicken: aus den 35 Städt, den Siedlungen, den Bezirken, Landsitzen und Erbgütern Leute jeglichen Standes, es seind Pauren oder Taglöhner« – von überallher war befohlen, »von neun Höfen je ein Mann« nach Sanktpetersburg zu treiben. Man hetzte die Menschen mit Stockhieben, trieb sie in Ketten, sie mussten »Zimmermannswerkzeug und Beile mitbringen, und jeder Aufseher sollte Meiszel, Drillbohr und Schellen haben, Brot und Fourrage sollten die Arbeitsleut allda mitbringen, so viel als möglich«. Die Menschen hungerten, verreckten durch Seuchen und starben wie die Fliegen, kaum einer arbeitete länger als ein Jahr, jedes Jahr starben an die hunderttausend – die Stadt füllte sich mit Menschenknochen auf. Fehlte es an Werkzeug, dann trugen sie die Erde im Hemdzipfel; gab es keine Bastschuhe, dann gingen sie barfuß. Sie arbeiteten und standen bis zum Gürtel im Wasser; sie wohnten in modrigen Erdhütten; manche gingen auf die Flucht, in die Wälder, zu den Räubern; andere empörten sich – die hängte man dann zu Dutzenden am Kronwerk der Peter-Pauls-Festung auf, zur Abschreckung. Die Arbeitsleute – so wurde verordnet – waren kahlzuscheren. Die Leute aus der Gegend versuchten zu betrügen, wo sie konnten (gute Betrüger mochte Peter), kauften sich mit Schmiergeld frei und ließen sich schmieren: Bestechung nannte Peter ›Hinterlist‹. Er schrieb: VOM GOUVERNEMENT KASAN SIND IM VERGANGENEN JAHR DIE FESTGESETZTEN GELDER VON ÜBER 20 TAUSEND RUBELN HIER NICHT

ANGEKOMMEN, WORÜBER WIR UNS HÖCHSTLICH VERWUNDERN, DASS SO ETWAS BEI UNS IN VERGESSENHEIT GERATEN KANN, und drohte mit der Folter. Sie begruben die Menschen dort, wo sie krepiert waren. Diese halbnackten, hungernden, skorbutkranken Arbeitsleute – sie verloren den Verstand vor Angst und Pein und Verständnislosigkeit. Personen von Stand war es untersagt, ohne Genehmigung aus der Stadt herauszufahren. Eine Verordnung wurde erlassen, dass auf den Dächern aller staatlichen Gebäude ›Turmspitzen‹ zu errichten seien, damit die Menschen ihre Zeit stundenweise erfuhren. Stadtoberhaupt war Fürst Menschikow, der General-Gouverneur von Ingermanland – der liebe-Kinder-Sascha, wie ihn Peter nannte. [...]

Peter I. an seine Frau Katharina

Ein Bernsteinkabinett aus Berlin

Katharinchen, meine Herzensfreundin, grüß Dich! Von hier schreibe ich Dir, dass unsere Reise hierher nicht umsonst war, sondern einigen Nutzen hat. Von hier reisen wir heute ab, gebe Gott, dass wir bald ankommen und ich Sie schneller sehe.

PS Der König hat mir als großes Präsent eine Jacht geschenkt, die in Potsdam zusammengesetzt wurde, und ein Bernsteinkabinett, das wir uns lange gewünscht haben. 1716

Jacob von Stählin

Zu jeder Grundsteinlegung kam der Zar

Wie Peter der Große die Stadt Petersburg zu seinem Lieblingsort erwählt hatte, so wandte er auch selber nicht nur alles an, ihn mit schönen Gebäuden nach damaligem Geschmacke zu versehen, sondern sah auch besonders gern, dass sowohl Ausländer als Russen in und um diese Stadt sich anbauten. Wenn auch nur ein russischer oder ein ausländischer Kaufmann für sich ein Haus baute und der Zar zur Legung des Grundsteines gebeten war, so blieb er niemals aus, der damals gewöhnlichen Einsegnungszeremonie beizuwohnen und sodann auf glückliche Vollendung des Baues und das Wohlergehen des Bauherrn einen Pokal mitzutrinken. Eben aus diesem Grunde, weil ein jeder wusste, dass er durch einigen Anbau dem

Monarchen einen Gefallen erwiese, stieg manches Gebäude in die Höhe, welches sonst vielleicht ungebaut geblieben wäre, und so vermehrten sich fast unbemerkt die Häuser in seinem geliebten Petersburg. Eine besondere Vorstadt legte der Monarch unweit der Seemündung, zwischen etlichen südlichen Ausflüssen der Newa, nämlich zwischen der Praschka, Gluchaja, Retschka und Fontanka, unter dem Namen der kleinen und großen Kolumna an, die aus vielen Gassen besteht und mit lauter Matrosen, Schiffszimmerleuten und andern Admiralitätsbedienten besetzt war, wie sie auch noch auf dem heutigen Tag von denselben bewohnt ist. Weiterhin, außer der Stadt jenseits der Fontanka, nahm er einen Landstrich, etliche Werste lang, unter der Seemündung zu einer Muisa oder Landgut für seine Gemahlin ein und nannte es Katharinenhof. Daselbst legte er ein Holzhaus nach holländischer Art auf steinernem Fundament in einem anmutigen Lustwäldchen nebst einem Kanal und kleinen Hafen nächst dem Hause an, in welchem man mit Schaluppen aus der Mündung der Newa fahren konnte. Etwa eine Werst weiter hinunter, am Ufer des Meerbusens, der daselbst verschiedene Inseln macht und eine sehr angenehme Aussicht gibt, wurden nachmals noch zwei kleinere Landhäuser und Höfe nach den Namen der beiden Kaiserlichen Prinzessinnen, nämlich Annahof und Elisabethhof, angelegt.

Jacob von Stählin

Kaffee, Wein und Branntwein in der Kunstkammer

Als Peter der Große sich 1698 das erste Mal in Holland aufhielt, beschäftigte er sich mit nichts als mit seiner Hauptabsicht und dem nötigsten Unterricht in Schiffbau, Schifffahrt, Kommerz, Künsten, Fabriken und Gewerben. Bei seinem zweiten Aufenthalt aber in den Jahren 1717 und 18 daselbst und in Frankreich kümmerte er sich schon sorgfältiger um die eigentlichen Wissenschaften und schönen Künste. Er besah überall die öffentlichen und auch die vornehmsten Partikulierkabinette [Privatsammlungen] von Schildereien, Kunstwerken und Naturalien. Insbesondere reizten zwei ungemein seltene und kostbare Kabinette zu Amsterdam seine Kuriosität [*Neugier*], die er öfters besuchte, mit größter Aufmerksamkeit durchsah, endlich für ansehnliche Summen Geldes an sich kaufte und mit vieler Vorsichtigkeit nach Petersburg bringen ließ. Das eine bestand in dem vollständigsten Anatomischen Schatze, woran der berühmte Professor Ruysch etliche vierzig Jahre gesammelt und gearbeitet hatte. Die Beschreibung oder der Catalogue raisonné davon ist in Holland unter dem Titel *Thesaurus Anatomicus per scrinia divisus* mit vielen Kupferstichen gedruckt und in aller Anatomiker Händen; die Originalstücke aber sind seit derselben Zeit sämtlich zu Petersburg bei der Akademie der Wissenschaften. Das andere enthält des damaligen Amsterdamer Apothekers Seba große Sammlung aller bekannten Land- und Seetiere, Geflügel, Schlangen und Insekten aus Ost- und Westindien, davon die Beschreibung in zwei Folianten mit schön gestochenen Kupfern unter dem Titel *Sebae Thesaurus Naturae etc.* bekannt ist. Peter der Große ließ auch die Porträts dieser beiden berühmten Männer von dem Maler Ysel zu Amsterdam kopieren und sie in seine Naturalienkammer bei diesen von ihnen gesammelten Sachen aufstellen. Das von Seba ist noch in der Akademie vorhanden, wo aber das andere von Ruysch hingekommen ist, weiß man nicht. Der Bibliothekar Schuhmacher meinte, es wäre nach Peters des Großen Tode nicht mit den übrigen Sachen an die Akademie geliefert worden, etwa in einer Garderobe unter die Gemälde bei Hofe geraten oder sonst wo verloren gegangen. Die jetzt erwähnten zwei weltberühmten Sammlungen machten die erste Anlage der nachmaligen oder gegenwärtigen Naturalienkabinette bei der Akademie der Wissenschaften aus. Peter der Große räumte ihr ein eigenes, von anderen Gebäuden freistehendes geräumiges steinernes Haus an der Newa auf dem sogenannten Stückhof oder eigentlich Smolnoj-Dwor ein. Daselbst brachte er alle Wochen zwei oder drei Morgen in aller Frühe, ehe er nach der Admiralität fuhr, mit systematischer Betrachtung der Sachen zu, ja, er war diesem Sammelplatz so vieler seltener und kostbarer Geschöpfe aus den entferntesten Weltteilen dermaßen eingenommen, dass er einst einen neuangekommenen Römisch-Kaiserlichen Gesandten dahin zur ersten Audienz frühmorgens um fünf Uhr bestellen ließ. Bei dieser Gelegenheit gab er seinem Kanzler, der ihm vorstellte, ob Seine Majestät den Gesandten nicht lieber in Dero Sommerhof die erste Audienz zu erteilen geruhen wollten, zur Antwort: »Lasst ihn immer hierher kommen, es kann dem Gesandten gleichviel sein, wo ich ihn das erste Mal vor mich lassen will, er ist ja an mich gesandt und nicht an dieses oder jenes Haus, und was er mir zu sagen hat, das kann er mir da sagen, wo ich bin.« – Und so geschah auch die Audienz früh um fünf Uhr in der jetzt erwähnten Naturalienkammer.

Als sich Seine Majestät zu einer anderen Zeit wieder einmal mit dem Generalprokurator Paul Iwanowitsch Jaguschinskij nebst einigen Senatoren und verschiedenen anderen vornehmen Herren daselbst befand, wies er ihnen die systematische Einrichtung seines Naturaliensaals und den unschätzbaren Anatomischen Schatz von Ruysch, zeigte ihnen den beträchtlichen Nutzen dieser Sammlung für die Kenntnis des menschlichen Körpers zum unentbehrlichen Unterrichte der Wundärzte und sicherer Ausübung der praktischen Heilungswissenschaft. Zugleich befahl Seine Majestät dem unter der Oberdirektion Dero Leibmedicus Areskyn zum Aufseher dabei verordneten Bibliothekar Schuhmacher: da nun alles in gehöriger Ordnung eingerichtet und aufgestellt stehe, so sollte hinfort jedermann, der sich darinnen umzusehen Lust bezeuge, eingelassen, herumgeführt und mit Vorzeigung und Erklärung der Sachen unterrichtet werden.

Jaguschinskij erhob diese weise und allergnädigste Absicht des Monarchen mit gebührenden Lobeserhebungen, setzte aber aus unbedachtem Finanzeifer noch den Vorschlag hinzu: weil doch zur Unterhaltung so kostbarer Seltenheiten jährlich ein gewisser Aufwand erfordert würde, so könnte doch jeder, der sie besehen wollte, einen oder ein paar Rubel beim Eintritt in die Büchse stecken oder abgeben, daraus würde sich eine Kasse sammeln, aus welcher die Unterhaltung und gelegentliche Vermehrung der Naturalien bestritten werden könnte.

Der Zar, der seine Untertanen auf alle Weise zum Unterricht in der Natur und Kunst zu locken trachtete, fiel Jaguschinskij sogleich in die Rede und sagte: »Paul Iwanowitsch, du bist nicht klug! Und dein Vorschlag würde meine Absicht mehr hindern als befördern. Denn wer würde sich wohl um meine fremden Naturalien kümmern oder meine Raritätenkammer zu sehen verlangen, wenn er noch Geld dafür bezahlen müsste? – Vielmehr verordne ich hiermit, dass nicht nur jedermann umsonst hineingelassen, sondern noch dazu allezeit, wenn sich eine Gesellschaft einfindet, die Naturalien- und Kunstkammer zu besehen, sie auf meine Kosten mit einer Tasse Kaffee, mit einem Gläschen Wein, mit einem Schälchen Branntwein oder anderen Erfrischungen in den Raritätenkammern selbst bewirtet werden sollen.«

Diesem allerhöchsten Befehle zufolge sind dem Bibliothekar über seinen Gehalt vierhundert Rubel als jährliche Zulage zu erwähnter Bewirtung angewiesen worden, und ich habe noch unter der

Kaiserin Anna Regierung öfters gesehen, dass vornehmere Besucher in der Naturalien- und Kunstkammer mit Kaffee, einem Glas ungarischen Weins, Zuckerbrot und nach der Jahreszeit auch mit anderen Erfrischungen bewirtet, geringere ehrbare Leute aber von dem Subbibliothekar oder einem der Sachen kundigen Unterbedienten mit aller Willigkeit darin herumgeführt und ihnen mit kurzen Erklärungen alle Seltenheiten gezeigt worden sind.

Joseph Brodsky
(1940–1996)

... dass Russland zu Europa werde
Russland ist ein extrem kontinentales Land, sein Gebiet erstreckt sich über ein Sechstel der Erdoberfläche. Die Idee, eine Stadt am äußersten Rand der Erde zu errichten und sie dann zur Metropole des Reichs zu erklären, wurde von den Zeitgenossen Peters des Ersten zumindest als unglücklich erachtet. Die urige, warme, bis zur völligen Ablehnung aller Fremdelemente traditionsgebundene, klaustrophobisch verinnerlichte russische Welt erzitterte fröstelnd in dem durchdringend kalten baltischen Wind. Peters Reformen stießen auf ungeheuren Widerstand vor allem deshalb, weil das Gebiet um das Newa-Ufer tatsächlich schlecht war. Es war reich an Brücken und Sümpfen, und man musste den Boden befestigen, ehe man dort bauen konnte. Wälder gab es rundum genug, nicht aber Freiwillige, um sie zu fällen, erst recht nicht, um Pfähle in die Erde zu rammen.

Doch Peter der Erste hatte die Vision einer Stadt – und mehr als einer Stadt: die Vision Russlands mit einem der Welt zugewandten Gesicht. Der Welt – das hieß zu jener Zeit: dem Westen; nach den Worten eines italienischen Schriftstellers [des Grafen Algarotti], der damals Russland besucht hatte, sollte die Stadt zu einem Fenster nach Europa werden. Das heißt, praktisch brauchte Peter ein Tor, obendrein ein weit geöffnetes. Im Gegensatz zu seinen Vorgängern und Nachfolgern auf dem russischen Thron litt dieser zwei Meter große Monarch nicht an der traditionellen russischen Krankheit – dem Minderwertigkeitskomplex in Bezug auf Europa. Er wollte nicht etwa Europa nachahmen, er wollte, dass Russland zu Europa werde, so wie er selbst, und sei es auch nur teilweise, Europäer war. [...]

Wenn ein Seher gleichzeitig Herrscher ist, handelt er unbarmherzig. Wollte man die Methode, derer sich Peter I. bei der

Verwirklichung seines Projekts bediente, »Nötigung« nennen, wäre das reichlich milde ausgedrückt. Er belegte mit Steuern alles und jedes, um seine Untertanen zu zwingen, sich das neue Land zu erobern. Unter Peter hatte ein Untertan der russischen Krone eine recht beschränkte Wahl: die Einberufung zur Armee oder den Abtransport zu Errichtung von Sankt Petersburg, wobei schwer zu sagen ist, was tödlicher war. Zehntausende starben namenlos in den Sümpfen des Newa-Deltas, deren Inseln sich kaum eines besseren Rufs erfreuten als der heutige GULag. Mit dem Unterschied höchstens, dass man im 18. Jahrhundert wenigstens gewusst hat, was man baut, und die Chance hatte, die letzte Ölung zu bekommen und ein hölzernes Kreuz auf dem Grab.

Wahrscheinlich hatte Peter keine andere Möglichkeit, seinen Plan zu verwirklichen. Vor seiner Regierungszeit kannte Russland keine Zentralisation außer in Kriegszeiten, niemals trat es als Einheit auf. Die durchgehende Unterwerfung, die der Eherne Reiter anstrebte, hat den russischen Totalitarismus gezeugt, dessen Früchte kaum besser schmecken als dessen Samen. Die Masse forderte Massenentscheidung, und weder Kraft seiner Bildung noch Kraft der russischen Geschichte als solcher war Peter zu etwas anderem imstande. Mit Menschen verfuhr er ebenso wie mit dem Land für seine künftige Hauptstadt. Zimmermann und Navigator, gebrauchte dieser Herrscher beim Planen seiner Stadt ein einziges Instrument: das Lineal. Die Weite um ihn dehnte sich absolut eben aus, horizontal, und er hatte Grund, diese Weite wie eine Karte zu handhaben, auf der gerade Linien am praktikabelsten sind Und wenn in dieser Stadt sich gelegentlich auch etwas krümmt, so nicht deshalb, weil es so geplant, sondern weil er ein flüchtiger Zeichner war – sein Finger glitt zuweilen vom Lineal ab, und die Linie krümmte sich unter dem Fingernagel. Genau wie die verängstigten Untertanen.

Diese Stadt steht wirklich ebenso auf den Knochen ihrer Erbauer wie auf den von ihnen in den Boden getriebenen Pfählen. In gewissem Sinn trifft dieses auf jeden beliebigen Ort der Alten Welt zu, doch gewöhnlich vertuscht die Geschichte die unangenehmen Erinnerungen. Für eine verfeinernde Mythologie ist Petersburg zu jung, und jedes Mal, wenn hier eine natürliche oder eine vorbedachte Katastrophe eintritt, könnt ihr in der Menge ein gleichsam ausgehungertes, altersloses Gesicht mit tiefsitzenden weißlichen Augen ausmachen und eine Stimme hören, die flüstert: »Es ist euch ja gesagt worden – dieser Ort ist verflucht!« Ihr zuckt zusammen, doch einen

Porträt des Francesco Algarotti, Jean-Etienne Liotard, Ölgemälde, 1745

Augenblick darauf, wenn ihr versucht, den Sprechenden genauer ins Auge zu fassen, ist er spurlos verschwunden. Vergebens späht ihr in die langsam umhertrottende Menge, auf den vorüberkriechenden Verkehr. Ihr werdet nichts sehen – nur gleichgültige Fußgänger und durch das schräge Gespinst des Regens die majestätischen Umrisse der kaiserlichen Gebäude. Die Geometrie der architektonischen Perspektiven in dieser Stadt prädestiniert hervorragend für unwiederbringliche Verluste.

Insgesamt jedoch hat das ortsgebundene Gefühl für die Natur seine Logik; irgendwann einmal wird sie wiederkehren, um ihr Eigentum, das sie einst unter dem Ansturm des Menschen preisgab, zurückzugewinnen. Es ist nicht so sehr die Folge einer nicht gar so langen Geschichte stadtverheerender Überschwemmungen als vielmehr die körperlich spürbare Nähe des Meeres. Obwohl es so gut wie nie zu Schlimmerem kommt als zu den Versuchen der Newa, sich ihrer Zwangsjacke aus Granit sprungartig zu entledigen, lässt allein schon der Anblick der auf die Stadt zurollenden bleigrauen baltischen Wolken die Bewohner vor banger Spannung vergehen – obgleich an Spannung auch sonst kein Mangel herrscht. Manchmal, besonders im Spätherbst, dauert ein solches Wetter mit Windböen, peitschendem Regen und einer Newa, die die Gehsteige übersprudelt, einige Wochen lang. Auch wenn sich in Wirklichkeit dadurch gar nichts ändert, zwingt allein schon der Zeitfaktor einem den Gedanken auf, es werde zusehends schlimmer.

Andrej Belyj
(1880–1934)

Russland war in zwei Teile gespalten
Seit jener unheilschwangeren Zeit, da der Eherne Reiter hierher gesprengt war und sein Pferd auf finnischen Granit geworfen hatte, war Russland in zwei Teile gespalten; in zwei Teile gespalten waren die Geschicke des Vaterlandes. Leidend und weinend, war Russland in zwei Teile zerrissen, bis zur letzten Stunde.

O Russland! Du bist wie dieses Pferd! Seine Vorderhufe greifen ins Dunkel, in die Leere, und die Hinterhufe sind tief in den Granitenen Grund gegraben.

Willst du dich losreißen von dem Fels, der dich trägt, wie manche deiner wahnwitzigen Söhne sich von dem festen Boden losrissen? Willst du dich von dem stützenden Felsen lösen und ohne Zügel in der Luft schweben, um dann ins Chaos der Wasser zu tauchen? Oder willst du, die Nebel zerreißend, durch die Luft stürmen und mit deinen Söhnen in den Wolken verschwinden? O Russland, steil aufgebäumt, hast du lange Jahre über dein grausames Schicksal nachgesonnen, das dich hierher verschlug – mitten in den düsteren Norden, wo die Sonne nicht untergeht, wo die Zeit sich bald in eisige Nacht, bald in strahlenden endlosen Tag wirft. Wirst du, vor dem

Sprung schaudernd, deine Hufe senken und den großen Reiter aus diesen trügerischen Landen in die Weite endloser Ebenen tragen?

Nein, das wird nie geschehen!

Steil aufgerichtet und mit den Augen die Luft messend, wird das eherne Ross niemals die Hufe senken. Es wird den Sprung über die Geschichte wagen. Groß wird der Aufruhr sein. Die Erde wird sich spalten, die Berge werden vor Furcht und Schrecken einstürzen, und die Ebenen werden sich zu Hügel wölben. Auf ihren Rücken werden sich Nishnij, Wladimir und Uglitsch erheben.

Petersburg aber wird versinken.

II. Kaiserliche Residenz

Gleich nach dem Ende des Nordischen Krieges lässt sich Zar Peter I. zum Kaiser und Selbstherrscher von ganz Russland ausrufen und befiehlt, den Zarentitel durch den Kaisertitel zu ersetzen. Aus dem fernen »asiatischen« Zartum Moskowien wird das Kaiserreich Russland, eine europäische Großmacht mit Zugang zur Ostsee, und St. Petersburg wird kaiserliche Residenz, Ausgangspunkt und Symbol für die Modernisierung des Reiches, Hafen für die noch zu bauende russische Flotte, Eldorado für Glückssucher, Abenteurer, Militärs und tüchtige Fachleute, die in ihren Heimatländern kein Auskommen fanden. Europäische Architekten von Rang, Italiener, Engländer, Franzosen und Deutsche, machen aus der jungen Metropole im »baltischen Sumpfland« (Brodsky) eine Stadt, die von den »aufgeklärten« Zeitgenossen in den höchsten Tönen besungen wird, eine Modellstadt. Was Peter I. begann, setzen seine Nachfolger fort. Zwar verlegt sein Enkel Peter II. die Hauptstadt Anfang 1728 wieder nach Moskau, und kurzfristig sieht es so aus, als sei das Reformwerk Peters des Großen gescheitert, seine Stadt dem Verfall preisgegeben. Doch seine Nichte Anna, Tochter seines Halbbruders Iwan, kehrt Anfang 1732 nach St. Petersburg zurück, verlegt das Stadtzentrum von der Petersburger Seite auf die Admiralitätsinsel und setzt 1737 eine Baukommission ein, in der vor allem russische Architekten tätig sind. 1739 sieht Graf Algarotti in der jungen Hauptstadt ein großes »Fenster sozusagen, durch das Russland auf Europa blickt«. Peters Tochter Elisabeth gibt Unsummen für ihre Paläste im Stil des holländischen und italienischen Barock aus, dessen russische Version als »Petersburger Barock« in die Architekturgeschichte eingegangen ist. Katharina II. führt viele Kriege, vergrößert das Reich und verschönert die Stadt, macht sie erst richtig zur Hauptstadt. In den 1760er-Jahren liefert Casanova eines der ersten Porträts der Kaiserin. Unter Katharina wird die Newa in Granit gefasst, die Ermitage-Gebäude entstehen, und die Straßen erhalten Namen, russische und deutsche. Nach eigenem Bekunden hat sie St. Petersburg »hölzern« übernommen, aber »steinern« hinterlassen. Aus dem 18. Jahrhundert sind überwiegend hymnische Texte über die junge Stadt und ihren Gründer überliefert, und an dem Lobgesang beteiligen sich erstaunlich viele Ausländer, vor allem Petersburger Deutsche. Gegen Ende des Jahrhunderts nennt Fürst von Ligne die russische Kapitale, die nun den Beinamen »nördliches Palmyra« trägt, die »schönste Stadt der Welt«, und zwei Petersburger Deutsche, der Wirtschaftswissenschaftler Heinrich von Storch und der Geograph, Chemiker und Botaniker Johann Gottlieb Georgi, veröffentlichen die ersten umfassenden Stadtbeschreibungen.

Friedrich Christian Weber, Hannover'scher Gesandter (?–1739)

Imperator von ganz Russland, Petrus Magnus

Den 21. October [1721] wurde von dem Senat nach vorgängiger Berathschlag- auch Zuziehung des geistlichen Synodi im Nahmen des ganzen Rußischen Reichs beschlossen, den Czaren aus dem Antriebe eines dankbaren Herzens vor dessen väterliche Sorge, welche er vor des Reichs Wohlfahrt bisher geheget, und weil er dasselbe durch seine alleinige Anleitung in eine so mächtige Verfassung gesezet, unterthänigst zu ersuchen, daß er den Titul: Pater Patriae, Imperator totius Russiae, Petrus Magnus anzunehmen geruhen mögte. Diese Bitte wurde schrifftlich verfasset und der Fürst Menzikof mit dem Schreiben an den Czaren abgefertiget. Ihro Majest. Antwort ging dahinaus, daß Sie selbst mit einigen Gliedern aus dem Senat darüber sich bereden wolten. Als nun dieselbe nebst denen zweyen Ertz-Bischöffen von Plescow [Pleskau/Pskow] und Novogrod [Nowgorod] sich einfanden, und ihre demühtigste Bitte inständigst wiederholten, Ihro Majest. sich dann auch gefallen liessen, darein zu willigen, so wurde der feierliche actus den 22. October, als am Tage des angestelleten Friedens und Freuden-Festes vorgenommen. Der Czar erhub sich nebst der Czarin in die Haupt-Kirche der heiligen Dreyfaltigkeit, woselbst nach vorgängiger Messe, Ablesung des geschlossenen Friedens-Tractats, und gehaltener Dank-Predigt, die sämtliche Reichs-Rähte vor Ihro Majest. traten, und der Groß-Canzler, Graf Golofkin den Czaren folgender Gestalt anredete:

Allerdurchlauchtigster, Großmächtigster Monarch,
Allergnädigster Souverain.

Eure Czarische Majest. ruhmwürdige und tapfere Thaten in Staats- und Krieges-Sachen, und Dero unermüdete Bemühung alleine, haben uns, Dero getreue Unterthanen, aus der finstern Unwissenheit auf den Schauplatz der Ehre gestellet und uns der Gemeinschaft anderer gesitteten Völker einverleibet, gleichwie solche grosse Sache nicht alleine uns, sondern der ganzen Welt vor Augen lieget. Wie können wir also bey unserm Unvermögen gnugsame Lob-Sprüche ausfinden, um so wol vor diese Wohlthat, als vor den nunmehro uns erworbenen ruhmwürdigen und vortheilhaften Frieden, welcher die Frucht von Eurer Majest. eigenhändiger Bemühung ist, dieselbe nach Verdienst zu preisen? Ob uns nun zwar bekandt ist, daß Eure Majest. an solchen Lobes-Erhebungen keinen Gefallen tragen, und wir also uns billig derselben enthalten solten; so können wir doch nicht gänzlich leer und bloß erscheinen, damit wir bey der ehrbaren Welt den Vorwurf einer strafbaren Undankbarkeit nicht auf uns laden mögen. Deswegen wir, die von Eurer Majest. verordnete Reichs-Räthe, die Freiheit nehmen, dieselbe in tiefster Demuht anzugehen, daß Sie geruhen wollen, von uns, zum ewigen Merkmahl unserer höchstbilligen und ohnaussprechlichen Erkentlichkeit die Tituls Petri Magni, Patris Patriae & Imperatoris totius Russiae anzunehmen. Unter welchen der Kayser-Titul bereits Euer Majest. glorwürdigsten Vorfahren von dem grossen Römischen Kayser Maximiliano I. vor etlichen hundert Jahren gegeben worden, und wird solcher auch jezo würklich Euer Majest. von vielen Potentaten zugestanden, auch der Titul Magnus, den Sie sich durch ihre grosse Thaten erworben, der Billigkeit gemäß, schon in vielen gedruckten Schriften beygeleget; den Nahmen Pater Patriae aber haben wir uns erkühnet, Eurer Majest. als unserm von GOtt uns gnädigst verliehenen Vater, nach dem Beyspiel der alten Griechischen und Römischen Senaten unterthänigst zuzueignen. Eure Majest. werden also nach Dero väterlichen Leutseligkeit zu Gnaden halten, daß wir bey unserer gegenwärtigen schuldigsten Danksagung uns unterstehen, Deroselben dasjenige, welches schon ohnedem das Ihrige ist, und von Rechtswegen Ihnen zukommt, allerunterthänigst anzubieten, und Dero fernern hohen Gnade uns daneben in tiefster devotion und Ehrfurcht zu empfehlen.

Überschwemmungen und Brände waren von Anfang an die Geißeln Petersburgs. Selbst als die Holzhäuser allmählich verschwanden und Steinhäuser das Bild der Stadt bestimmten, blieben Brände eine permanente Bedrohung. Auch nachdem die Newa in Granit gefasst worden war, trat der Fluss noch häufig über seine Ufer und richtete verheerende Schäden an.

Friedrich Christian Weber

Die Stadt Petersburg wird überschwemmet

Diese Stadt lieget auf einem niedrigen Grunde, und wenn der Strom durch die aus Süd-Westen kommende Herbst-Stürme gestauet und aufgetrieben wird, so sezet er alle Gassen und Keller unter Wasser.

Der Kayser hatte nun zwar bey und nach Anlegung der Stadt, das Ufer durch etliche tausend eingeschlagene Wasser-Pfäle, und die dahinter aufgeschürzete Bolen, nach aller Möglichkeit zu bevestigen gesuchet; aber alle diese aufgeführte Schälungen waren nicht vermögend, dem entsezlichen Sturm zu widerstehen, welcher den 16. Novembr. des 1721. Jahrs sich erhub, und bis den 24. Nov. mit veränderlicher Gewalt anhielt. Der mächtige Newa-Strom wurde aus seinem Bette und über die Ufer in die Stadt getrieben, auch dadurch der Grund vieler Häuser zernichtet; die mit Waaren beladene Keller durchgehends angefüllet, die schöne Garten überschwemmet und umgespület, der Vestungs-Bau angegriffen und beschädiget; ja der oben erwehnte angefangene Ladogaische Canal hin und wieder eingeworfen und zugesandet. Der dadurch verursachte Schade wurde auf sieben Millionen Rubel geschäzet. Drey alte Bauren, welche sich von der Fischerey ernehreten, und ehemals vor Erbauung der Stadt Petersburg hier gewohnet hatten, erzehleten, daß vor dreyßig Jahren eine noch stärkere Fluht die ganze Gegend bis nach der Stadt Nienschanz unter Wasser gesezet, auch fast alle fünf Jahre dergleichen Unglück sich eräugnet hätte; deswegen alle vorige Einwohner dieser Gegend niemals ein rechtschaffenes Gebäude an dem Newa-Strom in der jezigen Petersburgischen Lage aufführen wollen, sondern nur einige schlechte Fischer-Häuser aufgerichtet, welche sie, so bald man aus der Erfahrung die Ankunft des Sturms vorher gemerket, in der Eile abgebrochen, die Balken und Bretter, gleich wie das Floß-Holz, an einander geflochten, an die Bäume gebunden, sich selbst nach Duderhof, sechs Meile von Petersburg, in Sicherheit begeben, nach überstandenem Sturm aber ihre Balken wieder gesuchet und die Fischerhütten von neuem aufgebauet hätten. Ich führe diese Umstände wohl bedächtlich an, um daraus zu zeigen, daß der Rußische Kayser fast wider die Natur seine neue Residenz gebauet, und durch so viel Mühe als Kunst die mehresten Hindernisse übermeistert hat. Bey dem gegenwärtigen Unglücke ging nun seine ganze Aufmerksamkeit dahin, wie dem Übel hinführo gesteuret werden mögte; Er ließ deswegen an allen ersinnlichen Veranstaltungen nichts ermangeln, und wuste, daß er durch eine vollenkommene Bevestigung des Petersburgischen Ufers nicht alleine dem Untergange der Stadt vorkehrete, sondern auch das gröste unter allen seinen Wunderwerken der Welt vor Augen legen würde. [...] 1721

Anfang 1728 verlegt der jugendliche Kaiser Peter II., ein Enkel Peters des Großen, die Hauptstadt wieder nach Moskau. In den Wäldern der Umgebung konnte er wohl besser jagen als in den Sümpfen um Petersburg. Kaiserin Anna Ioannowna, eine Nichte Peters I., fühlt sich in Moskau nicht sicher und beschließt, nach Petersburg zurückzukehren.

Jewgeni Anissimow, Petersburger Historiker (geb. 1947)

Zurück nach Petersburg, vorwärts nach Europa!

Endgültig reifte die Entscheidung, nach Petersburg umzuziehen, in Annas Umgebung gegen Ende des Jahres 1730. Daraufhin erhielt der Architekt Domenico Trezzini den dringenden Auftrag, die Petersburger kaiserlichen Paläste in Ordnung zu bringen.

Am 17. Januar 1732 teilten die *Petersburgskie wedomosti* der Welt jubelnd mit: »Am dritten Tag gegen Abend geruhte Ihre Kaiserliche Majestät zur unaussprechlichen Freude der hiesigen Einwohner glücklich aus Moskau hier einzutreffen.« Die Kaiserin wurde von General Burchard Christopher Münnich begrüßt. Von Beginn der Herrschaft Annas an erfasste der künftige Feldmarschall fehlerlos die neuen Strömungen aus Moskau. Und bewies der neuen Gebieterin sofort seine Loyalität: Er ließ die Stadt, die Truppen und die Flotte den Eid ablegen. [...] Schon vor der Ankunft der Kaiserin hatte Münnich sich mit aller Kraft bemüht: Es wurden luxuriöse Triumphbögen gebaut, der Palast wurde renoviert, und auf den Petersburger Straßen wurde Ordnung geschaffen. Schade, dass Winter war und der Zarin die Flotte nicht gezeigt werden konnte. Alles war festlich und feierlich, die Rufe der Menge, der Salut der Spalier stehenden Regimenter, der Lärm der Trommeln, das Feuerwerk.

In Petersburg angekommen, begab sich Anna sofort in die Isaak-Kirche, wo ein feierlicher Gottesdienst abgehalten wurde. Dann fuhr die Kaiserin in den Winterpalast – ihr Haus. Nach einer vierjährigen Pause hatte sich Petersburg die Krone zurückgegeben. […]

Tatsächlich war die Übersiedlung nach Petersburg ein starker Zug der Regierung Annas. Für das Ausland symbolisierte die Übertragung der Hauptstadt nach Moskau unter Peter II. die Abkehr von der politischen Linie Peters des Großen. Die Losung des Augenblicks war diese: Zurück nach Petersburg, vorwärts nach Europa! Viele nüchtern denkende Politiker hatten schon früher verstanden, wie wichtig die Rückkehr der Hauptstadt an die Ufer der Newa war. Anna hörte auf diese Ratschläge und demonstrierte der ganzen Welt ihre Treue zu den politischen Idealen Peters des Großen. […]

Die 30er-Jahre waren eine Zeit der Belebung Petersburgs: Die Staatsmacht war stets nicht nur sein äußerer Wesenszug, sondern ein Stimulanz seines Aufblühens. In der Zeit Annas wurde dem Aufbau der Hauptstadt nicht weniger Aufmerksamkeit zuteil als unter Peter dem Großen. Für Anna wurde die Stadt das Gleiche wie auch für die anderen Zaren – Residenz und Paradeeinfahrt ins Reich. Man scheute für ihre Verschönerung weder Ausgaben noch Mühen.

Heute ist von Annas Petersburg wenig übriggeblieben. Schon lange sind der Sommer- und der Winterpalast der Kaiserin abgerissen, und man kann schon nicht mehr die weiße Treppe in den Thronsaal des Winterpalastes mit der von Louis Caravaque ausgemalten Decke, mit den eleganten Kristallleuchtern und den blauen Kachelöfen hinaufgehen. Hier, auf dem Thron sitzend, empfing Anna die Botschafter und veranstaltete feierliche Empfänge und Feste. […]

Aber etwas ist doch erhalten. Im Sommer 1733 wurde die Peter-und-Paul-Kathedrale eingeweiht, und der große Stadtgründer fand unter ihrem Boden endlich die ewige Ruhe. Die Kunstkammer wurde eröffnet, danach auch das Gebäude der Zwölf Kollegien D. Trezzinis. Iwan Korobow baute die neue Admiralität, und über ihr begann die goldene Spitze mit dem Schiffchen zu glänzen.

In den Jahren 1736/1737 vernichteten zwei starke Brände das Petersburger »Schanghai« – die chaotische Vorstadt bei der Admiralität. Eine Sonderkommission unter Leitung Peter Jeropkins, eines

Anna Ioannowna, Louis Caravaque, Ölgemälde

begabten Schülers des italienischen Architekten Cipriani – erarbeitete ein neues Projekt zur Bebauung des Stadtzentrums. Namentlich Jeropkin erdachte das dreistrahlige »Skelett« des Festlandteils der Stadt: drei lange Perspektiven – die Newa-Perspektive, die Wosnessenskaja und die mittlere (Gorochowaja) – »flossen« aus dem einzigen Zentrum, der Admiralität, und ihre auseinandergehenden »Strahlen« wurden durch eine Kette von Straßen, Prospekten und Plätzen verbunden, sodass man, wenn man sich z. B. die

Sadowaja entlang bewegt, bis heute dreimal das goldene Schiffchen der Admiralität sehen kann.

Der Wladimirski Prospekt und der Zarskoselski (Moskowski) Prospekt, der Senatsplatz und viele andere Plätze und Straßen lösten sich von den Zeichnungen Jeropkins und nahmen im Stein der Brücken und Häuser des glänzenden Petersburg Gestalt an. [...]

Die Zarin konnte man häufig auf den Straßen der Stadt sehen, besonders im Winter. Eine Schlittenfahrt auf der Newa-Perspektive gefiel Anna ganz besonders, und ein leichter Frost und die schnelle Fahrt verbesserten das Befinden und den Appetit. Im Sommer leerte sich die Stadt – der Hof ging nach Peterhof, stattdessen war die Newa besonders belebt – befahren von Hunderten Schiffen und Schifflein. Von oben her, vom Ladoga-See, wurden unzählige Waren in die Stadt gebracht – der Reichtum Russlands, und vom Westen fuhren Schiffe aus verschiedenen Ländern in die Newa, um an den Kais des Handelshafens an der Strelka der Wassili-Insel anzulegen.

Nicht weit von hier, im Dreieck zwischen der Strelka, der Peter-und-Paul-Festung und dem Winterpalast wurden im Winter am Tag der Wasserweihe auf dem Eis Gottesdienste bei einem Eisloch, Paraden der Armee, und Feuerwerke veranstaltet. Die Hauptstadt feierte die gesetzlich festgelegten Feste, und der ohnehin so oft vom Nordlicht erhellte Himmel über der Stadt glänzte von den Lichtern der Feuerwerke.

Ein besonderes Vergnügen war die Beköstigung des Volkes auf Staatskosten. Wie Ernst von Münnich schrieb, »stürzte sich das Volk auf ein gegebenes Signal hin auf den auf dem Platz aufgestellten gebratenen Ochsen und andere essbare Vorräte ebenso wie auf den Wein und den Wodka, die wie Fontänen in extra eingerichtete große Becken gespritzt wurden«.

---

1 Lord Baltimore benutzte das Bild »Petersburg als das Auge Russlands« im Gespräch mit dem Kronprinzen Friedrich, dem künftigen König Friedrich II. von Preußen.

2 Im Krieg zwischen Schweden und einer Koalition von Russland, Polen und Dänemark. Er endete mit Friedensschlüssen 1719–21, die Schweden zwangen, den größten Teil seiner Länder im Osten des Baltikums an Russland abzutreten.

3 Name, den Peter d. Gr. 1697–98 annahm, als er Westeuropa aus Neugierde bereiste und an holländischen und englischen Werften arbeitete.

Francesco Algarotti, italienischer Schriftsteller, an Lord Hervey (1712–1764)

Hier herrscht ein Architekturgemisch

Petersburg, den 30. Juni 1739

Vom Norden schreibe ich Ihnen, Mylord, so oft ich kann. Ich werde gewiss diese Post nicht abgehen lassen, ohne Nachrichten von mir mitzugeben, und erwarte von Ihnen möglichst bald welche zu bekommen. Aber was soll ich Ihnen zuerst, was danach von dieser Stadt sagen, *diesem großen Fenster sozusagen, durch das Russland auf Europa blickt*[1]? Wir kamen in Petersburg in den letzten Tagen an, nachdem wir zwei in Kronstadt bei Admiral Gordon verbracht hatten. Das Schiff mussten wir in Kronstadt lassen, da es ungefähr elf Fuß Tiefgang hat, und kaum hätte es weiter als bis nach Peterhof kommen können. Wir fuhren also die Newa in einem schönen und schmucken Boot hinauf, das uns von dem Admiral zur Verfügung gestellt worden war. Sieben Monate im Jahr ist die Newa ein Weg für Schiffe, in den anderen fünf für Schlitten. Der Zar hatte übrigens eins wie einen Schlitten gebaut. Mit diesem segelte er, wenn der Wind vom Osten oder vom Westen über das Flussbett blies, auf dem Eis von Petersburg nach Kronstadt und von Kronstadt nach Petersburg hin- und zurück, um seinen Marineangelegenheiten nachzugehen. Den Schlitten steuerte er mit einer Art Ruderpinne ähnlich dem eisernen Stock, mit dem man auf dem Moncenisio [Mont Cenis] die Ramasse steuert. So hatte er das Vergnügen, auch an Land Schiff zu fahren. Aber das größte Vergnügen, das er je in seinem Leben hatte, war, als er triumphierend die Newa hinauffuhr, nachdem er 1714 bei Hangö die schwedische Kriegesflotte geschlagen hatte, und zusammen mit dem gefangenen Admiral einen guten Teil der Armada mit sich führte[2]. So sah er damals sein Werk wahrhaft vollendet. Eine Nation, die einige Jahre zuvor nicht einmal eine Schaluppe auf der Ostsee hatte, wurde Herrin dieses Meeres, und Peter Michaelof[3], einst Zimmermann auf einer Werft von Amsterdam, verdiente durch diesen Sieg zum Grad eines Vize-Admirals von Russland erhoben zu werden: eine lehrreiche

4 Ovid: *Metamorphosen* II 340 ff. Als Phaëton vom Himmel stürzte, versank er im Po. Seine Schwestern bestatteten ihn und wurden von Jupiter in Pappeln verwandelt.

5 Dante: *Die göttliche Komödie*, Inf. I 5: »der wilde Wald, so finster und so rauh.« Deutsch von Ida und Walther von Wartburg. Zürich o. J.

Komödie, wie man sagte, die man in Anwesenheit aller Monarchen der Erde hätte aufführen müssen.

Diesen Triumphweg also, diese via sacra der Newa, die übrigens weder durch Bögen noch Tempel geschmückt ist, fuhren wir noch hinauf. Aber von Kronstadt bis Petersburg ist sie hie und da von einem Wald gesäumt und dieser besteht nicht aus dicht belaubten Steineichen oder lebendigem Lorbeer, sondern aus der hässlichsten Art von Bäumen unter der Sonne. Es sind eine Art Pappeln, die sehr verschieden sind von denen, in die die Schwestern Phaëtons verwandelt wurden[4] und die die Ufer des Po beschatten. Vergeblich spitzten wir die Ohren, um den melodiösen Sang jener Vögel zu hören, mit dem schon der Zar *Questa selva selvaggia, e aspra, e forte*[5] bevölkern wollte.

Er ließ von ihnen viele Kolonien aus den südlichen Teilen seines Reiches herbeibringen, sie gingen aber sehr schnell ein, ohne zu nisten. *Avia non resonant avibus virgulta canoris.*[6]

Nachdem wir einige Stunden gefahren waren, ohne etwas anderes um uns zu sehen als Wasser und jenen schweigenden und hässlichen Wald, da krümmt sich der Fluss, und mehr oder weniger wie in einer Oper öffnet sich vor uns plötzlich die Bühne einer imperialen Stadt. Prächtige, aneinander anschließende Gebäude auf dem einen und anderen Ufer des Flusses, Türme mit vergoldeten Spitzen, die hie und da wie Pyramiden auftauchen. Schiffe, die mit ihren Mastbäumen und ihren wehenden Flaggen sich mit den Gebäuden abwechseln und die Massen des Bildes hervorheben. Das ist die Admiralität, sagten sie uns, und das das Arsenal, da die Zitadelle, dort ist die Akademie, da drüben ist der Winterpalast[7] der Zarin. An Land angekommen, empfing uns Herr Crammer, ein englischer Kaufmann, bei dem wir wohnten, ein sehr kultivierter Herr, der sehr viel von russischen Dingen weiß. […]

Wenn man Petersburg betritt, erscheint es nicht so, wie es von Weitem erschien. Vielleicht weil die Reisenden den Jägern und den Liebenden ähnlich sind, oder vielleicht weil sein Anblick nicht

6 Vergil: *Georgica* II 328, »die entfernten Wälder ertönen (nicht) vom Gesang der Vögel.« Algarotti ersetzt das ›tum‹ bei V. durch ein ›non‹.

7 Architekt: Bartolomeo Francesco Rastrelli.

8 Englischer Architekt (1573–1652).

9 Andrea Palladio (1508–1580), Architekt.

mehr durch das Grauen des Waldes kontrastiert wurde. Jedenfalls kann die Lage einer Stadt, die an den Ufern eines großen Flusses und auf verschiedenen Inseln liegt, die schöne Blickpunkte und effektvolle Perspektiven eröffnen, nicht anders als schön sein. Die Bauten von Petersburg sind sehr schön, verglichen mit den Gebäuden von Reval und der anderen Städte dieser nördlichen Region. Aber das Terrain, auf dem es gründet, liegt tief und ist sumpfig. Der riesige Wald, in dem es liegt, ist völlig ohne Leben, nicht besonders gut sind die Materialien, aus denen die Stadt gebaut ist. Und die Entwürfe dieser Gebäude stammen weder von einem Inigo Jones[8] noch von einem Palladio[9]. Hier herrscht eine Art Architektur, die ein Gemisch aus der italienischen, französischen und holländischen darstellt. Vor allem dominiert die holländische. Und das wundert einen nicht. In Holland betrieb der Zar sozusagen seine ersten Studien, und in Zaandam raubte er jenes Feuer, mit dem er später wie ein neuer Prometheus[10] seine Nation beseelte. Tatsächlich scheint es, dass er allein in Erinnerung an Holland die Bauweise jenes Landes ausgewählt hatte, Bäume am Rand der Straße zu pflanzen und die Stadt mit Kanälen zu zerteilen, die hier gewiss nicht dem Gebrauch dienen, den sie in Amsterdam oder Utrecht haben.

Die Bojaren und die Herren des Reichs wurden schon vom Zaren gezwungen, Moskau zu verlassen, wovon ihre Ländereien nicht weitab liegen, dem Hof zu folgen und ihren Sitz auch dahin zu verlegen. Der größte Teil von ihnen hat Paläste längs der Newa gebaut, und es sieht wirklich so aus, dass sie auf den Befehl des Souveräns hin gebaut wurden und nicht aus freien Stücken. So sehr neigen sich die Mauern hie und dort hin, und voller Risse halten sie sich mit Mühe aufrecht. Irgendjemand sagte, dass sich die Ruinen anderswo von selbst machen, aber hier baut man sie. Aus diesem Grund muss man alle Augenblicke in dieser neuen Metropole Gebäude wiederherstellen, andere Gründe sind darüber hinaus die schlechten Baustoffe und der unsichere Boden. Wenn sich diejenigen glücklich schätzen dürfen, *quorum quam moenia surgunt*[11], so dürfen sich die Russen, die ihre Häuser mehr als einmal in ihrem Leben erstehen

10 s. Voltaire: *Anecdotes sur le czar Pierre le Grand*, Dresden 1748.

11 Vergil: *Aeneis*, 1473: »(O ihr Glücklichen), denen bereits sich Mauern erheben.«

12 Als Düngemittel.

sehen, besonders glücklich schätzen. Das Haus, in dem wir wohnen, ist eins der besser gebauten.

[...] Lebhaft, das kann man entschieden bestätigen, ist der Handelsverkehr sowohl des Nordens wie des Südens. Der eine, um den Bewohnern der gemäßigten Regionen die größten Luxusgüter zu liefern wie Tee, Porzellan, Musselin usw., der andere die notwendigsten Güter wie Getreide, Hanf, Eisen und Ähnliches.

Russland liefert hauptsächlich folgende Artikel: Aschen[12], Leder, Hanf, Leinen, Pech, Holz, Eisen, Rhabarber. Jedes Jahr kommen in Petersburg etwa neunzig Schiffe der Engländer an, mit denen man den meisten Handel treibt. Diese transportieren nach Russland Zinn, Blei, bearbeitetes Hartzinn, Indigo, Kampecheholz, Alaun, Leintücher in großer Zahl, sodass man sagt, dass das russische Heer in englisches Tuch gekleidet sei. Das Ganze hat den Wert von 150 000 Pfund Sterling.

Die Holländer bedienen sich hauptsächlich der Häfen von Narva und Riga, man sieht nur sehr wenige in Petersburg. Außer Getreide, Hölzern und Hanf nehmen sie Honig und Wachs mit, das aus der Ukraine kommt, und sie tauschen dafür außer Salz Leintuch und Gewürze ein, eine sehr wichtige Ware besonders im Norden. Und man hält die Handelsbilanz zwischen Holland und Russland für ausgeglichen.

Für die Schweden ist der Handel mit Russland vorteilhaft wegen der Quantität an Getreide, die es ihnen von Estland aus schickt und wegen der Pelze. Russland dagegen bekommt von den Schweden nichts oder fast nichts, es kommt mit den eigenen Eisenbeständen aus, wenn diese auch von minderer Qualität sind.

Den Polen liefert Russland auch eine große Anzahl von Pelzen, und seine Nachbarschaft ist dem Land in jeder Hinsicht vorteilhaft.

Mit Frankreich ist der direkte Handelsverkehr sehr gering, da diese Gewässer fast nie ein französisches Schiff sehen. Trotzdem wird nach Russland eine unglaubliche Menge an französischen Waren eingeführt, Weine, Tücher aus Gold und Silber, aus Seide, Besatzbänder, Tabakdosen, alle Arten von niedlichen Bagatellen für den Luxus des Hofes. Sodass zu rechnen ist, dass der Gewinn aus dem Handel mit England nach Frankreich abfließt. Besonders prunkvoll sind hier die Galakleider, man bemüht sich in Lyon, Silber und Gold unzenweise in die Tücher, die man für Russland herstellt, einzuweben. Man weiß nicht genau, ob ein solcher Luxus das Ergebnis einer weiblichen Herrschaft ist, die von Natur aus die

Galakleider liebt, oder aber der Fremdherrschaft, die die Bauern ausbeutet. Tatsache ist, dass dies zur Zeit Katharinas begann, unter dem Kind Peter II. anwuchs und jetzt seinen Höhepunkt unter der gegenwärtigen Herrschaft erlebt. Völlig anders ging es zu Zeiten des Zaren zu, der von Holland zusammen mit der Manufaktur und den Künsten auch die Mäßigkeit mitgebracht hatte.

Katharina II.
(1729–1796)

Niemand blieb aus Neigung

Die Kaiserin [Elisabeth Petrowna] blieb während des größten Teils des Karnevals in Zarskoe-Selo. Petersburg war wie ausgestorben; die meisten, die sich dort aufhielten, fesselte nur die Pflicht, niemand blieb aus Neigung. Denn wenn der Hof von Moskau nach Petersburg zurückkehrte, beeilten sich alle Hofleute, um ein Jahr, um sechs Monate, oder wenigstens um einige Wochen Urlaub nachzusuchen, nur um noch ein wenig in Moskau bleiben zu können. Beamte, Senatoren taten dasselbe, und wenn sie fürchteten, keine Erlaubnis zu erhalten, dann gab es Krankheiten, erdichtete oder wirkliche, von Männern, Frauen, Vätern, Brüdern, Müttern, Schwestern, Kindern, oder Prozesse, oder sonstige notwendig zu ordnende Angelegenheiten. Kurz, sechs Monate und zuweilen mehr vergingen, ehe Hof und Stadt wieder wurden, was sie vor der Abreise des Hofes gewesen waren. Während seiner Abwesenheit wuchs das Gras in den Straßen von Petersburg, weil fast kein einziger Wagen darüber hinfuhr. Bei diesem Stande der Dinge konnte man also nicht auf viel Gesellschaft hoffen, besonders wir [das Thronfolgerpaar] nicht, weil man uns nur wenig auszugehen gestattete.

Elisabeth stirbt am 25. Dez. 1761/5. Jan. 1762, und ihr Holsteiner Neffe folgt ihr als Peter III. auf den Thron. Er regiert nur ein halbes Jahr. Am 28. Juni/ 9. Juli 1762 entthront seine Frau Katharina ihren Mann mithilfe der Garde und lässt sich selbst in der Kirche der Gottesmutter Geburt am Newski Prospekt zur Kaiserin und Selbstherrscherin von ganz Russland und ihren Sohn Paul zum Thronfolger ausrufen. Katharina II. wird 34 Jahre über Russland herrschen und als »die Große« in die Geschichte eingehen.

Michail Lomonossow, Universalgelehrter
(1711–1765)

Petropolis, den Himmel nachahmend
In den Petrinischen Mauern fließt
Voll Heiterkeit dort die Newa,
Das Haupt leuchtet durch die Krone, den Porphyr,
Bedeckt mit Lorbeer.
Dort flammen mit gleichmäßigem Eifer
Die Herzen, wie die Plätze all strahlen
In der von Vergnügen erfüllten Nacht.
O süßes Jahrhundert! O wertvolles Leben!
Petropolis, den Himmel nachahmend,
versendet wie er Strahlen. […] 1762

Alexander Sumarokow, Dichter, Schriftsteller, Dramaturg
(1717–1777)

Du wirst das nördliche Rom sein
Es werden dich, Petropolis, unsere Nachfahren in einer anderen Gestalt erblicken: Du wirst das *nördliche Rom* sein. Meine Vorhersage wird sich erfüllen, falls der monarchische Thron nicht von dir fort verlegt wird … Es wird wohl bleiben, falls sich dein Überfluss mehren wird, deine Sümpfe trockengelegt und deine Meerengen mit prächtigen Gebäuden geschmückt sein werden. Dann wirst du das *ewige* Tor des Russischen Imperiums sein und eine ewige Heimstätte der ehrwürdigsten Kinder Russlands und ein ewiges Monument für Peter den Großen und Katharina die Zweite. 1764

Katharina II.

Gemälde aus Berlin
Ukas an Gesandten Fürst Wladimir S. Dolgoruky

Auf Euren Antrag bezüglich auf die Schuld des Berliner Kaufmanns Gotzkowski an die Krone befehlen wir Euch die Bildergalerie nach dem von Euch hierher geschickten Verzeichnisse zu übernehmen.

Gegeben zu Sankt Petersburg am 11. Februar des Jahres 1764.

Die Übernahme von 317 Bildern aus dem Besitz des Berliner Fabrikanten, Kunstsammlers und Kunsthändlers Johann Ernst Gotzkowsky (1710–1775) an Zahlungsstatt gilt als Gründungsakt der Kaiserlichen Ermitage. Die Bilder treffen im August 1764 in St. Petersburg ein und werden zunächst im neuen Winterpalast aufgehängt, den Katharina gerade bezogen hatte. Schon 1763 hatte sie den Bau eines großen Hängenden Gartens an der Ostseite des Palastes in Auftrag gegeben, der über einer Manege entstehen und von zwei Pavillons begrenzt werden sollte, dem Nordpavillon zur Newa hin und dem Südpavillon zur Millionnaja hin. Im Nordpavillon veranstaltet die Kaiserin nun ihre berühmten geselligen Abende, die »kleinen Ermitagen«. Der Name geht allmählich auf das Gebäude über, das nun Ermitage, später Kleine Ermitage genannt wird. 1769 entstehen an den langen Seiten des Gartens Galerien zum Aufhängen von Bildern, und die Kaiserin ist kaufsüchtig. Bald machen die Käufe den Bau eines größeren Gebäudes erforderlich, das zunächst Große Ermitage genannt wird. Ihr schließt sich das Ermitage-Theater jenseits des Wintergrabens an. Mit dem Bau der Neuen Ermitage unter Nikolaus I. Mitte des 19. Jahrhunderts, wird aus der Großen Ermitage die Alte Ermitage. Die Ermitage-Gebäude bilden den Museumsflügel des Winterpalastes.

Giacomo Casanova, venezianischer Abenteurer und Schriftsteller (1725–1798)

In hundert Jahren wird Petersburg prächtig sein
Ich quartierte mich in einer schönen, großen Straße ein, die man Millionnaja nennt. Man gab mir für wenig Geld zwei hübsche Zimmer, in denen ich keine Möbel erblickte; aber man brachte sogleich zwei Betten, vier Sessel und zwei kleine Tische. Die Öfen waren von ungeheurer Größe; ich glaubte erst, man würde zum Heizen eine große Menge Holz benötigen, aber das war keineswegs der Fall. Nur in Russland versteht man es, Öfen zu bauen, so wie man es in Venedig versteht, Zisternen oder Tiefbrunnen anzulegen. Ich untersuchte zur Sommerzeit das Innere eines viereckigen Ofens, der in der Ecke eines großen Saales stand und zwölf Fuß hoch und sechs Fuß breit war; ich besichtigte ihn von der Feuerstelle bis oben hinauf, wo das Rohr mündete, durch das der Rauch in den Schornstein geleitet wurde, und sah die zahlreichen schräg ansteigenden Rauchkanäle. Wenn diese Öfen angeheizt sind, halten sie ein Zimmer vierundzwanzig Stunden lang warm; oben am Ende des großen Rohres

haben sie eine Klappe, die der Diener mit Hilfe eines kleinen Seils schließt, sobald der ganze Rauch des Holzes mit Sicherheit abgezogen ist. Wenn er durch das kleine Fenster, das sich unten am Ofen befindet, das ganze Holz glühen sieht, schließt er den Ofen oben und unten. Nur sehr selten heizt man einen Ofen zweimal am Tag, außer bei großen Herren, bei denen es den Dienern verboten ist, die Öfen oben zu schließen. Der Grund für dieses Verbot ist sehr berechtigt.

Wenn nämlich der Hausherr von der Jagd oder von einer Reise heimkommt und sich schlafen legen möchte, befiehlt er seinem Diener, den Ofen zu heizen; wenn dann der Diener aus Unachtsamkeit, oder um schneller fertig zu werden, den Ofen schließt, bevor der ganze Rauch abgezogen ist, erwacht der Mann nicht mehr aus seinem Schlaf. Er gibt nach drei oder vier Stunden und ohne die Augen zu öffnen seinen Geist auf. Man kommt am Morgen in sein Zimmer, findet die Luft erstickend und den Mann tot; man öffnet die Ofentüre, eine Rauchwolke füllt im Augenblick das ganze Zimmer, man öffnet Fenster und Türen, aber der Mann erwacht nicht mehr. Vergeblich sucht man den Diener, der geflüchtet ist, doch spürt man ihn erstaunlich schnell auf und hängt ihn unweigerlich, obgleich er schwört, dass er es nicht absichtlich getan hat. Das ist höchst zweckmäßig, denn ohne dieses weise Gesetz könnte jeder Diener ungestraft seinen Herrn vergiften.

Nachdem ich für Heizung und Essen meine Vereinbarungen getroffen und alles sehr billig gefunden hatte (was heute nicht mehr gilt, da dort alles ebenso teuer ist wie in London), kaufte ich eine Kommode und einen großen Tisch, um schreiben zu können und Papier und Bücher unterzubringen.

Wie ich feststellte, beherrschte in Petersburg jedermann, das einfache Volk ausgenommen, die deutsche Sprache, die ich mit Mühe verstand, in der ich mich jedoch damals nicht viel besser ausdrücken konnte als heute. […]

Ich glaube, ich habe noch nichts über diese heute so berühmte Stadt gesagt, deren Existenz mir noch immer unwahrscheinlich erscheint, wenn ich darüber nachdenke. Dazu war ein Genie nötig wie das des großen Mannes, der sich darin gefiel, die Natur Lügen zu strafen und die Stadt, die das Zentrum seines ganzen ungeheuren Reiches werden sollte, an einen Ort mit dem denkbar schlechtesten Untergrund für die Bauten der Architekten zu planen, die ihn unbedingt für die Tag für Tag in Stein und mit ungeheuren Kosten errichteten Paläste tragfähig machen wollen. Man erzählt mir, dass die Stadt heute schon voll entwickelt sei und der Ruhm dafür der großen Katharina gebühre; aber im Jahre 1765 sah ich noch die ersten Anfänge. Alles erschien mir, als hätte man es schon als Ruine erbaut. Man pflasterte die Straßen und wusste, dass man sie sechs Monate später erneut würde pflastern müssen. Mir bot sich der Anblick einer Stadt, die ein ungeduldiger Mann in aller Eile erbauen ließ; und tatsächlich brachte der Zar das in neun Monaten zustande. Aber diese neun Monate waren nur die Zeit der Geburtswehen; das Kind war vielleicht schon lange zuvor empfangen worden. Beim Anblick Petersburgs dachte ich an das Sprichwort: ›Canis faestinans caecos edit catulos‹ (ein eiliger Hund gebärt blinde Welpen); doch einen Augenblick später sagte ich mir in Bewunderung des großen Planes und von Achtung durchdrungen: ›Diu parturit leaena sed leonem‹ (lange kreißt die Löwin, doch gebiert sie einen Löwen). In hundert Jahren, so prophezeie ich, wird Petersburg prächtig sein, doch wenigstens zwei Klafter höher liegen; dann werden die großen Paläste nicht mehr wegen mangelnder Pfahlroste einstürzen. Man wird die barbarische Bauweise verwerfen, die von französischen Architekten für die Häuser der Hofschranzen eingeführt wurde.

Katharina II. an Melchior Grimm, Schriftsteller, Journalist

»Das Wasser stand vor meiner Tür«
In Petersburg, diesen 10. September 1777, um 8 Uhr morgens, ein Sonntag

Ah, ein guter Tag, um Ihre Briefe zu erhalten und darauf zu antworten! […] Ich bin froh, dass ich gestern Mittag per Schiff aus Zarskoje Selo in die Stadt zurückgekommen bin; das Wetter war sehr schön, aber ich sagte: oh, es wird einen Sturm geben, denn der Fürst Potjomkin und ich, wir haben einander am Abend an Einbildungskraft überboten. Wirklich, um zehn Uhr abends öffnet der Wind krachend ein Fenster in meinem Zimmer: es regnete ein bisschen, und seit diesem Augenblick hat es alles Mögliche geregnet: Dachziegel, Eisenplatten, Fensterscheiben, Wasser, Hagel, Schnee. Ich habe sehr gut geschlafen; ich bin um fünf Uhr durch einen Windstoß aufgewacht; ich habe geklingelt, man ist gekommen mir zu sagen, dass das Wasser vor meiner Tür steht und herein will. Ich sagte: wenn das so ist, lassen Sie die Wachen sich zurückziehen, die in den kleinen Höfen stehen, damit sie nicht umkommen, während sie ihm die Passage verwehren. Gesagt, getan. Ich wollte die Dinge aus der Nähe sehen; ich bin also in die

Ermitage gegangen, sie und die Newa ähnelten der Zerstörung Jerusalems: das Ufer, das noch nicht fertig ist, war von Handelsschiffen mit drei Masten bedeckt; ich sagte: »Guter Gott! Der Markt hat seinen Platz geändert. Graf Münnich muss den Zoll dort einrichten, wo das Ermitage-Theater war. Wie viele zerbrochene Fenster! Wie viele umgekippte Blumentöpfe! Und um den Blumentöpfen anscheinend Gesellschaft zu leisten, habe ich solche aus Porzellan von den Kaminen gefunden, die auf den Fußböden und Kanapees verstreut lagen. Ja, das war eine Wirthschaft, und wozu ist das wohl nütz? [deutsch im frz. Text] Aber geht es darum? Nicht eine einzige Dame wird diesen Morgen ihren Perückenmacher haben, und Sie werden sehen, dass die Messe leer sein wird, und der Kurtag öde. [...]

Fortsetzung nach der Messe.
Ich speise bei mir, das Wasser ist zurückgegangen, und ich bin, wie Sie wissen, keineswegs ertrunken; aber nur noch wenige kommen aus ihren Schlupflöchern. Ich habe einen meiner Kammerdiener in einer englischen Karosse kommen sehen; das Wasser bedeckte die Achse des hinteren Teils der Karosse und der Kutscher, der sich hinten hielt, stand mit den Füßen im Wasser. Aber genug vom Wasser; man müsste Wein dazu geben, alle meine Keller sind überschwemmt, und Gott weiß, was daraus wird. [...] Adieu, vier Seiten müssen genügen während einer Überschwemmung, die von Stunde zu Stunde zurückgeht.

Heinrich von Storch,
deutsch-russischer Wirtschaftswissenschaftler
(1766–1835)

Am 7. August 1782 ward das Denkmal eröffnet
Es war am 16 May 1703 als der Grund zur Festung gelegt wurde; in eben diesem Jahr landete das erste Schiff, vom Zufall geführt, in der Neva. Peter hatte Anfangs diese Stelle nur zur Errichtung einer Schanze bestimmt, um die Mündung des Flusses zu decken; das Schicksal schien ihm einen Wink über die künftige höhere und nützlichere Bestimmung derselben zu geben, und Peter verstand diesen Wink. Er eilte den [sic!] Führer des Schiffs, einem Holländer, entgegen, bewillkommte ihn freundlich, kaufte ihm seine Ladung ab und ermunterte ihn, jährlich einmal wieder zu kommen, um sich eine Belohnung zu holen, die ihm auch bis auf seine letzte Reise ausgezahlt ward.

Reiterstandbild Peters I. auf dem Senatsplatz, Etienne-Maurice Falconet, 1782

Von diesem Zeitpunkt bis zu der Epoke der glänzendsten Vollendung durch Katharina die Zweyte ist nur ein Zeitraum von achtzig Jahren, die Dauer eines Menschenlebens, verflossen. Im Jahr 1782 errichtete diese Fürstinn ihrem Vorgänger das berühmte Monument [...]. Der außerordentlichste Mann seines Volks mußte auf eine außerordentliche Art verewigt werden. Ein seltner Künstler, eine sublime Idee, ungeheure Anstrengungen und die Schätze der freygebigsten Monarchinn vereinigten sich zu diesem Endzweck, selbst die Natur schafte aus ihrer geheimen Werkstatt eine riesenmäßige Masse herbey. Am 7 August 1782 ward das Denkmal in Gegenwart der Kaiserinn, unter dem Donner der Kanonen und dem Jubelgeschrey eines unermeßlichen Volks eröffnet. Dies ist der Moment, welchen der Künstler in der Darstellung gefaßt hat. Die Kaiserinn stand auf dem Balkon des Senatspallastes und unter den Zuschauern befand sich ein Greis der schon im Jahr 1715 bey der Flotte in Dienst getreten und zehn Jahre hindurch ein Augenzeuge von Peters Thaten gewesen war. Das Andenken dieses merkwürdigen Tages ward nicht bloß durch kostbare Medaillen gesichert. Eine Gnadenukase – durch welche alle mehr als zehnjährige Prozesse aufgehoben, alle fünf Jahr in Verhaft gewesene Schuldner frey gegeben, und alle Forderungen der Krone unter 500 Rubel erlassen wurden – erhält die Rückerinnerung an diesen Tag noch in den Herzen aller gefühlvollen Menschen.

Katharina II. an Melchior Grimm

»Quarenghis Bauten sind die Besten«

Dieser Quarenghi baut uns charmante Sachen: die ganze Stadt ist schon gespickt mit seinen Bauten; er hat die Bank, die Börse und eine Menge Geschäfte, Boutiquen und Privathäuser gebaut, und seine Bauten sind die Besten. Er hat mir ein Theater in der Ermitage gemacht, das in zwei Wochen fertig sein wird, das im Innern ganz reizend ist; es kann zwei bis dreihundert Personen aufnehmen, aber nicht mehr; das ist auch das Ende der Welt für die Ermitage.

Katharina II. an Melchior Grimm

Winterspaziergänge in der Ermitage

… mein Museum in der Ermitage besteht, ohne die Gemälde und die Raffael-Loggien, aus 38 000 Büchern; vier Zimmern voller Bücher und Stiche; 10 000 geschnittenen Steinen; fast 10 000 Zeichnungen und einer naturgeschichtlichen Sammlung, die zwei große Säle füllt; zu all dem gehört ein entzückendes Theater, in dem man wunderbar sieht und hört und wo man ohne Durchzug bequem sitzt. Mein kleiner Rückzugsort ist so gelegen, dass ich drei tausend Schritte brauche, um aus meinem Zimmer dorthin und zurück zu gelangen; dort spaziere ich inmitten einer Menge Sachen herum, die ich liebe und an denen ich mich erfreue, und es sind die Winterspaziergänge, die mich gesund und auf den Beinen halten.

Louis-Philippe de Ségur, französischer Botschafter (1753–1830)

Petersburg strahlte unter den Hauptstädten

Bevor Katharina ihre Herrschaft beendete, erhob sie 300 Siedlungen (bourgs) zu Städten und ergänzte die administrative und rechtliche Organisation aller Provinzen des Reiches. Ihr Hof war der

Katharina II., Fjodor Rokotow, Ölgemälde, 1780

Treffpunkt aller Fürsten und aller berühmten Persönlichkeiten ihres Jahrhunderts.

Vor ihr war Petersburg an seinem Eishorizont ein nahezu unauffälliger Punkt, der an Asien zu hängen schien; unter ihrer Regierung wurde Russland europäisch; Petersburg strahlte unter den Hauptstädten der zivilisierten Welt, und der Thron der Zaren erhob sich in die erste Reihe der mächtigsten und geachtetsten Throne. [...]

Genügend Reisende und Autoren von Nachschlagewerken haben die Paläste, die Kirchen, die zahlreichen Kanäle, die reichen Gebäude dieser Stadt ausführlich beschrieben, ein erstaunliches Denkmal des Triumphs, den ein genialer Mann über die Natur davongetragen hat.

Alle haben die Schönheit der Newa, den Reichtum ihrer Granitufer, den imposanten Anblick des Hafens von Kronstadt, die triste Großartigkeit des Palastes und der Gärten von Peterhof beschrieben, die am Ufer des Finnischen Meerbusen liegen und die den Reisenden eine doppelte Melancholie eingeben, indem sie sie dazu bringen, über die Stürme eines weiten Meeres voller Klippen und gleichzeitig über diejenigen nachzudenken, die den Despotismus ohne Grenzen und einen kolossalen Thron ohne Beschränkung umgeben; denn trotz der Einflüsse des Luxus und der Künste, kann es dort, wo man keine Begrenzung der Autorität sieht, nur einen Herrn und Sklaven geben.

Der Anblick Petersburgs erstaunt doppelt. Man findet hier das Zeitalter der Barbarei und das der Zivilisation vereint, das zehnte und das achtzehnte Jahrhundert, die Sitten Asiens und diejenigen Europas, grober Skythen und höflicher Europäer, eine glänzende stolze Aristokratie und ein in Sklaverei versunkenes Volk.

Fürst von Ligne, österreichischer Diplomat
(1735–1814)

Meisterwerke aller Art

Abgesehen von einigen Fehlern hat sie [Katharina II.] durch ihre öffentlichen und privaten Bauten aus Petersburg die schönste Stadt der Welt gemacht. Ihre Neigungen ersetzten den Geschmack, den ich ihr absprach, weil ich sonst hätte fürchten müssen, sie fortwährend bewunderungswert zu finden. Trotzdem hat sie es verstanden, Meisterwerke aller Art in ihrer Residenz zu vereinen. Sie behauptete, in der Medaillenkunde beschlagen zu sein, aber ich will dafür nicht bürgen.

Katharina II. stirbt im November 1796, ihr Sohn Paul Petrowitsch tritt die Nachfolge an. Paul hasst seine Mutter, weil sie Peter III., seinen Vater, entthront und ihm selbst sein Erbe vorenthalten hat. Er hält sie auch für schuldig am Tod Peters, der, weil er nicht gekrönt worden war und abgedankt hatte, nicht in der Peter-und-Paul-Festung beigesetzt wurde, sondern im Alexander-Newski-Kloster. Nun lässt Paul I. seinen Vater exhumieren und zusammen mit seiner verhassten Mutter in der Festungskirche beisetzen. Alexej Orlow, der Peter III. erdrosselt haben soll, muss vom Kloster bis zum Winterpalast den ganzen Newski Prospekt entlang hinter dem Sarg gehen und die Große Kaiserkrone tragen.

Jakob de Sanglen, Chef der Geheimpolizei Alexanders I., Publizist (1776–1864)

Beisetzung Peters III. bei 18° Kälte
Die Entrüstung wuchs in Petersburg von Tag zu Tag immer mehr und mehr. Der Kaiser warf alles früher Geschaffene über den Haufen und ein jeder, namentlich aber die früheren Machthaber, fühlten sich in ihrer Ehre gekränkt. Dies ist die Wurzel all der Widerwärtigkeiten, die der Kaiser nachher erdulden musste. Nichts von dem, was er ins Werk setzte, fand eine sympathische Aufnahme, alles wurde in ein schlechtes Licht gestellt. Den Wunsch des Sohnes, senem Vater die gebührende Ehrerbietung zu bezeugen, fasste man ausschließlich als Rachsucht auf, als das Bestreben, seiner Abneigung gegen die Mutter möglichst deutlichen Ausdruck zu verleihen. Ich für meine Person bin andrer Meinung. Das gute und edle Herz Pauls war anfangs ganz erfüllt von dem Gedanken, der Asche seines Vaters die einem Kaiser gebührenden Begräbnisehren zu teil werden zu lassen, wozu er als treuer Sohn verpflichtet zu sein glaubte. In Begleitung Bezborodkos und eines Adjutanten begab sich Paul in das Newskikloster. Mit Hilfe eines Mönchs wurde das Grab durchwühlt und der Sarg geöffnet, der schon in Fäulnis überzugehen begonnen hatte. Beim Anblick der traurigen Überreste seines Vaters, der Asche, einiger Tuchfetzen von der Uniform, der Knöpfe und kleiner Stücke von den Stiefelsohlen, vergießt Paul ungeheuchelte Tränen. Der Sarg wird in die Kirche getragen, man setzt ihn auf das Paradebett, und der Kaiser ordnet dieselben Ehrenbezeugungen an, die seiner Mutter erwiesen wurden; jeden Tag zweimal wohnte er der Totenmesse am Sarge seines Vaters bei. Er war religiös und die wiederholten Missgeschicke hatten ihn im Glauben befestigt. Wenn er beständig von einer Seelenmesse zur andern fuhr, stets in seinen Gedanken den Vater und die Mutter verbindend, wie leicht konnte da bei seiner lebhaften Phantasie und der maßlosen Empfindsamkeit

seines Herzens in ihm der Gedanke auftauchen: »Das Leben hat sie getrennt, möge der Tod sie, in einem Grabe vereinigt, versöhnen.« Diese Gedanken wurden sofort zur Ausführung gebracht. In feierlichem Aufzuge wurden die sterblichen Überreste Peters III. in einem neuen, seiner hohen Würde angemessenen Sarge aus dem Newskikloster aufs Schloss gebracht, und Petersburg sah beide Särge friedlich nebeneinander stehen. Hierbei wollen wir bemerken, dass die Überführung der Überreste Peters bei 18° Kälte erfolgte und dass die ganze kaiserliche Familie in dieser Trauer hinter dem Sarge einherging. Als der Kaiser den Sarg neben demjenigen seiner Mutter aufstellen ließ, dachte er vielleicht: »Dir, mein Vater, erweise ich die gebührende Ehre und dich, meine Mutter, versöhne ich mit dem Schatten deines verstorbenen Gemahls.« Dieser poetische Gedanke lag dem Charakter Pauls näher als der Wahn, an dem leblosen Leichnam seiner Mutter Rache nehmen zu müssen.

[…] Nach der Beerdigung Peters III. ließ Paul den Grafen Alexej Grigorjewitsch Orlow zu sich rufen; derselbe hatte auf Befehl des Kaisers am Sarge Peters III. Dejourdienst geleistet und beim feierlichen Leichenzuge hinter dem Sarge des Kaisers die Krone getragen. Paul hatte bemerkt, dass die dem Grafen Orlow zuteil gewordene Lehre gar keinen Eindruck auf denselben machte; im Gegenteil, er hatte die ihm auferlegte Pflicht mit einer geradezu herausfordernden Kaltblütigkeit und Gleichgültigkeit vollzogen. Als Orlow erschienen war, sah ihm der Kaiser einige Minuten lang fest ins Auge und sagte darauf: »Als guter Sohn kann ich, Herr Graf, mich leicht dazu hinreißen lassen, meinen Vater rächen zu wollen, ich bin ein Mensch und kann für mich nicht bürgen; wir beide können unmöglich die gleiche Luft atmen, solange ich auf dem Throne bin, müssen Sie außerhalb Russlands leben. Ihre Papiere für die Reise sind bereit; machen Sie sich auf den Weg und nehmen Sie die Bürde der vielen von Ihnen begangenen Verbrechen mit sich in die Fremde.«

III. Mehr als Berlin und Wien

Das 19. Jahrhundert beginnt mit dem Mord an Paul I., Tatort ist das neue Michael-Schloss an der Fontanka. Dann folgt der erste Städtegeburtstag, den Russland feiert: Im Mai 1803 wird die Hauptstadt 100 Jahre alt. Aus diesem Anlass steigt André-Jacques Garnerin erstmals mit einem Heißluftballon über St. Petersburg auf, und 1805 erscheint die erste Stadtgeschichte: *St. Petersburg am Ende seines ersten Jahrhunderts* von Staatsrat Heinrich Christoph von Reimers, einem Deutschbalten aus Estland. Im Januar 1809 kommt zum ersten Mal ein preußisches Königspaar auf Staatsbesuch nach St. Petersburg. Friedrich Wilhelm III. und Luise, von Napoleon aus Berlin vertrieben, werden von Alexander I., ihrem Freund und Verbündeten, überaus herzlich empfangen, beim Abschied fließen Tränen. Im Juni 1812 fällt die Grande Armée ohne Kriegserklärung in Russland ein. Napoleon will mit der Hauptarmee möglichst schnell Moskau, das »Herz Russlands«, erreichen, während zwei Armeekorps nach Nordosten vorstoßen, um St. Petersburg, den »Kopf Russlands«, einzunehmen. Nach der Schlacht von Borodino (26. Aug./7. Sept.) zieht sich die russische Armee noch weiter nach Osten zurück und gibt Moskau auf. Darauf besetzen die Franzosen die verlassene Stadt, die an vielen Stellen bereits brennt, und es besteht die Gefahr, dass Napoleon sich doch noch nach Norden wendet. Doch er gibt auf und verlässt das niedergebrannte Moskau am 7./19. Oktober. Der Vaterländische Krieg endet im Dezember 1812 mit der Flucht Napoleons aus Russland. – Im März 1814 zieht Alexander I. in Paris ein. Er ist nun der »Befreier Europas«, und seine Hauptstadt sonnt sich im Glanz seiner Siege. Als er am 19. November/1. Dezember 1825 überraschend stirbt, ist seine Nachfolge offiziell nicht geregelt, worauf eine »zarenlose« Zeit beginnt, die eine Gruppe adliger Offiziere am 14./26. Dezember zum Aufstand gegen die Selbstherrschaft nutzt. Doch Nikolaus I., der neue Kaiser, lässt den Dekabristenaufstand auf dem Senatsplatz niederkartätschen und die fünf Anführer zum Entsetzen der Stadt in der Festung hängen. Dieser Romanow, der »Gendarm Europas«, macht Russland zum Polizeistaat, doch St. Petersburg, seine Hauptstadt, wird zum »Startplatz« (Joseph Brodsky) der großen russischen Literatur. – Am 29. Januar/10. Februar 1837 stirbt Alexander Puschkin an den Folgen eines Duells. »Seine Verwundung und sein Tod rufen in Petersburg eine Erregung hervor, wie sie die Hauptstadt noch nicht erlebt hatte«, schreibt der Puschkin-Biograph Juri Lotman. Das Jahrzehnt endet mit dem Besuch des französischen Schriftstellers Astolphe de Custine, der Russland in seinem europäischen Bestseller »La Russie en 1839« ein »Reich der Schatten« nennt und Petersburg »die monotonste aller Hauptstädte Europas«.

August von Kotzebue, Schriftsteller, Librettist, Theaterdirektor (1761–1819)

Gifthauchende Wohnung
Der Kaiser hatte … seinen neuen berühmt gewordenen *Michailowschen Palast* vollendet und lebte und webte nun in diesem, gleichsam durch den Schlag einer Zauberrute hervorgegangenen Feenschlosse, welches, der Angabe nach, zwischen fünfzehn und achtzehn Millionen Rubel gekostet haben soll. Er verließ den weit bequemeren und gesünderen sogenannten *Winterpalast*, um sich zwischen feuchte, dicke Mauern einzusperren, an welchen das Wasser herabfloss. Mehrere Male mussten die Leibärzte die neue Wohnung prüfen, und mehrere Male warnte ihr Ausspruch. Sie wurden aber so oft und so lange wieder dahin geschickt, bis sie endlich wohl einsahen, man wolle nun einmal ein anderes, günstigeres Urteil, und mit Achselzucken nachgaben. Der Kaiser bezog also die gifthauchende Wohnung mitten im Winter, und es gefiel ihm darin außerordentlich. Es machte ihm Freude, seine Gäste selbst herumzuführen und ihnen die Schätze von Marmor und Bronze, die er aus Rom und Paris hatte kommen lassen, zu zeigen. Das überströmende Lob, mit welchem natürlicherweise die geringste Kleinigkeit bis in den Himmel gehoben wurde, und die ewige Wiederholung des Ausrufs, dass dergleichen nirgends in der Welt existiere, erregten endlich bei ihm den Gedanken, eine Beschreibung von diesem achten Wunderwerke der Welt verfertigen zu lassen. Auf eine sehr schmeichelhafte Weise trug

Porträt Kaiser Pauls I., Stepan Schtschukin, Ölgemälde, 1796–1797

er mir diese Arbeit auf. Mehr als einmal sagte er mir selbst, dass er etwas Außerordentliches von mir erwarte, und setzte mich durch diese Äußerung in eine nicht geringe Verlegenheit. […]

Täglich vormittags, nachmittags und oft bis spät abends brachte ich jetzt meine Zeit im Michailowschen Palaste zu. Es verging fast kein Tag, an welchem der Kaiser mir nicht hier oder dort begegnete, wenn ich mit meiner Schreibtafel in der Hand die mannigfaltigen Gegenstände aufzeichnete; und jedes Mal blieb er bei mir stehen, um sich einige Augenblicke mit der einnehmendsten Freundlichkeit mit mir zu unterhalten, auch wohl mich zu ermahnen, dass ich ja nicht obenhin, sondern alles recht ausführlich beschreiben möchte. […]

Am 11. März mittags gegen ein Uhr, also etwa zwölf Stunden vor Kaiser Pauls Tode, sah und sprach ich ihn zum letzten Male. Er kam von einem Spazierritt nach Hause und schien sehr heiter zu sein. […] Endlich fragte er mich noch, ob meine Beschreibung des Palastes weit vorgerückt sei. Als ich ihm sagte, sie sei beinahe vollendet, verließ er mich freundlich mit den Worten: »Ich freue mich darauf.«

Ich sah ihm nach, wie er die Treppe hinaufstieg; auch er sah oben an der Tür noch einmal zu mir herunter. Uns beiden ahnte wohl nicht, dass wir uns zum letzten Mal gesehen hatten.

In der Nacht auf den 12./24. März 1801 töten adlige Verschwörer den unberechenbaren Kaiser in seinem Schlafzimmer im Michael-Schloss, in dem er sich vor Anschlägen sicher wähnte. Die ganze Stadt redet tagelang nur über den Zarenmord, Alexander I. Pawlowitsch, der neue Kaiser, gilt als liberal.

Elisabeth Vigée-Lebrun, französische Malerin (1755–1842)

Stadt im Freudentaumel

Am 12. März 1801, auf der Hälfte des Weges von Moskau nach Sankt Petersburg, erhielt ich die Nachricht vom Tode Pauls I. […] Ich fand die Stadt in einem wahren Freudentaumel; es wurde gesungen, getanzt, man umarmte sich auf offener Straße. Mehrere meiner Bekannten kamen an meinen Wagen gelaufen, drückten mir die Hände und riefen: »Welche Befreiung! Erlösung!« Man erzählt mir, am Abend des Tages zuvor wären die Häuser hell beleuchtet gewesen. Mit einem Wort, der Tod des unglücklichen Fürsten erregte allgemein Jubel. Die besonderen Umstände des furchtbaren Ereignisses waren jedem bekannt, und ich kann es bestätigen, dass alle mir am Tage meiner Ankunft darüber gemachten Mitteilungen übereinstimmten. Einer der Verschworenen, namens Pahlen, hatte alles getan, um Paul durch die Erzählung in Schrecken zu setzen, die Kaiserin und seine Kinder hätten ein Komplott gegen ihn geschmiedet, um sich des Thrones zu bemächtigen. Pauls eingewurzeltes Misstrauen ließ ihn nur zu leicht Einflüsterungen ein williges Ohr leihen, sie regten ihn so auf, dass er dem hinterlistigen Ratgeber befahl, seine Gattin und die Großfürsten auf die Festung zu bringen. Pahlen weigerte sich, den Befehl ohne eine vom Kaiser unterzeichnete Verordnung auszuführen, Paul gab seine Unterschrift. Und mit dem Schreiben versehen eilte Pahlen sogleich zu Alexander. »Sie sehen nun«, sagte er zu ihm, »Dass Ihr Vater wahnsinnig ist und dass Sie alle verloren sind, wenn wir ihm nicht zuvorkommen und ihn selbst einsperren lassen.« Alexander, der seine und der Seinigen Freiheit bedroht sah, gab dennoch nur durch Stillschweigen seine Einwilligung zu diesem Plan, der sich darauf beschränken sollte, einen Wahnsinnigen außerstand zu setzen, anderen Schaden zuzufügen, aber Pahlen und seine Mitschuldigen glaubten weitergehen zu sollen.

Fünf Verschworene übernahmen es, das Verbrechen auszuführen, einer von ihnen war Platon Zuboff, der ehemalige Günstling Katharinas, den Paul mit Gunstbezeigungen überhäuft hatte, nachdem er ihn aus der Verbannung zurückgerufen hatte. Alle fünf begaben sich in Pauls Schlafgemach, als er im Bette lag; die beiden an der Türe wachhabenden Posten verteidigten sie so mutig, dass einer von ihnen getötet wurde, doch ihr Widerstand war nutzlos. Bei dem Anblick der Wüteriche, die sich auf ihn stürzten, erhob sich Paul, und da er sehr kräftig war, kämpfte er lange gegen seine Mörder, denen es schließlich gelang, ihn in seinem Armstuhl zu erdrosseln. Der Unglückliche rief aus: »Auch du, Zuboff! Du, in dem ich einen Freund zu besitzen wähnte!« Mit diesen Worten starb er.

André-Jacques Garnerin, französischer Fallschirmspringer (1769–1823)

Prächtige Aussicht

Den 20. Juni [1803] stieg ich zu St. Petersburg, in Gegenwart der Kaiserlichen Familie, und einer großen Menge von Zuschauern, zum erstenmahle in die Luft.

Sr. Majestät der Kaiser, die beiden Kaiserinnen, und Sr. Kaiserliche Hoheit, der Großfürst Constantin, ließen nach und nach mehrere Ballons in die Höhe steigen. Ihre Richtung im Laufe zeigte, dass der Wind nach dem Ladogasee zu – der nicht weit von St. Petersburg ist und mit einem kleinen Meere verglichen werden kann – wehete.

Da mein Ballon mit brennbarer Luft hinlänglich gefüllt, und mit seinem Kahne versehen war, bestieg ich ihn mit meiner Frau, um 7 Uhr 15 Minuten. Wir machten erstlich innerhalb der Umzäunung eine kleine Fahrt, in dem noch festgehaltenen Ballon; bald aber ließ man die Stricke los, und wir erhoben uns allmählig mit allgemeinem lauten Beifalle.

Der Wind führte uns über die Newa, wo wir einige Augenblicke still standen und Zeit genug hatten, die prächtige Ansicht und Ausdehnung der Stadt St. Petersburg und deren umliegenden Gegend zu bewundern. Westlich hatten wir die überaus schöne Aussicht nach dem Ausflusse der Newa und dem finnischen Meerbusen zu; Oestlich verfolgte unser Blick diesen Fluss bis zu seinem Ursprunge aus dem Ladogasee, den wir durch die Dünste nur undeutlich gewahr wurden; nördlich und südlich lagen morastige Gegenden. Das ganze Gemählde erleuchtete das reine Licht der Sonne und ein heller blauer Himmel. Der nehmliche Luftstrom trieb uns über die Newa, und brachte uns, in der Richtung mit dem großen Perspective, in eine Höhe von 800 Toisen in eine, einige Grade kältere Temperatur.

Da ich mir vorgenommen hatte, nur eine kleine Reise zum Vergnügen des Publikums zu unternehmen, und der Wind nach dem Ladogasee zu wehete, so hielt ich es für rathsam, dem mir einstimmig gegebenen Rathe zu folgen, und mich so wenig als möglich von der Stadt zu entfernen, theils wegen der ungünstigen Beschaffenheit des Landes, theils auch wegen des Eindrucks, den ein solches, für Landleute noch neues und ausserordentliches Schauspiel machen müsse. Ueber dem Newskikloster öffnete ich daher das Ventil, und warf in einer sumpfigen Gegend, seitwärts von Klein-Ochta, den

Anker aus. Bald kamen uns Bauern zu Hülfe, die aber weder Furcht noch Erstaunen zeigten, da sie uns vom Himmel kommen sahen …

Meine zweite, in Gegenwart Sr. Kaiserlichen Majestät, am 18. Julius zu St. Petersburg angestellte Luftfahrt, war interessanter als die erstre; indem ich auf derselben in eine weit größere Höhe mit Herrn General Lwof gelangte, der mir die Ehre erzeigte, mich zu begleiten. […]

Um 8 Uhr 10 Minuten stiegen wir bei einer Temperatur von 12 Graden über Null auf. Der Wind war Westlich und der Himmel erschien etwas bedekt. Kurz nach unserem Aufsteigen warf ich ein Kaninnchen mit einem Fallschirm aus, der sich nicht sogleich öffnete, nach seiner Eröffnung aber kein Schwanken mehr zeigte, welches die Unrichtigkeit des Tadels über den fehlerhaft seinsollenden Bau desselben beweist, den man in Hamburg vorbrachte. […]

Da ich mit Herrn Lwof sehr schnell aufstieg, so verkleinerten sich die Gegenstände in Verhältnis unserer grössern Erhebung immer mehr. Die Isaakskirche war ganz unkenntlich für Herrn Lwof, der gar nicht begreifen konnte, dass die kollosalische Statüe Peters des Großen nur in der Größe eines kleinen Models erschien. Das so weit ausgedehnte Petersburg kam uns nicht grösser vor, als einer seiner freien Plätze. Der Herr General Lwof konnte kaum die bekanntesten Oerter dieser schönen Stadt erkennen. Die Ansicht aus der Höhe macht wirklich bei dem, der sie noch nicht wahrgenommen hat, einen eignen Eindruk.

[…] Der Wind führt uns zum Ausflusse der Newa, und dann mitten über den Meerbusen, von wo wir die hohe See, weit über Kronstadt hinaus übersahen. Wir unterschieden mit bloßen Augen die schwedischen Küsten und den botnischen Meerbusen. Bietet der Schauplatz, den wir übersahen, dem Auge die schönsten und für den Beobachter interessantesten Scenen der Natur dar, so muss man gestehen, dass unser Standpunkt über dem Wasser und unser Lauf nach der hohen See zu, sehr geeignet waren, den Glanz dieses schönen Gemähldes in unserer Einbildungskraft zu erhöhen! […]

Wir reisten eine halbe Stunde lang immer vorwärts über dem Lande fort. Da die Nacht anbrach, so öffnete ich das Ventil, das ich schon mehrmahls wegen der Ausdehnung der inflammabeln Luft im Ballon, hatte öffnen müssen. Wir stiegen allmählig herab, und warfen über einer mit kleinen Sträuchern besetzten Ebene, 3 Werste von Krasnoselo [Krasnoje Selo] und 25 Werst von St. Petersburg, den Anker aus.

Johann G. Seume
(1763–1810)

Mehr als Berlin und Wien

Bronniza, den 8. Juni [1805]

Städte und Gegenden und Menschen und ihre Pracht anzustaunen ist eben nicht meine Sache …; aber wo ich Großes und Gutes sehe, bleibe ich mit Achtung stehen. Bis zur Bewunderung steigt meine Seele nur selten. Hier habe ich bewundert, wenn ich dachte, dass da, wo Paläste stehen und Monumente, die man kühn unter die größten zählen darf, da, wo sich Menschen drängen und in Glanz und Üppigkeit leben, wo eine kolossalische Macht jetzt ihre Propyläen errichtet hat, dass da vor hundert Jahren nichts war als rundumher eine ungeheuere Sumpfgegend mit einigen Fischerhütten. Das ist Größe. Ob auch Güte, ist eine andere Frage. Vielleicht gelingt es Alexander, das Große gut zu machen; dann ist er größer als die übrigen.

Petersburg ist mehr als Berlin und Wien und ist es in einem Jahrhundert geworden. Der Russe in seinem heißen Patriotismus findet es auch besser als Paris und Rom. Da hat er recht, aber nur im Einzelnen, und wird es ganz haben, wenn das Ganze fertig sein wird. Es ist schade, dass bei der großen schönen Anlage nicht auch immer ein großer, schöner, reiner Geschmack in der Ausführung herrschte. Man hat in Petersburg keine einzige schöne Kirche, wie man sie nämlich in Petersburg bei solchen Unternehmungen zu erwarten berechtigt ist. Die Isaakskirche ist von außen ein schwerer, unförmlicher, winkeliger Marmorhaufen, dem keine Kunst mehr helfen kann. Die neue kasanische Kirche, die eben gebaut wird, hat schon den Nachteil, dass sie zu nahe an dem Kanale steht und feuchten Grund haben muss, wenn man ihr auch durch Wegschaffung der nahen Gebäude Platz und Tag macht. Soviel ich aus der Anlage gesehen habe, wird sie zwar groß und prächtig werden; Schönheit aber und hohe Einfalt habe ich noch nicht entdecken können. Nur blinde Vorliebe für das Vaterländische kann sich einbilden, dass sie mit der Peterskirche am Vatikan wetteifern werde. […]

Der Schlossplatz in Petersburg ist unstreitig der schönste und größte in Europa, trotz seiner Unregelmäßigkeit. Die große Parade auf demselben ist in jeder Rücksicht, an Zahl und Schönheit der Mannschaft und des Aufzugs, besser als die große Parade vor den Tuilerien in Paris; auch in der Haltung. Wenn an der Seine bessere

Krieger sind, so beseelt sie bloß ein besserer Geist. Ich habe beide mit Aufmerksamkeit gesehen und spreche ohne Vorurteil nach Überzeugung. Es hat mir wohl gefallen, wenn der Kaiser Alexander, der schöne, liebenswürdige junge Mann, ohne Furcht und Zwang zur Parade und von der Parade den langen Weg durch die gemischte dichtgedrängte Volksmenge aller Klassen und Nationen offen und freundlich hinging, ohne dass jemand einen Erlaubniszettel nötig hatte, ihm so nahe zu sein, als es der öffentliche Anstand erlaubt. Der Schlossplatz hat zwar durch die Anlage der Promenade um die Admiralität herum an Raum beträchtlich verloren, ist aber deswegen immer noch der größte, den ich in irgendeiner Stadt kenne; den heiligen Petersplatz in Rom nicht ausgenommen. Auch schon diese Anlage allein ist eine Unternehmung, die anderwärts Bewunderung erregen würde. Nur den Grund gehörig auszufüllen, zu ebnen und zu erhöhen, selbst über Kanäle hinweg, eine starke Viertelstunde Weges, war eine Arbeit, die in anderen Hauptstädten nicht ohne große Anstrengung geschehen wäre; und ich begreife jetzt noch kaum, woher man eine so große Menge der schönsten schenkelstarken jungen Lindenbäume in einem Klima wie Petersburg so schnell zusammengebracht hat. Die Stämme sind gegen die Strenge der Witterung alle hoch mit Moos umwickelt, stark gestützt und werden mit großer Sorgfalt behandelt. In einigen Jahren wird der Platz, wenn er so fort gepflegt wird und gedeiht, gewiss einer der schönsten Spaziergänge, die man nur aufzuweisen hat. Wer vor dem Tore der Admiralität als dem besten Punkte zum Orientieren steht und in die drei Hauptperspektiven hinuntersieht, hat allerdings einen Anblick, so groß man ihn vielleicht in ganz Europa nicht findet. Die Newskiperspektive ist die größte und schönste. […] Die ehemals so berühmte Million [Millionnaja] wird jetzt kaum mehr zu den Hauptstraßen gezählt, sosehr sie sich auch durch die Pracht einzelner Gebäude auszeichnet. Nun sind freilich die Petersburger, nach der Gewohnheit aller patriotischen Enthusiasten, auf diese Schönheiten noch stolzer, als sie wohl Ursache haben. »Ist das nicht das Größte und Prächtigste, was man sich denken kann?« wurde ich gefragt. »Ja«, war meine Antwort, »wenn es fertig sein wird.« Man sah mich an; und ich war genötigt, bemerklich zu machen, dass die Ungleichheit und oft barocke Unregelmäßigkeit der Gebäude durchaus noch nicht der Pracht der Anlage entspreche. […] Das war freilich ungalant, aber abgeforderte Wahrheit.

Luise von Preussen
(1776–1810)

Diese Stadt gleicht keiner andern
Den 12. [Januar 1809] Gut geschlafen, bis 11 Uhr im Bett. [...] Freundlichkeiten dauern fort von allen Seiten; ich bin sehr zufrieden. Nach einer Stunde machte ich eine Spazierfahrt mit dem Könige durch die Stadt. Sie übertrifft jeden Ausdruck. Athen ist nicht schöner gewesen. Sie ist so ungeheuer, so schön, die Gebäude in einem so großen, kolossalen Stil, die Kanäle so ungeheuer, dass man niemand eine Vorstellung davon geben kann, denn diese Stadt gleicht keiner andern. Man sagt, der Himmel sei jetzt abends gestirnt und die Nacht schön; ich ahne nichts davon, ich sehe alles nur aus der Vogelschau und werde immerfort sozusagen gejagt von einem Ort zum andern in großer und vornehmer Gesellschaft.

St. Petersburg im Vaterländischen Krieg (1812)
Am 12./24. Juni 1812 überquert Napoleon mit seiner Vorhut den Njemen (Memel) bei Kowno (Kaunas). Vier Tage später ist er in Wilna (Vilnius), das Alexander I. gerade verlassen hat, ohne dem Kaiser der Franzosen ein Friedensangebot gemacht zu haben. Stattdessen ziehen sich die Russen zurück und verweigern die von Napoleon erwartete Entscheidungsschlacht. Damit retten sie ihre zahlenmäßig unterlegene Armee. Und während die Franzosen ihnen mit der Hauptstreitmacht in Richtung Moskau folgen, stoßen zwei Korps der Großen Armee über Polozk und Riga nach Nordosten vor, worauf Petersburg sich auf die Evakuierung vorbereitet. Da Napoleon auch als großer Kunsträuber bekannt war, hatte Kaiser Alexander Generalfeldmarschall Nikolai I. Saltykow in Petersburg schon Anfang Juni gebeten, über den Abtransport von Denkmälern, Trophäen und Kunstschätzen auf dem Wasserweg nachzudenken und ihn vorzubereiten. Doch Ende Juli gelingt es dem 1. Armeekorps unter Generalleutnant Graf Wittgenstein, das 2. Armeekorps der Franzosen in der Schlacht von Kljastizy an der Drissa zu schlagen und zurückzuwerfen. Damit ist die Hauptstadt außer Gefahr, Wittgenstein erhält den Ehrentitel »Retter von Petersburg«.

Porträt Kaiser Alexanders I., George Dawe, Ölgemälde, 1826

Boris Kostin, Petersburger Schriftsteller (geb. 1943)

Abmarsch der Garde (1812)
Anfang April begannen die Garderegimenter, Petersburg zu verlassen. Alexander Pawlowitsch geleitete sie bis zur Stadtgrenze und verabschiedete sie mit den Worten »Guten Weg!« […] Neugier und Interesse der Städter waren grenzenlos, zum ersten Mal marschierte die Garde nicht vom Marsfeld und nicht vom Schlossplatz los, sondern vom Narvaer und Zarskoselsker Tor, und gekleidet waren die Gardisten nicht in Paradeuniformen, sondern in Kampfuniformen. Das Wort »Krieg« mit einem tragischen Ton der Stimmen erklang häufig in der Menge. Am 9. April verabschiedete sich Alexander I. von seiner Familie und stand den vor einer Reise üblichen Bittgottesdienst in der Kasaner Kathedrale durch. Dem Herrscher und dem Großfürsten Konstantin Pawlowitsch, die vor dem Altar knieten, erteilte Metropolit Amwrosi den Segen für den Waffengang. Nach der Aussage eines Augenzeugen hielt der Zar die Tränen nicht zurück. Tränen hatten auch viele im Gottesdienst Anwesende in den Augen. Das Volk schrie »Hurra«, bis die kaiserliche Kalesche, begleitet von der Suite und den Kutschen der Höflinge, aus der Stadt rollte.

Alexander I. an Graf Nikolai I. Saltykow, 4./16. Juni 1812

Abtransport der Kunstschätze
[…] Nach glaubwürdigen Meldungen beabsichtigt Napoleon in der Annahme, in Petersburg einzuziehen, aus dieser Stadt die Statue Peters des Großen fortzuschaffen, so wie er es schon in Venedig mit den bekannten vier Bronzepferden vom Markusplatz und in Berlin mit der kupfernen Siegesquadriga vom sog. Brandenburger Tor gemacht hat. Also müssen beide Statuen Peters, die große und die kleine, die vor dem Michael-Schloss steht, abgebaut und auf Schiffen fortgeschafft werden, als Kostbarkeiten, von denen wir uns nicht trennen wollen. Dann die Wachsfigur Peters I., die in der Akademie der Wissenschaften aufbewahrt wird, und alles, was dazu gehört. Aus Monplaisir alle Sachen, die diesem großen Herrscher gehört haben. Ich würde denken, dass auch sein Haus neben der Festung vorsichtig abgebaut und ebenso auf einer Galiot fortgeschafft werden muss.

Am 9. August, wenige Tage nach der Schlacht von Kljastizy, durch die der Vormarsch der Franzosen auf Petersburg gestoppt wurde, trifft der ehemalige preußische Minister vom Stein in der Hauptstadt ein, deren »große Schönheit« ihn beeindruckt; Stein dient Alexander I. als Berater, in den Petersburger Salons ist er ein willkommener Gast.

Freiherr vom Stein, preußischer Staatsmann,
an seine Frau Wilhelmine
(1757–1831)

»Kein französisches Stück!«

Petersburg, den 28. August 1812.

Man hat heute ein russisches Stück gegeben, Dimitrij Donskoj; er ist ein russischer Held, der sein Vaterland von den Tataren befreit – Du kannst Dir denken, wie sehr die Zuhörer durch diesen Gegenstand, welcher sich auf die gegenwärtigen Umstände bezieht, und durch die Verse, welche Anspielungen enthielten, begeistert worden sind. Als für morgen ein französisches Stück angekündigt wurde, so unterbrach das Parterre den Schauspieler und rief: »Kein französisches Stück!« – Diese Bewegung ist sehr löblich, und man sollte diese ganze Wolke von französischen Schauspielern, Kammerdienern, Köchen, Kaufleuten usw. wegjagen. Die erste Schauspielerin war schön, doch etwas zu stark, sie spielte mit vieler Anmut, die Schauspieler waren mittelmäßig.

Kaiserin Elisabeth an ihre Mutter Amalie von Baden
(1779–1826)

... auf alles vorbereitet, außer auf Verhandlungen

26. Aug./7. Sept.

Ich bin sicher, dass Sie in Deutschland sehr schlecht über das unterrichtet sind, was bei uns geschieht. Vielleicht hat man Sie glauben lassen, dass wir nach Sibirien geflüchtet sind, während wir Petersburg nicht verlassen haben. Wir sind auf alles vorbereitet: außer freilich auf Verhandlungen. Je weiter Napoleon vordringt, desto weniger darf er an einen möglichen Frieden glauben. Das ist das einmütige Gefühl des Kaisers und der ganzen Nation, in allen Klassen, und Dank dem Himmel existiert in dieser Hinsicht die größte Harmonie. Damit hat Napoleon nicht gerechnet: Darin hat er sich getäuscht, wie er sich in sehr vielem getäuscht hat! Jeder Schritt, den er in diesem riesigen Russland tut, bringt ihn dem Abgrund näher. Wir werden sehen, wie er den Winter erträgt.

1./13. September

Ich füge meinem Brief, der bis jetzt noch nicht abgeschickt ist, noch zwei Worte hinzu, liebste und beste Mutter, um mitzuteilen, dass wir vorgestern, am 30. August, einen großen Sieg über die Franzosen gefeiert haben, der am 26. August (7. Sept. n. St.) hundert Werst von Moskau [d.h. bei Borodino] errungen wurde. Nach dem Eingeständnis aller, die sich dort befunden haben, war es die Hölle. Die Verluste sind auf beiden Seiten riesig, aber besonders auf Seiten des Feindes. Napoleon war gezwungen, sich um elf Werst zurückzuziehen. […]

Die freudigsten Hoffnungen beleben uns, und von Tag zu Tag erwarten wir Nachrichten über eine neue Schlacht.

Freiherr vom Stein
(1757–1831)

Wunsch nach Rache

Die Fortschritte der Franzosen erregten eine dumpfe Unruhe in Petersburg, man suchte zwar die Gemüther zu erheben durch eine pomphafte Bekanntmachung des Siegs bei Borodino, es war aber kein Sieg, sondern eine von beyden Seiten mit großer Tapferkeit gefochtene, für die Russen verlohren gegangene Schlacht – als man während 10 Tagen nichts von dem Heer erfuhr, die Räumung von Moscau aber bekant wurde, so nahmen die Besorgnisse zu, mit ihnen der Haß gegen Fremde, der Verdacht ihrer Verräterey, die Drohungen gegen sie, man bereitete alles zur Abreise der Kayserlichen Familie nach Olonetz vor, […] als man endlich Nachrichten vom Daseyn des Heers, seinem Rückzug gegen Kaluga erhielt, so ermuthigte man sich, die Kriegsrüstungen, Bildung von Milizen usw. giengen vorwärts, die Nachrichten von den Plünderungen der Franzosen, dem Brand Moscaus, dem Stillstehen des feindlichen Heers, der freywilligen Waffenergreifung des Landvolks, alles erbitterte, und erhöhte den Wunsch nach Rache und die Kriegslust bey allen Ständen.

Geheime Vorlage des Ministers für Volksbildung, Grafen Alexei Kirillowitsch Rasumowski – an das Leitungskomitee der Kaiserlichen Akademie der Wissenschaften

7. September 1812

Aufgrund der äußersten Vorsicht, die die Regierung beim Abtransport wichtiger Papiere und wertvoller Sachen aus der Hauptstadt walten lässt, habe ich das Mitglied des Komitees, Akademiemitglied Fuss, beauftragt, vorsorglich zu überlegen, wie die Akademie dem nachkommen könnte. Heute wurde angeordnet, um keine Zeit beim Abtransport der Sachen auf dem Wasser zu verlieren, sie ohne Verzug abzutransportieren, daher schlage ich dem Komitee vor, eine Verordnung über das unverzügliche Packen der unentbehrlichsten Papiere aus dem Akademiearchiv, der wertvollsten Sachen, die sich in den Büros der Akademie befinden, und der Wachsfigur Peter I. mit allen Sachen, die zu seinem Kabinette gehören, zu erlassen und mich zu informieren, wieviel Kisten für diese Sachen benötigt werden und wieviel diese ungefähr wiegen werden.

Graf Alexei Rasumowski

Sankt-Peterburgskie vedomosti Nr. 76, 20. Sept. 1812

Nachricht über die Evakuierung Petersburgs

Bekannt gegeben auf Allerhöchsten Befehl

Hier in Sankt Petersburg werden einige Maßnahmen zum Abtransport unentbehrlicher Sachen von hier ergriffen. Dies geschieht keineswegs, weil dieser Hauptstadt irgendeine Gefahr droht. Ein Blick auf die Lage unserer Truppen muss jeden davon überzeugen und beruhigen; weil sich der Feind zwar vonseiten der Pskower und der Rigaer Straße aus nähert, aber oft von unseren Truppen geschlagen wird, sich dort kaum halten kann und bei der derzeitigen Verstärkung der Truppen auch nicht halten wird. [...] Was den Abtransport unentbehrlicher Sachen von hier angeht, so wird er einzig und allein aus rechtzeitiger äußerster Vorsicht unternommen, um dem Gefrieren der Flüsse zuvorzukommen. Derzeit besteht keinerlei Gefahr, aber wir würden uns gegen Gott versündigen, wenn wir mit unzweifelhafter Überzeugung die Zukunft vorhersagen würden, die Er Allein kennt. Alle Hoffnung auf die Vernichtung der Feinde liegt ungeachtet ihres erfolgreichen Vordringens ins Innere Russlands auf unserer Seite [...].

Joseph de Maistre, sardischer Botschafter, an Chevalier de Rossi (1753–1821)

1./13. Okt. 1812

Wir leben hier immer noch mit einem Fuß in der Luft; alles, was einigen Wert hat, ist verpackt, alle Pferdeställe sind voller Pferde. Meine kleinen Pakete sind fertig und haben schon ihr bestimmtes Ziel. [...] Napoleon hat geglaubt, in Moskau den Frieden zu unterzeichnen: er hat sich getäuscht. Russland hält sich gut, seine Armee wird jeden Tag größer, kleinere, aber dennoch beachtliche Armeen werfen sich auf die Operationslinie der Franzosen; der gnadenlose Winter nähert sich. [...] Man hat hier in Sankt Petersburg seit einem Monat mehr Papier verbrannt als nötig wäre, um das gesamte Vieh der Ukraine zu braten; ich habe in meinem Haus alles verbrannt, was verbrannt werden konnte [...].

Freiherr vom Stein an seine Frau Wilhelmine (1757–1831)

Petersburg, den 8. November 1812

Die glänzende Lage der Angelegenheiten dieses Landes, welche wir der Tatkraft des Volkes, der Tapferkeit des Heeres, der Verblendung des großen Verbrechers verdanken, gewährt uns in dieser Hauptstadt die vollkommenste Ruhe und erlaubt uns, die schmeichelhaftesten Hoffnungen zu bilden auf die Wiederkehr eines gerechten und glücklichen Zustandes in unserem Vaterlande, auf Wiedervereinigung mit unseren Familien. [...]

Alexander Herzen (1812–1870)

Petersburg trat in den Schatten

Beim ersten Erwachen des Volkes trat Petersburg in den Schatten, und Moskau, die kaiserlose Hauptstadt, die sich für das gemeinsame Vaterland geopfert hatte, erlangte neue Bedeutung, übrigens trat ganz Russland nach dieser blutigen Taufe in einen neuen Abschnitt seiner Geschichte.

Am 7./19. November 1824 erlebt St. Petersburg wieder eine Überschwemmung, die schlimmste seiner Geschichte. Das Wasser steigt auf 4,12 Meter über normal. Das Ereignis, das die ganze Stadt erlebt und erlitten hat, darf in der Presse nicht erwähnt werden, dient Alexander Puschkin ein paar Jahre später jedoch als Kulisse für sein Poem Der eherne Reiter. *Der Dichter selbst war zum Zeitpunkt der Überschwemmung nicht in der Stadt.*

Kaiserin Elisabeth an ihre Mutter Amalie von Baden

Petersburg, 7./19. November 1824
Freitag, um 2 ½ Uhr

Ich schreibe Ihnen, liebe Maman, inmitten eines schrecklichen Unglücks, und ich weiß nicht einmal, ob mein Brief morgen abgehen kann, denn wir sind im Winterpalast wie auf einem Schiff. In wenigen Stunden hat die Newa alle Grenzen überschritten; man ahnt nicht einmal mehr, dass es einen Quai und ein Geländer gibt, und die stärksten Wogen brechen sich gegen den Palast. Unsere Generation hat nichts Ähnliches gesehen, aber man sagt, dass 1777 das Wasser noch einen Fuß höher gestiegen ist: es gab damals weniger Kanäle und Quais, was der Grund dafür gewesen sein kann. Während wir warten, ist das Schauspiel dieses Vormittags schmerzhaft und unangenehm genug. Die Brücken der Schiffe sind alle gebrochen, Heubarken zurückgeworfen von der Flussmündung bis hinter den Winterpalast; dort befanden sich Menschen in der größten Gefahr. Der Kaiser hat eine große Schaluppe geschickt, die vor dem Palast liegt: ich würde vor Angst sterben, wenn eine schöne Regung von Humanität ihm das Bedürfnis gäbe, sich selbst hineinzusetzen! Gott sei Dank, er hat das nicht getan, aber seit dem Augenblick, in dem man seine Schaluppe gesehen hat, haben sich andere, die nichts riskieren wollten, auch in Bewegung gesetzt. Ich hoffe wenigstens, dass auf diesen kaputten Barken niemand in dieser Art umgekommen ist. Seit ungefähr einer Stunde scheint mir, dass der Wind abnimmt: Möge Gott es wollen! Aber bis morgen werden wir blockiert und ohne jede Kommunikation bleiben. Das Spektakel ist furchtbar, weil es die Zerstörung abbildet; das ist schlimmer als das Feuer, weil man nichts dagegen tun kann. Wir werden traurige Dinge sehen, wenn das Wasser sich zurückgezogen hat.

[…] um 7 Uhr abends

Gott sei Dank, das Wasser ist erheblich gesunken, die Newa ist in ihr Bett zurückgekehrt, aber das Wasser, das sie uns hinterlassen hat, überschwemmt noch alles. Der Wind ist immer noch sehr stark; seine Richtung hat sich ein wenig geändert, und das hat dem Wasser erlaubt zu sinken. […] alle Wagenpferde, die beim Palast warteten, sind abgespannt und in die Korridore geführt worden, die auf diese Weise zu Pferdeställen geworden sind, andernfalls wären sie vor den Toren des Palastes ertrunken. Sie können sich die Höhe des Wassers vorstellen! Es steht jetzt fest, dass es zwei Zoll höher stand als im Jahre 1777, das heißt höher denn je, seit Petersburg existiert!

Am 14./26. Dezember 1825 führen adlige Offiziere, die während des Feldzugs gegen Napoleon in Westeuropa ein besseres und freieres Leben kennengelernt haben und die Autokratie beschränken wollen, mehrere Regimenter auf den Peterplatz (Senatsplatz), die den Eid auf Nikolaus I., den neuen Kaiser, verweigern und den Senat zwingen sollen, eine Verfassung zu erlassen. Eine riesige Menschenmenge sieht zu. Schließlich lässt Nikolaus Kanonen auffahren und gibt den Schießbefehl. Der Dekabristenaufstand dauert nur wenige Stunden. Tausende Tote bleiben auf dem Platz liegen.

Juri Tynjanow, Schriftsteller
(1894–1943)

Peterplatz
Die Petersburger Revolutionen haben sich stets auf Plätzen abgespielt. […] Der Aufstand des 14. Dezember war ein Kampf der Plätze.

Die Volksmassen fluteten durch die Straßen wie durch ein Strombett zum Admiralitäts- und zum Isaaksplatz. Durch dieselben Straßen zogen die Regimenter, zuerst die aufständischen, dann die regierungstreuen.

Nikolaus fuhr vom Schlossplatz zum Admiralitätsplatz und machte vor den Löwen am Lobanow-Hause halt.

Von regierungstreuen Regimentern besetzt, drängten Schloss- und Isaaksplatz gegen den Admiralitätsplatz an, wo das aufgeregte Volk rumorte, und gegen den Peterplatz, wo die Revolutionäre standen. Die Regierungstruppen schnürten den Peterplatz nach drei

Aufstand der Dekabristen auf dem Senatsplatz, Georg Wilhelm Timm, Ölgemälde, 1853

Seiten ab, warfen dann einen Teil der Revolutionäre in den Strom und drängten den anderen nach dem Engpass der Galernajastraße.

Die natürliche Blutzirkulation der Stadt regelte den Verlauf des 14. Dezember. Durch die Straßen wie durch Adern strömten Volk und aufständische Regimenter nach den Herzkammern der Plätze. Als man die Adern nun verstopfte, wurde mit einem Ruck die revolutionäre Masse aus den Herzkammern hinausgeschleudert.

Einer Art Herzschlag erlag die Stadt, und rotes, lebendiges Blut floss dabei.

Die einzelnen Führer liefen an diesem Tage teils durch die Straßen und trieben das Blut der Stadt und ganz Russlands, die Regimenter, den Plätzen zu, teils blieben sie unentschlossen stehn, wo sie standen. Der ganze Tag war ein ermüdendes Auf und Nieder der Plätze, die sich die Waagschale hielten, bis ein brutaler Vorstoß der kaiserlichen Artillerie der Sache ein Ende machte. Die Entscheidung kam von den Plätzen, nicht von den Straßen. Helden gab es nicht an diesem Tag. […]

Fürstin Maria Wolkonskaja, Frau eines führenden Dekabristen (1804–1863)

Degradiert, gehängt, verbannt

Endlich brachte mir mein Bruder Zeitungen und berichtete, mein Mann sei verurteilt worden. Man habe ihn und seine Gefährten auf dem Festungskronwerk degradiert.

Das war so vor sich gegangen: Im Morgengrauen des 13. Juli wurden alle Verurteilten auf dem Kronwerk versammelt und nach Kategorien getrennt vor dem Galgen aufgestellt. Sergej zog sich sofort den Offiziersrock aus und warf ihn ins Feuer, um zu vermeiden, dass man ihn ihm abriss. Es waren mehrere Feuer angezündet worden, in denen man die Uniformen und die Orden der Verurteilten verbrannte. Sie mussten niederknien und wurde degradiert, indem die Gendarmen auf den Köpfen der Delinquenten deren Säbel zerbrachen. Das geschah so ungeschickt, dass mehrere von den Männern Kopfverletzungen davontrugen. Nach der Rückkehr ins Gefängnis erhielten sie Zuchthausessen statt der gewohnten Verpflegung. Außerdem gab man ihnen Zuchthauskleidung – Jacke und Hose aus grobem grauem Tuch.

Dieser Szene folgte eine zweite, weitaus schrecklichere. Die fünf zum Tode Verurteilten – Pestel, Sergej Murawjow, Rylejew, Michail Bestushew-Rjumin und Kachowski – wurden zur Richtstätte geführt. Man henkte sie, aber so grässlich unbeholfen, dass sie aus der Schlinge rutschten und noch einmal zum Schafott geführt werden mussten. Sergej Murawjow, der sich das Bein gebrochen hatte, lehnte es ab, gestützt zu werden, und Rylejew spottete. »Ich bin glücklich, zweimal für das Vaterland sterben zu dürfen.«

Ihre Leichen wurden in zwei Tröge gelegt, die mit ungelöschtem Kalk gefüllt waren, und auf der Insel Golodai begraben. Dort stand ein Posten, der keinen zu den Gräbern ließ. Ich kann bei dieser Szene nicht verweilen und sie genauer schildern, die Erinnerung schmerzt mich allzusehr. [...] Mein Mann verlor Titel, Vermögen und Bürgerrechte und wurde zu zwanzig Jahren Zwangsarbeit sowie lebenslänglicher Verbannung verurteilt.

Alexander Puschkin
(1799–1837)

Stadt des Reichtums, Stadt der Armut …
Stadt des Reichtums, Stadt der Armut,
Unfreier Geist, Pracht besticht,
Grün-bleich der Himmelsbogen ruht,
Öde, Kälte und Granit.
Doch ihr tut mir leid ein bisschen,
Denn manchmal ganz wunderbar
Gehen hier zwei kleine Füßchen,
Lockt sich goldgewelltes Haar 1828

Im Zuge der Cholera-Epidemie der Jahre 1831/32 kommt es in St. Petersburg zu Unruhen, in deren Verlauf der Pöbel mehrere Ärzte, Polizisten und Polen lyncht, die angeblich schuld an der Seuche waren.

Alexander Puschkin an Praskowja A. Ossipowa

Der Zar sprach zum Volk

Zarskoje Selo, 29. Juni 1831

Die Zeiten sind recht traurig. In Petersburg wütet die Epidemie. Das Volk hat sich mehrere Male zusammengerottet. Absurde Gerüchte hatten sich verbreitet. Man behauptete, die Ärzte würden die Einwohner vergiften. Der wütende Pöbel hat zwei von ihnen massakriert. Der Herrscher hat sich bei den Aufrührern sehen lassen. Man schreibt mir: »*Der Zar sprach zum Volk. Die Menge lauschte ihm kniend – Stille – nur die Stimme des Zaren erklang wie ein heiliges Geläut über den Platz.*« Es fehlt ihm weder an Mut noch an Redegewandtheit; diesmal ist man des Aufruhrs Herr geworden; aber inzwischen sind die Unruhen wieder ausgebrochen. Vielleicht wird man zur Kartätsche Zuflucht nehmen müssen. Wir erwarten den Hof in Zarskoje Selo, das bisher noch nicht von der Seuche ergriffen ist; aber ich glaube, dass es nicht mehr lange dauern wird. Gott bewahre Trigorskoje vor den sieben Plagen Ägyptens, mögen Sie glücklich und in Ruhe leben, und könnte ich mich doch eines Tages in Ihrer Nähe wiederfinden!

Nikolai Gogol
(1809–1852)

Der Newskij-Prospekt
Es gibt nichts Schöneres als den Newskij-Prospekt, wenigstens in Petersburg: für Petersburg bedeutet er alles. Welcher Glanz fehlt noch dieser schönsten Straße unserer Hauptstadt? Ich weiß, dass keiner von den blassen und beamteten Einwohnern Petersburgs diese Straße gegen alle Kostbarkeiten der Welt eintauschen würde. Nicht nur der Fünfundzwanzigjährige, der einen wundervollen Schnurrbart und einen prachtvoll genähten Rock besitzt, sondern auch der, auf dessen Kinn weiße Stoppeln sprießen und dessen Kopf so kahl ist wie ein silbernes Tablett, ist vom Newskij-Prospekt entzückt. Und erst die Damen! Oh, den Damen ist der Newskij-Prospekt noch angenehmer! Und wem ist er nicht angenehm? Kaum hat man den Newskij-Prospekt betreten, so atmet man nichts als müßiges Herumschlendern. Wenn man sogar ein wichtiges unaufschiebbares Geschäft vorhat, so vergisst man es, sobald man auf dem Newskij ist. Dies ist der einzige Ort, wo die Menschen nicht von irgendeiner Notwendigkeit getrieben erscheinen, nicht vom Geschäftsinteresse, von dem das ganze Petersburg ergriffen ist. Der Mensch, dem man auf dem Newskij-Prospekt begegnet, scheint weniger Egoist zu sein, als einer, den man in der Morskaja-, Gorochowaja-, Litejnaja-, Mjeschtschanskaja- und in jeder anderen Straße trifft, wo Gier und Habsucht auf allen Gesichtern ausgeprägt sind, die vorbeigehen und in Equipagen und in Droschken vorbeijagen. Der Newskij-Prospekt ist die wichtigste Verkehrsader von ganz Petersburg. Ein Bewohner des Petersburger oder des Wyborger Stadtteils, der seinen Freund, welcher im Peski-Stadtteil oder am Moskauer Tor wohnt, schon seit mehreren Jahren nicht besucht hat, kann sicher darauf rechnen, dass er ihm auf dem Newskij-Prospekt begegnet. Kein Adressbuch und keine Auskunftsstelle können so zuverlässig Nachrichten geben wie der Newskij-Prospekt. Der Newskij-Prospekt ist allmächtig! Er ist die einzige Zerstreuung für das an Spaziergängen so arme Petersburg! Wie sauber sind seine Bürgersteige gekehrt, und, mein Gott, wieviel Füße hinterlassen auf ihm ihre Spuren! Der plumpe schmutzige Stiefel des gedienten Soldaten, unter dem selbst das Granitpflaster zu bersten scheint, das winzige, wie Rauch leichte Schuhchen der jungen Dame, die ihr Köpfchen den glänzenden Schaufenstern zuwendet, wie die

Sonnenblume der Sonne, der rasselnde Säbel des von Hoffnungen erfüllten Fähnrichs, der in ihn eine scharfe Spur kratzt, – alles lässt ihn die Macht der Kraft und die Macht der Schwäche fühlen. Wie schnell wechseln hier die phantastischen Bilder im Laufe eines einzigen Tages ab! Wieviel Veränderungen muss er in vierundzwanzig Stunden erleiden! [...] 1835

Am 29. Jan./10. Febr. 1837 stirbt Alexander Puschkin in seiner Wohnung an der Mojka 12 an den Folgen eines Duells mit dem französischen Abenteurer Georges d'Anthès, das am Schwarzen Flüsschen (Tschornaja retschka) im Norden der Stadt ausgetragen wurde.

Serena Vitale, italienische Historikerin (geb. 1945)

»Zu Puschkin!«

Die Menge, die dem Dichter die letzte Ehre erweisen wollte, wuchs von Stunde zu Stunde, drängte sich vor der Eingangspforte, blockierte die angrenzenden Gässchen. In diesen ungemein tristen Januartagen brauchte man sich in Petersburg nur in einen Schlitten zu setzen und die Worte »Zu Puschkin« zu rufen, um zum Haus Nr. 12 an der Mojka gefahren zu werden; die Kutscher kannten die Adresse inzwischen auswendig. Gendarmen regelten den Verkehr der herbeiströmenden Besucher, die warteten, bis sie an der Reihe waren, durch den Dienstboteneingang ins Haus zu treten, Speisekammer, Arbeitszimmer und Salon zu passieren (ein Paravent verbarg die Tür zum Speisesaal, in dem sich Familienangehörige und Freunde versammelt hatten), um schließlich ins Vestibül zu gelangen: gedämpft schimmerndes Kerzenlicht, gelbliche Wände, schwere, weihrauchschwangere Luft; an einem Ende des Katafalks ein Diakon, der Litaneien sang, am anderen Ende ein »Diener in dunkelblauem Frack mit Goldknöpfen, der das Haupt des Verstorbenen mit Kölnisch Wasser besprengte und den Besuchern den Hergang des Ablebens schilderte«.

Vom Nachmittag des 29. Januar bis zum Abend des 31. Januar standen außer Freunden und Bekannten, außer dem gesamten denkenden und schreibenden Petersburg mindestens zehntausend Personen vor der Bahre. Die meisten dieser Menschen waren Unbekannte. Sie grüßten den Russen, der von der Hand eines Ausländers getötet worden war. [...]

Alexander Puschkin, Orest Kiprenski, Ölgemälde, 1827

Die Beamten tarnten sich in der Menge, die vor dem Eingang wartete, belauschten die Gespräche der Menschen auf den Straßen und in den Häusern. Dann erstatteten sie Bericht: Das niedere Volk sei wütend auf den Ausländer, der es gewagt hatte, seine gotteslästerliche Hand gegen den Dichter zu erheben, und bewerfe die Fenster des Mörders mit Steinen. Neben dem verhassten Franzosen wolle es auch den Ärzten eine Lektion erteilen – Polen, Deutsche, Juden! –, da sie den Dichter nicht zu retten vermocht hatten. Es werde öffentlich seinen Unwillen kundtun. Deshalb gelte es, die Wachsamkeit zu verstärken, um einen Tumult, einen Aufstand zu verhindern.

In Russland war es verboten, über Verbotenes zu schreiben. Alle Welt wusste, wie Puschkin zu Tode gekommen war, aber die Zeitungen mussten über das Duell schweigen. [...]

Der Brand des Winterpalastes im Dezember 1837 war eine Katastrophe, die auch die Romanow-Dynastie erschütterte. Denn es war nicht nur ein Palast, nicht nur einer der vielen Petersburger Paläste, es war das Haus des Selbstherrschers, sein Heim, das abgebrannt war! Ein böses Omen? Der Brand dauert 30 Stunden, der Palast brennt bis auf die Grundmauern nieder. Nikolaus I. befiehlt, ihn binnen Jahresfrist wieder aufzubauen.

Dr. Martin Mandt, Leibarzt der kaiserlichen Familie (1799–1855)

50 000 Zuschauer auf dem Schlossplatz
Ein schauerlich schönes Schauspiel, tief ergreifend in jeder Richtung, bot sich nun den Blicken dar. Da stand die stolze Burg, die der Zeit und dem Klima so lange Trotz geboten und von den Begründern für die Ewigkeit gebaut zu sein schien, ruhig wie immer, aber aus ihren Dächern drangen schwarze, undurchsichtige Rauchwolken in ungeheuren Massen zu dem nächtlichen, blauen und sternenhellen Himmel empor. Tausende von dicken und leuchtenden Feuerfunken durchbrachen und durchzuckten die gewaltige Rauchsäule nach allen Seiten und erinnerten an Riesenraketen, bei einem nächtlichen Feuerwerk geworfen. Aus einzelnen Fenstern der obersten dritten Etage bahnten sich dunkelrote, mit gelbem Lichtsaum geränderte Flammen bereits den Weg nach außen, und klirrend stürzten die großen Fensterscheiben aus der schwindelnden Höhe auf die Straße herab. Dabei durchzog nur ein Laut, ein Getöse die kalte Atmosphäre des Winterabends – es war das Zischen der Flammen und in Zwischenräumen Krachen und Knarren des zerstörten Holzwerks im Dache. [...]

Auf dem unermesslich großen Platz zwischen der brennenden Kaiserwohnung und dem Generalstab gab es noch etwas, was einer gesehen und erlebt haben muss, um an dessen Möglichkeit glauben zu können. Es war das Volk! Das russische Volk! An die 50 000 Menschen, größtenteils alle dem Volke angehörig, umstanden in dichtgedrängten Massen den nächtlichen imposanten Brand in großem Halbkreis, und alles war so still in diesem Menschengewirr, so lautlos,

Der Brand des Winterpalastes am 17. Dezember 1837, Benjamin Richard Green, Gouache, 1838

wie im Grab. Nicht ein Wort, nicht ein Ton, nicht eine Gebärde brach sich Bahn aus diesem Menschenhaufen; nur hier und dort machte sich ein lautes Seufzen Luft aus einer beklommenen Brust, und die tiefste Seelentrauer und Teilnahme an dem Geschick des Hausvaters, dem bei nächtlicher Weile seine Wohnung abbrannte, waren merklich überwältigend und vorherrschend in der Menge.

Astolphe de Custine, französischer Schriftsteller (1790–1857)

Binnen Jahresfrist aus der Asche erhoben
Endlich sah ich die Façade des neuen Winterpalastes, eines andern wunderbaren Resultates des Willens eines Menschen, der mit Menschenkraft gegen die Gesetze der Natur kämpft. Der Zweck ist erreicht worden, denn binnen einem Jahre hat sich dieser Palast aus der Asche erhoben und er ist, glaube ich, der größte, so groß wie der Louvre und die Tuilerien zusammen.

Es mussten ungeheuere Anstrengungen gemacht werden, um die Arbeit zu der von dem Kaiser gewünschten Zeit zu Ende zu bringen.

Blick von der Westseite auf den wiederaufgebauten Winterpalast (1754–1762), Hauptresidenz der Romanow-Kaiser in St. Petersburg, Wassili Sadownikow, Ölgemälde, 1851

Im Innern arbeitete man während des stärksten Frostes fort; fortwährend waren sechstausend Arbeiter beschäftiget. Zwar starben täglich mehrere, aber die Opfer wurden sogleich durch Andere ersetzt, die ihrerseits in dieser ruhmlosen Bresche sterben mussten. Und der einzige Zweck so vieler Opfer war die Erfüllung einer Herren-Laune. Bei den natürlich d.h. längst civilisirten Völkern giebt man das Leben der Menschen nur wegen gemeinsamer Interessen Preis, deren Wichtigkeit fast Jedermann anerkennt. Aber wie viele Generationen von Herrschern hat das Beispiel Peters I. verleitet!

Bei einer Kälte von 25 bis 30 Grad waren 6000 unbekannte Märtyrer, Märtyrer ohne Verdienst, die unfreiwillig Gehorsam leisteten, was bei den Russen eine angeborne und aufgenöthigte Tugend ist, in Säle eingeschlossen, welche man bis zu 30 Grad geheizt hatte, damit die Wände umso schneller trockneten. So setzten sich die Unglücklichen, wenn sie in dieses Haus des Todes, das durch ihre Aufopferung ein Asyl der Eitelkeit, der Prachtliebe und des Vergnügens wurde, hineintraten oder aus ihm heraus, einer um 50 bis 60 Grad verschiedenen Temperatur aus.

Die Arbeiten in den Bergwerken im Ural sind dem Leben weniger gefährlich und doch waren die in Petersburg beschäftigten Arbeiter keine Übelthäter. Man hat mir erzählt, die Unglücklichen, welche in den am höchsten geheizten Gemächern arbeiteten, hätten eine Art Mützen von Eis aufsetzen müssen, um ihre Sinne in der glühenden Temperatur zu bewahren, welche sie ihre Arbeitszeit hindurch ertragen mussten. Wollte man uns die Künste, die Vergoldung, den Luxus und allen Hof-Pomp verleiden, man könnte kein wirksameres Mittel ergreifen. Dennoch wurde der Herrscher »Vater« von so vielen Menschen genannt, die unter seinen Augen für einen Zweck reiner kaiserlicher Eitelkeit sich geopfert sahen.

Es wird mir unheimlich in Petersburg, seit ich diesen Palast gesehen habe und man mir gesagt hat, wie viele Menschenleben er kostete. Diese Details, deren Wahrheit ich verbürge, sind mir weder durch Spione noch durch spottende Russen mitgetheilt worden.

Die Millionen, welche Versailles kostete, nährten so viele Familien von französischen Handwerkern, als die zwölfmonatliche Arbeit an dem Winterpalaste slawische Leibeigene umbrachte; durch dieses Opfer hat aber auch das Wort des Kaisers Wunder gewirkt und der zur allgemeinen Zufriedenheit beendigte Palast wird durch Hochzeitsfeste eingeweiht werden. […]

IV. Wunderstadt der Welt

Um 1840 zählt Sankt Petersburg an die 450 000 Einwohner, darunter 12 000 Fabrikarbeiter. Seit 1837/38 verkehrt die erste Eisenbahn Russlands zwischen der Hauptstadt und ihren Vororten Zarskoje Selo und Pawlowsk, und die Konzerte im Kursaal des Pawlowsker Bahnhofs locken immer mehr Sommerfrischler in die idyllische Schlossparkanlage an der Slawjanka. Die imperiale Stadt mit ihren bedeutenden nationalen Minderheiten (Deutsche, Franzosen, Engländer, Polen, Finnen, Juden) hat seit ihrer Gründung Künstler, Musiker, Schauspieler und Schriftsteller aus Westeuropa angezogen. Unter Nikolaus I., der Russland seit 1825 mit harter Hand regiert, wird sie eines der großen europäischen Kulturzentren, rivalisiert mit Paris und Rom. Die ersten Touristen kommen, die ersten Stadtführer erscheinen. In den 1830er-Jahren bezaubert Henriette Sontag das Petersburger Publikum. In den 1840er-Jahren feiert Franz Liszt hier Triumphe, Pauline Viardot singt sogar auf Russisch, Clara Schumann konzertiert im Winterpalast, und Hector Berlioz dirigiert seinen *Faust*, der in Paris durchgefallen war, im Saal der Adelsversammlung, hochzufrieden, dass die »dramatische Legende« vom musikkundigen Petersburger Publikum begeistert aufgenommen wird und ihn finanziell rettet. Natürlich nehmen auch bekannte Maler und Architekten weiterhin gerne Aufträge aus Petersburg an: Franz Krüger, Königlicher Professor in Berlin, reist viermal an die Newa, porträtiert zahlreiche Angehörige des russischen Hochadels, malt dreißig Jahre lang die offiziellen Porträts Nikolaus' I. Christina Robertson bringt es zur Hofmalerin, und nachdem Adam Menelaws das hübsche Cottage im Park Alexandria in Peterhof gebaut hatte, entwirft Leo von Klenze dem Kaiser die Neue Ermitage, das erste öffentliche Museum Russlands, Nikolaus' ganzer Stolz. Nach wie vor zeigen sich die ausländischen Besucher beeindruckt von der Stadt und ihrem Gründer, während die Russen selbst

»Peters Schöpfung« zunehmend negativ sehen und in ihren Texten das »Sankt« weglassen. Im Dezember 1849 wird Dostojewski, dessen Erstlingsroman *Arme Leute* (1846) ein Riesenerfolg war, wegen Zugehörigkeit zu einem revolutionären Zirkel zum Tode verurteilt, schließlich zu Haft und Militärdienst in Sibirien »begnadigt«. Die politische Atmosphäre in der Stadt ist bedrückend, das Spitzelwesen blüht. Das ändert sich erst 1855 mit der Thronbesteigung Alexanders II., der »glasnostj« erlaubt und die Zensur lockert. Ab 1856 tritt Johann (»Iwan«) Strauss mit seiner Kapelle zehn Jahre lang jeden Sommer im Musikbahnhof von Pawlowsk auf und wird der beliebteste ausländische Musiker der Petersburger. Sein letztes Konzert, ein Benefizkonzert, beginnt mit dem Walzer *Abschied von St. Petersburg* Op. 210.

Johann Georg Kohl, Bremer Reiseschriftsteller (1808–1878)

»Verdeutschtes« Petersburg

Wie viel Bedrücktes, Schiffsbrüchiges und Aussichtsloses hat sich nicht schon in Lübeck eingeschifft und, unter Furcht und Hoffnung schwebend, die Ostsee durchkreuzt und ist in Russland zu Brot und Ehren gelangt! Schneider, Schuster, Maurer, Weber, Maler und Musiker stranden alle Jahre in Menge in Petersburg, und sieht man sich nach einiger Zeit nach ihnen um, so findet man sie hier oder dort [...] wohlbestallt, satt, rund und zufrieden wieder. [...] Es giebt in Petersburg Tischler, die sich Millionen zusammenhobelten, Schneider, die sich Paläste zusammennähten, Klavierbauer, die ihre Töchter an russische Gardeoffiziere verheiratheten, und Schuster, deren Reichtum den Neid manches deutschen Barons erregen könnte. – Anfangs arbeiten diese Leute selbst, haben sie aber erst etwas Kapital, so nehmen sie Russen in ihren Sold, die ihnen billige Dienste leisten, und leiten dann nur noch als Fabrikherren ihre Beschäftigungen. Wie in Petersburg, eben so ist es auch in den größeren Städten der Provinzen. [...] So sehr dem Allen nach das ganze große russische Reich bis an seine äußersten Grenzen mit deutschen Elementen geschwängert ist, so ist doch keine seiner Städte in dem Grade verdeutscht wie die Hauptstadt des Ganzen selbst. Schon der deutsche Name, den die Stadt bekam, zeigte, welcher Nationalität sie vorzüglich anheim fallen sollte. Und nicht nur Petersburg selbst tauften die Deutschen, sondern auch bei den meisten Kolonien seiner Umgebung, Kronstadt, Peterhof, Oranienbaum, Schlüsselburg, Katharinenhof, Kronschlott, Riesbank, Insterburg standen sie zu Gevatter – Und dies allein mag schon genügend ihren bedeutenden Einfluss auf ihre Taufkinder bezeichnen, der aber in seiner vollen Bedeutung erscheint, wenn man bedenkt, dass die Deutschen hier eine Masse von fast 40 000 Menschen bilden, die fast alle den gebildeten Klassen der Gesellschaft angehören und als Offiziere, Beamte, Kaufherren, Fabrikanten, Künstler etc. neben und oft über den Russen an der Spitze der Geschäfte stehen.

Lina Ramann, Liszt-Biographin
(1833–1912)

Die Presse jauchzte ihm zu
Der Künstler hatte in Königsberg nur zwei Koncerte gegeben, von denen eines in der Universitätsaula für die Studirenden bestimmt war. Alsdann ließ er sich in Mitau, Riga und anderen Städten öffentlich hören und traf am 15. April [1842] in St. Petersburg ein, wo er im Grand Hôtel am Michaelsquare wohnte. Hier war bereits alles Spannung und Erwartung. Als er am folgenden Tag zur Zeit der öffentlichen Audienzstunde im Audienzsaal nebst Andern des Kaisers harrte und dieser erschien, wandte er sich gegen alle Rangordnung, Militär- und Staatsbeamte überspringend, an den Künstler mit dem Zuruf:

»Herr Liszt, ich freue mich Sie in Petersburg zu sehen!« – worauf sich eine kurze Unterhaltung entspann, die beiden Theilen eine angenehme Genugthuung zu gewähren schien. Diesem außerordentlichen Empfang entsprach die Aufmerksamkeit, mit welcher er seitens der Kavaliere und des Hofpersonals überschüttet wurde.

Am 20. April gab er sein erstes Koncert im großen Saale des Adels-Vereinshauses am Michaelsquare, der über 3000 Menschen faßt und bis auf den letzten Platz besetzt war. Die Kaiserin und andere Mitglieder des kaiserl. Hofes waren anwesend – eine Auszeichnung, die noch keinem andern Künstler zu Theil geworden war. Am 23. April erfolgte das zweite Koncert und hierauf viele andere – alle vom größten künstlerischen Erfolg getragen. Derselbe stand hinter keinem in den europäischen Hauptstädten, in denen Liszt aufgetreten war, zurück.

Die von ihm vorgeführten Kompositionen bestanden, außer vielen von Beethoven, Weber u. A., aus seinen Opernfantasien und

Übertragungen, von denen insbesondere seine Lucia-Fantasie und der »Erlkönig« unvergeßlich blieben.

Die Presse jauchzte ihm zu, wie das musikalische Publikum und die höheren Gesellschaftsregionen. Die Hofkreise umdrängten ihn und selbst ein kleiner hinter den Koulissen sich abspielender Mißton zwischen dem Kaiser und dem Künstler konnte keine Minderung des Enthusiasmus nach sich ziehen. Es sollte nämlich ein Koncert zum Besten der Invaliden und bedürftigen Veteranen aus der Schlacht von Borodino, die für das napoleonische Heer trotz seines vermeintlichen Sieges so verhängnisvoll wurde, gegeben werden. Angesichts der Opferwilligkeit des Künstlers, die sich in Petersburg bereits glänzend erwiesen, – als die Nachricht von dem Brand Hamburgs verlautete, sandte er sogleich eine ganze Koncerteinnahme dahin – erschien nichts natürlicher, als seine Mitwirkung bei demselben gewinnen zu wollen, wobei man einfließen ließ, der Kaiser selbst habe diesen Wunsch geäußert. Er aber antwortete in seiner raschen Weise:

»Je dois à la France mon éducation et ma célébrité. Il m'est donc impossible de faire chorus avec ses vainqueurs.«*

Den Kaiser verdroß diese Rede des kühnen Pianisten, aber er ignorirte sie; doch unter der Hand ließ er ihn wissen, »ihm gefielen weder seine langen Haare noch seine politischen Meinungen«, worauf Liszt stolz lächelnd entgegnete:

»J'ai fait croître mes cheveux à Paris et ne les couperai qu'à Paris – quant à mes opinions politiques, je n'en ai ni n'en aurai tant que je ne pourrai mettre 300 000 bajonettes à leur service.«**

Über des Künstlers Ungnade beim Czaren kursirten allerlei Gerüchte. Keines traf zu. Die Wahrheit ist, daß Liszt's Neider ihn bei dem Kaiser Nikolaus wegen seiner Sympathien für die Polen, die er zu jeder Zeit offen bekundete, zu verdächtigen suchten. Dazumal gelang es ihnen noch nicht. Sie konnten nichts politisch gravirendes gegen ihn aufbringen. Nie, daß er einer politischen Partei angehört hätte. Seine Theilname an dem Schicksal der Polen entsprang jenem ächt menschlichen Impuls, der die Freiheitsdichter und -Helden der

---

* »Ich schulde Frankreich meine Bildung und meinen Ruhm. Es ist mir daher unmöglich, mich seinen Bezwingern anzuschließen.«

** »Ich habe meine Haare in Paris wachsen lassen und werde sie nur in Paris abschneiden – was meine politischen Ansichten angeht, so habe ich keine und werde auch keine haben, solange ich nicht 300 000 Bajonette in ihren Dienst stellen kann.«

Nikolaus I., Franz Krüger, Ölgemälde, 1852

umschwingenden Zeiten alle beseelt hat und dessen Bethätigung seinerseits darin bestand, daß er den Exilirten Koncerteinnahmen übersandte, jetzt den Polen wie 1835 den politischen Flüchtlingen Italiens, wie 1843 den durch den Aufstand Kalergis in Athen bedrängten Bayern. [...]

Seine Aufnahme in Petersburg war ebenso begeistert als glanzvoll. Es reihte sich Fest an Fest. Nach seinen Koncerten pflegten die Damen der höchsten Gesellschaft ihn an der Treppe seines Hôtels mit Blumenguirlanden zu empfangen und, als er Rußland verließ, hatte der

Adel ein Dampfboot mit Musikchören in Bereitschaft gesetzt, um ihn bis nach Kronstadt und weiter bis auf die Rhede des finnländischen Golfes, auf der er sich nach Travemünde einschiffte, zu geleiten.

Clara und Robert Schumann
(1819–1896) · (1810–1856)

Nicht Paris kann das bieten
Dienstag, d. 5. März (22. Februar) [1844] hatten wir vollkommenes Thauwetter; wir fuhren früh längst dem *Newsky Prospect*, am Winterpalais vorüber, dann längst der *Neva* und erstaunten über diese Wunderstadt der Welt (wie Robert sagt).

Später besuchten wir *Viardot's*, die uns auf das freundlichste aufnahmen. Wie freuete ich mich hier Pauline [Viardot-Garcia] zu finden, und wie so lieb und herzlich benahm sie sich gegen mich! – Wir gingen von da in die Probe eines Concertes das Abend's in der *Assemblée de la Noblesse* für die Hospital-Kranken stattfinden sollte. Wir fanden einen prachtvollen Saal, der 4000 Menschen faßt. [...]

Zu Tisch waren wir bei *Viardot's* und fanden dort lauter Italiener – obenan ihren kleinen Fürsten *Rubini*, dem sie eine große Ehrfurcht bezeigen. Pauline zeigte mir nach Tisch ihre schönen Geschenke – Zobel, türkischen Schawl und Brillanten die Menge, Alles vom Hof, vorzugsweise von dem Kaiserpaar.

Abends sollte uns der großartigste Anblick, den wir je in dieser Art gehabt, werden; wir traten in den ganz und gar gefüllten Saal der *Noblesse*, der mit Tausenden von Lichtern erleuchtet war und Alles in höchster Toilette, die Damen Alle in Ballcostümen und Blumensträußern in der Hand (von denen Einer, beiläufig gesagt oft 100 Rubel Banco – das sind 30 Thaler – kostet), ferner die Kaiserliche Loge ganz und gar mit den schönsten frischen Blumen geschmückt, desgl. das Orchester, der kaiserlichen Loge gegenüber die Diplomatenloge, über dem Orchester eine Tribüne ganz voll von köstlich gekleideten Asiaten [...]. Man kann diese Pracht nicht genug beschreiben – nicht Paris kann das bieten, da schon einmal dort kein solches Local ist. [...]

Das Publikum bestand nur aus der höchsten *Noblesse*. Nach dem Concert hatten wir noch einen Auftritt mit unserem Bedienten, den wir verfehlt hatten und zu Fuß in seidenen Schuhen nach Hause wandern mußten (d. h. *Ich*). [...]

Immer und alle Tage besahen wir uns mit Erstaunen den großen Winterpallast, Generalstab, Senatsgebäude, *Alexander*-Säule und Vieles Andere noch. […]

Dienstag d. 19./7. März Früh besuchten wir die *Casan'sche* Kirche, dann die *Peter-Paul Kirche* in der *Citadelle* wo sich die Gräber der russischen Kaiser-Familien seit *Peter* befinden. Bei'm Grabe *Peter's* überlief uns ein heiliger Schauer – welch' ein großer Mann ruhete hier! – Robert besah in selber Kirche das Allerheiligste. (Damen dürfen da nicht hin) wo sich ein Kreuz aus *Einem* Diamant befindet. Ein Kronleuchter *von Peter* in Elfenbein geschnitzt hängt auch am Altar. Von dort besuchten wir *Peters* holländisches Häuschen an der *Neva* mit Gärtchen, und sahen darin auch ein ziemlich großes Boot, welches er selbst gezimmert. Dieß war ein interessanter Morgen!

Hector Berlioz, französischer Komponist
(1803–1869)

Begeistertes Publikum

Um Konzerte wie die meinigen mit Erfolg in Petersburg geben zu können, muss man die Fastenzeit wählen, die den ganzen Monat März umfasst, und während welcher die Theater geschlossen sind. Ich reiste also am 14. Februar 1847 von Paris ab. Sechs Zoll hoch lag dort der Schnee, und bis St. Petersburg, wo ich vierzehn Tage später ankam, verlor ich ihn keinen Augenblick aus dem Auge. […]

Der Tag meines ersten Konzerts wurde am selben Abend von dem kaiserlichen Intendanten, General Guédéonof, bestimmt, man wählte dazu den Versammlungssaal des Adels, besprach den Preis der Plätze und setzte ihn auf drei Silberrubel (12 Francs) an, und so gelangte ich, kaum vier Stunden nach meiner Ankunft, *in medias res.* […] Mein Orchester war bald zusammengesetzt. Der General Lwoff, Adjutant des Kaisers und Dirigent der Hofkapelle, ein Komponist und Künstler von höchst seltenem Verdienst, hatte mir von Anbeginn Beweise der aufrichtigsten musikalischen Brüderschaft gegeben; mit seiner Hilfe gelang es uns auch bald, einen bedeutenden, aus guten Elementen bestehenden Chor zusammenzusetzen. Es fehlten mir nur noch zwei Solisten, ein Bass und ein Tenor für die zwei ersten Teile des *Faust,* welche ich auf das Programm gesetzt hatte. Versing, der Bassist des deutschen Theaters, übernahm die Rolle des Mephistopheles, und Ricciardi, ein italienischer Tenor, den ich früher in Paris gekannt hatte, nahm die des *Faust* an, nur musste er französisch singen, während Mephistopheles deutsch sang. Aber das russische Publikum, welches mit beiden Sprachen gleich vertraut ist, fand sich ganz gut mit dieser Eigentümlichkeit ab. Für die Choristen, welche in deutscher Sprache sangen, musste der ganze Text mit russischen Buchstaben, den einzigen, die sie kannten, abgeschrieben werden … Mein erstes Konzert im Versammlungssaal des Adels war ein schöner Abend. Orchester und Chor waren zahlreich und gut eingeübt, ferner hatte ich eine Militärkapelle, welche der General Lwoff mir dadurch verschafft hatte, dass er Musiker von der Leibgarde aussuchte. […] Die Begeisterung des blendenden, zahlreichen Publikums, welches den ungeheuer weiten Saal füllte, überstieg alles, was ich in dieser Beziehung hatte erträumen können, besonders für *Faust*. Das war ein Beifallklatschen, ein Hervorrufen, ein *da capo* Verlangen, dass mir dabei schwindelte.

Nach dem ersten Teil des *Faust* ließ mich die Kaiserin, welche dem Konzerte beiwohnte, […] holen, und ich musste vor Ihrer Majestät erscheinen, in einem wenig passenden Zustand, das Gesicht gerötet, schwitzend, schnaufend, mit gelöster Halsbinde, kurz, wie man nach einer musikalischen Schlacht aussieht. Die Kaiserin empfing mich in schmeichelhaftester Weise, stellte mich den Prinzen, ihren Söhnen, vor, sprach mit mir von ihrem Bruder, dem König von Preußen, von seinem Interesse für mich, das sich in seinen Briefen kundgab, spendete meiner Musik ein hohes Lob und gab ihrem Erstaunen darüber Ausdruck, dass mir eine so außergewöhnliche Aufführung gelungen war. Nach einer Viertelstunde der Unterhaltung sagte sie zu mir:

»Ich gebe Sie Ihrem Publikum wieder, es ist so begeistert, dass Sie es nicht zu lange auf den zweiten Teil des Konzertes warten lassen dürfen.«

Und ich verließ den Salon voll der Dankbarkeit für alle diese kaiserlichen Liebenswürdigkeiten. Nach dem Sylphenchor stieg die Erregung des Publikums wirklich aufs höchste, man war nicht auf eine derartige Musik gefasst, die so fein, so leicht und so zart ist, dass man hinhorchen muss, um sie zu hören. Es war für mich, ich muss es gestehen, ein berauschender Augenblick. Ich war ein wenig beunruhigt, weil ich meine Militärkapelle nicht kommen sah, die für die Apotheose, mit welcher das Konzert abschloss, da sein sollte.

Ich fürchtete, sie könne, wenn sie während eines Stückes in den Orchesterraum eintrete, durch irgendwelches Geräusch die Wirkung beeinträchtigen. Ich hatte ohne die Disziplin gerechnet … Als ich mich nach dem *Scherzo* der *Fee Mab*, das sicherlich nur bei vollkommener Ruhe gehört werden kann, umsah, erblickte ich meine sechzig Musiker, die in Reih und Glied, mit dem Instrument in der Hand, auf dem Posten standen. Sie hatten sich hereingeschlichen und aufgestellt, ohne dass irgend jemand sie bemerkt hatte. So etwas lasse ich mir gefallen! …

Als endlich das Konzert zu Ende war, und ich nach allen erlittenen Umarmungen eine Flasche Bier getrunken hatte, fiel es mir ein, nach dem finanziellen Resultat des Experimentes zu fragen: *Achtzehntausend* Francs. Das Konzert kostete sechstausend, es blieb mir ein Reingewinn von zwölftausend Francs.

Da wandte ich mich unwillkürlich gegen Süd-Westen und konnte mich nicht enthalten, mit einem Blick gegen Frankreich zu flüstern: »Ha! Ihr lieben Pariser!«

Zehn Tage später gab ich ein zweites Konzert mit demselben Ergebnis; ich war reich. Dann reiste ich nach Moskau; dort erwarteten mich eigentümliche materielle Schwierigkeiten, Musiker dritten Ranges, Choristen sonderbarer Art, aber ein Publikum, das in Beziehung auf die Begeisterungsfähigkeit und Empfindungsvermögen dem Petersburger Publikum mindestens gleich kam, und im Ganzen ein Reingewinn von achttausend Francs. Nach diesem Konzert wendete ich mich wieder gegen Süd-Westen, dachte wieder an meine blasierten, gleichgültigen Landsleute und sagte ein zweites Mal: »Ha! Ihr lieben Pariser!«

Fjodor Dostojewski
(1821–1881)

Viel Volk ging auf dem Kai

5. September

Mein Täubchen Warinka!

Heute, mein Engelchen, habe ich viele Eindrücke empfangen. Mein Kopf tat mir den ganzen Tag über weh. Um die Kopfschmerzen zu vertreiben, ging ich schließlich hinaus: ich wollte längs der Fontanka wenigstens etwas frische Luft schöpfen. Der Abend war düster und feucht. Jetzt dunkelt es doch schon um sechs! Es regnete nicht, aber es war neblig, was noch unangenehmer zu sein pflegt, als ein richtiger Regen. Am Himmel zogen die Wolken in langen, breiten Streifen dahin. Viel Volk ging auf dem Kai. Es waren lauter schreckliche Gesichter, die ich sah, Gesichter, wie sie einen geradezu schwermütig machen können, betrunkene Kerle, stumpfnäsige finnländische Weiber in Männerstiefeln und mit strähnigem Haar, Handwerker und Kutscher, Herumtreiber jeden Alters, Bengel: irgendein Schlosserlehrling in einem gestreiften Arbeitskittel, so ein ausgemergelter, blutarmer Junge mit schwarzem, rußglänzendem Gesicht, ein Schloss in der Hand, oder irgendein ausgedienter Soldat von Riesengröße, der Federmesserchen und billige unechte Ringe feilbietet – das war das Publikum. Es muss wohl gerade die Stunde gewesen sein, in der sich ein anderes dort gar nicht zeigt!

Die Fontanka ist ein breiter und tiefer Kanal, sogar Schiffe können ihn passieren. Frachtkähne lagen da, in einer solchen Menge, dass man gar nicht begriff, wie ihrer nur so viele Platz hatten – denn die Fontanka ist doch immerhin nur ein Kanal und kein Fluss. Auf den Brücken saßen Hökerweiber mit nassen Pfefferkuchen und verfaulten Aepfeln, so schmutzige, garstige Weiber! Es ist nichts, an der Fontanka spazieren zu gehen! Der feuchte Granit, die hohen, dunklen Häuser: unten die Füße im Nebel, über dem Kopf gleichfalls Nebel … So ein trauriger, so ein dunkler, lichtloser Abend war es heute. Als ich in die nächste Straße, in die Gorochowaja, einbog, war es schon ganz dunkel geworden. Man zündete gerade das Gas an. Ich war lange nicht mehr auf der Gorochowaja gewesen – es hatte sich nicht so gemacht. Eine belebte, großartige Straße! Was für Läden, was für Schaufenster! – alles glänzt nur so und leuchtet … Stoffe und Seidenzeuge und Blumen unter Glas … und was für Hüte mit Bändern und Schleifen! Man denkt, das sei alles nur so zur Verschönerung der Straße ausgestellt, aber nein: es gibt doch Menschen, die diese Sachen kaufen und ihren Frauen schenken! Ja, eine reiche Straße! Viele deutsche Bäcker haben dort ihre Läden – das müssen auch wohlhabende Leute sein. Und wieviel Equipagen fahren alle Augenblicke vorüber – wie das Pflaster das nur aushält! Und alles so feine Kutschen, die Fenster wie Spiegel, inwendig alles nur Samt und Seide, und die Kutscher und Diener so stolz, mit Tressen und Schnüren und Degen an der Seite! Ich blickte in alle Wagen hinein und sah dort immer Damen sitzen, alle so geputzt und großartig. Vielleicht waren es lauter Fürstinnen und Gräfinnen? Es war wohl gerade die Zeit, in der sie auf Bälle fahren, zu Diners oder Soupers. Es muss doch sehr eigen sein, eine Fürstin oder überhaupt eine vornehme Dame einmal in der Nähe zu sehen. Ja, das muss sehr schön sein. Ich habe noch niemals eine in der Nähe gesehen: höchstens so in einer Kutsche und im Vorüberfahren. […] Doch was ist das für ein Mensch, was sind das für Menschen, denen es nichts ausmacht, eine schutzlose Waise zu beleidigen? – Das sind eben nicht Menschen, das ist Gesindel, einfach Gesindel, ein irgendetwas, das bloß als Summe zählt, als Begriff, ein trübes Etwas, das es in Wirklichkeit und als Einzelwesen überhaupt nicht gibt – davon bin ich überzeugt. Sehen Sie, *das* sind sie, diese Leute! Und meiner Ansicht nach, meine Liebe, verdient jener Leiermann, dem ich heute auf der Gorochowaja begegnet bin, viel eher die Achtung der Menschen, als diese. Er schleppt sich zwar nur kläglich umher und sammelt die wenigen Kopeken, um seinen Unterhalt zu bestreiten, dafür aber ist er sein eigener Herr und ernährt sich selbst. Er will nicht umsonst um Almosen bitten, er dreht zur Freude der Menschen seine Orgel, dreht und dreht wie eine aufgezogene Maschine – also mit anderen Worten: womit er eben kann, damit bringt er Nutzen, auch er! Er ist arm, ist bettelarm, das ist wahr, und er bleibt arm, dafür ist er ein ehrenwerter Armer: er ist müde und hinfällig, und es ist kalt draußen, aber er müht sich doch, und wenn seine Mühe auch nicht von der Art ist, wie die der anderen, er müht sich trotzdem. Und von der Art gibt es viele ehrliche Menschen, mein Kind, solche, die im Verhältnis zu ihrer Arbeitsleistung nur wenig verdienen, doch dafür sich vor niemandem zu beugen brauchen, die keinen untertänig grüßen müssen und niemand um Gnadenbrot bitten. Und so einer, wie dieser Leiermann, bin auch ich, das heißt, ich bin natürlich etwas ganz anderes. Aber im übertragenen Sinne, und zwar in einem ehrenwerten Sinne, bin ich ganz so wie er, denn auch ich leiste das, was in meinen Kräften steht. Viel ist es ja nicht, aber doch immer mehr als gar nichts.

Ich bin nur deshalb auf diesen Leiermann zu sprechen gekommen, weil ich durch die Begegnung mit ihm heute meine Armut doppelt empfand. Ich war nämlich stehen geblieben, um dem Leiermann zuzusehen. Es waren mir gerade so besondere Gedanken durch den Kopf gegangen – da blieb ich denn stehen und sah ihm zu, um mich von diesen Gedanken abzulenken. Und so stand ich denn da, auch einige Kutscher standen da, auch ein erwachsenes Mädchen blieb stehen, und noch ein anderes, ein ganz kleines Mädchen, das schrecklich schmutzig war. Der Leiermann hatte sich dort vor jemandes Fenster aufgestellt. Da bemerkte ich einen kleinen Knaben, so von etwa zehn Jahren: es wäre ein netter Junge gewesen, wenn er nicht so kränklich, so mager und verhungert ausgesehen hätte. Er hatte nur so etwas wie ein Hemdchen an, und ein dünnes Höschen. So stand er, barfuß wie er war, und hörte mit offenem Mäulchen der Musik zu – Kinder sind eben Kinder! – Augenscheinlich vergaß er sich ganz in kindlichem Entzücken über die Puppen, die auf dem Leierkasten tanzten, seine Händchen und Füßchen aber waren schon blau vor Kälte und dabei zitterte er am ganzen Körper und kaute an einem Ärmelzipfelchen, das er zwischen den Zähnen hielt – in der anderen Hand hatte er ein Papier. Ein Herr ging vorüber und warf dem Leiermann eine kleine Münze zu, die gerade auf das Brett fiel, auf dem die Puppen tanzten. Kaum hörte mein Jungchen die Münze klappern, da fuhr er plötzlich aus seiner Versonnenheit auf, sah sich schüchtern um und glaubte wohl, dass ich das Geld geworfen habe. Und er kam zu mir gelaufen, das ganze Kerlchen zitterte, das Stimmchen zitterte, und er streckte mir das Papier entgegen und sagte: »Bitte, Herr!«

Ich nahm das Papier, entfaltete es und las – nun, man kennt das ja schon: »Wohltäter … und so weiter, drei Kinder hungern, die Mutter liegt im Sterben, habt Erbarmen mit uns! Wenn ich vor dem Throne Gottes stehen werde, will ich in meiner Fürbitte diejenigen nicht vergessen, die hienieden meinen armen Kindern geholfen haben.«

Was soll man da viel reden, die Sache ist doch klar und oft genug erlebt. Was aber – ja, was sollte ich ihm wohl geben? Nun, so gab ich ihm denn nichts. Dabei tat er mir so leid! So ein armer kleiner Knabe, ganz blau war er vor Kälte, und so hungrig sah er aus, und er log doch nicht, bei Gott, er log nicht! – ich weiß, wie das ist! Schlecht ist nur, dass diese Mütter ihre Kinder nicht schonen und sie halbnackt und bei dieser Kälte hinausschicken. Dessen Mutter ist vielleicht so ein dummes Weib, das nicht weiß, was zu tun seine Pflicht wäre, vielleicht kümmert sich niemand um sie, und da sitzt sie denn müßig zu Hause und tut nichts! Vielleicht ist sie aber auch wirklich krank? Nun ja, immerhin könnte sie sich dann an einen Wohltätigkeitsverein wenden, oder sich bei der Polizei melden, wie es sich gehört. Aber vielleicht ist sie einfach eine Betrügerin, die ein hungriges, krankes Kind auf die Straße hinausschickt, um die Leute zu beschwindeln, bis das Kindchen schließlich an irgendeiner Krankheit stirbt? Und was lernt denn der Knabe bei diesem Betteln? Sein Herz wird hart und grausam. Er geht vom Morgen bis zum Abend umher und bettelt. Viele Menschen gehen an ihm vorüber, doch niemand hat Zeit für ihn. Ihre Herzen sind hart, ihre Worte grausam. »Fort! Pack dich! Straßenjunge!« – das ist alles, was er an

Worten zu hören bekommt, und das Herz des Kindes krampft sich zusammen, und vergeblich zittert der arme, verschüchterte Knabe in der Kälte. Seine Hände und Füße erstarren. Wie lange noch, und da – er hustet ja schon – kriecht ihm die Krankheit wie ein schmutziger, scheußlicher Wurm in die Brust, und ehe man sich dessen versieht, beugt sich schon der Tod über ihn, und der Knabe liegt sterbenskrank in irgendeinem feuchten, schmutzigen, stinkenden Winkel, ohne Pflege, ohne Hilfe – das aber ist dann sein ganzes Leben gewesen! Ja, so ist es oft – ein Menschenleben! 1846

Apollon Grigorjew, Dichter
(1822–1864)

Abschied von Petersburg
Adieu, du kalte Stadt, Stadt ohne Leidenschaft
Grandiose Stadt der Sklaven, leb wohl,
Stadt der Kasernen, Bordelle und Paläste,
Adieu auch euch, ihr eiterklaren Nächte.
Furchtbar ist die Gleichgültigkeit,
Noch angesichts von Peitschenhieben
Strotzt du vor Eitelkeit,
Eilfertig dienst du seit je den Zaren,
Verflucht sei die Beamtentümelei …,
der die Kalajdowitschs und Lakers fröhnen
Europa gleich zu sein, sich mit ihm zu messen,
Murmelst du, wie ein Araber seine Sure.
Ach, scher dich zum Teufel, du Verdammte du, du! 1846

Dostojewski war Mitglied des regimekritischen Petraschewski-Kreises. Im Dezember 1849 werden 21 Mitglieder dieses Kreises wegen »Antiregierungsgesprächen« zum Tode verurteilt, unter ihnen Dostojewski. Nikolaus I. lässt eine Scheinhinrichtung auf dem Semjonow-Platz inszenieren.

Scheinhinrichtung auf dem Semjonow-Platz, B. Pokrowski, Zeichnung, 1849; Dostojewski gehörte zur im Bild nicht dargestellten zweiten Dreiergruppe

Fjodor an Michail Dostojewski:

Peter-Pauls-Festung, 22. Dezember 1849

Mein lieber Bruder und Freund! Nun ist alles überstanden! Ich bin zu 4 Jahren Festungshaft verurteilt (wahrscheinlich in der Festung Orenburg) … und muss danach als gemeiner Soldat dienen. Heute, am 22. Dezember, wurden wir alle nach dem Semjonower Platz gebracht. Dort verlas man uns das Todesurteil, ließ uns das Kreuz küssen, zerbrach über unseren Köpfen den Degen und machte uns die Todestoilette (weiße Hemden). Ich war der Sechste in der Reihe; wir wurden in Gruppen von je drei Mann aufgerufen, und so war ich in der zweiten Gruppe und hatte nicht mehr als eine Minute noch zu leben. Ich dachte an Dich, mein Bruder, und an die Deinen; in dieser letzten Minute standest Du allein vor meinem Geiste; da fühlte ich erst, wie sehr ich Dich liebe, mein geliebter Bruder! Ich hatte noch Zeit, Pleschtschejew und Durow, die neben mir standen, zu umarmen und von ihnen Abschied zu nehmen. Schließlich wurde Retraite getrommelt, die an den Pfahl Gebundenen wurden zurückgeführt, und man las uns vor, dass seine Kaiserliche Majestät uns das Leben schenke. Dann wurden die endgültigen Urteile verlesen.

Ende 1851 wird die Bahnlinie St. Petersburg-Moskau, damals mit 645 km die längste der Welt, in Betrieb genommen. Nikolaus I. will sein 25-jähriges Thronjubiläum in Moskau begehen und begibt sich mit dem ersten Zug in die Erste Residenzstadt. Die Bahn, die anfangs für die Fahrt nach Moskau noch 19 Stunden braucht, wird nach seinem Tod nach ihm benannt: Nikolaus-Bahn.

Miliza Korschunowa, Ermitage-Kustodin
(geb. 1934)

Ein einmaliger Anblick
Die Neue Ermitage in Petersburg wurde auf Befehl Nikolaus' I. am Dienstag, dem 5. (17.) Februar 1852, eröffnet. Feierliche Reden wurden an diesem Tag nicht gehalten. Tagsüber hatte der Kaiser wie gewöhnlich die Säle des Museums besichtigt, in denen im vergangenen Jahr intensiv an der neuen Ausstellung der Kunstwerke gearbeitet worden war. Doch abends wurde das bemerkenswerte Ereignis im Leben der Hauptstadt durch ein Fest begangen, auf dem die gesamte Blüte der aristokratischen Gesellschaft zugegen war.

Gegen 7 Uhr abends trafen die nach einer besonderen Liste und mit Billets Geladenen in der Ermitage ein. Vor dem allerhöchsten Auszug nahmen die Gäste, »Damen in runden Kleidern (ohne Schleppe, M. K.), Militärs in Festuniformen und Bändern, Zivilisten in Paradeuniformen und weißen Hosen, Zeremonienmeister mit Stäben«, ihre Plätze im Theater ein. Gegen 8 Uhr betrat die kaiserliche Familie (zehn Personen) das Theater in Begleitung einer zahlreichen Suite. Auf der Bühne des Ermitagetheaters wurden an diesem Abend die Opera buffa *Don Pasquale* von Gaetano Donizetti (1797–1848) und das Ballett *Catarina ou la fille du bandit* von Cesare Pugni (1802–1870) aufgeführt. […]

Die Vorstellung endete kurz nach 11h, und die Versammelten begaben sich zum Abendessen, das in der Neuen Ermitage vorbereitet worden war. Tische waren im »Saal der Gemälde der italienischen Schule für 200 Personen, im Saal Rubens' und Waldeks (van Dijks – M. K.) für 103 Personen gedeckt«. Geladen waren ungefähr 500 Personen,

Die Neue Ermitage und die Millionenstraße, Wassili Sadownikow, Aquarell auf Papier, 1851

aber es speisten, wie der diensthabende Kammerfourier mitteilt, 457 Gäste. Im Theater waren 481 Personen anwesend.

In den drei größten Sälen des neuen Gebäudes erhoben sich Tausende Kerzen wie Pyramiden auf riesigen Kandelabern aus Porphyr und Lapislazuli, die der ausgewählten Gesellschaft, die sich an mit Londoner Silber und Bachmetjew-Kristall gedeckten Tischen niedergelassen hatte, einen blendenden Glanz verliehen. Alles, was Luxus und Reichtum in Verbindung mit Kunst darstellen können, glänzte auf diesem Fest. Der Anblick war einzigartig … […]

Es war nicht viel Zeit seit dem Augenblick der Eröffnung der Neuen Ermitage vergangen, als im Dezember desselben Jahres eine Verfügung Nikolaus' I. erging: »… bei Akademiemitglied Uchtomski und den Malern Hau und Premazzi Zeichnungen der inneren Räume der Neuen Ermitage bestellen.«

Das Neue Museum war im wahrsten Sinne des Wortes ein Kind des Kaisers. Namentlich er wählte den Architekten Klenze aus und trug ihm den Entwurf eines Gebäudes auf. Während des Baus drang er in alle strittigen Fragen ein und glättete die entstehenden Konflikte. Schließlich wurden mit ihm alle bedeutenden Kunstkäufe entschieden, und unter seiner Teilnahme bildete sich die Ausstellung des entstehenden Museums heraus, abgestimmt wurden die Zeichnungen der Möbel und der Museumsausrüstung.

Nikolaus I. hatte Museen in London, Berlin und München gesehen. Allgemein zugängliche europäische Museen, die unter Beachtung aller zeitgenössischen technischen Anforderungen an Heizung und Beleuchtung geplant worden waren, hatten den mächtigen Herrscher offenbar stark beeindruckt und ihn zu dem Entschluss veranlasst, ein besonderes Gebäude in Petersburg zu bauen.

Nikolaus I. war stolz auf die Neue Ermitage. Wie die Aufzeichnungen in den Kammerfourier-Journalen belegen, war er während der Gestaltung der Ausstellung häufig dort, besichtigte die eingehenden Sachen, wählte aus und änderte manchmal ihren Standort. Später, schon nach der Eröffnung des Museums wurde das Publikum, das die Möglichkeit erhielt, die Schatzkammer der Kunst zu besichtigen, »… von halb Eins bis ein Viertel nach Zwei«, nicht eingelassen, »weil vornehmlich in dieser Zeit Seine Majestät jeden Tag geruht, die Ermitage zu besuchen«.

Helmuth K. B. von Moltke,
Adjutant des Prinzen Friedrich Wilhelm von Preußen
(1800–1891)

Riesenhafte Dimensionen

Petersburg, Mittwoch, den 20. August [1856]

Es war ein kalter, windiger Regentag, und unser Dampfschiff brauchte zwei Stunden, um zwischen den unzähligen schwarzen und weißen Tonnen hindurch, welche das gewundene enge Fahrwasser bezeichnen, bis zur Mündung der Newa zu gelangen. Da der starke Ostwind das Wasser aus dem finnischen Meerbusen hinaustreibt, so sah man links und rechts große Sandbänke und Schlammflächen. Auch das Einlaufen in den gewaltigen Strom bietet nichts Schönes dar, bis man sich der Isaak-Brücke nähert, wo das Dampfschiff anlegte, und von wo uns die dort aufgestellten Equipagen durch den prachtvollsten Theil der Stadt über den Admiralitätsplatz, am Winterpalast vorbei, längs des englischen Quais nach dem sogenannten Franzuski Dwor brachte, welcher zur Aufnahme des Prinzen und seines Gefolges eingerichtet war. […]

Das üble Wetter mag wohl viel dazu beigetragen haben, dass Petersburg auf den ersten Anblick weit hinter meinen, allerdings hochgespannten Erwartungen zurückgeblieben ist. Man fand bei der Gründung der Stadt einen solchen Überfluss an Raum vor, dass man mit der größten Verschwendung dabei zu Werke ging. Man mochte froh sein, wenn sich nur Menschen fanden, welche sich auf diesen traurigen Sümpfen anbauten, die später erst, namentlich in den Gegenden des Hauptverkehrs oder des Hofes einen ungeheuren Wert erlangten. Plätze und Straßen sind in riesenhaften Dimensionen abgesteckt, die Stadt sollte sich in diese hineinwachsen. Die Straßen sind fast doppelt so breit, als in Berlin; sie erscheinen daher öde, und die Häuser, obwohl meist dreistöckig, doch niedrig. Dies wird sich nie ausgleichen, wenn auch überall noch ein Stockwerk aufgesetzt würde, was kaum geschehen dürfte, da man sich überall noch in Länge und Breite ausdehnen kann. Eine andere Consequenz dieser weiten Straßen ist, dass sie schlecht erleuchtet und besonders schlecht gepflastert sind. Was gehört nicht dazu, allein die Fläche des Admiralitätsplatzes zu pflastern! Dazu kommt die sumpfige Beschaffenheit des Untergrundes, welche der Pflasterung keinen festen Halt giebt, und dieselbe ist denn auch in der That selbst in den vornehmsten Theilen der Residenz so schlecht, wie in irgend einer ganz kleinen Provinzialstadt. Das giebt ein unglaublich wüstes Aussehen, man kümmert sich aber weniger darum, weil mehr als die Hälfte des Jahres der Winter die Straßen auf's Beste chaussirt. Endlich fährt hier Alles. Man sieht auf den Straßen fast so viel Droschken als Menschen. In Petersburg kommt, statistischen Angaben zufolge, auf acht Menschen ein Pferd, was wohl in keiner andern großen Stadt der Welt wieder vorkommt. Spazieren geht man nur auf den breiten Trottoirs des Newsky Prospects und an den Quais, welche mit Granit aufgemauert sind.

Endlich stört mich das Material, aus welchem man baut, nicht sowohl, dass doch in den entfernteren Theilen der Stadt noch manches Haus aus Holz gefügt ist, sondern dass durchgehends der Ziegelbau angewendet werden muss. Die Russen haben eine Vorliebe für Balkons und besonders für Säulen, die beide in diesem abscheulichen Klima geradezu widersinnig sind. Eine runde Säule aus Ziegelstein mit Kalk abgeputzt, ist an sich ein unglücklicher Gedanke. Auch an den Häusern erkennt man bei der beständigen Feuchtigkeit die stete Reparaturbedürftigkeit des Materials. Die Fenster sind eng, und neben den attischen Peristyls und flachen Giebeln herrscht der reine Casernenstyl.

Kurd von Schlözer, preußischer Diplomat, Historiker (1822–1894)

Keine Heimat

St. Petersburg, 9. März/25. Febr. 1857

[…] Die Reisepläne zum Sommer sind grandios. Alles geht weg. Dieses durch ein Zarenmachtwort aus dem Sumpf hervorgezauberte Petersburg ist keine Heimat, sondern nur ein vorübergehender Aufenthalt für den, der hier sein m u ß.

Brillante Routs

St. Petersburg, 20./8. März 1857

Mit starken Schritten gehen wir dem Frühjahr entgegen. Schon seit acht Tagen sieht man keinen Schlitten mehr auf der Straße und bei sonnigem Wetter ist es prachtvoll im Freien. Von Cholera und Typhus hört man hier nichts; desto mehr von Reiseplänen für den Sommer. Alles, was nicht seine Datschen aufsucht, geht ins Ausland. […] Die Routs fangen trotz der Fasten wieder brillant an. Fast jeden Abend in der Woche ist etwas los; nur kein Theater. Mein Chef* gibt jetzt rasch hintereinander große Diners. […]

Früher Eisgang

St. Petersburg, 17./5. April 1857

Wir haben jetzt köstliches Wetter. Am Montag abend, Eurem zweiten Ostertag, ging das Eis der Newa auf, und am folgenden Tage wogte alles beim schönsten Sonnenschein am Kai auf und ab, um nach sieben Monaten den majestätischen Strom ohne seine Eisdecke dahinfließen zu sehen. So früh ist die Newa seit langen Jahren nicht aufgegangen. Bald läuft das erste Schiff in den Hafen ein. Dann regen sich tausend Hände, denn die wenigen Sommermonate müssen ausgenützt werden, um die Waren des Auslandes für Petersburg und sein Hinterland in Empfang zu nehmen. […]

---

* Karl von Werther (1809–1894), königlich-preußischer Gesandter in St. Petersburg (1854–1859).

Alexandre Dumas, französischer Schriftsteller (1802–1870)

Gelbe Häuser, grüne Dächer
Bald kam nun die Stadt Petersburg selbst in Sicht. Es war eigenartig, dass dort die meisten Gebäude gelb und die Dächer grün gestrichen waren. Nicht lange darauf liefen wir in die eigentliche Newa ein, einen großen Fluss, der etwa sechsmal so breit ist wie die Seine bei Paris, und wir legten am Englischen Kai an. [...]

Das Erste, was einem bei der Ankunft auffällt, sind die Droschken mit ihren Kutschern in langen Röcken, die von einem goldverzierten Gürtel zusammengehalten werden. Ihre Mützen haben etwa eine Farbe wie Gänseleberpastete und eine kupferne Platte mit Nummer hängt auf ihrem Rücken.

Wer sich über sie beschweren will, braucht sie nur abzunehmen und an die Polizei zu übergeben. Natürlich gibt die Polizei – genau wie in Paris – nur selten den Kutschern bei Differenzen recht. Diese Kutscher heißen *iswotschiks* und stammen in den seltensten Fällen aus Petersburg, sondern meistens aus Finnland, Groß- oder Kleinrussland sowie aus Estland und Livland. Sie haben die Droschken von einem Eigentümer gemietet, wofür sie ihm eine feste Abgabe zahlen. [...]

Wir passierten den Platz der Admiralität, den dort vorbeiführenden Boulevard, auf welchem früher der Kaiser Nikolaus und der Kaiser Alexander gelegentlich verkleidet – wie unser Heinrich IV. – unauffällig Damenbekanntschaften anzuknüpfen suchten, dann das Reiterdenkmal Peters des Großen von Falconet und erreichten nach wenigen Minuten das Marsfeld, welches von der Kaserne des Garderegiments Pawlowskij überragt wurde. In dieses Regiment wurden nur Leute mit Stülpnasen wie der damalige Zar aufgenommen. Darauf wendeten wir nach links, um an der Statue Suworows vorbeizufahren, die alles andere als schön ist.

Während wir am Kai entlangfahren, werfen wir einen Blick auf den Sommerpark mit seinem berühmten Eisengitter, dessen Ruf bis England gedrungen sein muss, denn, nur um dieses Kunstwerk zu besichtigen, ist ein Engländer nach Petersburg gereist.

Als er am Englischen Kai von Bord gegangen war, nahm er eine Droschke und sagte zum Kutscher: »Zum Sommerpark!« Beim Ankommen rief er nur: »Stoi!«, was anhalten bedeutetet. Darauf bewunderte er etwa zehn Minuten lang das Gitter, während der er

Alexandre Dumas der Ältere, Paul Nadar, Foto, 1855

murmelte: »Very well! Very well!« stieg wieder ein, sagte »*Karascho*! Schnell zum Schiff zurück!«, entlohnte den Kutscher am Kai mit einer Pfundnote und ging sofort wieder an Bord, worauf das Schiff wieder nach London ablegte. Etwas anderes in Petersburg interessierte ihn nicht.

Die Newa bietet von der Holzbrücke aus einen prächtigen Anblick, und es gibt wenig Hauptstädte, die ein so grandioses Panorama besitzen. Aber von dem Pflaster der Stadt muss man sagen, dass das berüchtigte von Lyon dagegen das reinste Parkett ist. Es ist so schlecht, dass es in drei Jahren die beste und am stärksten gebaute französische oder englische Kutsche ruiniert. Im Übrigen möchte ich hier gleich erklären, dass man die Entfernungen in Russland zwar nach Werst berechnet. Dies ist jedoch genau dasselbe wie Kilometer, und man kann das eine für das andere Wort benutzen. [...]

Der Fluss ist belebt mit Flussschiffen und ihren flatternden langen roten Wimpeln. Sie haben Balken und Bretter, Bauholz geladen oder Brennholz aus dem inneren Russland und sind durch das Binnennetz der Kanäle, die Peter der Große beginnen ließ, hierher gelangt.

Diese hölzernen Fahrzeuge fahren nie an ihren Abfahrtsort zurück, sondern werden zusammen mit ihrer Ladung verkauft, auseinandergeschlagen und als Brennholz verbrannt. Ihre Besatzungen kehren über Land zurück. [...]

In der Stadt muss man eine Menge Verbote beachten oder sofort eine Buße von einem Rubel bezahlen. Der Polizeimeister hat bis jetzt nicht für diese allerdings etwas pittoresken Blechsäulen an allen Trottoirs gesorgt, die als Aborte auf den Boulevards von Paris stehen. Deshalb ist es in Petersburg verboten, längs der Häuserfront stehenzubleiben, es sei denn, dass man sein Strumpfband oder die Schnürsenkel richten muss.

Außerdem darf man auf der Straße nicht rauchen. Dies ist wenigstens vernünftig, weil die Mehrzahl der Häuser aus Holz gebaut ist und jeder weggeworfene Zigarrenstummel eine schreckliche Feuersbrunst verursachen kann. Man darf nur auf der Newa rauchen. Man hat uns versichert, dass wir sicherlich nicht Russland verlassen könnten, ohne ein Großfeuer zu erleben, und in der Tat kam es so.

Otto von Bismarck,
preußischer Gesandter, an seinen Bruder Bernhard
(1815–1898)

Fabelhafte Teuerung

Petersburg, 26. April/8. Mai 59

Ich hätte Dir schon längst von meinem Ergehn Nachricht gegeben, wenn ich nicht bisher ein vielfach gequälter Mensch gewesen wäre. Meine Reise hierher, plötzlich und eilig, war eine beschwerliche. Bei Königsberg (24. März) fing das Schneegestöber an, und ich bin am Donnerstag bis zum Dienstag Tag und Nacht gefahren, mit 8 Kurierpferden, oft im Frachtwagenschritt, auch vollständig im Schnee stecken geblieben und zu Fuß gegangen, dann wieder meilenweit gestreckten Galopp, wobei man in der Finsternis, an glatteisigen Bergen und bei gelegentlich stürzenden Pferden, [...] seine Seele Gott zu empfehlen alle Ursache hatte. [...] Hier habe ich zunächst die Vorstellungen bei Hofe, die vielen Hunderte von Visiten, die Mühe, ein Quartier zu suchen und verschiednes andre Notwendige zu kaufen gehabt, vor allem aber einen Geschäftsverkehr, wie er so heftig hoffentlich nicht bald wiederkehrt. Die laufenden Sachen bestehn in dem polizeilichen und gerichtlichen Schutz von etwa 40 000 Preußen, die in Russland leben, und in Besorgung preußischer Prozesse gegen russische Untertanen. Man ist Advokat, Polizei, Landrat, Ersatzkommission für alle diese Leute und korrespondiert für sie direkt mit allen Behörden des russischen Reiches von Weichsel bis Ural. Ich habe oft über 100 Unterschriften den Tag. […] Dabei habe ich mir die Augen etwas fatigiert und arbeite nicht mehr bei Licht, sondern stehe früh auf. Du siehst, dass da wenig Zeit zum Briefschreiben war; […]

Ich habe endlich ein Haus gefunden, schön gelegen am englischen Kai (an der Newa nach der Seeseite zu), groß, aber mehr Säle als Wohnzimmer, gute Ställe und eigne Reitbahn, aber miserables Unterkommen für die Leute, mit einem guten Theil Luxusmöbel, aber keinen für täglichen Gebrauch; Preis 7000 Rubel Silber jährlich ohne Heizung. Die Teuerung ist für tägliche Bedürfnisse, Fleisch, Brot, Furage nicht übermäßig, aber für alles, was zum Luxus gehört, fabelhaft. Dem Kanzleidiener muss ich 35 Rubel monatlich geben, Jäger, Lakaien 25, Reitpferde gar nicht zu erschwingen, d. h. elegante; mittelmäßige sind unbedeutend teurer wie bei uns, etwa 80 Fdr [Friedrichsdor, alte preuß. Goldmünze] statt 60; Pferde, die bei uns 120–80 kosten, gelten aber hier das Doppelte, ja in einzelnen Fällen für reiche Liebhaber bis zu 10 000 Rubel! Arabischer Schnitt, hochhalsig bei sehr großer Statur ist, was man schätzt. Eine einfache 2sitzige Glaskutsche 11 bis 1200 Rubel, und unsre Wagen halten hier das unglaublich schlechte Pflaster bei dem schnellen Fahren nicht aus. Die Menge der Wagen auf den Hauptstraßen ist erstaunlich, wie in London; man muss sein Tempo sehr schnell und umsichtig wahrnehmen, wenn man zu Fuß über den Fahrdamm will. Vorgestern war die erste große Parade, etwa 40 000 M. Tscherkessen Kosaken, Tartaren aller Art, sehr schönes Material an Mensch, Pferd und Leder, überhaupt sehr gelungen. Ich war als Kürassier, und der Kaiser [Alexander II.], der überall besonders gnädig für mich ist, nahm mich von Anfang bis zum Ende neben sich und setzte mir alles selbst auseinander. Gegen den kalten Wind habe ich mir ein vollständiges Unterkostüm von Leder machen lassen, was mir vortreffliche Dienste tat, da die Geschichte fast 3 Stunden dauerte und eisiger Sturm mit Staub, Schnee und Hagel wechselte. Zur Jagd habe ich noch nicht viel Zeit gehabt; mit den Bären war's zu Ende; grade in der Woche, wo ich kam, »standen sie auf« und lassen sich nicht mehr finden. Einen Auerhahn habe ich geschossen und bin dazu 3 Meilen gefahren, um Mitternacht zu Pferde gestiegen, etwa

25 Werst durch Heide, Moor und wüsten Wald geritten und war morgens 8 Uhr wieder hier bei der Arbeit. Eine mühsame, aber sehr gesunde Abwechslung in dem Schreiberleben. […]

Fürst Peter Kropotkin, »Vater des Anarchismus« (1842–1921)

»Der Sarg muss weg!«

Bei Begräbnissen gekrönter Häupter pflegt man die Absicht zu verfolgen, einen tiefen Eindruck auf die Menge hervorzubringen, und man muss gestehen, dass dieses Ziel auch erreicht wird. Von Zarskoje Selo, wo sie gestorben war, wurde der Leichnam der Kaiserin [Alexandra Fjodorowna, Frau Nikolaus' I., gestorben am 1. November 1860] nach Petersburg überführt. Hier brachte man ihn unter dem Geleite der kaiserlichen Familie, aller hohen Staatswürdenträger, Zehntausender von Beamten und Vertretern von Körperschaften und unter dem Vortritt von Hunderten von Priestern und Chören von der Eisenbahnstation in langem Zuge durch die Hauptstraßen der Stadt zur Festung, wo er mehrere Wochen prunkvoll aufgebahrt blieb. Ein Heer von hunderttausend Gardesoldaten bildete dabei auf den Straßen Spalier, und Tausende von Menschen, angetan mit den kostbarsten Uniformen, schritten in feierlichem Zuge vor, neben und hinter dem Sarge einher. An jeder bedeutenderen Straßenkreuzung ertönten Litaneien, und dann einten sich der Klang der Glocken von den Kirchtürmen, die Stimmen der gewaltigen Chöre und die Musik der Militärkapellen in der eindrucksvollsten Weise, sodass bei den Leuten der Glaube erweckt werden konnte, die ungeheure Menge trauere wirklich um das Hinscheiden der Kaiserin. […]

Während der Begräbnisfeierlichkeiten trug sich ein Zwischenfall zu, der ernste Folgen hätte haben können. Über dem Sarge erhob sich unter der Kuppel des Domes ein mächtiger Baldachin, und über demselben prangte eine vergoldete Riesenkrone, von der ein kolossaler mit Hermelin gefütterter Purpurmantel nach den vier starken, die Kuppel tragenden Säulen zu herunterhing. Der Eindruck war gewaltig, aber wir Knaben hatten bald heraus, dass die Krone aus vergoldeter Pappe und Holz bestand, dass der Mantel nur unten von Samt und weiter oben von rotem Tuche, und dass das Hermelinfutter nichts als Baumwolle oder Barchent war, woran man schwarze Eichhornschwänzchen genäht hatte, während das mit Krepp umflorte russische Wappen bloß aus Pappe gemacht war. Doch die Menge, die zu gewissen Stunden abends beim Sarge vorübergehen und in aller Hast den darüber gebreiteten Goldbrokat küssen durfte, hatte sicher keine Zeit, den baumwollenen Hermelin oder das Wappen aus Pappe einer genauen Prüfung zu unterziehen, und der gewünschte Bühneneffekt war mit den billigsten Mitteln erreicht.

Wird in Russland eine Litanei gesungen, so halten alle Anwesenden in der Hand brennende Wachslichte, die nach dem Lesen gewisser Gebete ausgelöscht werden. Auch die Mitglieder der kaiserlichen Familie hielten solche Kerzen, und der junge Sohn des Großfürsten Konstantin löschte, wie er es die andern tun sah, seine Kerze aus, indem er sie nach unten umdrehte. Hierbei fing die schwarze Gaze, die hinter ihm von einem Wappen herabhing, Feuer, und in einer Sekunde stand das Wappen und der Baumwollstoff in Brand. Eine ungeheure Flamme züngelte an den schweren Falten des vermeintlichen Hermelinmantels empor.

Der Gottesdienst wurde unterbrochen, und erschreckt wandten sich alle Blicke nach der Feuerzunge, die sich immer höher hinaufschlängelte der Pappkrone und dem Holzwerk zu, das dem ganzen Aufbau als Stütze diente. […]

Alexander II. verlor seine Geistesgegenwart nur ein paar Sekunden, dann sammelte er sich sofort und sagte mit gelassener Stimme: »Der Sarg muss weg!« Die Kammerpagen bedeckten ihn sofort mit dem dicken Goldbrokat, und wir traten alle herzu, den schweren Sarg aufzuheben. Doch inzwischen hatte sich die große Feuerzunge in mehrere kleinere geteilt, die nun langsam nur die haarige Außenfläche des Stoffes verzehrten und nach und nach unter der Einwirkung des Staubes und Rußes, der oben schwebte, in den Falten erstarben.

V. Gärung

Am 29. Febr./12. März 1861, dem sechsten Jahrestag seiner Thronbesteigung, unterzeichnet Alexander II. nach einigem Zögern und gegen den Widerstand des grundbesitzenden Adels das Manifest über die Aufhebung der Leibeigenschaft. Reformen der Justiz, der Bildung und des Militärs sollen folgen, ländliche Selbstverwaltungsorgane eingerichtet werden. Eine Zeitlang ist Alexander II., der »Zar-Befreier«, der populärste Monarch Europas. Doch vielen seiner Untertanen gehen die Reformen nicht weit genug, Unzufriedenheit breitet sich aus, zumal der Reformeifer Alexanders schnell erlahmt. Er will die Autokratie erhalten, doch die liberale Gesellschaft verlangt eine Verfassung. Die Bauern sind nun zwar persönlich frei, doch genügend Land haben sie nicht bekommen, und das Land, das sie jetzt ihr Eigen nennen, müssen sie jahrzehntelang abbezahlen. In der Hauptstadt demonstrieren die Studenten gegen den im Juli 1861 ernannten neuen Volksbildungsminister, einen Admiral, der die Autonomie der Hochschulen beschneidet, Studiengebühren, Matrikel und Anwesenheitspflicht in den Vorlesungen einführt. Flugblätter kursieren, deren Verfasser zur Revolution aufrufen. – Im Frühjahr 1862 gibt es in St. Petersburg nur ein Thema: Iwan Turgenjews neuen Roman *Väter und Söhne,* die Geschichte eines akuten Generationenkonflikts, der auch ein politischer Konflikt ist. Den Söhnen ist nichts mehr heilig, die Werte der Väter lehnen sie ab. Turgenjew nennt die jungen Leute Nihilisten. Und als im Mai der große Apraxin-Markt mit seinen Ständen und Buden brennt, glaubt jedermann zu wissen, wer die Brandstifter waren: die Nihilisten. Im April 1866 schießt der Student Dmitri Karakosow beim Sommergarten auf Alexander II. Der Anschlag misslingt, der Attentäter wird vor zahllosen Zuschauern auf der Wassili-Insel gehängt. In der Folge radikalisieren sich die Unzufriedenen, und die Terroranschläge nehmen zu. Am 1./13. März 1881 fällt Alexander II. am

Katharinenkanal dem siebten Anschlag, einem Bombenattentat der Terrororganisation »Volkswille«, zum Opfer, worauf Alexander III., sein Sohn und Nachfolger, die Reformen zurückfährt, die Zügel wieder anzieht und die Residenz aus Sicherheitsgründen nach Gattschina südlich der Hauptstadt verlegt. – Die ländliche Bevölkerung wächst nun schnell, und bald strömen Zehntausende landlose Muschik in die Städte, vor allem aber nach Petersburg, wo sie in den nun entstehenden Fabriken ein Auskommen zu finden hoffen. Um 1900 stellen die »Zugereisten« an die 70 Prozent der Stadtbevölkerung, ihre Lebens- und Arbeitsbedingungen sind jämmerlich. Die glanzvolle Residenz der Romanows ist nun von Elendsvierteln umgeben, und in den Vorstädten gewinnen revolutionäre Agitatoren an Einfluss.

Fürst Peter Kropotkin
(1842–1921)

»Es ist Freiheit!«
Im Januar 1861 gingen wieder etwas bessere Gerüchte um, und allgemein hoffte man, am Tage der Thronbesteigung des Kaisers, am 19. Februar, würde eine auf die Befreiung bezügliche Kundgebung erfolgen.

Der 19. kam, und es geschah nichts. An diesem Tage war ich im Palast. Es fand vormittags nur in kleinem Kreise Morgenempfang statt, und zu solchen Empfängen wurden auch Pagen der zweiten Klasse, um das Hofzeremoniell kennenzulernen, befohlen. Damals war ich gerade an der Reihe. [...] Außer wenigen Eingeweihten ahnte kein Mensch im Palast, dass das Manifest am 19. Februar unterzeichnet worden war und nur darum um zwei Wochen zurückgehalten wurde, weil am nächsten Sonntag, den 26., die Karnevalswoche anfing und man fürchtete, dass infolge des übermäßigen Trinkens, das in den Dörfern während des Karnevals stattfindet, Bauernaufstände ausbrechen könnten. Man verlegte sogar den Karnevalsmarkt, der in Petersburg gewöhnlich auf dem freien Platze unweit des Winterpalastes abgehalten wurde, in jenem Jahre aus Furcht vor einer Volkserhebung in der Hauptstadt auf einen andern Platz. Dem Heere waren fürchterliche Weisungen zur Unterdrückung etwaiger Bauernrevolten zugegangen.

Zwei Wochen später, es war der 5. März oder vielmehr 17. März neuen Stils, befand ich mich im Korps, da ich an einer militärischen

Alexander II., Alexander Wegner, Aquarell, Gouache, Miniatur, 1870er-Jahre

Parade in der Reitschule teilnehmen musste. Ich war noch im Bette, als mein Bursche, Ivanov, mit dem Teebrett hereinstürzte und rief: »Fürst, Freiheit! Das Manifest ist drüben am Gostinoj Dvor (dem Kaufhaus gegenüber dem Korps) angeschlagen!«

»Hat du es selbst gesehen?«

»Ja, die Leute stehen herum; einer liest vor, und die anderen hören zu. Es ist Freiheit!«

In wenigen Minuten war ich angezogen und wollte hinaus. Da kam ein Kamerad herein.

»Kropotkin, Freiheit!«, schrie er. »Hier ist das Manifest. Mein Onkel erfuhr gestern Abend, es würde bei der Frühmesse in der Isaakskathedrale verlesen werden; wir gingen also hin. Es waren nicht viele Leute da, ausschließlich Bauern. Das Manifest wurde nach der Messe verkündet und verteilt. Sie verstanden seine Bedeutung recht wohl.« […]

Ich las das Manifest mehrfach durch. […] Es war Freiheit, aber noch nicht sofort, da die Bauern noch zwei Jahre länger, bis zum 19. Februar 1863, leibeigen bleiben sollten. Trotz alledem, eins stand fest, die Leibeigenschaft wurde aufgehoben, die freien Bauern sollten in den Besitz ihrer Heimstätten und des Landes kommen. Sie sollten das Land nur gegen Entgelt haben, aber der alte Makel der Sklaverei war getilgt; sie sollten keine Sklaven mehr sein; die Reaktion hatte nicht die Oberhand gewonnen.

Kurd von Schlözer, preußischer Diplomat
(1822–1894)

Symptome der inneren Fäulnis

Freitag, den 5. April/24. März 1861

[…] Als am Sonntag, 17./5. März, die Bauernfreiheit proklamiert wurde, ging ich mittags 12 Uhr in die Isaakskirche. Das Volk war in einer wirklich lächerlichen Weise apathisch. Was die Zeitungen von Enthusiasmus reden, ist nicht wahr. In den Theatern hat man die Hymne gespielt, das ist alles. Am folgenden Sonntag haben einige tausend Muschiks dem Kaiser am Winterpalais Brot und Salz überreicht; vorigen Sonntag sind Deputationen aus Moskau und anderen Städten gekommen.

Kein Despot kann ein Land glücklich machen, das seine Vorfahren unglücklich gemacht haben. Die Spuren jahrhundertealter Unterdrückungen können nicht durch ein kaiserliches Dekret ausgelöscht werden.

Das ist die Tragik Alexanders II.

Immerhin bleibt für den kurzen und menschlichen Blick die Aufhebung der Leibeigenschaft einer der größten und verantwortungsvollsten Regierungsakte. Eine ähnliche Bewegung in bezug auf die Sklaverei bereitet sich, wie es scheint, in Nordamerika vor.

Wieviel Unruhen und Blutvergießen wird es aber noch geben, ehe das Unrecht, unter dem viele Generationen hier gelitten haben, gutgemacht ist, ehe der stumpfe, arbeitsscheue russische Bauer den jetzt plötzlich ihm zuteil gewordenen Segen versteht und gebrauchen lernt! Er muß ihn mißverstehen.

Das ist die Tragik des russischen Volkes.

Kurd von Schlözer

Revolutionäre Proklamationen

St. Petersburg, 14./2. Oktober 1861

[...] Hier ist seit sechs Wochen der Teufel los. Jeden Tag treten Symptome der inneren Fäulnis auf. Beim Erscheinen der ersten geheimnisvollen revolutionären Proklamation lächelt der gut geschulte Petersburger. Bei der zweiten wurde er stutzig, bei Nummer drei bedenklich. Man kann weder Autor, noch Drucker, noch Kolporteur entdecken. Hinter der zweiten mag Herzen stecken, aber Nummer eins und drei, der »Großrusse« genannt, hüllen sich in tiefes Geheimnis. Nummer drei fordert: Konstitution, Freigabe Polens, Trennung von Südrußland – alles Ansichten, die für mich gar nicht neu sind. Aus dem Innern bereiten sich Adelspetitionen vor, die eine Verstärkung des Reichsrates verlangen. [...]

Die Armee ist über das ganze Reich zerstreut; man kann nicht eine Kompagnie missen, denn es gärt überall in den Städten wie auf dem platten Lande. [...]

Vorigen Montag fing das an.

Admiral-Kultusminister Putjatin, ein strenger Absolutist, hatte ein sehr scharfes Reglement erlassen und zum Universitätskurator den General Philippson gewählt, Hetman der Kosaken, der sich als solcher im Kaukasus mit dem Völkerstamm der Schapzugen siegreich gebalgt hat. Vorigen Montag also ziehen 1500 Studenten, die in der Woche vorher so heftig in der Universität gelärmt und geredet, daß man letztere geschlossen, in großer Prozession mittags 1 Uhr durch den Newski-Prospekt in die Wladimirskaja, wo Philippson wohnt. Truppen sind aufgestellt. [...] Die Studenten ziehen ab. Diese Szenen wiederholen sich die nächsten Tage. Endlich Verbote gegen Versammlungen von Studenten. Patrouillen ziehen durch die Straßen. Aber Ingenieur-, Artillerie-, Kriegs- und Divisionsschule haben sich für die Studenten ausgesprochen, sodaß außer dreißig Studenten sehr viele Offiziere eingesteckt sind. Das alles in den Staaten des großen Nikolaus sieben Jahre nach seinem Tode!

16./4. Oktober 1861

Vor einigen Tagen hatte sich hier das Gerücht verbreitet, daß am 2. Oktober a. St. den Studenten die neuen Matrikeln erteilt, und daß demnächst auch die Vorlesungen wieder eröffnet werden sollten.

Obgleich die Nachricht allen Grundes entbehrte, so diente sie doch den Studenten zur Veranlassung, sich vorgestern früh wieder zu vielen Hunderten vor dem Universitätsgebäude zu versammeln; es war indessen nach wie vor geschlossen, und in der Nähe Gendarmerie und eine starke Abteilung Infanterie aufgestellt.

Als die Studenten der Aufforderung des Oberpolizeimeisters, auseinanderzugehen, nicht Folge geben wollten, ließ dieser sofort das Militär vorrücken. Die Haupträdelsführer wurden verhaftet und auf die Festung gebracht, wo sich gegenwärtig bereits über hundert Studenten befinden sollen.

Zugleich mit der Universität ist in der vorigen Woche auch die Universitätsbibliothek geschlossen worden, und zwar – wie ich jetzt höre – aus dem Grunde, weil sich der von den Studenten angefertigte Bücherkatalog als falsch erwiesen, und man in den Bücherschränken ganze Reihen von Herzenschen und anderen verbotenen Schriften gefunden hat.

Militärpatrouillen durchziehen noch fortwährend bei Tag und bei Nacht die Stadt.

Nach der Schließung der Universität und der Inhaftierung der Studenten in der Peter-und-Paul-Festung erscheint auf der Festungswand in Ölfarbe die Inschrift: Universität Petersburg.

HEINRICH SCHLIEMANN, Kaufmann, an J. H. SCHRÖDER in London (1822–1890)

Alarm und Terror

St. Petersburg, den 1. Juni 1862

Es wird allgemein angenommen, dass die Brände von Brandstiftern gelegt werden, die eine zahlreiche Bande von Aufrührern bilden und deren Ziel es ist, durch die Zerstörung der ganzen Stadt eine Hungersnot und durch den Hunger eine Revolution und durch die Revolution den extremen Sozialismus und Kommunismus herbeizuführen. Man sagt, dass sie das täglich in zahlreichen Proklamationen veröffentlichen, die sie mit großem Geschick verteilen. Hunderte

Verdächtige werden täglich verhaftet, aber ich denke, keiner der wahren Aufrührer und Brandstifter wurde bisher festgenommen, obwohl die Wut der Bevölkerung auf sie keine Grenzen kennt; jedermann ist angsterfüllt und auf dem »au qui vive«. Alle Türen und Haustore sind geschlossen und kein Ausländer oder Unbekannter wird eingelassen, es sei denn, er beweist unverzüglich seinen guten Charakter und nennt einen ehrenwerten Grund für seinen Besuch. Ich habe selbst gesehen, wie ein Junge, der eine Flasche mit Schuhcreme trug, unter dem Verdacht verhaftet wurde, dass die Substanz Phosphor war. Die Regierung greift zu den energischsten Maßnahmen, um diesen Zustand von Alarm und Terror zu beenden. Fortan werden hier drei Generalgouverneure statt einem residieren; Petersburg wird im Belagerungszustand sein; alle Kriminalfälle werden binnen 24 Stunden nach dem Kriegsrecht entschieden … Es wird zwei Wochen dauern, um einige Ruhe in den verwirrten Köpfen der Menschen wiederherzustellen, aber wenn dieser Tage noch mehr Brände vorkommen, werden die Menschen ohne Zweifel selbst das Recht in ihre Hände nehmen und auf den geringsten Verdacht hin lynchen […].

Vladimir Fédorovski, russisch-französischer Schriftsteller (geb. 1950)

Wiederholte Attentate

Im 19. Jahrhundert war Sankt Petersburg mit seinen Neureichen, seiner Oberschicht und seiner Halbwelt eine europäische Stadt im wahrsten Sinne des Wortes, die mit Verachtung auf andere Hauptstädte blickte.

In diesem Traumdekor standen sich zwei Welten gegenüber, die der Autokratie in diesen funkelnden Palästen und die der Straße, dominiert von Revolutionären, die mit dem zaristischen System Schluss machen wollten.

Der Terrorismus machte aus der Hauptstadt des Reiches sein bevorzugtes Aktionsfeld, denn seine Ziele waren die höchsten Würdenträger des Staates. […]

Die wiederholten Attentate, das Klima der Unsicherheit, das sie erzeugten, trugen dazu bei, ein beunruhigendes Bild von Sankt Petersburg zu schmieden, in dem die Elite des Reiches nicht mehr sicher war. Die Terroristen im Untergrund, die sich als Männer des Volkes verkleidet hatten, sahen sich den Agenten der Ochrana, der zaristischen Polizei, gegenüber, die versuchte, die revolutionären Organisationen zu infiltrieren, indem sie ihre Agenten an deren Spitze zu platzieren suchte. Alles wurde Illusion: die sozialen Identitäten verwandelten sich in eine Augentäuschung.

Dmitri Grigorowitsch, Schriftsteller
(1822–1900)

Spaziergang durch die Ermitage
Unser Vaterland, Russland, das so wenig Künstlerisches auf seinem Boden geschaffen hat, ist dennoch sehr reich an Kunstgegenständen.

Aber alles haben Moskau und Petersburg an sich genommen.

Besonders Petersburg birgt in sich unzählige Schätze schöner Dinge. Es zählt 67 Privathäuser, die mit Gemälden der alten und neuen Schule, Raritäten und Kunstwerken aller Art gefüllt sind. [...] Sie sind dem Publikum auf der vom Herzog von Leuchtenberg 1851 veranstalteten Ausstellung zum ersten Mal zugänglich gemacht worden; bis zu dieser Zeit haben nur die Besitzer sie genutzt. Folglich blieb dieser riesige künstlerische Besitz ohne jeglichen Einfluss auf die Gesellschaft, nicht nur der russischen im Allgemeinen, sondern auch der Petersburger.

Ohne Einfluss war sogar die Ermitage, die fast alle Kunstschätze Russlands in sich vereint hat. Anders konnte es übrigens auch nicht sein. Die Ermitage, die sich im Lauf von hundert Jahren herausbildete, war dem Publikum zwar zugänglich, aber der Einlass war mit solchen Schwierigkeiten verbunden, dass sogar viele Einwohner Petersburgs nur selten dort waren.

All das hat sich jetzt zum Glück geändert.

Auf Wunsch des Gebieters und Kaisers hat die Verwaltung der Ermitage alle diejenigen Hindernisse beseitigt, die die Ermitage bis jetzt daran gehindert haben, allgemein zugänglich zu sein.

Die Eintrittskarten werden jetzt problemlos im Gebäude selbst ausgegeben; und wie man hört, wird es bald überhaupt keine mehr geben. Das Museum und die Galerie werden nur an einem Tag in der Woche (am Freitag) geschlossen sein, genauso, wie man es im Louvre, im Britischen Museum und in anderen Galerien Europas macht. Dieser Tag ist nötig für die Reinigung, für Umstellungen und Änderungen, die, da sie das Publikum behindern, nicht in Anwesenheit der Besucher durchgeführt werden konnten, wie es sich gehört.

Diese Tage sind aber, genau wie die Feiertage, kein Hindernis für den Einlass von Personen, die Petersburg für kurze Zeit besuchen; dafür müssen diese Personen, wie es in ganz Europa gemacht wird, beim Eingang nur ihren Pass vorzeigen. Damit zugleich wurde die Regel abgeschafft, dass ein Frack getragen werden muss – einer der Umstände, der zuvor nicht die letzte Beschränkung war. [...]

Diese Zugänglichkeit wird die Zahl der Besucher zweifellos erhöhen und, indem sie sie vergrößert, allmählich zur Entwicklung von Geschmack und Kunstgefühl beitragen.

Fjodor Dostojewski

In der Nähe des Heumarkts

Anfang Juli, in der heißesten Zeit, gegen Abend, verließ ein junger Mann seine Dachkammer, die er von einem Bewohner des S.-Gässchens gemietet hatte, und schritt langsam, scheinbar unentschlossen, der K.-Bücke zu. [...] Auf der Straße war es unerträglich heiß, dazu kam die Schwüle, das Menschengedränge, der Staub; überall sah man Kalk, Gerüste, Ziegel und spürte jenen besonderen sommerlichen Gestank, den alle Petersburger kennen, die nicht in der Lage sind, sich ein Landhaus zu mieten. All das wälzte sich erdrückend auf die ohnehin schon gereizten Nerven des jungen Mannes. Der grausige Geruch aus den in diesem Stadtteil besonders zahlreichen Schenken und die Betrunkenen, denen man jeden Augenblick begegnete, obgleich es Alltag war, vollendeten das widerwärtige und traurige Bild. Ein Ausdruck tiefen Ekels glitt über die feinen Züge des Jünglings. [...] Er war so schlecht gekleidet, dass sogar ein an dergleichen Gewohnter sich geschämt hätte, am Tage in solchen Lumpen auf die Straße zu gehen. Allerdings war dieser Stadtteil so, dass man sich über nichts mehr zu wundern brauchte. Hier in der Nähe des sogenannten Heumarkts und der zahlreichen öffentlichen Häuser, in diesen Gassen und Gässchen der Petersburger Innenstadt, wo fast ausschließlich Handwerker und Arbeiter gedrängt hausten, konnte man noch ganz anderen Gestalten begegnen.

Stadt der Halbverrückten

Übrigens bin ich überzeugt, dass es in Petersburg viele Leute gibt, die im Gehen mit sich selber sprechen. Es ist die Stadt der Halbverrückten. Wenn bei uns die Wissenschaften gepflegt würden,

Der Heuplatz und die Mariä-Himmelfahrt-Kirche in St. Petersburg, Karl Beggrow, Aquarell auf Papier, 1820–1830; die Kirche wurde 1961 gesprengt, an ihrer Stelle entstand eine U-Bahn-Station.

so könnten Mediziner, Juristen und Philosophen die wertvollsten Versuche anstellen, jeder auf seinem Gebiet. Kaum irgendwo gibt es wohl so viel düstere, einschneidende und eigenartige Einflüsse auf die Seele wie in Petersburg. Was schon allein die klimatischen Einflüsse ausmachen! Dabei ist Petersburg das administrative Zentrum Russlands, das allem seinen Charakter aufprägt.

Schuld und Sühne, 1866

Lewis Carroll, englischer Schriftsteller (1832–1898)

Spaziergang voller Wunder

Die Gegend von der russischen Grenze bis Petersburg ist völlig flach und uninteressant, abgesehen vom gelegentlichen Auftauchen eines Bauern mit der üblichen Pelzmütze und im Kittel und Gürtel und dann und wann einer Kirche mit einer runden Kuppel, die von vier kleinen Kuppeln umgeben ist, mit grünbemalten Dächern, und im

Ganzen (wie unser Freund bemerkte) anzusehen wie ein Ständer mit Gefäßen für Essig und Öl.

Bei einer Station, wo wir zum Mittagessen anhielten, war ein Mann, der auf einer Gitarre spielte, an der oben Panflöten befestigt waren und anderswo Glocken, was er alles zusammen und aufeinander abgestimmt und im Takt zu spielen imstande war. Dieser Ort war auch bemerkenswert, weil wir hier zum ersten Mal die Suppe des Landes zu kosten bekamen, Щи (schtschi ausgesprochen), die durchaus genießbar war, obwohl sie irgendein saures Element enthielt, auf dem russische Gaumen vielleicht bestehen.

Bevor wir ankamen, ließen wir uns von unserem Freund den russischen Namen unseres Hotels beibringen, Gostinitsa Klee, weil er der Meinung war, wir müssten vielleicht einen russischen Kutscher nehmen, aber wir waren alle Sorgen los, als wir einen Mann vom »Hôtel de Russie« vorfanden, der auf uns wartete, uns auf Deutsch ansprach, in seinen Wagen setzte und das Gepäck holte. Nach dem Essen blieb uns nur Zeit für einen kurzen Spaziergang, aber er war voller Wunder und Neuheiten. Die enorme Breite der Straßen (von denen die zweitklassigen breiter zu sein schienen als irgendetwas in London), die kleinen Droschken, die umherfuhren, scheinbar unbekümmert darum, ob sie jemanden überfahren (wir merkten bald, dass es nötig ist, sehr scharf aufzupassen, weil sie nie schreien, so nahe sie auch kommen), die enormen beleuchteten Aushängeschilder über den Geschäften und die hiesigen Kirchen mit ihren blaubemalten und sternenbedeckten Kuppeln, das verwirrende Geplapper der Einheimischen – all das trug zu den Wundern unseres ersten Spaziergangs in Petersburg bei. Unterwegs sahen wir einen Heiligenschrein, schön verziert und innen und außen vergoldet, der ein Kruzifix, Bilder etc. enthielt. Nahezu alle die Armen, die vorbeikamen, entblößten ihr Haupt, verneigten sich und bekreuzigten sich mehrmals – ein seltsamer Anblick der geschäftigen Menge.

Fjodor Dostojewski

Treffen bei der Musik

Auf dem Bahnhof in Pawlowsk versammelt sich an den Wochentagen, wie allgemein bekannt ist oder wenigstens alle behaupten, ein »feineres« Publikum als an Sonn- und Feiertagen, wo »alle möglichen Leute« aus der Stadt herauskommen. Die Toiletten sind nicht festtäglich, aber elegant. Es ist Sitte, sich bei der Musik zu treffen. Die Kapelle ist vielleicht tatsächlich die beste unserer Gartenkapellen und spielt moderne Sachen. Die dort herrschende Wohlanständigkeit und Etikette sind hervorragend, trotzdem das Ganze bis zu einem gewissen Grade einen Anstrich von Familienhaftigkeit, ja von Intimität hat. Bekannte, sämtlich Sommerfrischler, finden sich dort zusammen, um einander wechselseitig zu mustern. Viele vollführen das mit wirklichem Vergnügen und gehen nur zu diesem Zweck hin; aber es gibt auch einige, die lediglich um der Musik willen kommen. Skandalszenen sind äußerst selten, wiewohl sie auch an Wochentagen vorkommen. Aber ganz ohne solche geht es nun einmal nicht ab.

Der Idiot, 1868/69

Am 5./17. Febr. 1880 explodiert unter dem kaiserlichen Speisezimmer im Winterpalast eine Dynamitladung, die Alexander II. und seine Familie töten soll. Die Petersburger sind fassungslos.

Hans Lothar von Schweinitz,
kaiserlich-deutscher Botschafter in St. Petersburg
(1822–1901)

Teilnahmslose Bevölkerung
17. Februar. Wir fuhren um 7 Uhr zu Chanzys zum Diner; als ich die Botschafterin begrüßt hatte, kam Giers [der Außenminister] mit etwas verstörtem Gesicht an mich heran, nahm mich bei Seite und erzählte, er habe, als er eben in den Wagen steigen wollte, einen starken Knall im Winterpalais gehört, sein Diener sei dorthin gegangen und werde gleich Nachricht bringen, einstweilen möge ich gegen niemand etwas darüber äußern. Ich war wie vom Donner gerührt; weniger wegen der Wahrscheinlichkeit eines Attentates, denn ein solches erwartete ich ja täglich, als wegen der Monstrosität, daß ein Minister des Kaisers und zwar der beste und ehrlichste beim Winterpalais vorbei zum Diner in die französische Botschaft fährt, nachdem er soeben eine Explosion in jenem Palais gehört hatte. […]

Der Diener des Herrn v. Giers kam nach etwa 20 Minuten mit der Meldung, daß das Winterpalais abgesperrt sei und niemand hineingelassen werde. Nun hielt ich es nicht länger aus, ich stand vom Tische auf und schickte meinen Jäger Schmidt zum General Trepow, um dort Erkundigungen einzuziehen. Er kam mit der Nachricht

Fjodor Dostojewski, Wassili Perow, Ölgemälde, 1872

zurück, daß das Wachtlokal, welches unter dem kaiserlichen Speisezimmer liegt, in die Luft gesprengt wurde, und daß die Wachtmannschaft teils tot, teils verwundet sei, von der kaiserlichen Familie sei niemand verletzt. Ich teilte diese Nachricht der Tischgesellschaft mit und verabschiedete mich sogleich von unseren Wirten, ging aber nicht, ohne vorher einem General der Suite meine Meinung gesagt zu haben; er hatte sich nämlich ganz behaglich in einen Lehnstuhl am Kamin gesetzt und trank seinen Kaffee. Gegen 9 Uhr war ich im

Palais; der Kaiser saß ganz ruhig bei der Whistpartie; er umarmte mich und sagte: »Gott hat mich wieder beschützt; die Kaiserin weiß nichts von dem Vorfall; sie schlief ganz ruhig.« Ich besichtigte die Lokalitäten mit General Totleben. In der Wachtstube waren gegen 40 junge Soldaten der Explosion zum Opfer gefallen; blutige Gliedmaßen und Uniformstücke lagen an der Seite; in dem Krater wurde eifrig geschaufelt; ein unangenehmer Geruch erfüllte den Raum. Auffallend und bezeichnend für die hier herrschende apathische Stimmung ist es, daß bis jetzt um 1 Uhr nachts, wo die Nachricht von dem furchtbaren Ereignis in alle Stadtteile gedrungen ist, wie ich aus den mir zugehenden Meldungen schließe, doch nicht die geringste Bewegung in den Straßen wahrzunehmen ist.

18\. Februar. Ich bin sehr angegriffen von dem entsetzlichen Vorfall; die armen Soldaten vom Finnländischen Regiment tun mir gar zu leid. Der Intendant des Winterpalais hat, so wie täglich, auch an dem Tage der Explosion das Souterrain, wo abends die Mine entzündet wurde, visitiert; dieser Punkt war nämlich von uns auf Grund von Genfer Mitteilungen der russischen Regierung amtlich durch mich als derjenige bezeichnet worden, von welchem aus der Kaiser in die Luft gesprengt werden sollte. Überdies war bei einem vor kurzem verhafteten Nihilisten ein Plan des Winterpalais gefunden worden, auf welchem derselbe Punkt mit einem roten Kreuz bezeichnet war. Von den vier Tischlern, welche den betreffenden Raum bewohnten, sind drei verhaftet, der vierte wird vermisst. Ein großer Übelstand liegt darin, daß die Polizei, sowohl die städtische als die der dritten Abteilung das Winterpalais nicht betreten darf; im Innern wird die Polizei von dem Kommandanten des Palais ausgeübt. Die Teilnahmslosigkeit der Bevölkerung dauert fort.

Am 28. Jan. /9. Febr. 1881 stirbt Dostojewski in seiner Wohnung am Kusnetschny Pereulok 5/2; die ganze Stadt gibt ihm das letzte Geleit.

Anna Dostojewski (Dostojewskaja)
(1846–1918)

Das Publikum erfüllte den ganzen Friedhof

Samstag, den 31. Januar, wurde der Leichnam Fjodor Michailowitschs aus unserer Wohnung in das Alexander-Newski-Kloster überführt. Ich will den Leichenzug nicht beschreiben, er ist von vielen anderen geschildert worden. […] Nach der Aussage von Augenzeugen bot der Zug einen imposanten Anblick dar; die lange Reihe der auf Stangen getragenen Kränze, die zahlreichen Chöre jugendlicher Sänger, welche Grabgesänge sangen, der Sarg, der die Menschenmassen hoch überragte, und die gewaltige, vieltausendköpfige Menschenmenge, die dem Zuge folgte – dies alles machte einen gewaltigen Eindruck. Der größte Wert dieser Ehrung der sterblichen Überreste Dostojewskis lag darin, dass sie nicht im Mindesten vorbereitet war. […] Am Vorabend der Überführung sagte mir noch mein Bruder, um mir eine Freude zu machen, acht öffentliche Anstalten beabsichtigten Kränze auf den Sarg Fjodor Michailowitschs niederzulegen; aber am nächsten Morgen zählte man schon vierundsiebzig Kränze, vielleicht sogar noch mehr. Später wurde bekannt, dass alle Anstalten und Korporationen, alle aus eigener Initiative, Kränze bestellt und Deputationen entsandt hatten. Kurz, alle Parteien der verschiedensten Richtungen hatten sich in dem allgemeinen Gefühl der Trauer über das Hinscheiden Dostojewskis vereinigt in dem aufrichtigen Wunsche, sein Andenken möglichst feierlich zu ehren.

Der Leichenzug verließ das Haus um elf Uhr und erreichte erst zwei Stunden später das Alexander-Newski-Kloster. Ich ging mit meinem Sohn und meiner Tochter, und schmerzliche Gedanken verließen mich keinen Augenblick. […]

An demselben Abend, am 31. Januar, fand in der Kirche des Alexander-Newski-Klosters, wo der Sarg Fjodor Michailowitschs aufgebahrt war, eine feierliche Messe statt, an der ich samt den Kindern teilnahm. Die Kirche war voll Betender; besonders zahlreich war die Jugend vertreten, Studenten der höheren Lehranstalten, der geistlichen Akademie und der Mittelschulen. Die meisten blieben die ganze Nacht in der Kirche und beteten abwechselnd am Sarge Dostojewskis. Später wurde mir ein charakteristischer Umstand mitgeteilt: Als die Kirchendiener kamen, um die Kirche zu säubern, fanden sie am Boden nicht einen einzigen Zigarettenüberrest, was die Mönche sehr in Erstaunen versetzte, weil gewöhnlich bei langen Gottesdiensten der eine oder andere in der Kirche im Geheimen eine Zigarette zu rauchen und den Rest wegzuwerfen pflegte; hier aber hatte keiner der Anwesenden, aus Ehrfurcht vor dem Verstorbenen, zu rauchen gewagt. Am 1. Februar 1881 wurde der Leichnam Fjodor Michailowitschs noch in der Heiligen-Geist-Kirche des Alexander-Newski-Klosters eingesegnet. Die Kirche bot einen erhabenen Anblick: Der Sarg des Verstorbenen, der inmitten des Gotteshauses hoch aufragte, war mit zahllosen Kränzen bedeckt; die übrigen Kränze mit ihren breiten Schleifen, auf denen goldene und silberne Inschriften glänzten, hingen längs der Wände an langen Stangen, was der Kirche eine eigenartige Schönheit verlieh.

An diesem Tage führte mein Bruder meinen Sohn und meine Mutter in das Newski-Kloster; mich und meine Tochter im Wagen dahinzubringen, hatte Frau J. D. Sassetzki, […], eine begeisterte Verehrerin meines Mannes, übernommen. Wir fuhren um zehn Uhr ab. Kurz vor dem Kloster holte unseren Wagen eine Droschke ein, in der ein Oberst saß. Er grüßte, und Frau Sassetzki winkte ihm mit der Hand. Auf dem Platz stand eine mehrere tausend Köpfe zählende Menschenmenge, und es war unmöglich, bis ans Kirchentor zu fahren. Wir mussten mitten auf dem Platz halten. Ich stieg mit meiner Tochter aus und ging zu dem Tore, Frau Sassetzki blieb im Wagen und wartete auf den Obersten, den sie ersuchte, er möge sie in die Kirche begleiten. Wir drängten uns mit Mühe durch die Menge, doch dann wurden wir angehalten, und man verlangte von uns Billette. Ich hatte in meinen Kummer in der Eile der Abfahrt nicht daran gedacht, die Karten mitzunehmen, da ich glaubte, man würde uns auch ohne diese einlassen.

Ich antwortete, ich sei die Witwe des Verstorbenen mit seiner Tochter.

Ich erhielt zur Antwort, es seien schon eine Menge Witwen Dostojewskis gekommen, teils allein, teils mit Kindern.

»Aber Sie sehen doch, dass ich in tiefer Trauer bin.«

»Die anderen haben auch schwarze Schleier gehabt. Zeigen Sie wenigstens Ihre Visitkarte.«

Natürlich hatte ich auch keine Visitkarte bei mir. Ich drang nun in die Türsteher und bat, man möge irgendeinen von den Veranstaltern des Leichenbegräbnisses rufen, […] aber sie antworteten nur: »Wo sollen wir die suchen, wie können wir sie in der Menschenmenge finden?«

Ich war verzweifelt. […] Ich wusste nicht, was ich tun sollte, um so mehr, als ich dachte, Frau Sassetzki sei bereits eingetreten und könne mir nicht helfen. Glücklicherweise war dies nicht der Fall. Ihr Begleiter bekräftigte autoritativ die Wahrheit meiner Worte, man ließ uns ein, und wir eilten in die Kirche. Zum Glück hatte der Gottesdienst gerade erst begonnen. […]

Nach der Einsegnung wurde der Sarg Fjodor Michailowitschs emporgehoben und von den Verehrern seines Schaffens aus der Kirche getragen […].

Das Publikum erfüllte den ganzen Friedhof. Die Leute stiegen auf die Grabsteine, saßen auf den Bäumen, klammerten sich an das Gitter an, während der Zug langsam durch ein Spalier der von beiden Seiten gesenkten Kränze der verschiedenen Deputationen weiterschritt. Nachdem der Sarg hinabgelassen war, wurden an dem offenen Grabe Reden gehalten. [...] Es wurden auch viele Gedichte gesprochen, die dem Andenken des Entschlafenen gewidmet waren. Das Publikum bedeckte den Sarg fast bis zum oberen Rande der Grube mit Kränzen; die übrigen Kränze und Blüten wurden in Stücke zerrissen, und die Anwesenden nahmen sich die Blätter und Blüten zum Andenken mit. Erst um vier Uhr war das Grab geschlossen worden, und ich kehrte mit den Kindern, die von Tränen und Hunger ganz erschöpft waren, nach Hause zurück. Die Menschenmenge zerstreute sich jedoch noch lange nicht.

Am 1./13. März 1881 fällt Alexander II., der »Zar-Befreier«, am Katherinenkanal einem Bombenattentat der Terrorgruppe »Volkswille« zum Opfer. Die von den Terroristen erwartete Revolution bleibt aus.

Alexander von Russland, Großfürst, Autor
(1866–1933)

»Der Zar ist ermordet«
Es wäre nur ein schwacher Vergleich, wollte ich sagen, dass wir wie in einer belagerten Festung lebten. Denn im Krieg kennt man Freund und Feind. Wir aber kannten sie nicht. Der Diener, der das Frühstück servierte, konnte, ohne dass wir es wussten, im Dienste der Nihilisten stehen. Seit der Explosion im November war der Lakai, der den Ofen reinigte, möglicherweise ein Nihilist, der eine Höllenmaschine hereintrug.

Die ungeheure räumliche Ausbreitung der Stadt St. Petersburg machte es der Polizei unmöglich, für die Sicherheit der Mitglieder der kaiserlichen Familie außerhalb der Mauern des Palastes die Verantwortung zu übernehmen. Die Großfürsten ersuchten den Zaren, seine Residenz in den viel kleineren Palast in dem besser zu schützenden Vorort Gatschina zu verlegen. Aber der sorglose Alexander hatte den ganzen Mut seines strengen Vaters Nikolaus geerbt. Er weigerte sich, die Hauptstadt zu verlassen, und willigte nicht einmal darein, die gewohnten Wege zu meiden. Er bestand darauf, die täglichen Spazierritte im öffentlichen Park und die sonntägliche Truppenparade der Garde fortzusetzen. […] Nichts machte meine Mutter ängstlicher als der Gedanke, dass unser Vater den Zaren zu diesen wöchentlichen Paraden begleiten musste. Er lächelte über ihre Besorgnisse, machte ihr klar, dass die Treue der Garderegimenter nicht in Frage stehe, aber ihr untrüglicher weiblicher Instinkt war stärker als alle Logik.

»Ich fürchte Offiziere und Soldaten nicht«, sagte sie dann, »aber ich habe kein Vertrauen zur Stadtpolizei, besonders nicht an Sonntagen. Es ist weit zum Paradefeld, und jeder Nihilist in der ganzen Stadt kann euch durch die Straße ziehen sehen. Jedenfalls erlaube ich nicht mehr, dass die Kinder ihr Leben aufs Spiel setzen. Von heute an bleiben sie zu Hause.«

Und so geschah es, dass mein Vater am Sonntag, den 1. März 1881, um halb zwei Uhr wie gewöhnlich zur Parade ging, während wir Knaben beschlossen, mit Nicki und seiner Mutter eislaufen zu gehen. Kurz nach drei Uhr sollten wir sie im Winterpalast abholen.

Punkt drei Uhr hörten wir den Knall einer starken Explosion. »Das war sicher eine Bombe«, sagte mein Bruder Georg, »der Laut ist nicht zu verkennen.« Im selben Augenblick zerschmetterte eine noch viel stärkere Explosion die Fenster unseres Zimmers. Wir drängten auf die Straße, aber unser Erzieher hielt uns zurück.

Da stürzte ein Diener ins Zimmer. »Der Zar ist ermordet«, kreischte er atemlos, »und euer Vater auch. Die Leichen werden in den Winterplast gebracht.«

Mutter hörte die Worte und eilte hinaus. Wir geleiteten sie in den wartenden Wagen, der in rasender Fahrt zum Winterpalast jagte. Unterwegs überholten wir das Garderegiment Preobraschenski, das mit aufgepflanztem Bajonett im Sturmschritt in dieselbe Richtung strebte.

Tausende umstanden bereits den Palast. Frauen schluchzten hysterisch. Wir betraten das Gebäude durch einen Nebeneingang. Unnötig, nach dem Weg zu fragen – große dunkle Blutflecke wiesen ihn über die Marmorstufen der Stiege und den Korridor entlang zum Arbeitszimmer des Zaren. An der Tür stand unser Vater und erteilte einer Gruppe Beamter seine Befehle. Er fing Mutter in seinen Armen auf; sie war bei seinem Anblick in Ohnmacht gesunken.

Auf einem Ruhebett neben dem Schreibtisch lag der Zar. Er war bewusstlos. Drei Ärzte machten sich um ihn zu schaffen, aber die Wissenschaft war offenbar machtlos. Es war nur mehr eine Frage

Bombenattentat auf Alexander II. am Katharinenkanal, Anonymus, Gouache, 1./13. März 1881

von Minuten. Der Anblick war grauenvoll, der rechte Fuß war völlig abgerissen, der linke zerschmettert, zahllose Wunden bedeckten Kopf und Gesicht. Ein Auge war geschlossen, das andere starr geöffnet. […]

Der Todeskampf dauerte drei Viertelstunden. Jede Einzelheit der Szene blieb den Augenzeugen unauslöschlich im Gedächtnis. Heute bin ich der einzige Überlebende, alle anderen sind tot, neun von ihnen wurden siebenunddreißig Jahre darauf von den Bolschewiken erschossen. […]

»Ruhig, mein Junge, nur ruhig!«, flüsterte mir der Thronfolger zu und legte mir die Hand auf die Schulter.

Jetzt erschien der Polizeipräsident und berichtete. Die erste Bombe tötete zwei Passanten und verwundete einen Kosakenoffizier, den man wegen der Ähnlichkeit der Uniform für meinen Vater gehalten hat. Der Zar war unverwundet geblieben, sprang aus dem Wagen, trotzdem ihn der Kutscher bat, den Gehsteig zu verlassen und nach dem Palast zu fahren. Aber er bestand darauf, dem Verwundeten persönlich Hilfe zu leisten. Da warf ein an der Straßenecke stehender Mann die zweite verhängnisvolle Bombe, kaum eine Minute ehe mein Vater an der Stelle erschien. Ein Besuch bei der Großfürstin Katharina, die ihn etwas länger aufhielt, hatte sein Leben gerettet.

»Ich bitte um Ruhe«, sagte eine heisere Stimme, »das Ende naht.«

Wir näherten uns dem Ruhebett. Das ausdruckslose Auge starrte noch immer geradeaus. Der erste Leibarzt, der des Zaren Puls fühlte, nickte und ließ die blutbefleckte Hand sinken.

»Seine Majestät ist verschieden«, meldete er laut.

Alexander Benois, Petersburger Maler, Kunsthistoriker (1870–1960)

Ein Berg von Kränzen und Blumen

Niemand wollte es glauben. Schon so viele Male hatte Gott den Herrscher gerettet, wahrscheinlich wird auch dieses Mal alles gut gehen. [...] Allmählich kamen Nachrichten aus anderen Quellen. Die schreckliche Nachricht wurde bestätigt: dem Herrscher waren wirklich beide Beine abgerissen. Aber man hat ihn trotzdem noch lebend in den Palast gebracht, im offenen Schlitten, weil die halbzerstörte Kutsche, aus der er nach der ersten Bombe ausgestiegen war, nicht mehr gebraucht werden konnte. Zweimal versuchten die Ärzte, den Blutkreislauf wieder in Gang zu bringen, und der Zar konnte noch etwas hervorbringen. Mit jemandes Hilfe konnte er sich sogar noch bekreuzigen. Aber danach fiel er in Ohnmacht, und nach einigen Minuten starb er. Bekannt war noch, dass auf dem Platz vor dem Winterplast aus der ganzen Stadt das Volk zusammenlief, und als die kaiserliche Standarte über dem Haupttor niederging, fielen alle auf die Knie, und der Platz hallte wider von Schluchzen.

Am Ort des Verbrechens war ich zwei Tage später mit Mama. Aber an die Stelle selbst, d. h. an das Geländer der Uferstraße des Katharinenkanals, konnte man wegen der Menschenmenge nicht gelangen. Von Weitem war zu sehen, dass an der Stelle, an der die zweite Bombe explodierte, die den Herrscher tötete, ein ganzer Berg von Kränzen und Blumen emporgewachsen war, und um diesen Berg herum standen Polizisten und ließen niemanden durch. Ich habe im Gedächtnis behalten, wie mein Bruder Leonti mit dem Entwurf einer provisorischen Holzkapelle zum Ort des Anschlags kam und wie Papa seine Bemerkungen hinsichtlich dieses Entwurfs machte und mein Bruder sofort Korrekturen anbrachte. Nach einem weiteren Tag war der endgültige Entwurf fertig, und zehn Tage später wuchs an der Stelle des Anschlags die Kapelle empor, bescheiden, aber elegant, gebaut aus unbemaltem Holz und gekrönt von einer vergoldeten Zwiebelkuppel. Innerhalb der Kapelle waren das mit dem Blut des Herrschers befleckte Geländer der Uferstraße, der Gehweg und das Straßenpflaster unberührt geblieben. Man konnte sie von der Tür aus sehen. Ein immer höher wachsender Blumenberg umgab jetzt die Kapelle, und da stand auch ein Tisch für Spenden zum Bau einer Kirche an der Stelle der Ermordung des Zar-Märtyrers, anders wurde der ermordete Herrscher nicht genannt. Man erzählte, dass schon märchenhafte Summen zusammengekommen waren. Alle Erzählungen hatten damals denselben Charakter – Erschrecken vor dem Geschehenen und absolute Verurteilung der Verbrecher-Terroristen, bis dahin waren die Nihilisten fast in Mode. Es begann die Periode verstärkter Verhaftungen, Denunziationen, Bespitzelungen, Durchsuchungen, alles dessen, was im Jargon der Revolution Reaktion und Konterrevolution genannt wird.

Anfang 1887 planen radikale Studenten, Mitglieder der revolutionären Organisation »Volkswille«, ein Attentat auf Alexander III., werden aber vorzeitig gefasst. An der Planung war der Biologiestudent Alexander I. Uljanow, Sohn eines Schulinspektors aus Simbirsk, beteiligt. Er wird zum Tode verurteilt und hingerichtet. Sein Tod hat eine nachhaltige Wirkung auf seinen jüngeren Bruder Wladimir, der sich später Lenin nennt.

Leo Trotzki
(1879–1940)

Das ganze Unternehmen hing an einem Faden

Am 1. März [1887] zu Mittag wurden auf dem Newskiprospekt von Polizeibeamten sechs junge Leute angehalten. Einer von ihnen hatte ein dickes Buch bei sich, dessen Einband in erhabenen Buchstaben die Worte *Medizinisches Wörterbuch* trug. In Wirklichkeit handelte es sich um die politische Medizin des Terrors: Das angebliche Wörterbuch enthielt Dynamit und Kugeln mit Strychnin. Zwei weitere Sprengkörper von zylindrischer Form befanden sich in Händen der anderen Terroristen. Die Sprengkörper waren für Alexander III. bestimmt. Nun setzte eine unerhörte Welle von Haussuchungen und Verhaftungen ein. Die am Anschlag auf den allmächtigen Beherrscher Rußlands Beteiligten waren durch die Bank junge Studenten; nur einer der als Bombenwerfer Ausersehenen war bereits sechsundzwanzig Jahre alt; einer der Organisatoren dreiundzwanzig; die übrigen fünf unmittelbar Beteiligten waren zwischen zwanzig und einundzwanzig. Die Herstellung der Sprengkörper oblag in erster Linie einem Studenten der Naturwissenschaften, dem noch drei Monate zur Volljährigkeit fehlten. Der Name des Konstrukteurs war Alexander Uljanow, jetzt kam ihm seine Beschäftigung mit Chemie in der Küche des Nebengebäudes in Simbirsk zustatten. Initiator des Unternehmens war der kranke dreiundzwanzigjährige Student Schewyrjow. Er wählte die Leute aus und teilte ihnen die Arbeit zu. Seine eigene revolutionäre Erfahrung war nicht groß und konnte es auch nicht sein. Zwischen dem übereiligen Sanguiniker Schewyrjow und dem nachdenklichen Uljanow kam es wiederholt zum Streit wegen der Heranziehung von nicht genügend erprobten Leuten. Aber die Auswahl war nicht groß. Zwei zufällig in die Verschwörung hineingezogene Studenten verrieten dann Uljanow. Die Organisation verfügte über lächerlich geringe technische und finanzielle Mittel. Um Salpetersäure und hundertfünfzig Rubel zur Deckung von Auslagen zu bekommen, mußte jemand nach Wilna fahren; aber die Säure erwies sich als zu schwach, und das Geld kam auch nicht gleich. Um einem der Organisatoren das Geld für die Flucht ins Ausland geben zu können, verpfändete Uljanow seine goldene Gymnasiumsmedaille gegen hundert Rubel. Eine dem Bombenwerfer Generalow gelieferte Pistole, die es ihm ermöglichen sollte, sich bei der Flucht freizuschießen, erwies sich als unbrauchbar. Nicht besser stand es mit den konspirativen Methoden. Das ganze Unternehmen hing an einem Faden.

Selbst bei der Vorbereitung des 1. März 1881, als unvergleichlich abgebrühtere Revolutionäre in Aktion traten, ging die schreckliche Anspannung, je näher die Schicksalsstunde heranrückte, immer mehr in Müdigkeit und Apathie über. Ist es denkbar, daß nicht auch am Herzen Uljanows und der anderen jungen Verschwörer Zweifel nagten? Es tauchten Gerüchte auf, daß die Regierung von den Attentatsvorbereitungen bereits erfahren hatte. Irgendeiner aus der Gruppe schlug vor, die Sache auf den Herbst zu verschieben. Aber das war mit neuen Gefahren verbunden. Nach einigen Berichten sah Alexander angeblich das Fehlschlagen des Attentats voraus. Am wahrscheinlichsten ist, daß die Stimmung des Häufleins der Todgeweihten heftig zwischen Optimismus und Hoffnungslosigkeit schwankte. Aber der Wille überwand den Zweifel. Die Sprengkörper wurden hergestellt, die Rollen zugewiesen, die Posten eingeteilt – es blieb nur mehr, zu töten und, auf jeden Fall, zugrunde zu gehen.

Im November 1891 legt Wladimir I. Uljanow sein juristisches Examen als Externer summa cum laude an der Petersburger Universität ab; im Herbst 1893 übersiedelt er nach Petersburg und arbeitet zunächst als Anwaltsgehilfe, dann als selbständiger Anwalt. Nach der Hinrichtung seines Bruders Alexander hatte er, seit Herbst 1887 Student in Kasan, revolutionäre Schriften studiert, nun betätigt er sich in marxistischen Zirkeln der Hauptstadt und betreibt revolutionäre Propaganda gegen den Zarismus. Im Herbst 1895 zählt Uljanow zu den Gründern des Kampfbundes zur Befreiung der Arbeiterklasse, der schon im Dezember auffliegt. Lenin kommt in Untersuchungshaft und wird im Februar 1897 für drei Jahre nach Schuschenskoje in Ostsibirien verbannt.

Nikolaus II.
(1894–1918)

Eine Unmenge Volk auf den Straßen

14./26. November [1894]. Montag

Heute ist mein Hochzeitstag. Nach dem gemeinsamen Kaffee gingen wir uns umziehen; ich zog Husarenuniform an und fuhr um halb 12 mit Mischa [Michail Alexandrowitsch] in den Winterpalast. [...] Um 12.10 Uhr begann der Auszug in die Große Kirche, aus der ich als verheirateter Mann zurückkehrte! Nachdem sie sich umgezogen hatte, setzte sich Alix mit mir in eine Karosse mit russischem Gespann und Vorreiter, und wir fuhren in die Kasaner Kathedrale. Auf den Straßen war eine Unmenge Volk, wir kamen kaum vorwärts.

Ossip Mandelstam
(1891–1938)

Musik in Pawlowsk

Ich kann mich gut an Russlands dumpfe Jahre erinnern – die neunziger Jahre, ihr langsames Dahinkriechen, ihre kränkliche Ruhe, ihr tief provinzielles Dasein. Eine stille, flache Bucht: letzte Zuflucht eines sterbenden Jahrhunderts. Beim Frühstückstee Gespräche über Dreyfus [...], nebelhafte Wortgefechte über irgendeine »Kreutzersonate« und den Dirigentenwechsel am hohen Pult des gläsernen Bahnhofs in Pawlowsk, der mir vorkam wie ein Wechsel von Dynastien. Reglos dastehende Zeitungsverkäufer an den Straßenecken, ohne jeden Ausruf, ohne Bewegung, wie Klötze auf den Trottoirs festgewachsen, und schmale Droschken mit dem kleinen Klappsitz für den dritten Passagier – so fügen sich die neunziger Jahre in meiner Vorstellung eins ums andere aus verstreuten Bildern zusammen, die dennoch innerlich miteinander verbunden sind durch eine stille Ärmlichkeit und die kränkliche, todgeweihte Provinzialität eines sterbenden Lebens.

Weite Puffärmel an den Damenkleidern, üppig aufgepolsterte Schultern und eingeengte Ellbogen, enggeschnürte Wespentaillen, Schnurrbärte, Spitzbärte, geschniegelte Bärte; Männergesichter und Frisuren, denen man heute wohl nur noch in der Porträtgalerie irgendeines heruntergekommenen Friseurs begegnen könnte, Haarschöpfe à la Capoul und Frisuren in der Eierschalenmode.

Worin die neunziger Jahre bestanden, lässt sich in zwei Worten sagen: Puffärmel und Musik in Pawlowsk. Die Kugeln dieser Damenärmel drehen sich wie alles andere um den gläsernen Bahnhof in Pawlowsk, und im Zentrum dieser Welt steht – der Dirigent Galkin.

Mitte der neunziger Jahre eilte ganz Petersburg nach Pawlowsk wie in irgendein Elysium. Pfiffe von Dampflokomotiven und die Klingelzeichen vor der Abfahrt der Züge mischten sich mit der patriotischen Kakophonie der Ouvertüre auf das Jahr 1812, und ein besonderer Geruch stand in diesem riesigen Bahnhof, in dem Tschaikowskij und Rubinstein regierten. Feuchtende Luft modriger Parks, der Geruch fauliger Warmbeete und Treibhausrosen, und ihm entgegen – die schweren Ausdünstungen des Büfetts, beißender Zigarrenrauch, brandige Bahnhofsluft und die Kosmetika einer vieltausendköpfigen Menschenmenge.

Im Oktober 1898 gründen Sergei Djagilew, Alexander Benois u. a. die Künstlervereinigung »Welt der Kunst« (Mir iskusstwa) und geben die erste Nummer der gleichnamigen progressiven Zeitschrift heraus, die schnell eine der einflussreichsten Kunstzeitschriften Russlands wird. Später gründet Djagilew die legendären Ballets russes, *die ihren Ursprung in St. Petersburg haben.*

Anna Achmatowa

Viel ausländische Rede auf den Straßen
[...] Ich erinnere mich an ein sehr frühes Petersburg – die neunziger Jahre. Eigentlich ist es das Petersburg Dostojewskis. Ein Petersburg vor den Straßenbahnen, ein Petersburg der Pferde, Pferdebahnen, krachend und knirschend, ein Petersburg der Dampfboote, von Kopf bis Fuß mit Ladenschildern vollgehängt, die die Architektur der Häuser erbarmungslos zudeckten. Nach dem stillen, duftenden Zarskoje Selo wirkte es besonders scharf und würzig. Im Inneren des Kaufhofs Schwärme von Tauben, in den Ecknischen der Bogengänge große Ikonen mit vergoldeten Beschlägen und ewige Lämpchen. Die Newa voller Schiffe. Viel ausländische Rede auf den Straßen. Die Häuser vorwiegend rot gestrichen (wie der Winterpalast), purpur, rosa und nichts von diesem Beige und Grau, das jetzt so trostlos in die Winterdämpfe oder die Leningrader Abenddämmerung übergeht. Damals gab es noch viele prächtige Holzhäuser (Adelshäuser) am Kamenny-Ostrow-Prospekt und um den Bahnof nach Zarskoje Selo. 1919 hat man sie zu Brennholz zerlegt. Noch feiner waren die zweistöckigen Villen aus dem 18. Jahrhundert, manchmal von großen Baumeistern errichtet. »Ihr Schicksal war beklagenswert« – in den zwanziger Jahren wurden sie aufgestockt. Dafür gab es im Petersburg der neunziger Jahre fast kein Grün. Als meine Mutter mich 1927 zum letzten Mal besuchte, kam sie [...] unwillkürlich nicht nur auf das Petersburg der neunziger, sondern auch der siebziger Jahre (ihre Jugendzeit), sie staunte und staunte über das viele Grün. Und das war erst der Anfang! Im 19. Jahrhundert herrschten Granit und Wasser. [...]

Rainer Maria Rilke
(1875–1926)

Nächtliche Fahrt
Sankt Petersburg
Damals, als wir mit den glatten Trabern
(schwarzen, aus dem Orloffschen Gestüt) –,
während hinter hohen Kandelabern
Stadtnachtfronten lagen, angefrüht,
stumm und keiner Stunde mehr gemäß –,

fuhren, nein: vergingen oder flogen
und um lastende Paläste bogen
in das Wehn der Newa-Quais,
hingerissen durch das wache Nachten,
das nicht Himmel und nicht Erde hat, –
als das Drängende von unbewachten
Garten gärend aus dem Ljetnij-Ssad
aufstieg, während seine Steinfiguren
schwindend mit ohnmächtigen Konturen
hinter uns vergingen, wie wir fuhren –:
damals hörte diese Stadt
auf zu sein. Auf einmal gab sie zu,
daß sie niemals war, um nichts als Ruh
flehend; wie ein Irrer, dem das Wirrn
plötzlich sich entwirrt, das ihn verriet,
und der einen jahrelangen kranken
gar nicht zu verwandelnden Gedanken,
den er nie mehr denken muß: Granit –
aus dem leeren schwankenden Gehirn
fallen fühlt, bis man ihn nicht mehr sieht.

VI. Umbenennung

Die Jahre von der Jahrhundertwende bis zum Ausbruch des Ersten Weltkriegs sind gekennzeichnet durch Vorahnungen einer kommenden Umwälzung, einer Revolution, herbeigesehnt von den einen, gefürchtet von den anderen. »Etwas in Russland war zerbrochen, etwas war zurückgeblieben, etwas war geboren oder auferstanden und strebte vorwärts ... Wohin? Das war niemandem bekannt, aber schon damals, während der Jahrhundertwende, lag eine Tragödie in der Luft«, erinnert sich Sinaida Hippius, die »Petersburger Kassandra«, im Pariser Exil. Mit dem kulturellen Höhenflug des »Silbernen Zeitalters«, das Mitte der 1890er-Jahre begann und nach dem Oktoberumsturz von 1917 endet, hält die Politik nicht Schritt. Kulturell ein »Laboratorium der Moderne« (Karl Schlögel), ist St. Petersburg politisch ein Hort der Reaktion. Zwar versucht der Maler und Kunsthistoriker Alexander Benois Anfang 1902 in seinem berühmten Essay »Pittoreskes Petersburg« in der *Welt der Kunst*, den Petersburg-Kult wieder zu beleben. Doch vielen gilt die Stadt nun als Symbol der verhassten Autokratie, als dumpf, kalt, oppressiv, als »sinnlose Anhäufung von Gebäuden« (Ossip Mandelstam). Nikolaus II., der letzte russländische Selbstherrscher, ist seinem Amt und der Zeit nicht gewachsen, gewährt nach dem Blutsonntag vom 9. Januar 1905 und Streiks zwar eine Verfassung und lässt ein Parlament wählen, die Erste Staatsduma, schränkt deren Rechte jedoch alsbald wieder ein, nimmt die zugestandenen Freiheiten wieder zurück und führt sein Land schließlich in die Katastrophe des Ersten Weltkriegs. Am 31. August 1914, vier Wochen nach der deutschen Kriegserklärung und schweren antideutschen Pogromen in der Hauptstadt, befiehlt Nikolaus auf Initiative Petersburger Tschechen, Sankt Petersburg in Petrograd umzubenennen, weil der slawische Name seinem Ohr »lieber« ist. Die Petersburger Öffentlichkeit ist entsetzt und empört, der unerwartete Namenswechsel gilt als Bruch mit der Geschichte, als Verhöhnung des Stadtgründers. Von allen Fehlern des »alten« Regimes sei der Verrat an Petersburg am unverzeihlichsten, findet Alexander Benois. »Ich bin sogar geneigt zu meinen, dass all unser Unglück eine Strafe für diesen Verrat ist, dafür, dass die geistig verarmten Nachfahren auf die Idee kamen, das Vermächtnis Peters zu missachten, dass sie, ohne etwas verstanden zu haben, so taten, als ob etwas für die russische Hauptstadt Erniedrigendes und Unanständiges in dem von Peter gegeben Namen liege.« Nikolaus II. habe, indem er den Willen Peters I. missachtete, die Idee der Selbstherrschaft untergraben. Die Liebe und Verehrung seines Volkes hat er damit jedenfalls nicht erlangt.

Alexander Benois
(1870–1960)

Pittoreskes Petersburg
Es gibt wohl keine Stadt auf der Welt, die weniger Sympathie genießt als Petersburg. Welche Epitheta hätte diese Stadt sich nicht bereits erworben: »eiternder Sumpf«, »absurder Einfall«, »gesichtslos«, »Beamtenabteilung«, »Regimentskanzlei«. Ich war nie mit all dem einverstanden; vielmehr muss ich gestehen, dass ich Petersburg liebe und dass ich, ganz im Gegenteil, in ihm unendlich viele, ihm allein vorbehaltene Reize erblicke. […] Es ist bemerkenswert, wie fest sich in unserer Gesellschaft die Meinung von der Hässlichkeit Petersburgs einquartiert hat, mit dem Resultat, dass kein Künstler der vergangenen fünfzig Jahre es für nötig hielt, sich dieser »unmalerischen«, »kalten«, »bürokratischen« Stadt zuzuwenden. Gegenwärtig beschäftigen sich etliche Künstler mit Moskau, und sie bringen es auch tatsächlich fertig, seine Schönheit und seinen Charakter zu vermitteln. Aber es gibt *keinen einzigen*, der es für nötig hielte, einen ernsthaften Blick auf Petersburg werfen. […] Uns scheint, dass nun eine Wiedergeburt der Petersburger Kunst ansteht. […] Die Themen, die diese erstaunliche Stadt dem Künstler aufgibt, sind noch lange nicht erschöpft, um so weniger, als das, was die Meister des frühen 19. Jahrhunderts geleistet haben, nichts als eine erste Andeutung darstellt. Man wünscht sich, dass die Künstler Petersburg lieben lernten: sie mögen seine Schönheit herausstellen und kostbar machen, und damit die Stadt vor dem Untergang retten,

ihre barbarische Entstellung stoppen und ihre Schönheit vor den Angriffen grober Ignoranten schützen, die mit ihr vor allem deshalb so unglaublich geringschätzig umgehen, weil eine Stimme des Protests, der Vereidigung, ja der Begeisterung fehlt. Petersburg – das sind Kasernen und Kanzleiabteilungen, deshalb verdient es keine Rücksicht. Wir dagegen werden nie aufhören zu wiederholen, dass Petersburg eine wunderbare Stadt ist, deren Schönheit kaum Konkurrenten kennt. 1902

Am 9. Januar 1905 wollen Arbeiter unter Führung eines Priesters »Väterchen Zar« im Winterpalast eine Bittschrift überreichen, in der sie soziale Verbesserungen und die Einberufung einer Volksvertretung fordern. Militär schießt auf die Demonstranten, es gibt Hunderte Tote. Der Tag ist als »Blutsonntag« in die Geschichte eingegangen.

Wiktor Schklowski, Petersburger Schriftsteller (1893–1984)

Alles veränderte sich

[…] Von den fernen Stadträndern, von dort, wohin im Sommer Schleppkähne von der Gutuevskij-Insel die englische Kohle für die Fabriken brachten, aus den großen Fabriken, wo die Maschinen gegossen, gehobelt und gebaut wurden, aus den Fabriken, wo kräftige Fäden gesponnen, wo das Kattun gewoben wurde: von überallher, wo sich die Menschen zu Massen versammelten, weil sie zusammen arbeiteten, zogen Arbeiter zum Winterpalais, angeführt vom Priester und Polizeispitzel Gapon.

Damals entfachte man im Winter bei starkem Frost an den Straßenkreuzungen große Feuer. Die roten Kohlen fraßen sich durch den Schnee bis zum Pflaster. An den Feuern wärmten sich Hausknechte und Polizisten. Manchmal trat ein Fuhrmann unschlüssig hinzu, der dermaßen durchfroren war, dass der Pelzrock und der darüber gezogene Kaftan sich nicht mehr bogen.

Im Januar 1905 standen an den Feuern Doppelposten der Polizei. Ihre Ohren waren durch Kapuzen geschützt. Die Angst der Obrigkeit ließ sogar diese Vorschriftswidrigkeit zu.

Zum 9. Januar hatte man die Neva-Brücken hochgezogen. Das Volk versammelte sich in den Vorstädten. Es zog von der Schlüsselburger Chaussee herauf, von der Vyborgskaja und der Peterburgskaja

Storona, von den Putilov-Werken, von der Narwaer Bannmeile. Man ließ es nicht durch. An der Börse wurde geschossen. Die Menge passierte die Nevka, dann die Neva, quer übers Eis. Am Schlossplatz wurde auf die Menge geschossen. Der Staub der Ruhe wurde vom Pflaster geblasen. Das Pflaster rötete sich.

Alles veränderte sich: die Neva, der Schlossplatz, das Schloss, vom Grundstein bis zum Dach.

Man sagte, die Truppen hätten auf die Statuen geschossen, die am Gesims entlang aufgestellt waren.

Nur der Engel auf der Alexandersäule blieb gegen den Verdacht gefeit, ein Revolutionär zu sein. [...]

In dem großen Land war keiner mehr mit dem Zaren einverstanden. Der war am Ende, obwohl er weiterlebte und Gesetze erließ. Die Macht war noch in seinen Händen, aber in den Händen war keine Kraft mehr.

Wenn ein Mensch stirbt, geht seine Taschenuhr weiter. Die Revolution des Jahres 1905 war vorbei. Die Uhr unter dem Rundbogen auf dem Schlossplatz ging weiter, als hätte es den 9. Januar nicht gegeben, als die Menschen zum Winterpalais durchzubrechen versuchten. Aber obwohl die Frist für das Zarenreich noch nicht abgelaufen war – der Zarismus war bereits tot.

Nikolaus II., der sich mit seiner Familie in den Alexander-Palast in Zarskoje Selo zurückgezogen hat, ist rat- und hilflos und begibt sich nicht nach St. Petersburg!

Nikolaus II.
(1868–1918)

»Herr, wie schmerzhaft und schwer ist das!«
9. Januar, Sonntag: Ein schwerer Tag! In Petersburg hat es ernste Unruhen gegeben, weil die Arbeiter bis zum Winterpalast vordringen wollten. Die Truppen mussten an verschiedenen Stellen der Stadt schießen, es gab viele Tote und Verwundete. Herr, wie schmerzhaft und schwer ist das! Mama [Kaiserinmutter Maria Fjodorowna] kam aus der Stadt direkt zur Messe zu uns. Wir haben alle zusammen gegessen. Bin mit Mischa [Großfürst Michael Alexandrowitsch, Bruder des Kaisers] spazieren gegangen. Mama blieb zur Nacht bei uns.

Nikolaus II., Foto, 1890er-Jahre

Dmitri Schostakowitsch, Komponist
(1906–1975)

Der Geduldskelch war übergelaufen
In unserer Familie hörte ich viel von den Ereignissen des Jahres 1905. Ich wurde zwar erst danach geboren, aber die Erzählungen haben meine Phantasie stark beeindruckt. Später, als ich älter war, las ich viel über die Vorgänge. Mir scheint, dieses Jahr war der Wendepunkt – das

Der Petersburger Blutsonntag, 9./22. Januar 1905, Woiciech Kossak, Ölgemälde, 1905

Volk hörte auf, an den Zaren zu glauben. Das russische Volk ist nun einmal so – es glaubt und glaubt, und dann plötzlich ist es mit dem Glauben vorbei. Und wehe denen, an die das Volk nicht mehr glaubt.

Doch bis es soweit ist, muss viel Blut vergossen werden. 1905 brachte man auf einem Schlitten einen Berg erschossener Kinder fort. Sie hatten auf den Bäumen gesessen und den Soldaten zugeschaut; und die schossen die Buben einfach ab, bloß so, zum Spaß. Dann legten sie sie auf die Schlitten und brachten sie fort. Ganze Schlittenladungen von Kinderleichen. Und die toten Knaben lächelten. Sie wurden so plötzlich abgeschossen, dass sie gar nicht erst erschraken. Einer der Jungen war von einem Bajonett durchbohrt. Als er vorübergefahren wurde, schrie die Menge: »Zu den Waffen!« Dabei wusste keiner, wie mit Waffen umzugehen war. Doch der Geduldskelch war übergelaufen.

Ossip Mandelstam
(1891–1938)

Eine Petersburger Tragödie

[…] Der 9. Januar ist eine Petersburger Tragödie, sie konnte nur in Petersburg sich abspielen – sein Grundriss, die Anordnung seiner Straßen, der Geist seiner Architektur hinterließen eine unverwischbare Spur im Wesen des historischen Ereignisses. Der 9. Januar hätte nicht in Moskau sich ereignen können. Die Zentripetalkraft dieses Tages, die folgerichtige Bewegung von der Peripherie zum Zentrum sozusagen, die ganze Dynamik des 9. Januar ist bedingt durch den architektonisch-historischen Sinn Petersburgs.

Die architektonische Idee Petersburgs führt einen unweigerlich zur Vorstellung mächtiger, zentraler Einheit. Mit seinen abbröckelnden, gelben und grüngrauen Straßen fließt Petersburg ganz natürlich ins mächtige granitene Wasserbecken des Platzes vor dem Winterpalast, zum roten Hufeisen der Gebäude, zum zweigeteilten, bronzebeschlagenen Bogen mit dem sich aufbäumenden, kämpfenden Viergespann.

Die Menschen gingen nicht etwa zum Ehernen Reiter auf den Senatsplatz, weil nur das gesamte Russland sich mit ihm hätte messen dürfen und dieser Streit noch in der Zukunft lag.

Die Menschen zogen zum Platz vor dem Winterpalast wie die Maurer, die einen letzten Stein setzen wollen, der ihren revolutionären Bau krönen würde. Arbeiter hatten den Winterpalast gebaut – nun gingen sie, den Zaren zu erproben.

Doch es gelang nicht, der Zar stürzte in sich zusammen, der Palast wurde zum Sarg und zum Ödland, der Platz davor – zur klaffenden Einsturzstelle, und die harmonischste Stadt der Welt – eine sinnlose Anhäufung von Gebäuden. […]

Düster stand das enthauptete Petersburg, rauchten die Feuerstellen auf den Straßen, froren an den Ecken die zu spät gekommenen, unnützen Patrouillen, doch eine Stadt ohne Seele ist undenkbar – und Petersburgs freigewordene neue Seele irrte bereits als zarte, verwaiste Psyche auf dem Schnee. Der erste Marsch der Arbeiter von den Ziegelstein- und Holztoren zum granitenen Kelch der Newa, zu dem wie in eine Monstranz geschlossenen, architektonischen Zusammenschluss mit der Arche der Admiralität und dem Sarkophag der Isaakskathedrale – dieser Marsch war nicht geglückt. […]

22. Januar 1922

Oktobermanifest: Nach Unruhen und Streiks gewährt Nikolaus II. in seinem Manifest vom 17. Oktober 1905 bürgerliche Freiheiten und das erste russische Parlament, das aus zwei Kammern bestehen soll, dem (bereits existierenden) Staatsrat und der noch zu wählenden Staatsduma.

Andrej Belyj
(1880–1934)

In den Fabriken herrscht furchtbare Erregung
Es waren seltsame, neblige Tage: der giftige Oktober ging mit frostklirrendem Schritt durch die Stadt. Im Süden breitete er seine dumpfigen Nebel aus. Der Oktober blies das flüsternde Laub goldener Wälder vor sich her; es sank als raschelndes Herbstrot zur Erde und wirbelte in wisperndem Schwarm roter und gelber Blätter um die Füße der Menschen. Das leise Pfeifen, das im September in einer Woge grüner Blätter badet, war verstummt: die verwaiste Blaumeise hüpfte im schwarzen Geäst, dessen Stöhnen den ganzen langen Herbst aus Wäldern, Parks und Gärten dringt.

Schon warfen sich eisige Stürme aus silbernen Wolken auf die Erde, aber alle glaubten an den Frühling: ein populärer Minister hatte gesagt, er freue sich auf den Frühling.

Die Bauern hatten ihre Äcker bestellt. Sie hatten ihre Eggen und Hakenpflüge beiseite gestellt und versammelten sich in kleinen Gruppen in ihren Hütten. Sie redeten hin und her und stritten sich lange, dann zogen sie einträchtig zu dem säulengeschmückten Herrenhaus; die ganzen langen Herbstnächte hindurch leuchtete blutroter Feuerschein über den Dörfern.

Ja! So war es auf dem Land.

In den Städten war es nicht anders. In Werkstätten, Druckereien, Friseursalons, Milchläden und Wirtshäusern trieb sich beständig ein geschwätziges Subjekt herum; kürzlich von den blutdurchtränkten Schlachtfeldern der Mandschurei zurückgekehrt, die zottige Pelzmütze in die Stirn gezogen, einen irgendwo aufgelesenen Browning in der Tasche, stopfte er den Leuten schlecht gedruckte Flugblätter in die Hände. [...]

Petersburg ist von einem Ring vielschlotiger Fabriken umgeben.

Morgens bewegt sich ein tausendköpfiger Schwarm auf sie zu: die Straßen der Vororte wimmeln von Menschen. Damals herrschte in allen Fabriken eine furchtbare Erregung; die Arbeiter waren zu geschwätzigen Subjekten geworden; Brownings zirkulierten unter ihnen; und noch etwas anderes.

Diese Erregung, die Petersburg wie ein Ring umschloss, drang langsam ins Stadtzentrum ein. Sie hatte zuerst die Inseln erfasst und stürmte dann über die Litejnij- und über die Nikolajewskij-Brücke. Ein menschlicher Tausendfüßler ging über den Newskij Prospekt.

Doch allmählich änderte sich die Zusammensetzung dieses Tausendfüßlers, und ein aufmerksamer Beobachter hätte schon hier und da die schwarze zottige Mütze von den blutdurchtränkten Schlachtfeldern der Mandschurei entdecken können. Der Prozentsatz an Zylindern hatte sich beträchtlich verringert. Schon hörte man die wilden Schreie regierungsfeindlicher Burschen, die aus Leibeskräften vom Bahnhof zur Admiralität rannten und revolutionäre Blätter schwenkten.

Es waren seltsame neblige Tage. Der giftige Oktober ging durch die Straßen. Dichte Staubwolken fegten durch die Stadt, und der raschelnde, flüsternde Purpur lag als Wirbel gelbroter Worte den Menschen ergeben zu Füßen. So waren diese Tage. Hast du dich in der Nacht jemals in die Weiten vor der Stadt aufgemacht, um dort dem immer gleichen, aufdringlichen Ton zu lauschen? »Uuuu-uuuu-uuu …« hallte es durch die Weite. Es klang wie ein Laut aus einer anderen Welt. Und dieser Laut schwoll an und erreichte eine seltsame Kraft und Klarheit: »Uuuu-uuuu-uuu …« erklang es gedämpft über den Weiten um Moskau, Petersburg und Saratow. Aber die Fabriksirenen heulten nicht, kein Wind regte sich; und – die Hunde schwiegen.

Hast du es gehört, dieses Oktoberlied des Jahres 1905?

Leo Trotzki, Revolutionär
(1879–1940)

Die Generalprobe für 1917

Als ich nach Petersburg kam, war der Oktoberstreik in vollem Gange. Die Streikwelle wuchs immer mehr an, aber es bestand die Gefahr, dass die Bewegung, von keiner Massenorganisation geleitet, resultatlos versanden könnte. Ich war aus Finnland mit dem Plan gekommen, eine parteilose Arbeitervertretung zu schaffen durch Wahl je eines Delegierten auf tausend Arbeiter. Von dem Schriftsteller Jordanski, dem späteren Sowjetgesandten in Italien, erfuhr ich am Tage meiner Ankunft, dass bereits die Menschewiki die Parole aufgestellt hätten, ein revolutionäres Organ zu bilden aus je einem Delegierten auf 500 Arbeiter. Das war richtig. Der in Petersburg anwesende Teil des bolschewistischen Zentralkomitees war jedoch entschieden gegen eine parteilose Arbeitervertretung, da er davon eine Konkurrenz für die Partei fürchtete. Den bolschewistischen

Arbeitern aber war diese Befürchtung ganz fremd. Die sektiererische Stellung der bolschewistischen Spitzen dem Sowjet gegenüber dauerte bis zur Ankunft Lenins in Russland im November. [...] Die verspätete Ankunft Lenins aus dem Auslande war einer der Gründe, weshalb es der bolschewistischen Fraktion nicht gelang, bei den Ereignissen der ersten Revolution eine führende Rolle einzunehmen. [...]

Im Sowjet trat ich unter dem Namen Janowski auf, nach dem Dorfe, in dem ich geboren bin. In der Presse schrieb ich als Trotzki. Ich arbeitete an drei Zeitungen. [...] Außer für die *Rußkaja Gazetta* und *Natschalo* schrieb ich noch Leitartikel für die *Iswestija (Mitteilungen),* das offizielle Organ des Sowjets, ferner zahllose Aufrufe, Manifeste und Resolutionen. Die zweiundfünfzig Tage des Bestehens des ersten Sowjets waren über den Rand mit Arbeit gefüllt: der Sowjet, das Exekutivkomitee, ununterbrochene Meetings und drei Zeitungen. Wie wir in diesem Strudel gelebt haben, ist mir selbst heute unklar. [...]

Der Sowjet hatte riesige Massen auf die Beine gebracht. Die gesamte Arbeiterschaft stand hinter ihm. Auf dem Lande herrschten Unruhen, ebenso bei den Truppen, die nach dem Portsmouther Frieden aus dem fernen Osten zurückkehrten. Aber die Garde- und Kosakenregimenter waren noch fest. Alle Elemente einer siegreichen Revolution waren vorhanden, aber diese Elemente waren noch nicht reif.

Am 18. Oktober, dem Tag nach der Veröffentlichung des Manifestes, standen vor der Petersburger Universität Tausende und Abertausende noch vom Kampfe nicht abgekühlter, von der Begeisterung des ersten Sieges noch trunkener Menschen. Ich schrie ihnen vom Balkon hinunter zu, dass der halbe Sieg noch keine Sicherung bedeute, dass der Feind unversöhnlich sei, dass vor uns eine Falle lauere; ich zerriss das Zarenmanifest und ließ es im Winde flattern. Aber solche politischen Warnungen hinterlassen im Bewusstsein der Masse nur leichte Kratzer. Sie braucht die Schule der großen Ereignisse. [...]

Am Abend des 3. Dezember wurde der Petersburger Sowjet von Truppen umringt. Die Ein- und Ausgänge wurden abgesperrt. Von oben, wo das Exekutivkomitee tagte, schrie ich in den Saal, wo sich schon Hunderte Delegierter zusammendrängten: »Keinen Widerstand leisten, die Waffen dem Feinde nicht ausliefern.« Es handelte sich um Handwaffen: Revolver. Und nun begannen die

Arbeiter im Sitzungssaal, der von allen Seiten durch Abteilungen der Gardeinfanterie, Kavallerie und Artillerie umstellt war, ihre Waffen unbrauchbar zu machen. Sie zerschlugen mit erfahrener Hand den Mauser an dem Browning und den Browning an dem Mauser. Dies klang nicht mehr nach Scherz und Spaß, wie am 29. Oktober. Im Klirren und Rasseln, im Knirschen des zerbrechenden Metalls hörte man das Zähneknirschen des Proletariats, das zum erstenmal restlos von dem Gefühl erfasst war, es sei eine andere, mächtigere und erbarmungslosere Kraftanstrengung nötig, um den Feind niederzuwerfen und zu erdrücken. [...]

Im Leben Russlands war die Revolution von 1905 die Generalprobe für die Revolution von 1917.

Frühjahr 1907: Marc Chagall, geb. 1887 bei Witebsk, Weißrussland, kommt mittellos und ohne Aufenthaltsgenehmigung aus dem (jüdischen) Ansiedlungsrayon zum Studium nach St. Petersburg.

MARC CHAGALL, Maler
(1887–1985)

Und Träume suchten mich heim

Zimmerchen und Kämmerchen zu vermieten, soviel man will. Es fehlt nicht an Annoncen, noch weniger an Feuchtigkeit. Bei meiner Ankunft in Petersburg hatte ich ein Zimmer gemietet, das ich mit einem angehenden Bildhauer teilte, von dem der Schriftsteller Schalom-Alejchem sagt, er wäre ein zweiter Antokolski (er ist bald darauf Arzt geworden).

Wie ein Raubtier stürzte er sich nachts gurgelnd auf seine Tonerde, spie sie an, dass sie ja nicht austrocknete.

Was ging mich das an?

Ich bin auch nur ein Mensch. Ich halte es jedenfalls nicht aus, dauernd durch sein Schnarchen geweckt zu werden.

Eines Tages hab ich ihm die Lampe an den Kopf geworfen und ihm gesagt:

»Zieh ab, geh zu deinem Schalom-Alejchem; ich will allein bleiben.«

Gleich nach meinem Eintreffen in der Hauptstadt wollte ich die Zulassungsprüfung für die Kunst- und Handwerksschule des Barons Stieglitz ablegen.

Hier also, dachte ich, als ich mir das Haus ansah, bekommt man die Wohngenehmigung für die Stadt und einen Zuschuss zum Lebensunterhalt.

Doch wie erschreckten mich die Studien, das Kopieren dieser langen Gipsornamente, die mir wie ein ganzer Trödlerladen vorkamen!

Ich dachte: diese Ornamente hat man eigens dazu ausgesucht, um die jüdischen Schüler abzuschrecken, um sie daran zu hindern, die unerlässliche Genehmigung zu erhalten.

Leider war meine Ahnung richtig!

Ich fiel durch bei der Prüfung. Ich hatte weder Bescheinigung noch Unterstützung. Nichts zu machen.

Ich musste auf eine weniger exklusive Schule gehen, auf die der »Gesellschaft zur Förderung der Künste«, die mich ohne Prüfung in die dritte Klasse aufnahm.

Was machte ich da? Ich weiß es kaum zu sagen.

Unzählige Gipsköpfe griechischer und römischer Bürger kamen aus allen Ecken hervor, und ich armer Provinzler musste mich in die schauderhaften Nasenlöcher Alexanders von Makedonien oder eines anderen Gipsidioten vertiefen.

Manchmal stand ich vor diesen Nasen und schlug darauf. Dann wieder betrachtete ich lange ganz hinten im Saal die verstaubten Brüste der Venus.

Obwohl man meine Art zu malen anerkannte, sah ich doch keine Resultate.

Ich konnte sie eigentlich nur mitleidig ansehen, diese Klippschüler, die auf das Papier mit dem Gummi und viel Schweiß wie mit einem Spaten losgingen.

Im Grunde waren sie keine schlechten Kerle. Mein semitischer Typ erregte ihre Neugier. Sie haben mir sogar geraten, alle meine Skizzen zu sammeln (ich habe davon nicht eine einzige aufgehoben) und sie bei der Prüfung vorzulegen.

Als ich mich unter den vier erwählten Stipendiaten befand, hatte ich das Gefühl, dass die Vergangenheit endgültig hinter mir lag.

Ich erhielt ein Jahr lang jeden Monat zehn Rubel.

Ich war reich und ließ mir fast täglich in einem kleinen Restaurant in der Shukowskajastraße ein Essen auftischen, wonach ich mich so oft vergeblich gesehnt hatte. […]

In dieser Zeit wurde ich einer Plejade von Mäzenen vorgestellt. Überall in ihren Salons fühlte ich mich wie einer, der gerade aus dem Dampfbad gestiegen war, mit rotem, erhitztem Gesicht.

Ach, die Aufenthaltsgenehmigung für die Hauptstadt!

Ich wurde Hausdiener beim Rechtsanwalt Goldberg.

Die Advokaten hatten das Recht, jüdische Bedienstete zu halten.

Doch musste ich nach dem Gesetz bei ihm wohnen und essen.

Wir sind uns nähergekommen. […] Ihr lieben Goldbergs! Euer Bild ist mir vor Augen.

Aber bevor ich diese Mäzene kennenlernte, wusste ich nicht, wo ich übernachten sollte.

Meine Mittel erlaubten mir nicht, ein Zimmer zu mieten; ich musste mich mit Zimmerecken begnügen. Ich hatte nicht einmal ein Bett für mich allein. Ich musste es mit einem Arbeiter teilen. Er war wirklich ein Engel, dieser Arbeiter mit dem tiefschwarzen Schnurrbart.

Aus lauter Freundlichkeit zu mir drückte er sich ganz gegen die Wand, damit ich mehr Platz hätte. Ich lag, ihm den Rücken zukehrend, mit dem Gesicht zum Fenster und atmete frische Luft.

In diesen Zimmern, mit Arbeitern und Straßenhändlern als Nachbarn, blieb mir nichts anderes übrig, als mich auf den Bettrand zu legen und über mein Leben zu grübeln. Worüber sonst? Und Träume suchten mich heim: ein viereckiges Zimmer, leer. In einer Ecke ein Bett und ich darin. Es wird dunkel.

Plötzlich öffnet sich die Zimmerdecke und ein geflügeltes Wesen schwebt hernieder mit Glanz und Gepränge und erfüllt das Zimmer mit wogendem Dunst.

Es rauschen die schleifenden Flügel.

Ein Engel! denke ich. Ich kann die Augen nicht öffnen, es ist zu hell, zu gleißend.

Nachdem er alles durchschweift hat, steigt er empor und entschwindet durch den Spalt in der Decke, nimmt alles Licht und Himmelblau mit sich fort.

Dunkel ist es wieder. Ich erwache.

Mein Bild »Erscheinung« gibt diesen Traum wieder.

Vladimir Nabokov, Schriftsteller
(1899–1977)

Bolschaja Morskaja 47
Obwohl schwere Schneefälle in Petersburg viel öfter an der Tagesordnung waren als etwa in der Gegend von Boston, schienen die wenigen Automobile, die vor dem Ersten Weltkrieg zwischen den

zahlreichen Pferdeschlitten verkehrten, aus irgendeinem Grund niemals in so furchtbare Schwierigkeiten zu geraten wie moderne Autos bei einer richtigen Weißen Weihnacht in Neu-England. Viele seltsame Mächte hatten beim Bau der Stadt mitgewirkt. Die Vermutung drängt sich auf, dass die Verteilung der Schneemassen – ordentliche Wehen entlang der Gehsteige und eine glatte feste Decke auf den achteckigen Holzblöcken des Straßenpflasters – die Folge einer ruchlosen Zusammenarbeit zwischen der Geometrie der Straßen und der Physik der Schneewolken war. Jedenfalls dauerte die Fahrt zur Schule nie länger als eine Viertelstunde. Unser Haus war die Nummer 47 der Großen Morskaja. Danach kam das Haus des Prinzen Oginski (Nummer 45), dann die italienische Botschaft (Nummer 43), dann die deutsche Botschaft (Nummer 41), dann der weite Marienplatz, hinter dem es mit den Hausnummern abwärts ging. Links auf dem Platz in Richtung Newski-Prospekt war ein kleiner öffentlicher Park. Auf einer seiner Linden hatte man eines Tages ein Ohr und einen Finger gefunden – die Überreste eines Terroristen, dessen Hand ausgerutscht war, als er auf der anderen Seite des Platzes ein tödliches Päckchen zurechtmachte. […]

Dann kam man auf den Newski-Prospekt, den man ein ganzes Stück geradeaus fuhr, und es war ein Vergnügen, hier mühelos irgendeinen in seinen Mantel gemummten Gardisten zu überholen, dessen leichter Schlitten von einem Paar schwarzer Hengste gezogen wurde; schnaubend eilten sie unter dem blauen Netzwerk dahin, welches verhinderte, dass die harten Schneeklumpen dem Mann im Schlitten ins Gesicht flogen. Schließlich bog man links in eine Straße mit dem wunderschönen Namen Karawannaja (Karawanenstraße) ein, auf der man an einem unvergesslichen Spielzeugladen vorbeikam. Dann kam der Zirkus Ciniselli (berühmt für seine Ringerturniere). Und wenn man schließlich einen zugefrorenen Kanal überquert hatte, gelangte man vor die Pforten der Tenischew-Schule in der Mochowaja (Moosstraße). […]

Als ich Tamara – um ihr einen Namen zu geben, der die gleiche Farbe hat wie ihr wirklicher – zum ersten Male begegnete, war sie fünfzehn und ich ein Jahr älter. Der Ort war die rauhe, aber anmutige Gegend (schwarze Tannen, weiße Birken, Torfmoore, Heuwiesen und Ödland) nicht weit im Süden von Sankt Petersburg. Ein ferner Krieg schleppte sich dahin. Zwei Jahre später sollte jener abgeschmackte *deus ex machina*, die russische Revolution, erscheinen und mich aus jener unvergesslichen Landschaft vertreiben. […]

Mit dem Herannahen des Winters wurde unsere leichtfertige Liebschaft ins grimmige Petersburg verpflanzt. Die Waldessicherheit, an die wir uns gewöhnt hatten, entbehrten wir sehr. Für Hotels, die zweifelhaft genug waren, uns aufzunehmen, reichte unser Wagemut nicht aus, und das große Zeitalter geparkter Amouren war noch fern. Die Heimlichkeit, die auf dem Land so angenehm gewesen war, wurde jetzt eine Last, doch keiner von uns konnte sich mit der Vorstellung beaufsichtigter Zusammenkünfte bei ihr oder bei uns zu Hause abfinden. So blieb uns nichts anderes übrig, als viel in der Stadt herumzuwandern, und diese ständige Suche nach irgendeinem Zufluchtsort brachte ein seltsames Gefühl der Heimatlosigkeit mit sich, das seinerseits ein Vorbote viel späterer und einsamerer Wanderungen war.

Wir schwänzten die Schule. Wir schmiegten uns auf kalten Bänken aneinander – nachdem wir erst ihre glatte Schneedecke entfernt und dann unsere schneeverkrusteten Fausthandschuhe ausgezogen hatten. Wir suchten Museen heim. [...] Die Eremitage, Petersburgs Louvre, hatte in einem bestimmten Saal im Erdgeschoss nette Winkel zu bieten, zwischen Glasschränken mit Skarabäen, hinter dem Sarkophag des Nana, des Oberpriesters des Ptah. Im Russischen Museum Kaiser Alexanders III. boten zwei Säle (Nr. 30 und 31 in der Nordostecke), die widerwärtig akademische Gemälde von Schischkin *(Föhrenlichtung)* und Charlamow *(Kopf eines Zigeunerknaben)* beherbergten, dank einiger hoher Gestelle mit Zeichnungen ein wenig Schutz – bis man ertappt wurde. So stiegen wir von diesen hohen Museen nach und nach zu kleineren hinab, dem Suworow-Museum zum Beispiel, wo ich einen überaus stillen Raum voller alter Rüstungen, Wandbehänge und zerfetzter Seidenbanner in Erinnerung habe, in dem uns mehrere Figuren mit Perücken, schweren Stiefeln und grünen Uniformen bewachten. Aber wohin wir auch gingen, nach ein paar Besuchen schöpfte unweigerlich der eine oder andere weißhaarige, triefäugige, auf Filzsohlen herumgehende Wächter Verdacht, und wir mussten unsere verstohlene Leidenschaft woandershin verlegen – ins Pädagogische Museum, ins Museum alter Landkarten, das Reiseführer nicht einmal erwähnen – und dann wieder hinaus in die Kälte. [...]

Nicolas Nabokov, Komponist
(1903–1978)

Fontanka 25
An einem Tage Mitte September 1911 trug uns unser kleiner Raddampfer stromabwärts von Lubcza zum nächsten Bahnhof an der Njemanbrücke. Wir bestiegen am Nachmittag den Zug und kamen am nächsten Morgen in Petersburg an. [...] Der Morgen, an dem wir ankamen, war regnerisch, die Luft feucht und kühl. Alles war dunkel. Ich kann mich gut an meine Enttäuschung erinnern: »So, das ist also unsere kaiserliche Hauptstadt, Puschkins ›Palmyra des Nordens‹«, dachte ich, als ich auf den braunen Matsch unter den Rädern des Landauers und die gelblichgrauen Häuser ringsum blickte. Es war kaum ein Licht zu sehen, nur spärliche Lampen mit kleinen Flammen und über den Eingängen die in ihren dreieckigen Glasbehältern erleuchteten Hausnummern.

[...] Das »Palmyra des Nordens« schien ungastlich und die Fahrt im Landauer endlos. Endlich, nach vielem Rumpeln und Kurven, erreichten wir eine breite Avenue. Sie war besser erleuchtet, einige menschliche Schatten huschten über die Bürgersteige. »Dies ist der Newskij-Prospekt«, sagte P.S., »und dort«, er zeigte auf ein graues Gebäude, »ist die berühmte Öffentliche Bibliothek, deren Direktor Krylow [der Fabeldichter] war.«

Er bekam keine Antwort. Ob »berühmt« oder nicht, keiner von uns fand daran Interesse. Wir waren unausgeschlafen und brummig, nichts konnte uns gleichgültiger sein, als wer der Direktor der berühmten Bibliothek gewesen war.

»Wie wird das gehen?«, dachte ich, »hier zwischen all den düsteren Häusern, an diesem traurigen Ort zu leben ...« Und plötzlich wünschte ich mir, wieder zu Hause zu sein, mich wieder so warm und geborgen zu fühlen wie in Lubcza oder Preobrashenka.

Bei einer Brücke schlug der Landauer nach links ein und hielt unmittelbar darauf vor dem dritten Haus hinter der Einmündung der Straße in den Newskij-Prospekt. Oben auf der Gatterpforte las ich die leuchtenden Zeichen in kyrillischer Schrift: »Fontanka 25, Snkt PTRBG«.

21. Februar 1913: Beginn der Dreihundertjahrfeiern des Hauses Romanow

EDWARD RADSINSKI, Schriftsteller
(geb. 1936)

Noch vier Jahre
Am Tag der Dreihundertjahrfeier der Dynastie lief im Marientheater die Oper *Ein Leben für den Zaren.* Während des feierlichen Gottesdienstes in der Kasaner Kathedrale kreisten zwei Tauben über der Kuppel. Nikolaus stand neben seinem Sohn, und ihm erschien das wie ein wunderbares Vorzeichen. Der heilige [Serafim] von Sarow hatte Recht: die zweite Hälfte seiner Herrschaft würde eine Blütezeit werden. Während der Feier schluchzte Alix grundlos und oft, die Kopfschmerzen und eine unbeschreibliche Traurigkeit machten ihr zu schaffen. »Ich bin eine Ruine«, wiederholte sie inmitten all dieser Feierlichkeiten. Die Dynastie hatte noch vier Jahre zu leben.

Aber damals erschien alles so unerschütterlich!

Aus dem Tagebuch:

»21. Februar 1913. Donnerstag. Der Tag der Dreihundertjahrfeier der Herrschaft war hell und ganz frühlingshaft. Um 12.15 fuhr ich mit Alexei in der Karosse, Mamá und Alix in russischer Kutsche und schließlich alle Töchter im Landauer in die Kasaner Kathedrale. Vor uns 100 Mann Eskorte, hinter uns auch hundert Mann …

In der Kathedrale wurde ein feierlicher Gottesdienst abgehalten und das Manifest verlesen. In den Winterpalast sind wir in derselben Ordnung zurückgekehrt … die Stimmung war fröhlich und erinnerte mich an die Krönung. Wir frühstückten mit Mamá. Um 3.45 Uhr versammelten sich alle im Malachitsaal. Und im Konzertsaal haben wir bis 5.30 Uhr Glückwünsche entgegengenommen. Von ungefähr 1500 Personen. Alix ist sehr müde und hat sich hingelegt … Ich habe ein Meer von Telegrammen gelesen und sortiert … Ich habe aus dem Fenster auf die Illuminierung und auf das Leuchten der Projektoren aus dem Turm der Admiralität gesehen. Es wehte ein starker Süd-West.«

Anna Achmatowa
(1889–1966)

Petersburg im Jahre 1913
Die Drehorgel heult in der Vorstadt,
Es dreht sich der Bär, und es tanzt
Die Zigeunerin auf dem Pflaster.
Nach Maria Trost fährt die Dampfstraßenbahn,
Ihr herzbeklemmendes Heulen
Hallt über die ganze Newa.
Im Wind, dem schwarzen, sind Freiheit und Zorn,
Und nur ein Katzensprung ist es
Von hier bis zum Heißen Feld.
Hier verstummt meine kündende Stimme,
Denn hier gibts noch wirklich Wunder.
Doch gehn wir – zum Warten fehlt Zeit.

1961

George William Buchanan, britischer Botschafter
(1854–1924)

Der Hof spielte in der Hauptstadt keine Rolle mehr
Seit dem Ausbruche der Revolution, die dem japanischen Krieg gefolgt war, hatten Zar und Zarin ziemlich zurückgezogen in Zarskoje Selo gelebt und kamen nur nach St. Petersburg, wenn Staatsgeschäfte oder religiöse Feiern ihre Gegenwart notwendig machten. Der Hof spielte im Gesellschaftsleben der Hauptstadt keine Rolle mehr. Die prachtvollen Bälle, deren Schauplatz der Winterpalast gewesen, waren zu einer Tradition der Vergangenheit geworden. Von Zeit zu Zeit – wie beispielsweise gelegentlich der Dreihundertjahrfeier des Hauses Romanoff – gab es in der Oper Galavorstellungen. Das Haus bot dann mit dem von prachtvollen Uniformen erfüllten Parkett und seinen von gutgekleideten, juwelenschimmernden Frauen besetzten Logen einen wundervollen Anblick. Nur einmal in der ganzen Zeit meiner Betrauung waren die Tore des Winterpalais für etwas anderes geöffnet als für den förmlichen Neujahrsempfang und die Zeremonie der Wasserweihe um Epiphanias. Es war im Winter 1913/1914, als die Chefs der Missionen und die führenden Mitglieder der russischen Gesellschaft eingeladen wurden, einer Aufführung

von *Parsifal* in dem von der Kaiserin Katharina erbauten Privattheater in der Ermitage beizuwohnen. Es war eine in jeder Hinsicht schöne Vorstellung, auf welche selbst die große Katharina hätte stolz sein können. […] Das Diner indessen, das in einer der Pausen im Winterpalast serviert wurde, entsprach kaum den Erwartungen, die man sich nach allen Schilderungen der Pracht solcher Veranstaltungen in der Vergangenheit gemacht hatte. Weder als Schauspiel noch vom gastronomischen Standpunkte aus konnte es mit einem Staatsbankett im Buckingham-Palast verglichen werden.

George William Buchanan

Am Tage nach Deutschlands Kriegserklärung [1. Aug. 1914] wurde im Winterpalast ein feierlicher Gottesdienst abgehalten. Der französische Botschafter, als Vertreter von Russlands Verbündeten, war der einzige dazu geladene Fremde. Nach Schluss des Gottesdienstes las der zelebrierende Priester das kaiserliche Kriegsmanifest vor, in dem der Zar seinem Volke folgendes sagt: »Wir haben nicht nur einem verwandten Land, das ungerechterweise angegriffen wurde, beizustehen, sondern auch die Ehre und Würde Russlands als Großmacht zu beschützen … In dieser schrecklichen Stunde der Prüfung mögen alle inneren Streitigkeiten vergessen sein! Möge das Band zwischen dem Zaren und seinem Volke enger und stärker werden!«

Dann näherte sich der Zar dem Altar, nahm das Evangelium in seine rechte Hand, wandte sich an die anwesenden Offiziere und sprach: »Ich begrüße in euch meine ganze Armee. Ich schwöre feierlich, solange nicht Frieden zu schließen, als ein einziger Feind auf Russlands Erde steht.«

Als einige Minuten später das Herrscherpaar auf dem Balkon erschien, fiel die ungeheure Menge, die den Platz vor dem Winterpalast füllte, in die Knie und sang die Nationalhymne.

Der vom Zaren Nikolaus geschworene Eid war textlich jenem nachgebildet, den Kaiser Alexander I. bei Napoleons Einfall in Russland geleistet hatte. In diesem Augenblicke war das russische Volk auch wieder von dem Geiste erfüllt, der seine Vorfahren im Jahre 1812 entflammt hatte. Aber diesmal sollten sich die von ihm verlangten Opfer als unerträglich schwer erweisen.

Alexander Solschenizyn, Schriftsteller
(1908–1988)

Dieser Begeisterungssturm!
Die Welt um Peterhof war voll unendlicher Ruhe.

Obwohl es Eliastag war, gab es kein Anzeichen eines nahenden Gewitters.

Schon gestern war allen gleichzeitig der Gedanke gekommen, dass der Zar vor dem Volk erscheinen müsse. Das Volk wird wie ein Waise zu dem verlassenen Winterpalais ziehen, und niemand soll ihm entgegentreten?

Mittags fuhren sie über das glitzernde Meer mit der Yacht nach Petersburg und mit dem Kutter zum Winterpalais. Im Nikolaj-Saal drängten sich Gardeoffiziere, Hofdamen und Gefolge. Das Manifest wurde verlesen und ein Gottesdienst vor der Ikone der Gottesmutter von Kasan (vor der Kutusow gebetet hatte, bevor er nach Smolensk zog) zelebriert. Der ganze Saal sang: »Errette, Herr« und die Hymne. Man rief »Hurra«, und viele weinten.

Und dann trat er mit Alix auf den Balkon zum Schlossplatz hinaus.

Und was dann geschah! Dieser Begeisterungssturm! Soweit man sehen konnte, bis zu dem Bogen des Generalstabsgebäudes – ein einziges Meer von Köpfen, Zarenporträts, Flaggen und Kirchenfahnen.

Nikolaj verneigte sich, er verneigte sich nach allen Seiten. Und das Volk, das Volk sang und fiel vor dem Palais auf die Knie.

Jetzt, jetzt stand er vor seinem Volk, über seinem Volk – segnend, offen und wahrhaft majestätisch – so, wie er es sich immer erträumt hatte – warum nur stand er hier zum ersten Mal seit seiner Krönung? […]

Warum war er nicht öfter so vor das Volk getreten? Sie sangen Gebete, beteten, verneigten sich, und den blanken Spiegel der Erinnerung kräuselten nur leicht die fatalen Jahre – waren es fünf oder zehn oder fünfzehn? – mit ihren Kümmernissen und Ängsten, die alle, wie man es jetzt sah, nur vorübergehend gewesen waren. Zwanzig Jahre seiner Regierungszeit waren wie verflogen. Er hatte noch keinen Fehler gemacht, er hatte sich noch nie mit seinem Volk überworfen, er war heute der jungfräulich gekrönte Zar, der im Begriff war, eine ruhmreiche Herrschaft anzutreten.

Nikolaus II. gibt den Beginn des Krieges mit Deutschland vom Balkon des Winterpalastes aus bekannt, Foto, 2. Aug. 1914

Maurice Paléologue, französischer Botschafter (1859–1944)

Dienstag, 4. August 1914

Die Petersburger französische Kolonie lässt heute in »Notre Dame-de-France« ein Hochamt abhalten, um den allerhöchsten Segen auf unsere Armeen herabzuflehen.

Um fünf Uhr morgen hat mir Buchanan telefoniert, dass er diese Nacht ein Telegramm vom Foreign-Office erhalten hat, welches ihm die Teilnahme Englands am Kriege anzeigt. Ich veranlasse daher, dass den französischen und russischen Bannern, die den Hauptaltar schmücken, auch das englische Banner beigesellt werde.

In der Kirche sitze ich wie immer, zwischen den rechtsseitigen Pilastern.

Buchanan kommt fast zur selben Zeit:

»Mein Bundesgenosse! Mein teuerer Bundesgenosse! …«, sagt er mir gerührt …

George William Buchanan

Neues Band zwischen Herrscher und Volk
Während der ersten Kriegstage war meine Lage keine sehr angenehme. Eine ungeduldige Menge demonstrierte vor der Botschaft, verlangte Nachrichten aus London und fragte in einem nicht sehr freundlichen Tone, ob Russland auf unsere Unterstützung rechnen könne. Ich befriedigte sie, so gut ich konnte, mit vagen Versicherungen, atmete aber erleichtert auf, als mir am 5. um fünf Uhr früh einer meiner Sekretäre das lakonische Telegramm des Foreign Office brachte: War-Germany-Act, das mir sagte, dass England sich selbst und seinen Partnern von der Triple-Entente die Treue hielt. Ich telephonierte die gute Nachricht der französischen Botschaft, dem Ministerium des Äußeren und dem Zaren nach Zarskoje Selo. Später wohnte ich als Vertreter von Frankreichs und Russlands Verbündetem einem Hochamte in der französischen katholischen Kirche bei. Bei meiner Rückkehr zur Botschaft fand ich viele Blumengaben vor, die mir von Russen aller Gesellschaftsklassen als Zeichen der Dankbarkeit gegen ihren neuen Verbündeten dargebracht worden waren.

Während dieser wundervollen Tage zu Anfang August schien sich Russland vollkommen verwandelt zu haben. Der deutsche Botschafter hatte geweissagt, eine Kriegserklärung würde eine Revolution hervorrufen. Er hatte sogar am Vorabend seiner Abreise den Ratschlag eines Freundes, seine Kunstsammlung zur Aufbewahrung in die Ermitage zu senden, mit der Bemerkung abgelehnt, die Ermitage würde das erste Gebäude sein, das man plündern werde. Zu seinem Unglück gab es im ganzen russischen Kaiserreich nur einen einzigen Ausbruch der Pöbelwut und das war – die vollkommene Ausplünderung der deutschen Botschaft am 4. August. Anstatt eine Revolution hervorzurufen, schmiedete der Krieg ein neues Band um Herrscher und Volk. Die Arbeiter schworen allen Streiks ab und die verschiedenen politischen Parteien ließen ihre Zänkereien beiseite. In der Duma, die der Zar zu einer außerordentlichen Sitzung einberufen hatte, überboten sich die Führer der verschiedenen Parteien darin, die Regierung zu unterstützen, die sie einige Wochen früher angeklagt hatten. Die Kriegskredite wurden einstimmig bewilligt, und sogar die Sozialisten, die sich der Abstimmung enthalten hatten, ermahnten die Arbeiter, ihr Vaterland gegen die Eindringlinge zu verteidigen.

Auf Initiative der Petersburger Tschechen befiehlt Nikolaus II. am 19./31. August 1914 die Umbenennung Sankt Petersburgs in Petrograd.

BARON WRANGEL, Kunsthistoriker
(1880–1915)

Vollkommen sinnlose Anordnung

19. August 1914

Die schlimmsten Gerüchte haben sich bestätigt, und die heutige Regierungsmitteilung kündet von ernsten Misserfolgen*. Um so taktloser ist der allerhöchste Befehl über die Umbenennung Petersburgs in Petrograd, der heute veröffentlicht wurde. Ohne davon zu reden, dass diese vollkommen sinnlose Anordnung vor allem die Erinnerung an den großen Umgestalter Russlands verdunkelt, muss die Bekanntmachung dieser Umbenennung »aus Rache an den Deutschen« namentlich heute, am Tag unserer Niederlage, als äußerst unpassend angesehen werden.

Wer den Herrscher zu diesem Schritt angestiftet hat, ist nicht bekannt, aber die ganze Stadt ist zutiefst aufgebracht und voller Empörung über diesen taktlosen Streich.

MAURICE PALÉOLOGUE

Historischer Widersinn

Dienstag, 1. September 1914

Ein gestern Abend unterzeichneter Ukas hat bestimmt, dass die Stadt St. Petersburg von nun an *Petrograd* heißen wird.

Als politische Kundgebung, als Verwahrung und Auflehnung des slawischen Nationalismus gegen das germanische Eindringen ist die Maßnahme ebenso treffend als zeitgemäß. Aber vom historischen Standpunkte aus ist es ein Fehlgriff. Die augenblickliche Hauptstadt des Reiches ist keine slawische Stadt; sie stellt noch keine weit zurückliegende Vergangenheit russischen Lebens dar; sie liegt auf finnischem Boden, an den Toren Finnlands, wo lange Zeit die schwedische Kultur vorherrschte, an der Grenze der baltischen Provinzen, wo noch immer deutscher Einfluss vorherrscht; ihre Bauart

* Verlorene Schlacht bei Soldau/Tannenberg, 26.–30. Aug. 1914

ist durchaus westlich; ihre Physiognomie ganz modern. Und das ist ja gerade das, was Peter der Große aus St. Petersburg machen wollte: eine westliche, moderne Stadt. Daher ist der Name Petrograd nicht nur ein Fehlgriff, sondern ein historischer Widersinn.

Fjodor Schaljapin, Opernsänger
(1873–1938)

Keine Begeisterung mehr
Man erzählte mir, dass in den ersten Tagen nach Kriegsausbruch in Petersburg große patriotische Begeisterung geherrscht hätte. Insbesondere wurde der Eindruck hervorgehoben, den auf die Hauptstadt die Tatsache gemacht hätte, dass die glanzvollen Garderegimenter während der ersten Kämpfe in Ostpreußen so tapfer vorgegangen wären. Ich traf viel später ein und konnte keine Begeisterung mehr feststellen, allerdings merkte ich auch nichts von einer bedrückten Stimmung. Alles schien seinen gewohnten Gang zu gehen. Die Geschäfte blühten, die Equipagen rollten durch die Stadt, und die Morskaja-Straße erstrahlte im Licht der Bogenlampen. Die Theater spielten und waren überfüllt. Nur ab und zu tauchten Gerüchte auf, die Aufregung verursachten. Entweder die offiziellen, großartig aufgemachten Meldungen von den Siegen an der Front, oder aber die von Mund zu Mund im Flüsterton weitergegebenen Nachrichten von den Misserfolgen unserer Armee. Man sprach davon, dass in Masuren zwei Armeekorps verlorengegangen wären, oder es verlautete, dass während eines zweitägigen Kampfes in irgendeinem Waldgebiet einige Zehntausende russische Soldaten den Tod gefunden hätten … Die Zeitungen berichteten über derartige »Unglücksfälle« nur mit größter Delikatesse, und die Zehntausende verwandelten sich in ihren Spalten in wenig Hunderte. Die Nullen verschwanden irgendwohin. Immer wieder hieß es dann, dass es an Munition fehlte und dass die unglückliche Armee oft gezwungen sei, dem angreifenden Feinde im buchstäblichen Sinne des Wortes die entblößte Brust entgegenzuhalten … Es unterliegt keinem Zweifel, dass die Russen an den zahlreichen Fronten viel Mut und viel Tapferkeit gezeigt haben. Und ebenso steht fest, dass auch hinter der Front der Krieg in vielen Menschen die edlen Gefühle des Mitleids und der Opferfreudigkeit geweckt hatte. Aber wie es so oft der Fall zu sein pflegt, machte sich in den Hauptstädten ein widerwärtiger, phrasenhafter Hurrapatriotismus breit.

Nicolas Nabokov, Komponist
(1903–1978)

Aber sonst ging das Leben weiter
Das ganze, scheinbar dauerhafte und wohlgeschützte Leben währte den Winter 1914/15 über in Petrograd und im Sommer in Askania oder Preobrashenka. Nur die Autos wurden requiriert, und wir reisten wieder in den von mir so geliebten Dormeusen, Landauern und Viktorias. Viele junge Männer unseres Bekanntenkreises waren fort oder in Uniform. Omamas Musikkapelle löste sich auf, und in Petrograd hatten die Zeitungen noch mehr geschwärzte Zensurflecken und unbedruckte leere Spalten als früher. Aber sonst ging das Leben weiter, als fände der Krieg irgendwo in Afrika und nicht auch schon vor den Toren Rigas, Kiews oder Minsks statt. [...]

Ossip Mandelstam

PETROPOLIS, DIAPHAN: hier gehen wir zugrunde,
hier herrscht sie über uns: Proserpina.
Sooft die Uhr schlägt, die Todessstunde,
wir trinken Tod aus jedem Lufthauch da.

Den Helm, den steinernen, jetzt losgebunden,
Athene, meerisch, mächtig, schreckensnah!
Petropolis, diaphan: hier gehen wir zugrunde,
Nicht du regierst – hier herrscht Proserpina!

1916

VII. Umsturz

Im Laufe des Jahres 1917 erlebt Petrograd zwei Revolutionen: die Februarrevolution und den Oktoberumsturz, der erst zehn Jahre später zur »Großen Sozialistischen Oktoberrevolution« stilisiert wurde. Die bürgerliche Februarrevolution, die nicht organisiert wurde, sondern »geschah« (Wiktor Schklowski), führt zur Bildung einer Provisorischen Regierung durch die Staatsduma und zur Abdankung Nikolaus' II. am 2./15. März. Gleichzeitig entsteht – wie schon 1905 – ein Sowjet (Rat) der Arbeiter- und Soldatendeputierten. Beide Institutionen, Duma und Sowjet, beanspruchen die legislative und exekutive Gewalt für sich. Das bedeutet Doppelherrschaft. Doch beide Institutionen – beide tagen im Taurischen Palais – wollen eine Verfassunggebende Versammlung wählen lassen, die über die zukünftige Staatsform Russlands entscheiden soll. Allerdings verzögern sich die Wahlen zur Konstituante erheblich, während die Provisorische Regierung zunehmend an Autorität verliert, vor allem, weil sie den Krieg an der Seite ihrer Alliierten bis zum siegreichen Ende weiterführen will und die Landreform zugunsten der Bauern verzögert. Damit hat sie die Armee und die Bauern gegen sich. Zeitgleich verschlechtert sich die Versorgungslage rapide. Am 16. April 1917 kehrt Wladimir I. Lenin, der Führer der Bolschewiki, einer sektiererischen Splittergruppe der russischen Sozialdemokratie, aus der Emigration zurück. Anfang Juli gelingt es der Provisorischen Regierung zwar noch, eine von den Bolschewiki inspirierte Demonstration für die Übernahme der Macht durch den Petrograder Sowjet aufzulösen, und Lenin muss aus der Stadt fliehen und sich verstecken. Doch dann kippt die Stimmung in der Hauptstadt, die Propaganda der Bolschewiki (»Alle Macht den Sowjets!«, »Frieden!«, »Land!«) zeigt Wirkung. Am 25. Okt./7. Nov. ergreifen sie vom Smolny Institut aus generalstabsmäßig die Macht – ein Überraschungscoup, der in der Stadt kaum wahrgenommen wird.

Die Restaurants sind geöffnet, die Theater spielen, die Telefone funktionieren und die Straßenbahnen fahren, während Rotgardisten des aus dem Petrograder Sowjet hervorgegangenen Revolutionären Militärkomitees unter Leitung Leo Trotzkis alle strategisch wichtigen Gebäude der Stadt besetzen und die Minister der Provisorischen Regierung im Winterpalast festnehmen. Der Zweite Kongress der Arbeiter- und Soldatensowjets billigt den Coup der Bolschewiki und installiert eine neue Regierung, den Rat der Volkskommissare, dessen Vorsitz Lenin übernimmt. Alle diejenigen, die erwartet hatten, dass die Revolution (»Es«) das Land retten werde, indem sie das zaristische System hinwegfegt, sehen sich furchtbar getäuscht. Die »Diktatur des Proletariats« entpuppt sich als Terrorregime, das gnadenlos gegen vermeintliche und tatsächliche Oppositionelle vorgeht und vor allem in Petrograd wütet.

Sinaida Hippius, Schriftstellerin
(1869–1945)

»Es«
Petersburg ist als allgemeines Zentrum der Ereignisse außerordentlich wichtig. Petersburg hatte aber auch noch sein eigenes Zentrum: die Revolution konzentrierte sich gleich zu Anfang um die Duma, d. h. um das Taurische Palais. Die zu diesem führenden geraden Straßen waren in den Februar- und Märztagen des Jahres 1917 gleichsam Arterien, durch die das lebendige Blut zum Herzen, zum mächtigen Schloss aus den Tagen Katharinas, strömte. Seine runde Kuppel ragte melancholisch und stolz über die entlaubten Birken des alten Parkes.

Wir verfolgten die Ereignisse von Minute zu Minute – wir wohnten dicht am Gitter des Parkes, im ersten Stock des letzten Hauses einer der zum Palais führenden Straßen. Die ganzen sechs Jahre – sechs Jahrhunderte – blickte ich aus dem Fenster oder vom Balkon nach links auf die in der nebligen Ferne der geraden Straße untergehende Sonne oder nach rechts auf die sich in junges Laub kleidenden oder ihr letztes Laub verlierenden Bäume des Taurischen Parkes. Ich beobachtete, wie das alte Schloss, das für kurze Zeit zu einem neuen Leben erwacht war, starb, ich sah das Sterben Petersburgs … Ja, die ganze von Peter I. geschaffene und von Puschkin besungene Stadt Petersburg, die geliebte, strenge und schreckliche Stadt starb … Mein letzter Eintrag ist ein Protokoll der Agonie. […]

Der Krieg hatte die Petersburger Intelligenz aufgerüttelt, die politischen Interessen und damit auch den Parteienkampf verschärft. Die Liberalen traten entschieden für den Krieg und somit für die Unterstützung der autokratischen Regierung ein. Der berühmte »Dumablock« war ein Versuch der Einigung der Linksliberalen (Kadetten) mit den mehr rechts stehenden Parteien, dem Kriege zuliebe.

Der andere Teil der Intelligenz war – mehr oder weniger – gegen den Krieg; es gab da eine Unmenge von Schattierungen. Uns, die wir keine reinen Politiker waren und uns um die komplizierten inneren Fäden nicht kümmerten, uns, die wir den gesunden Menschenverstand nicht eingebüßt hatte, war eines klar: der Krieg kann für Russland bei seiner derzeitigen politischen Lage unmöglich auf natürliche Weise enden: vor seinem Ende muss die Revolution kommen. Diese Vorahnung, ich sage mehr: dieses *Wissen* teilten mit uns viele andere.

»Es wird kommen, das steht fest«, schrieb ich im Jahre 1916. »Aber was wird kommen? *Sie*, die wahre, notwendige sichere Revolution, oder das gesichtslose elementare *Es*, der Zusammenbruch? Wenn wir alle klar erkannt hätten, dass die drohenden Ereignisse nahe sind und vor der Tür stehen, wenn wir alle sie gleich begriffen hätten und bereit gewesen wären, ihnen zu begegnen …, so hätten sie vielleicht nicht zu unserem Zusammenbruch, sondern zu unserer Rettung geführt …« Aber die »Realpolitiker«, diejenigen, die während des Kriegs in der Duma etwas taten und den Kurs immerhin irgendwie bestimmten, d. h. die Liberalen, sahen dieses aufziehende Gewitter nicht. Jedenfalls stellten sie sich als die Ersten auf die Seite der Regierung; uns schien, das ganze Gebäude stürze zusammen; war es nicht ihre Pflicht, mit eigenen Händen die Zerstörung dessen zu unterstützen, was zusammenstürzen musste, um das Notwendige zu erhalten, damit nicht das ganze Gebäude zusammenstürze und uns unter den Trümmern begrabe?

Aber die Liberalen rückten immer mehr nach rechts, wodurch sie die linken Parteien erbitterten (diese hatten irgendwelche, wenn auch schwache Verbindungen mit den untersten Schichten); selbst die nicht ganz extremen Parteien. Ich erinnere mich noch, wie Kerenski in einem Telefongespräch mit mir nach einem sehr groben Fehler der Parteiführer in der Duma auf meine bekümmerte Frage »Was wird nun kommen?« antwortete: »Es kommt etwas, was mit einem A beginnt ...«, d. h. die Anarchie. Das heißt der Zusammenbruch, *Es*.

Maurice Paléologue

Man erwartet das Schlimmste

Montag, 1. Januar 1917

Wenn ich nur nach den Sternbildern des russischen Himmels urteilen soll, beginnt das Jahr unter bösen Anzeichen, Ich bemerke überall Besorgnis und Entmutigung; man interessiert sich nicht mehr für den Krieg; man glaubt nicht mehr an den Sieg; man erwartet das Schlimmste und man ergibt sich drein ...

Sonntag, 14. Januar 1917

Heute, also am ersten Tag des neuen Jahres nach orthodoxem (julianischem) Kalender, nimmt der Kaiser in Zarskoje-Selo die Glückwünsche des diplomatischen Korps entgegen ...

Während der Zar seinen Rundgang beschließt, spreche ich mit meinem italienischen Kollegen, Marquis Carlotti, und wir machen gleichzeitig dieselbe Beobachtung; im ganzen prächtigen goldstrotzenden Gefolge des Zaren befindet sich kein einziges Antlitz, das nicht Angst verriete.

George William Buchanan

Aber was tun?

Dienstag, 21. Febr./6. März 1917

In Petrograd fehlt es an Brot und Holz; das Volk leidet.

Heute früh, vor einem Bäckerladen der Liteiny, fiel mir der böse Gesichtsausdruck all der armen Leute auf, die in Polonäsen standen, und von denen die meisten die ganze Nacht im Freien zugebracht hatten. [...] Aber was tun! Die Beförderungsschwierigkeiten haben sich tatsächlich noch verschlimmert. Die äußerst strenge Kälte, die in ganz Russland herrscht (-43 Grad), hat mehr als zwölfhundert Lokomotiven durch das Platzen der Dampfrohre außer Gebrauch gesetzt, und die Ersatzröhren fehlen infolge der Ausstände. Überdies ist der Schnee während dieser letzten Wochen in ungewöhnlichen Mengen gefallen, und in den Dörfern mangelt es an Arbeitskräften, um die Schienenwege freizuschaufeln. Daraus folgt, dass augenblicklich 57 000 Eisenbahnwagen stillstehen.

23. Febr./8. März 1917

Den ganzen Tag herrschte in Petrograd eine gewisse Gärung … Volksaufzüge durcheilten die Hauptstraßen. An mehreren Punkten schrie die Volksmenge: »Brot und Frieden!« An anderen Orten stimmte sie die Arbeitermarseillaise an. Auf dem Newskijprospekt haben einige Zusammenstöße stattgefunden. […] Die Ereignisse der Straße werfen einen Schatten der Sorge auf Gesichter und Gespräche. Ich befrage Trepow über die Maßregeln, welche die Regierung zu ergreifen gedenkt, um Petrograd zu verproviantieren, da sich sonst die Lage sehr schnell verschlimmern würde. Seine Antworten haben nichts Beruhigendes. […]

Michail Rodsjanko, Dumapräsident, an Nikolaus II.

Die Unzufriedenheit wächst

26. Febr./11. März 1917

Die Lage ist ernst. In der Hauptstadt ist Anarchie. Die Regierung ist gelähmt. Verkehr, Versorgung und Heizung sind in vollkommener Verwirrung. Die allgemeine Unzufriedenheit wächst. Auf den Straßen wird ordnungslos geschossen. Truppenteile beschießen sich gegenseitig. Es ist unumgänglich nötig, sofort einer Persönlichkeit, die das Vertrauen des Landes besitzt, die Bildung einer neuen Regierung anzuvertrauen. Eine Verzögerung ist unmöglich. Jedes Zaudern wäre der Tod. Ich bete zu Gott, dass in dieser Stunde keine Verantwortlichkeit auf den Träger der Krone falle.

R. H. Bruce Lockhart, britischer Generalkonsul (1887–1970)

Schüsse auf Demonstranten

Am 11. März überschwemmte die Menge den Newskijprospekt, die Prachtstraße St. Petersburgs. Die von ein paar loyalen Soldaten unterstützte Polizei eröffnete das Feuer. Andere Polizeitrupps, die auf Hausdächern postiert waren, schossen auf einzelne Demonstranten – ein ohnmächtiger Versuch, der steigenden Triumphflut einen Damm zu setzen. Indem sie ein paar Leute niederstreckten, machten sie nur ihren eigenen Tod gewiss. Inzwischen ergoss sich die Menge in alle Winkel der Autokratie, verhaftete entsetzte Minister und befreite aus der baulich reizvollen, aber grimmigen Peter-Paul-Festung die politischen Gefangenen. Die Menge war in froher Stimmung, nicht bösartig und ohne Verlangen, irgendjemanden umzubringen. Sie hatte viele neue Parolen gelernt, deren Sinn sie kaum verstand. »Es lebe die Freiheit! Es lebe die Redefreiheit!« – solche Worte waren auf aller Lippen. Auch war jeder »Graschdanin« oder »Graschdanka«, »Bürger« oder »Bürgerin« geworden.

George William Buchanan

Die Lage war schon sehr ernst
Erst als meine Frau und ich Sonntag, den 11. März (26. 2. a. St.), mit dem letzten Zuge, der Petrograd erreichte, zurückkehrten [von einem Kurzurlaub in Finnland], meldete mir mein Diener, als wir nahe der Hauptstadt waren, einen Tramway- und Kutscherstreik. Der auf unserer Fahrt zur Botschaft durchquerte Teil der Stadt war vollkommen ruhig. Abgesehen von einigen Militärpatrouillen auf den Kais und dem Fehlen aller Trams und Kutschen war ihr Aussehen nicht ungewöhnlich.

Trotzdem war die Lage schon sehr ernst. Infolge des Mangels an Kohle hatten einige Fabriken schließen müssen und mehrere Tausende Arbeiter waren arbeitslos geworden. Dies allein wäre noch nicht so beunruhigend gewesen, denn sie wurden bezahlt und gingen nicht darauf aus, Unruhen zu stiften. Doch sie brauchten Brot, und viele von ihnen gingen nach stundenlangem Warten in den Queues vor den Bäckerläden leer aus. […] Der Mangel an Brot war die Ursache der Erregung, die sich jetzt unter den Arbeitern zeigte. Am Abend wurden mehrere Brotläden in den ärmeren Vierteln der Stadt geplündert. Man sah zum ersten Male eine Kosakenpatrouille den Newski entlanggaloppieren. Am nächsten Tage nahm die Aufregung zu. Das Volk forderte Zusicherungen, dass etwas geschehe, um die Ernährungskrise zu beheben, doch niemand kümmerte sich darum. Gruppen von Arbeitern und Studenten durchzogen die Straßen, gefolgt von einer Menge Männer, Frauen und Kinder, die nur die Neugierde herausgetrieben hatte. Die Menge war meistens gutmütig, wich den Kosaken aus, wenn diese Befehl hatten, eine

Straße zu säubern, und ließ sie gelegentlich sogar hochleben. Die Kosaken ihrerseits nahmen sich in Acht, niemanden zu verletzen, und lachten und plauderten mit den ihnen Zunächststehenden – ein böses Omen für die Regierung. Nur gegen die Polizei, mit der es im Lauf des Tages zu mehreren Zusammenstößen kam, nahm die Menge eine feindselige Haltung an. In einigen Straßen wurden auch Straßenbahnwagen zerschlagen und umgeworfen.

Inzwischen waren die Führer der Sozialdemokraten, die in den Fabriken und Baracken seit Monaten eine lebhafte Propaganda entfaltet hatten, nicht untätig. Sonnabend, den 10., nahm die Stadt schon ein ernsteres Aussehen an. Es sah aus, als wäre ein Generalstreik ausgebrochen. Die Arbeitermassen, welche den Newski auf und ab wogten, schienen bereits organisiert zu sein. Niemand wusste recht, was geschehen würde, aber doch war das Empfinden allgemein, man dürfe diese günstige Gelegenheit nicht vorübergehen lassen, ohne etwas zu unternehmen. Im ganzen war jedoch die Haltung des Volkes noch immer eine friedliche. Abends gab es eine kleine Schießerei, für welche man die Polizisten […] verantwortlich hielt.

Jetzt entschloss sich die Regierung zu strengen Gewaltmaßregeln. Sonntag, den 11. März, ließ der Militärgouverneur General Khagoloff [richtig: Chabalow] in der ganzen Stadt durch Maueranschlag verkünden, dass alle Arbeiter, die am nächsten Tag die Arbeit nicht wieder aufgenommen hätten, an die Front geschickt würden und Polizei sowie Militär Befehl hätten, jede Menschenansammlung mit Gewalt auseinanderzutreiben. Diese Warnung wurde nicht beachtet. Es gab dieselben Zusammenrottungen, und im Laufe des Tages wurden ungefähr zweihundert Menschen durch das Feuer der Truppen getötet. Am Nachmittag jedoch weigerte sich eine Kompanie des Pavlovsk-Regimentes zu feuern; sie musste durch das Preobrazhenski-Regiment entwaffnet werden. Abends hatte jeder Widerstand aufgehört, die Menge war zerstreut und die Ordnung für eine Zeit wiederhergestellt. Doch die Bewegung, die anfangs nur Maßnahmen zur Behebung der Lebensmittelknappheit erzwingen wollte, nahm jetzt politischen Charakter an. Die Regierung, die sowohl für das Schießen als auch für die Ernährungskrise verantwortlich war, sollte fortgejagt werden.

27. Febr./12. März

Um halb neun, als ich mich gerade fertig ankleide, höre ich ein seltsames, anhaltendes Geräusch, das anscheinend von der

Alexanderbrücke herkommt. Aber gleich darauf erscheint eine wilde Horde, rote Fahnen schwingend, am rechten Newaufer, während ein Regiment von der anderen Seite herbeieilt. Es sieht aus, als würde es zu einem Zusammenstoß kommen. Doch nein, die zwei Menschenhaufen vereinigen sich. Das Heer verbrüdert sich mit dem Volke. Bald darauf meldet man mir, dass ein Garderegiment, das wolhynische Regiment, diese Nacht gemeutert und seine Offiziere umgebracht hat, dass es die Stadt durcheilt, indem es das Volk zur Revolution aufruft und die kaisertreu gebliebenen Truppen mit sich fortzureißen versucht. [...]

Wiktor Schklowski
(1893–1984)

Lärm erfüllte die Stadt
Seit dem Losschlagen der Wolhynier waren zwei Stunden vergangen. Gegen Morgen waren die Panzerwagen fahrbereit und fuhren Richtung Nevskij-Prospekt ab. Über die Straßen wirbelte Papier.

Einige Polizeireviere standen in Flammen.

Die Februarrevolution geschah – sie wurde nicht organisiert. Die Soldaten verließen ihre Kasernen, die zwischen der Bassejnaja-, der Litejnaja-Straße, der Neva und dem Suvorov-Prospekt lagen, und zogen Richtung Taurisches Palais. [...]

Die Musen und Erinnyen der Februarrevolution jagten durch die Stadt: mit Soldaten vollbeladene und beklebte Lastwagen, die wer weiß wohin fuhren, die ihr Benzin wer weiß woher hatten, die irgendwas wer weiß wofür taten. Eine bürgerliche Revolution ist eine leichte, blendende, unverlässliche, fröhliche Sache. Widerstand wurde kaum geleistet. [...]

Lärm erfüllte die Stadt. Die Wagen stießen zusammen, überschlugen sich, fuhren irgendwo auf.

Welch ein Tag! Welche Schlaglöcher unter den Rädern der Automobile! Welch ein Glaube! Welche Freude!

Wie blind war ich! Ich hatte keine Ahnung von politischer Strategie. Ich verstand nicht nur nicht, was morgen sein wird, ich wusste nicht einmal, wie ich mir dieses Morgen ohne Zaren wünschen soll.

Die Revolution war fast unbewaffnet. Die Maschinengewehre, die man nach Petersburg schaffte, hatten ungefüllte Stopfbüchsen.

Das waren Magazinwaffen, keine Kampfwaffen. Die MGs waren wie Brennholz auf Lastwagen aufgeschichtet, die Gestelle wurden gesondert transportiert. [...]

In den Pavlogradskij- Kasernen und auf dem Marsfeld tauchten agitierende Arbeiter auf, die sogar in den Kasernen übernachteten. Das waren die ersten Bolschewiki, von denen ich erfuhr und die ich sah.

R. H. Bruce Lockhart

Kein Versuch, das Regime zu retten

Am 12. März war das Zarentum tot. Es gab in Petersburg Tausende von Offizieren, aber obwohl fast alle Monarchisten waren, hatte – von ganz wenigen Ausnahmen abgesehen, wenn es überhaupt welche gab – keiner auch nur einen Finger gerührt, das Regime zu retten. Es war zusammengefallen wie ein Kartenhaus unter dem Anhauch eines Kindes.

Die meisten ausländischen Beobachter hatten sich im Verlauf des Krieges die Meinung gebildet, das vom ersten Tag an mattherzige Petersburg sei der Schwäche- und Gefahrenherd und Moskau der Schoß des Patriotismus und der Stärke. Allein, die Ereignisse in Moskau, wo ich die – nach dem Kalender alten Stils so bezeichnete – Februarrevolution aus nächster Nähe miterlebte, verliefen ganz wie in Petersburg. [...] Am Donnerstag, dem 15. März, wurde die neue Provisorische Regierung dem Land bekanntgegeben. An ihrer Spitze stand Fürst Lwow, und von ihren Ministern waren fünf Moskauer, sie alle gute Freunde Britanniens und entschlossen, den Krieg bis zum Siege fortzuführen. Ein einziger Sozialist gehörte zu der Regierung: Kerenskij als Justizminister.

Sollte ich über die neue Regierung im ersten Augenblick so etwas wie begeistert gewesen ein, so schwand der Enthusiasmus rasch dahin angesichts der Arbeiter- und Soldatenräte, die sich in Petersburg aufgetan hatten und jetzt im Taurischen Palast tagten, dem Heim der Reichsduma. Bald sollten sich im ganzen Lande unabhängig voneinander Arbeiter-, Soldaten- und Bauernräte bilden.

Am 15. März auch unterzeichnete der Kaiser nach einem Versuch, vom Hauptquartier nach Zarskoje Selo zurückzukehren, für sich und seinen Sohn zugunsten seines Bruders, des Großfürsten Michael, die Abdankungsurkunde. Der Großfürst verzichtete für die Zeit bis zur

Entscheidung durch die Nationalversammlung, die gewählt werden sollte, ebenfalls auf den Thron. Die Dynastie der Romanows hatte aufgehört zu existieren. Drei Jahrhunderte lang hatte sie Russland regiert. Das Kaiserreich war, wenn zwar auch noch nicht de jure, so doch tatsächlich eine Republik geworden.

Iwan Bunin, erster russischer Literaturnobelpreisträger (1870–1953)

... und erkannte Petersburg nicht wieder

Das letzte Mal war ich Anfang April 1917 in Petersburg. Damals geschah etwas Unfassbares: Das größte Land der Erde war der völligen Willkür des Schicksals ausgesetzt – und das während des größten Krieges der Welt. Noch zogen sich die Schützengräben über dreitausend Werst nach Westen hin, aber sie waren nur mehr bloße Löcher: Die Sache war beendet, auf eine absurde, nie dagewesene Weise beendet, denn die Macht über die dreitausend Werst, über die bewaffnete Horde, in die sich eine millionenstarke Armee verwandelt hatte, war bereits in die Hände von »Kommissaren« [...] übergegangen. Nicht weniger schrecklich war es aber auch im gesamten übrigen Raum Russlands, wo plötzlich ein gewaltiges, über Jahrhunderte hinweg gewachsenes Leben abbrach und sich eine unschlüssige Form der Existenz ausbreitete, grundloser Müßiggang und widernatürliche Freiheit von allem, was die menschliche Gesellschaft am Leben hält.

Ich traf in Petersburg ein, stieg aus dem Zug und ging über den Bahnhof: Hier, in Petersburg, schien es noch schrecklicher zu sein als in Moskau, schien es noch mehr Volk zu geben, das keine Ahnung hatte, was zu tun war, und völlig sinnlos durch sämtliche Bahnhofsräumlichkeiten schlenderte. Ich trat hinaus unter das Vordach, um eine Kutsche zu nehmen. Der Kutscher hatte ebenfalls keine Ahnung, was er tun sollte, fahren oder nicht fahren, und er wusste nicht, welchen Preis er nennen sollte.

»Ins Jewropejskaja [Grand Hotel Europa]«, sagte ich.

Er überlegte und erwiderte auf gut Glück:

»Zwanzig Silberrubel.«

Der Preis war zu jener Zeit noch völlig absurd. Doch ich war einverstanden, stieg ein und fuhr los – und erkannte Petersburg nicht wieder.

Iwan Bunin, Schriftsteller, Nobelpreisträger, Foto, 1901

In Moskau war schon kein Leben mehr, obwohl die neuen Machthaber eine in ihrer Stupidität und großen Eile irrwitzige Imitation einer angeblich neuen Ordnung des Lebens darboten, eines neuen Zeremoniells, ja selbst eines neuen festlichen Gepräges. Dasselbe war, noch in gesteigerter Form, in Petersburg im Gange. Ununterbrochen Versammlungen, Sitzungen, Meetings, ein Aufruf nach dem anderen erging, ein Dekret nach dem anderen, unermüdlich war die berühmte ›direkte Telefonleitung‹ in Betrieb – und wer schrie und kommandierte damals nicht alles über diese Leitung! – den Newski entlang rasten unentwegt rot beflaggte Regierungsautos, donnerten überfüllte Lastwagen, marschierten überaus gewandt und präzise Truppen mit roten Fahnen und Musik ... Der Newski war überflutet von einer grauen Menge – Soldateska mit umgehängten Uniformmänteln, nicht arbeitende Arbeiter, flanierende Dienstboten und allerlei liederliches Volk mit Bauchläden, das mit Papirossy und roten Schleifen handelte, mit zotigen Postkarten, mit Süßigkeiten und allem, wonach man verlangte. Auf den Gehwegen Kehricht. Schalen von Sonnenblumenkernen, auf der Fahrbahn lag gefrorener Dung, es gab Unebenheiten und Schlaglöcher. Auf halbem Weg sagte mein Kutscher plötzlich das, was damals schon viele bärtige Bauern sagten:

»Das Volk ist jetzt wie Vieh ohne Hirten, es macht alles dreckig und richtet sich selbst zugrunde.«

Ich fragte:

»Und was kann man da machen?«

»Machen?«, fragt er. »Machen kann man jetzt nichts. Jetzt ist Feierabend. Keine Regierung mehr.«

Ich sah mich um, auf dieses Petersburg ... »Wahrhaftig. Feierabend.« Doch tief in meiner Seele hatte ich noch Hoffnung, und ich wollte noch nicht so recht daran glauben, dass es wirklich keine Regierung mehr gab.

Allerdings konnte man nicht umhin, daran zu glauben. [...]

In Petersburg empfand ich es besonders lebhaft: In unserem tausendjährigen, gewaltigen Haus hatte sich ein großer Tod ereignet, und das Haus stand nun offen, sperrangelweit offen, und war erfüllt von einer unermesslichen müßigen Menge, für die es nichts Heiliges und Verbotenes mehr gab, in keinem der Zimmer. Und inmitten dieser Menge schwirrten die Erben des Verstorbenen umher, ganz benommen vor Sorgen und Anordnungen, die indes niemand befolgt. Die Menge streifte von einem Zimmer ins andere, von einem Raum in den anderen, ohne auch nur eine Minute von ihren Sonnenblumenkernen abzulassen, knabbernd und kauend, und schaute vorläufig nur, schwieg einstweilen noch. Die Erben aber schwirrten umher, unaufhörlich redend, schmeichelten sich auf allerlei Art bei der Menge ein, wollten ihr und sich selbst versichern, eben sie, die machthabende Menge, hätte »in ihrem heiligen Zorn« auf ewig die »Ketten« zerschlagen, und sie alle suchten sich selbst und der Menge einzureden, dass sie im Grunde genommen keineswegs die Erben seien, sondern lediglich zeitweilige Verwalter, angeblich doch von der Menge selbst dazu ermächtigt.

Ich sah das Marsfeld, auf dem man kürzlich eine Beerdigungskomödie für angeblich im Namen der Freiheit gefallene Helden vollzogen hatte, als bringe man der Revolution ein rituelles Opfer dar. Wozu sollte das gut sein, was war das eigentlich, eine Verhöhnung der Toten, denen ein ehrliches christliches Begräbnis versagt wurde, in Särgen vernagelt, die warum auch immer rot waren, und widernatürlich mitten im Zentrum der Stadt der Lebenden verscharrt! Die Komödie wurde völlig unbedacht aufgeführt, und nachdem man den bescheidenen Staub der unbekannten Verstorbenen durch hochtrabendes Gerede beleidigt hatte, wühlte man den großartigen Platz vom einen Ende zum anderen auf, man stampfte darauf herum, verschandelte ihn mit Erdhügeln, steckte lange, nackte Stangen mit überlangen und schmalen schwarzen Lappen hinein und umgab ihn aus einem unerfindlichen Grund mit einem auf die Schnelle zusammengezimmerten Bretterzaun, der in seiner primitiven Einfachheit nicht weniger abstoßend war als die Stangen.

Am 16. April 1917 trifft Lenin auf dem Finnländischen Bahnhof ein. Er und seine Gruppe hatten Deutschland mithilfe der deutschen Behörden in einem plombierten Eisenbahnwaggon durchquert und waren über Schweden und Finnland aus der Schweiz nach Russland zurückgekehrt, um die Revolution voranzutreiben. Seine erste Rede hält Lenin um 23 Uhr von einem Panzerwagen auf dem Bahnhofsvorplatz. Er schließt mit der Parole: »Es lebe die Sozialistische Weltrevolution!«

Wladimir D. Nabokow, Politiker
(1870–1922)

Passive Regierung
Es ist in der Tat so, dass die Provisorische Regierung über diese Passagiere die größten Illusionen hegte. Man glaubte, dass allein schon die Tatsache des »Imports« von Lenin & Co. durch die Deutschen sie in den Augen der öffentlichen Meinung diskreditieren und jeden Erfolg ihrer Propaganda verhindern müsse. Und tatsächlich hatte das Thema des »plombierten Waggons« auf allen möglichen Kundgebungen stets großen Erfolg. Aber das hielt die wilde und zerstörerische Propaganda mit Hilfe der *Prawda*, der *Okopnaja prawda* und einer Reihe anderer anarchistischer Blätter

nicht auf. Jetzt zeigen uns die Herren Bolschewisten, wie eine skrupellose Macht die gegnerische Presse ohne alle Umschweife mundtot machen kann. Der Provisorischen Regierung waren die Hände gebunden aufgrund ihrer Proklamationen über die Freiheit des Wortes sowie ihrer ganzen Ideologie. Der Zeitungspropaganda schaute sie völlig passiv zu. Zum Teil kam in dieser Passivität auch das Bewusstsein ihrer Schwäche zum Ausdruck, das die Provisorische Regierung daran hinderte, entschlossene Maßnahmen gegen Aktionen von geradezu kriminellem Charakter zu ergreifen wie etwa die Besetzung des Palais Kschessinskaja* und seine Verwandlung in eine Zitadelle und öffentliche Lehrkanzel des zügellosesten Bolschewismus. Jetzt fällt es freilich leicht, der Provisorischen Regierung wegen dieser Passivität Vorwürfe zu machen. Doch wenn man sich gedanklich in jene Epoche zurückversetzt und sich die Stimmung vergegenwärtigt, die damals vorherrschte, dann wird klar, dass die Regierung nicht anders handeln konnte, wollte sie nicht riskieren, völlig isoliert dazustehen. Wer hätte sie dann noch unterstützt? Die Petersburger Garnison gehorchte ihr nicht. Die »bourgeoisen« Klassen, unorganisiert und nicht militant, wären zwar auf ihrer Seite gewesen, aber sie hätten sich auf platonische Sympathiebezeugungen beschränkt. Doch hier genügten solche Sympathiekundgebungen nicht, selbst wenn sie von sehr vielen Bevölkerungsgruppen ausgingen. […]

Mein Haus in der Morskaja-Straße lag nur fünf Minuten zu Fuß vom Marienpalais, das war sehr bequem. Ich erinnere mich an unaufhörliche Telefongespräche, an die täglichen Besucher und daran, dass es fast unmöglich war, sich zu konzentrieren. Und ich erinnere mich an die Grundstimmung. Alles Erlebte erschien wie *unwirklich*. Wir konnten nicht glauben, dass es uns gelingen würde, die zwei wichtigsten Aufgaben zu erfüllen: den Krieg fortzusetzen und das Land wohlbehalten zur Konstituierenden Versammlung zu führen.

Bekanntlich kam die Verordnung der Provisorischen Regierung über die Bildung eines besonderen Gremiums zur Ausarbeitung eines Gesetzes über die Wahlen zur Konstituierenden Versammlung erst Ende Mai zustande. […]

* Palais der Ballerina Matilda Kschessinskaja am Kamenoostrowski Prospekt auf der Petrograder Seite.

Als schließlich das Gremium gebildet wurde und mit der Ausarbeitung des Gesetzes begann, erwies sich sein Apparat als so kompliziert und umfangreich, dass unmöglich mit einem schnellen Abschluss der Arbeit und der Festsetzung der Wahlen in naher Zukunft zu rechnen war.

Tamara Karsawina, Primaballerina des Marientheaters (1885–1978)

Eine kurze Periode des Optimismus
Nach den ersten Tagen der Exzesse, der Kanonaden und der Feuersbrünste kehrte in Petersburg Ruhe ein. Die Proklamationen der neuen Regierung riefen die Bevölkerung auf, ihr zu vertrauen. Die Miliz, die Haussuchungen veranstaltete, bemühte sich, die Bürger zu beruhigen. Die Revolution erlebte eine kurze Periode des Optimismus.

Im Theater führten die Künstler in Abkehr von früheren Traditionen die Anrede »Genosse« ein. Ein neuer Direktor wurde ernannt, ein Wissenschaftler und bedeutender Professor. Die Künstler organisierten ihre Komitees, ich wurde zur Vorsitzenden eines dieser Komitees gewählt. Vorsitzende sein und als Primaballerina auftreten ging über meine Kräfte. Ich bemühte mich mit aller Kraft, meine künstlerische Tätigkeit nicht leiden zu lassen: Ich machte meine Übungen am frühen Morgen, nach der Versammlung des Komitees eilte ich zu den Proben, nach den Proben an den mit Papieren vollgeladenen Schreibtisch. Es hagelte Klagen: die jungen Tänzer forderten eine Erhöhung ihrer Gage und Beförderungen unter dem Vorwand der Gleichberechtigung und Gerechtigkeit. Das Komitee tagte vom Morgen bis zum späten Abend. […]

Das Marientheater wurde die Adler und kaiserlichen Wappen los; Jacken voller Fettflecken ersetzten die rot-braunen Uniformen der früheren Diener.

Ich erinnere mich an eine Wohltätigkeitsaufführung – eine kleine Gruppe grauhaariger verhärmter Menschen saß in der Zarenloge. Das waren alte Polithäftlinge, die vor ein paar Monaten aus Sibirien zurückgekehrt waren. Jetzt wurde ihr Märtyrertum gewürdigt. Aber es kam die zweite Phase der Revolution, sie wurden von einer neuen Welle weggespült und verwandelten sich in Zielscheiben des

Spotts. Diese Phase bereitete dem Optimismus ein Ende. Die Front wurde durchbrochen, die Deserteure strömten nach Hause; unorganisierte Soldaten füllten die Züge – sie fuhren auf den Dächern der Waggons, klammerten sich an die Stoßdämpfer. Aus den hungrigen Städten strebten täglich Menschenmassen hinaus auf der Suche nach Nahrung. Die Regierung unternahm verzweifelte Versuche, den Krieg fortzusetzen. […]

Ilja Ehrenburg, kehrt Mitte Juli 1917 aus Paris zurück
(1891–1965)

»Das begreife, wer will!«
Ich glich dem verirrten Lamm ohne Herde, das Du Bellay beschrieb – ich hatte ja schon mit achtzehn Jahren Russland verlassen. Wie ein Erstklässler war ich willens, das Abc zu erlernen. Ich fragte jedermann, was denn nun eigentlich vorgehe, bekam aber regelmäßig die gleiche Antwort zu hören. »Das begreife, wer will!« Ich unterhielt ausgedehnte Gespräche über den faulenden Westen, über Dostojewskij. Doch die Leute hatten andere Sorgen; sie führten keine Gespräche – sie schleuderten Flüche, die einen gegen die Bolschewiken, die anderen gegen Kerenskij, die dritten gegen die Revolution. […]

Das »Börsenblatt« zahlte das mir zustehende Honorar aus, ich nahm in einer Pension auf der Moika Wohnung. Schon am Morgen ging ich auf die Straße und schaute. Die Architektur der Stadt, ihre Anlage bestach durch Klarheit und Erhabenheit. Aber sonst war rein gar nichts zu begreifen! Ich ging in eine Volksversammlung im Zirkus Ciniselli. Es war ziemlich voll, doch ich spürte sofort, dass niemand mehr zuhören wollte. Die Begeisterung der ersten Monate war verflogen, sogar die Schwätzer hatten sich satt geredet. Die Rednerliste war dem Zufall überlassen. Eine grauhaarige Dame wies nach, das Esperanto sei die Rettung der Revolution – sie wurde kaum beachtet. Dann sprach ein Anarchist von der Notwendigkeit, den Staat auf der Stelle abzuschaffen – man schrie ihn nieder; als er daraufhin zu pfeifen begann, zerrte man ihn vom Podium. Ein elegant gekleideter junger Mann bat die Versammlung flehentlich, Russland nicht an den deutschen Kaiser zu verraten. »Hast du Hundesohn auch im Graben gesessen?«, grölten ihm zwei Landser entgegen. […]

Auf den Straßen machte man Jagd auf Deserteure. Die Patrouillen, die die Ausweise kontrollierten, sahen selbst wie Deserteure aus. […]

In den Geschäften konnte man Havannazigarren, Sèvres-Vasen und die Gedichte der Gräfin de Noailles kaufen. In den Konditoreien wurde der Kaffee mit Honig serviert (Zucker war nicht mehr zu haben), statt Kuchen gab es dünne Scheiben Weißbrot mit Marmelade. Die Fuhrleute sprachen nicht mehr über den Hafer, sie fluchten nur noch mürrisch vor sich hin. […]

Die Soldaten redeten vom Frieden. Die Deserteure redeten überhaupt nicht, sie blickten nur finster auf die Passanten. Den Newskij-Prospekt entlang flanierten Mädchen in Uniform. Sie salutierten forsch, ihre Brüste waren sehr groß. […]

Im Winterpalais sah ich, wie der Zar gelebt hatte. Es war kein interessantes Leben gewesen: Die Räume waren geschmacklos eingerichtet und voller spießbürgerlicher Nippsachen. (Ich sollte solche Nippes später im Pekinger Palast des letzten Kaisers von China wiedersehen.) Inmitten von Puffs waren Feldbetten und Gewehre aufgestellt – […] Alle versicherten, dass sich bald irgendjemand »regen« werde. Die einen tippten auf General Kornilow, die anderen auf die Bolschewiken. Ich sah endlich ein, dass ich doch nichts begreifen würde und fuhr nach Moskau.

Fjodor Schaljapin

Die Tage der Provisorischen Regierung waren gezählt

Indessen »vertiefte« sich die Revolution. Immer kühner erhoben die Bolschewiken den Kopf. Ich wohnte auf dem Kamenoostrowskij-Prospekt, und mein Weg nach dem Theater des Volkshauses führte mich am bolschewistischen Hauptstab vorbei, der im Palais der berühmten Tänzerin M. F. Kscheschinskaja [sic!] untergebracht war. Die Bolschewiken hatten von diesem Palais eigenmächtig Besitz ergriffen und den Riesenbalkon in ein Forum der Revolution verwandelt. Im Vorübergehen blieb ich hin und wieder am Palais stehen, um ein bisschen zu beobachten und den sich ständig abwechselnden Rednern zuzuhören. Es war völlig unmöglich, sich durch die Menge dicht an den Balkon heranzudringen, aber ich hörte dennoch, wie die Redner dem Volke erklärten, dass all diese prunkvollen Gebäude ihm gehörten. Bisher hätten darin

Ausbeuter und Tyrannen gelebt, jetzt aber sei endlich die Stunde der Vergeltung gekommen. Es genüge jedoch keineswegs, diese Häuser zu erobern! – »Nein, nein, nein, Genossen! Man muss auch diese niederträchtigen Blutsauger selber wie eine giftige Schlangenbrut vernichten!! …«

Ich hörte diese Reden mit einer gewissen Verlegenheit und nicht ganz ohne Angst, denn ich trug einen Anzug vom ersten Schneider Londons und fühlte mich unwillkürlich, wenn auch nicht in der Seele, so doch dem Äußeren nach, diesen Blutsaugern zugehörig. Derselben Ansicht schienen übrigens bisweilen auch meine nächsten Nachbarn in der Menge zu sein, denn die Blicke, mit denen sie mich streiften, waren alles andere als wohlwollend. Und ich verduftete daher vorsichtshalber.

Die Tage der Provisorischen Regierung waren offenbar gezählt. Das begriff man sogar in den Kreisen, die dieser Regierung nahestanden und ergeben waren. In meinem Gedächtnis blieb ein Abendessen mit Freunden haften, weil es da auch mir, der ich von Politik nicht besonders viel verstehe, plötzlich klar wurde, wie ernst die Situation war. […]

Eines Abends auf der Bühne des Volkshauses: Den Königspurpur um die Schultern, das Szepter in der Hand, die Krone des Königs Philipp von Spanien auf dem Haupt, trete ich aus der Kathedrale auf den Platz und bestätige dort meinem Volke erneut, dass die Ketzer verbrannt werden, dass ich von Gott selber gesalbt wurde und dass ich überhaupt der einzige Herrscher auf Erden sei, den man für voll nehmen müsste. In diesem Augenblick ertönt in der Nähe des Volkshauses von der Newa her ein Kanonenschuss. Als König, der keinen Widerspruch duldet, horche ich düsteren Blickes auf. War das eine für mich bestimmte Replik? Der Schuss wiederholt sich. Von der Höhe der zur Kathedrale führenden Stufen merke ich, dass mein Volk unruhig wird. Es kracht der dritte und vierte Schuss, und mein Platz fängt an, sich zu leeren. Die Choristen und Statisten drängen zu den Kulissen. Sie haben die Ketzer vergessen und beraten laut, wohin sie flüchten sollen …

Nur mit Mühe gelang es dem König Philipp II. von Spanien, seine schüchternen Untertanen davon zu überzeugen, dass jede Flucht zwecklos wäre, weil man ja nicht wissen könnte, wohin die Geschosse fallen würden. Eine Minute später kamen Leute hinter die Kulissen und teilten uns mit, dass die Schüsse in entgegengesetzter Richtung abgefeuert wurden und wir infolgedessen nichts zu

Fjodor Schaljapin, Sänger, Foto, 1930

befürchten hätten. Wir setzten also die Vorstellung fort. Auch das Publikum, das gleich uns nicht wusste, wohin es fliehen sollte, blieb im Zuschauerraum.

»Warum schießt man denn?«, fragten wir die Leute, die uns die beruhigende Nachricht gebracht hatten.

»Ja, sehen Sie, vom Kreuzer ›Aurora‹ wird das Winterpalais bombardiert*, weil dort die Provisorische Regierung tagt.«

Gegen Ende der Vorstellung verstummten die Schüsse. Aber mein Heimweg war dennoch alles andere als angenehm. Es regnete und schneite durcheinander, wie es im Spätherbst in Petersburg häufig vorkommt. Ein schmutziger Brei lag auf den Straßen. Ich war in Begleitung meiner Frau, und da wir keine Droschke fanden, mussten wir zu Fuß gehen. [...]

Die Provisorische Regierung war gestürzt, die Minister saßen hinter Schloss und Riegel. Feierlich zog Wladimir Iljitsch Lenin in die eroberte Hauptstadt ein.

John Reed, amerikanischer Journalist
(1887–1920)

»Räumt den Palast!«

In dem Lichtschein, der aus den Fenstern des Winterpalastes fiel, konnte ich sehen, dass die ersten zwei- bis dreihundert Mann Rotgardisten waren, zwischen ihnen nur einige wenige Soldaten. Wir erkletterten die aus Brennholz errichtete Barrikade, und auf der Innenseite herunterspringend, brachen wir in Siegesjubel aus, als wir auf einen Haufen Gewehre stießen, die die Offiziersschüler im Stich gelassen hatten. Die Türen zu beiden Seiten des Hauptportals standen offen, hellen Lichtschein auf die Straße werfend. Kein Laut drang aus dem riesigen Gebäude. [...]

* Hier irrt Schaljapin. Die *Aurora* hat den Winterpalast nicht bombardiert, sondern nur einen blinden Schuss abgefeuert, um die Besatzungen der anderen Schiffe auf der Newa zu erhöhter Wachsamkeit anzuhalten. Der Schuss war auch kein Signal zum Sturm auf den Winterpalast, wie sowjetische Historiker und Propagandisten bis in die Glasnost-Ära behaupteten. Den »Sturm« gab es nur in Eisensteins Schwarz-Weiß-Film *Oktober*, tatsächlich gelangten die revolutionären Arbeiter und Soldaten nahezu ungehindert durch Fenster, Türen und Kellerluken in den Palast. Die Schüsse, die im Theatersaal des Volkshauses zu hören waren, wurden aus Festungskanonen auf den Palast abgefeuert und verursachten nur geringfügige Schäden.

Wir gingen zum linken Eingang im Westflügel. Auch dort war man dabei, wieder Ordnung zu schaffen. »Räumt den Palast!«, schrie ein Rotgardist aus einer der inneren Türen heraus. »Kommt, Genossen, wir wollen zeigen, dass wir keine Diebe und Räuber sind. Alles verlässt den Palast außer den Kommissaren, bis wir Posten aufgestellt haben.«

Zwei Rotgardisten, ein Soldat und Offizier, standen dort mit Revolvern in den Händen; ein anderer Soldat saß hinter ihnen am Tisch, mit Feder und Papier. Überall waren Rufe: »Alles heraus, alles heraus!« von nah und fern zu hören, und schreiend, schimpfend und sich stoßend begannen die Massen durch die Tür zu drängen. Jeder Einzelne wurde, als er herauskam, festgehalten und von einem Komitee, das sich rasch gebildet hatte, peinlich genau untersucht. Was er nicht ganz einwandfrei als sein Eigentum nachweisen konnte, wurde ihm erbarmungslos abgenommen. Der Mann am Tisch schrieb alles auf, und die Sachen wurden in einen kleinen Raum gebracht. [...] Die Sünder gaben entweder ihre Beute mürrisch preis, oder sie baten wie die Kinder. Die Mitglieder des Komitees, alle gleichzeitig redend, erklärten immer wieder, stehlen sei eines Vorkämpfers des Volkes unwürdig. Solche, die erwischt worden waren, blieben oft zurück und halfen, ihre Kameraden zu durchsuchen. [...]

Wir fragten, ob wir hinein könnten. Das Komitee war sich darüber nicht klar, aber der Rotgardist erklärte entschieden, dass es verboten sei.

»Wer sind Sie überhaupt? Wie kann ich wissen, ob Sie nicht alle miteinander Kerenskileute sind?« (Wir waren fünf Personen, darunter zwei Frauen.)

»Platz, Genossen!« Ein Soldat und ein Rotgardist erschienen in der Tür, die Menge zur Seite drängend, und andere Rotgardisten folgten mit aufgepflanzten Bajonetten. Hinter ihnen kamen einer nach dem andern ein halbes Dutzend Zivilisten – die Mitglieder der Provisorischen Regierung. [...] Sie gingen schweigend vorüber, die siegreichen Aufständischen drängten heran, um zu sehen, man hörte jedoch nur wenige wütende Zurufe. Erst später erfuhren wir, dass die Massen auf der Straße sie lynchen wollten; Schüsse waren abgefeuert worden – die Matrosen hatten sie jedoch heil nach der Peter-Pauls-Festung gebracht ...

Louise Bryant, amerikanische Journalistin
(1885–1935)

Petrograd – Herz der Weltrevolution
Die Geschäfte in Petrograd waren gähnend leer. Es ist seltsam, welche Waren in einer belagerten Stadt, deren Lebensmittelvorräte gerade noch für drei Tage reichen, übrigbleiben. Es gab keine wärmende Kleidung mehr, aber dafür mit Korsetts, Blumen oder Perücken vollgestopfte Schaufenster. Dieses Phänomen war leicht zu erklären, da die Frauen, die für solche Dinge teures Geld bezahlen konnten, die Stadt längst verlassen hatten. Perücken waren jetzt unverkäuflich, da ein Drittel der Frauen das Haar kurz trug. Ein cleverer Geschäftsmann, der diese Tonnen Frauenhaare nach Amerika, Frankreich oder in ein anderes rückständiges Land, in dem die alten Rituale noch galten, verschiffen würde, könnte sein Glück damit machen.

Die Floristik war vor der Revolution sehr weit entwickelt, um auch die ausgefallensten Wünsche der oberen Klassen zu erfüllen. Der Umbruch der Gesellschaft hat die Nachfrage nach solchen Luxusgütern abrupt beendet.

Aber da stehen noch die Treibhäuser, es leben noch die alten Gärtner. Unmöglich kann Althergebrachtes über Nacht verändert werden. Handelsgewohnheiten ändern sich genauso langsam wie andere Lebensgewohnheiten. Und so füllen sich die Läden immer wieder mit Blumen. In der Morskaja stellten drei Blumengeschäfte, mitten in den erbittertsten Straßenkämpfen, seltenste Orchideen aus, und in den turbulenten Dezembertagen schmückten weiße Lilien plötzlich die Geschäfte. Die befremdlichen Überreste einer untergegangenen Epoche kontrastierten scharf zum Alltag. Vor den ehemaligen Palästen und den Grand Hotels standen noch die Männer mit Pfauenfedern an den Hüten und mit purpurnen, grünen und goldenen Schärpen geschmückt, deren frühere Aufgabe darin bestanden hatte, die ankommenden Gäste aus den Kutschen zu geleiten. Jetzt trafen keine Gäste mehr ein. Dennoch standen sie dort an den Straßen, langsam verschmutzten ihre Schärpen, ihre Pfauenfedern fielen ab. Die Männer erinnerten mich an alte Negersklaven, die nach der Abschaffung der Sklaverei in den Südstaaten weiter an ihrer Versklavung festhielten. […]

Petrograd ist beeindruckend, massiv und unüberschaubar. […] Die Strenge Peters des Großen prägt die Kanäle, die durch die Stadt führen, die Alleen und riesigen Plätze, die unzähligen Paläste und Regierungsbauten. Nicht einmal wunderschöne Gebäude wie die alte Admiralität oder die türkisblaue Moschee brechen den Eindruck von Massivität.

Aus dem Boden gestampft nach dem Willen eines grausamen Autokraten, buchstäblich auf den Körpern tausender Leibeigener, gegen den Willen der Gesellschaft, ist diese riesige künstliche Stadt durch eine besondere Ironie der Geschichte zum Herz der Weltrevolution geworden: zum Roten Petrograd.

Alexei Tolstoi, Schriftsteller
(1883–1943)

Furchtbar war es in Petrograd Ende 1917
Alles war zu Ende. Durch die menschenleeren Straßen des still gewordenen Petrograd trieb der eisige Wind Papierschnitzel: abgerissene Stücke von Militärbefehlen, Theaterzetteln, Aufrufen »an das Gewissen und den Patriotismus« des russischen Volkes. Die bunten Papierfetzen mit eingetrocknetem Kleister auf der Rückseite krochen, unheimlich raschelnd wie Schlangen, über den Boden, zusammen mit dem vom Wind getriebenen Schnee.

Das was alles, was von dem noch unlängst lärmenden trunkenen Trubel der Hauptstadt übriggeblieben war. Die müßige Menschenmenge hatte die Plätze und Straßen verlassen. Verödet stand das Winterpalais, dessen Dach ein Geschoss der »Aurora« durchschlagen hatte. Die Mitglieder der Provisorischen Regierung, die einflussreichen Bankiers und berühmten Generäle waren geflohen, unbekannt wohin … Verschwunden waren von den verwahrlosten und schmutzigen Straßen die glänzenden Equipagen, die eleganten Frauen, die Offiziere, die Beamten, die Politiker mit ihren unruhigen Gedanken. Immer häufiger hörte man nachts den Hammer klopfen, der die Türen der Läden mit Brettern vernagelte. Ab und zu war in einem Schaufenster noch ein Stück Käse oder eine vertrocknete Pastete zu sehen. Aber dies verstärkte nur die Sehnsucht nach dem entschwundenen Leben. Der erschreckte Fußgänger drückte sich an die Wand, einen scheelen Blick auf die Patrouillen werfend – auf Gruppen entschlossener Menschen, die, einen roten Stern an der Mütze, das Gewehr mit dem Lauf nach unten über die Schulter gehängt, dahinschritten. Eisig wehte der Nordwind in die dunklen Fenster der Häuser, flog in die menschenleeren Hauseingänge, die Phantome vergangener Pracht wegblasend. Furchtbar war es in Petrograd Ende des Jahres 1917. Furchtbar, unbegreiflich, unfassbar. Alles war vorbei. Alles war abgeschafft. Über die vom Wind reingefegte Straße lief ein Mann, einen zerrissenen Hut auf dem Kopf, einen kleinen Eimer und einen Pinsel in der Hand. Er klebte immer neue Anschläge mit Verfügungen an, und sie legten sich wie weiße Flicken auf die jahrhundertalten Sockel der Häuser. Ränge, Auszeichnungen, Pensionen, die Offiziersachselstücke, der Buchstabe Jatj, Gott, Eigentum und selbst das Recht zu leben, wie man wollte – wurden abgeschafft. Abgeschafft! Unter dem Hut hervor blickte der Zettelkleber grimmig dorthin, wo sich hinter Spiegelscheiben in den kalten Gemächern noch die Bewohner in Filzstiefeln und Pelzen bewegten und händeringend wiederholten: »Was ist das? Was kommt? Der Untergang Russlands, das Ende … Der Tod!« […] Die Nacht bricht an. Alles ist schwarz – keine brennenden Straßenlaternen und kein Lichtschein aus den Fenstern. Es gibt keine Kohle […] Über der zerfleischten, zerschossenen Stadt heult der Schneesturm, pfeift durch die durchlöcherten Dächer: ›Verwü-ü-ü-nscht sind wir.‹ Und Schüsse knallen im Dunkel. Wer schießt, warum, auf wen? Etwa dort, wo der Feuerschein blinkt und die Schneewolken rot färbt? Es sind die Schnapslager, die brennen … In den Kellern, in denen Schnaps aus zerschlagenen Fässern rinnt, liegen betrunkene Menschen … Hol sie der Teufel, sollen sie lebendig verbrennen!

VIII. Statusverlust

Am 5./18. Januar 1918 tritt die im November 1917 gewählte Konstituierende Versammlung im Taurischen Palais, das Katharina die Große einst für den Fürsten Potjomkin, ihren langjährigen Favoriten, hatte bauen lassen, zum ersten Mal zusammen. Die Bolschewiki haben nur 25 Prozent der Stimmen erhalten, die Mehrheit der Abgeordneten sind Sozialrevolutionäre und Menschewiki, also Vertreter der gemäßigten linken Parteien. Diese lehnen die Machtergreifung der Bolschewiki und das Rätesystem entschieden ab und fordern eine demokratische föderative Republik. In der Stadt finden zahlreiche Demonstrationen zur Unterstützung der Konstituante statt, doch am Morgen des 5./18. Januar wird eine Arbeiterdemonstration am Liteiny Prospekt von Rotgardisten brutal zusammengeschossen. Es gibt viele Tote. Die Bolschewiki, die loyale Truppen in die Stadt beordert hatten, schließen die erste Sitzung der Konstituante am frühen Morgen des 6./19. Januar mit der Begründung, die Wachen seien müde, und lassen die Abgeordneten tags darauf nicht mehr zusammentreten. Der Zweite Sowjetkongress erklärt die Konstituante für aufgelöst. Doch die Bolschewiki wissen, dass sie sich in der Hauptstadt nicht sicher fühlen können, zumal unter den Arbeitern und Matrosen die Unzufriedenheit mit ihrer brutalen Herrschaft schnell wächst. Unter dem Vorwand, dass die Deutschen doch noch auf Petrograd marschieren könnten – der für Russland demütigende Frieden von Brest-Litowsk war bereits am 3. März geschlossen worden! – lässt Lenin die Hauptstadt Sowjetrusslands nach Moskau verlegen. Angeblich »zeitweilig«, tatsächlich für immer. »Die Übersiedlung der Zentralmacht nach Moskau war natürlich ein Schlag für Petrograd. Gegen die Übersiedlung herrschte große, fast allgemeine Opposition«, schreibt Leo Trotzki in seiner Autobiographie *Mein Leben*. Die Mehrzahl der Kritiker habe »hauptsächlich einen schlechten Eindruck auf die Petrograder

Arbeiter« befürchtet. Doch in Moskau würde die Regierung sicher, und Petrograd würde auch sicher sein, da die Deutschen kein Interesse an der Einnahme des hungernden Petrograd ohne Regierung haben würden. Der Umzug aus dem Smolny in den Kreml am 10. März 1918 erfolgt unter strengster Geheimhaltung, sieht wie Flucht aus. Und tatsächlich überlassen die Bolschewiki die Stadt, die »Wiege der proletarischen Revolution«, ihrem Schicksal, zu ihrem Glück, wie sich später zeigen wird. Denn sie wird nicht sowjetisch verbaut, sondern bleibt im Wesentlichen erhalten, sieht man von den nun entstehenden Fabrikbauten, Rüstungsbetrieben und Schlafstädten ab. Damit endet die »Petersburger Epoche« der russischen Geschichte.

Simon Dubnow, Historiker
(1860–1941)

Die Nacht des Terrors rückt heran
7. Januar (abends). Blut, Hunger Kälte, Finsternis – unter diesen Vorzeichen beginnen wir das neue Jahr. Vor drei Tagen färbten sich die Straßen Petersburgs rot vom Blut der Teilnehmer an einer friedlichen Manifestation zu Ehren der Verfassunggebenden Versammlung: Die Armee der Bolschewiki schoss sie zusammen. Die einzige Sitzung der Verfassunggebenden Versammlung verlief unter den Bajonetten einer verrohten Soldateska; gestern ließen sie die Abgeordneten schon nicht mehr ins Taurische Palais, und heute erschien das Dekret des Rats der Volkskommissare über die Entlassung der Versammlung. […]

… Ich möchte nicht gleich am ersten Tag des Neuen Jahres Bilanz ziehen – eine beklemmende Bilanz: Die Revolution ertrinkt im Schmutz niedrigster Masseninstinkte. 1905 zertrampelten die extremen Rechten die Revolution, und jetzt die extremen Linken … Aber uns (Juden) wird man die Beteiligung jüdischer Revolutionäre am Terror der Bolschewiki nicht vergessen. Die Kampfgenossen Lenins: die Trotzkis, Sinowjews, Urizkis und andere stellen ihn selbst noch in den Schatten. Den Smolny nennt man insgeheim ›Judenzentrum‹. Später wird man laut darüber reden, und die Judophobie wird sich in allen Schichten der russischen Gesellschaft tief verwurzeln … Sie werden nicht verzeihen. Der Boden für Antisemitismus ist bereitet.

Ich vergleiche diesen blutigen Freitag des 5. Januar mit dem Blutsonntag des 9. Januar 1905. Eine vollkommene Identität von

Zarismus und Bolschewismus, aber während die Mörder dort noch vor den Schatten der Ermordeten erschraken, töten sie hier einfach weiter. Dort gab es noch Hoffnung, den Glauben ans Volk; dieser Glaube ist jetzt zugrunde gegangen. Die Nacht des Terrors rückt heran. Wer ist dem Untergang geweiht? […]

31. Januar (abends) [1919]. […] Ich ging gestern über den Newski: eine tote, schmutzige, deprimierende Straße mit vernagelten Geschäften und ausgemergelten, stöhnenden Passanten. Eine gemordete Stadt, der Leichnam Petersburgs lag vor mir. Im Frost, bei klarem Wetter, wärmte ich mich ein wenig auf, denn zu Hause herrscht Kälte. Heizmaterial gibt die Stadt nicht aus, sie haben uns das benachbarte alte Holzhäuschen zum Abbruch überlassen; heute zerlegt man es und verheizt die Balken und Bretter, aber die ausgekühlten Kamine erwärmen sich kaum. Und was wird dann? Es kommen doch noch zwei bis drei Monate nördlichen Winters.
15. Februar. Jetzt ist Petersburg ein Feldlager, ist Front. Den Bolschewiki droht Gefahr von den vereinten Streitkräften Finnlands und Estlands, hinter denen in den baltischen Gewässern das englische Geschwader mit seiner Streitmacht steht. Das »rote Piter« hat Alarm geschlagen. Trotzki und Sinowjew mobilisieren alle Arbeiter und bereiten das Kanonenfutter vor; junge Soldaten lockt man mit reichlichem Essen und Geld in die Militärschulen und schickt sie sofort zur Schlachtbank, an die Front. […]

SINAIDA HIPPIUS, Schriftstellerin
(1869–1945)

Das Leben wurde immer enger

Und dann kam das Ende. Der letzte Punkt des Kampfes – die Konstituante. Schwarze Winterabende; unsere Freunde, die Sozialrevolutionäre, die Herren von gestern, besuchten uns nun heimlich, geschminkt und mit hochgestellten Kragen … Dann der letzte Abend, die letzte Nacht, die einzige Nacht des Lebens der Konstituante, als ich immer wieder die Fenstervorhänge zurückschob und in den weißen Nebel des Parkes starrte, die runde Kuppel des [Taurischen] Palais zu unterscheiden bemüht … »Sie sind dort … Sie sitzen noch immer dort … Was mag jetzt dort vorgehen?«

Die Bolschewiki entschlossen sich erst am Morgen, der Komödie ein Ende zu machen. Der Matrose Shelesnjakow, (berühmt dadurch, dass er in den Versammlungen unbedingt »eine Million« Köpfe der Bourgeoisie forderte) erklärte, dass er müde sei, und löste die Konstituante auf.

Wieviel Schüsse, Morde, Tode es weiter gab, ist gleich: dann kam der bald langsame, bald schnelle Sturz, die Agonie der Revolution und ihr Tod. Das Leben wurde immer enger, es erstarrte, selbst die Zeit schien zu Stein zu werden. Immer kürzer wurden meine Aufzeichnungen. Was sollte ich schreiben? Es gab keine Menschen, es gab keine Ereignisse. Die neuen entsetzlichen, nie dagewesenen unmenschlichen »Lebensformen« waren erst im Entstehen …

Und doch versuchte ich zuweilen, mein Tagebuch wieder vorzunehmen, bis es im Frühjahr 1919 faktisch unmöglich wurde. Man munkelte bereits von der Existenz meiner Tagebücher. Gorki wusste von ihnen. Das Risiko betraf nicht nur mich, sondern auch unser ganzes Haus: in meinen Heften gab es zu viele *Personen*. Einige von ihnen waren noch nicht umgekommen, und nicht alle befanden sich in Sicherheit … Da es aber unter dem bolschewistischen Regime keinen noch so intimen Winkel, keine Privatwohnung gibt, in die die »Behörden« nicht zu jeder beliebigen Zeit eindringen könnten (das liegt ja im Prinzip dieser Behörden), so blieb mir nur das eine: meine Hefte zu vergraben. Das tat ich auch. Gute Freunde nahmen sie mir ab und verscharrten sie irgendwo außerhalb der Stadt; ich weiß nicht genau, wo. […]

Beschluss des Rätekongresses, 16. März 1918
»Unter den Bedingungen jener Krise, welche die russische Revolution in diesem Augenblick durchlebt, hat sich die Lage Petrograds als Hauptstadt drastisch verändert. Im Hinblick darauf beschließt der Kongress, dass die Hauptstadt der Föderativen Sowjetrepublik bis zur Änderung der genannten Bedingungen zeitweilig aus Petrograd nach Moskau übertragen wird.«

Leo Trotzki, Kriegskommissar seit dem 13. März 1918
(1879–1940)

Ein Schlag für Petrograd
Die Übersiedlung der Zentralmacht nach Moskau war natürlich ein Schlag für Petrograd. Gegen die Übersiedlung herrschte eine große, fast allgemeine Opposition. […] Die Mehrheit befürchtete

hauptsächlich einen schlechten Eindruck auf die Petrograder Arbeiter. Die Feinde streuten das Gerücht aus, wir hätten uns Wilhelm [dem deutschen Kaiser] gegenüber verpflichtet, Petrograd abzutreten. Ich war mit Lenin der Meinung, dass die Übersiedlung nach Moskau nicht nur eine Sicherung der Regierung bedeute, sondern auch Petrograds. Die Verlockung, durch einen schnellen Schlag die revolutionäre Hauptstadt zusammen mit der Regierung zu erobern, musste für Deutschland wie auch für die Entente sehr groß sein. Eine ganz andere Sache war es, das hungernde Petrograd ohne Regierung einzunehmen. Schließlich wurde der Widerstand gebrochen, die Mehrheit des Zentralkomitees sprach sich für die Übersiedlung aus, und am 12. März [1918] reiste die Regierung nach Moskau ab. Um den Eindruck der Degradierung der Oktoberhauptstadt abzuschwächen, blieb ich noch etwa anderthalb Wochen in Petrograd.

Anatoli Sobtschak, Petersburger Bürgermeister (1991–1996) (1937–2000)

Lenin ist nach Moskau geflohen

Nach dem Sieg der Bolschewiki erwies sich das politische Klima Petrograds für sie als gänzlich ungeeignet, mehr noch – als feindlich. Ungeachtet dessen, dass die Bolschewiki ihre politischen Gegner seit den ersten Tagen der Machtergreifung massenhaft ausgeschaltet hatten, verließ die bolschewistische Regierung schon im März 1918 die Stadt und zog nach Moskau um. Es ist bezeichnend, dass es unter den Mitgliedern dieser Regierung nicht einen einzigen gebürtigen Petersburger gab. Provinzler, Paria, Abenteurer und Kriminelle, die sie waren, hätten sie sich im ihnen durch und durch feindlich gesonnenen imperialen Petersburg nicht lange gehalten. Lenin hat das schnell verstanden und ist unter Ausnutzung der deutschen Gefahr, die über Petrograd hing, buchstäblich nach Moskau geflohen, indem er die nördliche Hauptstadt der Willkür des Schicksals überließ. Tatsächlich ist die bolschewistische Regierung nicht so sehr vor den Deutschen geflüchtet […], als vielmehr vor der ihr gegenüber feindseligen Atmosphäre Petrograds.

In den folgenden Jahren überzogen sie (anfangs Lenin, dann Stalin) die Stadt mit solchen Repressionen, dass nach dem Zweiten Weltkrieg kaum noch gebürtige Einwohner übrig blieben.

Die Petersburg-Petrograder politische Elite und alle Keime einer neuen demokratischen politischen Kultur wurden an der Wurzel ausgerottet.

Isaak Babel, Schriftsteller
(1894–1940)

»Wir alle sind Totengräber«
Die Petersburger Schlachthöfe gibt es nicht mehr. Sie sind nicht mehr, was sie einmal waren. Kein Stier, kein Kalb wird in den Schlachthof getrieben. Stiere stehen nur am Eingang zum Verwaltungsgebäude. Diese bronzenen Stiere, außerordentlich in ihrer großartigen und reinen Form, waren einst Symbole der Kraft und des Überflusses. Heute sind sie verwaist und fristen ihr einsames Leben. Ich irre im Schlachthof umher. Er ist von ungewöhnlicher, tödlicher Leere. Unter der hellen und kalten Sonne Petersburgs glitzert der Schnee. Nur undeutlich ausgetretene Pfade führen in verschiedene Richtungen. Die massiven niedrigen Gebäude sind blankgeputzt und still. Kein Mensch ringsum, keine Stimme, kein Halm auf der Erde. Nur ein Krähenschwarm überfliegt krächzend die Stelle, an der einst das Blut dampfte und die Eingeweide, eben noch lebende Organe, zitterten.

Ich suche den Pferdeschlachthof, aber in keinem der geräumigen Höfe begegne ich einer lebenden Seele, die mir erklären könnte, wohin ich gehen soll. Endlich bin ich am Ziel. Das Bild hat sich gewandelt. Hier ist es nicht wüst und leer. Im Gegenteil. Dutzende, ja Hunderte Pferde stehen trübselig in den Verschlägen. Erschöpft dösen sie vor sich hin, fressen ihren eigenen Mist und knabbern an den hölzernen Pfosten. Man hat die Verschläge mit eisernen Schienen bedeckt, um die zur Hälfte abgenagte Umzäunung vor der völligen Zerstörung zu retten.

Dieses von den verhungerten Pferden zernagte Holz ist das Symbol unserer Zeit, im Gegensatz zu dem einer früheren, jenen bronzenen Stieren voll festen, roten, fetten Fleisches. Einige Dutzend Tataren sind damit beschäftigt, die Pferde zu schlachten. Es ist reine Tatarenarbeit. Unsere Fleischhauer sitzen tatenlos herum. Sie haben sich noch nicht dazu aufgerafft, solche Arbeit zu verrichten. Sie können es einfach nicht. […]

Ich gehe mit dem Tierarzt an dem Gebäude vorbei, in dem die Pferde getötet werden. Die Fleischhauer tragen das noch dampfende

Sinaida Hippius, Schriftstellerin, »Petersburger Kassandra«, Foto, um 1910

Fleisch weg, die Pferde stürzen auf den steinernen Boden und sterben ohne Laut. Der Veterinär spricht von langweiligen und gewöhnlichen Themen. Überall bei uns, sagt er, herrsche Chaos; so auch hier im Pferdeschlachthof, man müsste dies und das unternehmen und habe dazu auch schon allerlei Maßnahmen vorgesehen.

Ich lerne eine erschütternde Statistik kennen. In früherer Zeit hat man dreißig, vierzig Pferde täglich zum Schlachten gebracht, heute sind es fünf- bis sechshundert. Der Januar brachte fünftausend getötete Pferde, der März wird zehntausend bringen. Der Grund: Es gibt kein Viehfutter. Die Tataren zahlen für ein erschöpftes Pferd 1000 – 1500 – 2000 Rubel. Die Qualität der Pferde, die zum Schlachten freigegeben werden, ist enorm gestiegen. Früher sah der Schlachthof nur Pferde, die schon halb krepiert waren. Heute bringt man ausschließlich tadellose drei- bis vierjährige Zugpferde zum Schlachten. Alle verkaufen – Fiaker, Lastfuhrwerker, Privatbesitzer, die Bauern aus der Umgebung. Der Pferdebestand sinkt mit ungeheurer Geschwindigkeit, und das vor dem Frühlingsbeginn, vor der Frühjahrsarbeit. Die Dampfkraft schwindet in katastrophalem Ausmaß. Die lebendige Pferdekraft, die wir eben so dringend benötigen, schwindet desgleichen. Wird überhaupt noch etwas übrigbleiben?

Man hat errechnet, dass seit Oktober, dem Monat, in dem das große Pferdeschlachten begann, ebenso viele Pferde geschlachtet wurden wie zu normalen Zeiten im Laufe von 12 bis 15 Jahren.

Ich verlasse den Ort, an dem die Pferde zur ewigen Ruhe befördert werden, und gehe in die Kneipe »Zur Meierei« gegenüber vom Viehmarkt. Es ist gerade Mittagspause. Die Kneipe ist voller Tataren. Es sind Fleischhauer und Händler. Sie riechen nach Blut, Kraft, Überfluss. Draußen vor den Fenstern scheint die Sonne. Sie schmilzt den Schnee und spielt im trüben Glas. Sie ergießt ihre Strahlen über den armseligen Petersburger Markt, auf gefrorene Fische, gefrorenes Kraut, auf die »Ju-ju«-Zigaretten und die orientalischen Leckerbissen »Gusinaki«. An den Tischen plappern die kräftigen Tataren in ihrer Sprache und bestellen zum Tee kandierte Früchte für zwei Rubel. Neben mir hat sich ein Bauer installiert. Blinzelnd erzählt er mir, dass heute jeder Tatar im Monat fünftausend verdiene, vielleicht auch zehn. »Sie haben alle Pferde aufgekauft. Ratzekahl.«

Dann erfahre ich, dass auch die Russen gescheiter geworden sind. Auch sie handeln mit Pferden. »Was soll man da machen? Früher haben nur die Tataren Pferdefleisch gegessen, aber jetzt essen es alle, selbst die Herren.«

Die Sonne scheint. Ich habe einen seltsamen Gedanken: Allen geht es schlecht, in allem sind wir ärmer geworden. Nur die Tataren fühlen sich wohl – diese fröhlichen Totengräber des Wohlstands. Dann irren meine Gedanken ab. Nur die Tataren? Wir alle sind Totengräber.

Ende Januar 1919 werden Paul Alexandrowitsch, Nikolai Michalowitsch, Georgi Michailowitsch und Dmitri Konstantinowitsch Romanow in der Peter-und-Paul-Festung von der Tscheka erschossen. Ihre einzige Schuld bestand darin, dass sie Großfürsten waren. Ihre Hinrichtung wurde als Vergeltung für die Ermordung Rosa Luxemburgs und Karl Liebknechts am 15. Januar in Berlin dargestellt.

Naum Sindalowski, Historiker, Folklorist
(geb. 1935)

Stiefel für die Mörder
Im Januar wurde der 60-jährige Großfürst Nikolaus Michailowitsch, ein bekannter Historiker, Vorsitzender der Russischen Geographischen Gesellschaft, verhaftet. Schon lange vor dem Februar 1917 hatte er sich in Opposition zu Nikolaus II. befunden und ihn nicht anders als »unser Dummerchen Niki« genannt. Am 28. Januar wurde Nikolai Michailowitsch hingerichtet. Einer Legende zufolge zog der Großfürst vor der Erschießung seine Stiefel aus und warf sie den Soldaten hin. »Tragt sie, Kinder, sind doch Zarenstiefel …«

Sinaida Hippius

Fast alles war »nationalisiert«
Im Frühjahr 1919 war die allgemeine Situation die: kraft der zahllosen (oft einander widersprechenden und verworrenen, aber immer drohenden) Dekrete war fast alles »nationalisiert«, d. h. »bolschewisiert«. Alles gehört formell dem »Staat« (den Bolschewiki). Nicht nur alle noch erhalten gebliebenen Fabriken und Werke, sondern auch alle Geschäftsläden, Warenlager, alle Unternehmungen und Institute, alle Häuser und alle sonstigen Immobilien, fast alles bewegliche Eigentum (jedenfalls das größere) – alles war der Idee nach in den Besitz und die Verwaltung des Staates übergegangen.

Die Dekrete bezweckten die Verwirklichung dieser Idee. Man kann nicht behaupten, dass die Verwirklichung harmonisch vor sich ging. Letzten Endes war es einfach das Bestreben, sich alles anzueignen. Zum größten Teil führte es zur Zerstörung und Vernichtung dessen, was »nationalisiert« wurde. Die nationalisierten Geschäfte, Unternehmungen und Fabriken wurden geschlossen; die Nationalisierung des Privathandels führt zum Abbruch jeglichen Handels, zur Schließung *sämtlicher* Kaufläden und zu einer erschreckenden Entwicklung des Schwarzhandels. In Bezug auf diesen mussten die Bolschewiki ein Auge zudrücken und sich darauf beschränken, die Käufer und Verkäufer auf den Straßen, in Privathäusern und auf den Märkten periodisch abzufangen und auszuplündern; die Märkte, die einzige Nahrungsmittelquelle für alle (selbst für die Mehrzahl der Kommunisten), waren gleichfalls verboten. Die terroristischen, von Schießereien und Morden begleiteten Überfälle auf die Märkte endeten einfach mit der Plünderung der Lebensmittel zugunsten der Abteilung, die die Razzia ausführte. Vor allen Dingen der Lebensmittel; da es aber keinen Gegenstand gibt, den man nicht auf dem Markt finden könnte, so wurde alles andere mitgenommen: alte Fußlappen, Türklinken, zerrissene Hosen, Bronzeleuchter, ein aus irgendeiner Bibliothek gestohlenes samtgebundenes Evangelium, Damenhemden, Möbelbezüge … Die Möbel galten ebenfalls als Staatseigentum; da man aber ein Sofa nicht gut heimlich auf den Markt schleppen konnte, so riss man den Bezug herunter und versuchte ihn wenigstens gegen ein halbes Pfund mit Strohhäcksel gebackenes Brot einzutauschen … Man muss gesehen haben, mit welchem Geschrei und Gekreisch die Händler auseinanderliefen, wenn es hieß, die Rotgardisten seien in der Nähe. Jeder packte seinen Krempel, in der Aufregung oft auch solchen, der nicht ihm gehörte. Die Leute rannten, drängten, verkrochen sich in leere Keller, stiegen durch eingeschlagene Fenster … Eben dorthin eilten auch die Käufer, denn das Kaufen ist in Sowdepien nicht weniger verbrecherisch als das Verkaufen, obwohl Sinowjew sehr gut weiß, dass sein Sowdepien ohne diese Verbrechen in etwa zehn Tagen aus Mangel an Untertanen ein Ende nehmen würde. […]

Hier will ich einiges über die Petersburger Häuser sagen. Diese halbleeren, schmutzigen Ruinen, die Staatseigentum sind, werden von den sogenannten »Komitees der Hausarmut« verwaltet. In Wirklichkeit verhält es sich aber so: die Obrigkeit, und zwar die »Außerordentliche Kommission«, überwacht ganz offen das

Komitee eines jeden Hauses (es gab sogar einmal eine »Woche der Säuberung der Hauskomitees«). Zu Komiteemitgliedern werden meistens »Vertrauensleute« ernannt, die in ständigem Kontakt mit dem Bezirks-Sowdep (dem Polizeirevier) stehen und, wenn nötig, die Mieter denunzieren. Es wird verlangt, dass in den Komitees keine »Bourgeois« vertreten sind; da aber die wirkliche »Armut« heute gerade aus den »Bourgeois« besteht, sitzen in den Komitees im Grund nur Personen, die im bolschewistischen Polizeidienst sehen, oder Schieber, also am allerwenigsten die Vertreter der »Armut«. Die neutralen Mieter, wie die Arbeiter und die Vertreter des kleinen Mittelstandes, kommen niemals in die Komitees und streben auch nicht danach.

Nikolai Anziferow, Historiker, Landeskundler (1889–1858)

Petropolis wandelt sich in Nekropolis

Langsam kriechen die Straßenbahnen, bereit, jede Minute anzuhalten. Es verschwand der gewohnte Lärm der Fuhrwerke, Kutscher, Automobile. Nur selten saust ein Automobil vorbei, und eine Uniformmütze mit einem fünfzackigen roten Stern blitzt auf. Die Passanten laufen direkt auf dem Fahrdamm, wie in alten Städten Italiens. Ständig stößt man auf verödete Stellen. Die Holzhäuser, die an das »Alte Petersburg« erinnern, überlebten dank der in ihnen eingenisteten Wirtshäuser und Teeküchen (viele dieser Trinkstätten retteten die alte Zeit!). Sie wurden nun abgerissen, um ihre Überreste als Brennstoff für andere Häuser zu verwenden. So töten die Nenzen in schweren Hungersjahren Hunde, um mit den schlechteren die besseren zu ernähren. *Das Grün macht immer größere Eroberungen.* Im Frühling bedeckte Gras die Plätze und Straßen. Die Luft wurde sauber und klar. Über der Stadt liegt nicht mehr der gewohnte düstere Schleier aus Asche und Ruß. *Petersburg ist gleichsam gewaschen.*

An den ruhigen klaren Abenden treten vor dem bleichen fliederfarbenen Himmel intensiv die Konturen der Bauten hervor. Deutlicher wurden die Uferlinien der Newa, deren blaue Oberfläche noch niemals so sauber erschien. Und in solchen Minuten wirkt die Stadt so wunderbar wie noch nie. *Ein stilles Ravenna.*

Das Wachstum der Stadt ist unterbrochen. Es wurde nicht weitergebaut. In ganz Petersburg wird nur noch ein neues Gebäude errichtet. Das Granitmaterial dafür wurde aus der zerstörten Einfassung des Winterpalais genommen. *So nahm damals die sich formierende Welt des Christentums für ihre Basiliken Säulen und Sarkophage von Tempeln der antiken Welt.* Aus dem Staub des Marsfeldes wächst langsam ein Denkmal für die Opfer der Revolution. Wird es zum Postament des neuen Lebens werden oder aber zur Grabplatte für die Asche von Petersburg, der Stadt des tragischen Imperialismus?

September 1919

* * *

Es vergehen Tage, Jahre. Jahre – Jahrhunderte. Petersburgs Destructio geht weiter. Auf dem Dreifaltigkeits-Platz verschwanden die Zirkusgebäude. Hinter ihnen eine Reihe von Häusern; es bildete sich ein neuer Platz. Und dort, weiter zur Seite hin, ist ein riesiges Massiv nicht fertiggebauter Gebäude und ein zerstörtes siebenstöckiges Haus und neben ihm ein Rest der Mauer und der Treppe eines kleinen Hauses, gerade wie das Grinsen eines Totenkopfes.

Das sind die Fluren des neuen Petersburg! Die alten Häuser, die sich noch an das Nördliche Palmyra erinnern, verschwinden. Am Rand, beim Smolensker Friedhof, wird ein neues hohes Haus errichtet. Das einzige in der ganzen Stadt: das Krematorium.

Petropolis wandelt sich in Nekropolis.

Weitere Jahre werden vergehen, und auf den gesäuberten Plätzen werden neue Gebäude errichtet werden, und ein junges Leben wird heranbrechen. Petersburg wird wiedergeboren werden. Petersburg wird nicht öd sein. [...]

Anna Achmatowa

Petrograd, 1919
Für immer schwand uns aus dem Sinn,
Im wilden Petrograd gefangen,
Wie über Städte, Seen hin
Die Heimatsonne aufgegangen.
Im Kreise, blutrot, Tag und Nacht
Hat uns die Mattigkeit zerrieben ...
Und Hilfe wurde nicht gebracht,
Da wir bei uns im Haus geblieben,

Da wir, in Liebe zu der Stadt
Und nicht zur Freiheit flügelschlagend,
Dich uns bewahrten, Petrograd,
Paläste, hoch am Wasser ragend.
Es nähert sich die neue Zeit,
Das Herz vereist im Todeswehen,
Doch Peters Stadt, sie leuchtet weit –
Dies Denkmal wird uns fortbestehen.

Wiktor Schklowski
(1893–1984)

»Wir sind in einer Wüste«
In Moskau sah ich eine Unmenge Raben. Zum erstenmal erschreckten sie mich auf dem Platz am Ochotnyj Rjad. Auf blaurotem Pferdefleisch, das zu irgendeinem Lebensmittelladen transportiert wurde, saßen schwarze Raben mit graublauer Brust. Das Pferdefleisch und die Raben hatten einen ähnlichen Ton. Die Raben passten zu den schrecklich aussehenden Pferdeköpfen, denen man das Fell abgezogen hatte. Ein ausgeweidetes Pferd ist nicht schön. Niemand störte sich an den Raben, und sie störten sich auch an niemand und gingen so ruhig über das feste Fleisch wie Krähen über ein Saatfeld. […]

Nachts schlafen die Moskauer Raben auf den Bäumen des Prečistenskij-Boulevard am Arbat. Die Bäume sind so dicht mit ihnen bevölkert, dass es aussieht, als seien im Herbst die Blätter nicht von den Zweigen gefallen, sondern nur schwarz geworden. Die Raben sitzen schweigend und organisiert da.

In Petersburg sieht man keine Raben. Petersburg stirbt schlicht und undramatisch.

Ich will von Petersburg schreiben, damit man erfährt, wie wir hungerten, wie viele Opfer die Revolution forderte, wie viele Anstrengungen sie jeder einzelne Schritt kostete.

Wer kann sich vorstellen, was hinter den knappen Zeitungsformeln steht, wer weiß etwas vom Leben der großen Stadt am Ende der Petersburger Periode der Geschichte und am Anfang einer neuen, unbekannten Epoche?

Ich schreibe im März, zu Anfang des Frühlings des Jahres 1920. Vieles ist schon vorbei. Das Schwerste scheint bereits der Erinnerung anzugehören. Jetzt bin ich sogar satt, aber ich habe den Hunger nicht vergessen. Den Hunger, der uns ringsum bewacht.

Straßenbahnen gibt es in Petersburg nur wenige, aber sie fahren, vor allem in die Vororte. Die Wagen sind überfüllt. Hinten hängen sich Kinder an, besonders an den Bahnhöfen, Kinder mit Schlitten und auf Schlittschuhen, manchmal ganze Schlangen.

Die Post wird mit der Straßenbahn befördert. Sonntags zieht die Straßenbahn Loren mit Schmutz und Müll von den provisorischen Schuttabladeplätzen weg, die man auf den Straßen eingerichtet hat. Ein solcher Abfallhaufen ist an der Ecke des Nevskij-Prospekt und des Litejnyj.

Petersburg ist schmutzig, weil es sehr müde ist. Warum muss es schmutzig sein, könnte man fragen, denn es leben ja nur wenige Menschen in der Stadt, ungefähr siebenhunderttausend. Papier, kleine Abfälle, alles wird in eisernen Kanonenöfchen verheizt, die man hier »Buržujka« nennt.

Petersburg macht wenig Schmutz, es ist zu arm dazu. Aber es ist schmutzig (mit Maßen und weniger als Moskau), schmutzig und doch nicht schmutzig, wie ein schwacher Kranker, der ans Bett gefesselt ist und alles unter sich gehen lässt.

Im Winter waren fast alle Klosetts eingefroren. Das war weit schlimmer als der Hunger. Ja, zuerst froren die Wasserleitungen ein, man konnte sich nicht mehr waschen. Im Talmud steht, wenn das Wasser nicht zum Trinken und zum Waschen reicht, sollte man lieber nicht trinken, sondern sich waschen, aber wir wuschen uns nicht. Dann froren die Klosetts ein. Wie das geschah, davon wird die Geschichte berichten. Die Blockade und die Revolution hatten den Transport zerschlagen, es gab kein Holz mehr, und das Wasser fror ein.

Wir alle, fast ganz Petersburg, trugen Wasser die Treppen hinauf und Unrat hinunter, wir waren jeden Tag mit Eimern unterwegs, hinauf und hinunter. Wie schwer ist es, ohne Klosett zu leben! [...] Überall in der Stadt lag Kot, in den Höfen, in den Toreinfahrten, beinahe bis an die Dächer.

Das sah schlecht aus, manchmal aber auch irgendwie frech. Manche machten auch ihre Witze über den Kot. [...]

An Wochentagen wurden die Fladen auf menschlichen Exkrementen gebacken, an Feiertagen auf Pferdemist.

Die Menschen urinierten viel in diesem Jahr, schamlos, weit schamloser, als ich es beschreiben kann, am helllichten Tag, mitten auf dem Nevskij-Prospekt, überall. Sie urinierten, ohne aus dem Geschirr ihrer kleinen Schlitten zu treten, ohne das Joch mit dem Strick, an dem diese Schlitten gezogen werden, von der Schulter zu nehmen.

Alles war Ruin und Hoffnungslosigkeit. Um überhaupt zu leben, musste man kämpfen, jeden Tag kämpfen, nach einem Grad Wärme Schlange stehen, sich die Hände mit Asche scheuern, wenn man sie reinigen wollte.

Dann fiel die Laus über die Stadt her – aus Schwermut.

Ein paar Worte von Wärmegraden.

Wir lebten von einem Tag zum anderen und gingen ohne Brennholz in den Winter. Holz auf Bezugsschein zu bekommen war sehr schwierig: man musste zweimal in der Kälte anstehen, in zwei feindseligen Schlangen, und die Holzration reichte nicht einmal für die Küche.

Womit haben wir geheizt? Ein paar übriggebliebene Vertreter der Bourgeoisie, die jetzt mit Sacharin und anderem unwägbaren Zeug handelten, heizten mit Holz. Wir anderen brannten alles Mögliche. Ich verheizte meine Möbel, meine Staffelei, Bücherregale und Bücher, Bücher ohne Zahl. Wenn meine Arme und Beine aus Holz gewesen wären, im Frühjahr, hätte ich ohne sie dagestanden. […]

Die völlig erschöpfte Stadt glühte wie ein Fieberkranker, sie litt an einer großen Krankheit – an der Revolution. Dieses sterbende Petersburg wurde nicht provinziell, die von dorther kamen, wurden von seiner Glut verzehrt. Nur wenige wussten, dass sie glühten, aber sie glühten.

Das alte Leben ist zu Ende, wir sind in einer Wüste. Ich weiß nicht, wohin ich gehe, aber zurück will ich nicht. Ich habe das Erlebte schätzen gelernt. Die alte Familie ist tot. Wir lieben unsere alten Sachen nicht mehr, wir haben unsere alten Orte vergessen. Eine Rückkehr ist zu schwierig.

Die Stadt ist leer. Die Straßen scheinen so breit, als seien sie über die Ufer getreten. Aber die Stadt lebt immer noch, sie brennt wie ein Feuer oder wie eine Wunde am Körper des ländlichen Russland.

Das rote Feuer der Revolution ist das Letzte, was von der russischen Stadt übrig geblieben ist.

Bertrand Russell, britischer Philosoph, Mathematiker (1872–1970)

Wachsendes Grauen
Was mich betrifft, so glich die Zeit, die ich in Russland verbrachte, einem ständig zunehmenden Albtraum. Ich habe in meinen Schriften gesagt, was mir nach Überlegung die Wahrheit zu sein schien, aber ich habe nicht dem äußersten Entsetzen Ausdruck verliehen, das mich, als ich dort war, überkam. Grausamkeit, Armut, Misstrauen, Verfolgung waren die Luft, die wir atmeten. Man belauschte ständig unsere Unterhaltungen. Mitten in der Nacht vernahm man Schüsse und wusste, dass Idealisten in Gefängnissen getötet wurden. Es gab eine heuchlerische Vortäuschung von Gleichheit, und jeder wurde »Towarischtsch« genannt, aber es war erstaunlich, wie verschieden dieses Wort ausgesprochen werden konnte, je nachdem ob die angeredete Person Lenin oder ein fauler Diener war. Einmal in Petrograd (wie man es nannte) kamen vier zerlumpte Gestalten mit vierzehntägigen Bärten, schmutzigen Nägeln und wirrem Haar zu mir. Es waren die vier bedeutendsten Dichter Russlands. Einem von ihnen erlaubte die Regierung, sich seinen Lebensunterhalt mit Vorlesungen über Versformen zu verdienen, aber er klagte, man bestehe darauf, dass er dieses Thema von einem marxistischen Standpunkt aus lehre, und er könne nicht einsehen, was Marx damit zu tun habe.

Ebenso verwahrlost war die Mathematische Gesellschaft in Petrograd. Ich ging zu einer ihrer Versammlungen, bei der ein Mann einen Vortrag über nichteuklidische Geometrie hielt. Ich konnte nichts davon verstehen außer den Formeln, die er an die Tafel schrieb, aber es waren genau die richtigen Formeln, sodass der Vortrag wohl fachkundig war. Nie habe ich in England Landstreicher gesehen, die so elend aussahen wie die Mathematiker in Petrograd. Man erlaubte mir nicht, Kropotkin zu sehen, der bald danach starb. Die herrschenden Klassen hatten ein Selbstvertrauen, das genau so groß war wie dasjenige, das in Eton und Oxford entsteht. Sie glaubten, dass ihre Formeln alle Schwierigkeiten lösen würden. Einige der Intelligenteren wussten, dass dies nicht der Fall war, aber sie wagten es nicht auszusprechen. […] Ich fühlte, dass alles, was ich im menschlichen Leben schätzte, zugunsten einer oberflächlichen, engstirnigen Philosophie zerstört wurde, und dass dabei unbeschreibliches Elend über viele Millionen Menschen gebracht wurde. Mit jedem Tag, den ich in Russland war, wuchs mein Grauen, bis ich jede Fähigkeit zu einem ausgeglichenen Urteil verlor.

Von Petrograd fuhren wir nach Moskau, das eine sehr schöne Stadt ist, und architektonisch wegen des orientalischen Einflusses interessanter als Petrograd. [...]

Im Februar 1921 erheben sich die Kronstädter Matrosen gegen die neuen Herren. Sie lehnen die Einparteienherrschaft ab und fordern Sowjets ohne Bolschewiki. Die Rote Armee unter Trotzki schlägt den Aufstand brutal nieder. Den Repressalien in der Stadt fallen Tausende zum Opfer.

Igor Sewerjanin
(1887–1941)

Abgesang auf Petrograd
Weit hinter Narva stirbt verlassen,
von Blut bespritzt wie ein Pirat,
langsam erstickt von einem nassen
und zähen Schlamme Petrograd.

Von bösem Alpdruck irr besessen,
lebend'ger Leichnam, nackt und bloß –
empfange, was dir zugemessen,
erfüll dein vorbestimmtes Los!

Nicht hilft dir mehr mit Bittgebeten
Ein goldgewandeter Liturg,
du träumtest nicht mehr von einer späten
Erneuerung, Sankt Petersburg.

Vorbei die Zeiten der Paraden,
der müßigen Paläste Glanz,
du taumelst, ledig aller Gnaden,
in einem grauen Totentanz.

Nicht mehr mit Drohungen versehrst du
Die Opfer, die dir dargebracht:
Mit Pest und Hunger nur vermehrst du
Noch einzig deine leere Macht.

Du bist verdammt zum letzten Harme,
ein Schoner ohne Steuerrad –
so sink dem Morast in die Arme,
der dich gebar, verfluchte Stadt!

Zerfall in Trümmer und entwerde
Im mütterlichen Element –
Für neues Glück auf Russlands Erde
Dien' dein Granit als Fundament!

1921

Das Schlossparkensemble Pawlowsk, eine Schöpfung der Kaiserin Maria Fjodorowna (1759–1827), war schon im 19. Jahrhundert ein beliebtes Ausflugsziel der Petersburger. Viele hatten hier eine Datscha. Seit den 1830er-Jahren spielten österreichische Orchester im Speisesaal des Bahnhofs, Johann (»Iwan«) Strauss feierte hier zehn Jahre lang Triumphe und wurde der beliebteste ausländische Kapellmeister der Petersburger.

Ossip Mandelstam

Bahnhofskonzert
Kein Atmen mehr. Das Firmament – voll Maden.
Verstummt die Sterne, keiner glüht.
Doch über uns, Gott siehts, Musik, dort oben –
Der Bahnhof bebt vom Aonidenlied.
Und wieder ist die Luft, zerrissen von Signalen,
die Geigenluft, die ineinanderfließt.

Der Riesenpark. Die Bahnhofskugel, gläsern.
Die Eisenwelt – verzaubert, abermals.
Und feierlich, in Richtung Neben-Eden,
Zu einem Klang-Gelage rollt die Bahn.
Ein Pfauenschrei, Klaviergetöse.
Ich kam zu spät. Ich träum ja. Mir ist bang.

Der Glaswald rings, ich habe ihn betreten.
Der Geigen-Bau – in Tränen, aufgewühlt.
Der Duft der Rosen in den Moder-Beeten;
Der Chor der Nacht, der anhebt, wild.

Der teure einst, der mitzog, er, der Schatten …
Sein Nachtquartier: ein gläsernes Gezelt …

Die Eisenwelt, sie schäumt, schäumt vor Musik –
Mir ist, als bebte sie am ganzen Leibe –
Ich steh im Glasflur, lehne mich zurück.
Wo willst du hin? Es ist die Totenfeier
Des Schattens, der dort ging. Noch einmal war Musik.

1921

H. G. Wells, britischer Schriftsteller
(1866–1946)

Petersburg in Auflösung

Was immer auch wir in Russland zu sehen bekamen, wir hatten stets nur den *einen* Eindruck, den grenzenlosen, hoffnungslosen Zusammenbruch. Die große Monarchie, die hier 1914 noch bestand, mit ihrem Verwaltungsapparat, ihrem Sozial-, Finanz- und Handelssystem, ist, unter dem Druck sechs Jahre dauernden Krieges niedergebrochen und völlig zertrümmert. Nie, im ganzen Lauf der Weltgeschichte, hat es ein so furchtbares »débâcle« gegeben. Angesichts dieses Niederbruchs tritt für uns die Revolution völlig in den Hintergrund. Das, was an Russland vor 1914 zivilisiert war, ist, infolge seiner inneren Fäulnis und des lastenden Drucks seines eroberungssüchtigen Imperialismus, heute vernichtet und versunken. Der Bauer, auf dem die alte Pyramide aufgebaut war, lebt noch heute auf dem Lande, und zwar ziemlich ebenso wie von jeher. Alles Übrige ist zusammengebrochen oder im Zusammenbruch begriffen. […]

Nirgends in ganz Russland ist dieser Zusammenbruch so in die Augen fallend wie in Petersburg. Petersburg war die künstliche Gründung Peters des Großen. Sein Reiterstandbild in dem kleinen Garten bei der Admiralität steigt noch heute stolz in die Stille der sterbenden Stadt. Ihre Paläste sind stumm und leer oder wunderlich ausgestattet mit Schreibmaschinen, deren Hauptarbeit in einem ständigen Kampf gegen Hungersnot und fremde Eindringlinge besteht. In Petersburger Straßen reihte sich Laden an Laden. Noch 1914 schlenderte ich gemächlich in diesen Straßen umher, allerlei kleine Einkäufe machend und das wogende Leben und Treiben beobachtend. Heute sind alle diese Läden geschlossen, in Petersburg ist überhaupt nur noch etwa ein halbes Dutzend geöffneter Läden zu finden. Es gibt eine Regierungs-Porzellanmanufaktur, wo ich einige Schüsseln und Teller als Andenken – das Stück zu sieben- bis achthundert Rubeln – kaufte, und einige wenige Blumenläden. Es ist wirklich erstaunlich, dass man in dieser Stadt, in der ein großer Teil der Bevölkerung dem Verhungern nahe ist, wo kaum irgendjemand einen zweiten Anzug oder mehr als einen Wäschewechsel aus gänzlich zerschlissenem oder geflicktem Leinen besitzt, noch Blumen kaufen und verkaufen kann. […]

Ich weiß nicht, ob der Ausdruck »Alle Läden sind geschlossen« bei dem westlichen Leser den richtigen Eindruck von dem Aussehen einer Straße in Russland erweckt. Die Straßen sehen nicht aus wie Bond Street oder Piccadilly an Sonntagen, wo alles zu festtäglichem Schlummer sorglich verhängt ist, um am Montag fröhlich wieder zu erwachen. Nein, die Läden sehen gänzlich verwahrlost und verödet aus. Der Putz krümelt von den Wänden, die Fenster sind geborsten, einige durchlöchert und verklebt. In manchen Schaufenstern liegen noch ganz wenige fliegenbeschmutzte Warenüberbleibsel aus, andere sind mit Anzeigen über und über bedeckt. Die Scheiben sind blind geworden, die Ladeneinrichtung mit dem Staub zweier Jahre überzogen. Es sind tote Läden – nie werden sie wiedererstehen!

Ebenso sind die großen bazarartigen Märkte heute geschlossen. Diese drastische Maßnahme soll dazu dienen, eine öffentliche Kontrolle der wichtigsten Lebensbedürfnisse auszuüben und den Schieber zu verhindern, die Preise der letzten Brocken von Nahrungsmitteln fabelhaft in die Höhe zu treiben. Bei dieser völligen Abwesenheit von Läden kommt einem das übliche Straßenbummeln geradezu lächerlich vor. Es bummelt auch niemand mehr herum. Man erkennt eben, dass eine moderne Stadt in Wirklichkeit nichts anderes ist als eine lange Reihe von Läden, Restaurants und ähnlichen Dingen. Mache sie zu, und das Leben der Straße hört auf. […] Elektrische Straßenbahnen fahren noch gut besetzt – freilich nur bis sechs Uhr. Sie sind das einzige Verkehrsmittel, das dem gewöhnlichen Stadtbewohner verblieben ist – das letzte Überbleibsel kapitalistischer Unternehmungslust. Während unseres Aufenthaltes in Petersburg wurden die Fahrten frei. Vorher hatte man dafür zwei oder drei Rubel – den hundertsten Teil des Preises für ein Ei – bezahlen müssen. Die freie Fahrt machte die Wagen nicht wesentlich voller, als sie schon früher während der Stunden des Nachhausefahrens gewesen waren. Alles klettert auf die Straßenbahn; wenn kein Platz drinnen ist, staut man sich draußen. Während der Geschäftsstunden hängen außen an den Wagen förmliche Trauben von Menschen, die sich an jeder, irgend verfügbaren Handhabe anklammern. Oft werden sie heruntergedrängt, und Unfälle sind häufig. Wir sahen eine Volksansammlung bei einem Kinde, das von der Straßenbahn halb durchschnitten war; und aus unserem kleinen Kreise in Petersburg hatten zwei bei Straßenbahnunfällen die Beine verloren.

Die Straßen, auf denen diese Bahnen fahren, sind in einem fürchterlichen Zustande. Während drei oder vier Jahren ist nichts daran ausgebessert worden; sie sind voller Löcher, so groß wie Granattrichter, oft zwei bis drei Fuß tief. Der Frost hat sie ausgehöhlt, die Abzugsröhren sind verschüttet, und das Holzpflaster hat man, zur Verwendung als Heizmaterial, aufgerissen. […] Alle Holzhäuser sind im letzten Winter verfeuert worden, und das, was von ihnen an Mauerwerk noch übrig ist, steht jetzt als traurige Ruine zwischen den Häusern aus Stein. Alle Welt, sowohl in Petersburg als in Moskau, sieht schäbig aus und schleppt sich mit Paketen. Wenn man so im Zwielicht in eine Seitenstraße einbiegt und da niemandem begegnet als schlechtgekleideten Gestalten, alle eilig, alle Packen tragend, so glaubt man, die ganze Bevölkerung von Petersburg sei auf der Flucht. Dieser Eindruck ist auch nicht durchaus falsch. Die bolschewistischen Statistiken, die ich gesehen habe, sprechen das ganz deutlich und offen aus. Die Bevölkerung von Petersburg hat sich von 1 200 000 (vor 1919) auf etwas über 700 000 verringert und vermindert sich noch andauernd. Viele Leute sind aufs Land zu ländlichem Dasein zurückgekehrt, viele ins Ausland gegangen; aber die meisten sind den Entbehrungen zum Opfer gefallen. […]

Die Sowjet-Regierung rationiert aus Prinzip, aber jede Regierung in Russland müsste das jetzt tun. Wenn der Krieg im Westen bis heute gedauert hätte, würde London auch rationieren – und zwar alles, Nahrung, Kleidung und Wohnung. Aber in Russland muss man dies durchführen auf der Grundlage einer unkontrollierbaren bäuerlichen Produktion und bei einer Bevölkerung, die von Natur wenig Selbstzucht besitzt und sich gern gehen lässt. Das muss natürlich zu bitteren Kämpfen führen. Mit dem ertappten Gewinnler, dem richtigen Schieber, der im großen Stil profitiert hat, wird kurzer Prozess gemacht, er wird einfach erschossen. Auch ganz gewöhnlicher Handel wird jetzt streng bestraft. Denn aller Handel ist heutzutage gesetzwidrig und wird Spekulation genannt. Dagegen lässt man eine eigentümliche Art fliegenden Handels an Straßenecken, mit Lebensmitteln und Kleinkram, in Petersburg stillschweigend, in Moskau ganz offen zu, weil man nur so die Bauern veranlassen kann, überhaupt Lebensmittel zur Stadt zu bringen. [...]

Fast niemand in Petersburg hat mehr als einen Anzug zum Wechseln. Und in einer großen Stadt, mit keinem anderen Verkehrsmittel als einigen wenigen vollgepfropften Straßenbahnen, ist natürlich altes, zerrissenes, ausgetretenes Fußzeug die Regel. Höchst sonderbar zusammengewürfelte Notbehelfe kommen zuweilen in der Kleidung vor. So trafen wir einen Schuldirektor, den wir unvermutet besuchten, im Frackanzug mit blauer Serge-Weste. Verschiedene der hervorragenden Gelehrten und Schriftsteller, mit denen ich zusammenkam, trugen keine Kragen, sondern um den Hals gewickelte Shawls. [...]

Dabei ist diese mangelhaft gekleidete Stadtbevölkerung in der zerfallenden und halb zerstörten Stadt, trotz allen Schleichhandels, entsetzlich unterernährt. Bei dem besten Willen gelingt es der Sowjet-Regierung nicht, eine für eine gesunde Lebenshaltung genügende Ration zu beschaffen. Wir besuchten eine Volksküche und sahen der Speisenverteilung dort zu. Es war alles recht sauber und ordentlich, aber das konnte den Mangel an Material nicht ersetzen. Die geringste Ration bestand aus einer Schüssel dünner wässriger Brühe und ungefähr ebenso viel Apfelmus. Die Leute haben Brotkarten und warten auf das Brot in langen Reihen; aber drei Tage lang wurde in Petersburg aus Mangel an Mehl nicht gebacken. Die Qualität des Brotes ist sehr verschieden; einiges war grobes, derbes, braunes Brot, anderes feucht, glitschig und ungenießbar.

Ich weiß nicht, inwieweit diese unzusammenhängenden Tatsachen dem westlichen Leser eine Vorstellung von dem Leben im heutigen Petersburg geben. Moskau, so sagt man, ist noch übervölkerter und hat noch größere Kohlennot als Petersburg, aber oberflächlich betrachtet, macht es einen weit weniger schlimmen Eindruck als jenes. [...]

Wladislaw Chodassewitsch, Schriftsteller (1886–1939)

Petersburg hingegen bekam etwas Erhabenes
In den Jahren 1920–1922 erlebte die Gesellschaft »Altes Petersburg« (der offizielle Name lautete übrigens etwas anders) eine Blütezeit, die man als wahrhaft inspirierend bezeichnen kann. Dafür gab es eine Reihe von Ursachen. Eine der simplen und sozusagen materiellen Ursachen bestand darin, dass die Sammlungen der Gesellschaft plötzlich stark anwuchsen. Es kamen nämlich in großer Zahl Gegenstände aus privaten Sammlungen und Archiven hinzu. Jedoch scheint mir, dass Umstände von weniger konkreter Art eine noch größere Rolle spielten. Erstens verspürten die Mitglieder der Gesellschaft den mit dem Voranschreiten des Lebens sich immer deutlicher und unabwendbarer abzeichnenden Abschied von der Vergangenheit – darauf beruhte der Wunsch, so sorgfältig wie möglich die Erinnerung an sie zu bewahren. Zweitens (und das wird ganz unerwartet sein für jene, die damals nicht in Petersburg lebten) wurde Petersburg gerade zu dieser Zeit so außergewöhnlich schön, wie es lange, vielleicht niemals zuvor gewesen war. Die Menschen, die für das »Alte Petersburg« arbeiteten, gehörten keineswegs zu den Bolschewiki. Einige der leitenden Personen wurden später erschossen – es mag genügen, hier P. P. Weiner zu erwähnen. Aber wie allen Menschen mit Gespür, Geist und Verstand konnte ihnen nicht entgehen, wie gut das Unglück Petersburg zu Gesicht stand. Moskau hätte ohne das Getriebe von Handel und Verwaltung wahrscheinlich einen jämmerlichen Eindruck gemacht. Petersburg hingegen bekam etwas Erhabenes. Zusammen mit den Reklameschildern glitt gleichsam alle überflüssige Buntheit von der Stadt ab. Selbst die gewöhnlichsten Häuser nahmen jetzt jene strenge Eleganz an, die zuvor nur Paläste gehabt hatten. Petersburg leerte sich (zu dieser Zeit wurden dort nur etwa 700 000 Menschen gezählt), es fuhren keine Straßenbahnen mehr, nur ab und zu klapperten Hufe oder es hupte ein Automobil – und es stellte sich heraus, dass die Bewegungslosigkeit besser zur Stadt passte als reger Verkehr. Sie hatte natürlich nichts Neues hinzubekommen, aber sie hatte all das abgelegt, was ihr nicht zu Gesicht stand. Es gibt Menschen, die im Sarg schön werden. So sagt man von Puschkin. Zweifellos galt das für Petersburg.

Diese Schönheit ist nur vorübergehend, momenthaft. Auf sie folgt der abscheuliche Prozess des Verfalls. Aber in ihrer Betrachtung liegt ein unaussprechlicher, schmerzlicher Genuss. Schon vor unseren Augen begann der Verfall Petersburgs sich bemerkbar zu machen. Hier brachen Stücke des Holzpflasters ein, da fiel eine Stuckverzierung ab, hier neigte sich eine Wand, da verlor eine Statue einen Arm. Aber dieser noch kaum spürbare Verfall hatte noch etwas Schönes, und das Gras, das hier und da durch die Ritzen des Trottoirs wuchs, verunstaltete die wundersame Stadt nicht, sondern verschönte sie nur, so wie Efeu klassische Ruinen verschönt. Petersburg war am Tage ebenso still und majestätisch wie in der Nacht. Nachts sangen im Alexandergarten und an der Mojka, unweit der Blauen Brücke, Nachtigallen.

In dieser wunderbaren und zugleich seltsamen Stadt verlief das Leben auf ganz eigene Weise. Im administrativen Sinne war Petersburg zur Provinz geworden. Der Handel war zum Stillstand gekommen wie überall. In Fabriken und Manufakturen wurde kaum gearbeitet, die Luft war klar und roch nach Meer. Die Angestellten der Verwaltung, Handel und Industrie hatten teils die Stadt verlassen, teils war nur weniger von ihnen zu sehen und zu hören. Dafür trat das Leben von Wissenschaft, Theater und Kunst mit nie dagewesener Deutlichkeit in den Vordergrund. Die Bolschewiki versuchten bereits, die Kontrolle darüber zu gewinnen, aber einstweilen war ihnen das nicht gelungen, und die letzten Tage der Freiheit standen im Zeichen eines wahren schöpferischen Aufschwungs. Hunger und Kälte milderten diesen Aufschwung nicht, vielleicht förderten sie ihn sogar.

IX. Leningrad

In den 1920er-Jahren ist Sowjetrussland für die europäische Linke das gelobte Land schlechthin. Viele Schriftsteller von Rang pilgern förmlich nach Moskau und Petrograd, hoffend oder überzeugt, dass dort eine bessere Welt im Entstehen ist, die es zu besichtigen gilt. Insbesondere die ehemalige Hauptstadt, die »erste Zitadelle der Sowjetmacht«, wird zum Wallfahrtsort. Fürstlich empfangen und ständig von Aufpassern »umsorgt«, nehmen viele Besucher einen Eindruck mit nach Hause, der wenig mit der Wirklichkeit zu tun hat. Terror und Angst werden nicht bemerkt oder nicht erwähnt, Armut und Verfall allenfalls mitfühlend registriert. Der Dichter Nikolai Gumiljow, Achmatowas erster Mann, wird schon im August 1921 als angeblicher Konterrevolutionär erschossen. Im Juli 1922 verlässt der große Opernsänger Fjodor Schaljapin, Solist des Marientheaters und sein künstlerischer Leiter seit 1918, Sowjetrussland an Bord eines Dampfers, und seine »besten Dienstkollegen« spielen Märsche und die Internationale, als das Schiff bei der Akademie der Künste vom Newa-Kai ablegt. Im Laufe des Jahres 1922 werden Hunderte Intellektuelle, Schriftsteller, Wissenschaftler und Künstler, darunter viele prominente Petersburger, im Rahmen der Aktion »Philosophenschiff« ausgewiesen, ein Teil von ihnen per Schiff über Petrograd aus dem Lande geschafft. Dabei handelt es sich Lenin zufolge um eine »zeitweilige Säuberung«. Man hätte die Ausgewiesenen lieber erschossen, wie Trotzki wissen lässt, aber man habe keinen Anlass gehabt. Ossip Mandelstam wird 1923 offiziell »eingeladen«, keine Gedichte mehr zu veröffentlichen; Sergei Jessenin, der Dichter des bäuerlichen Russland, nimmt sich am 28. Dezember 1925 in einem Zimmer des Hotels *Angleterre* das Leben. Alexander Benois kehrt in diesem Jahr von einer Frankreichreise nicht in seine Heimatstadt zurück, die nach Lenins Tod am 21. Januar 1924 seinen Namen erhalten hat und nun

Leningrad heißt. Lenin selbst hätte das wohl nicht gewollt, und viele Arbeiter waren dagegen, die Stadt nach ihm zu nennen. Selbst seine Witwe Nadeschda Krupskaja, die am 30. Januar 1924 in der *Prawda* verlangt, »auf die äußere Verehrung Lenins zu verzichten, ihm keine Denkmäler zu errichten, keine Paläste nach ihm zu benennen und keine prunkvollen Feiern zu seinem Andenken zu veranstalten, weil er all dem zu Lebzeiten keinerlei Bedeutung beimaß und sich davon belästigt fühlte«, kann die Umbenennung nicht verhindern. Bis zum Ende der Sowjetzeit ist Leningrad der Ort, an dem der Leninkult am stärksten betrieben wird.

Krasnaja gazeta, 25. Jan. 1924

»Lenin« statt »Leningrad«!
Kein Arbeiter ist mit dem ausgedachten Wort »Leningrad« zufrieden. In der Tat, was hat unser Revolutionsführer mit dem Wort »Grad« gemeinsam, das sowohl an die Kirchengesänge aussterbender Popen als auch an die nationalistischen Bestrebungen der seinerzeit mächtigen Bourgeoisie erinnert, und an sonst noch wen, nur nicht an das Ziel und die Aufgabe der arbeitenden Klasse. Die Mehrheit der Arbeiter schlägt statt »Leningrad« eine einfache und jedem Proletarier und Bauern verständliche Stadt »Lenin« vor.

Beschluss des II. Kongresses der Sowjets der UdSSR über die Umbenennung Petrograds in Leningrad, 26. Jan. 1924
Das Rote Petrograd – ist die Wiege der proletarischen Revolution. Die Verdienste der Petrograder Arbeiter vor unserer Union der Sowjetischen Sozialistischen Republiken sind unmessbar groß. Die großen Ereignisse des Oktobers 1917, die das Schicksal unseres Landes entschieden, spielten sich namentlich in Petrograd ab. Dutzende und Hunderte Tausend Petrograder Arbeiter sind als erste dem Genossen Lenin ins Feuer gefolgt und haben die ersten eisernen Verbände jener Armee gebildet, mit der Wladimir Iljitsch Lenin die Bourgeoisie besiegt hat. In Petrograd hat die große proletarische Revolution den ersten entscheidenden Sieg errungen. Hier entstanden die ersten Einheiten der proletarischen Roten Garde, und hier wurde die Grundlage der Roten Armee gelegt. Weder Hunger noch Kälte, weder die Blockade noch Dutzende anderer Katastrophen haben den Geist des proletarischen Petrograd gebrochen. Wie ein

uneinnehmbarer Felsen erhob sich das Rote Petrograd in jenen Jahren und blieb bis heute die erste Zitadelle der Sowjetmacht. Von hier aus folgten dem Ruf des Genossen Lenin Dutzende Arbeiter-Erbauer des neuen Russland, treueste Ausführende der Ideen W. I. Lenins. Das Aufblühen der revolutionären Tätigkeit W. I. Lenins begann in Petrograd. In dieser Stadt wurde die erste Arbeiter- und Bauernregierung der Welt gegründet.

Im Hinblick auf all das hält es der II. Kongress der Sowjets der Union der Sowjetischen Sozialistischen Republiken für vollkommen gerechtfertigt, der von Resolutionen der Arbeiter aller Fabriken und Werke Petrograds unterstützten Bitte des Petrograder Sowjets der Arbeiter-, Bauern- und Rotarmistendeputierten über die Umbenennung der Stadt Petrograd in Leningrad zu entsprechen.

Möge dieses größte Zentrum der proletarischen Revolution von heute an für immer mit dem Namen des größten Führers des Proletariats, Wladimir Iljitsch Uljanow-Lenin, verbunden sein.

Heinrich Vogeler, Juni 1923–Sept. 1924 in der UdSSR
(1872–1942)

Neuer Lebensrhythmus

Wieviel schöner und ruhiger sind hier die Menschen, denen man ins Antlitz sieht, im Vergleich zu den Menschen des Westens. Man sieht nicht diesen äußeren Glanz und dies verzweifelte Leid, aber viele, viele Hoffnungen.

Freie Menschen, die das Schlimmste getragen haben, um ihren Kindern den Zukunftsweg zu sichern. Leningrad. Die Schönheiten der Gärten aus der vergangenen Welt, die man sich früher nur diesseits der Gitter ansehen durfte, sind in den Stürmen der ersten Sehnsüchte stark verbraucht – aber ein neuer Lebensrhythmus wächst: Die Arbeitermütter und der Säugling, sie haben sich dies Reich, diese Inseln im Großstadttaumel erobert. Kein Park, kein Garten ist ohne dieses Mutter- und Kinderleben in Russland zu denken. Die Breite der Plätze, die Farbigkeit der Paläste, die weite Spannung der Brücken und die tiefen Schatten der Gärten, alles belebt durch eine gut gekleidete Arbeiterschaft, deren einfaches Hemd sich auch die mitarbeitende Bourgeoisie angewöhnt hat, schaffen ein Straßenbild, das, ähnlich wie Paris, mit weiten Perspektiven auf Monumentalbauten seinen Abschluss findet. […]

Das Volk sieht vor allem gesund und lebensfroh aus. Es fehlt das fette Schiebergesicht mit den Etagenfalten im Genick, dieser Typ, der in Deutschland die herrschende Klasse besonders auszeichnet. Autos mit Arbeiterkommissionen, viele, viele kleine Droschken mit flinken Pferdchen, fett wie die Schnecken, manchmal rassige weitausholende Traber mit langem Schweif und flatternder Mähne durchkreuzen die Plätze. Auf den Straßen, in den Restaurants merkt man, dass hier das sogenannte Volk gut gemischt ist. Da sitzt am Tisch der Arbeiter, der Beamte und der Gelehrte, der Offizier, der schwarzlederne Chauffeur und der Soldat, Männer und Frauen vom Lande, weiße Mehlfuhrleute, blauleinene Monteure; ein buntes Bild von Farben! Eine Sammlung von Charakteren glaubt man zu sehen.

Victor Serge
(1890–1947)

»Keine Zeit für Traum und Lyrik«
28. Dezember 1925

Sergej Jessenin, unser unvergleichlicher Dichter, hat sich umgebracht. Telefon: »Kommen Sie schnell, Jessenin hat Selbstmord verübt …« Ich laufe durch den Schnee, ich trete in das Zimmer im Hotel International [Name des Hotels *Angleterre* von 1919–1925], ich habe Mühe, ihn wieder zu erkennen: er sieht sich nicht mehr ähnlich. Am Abend vorher hatte er, natürlich, getrunken, dann hatte er seine Freunde verabschiedet. »Ich will allein sein …« In der Traurigkeit des Erwachens heute früh überfiel ihn die Lust zu schreiben. Kein Bleistift, kein Füllhalter zur Hand. Keine Tinte im Hoteltintenfass, wohl aber eine Rasierklinge, mit der er sich die Pulsadern aufschneidet. Und mit rostiger Feder, die er in sein eigenes Blut tauschte, schrieb er seine letzten Verse:

Auf Wiedersehn, mein Freund, auf Wiedersehn …
… Es ist nicht neu in diesem Leben, zu sterben,
aber es ist sicher nicht neuer zu leben.

Er befahl, niemand einzulassen. Man fand ihn erhängt, den Riemen eines Koffers um den Hals, an der Stirn Quetschwunden, da er sterbend gegen ein Heizungsrohr gefallen war. Auf dem Totenbette hatte er, gewaschen und gekämmt, ein verhärtetes Gesicht, die Haare eher braun als goldblond, er sah kalt und abweisend aus. »Man konnte meinen«, notierte ich mir, »es sei der Ausdruck eines jungen Soldaten, der allein getötet worden ist, nachdem er bis zum bitteren Ende gekämpft hatte.« Dreißig Jahre, auf dem Gipfel des Ruhms, achtmal verheiratet … Er war unser größter Lyriker, der Dichter des russischen Landes, der Moskauer Kabarette, der Boheme, die er während der Revolution besungen hatte. Er hat den Sieg der Stahlrosse über die roten Fohlen auf den ›lichtlosen Feldern‹ hinausgeschrien. Er hat seine Verse mit betörenden Bildern durchsetzt, dabei sind sie einfach wie die Sprache der Dörfer. […] Er hatte versucht, im Einklang mit der Zeit und mit unserer gelenkten Literatur zu leben. »Ich bin ein Fremder in meiner eignen Heimat …« »Meine Gedichte braucht niemand mehr, und ich selbst bin überflüssig …« »Blüht, junge Menschen, in eurem gesunden Fleisch. Euer Leben ist anders, eure Kehrreime sind anders …« »Ich bin kein neuer Mensch, ich stehe mit einem Fuße in der Vergangenheit – und doch möchte ich, der Taumelnde, der Hinkende, die stählernen Scharen einholen …«

[…] Wir trugen Jessenins Leiche durch Nacht und Schnee. Das ist keine Zeit für Traum und Lyrik. Leb wohl, Poet.

Joseph Roth
(1894–1939)

Petrograd musste schließlich Leningrad heißen

1

Nach Leningrad kam ich an einem eisigen Sonntagmorgen. Die Luft war aus Glas. Es klirrte. Die Straße war Schnee; weißbesonnter Schnee auf der einen Seite, auf der anderen beschatteter Schnee. Die Bürgersteige waren von der Straßenmitte getrennt durch Schneehaufen, die sich in regelmäßigen Abständen erhoben. Sie erinnerten an markierte Grenzlinien. […] Man zählte 28 Grad unter null. Vor der Nase stand der Frost wie eine doppelt geschliffene Klinge. In den Ohrmuscheln brannte ein stechendes Feuer aus dünnen, rohen Nadeln. Man fühlte das Blut im eigenen Körper kreisen und die Schnelligkeit, mit der es sich selbst heizte. Infolgedessen, und nicht weil man etwa fror, beschleunigte man den Schritt. Alles Lebendige bewegte sich sehr schnell. Die Menschen liefen fast aneinander vorbei, jeder durch den Frost vom andern isoliert. Die Schlitten huschten. Ein oder zwei der seltenen Automobile sausten. Die Schellen an

Joseph Roth, Schriftsteller und Journalist, Foto, 1926

dem hohen Joch der kleinen Pferde galoppierten. Die einzelnen Klänge verbanden sich zu Melodien. Es war kein Klingeln mehr, es waren geklingelte Lieder.

Aber alles Stehende schien doppelt unbeweglich. Die Häuser, die Brücken, die Buden, die Laternen waren für alle Ewigkeit hingestellt, und ihre Lage schien unveränderlich wie die der Pyramiden. Ja, selbst der Schatten, den die Objekte warfen, war nicht mehr ein Spiel des Lichts, sondern eine dunkle Fläche, hingemalt mit grauer Farbe auf den weißen Schnee und unabhängig von dem wechselnden Stand der Sonne. Die Paläste, die in Leningrad so dicht nebeneinanderstehen wie in anderen Städten die Mietshäuer, erhielten in der Atmosphäre dieses Vormittags eine doppelte Festigkeit. Zu der Kraft des Dauerns, die ihnen ihre Erbauer verliehen hatten, kam die monumentalisierende Kraft des Lichts, das die Paläste gleichsam noch einmal stehen ließ, als wäre vorher Gefahr gewesen, sie könnten sich, obwohl gründlich fundamentiert, dennoch bewegen. Aus dem Gegensatz aber zwischen der Schnelligkeit alles Beweglichen und der für Jahrtausende garantierten

Unbeweglichkeit alles Stehenden ergab sich ein mir ungewohnter Reiz, ein fruchtbarer, der die Produktivität des Auges steigerte und es zwang, den Zauber der Geschwindigkeit wie die Winde des Dauernden zu verzeichnen. Die Fassaden erhöhten sich zu Symbolen der Ewigkeit. Die eilenden Menschen und Wagen und Pferde verringerten sich zu beispielhaften Objekten des ewigen Wechsels und der Nichtigkeit alles Lebens. Und ich sah wie auf eine Bühne, auf der ein ergreifendes Spiel von der bedauerlichen Rapidität des Werdens und Vergehens und der grausamen Gleichgültigkeit der ewigen Mächte gespielt wird.

So sah ich Leningrad zum ersten Mal. Es repräsentierte sich mir als die Stadt Peters des Großen, des universalen Europäers, der von dieser Stadt aus Asien zu regieren gedachte und der sich nicht, wie andere Herrscher, ein steinernes Denkmal stellte, sondern eine ganze Residenz, am Zipfel seines riesigen Reiches, einem Kapitän vergleichbar, der die Kommandobrücke an dem Bug seines Schiffes platziert. Die Stadt jenes Zaren, der einen so starken Sinn für die Ewigkeit hatte, dass er seinen eigenen Leichnam im Sarkophag durch die Jahrhunderte erhielt, dass er, als man nach der Revolution seinen Sarg öffnete, noch ganz und unversehrt dalag und dass man vor ihm erschrak – wie man dereinst vor dem Lebendigen erschrocken war.

2

Am nächsten Tag war der Frost gebrochen. Er war aufgelöst im Nebel. Der Nebel stieg aus dem Fluss. Der Schnee war noch hart, aber er knirschte nicht mehr. Der Himmel war grau und kündigte neue Schneefälle an. Die Luft war nicht mehr aus Glas, sondern aus milchigem Porzellan. Die Sonne war nicht mehr als ein Himmelskörper wahrnehmbar, sondern hinter den Wolken wie gleichmäßig verschüttet über den ganzen Horizont. Über den Dächern der Häuser und der Paläste lag unbeweglich ein graublauer Dunst, und stand man auf einem erhöhten Punkt der Stadt oder auf einem weiten Platz, auf dem die Distanz einen Überblick erlaubte, so war es, als sähe man auf eine versunkene Stadt unter einem leichten Meer aus Rauch. Glocken, Schlittenschellen und andere Geräusche gelangten zu mir aus einer verhüllten Nähe. Es war, als würde es mir nie gestattet sein, die Ursachen dieser Geräusche mit eigenen Augen zu sehen. Ging ich dann hinein, um die Türme, die Menschen, die Straßen wahrzunehmen, so war es, als hätte ich einen Bann aus Nebeln durchbrochen. Nicht mehr für alle Ewigkeit schienen die Fassaden auf das vergängliche Leben vor ihnen zu blicken. Sie zitterten vielmehr, sie schwankten, veränderten fast ihre Formen wie Mauern, die man aus einer sehr großen Entfernung sieht. Es war immer noch kalt. Aber die Kälte hüllte sich gleichsam in wärmende Wolken wie in Pelz – in ihnen war schon die besänftigende Weichheit des Schnees, den sie enthielten. Vor mir glänzte aus graublauem Nebel die Spitze des Admiralitätsplatzes auf, wie eine goldene Lanze, die den Rauch durchstochen und aufgespießt hat. Es war ein unwahrscheinlicher Triumph im Glanz dieser Lanze. Sie triumphierte wie das Wahrzeichen einer Welt, die den Nebel, der sie zu verschlingen droht, nicht fürchtet, weil sie ihn selbst geboren hat. Wie der ausgestreckte mahnende Finger einer Macht, die noch gefährlich werden kann, einfach, weil sie noch da ist.

Den Rauch, der sie einhüllte, gebar die Stadt Leningrad wirklich selbst. Denn sie steht auf Sümpfen, weich und tückisch ist der Boden, in den die schweren Fundamente der schweren Paläste und Kirchen mehr versenkt als gebaut sind. Ein großer und eigenwilliger Zar hat seine Macht auch noch über den Sumpf beweisen wollen. Und wie Venedig über das Wasser, so triumphiert Leningrad über den Sumpf. Aber es identifiziert sich mit ihm, seine Mauern werden feucht, sie sinken ein, und wenn es die starken Fröste seines Klimas nicht immer wieder befestigten und den weichen Boden hart machten, vielleicht stünden die Häuser nicht mehr so hoch, wie sie heute noch sind. Aber an den meisten Tagen des Jahres liegt die Stadt im sanften Nebel ihrer eigenen Sümpfe, wie ein Zeichen des Friedens, den Stein und Wasser geschlossen haben, und aus der Ferne sieht die Stadt nicht aus wie eine Wirklichkeit, sondern wie der Traum von ihr, den Sümpfe träumen. Eines Tages – sagte Dostojewski – würde man erwachen, und Petersburg wäre nicht mehr da. Ein lebendiger Peter hat es errichtet, vielleicht wird es ebenso wunderbar ein toter wieder in nichts verwandeln. Denn diese Stadt kann nicht zerstört werden. Sie kann sich auflösen – in den Dunst, der über ihr lagert.

3

»Oh«, sagten mir die Patrioten von Petersburger Färbung, »hätten Sie die Stadt früher gekannt. Sie war europäischer, lebhafter, reicher als Paris!« Denn es gibt eine bestimmte Schicht überzeugter Petersburger in allen Teilen Russlands, die immer gegen die überzeugten Moskauer waren. Moskau hatte seine alten historischen und ethnographischen Rechte nicht aufgegeben. Es hielt eine »echtere«, »russischere« Tradition der »europäischen« und höfischen Petersburgs entgegen. Es entstand in Petersburg, das die Zaren in ziemlich sicherer Entfernung von ihren Untertanen hielt, eine noch merkwürdigere Art Russentum. Es entstand der gehobene russische Bürokrat mit fast deutscher Pünktlichkeit, aber mit einer leisen Verrücktheit, jene Mischung, die den »Sonderling« ergibt. Da waren die breiten europäischen Straßen mit der mangelhaften russischen Kanalisierung. Man sprach französisch und deutsch und fluchte auf Russisch. Man war in der Nähe des Auslands, am Rande des Meeres und der fremden Schiffe, die fremden Diplomaten wohnten um die Ecke – und während man so in Russland zu Hause blieb, sah man Europa in die Fenster.

Petersburg hieß die Stadt, sie hatte keinen russischen Namen. Als der Zar Nikolaus II. sie im Krieg in »Petrograd« umtaufte, wehklagten gerade die russischen Patrioten, denen der deutsche Name ihrer Stadt heilig geworden war. »Petersburg« bedeutete universale Vornehmheit, von dem größten Zaren gewollt und deshalb russisch. »Petrograd« bedeutete eine billige Konzession an den kleinbürgerlichen Nationalismus, der die Schilder mit fremdklingendem Namen zerstört. Petersburg in Petrograd umzutaufen – das bewies die kleinbürgerliche Gesinnung des letzten Zaren, der sein Nationalgefühl von den Straßendemonstrationen bezog. Eine Stadt, die schon Petrograd hieß, musste schließlich Leningrad heißen – meinen heute die russischen Reaktionäre. Sie halten noch bei Peter dem Großen. Nikolaus II. ist ihnen ein Vorläufer der Revolution.

Diese Reaktionäre leben noch in Petersburg. Manche blieben von der Revolution verschont, weil sie sich um die Politik nicht kümmerten. Sie waren zu stolz, um sich zu kümmern. Sie standen von den Schreibtischen auf, legten ihre Uniformen ab und sahen dem Untergang ihrer Welt mit der stolzen Verachtung zu, die sie auch gegen sich selbst hatten. Eine Art von aristokratischem Nihilismus. Ein Heroismus der Gleichgültigkeit. Gespenstisch wandeln sie durch die Straßen. Gespenstisch waren sie schon damals, als sie noch vor den Schreibtischen saßen. Gespenster der Sümpfe mit höfischen Manieren. Sie werden Petersburg niemals freiwillig verlassen. Der Hof ist nicht mehr da, aber die Sümpfe sind geblieben, ihre Heimat, deren Feuchtigkeit alte Gespenster konserviert.

4

Der Platz vor dem Winterpalast ist weit, und der Schnee verwischt seine Grenzen. Er ist als Platz so unermesslich, wie Russland als Reich unermesslich ist. Durch die Fensterscheiben, die eine gelbliche Tönung haben, sieht man auf ihn wie auf einen erstarrten See. Eine Wehmut aus Stein und Eis steigt aus ihm auf wie Nebel aus einem lebendigen. Menschen, die ihn überqueren, sehen winzig aus wie verkleidete Streichhölzer. Rings eingeschlossen, nur durch schmale Auswege mit der Stadt verbunden, ist er wie deren eigene Abkehr, eine Form ihrer Entrücktheit. Der Zar war winzig diesem Platz gegenüber, ein kleiner Gefangener. Wie furchtsam wird ein Herrscher, wenn ihn ein Platz, groß, weiß und schweigsam, belagert! Wer nicht groß genug ist zu regieren, wird hier, vor lauter Weite, ein Tyrann.

Ein früher Winterabend brachte frischen, weichen Schnee, der zusammen mit der Dunkelheit herabfiel, wie um sie zu beleuchten. Aber soviel es auch schneite, der Platz blieb tief, und sein Niveau schien sich nicht um einen Zentimeter zu heben. Zu weit ist dieser Platz! dachte ich. – Zu weit! …

Egon Erwin Kisch
(1885–1948)

Hier also war's

[…] Der Newskij-Prospekt heißt nicht mehr Newskij-Prospekt. Sondern: Prospekt des 25. Oktober.

Man denke sich ihn nicht als eine enorm breite, spiegelglatte Avenue, zwischen eisgetürmtem Newastrom und goldenen Palästen, er ist nur eine Binnenstraße und führt vom Moskauer Bahnhof zum Admiralitätspalast. Wir kommen an und sind etwas enttäuscht: hier also war's, wo Pierre Besuchow, wo Rodion Romanowitsch Raskolnikow, wo Anna Karenina, wo Peter Myschkin … Eine Straße, kaum breiter als der Kurfürstendamm und lange nicht so gut gepflastert, Geschäfte, Wohnhäuser …

Auf dem Platz vor dem Bahnhof: Das Denkmal Alexanders III., alle Kaiser- und Generalsmonumente in Leningrad hat man stehenlassen und alle Marmorplatten, auf denen verewigt ist, dass jenes Gebäude, jene Brücke, jene Parkanlage unter der glorreichen Regierung des Zaren Soundso Soundsowitsch I., II., III. (nicht

Gewünschtes bitte zu durchstreichen) errichtet wurde. Auf dem Sockel Alexanders III. ist bloß eine neue Inschrift eingemeißelt worden, Verse des Volksdichters Demian Bjednyj:

Mein Vater fand, so wie mein Sohn,*
den reichverdienten Henkerslohn,
Doch ich, ich muss hier weiterreiten
Ruhmlos durch alle Ewigkeiten.
Dick hockend auf dem dicken Hengst,
Ein lächerliches Schreckgespenst
Den Menschen, den von uns befreiten.
Alexander III.
vorletzter russischer Selbstherrscher

Übrigens stimmt das mit dem Hocken auf dem dicken Hengst und das mit der Lächerlichkeit: der Bildhauer hat, ob freiwillig oder nicht, dem Dargestellten Gesicht und Körper eines vierschrötigen Wachtmeisters gegeben, dessen Eskadrongaul sich anschickt zu bocken, und man hat schon im Frieden ästhetisch-patriotische Diskussionen über diese Skulptur abgeführt. Ein bockendes Denkmalspferd ist etwas Auffälliges für St. Petersburg gewesen, wo die Bronzerosse die Gewohnheit des Gegenteils haben: sich kühn aufzubäumen. Es gibt hier keines, das seine vier Hufe am Boden hätte […].

Wir aber wollen mit allen vier Beinen auf dem Boden der Tatsachen und des Newskij-Prospekts bleiben, auf dem die adligen Gestalten Dostojewskijs, Puschkins, Tolstois und Lermontows verschwunden sind und keine schnauzbärtigen Generale, keine reichen Kaufleute und überhaupt keine Equipagen mit galonierten Lakaien mehr spazieren fahren. An die Stelle der Kaleschen sind die Galoschen getreten, die Läden gehören den Kooperativen, und die Inhaber der berühmten Zuckerbäckereien Ballet, Berrin, Borman, Conradi und Abrikosow existieren nicht mehr, jedoch ein süßer Trost ist dir geblieben, der diese Geschäfte verwaltet; sie haben neue Namen, die sich schon eingebürgert haben, und man darf keinem Mädchen in Kiew, Rostow, Moskau oder Charkow erzählen, dass man nach Leningrad fährt, sonst muss man versprechen, eine Bonbonniere von Degurme (sprich: »Des Gourmets«) mitzubringen. Die

* Der Vater, Alexander II., wurde im März 1881 durch ein Bombenattentat getötet, Nikolaus II., der Sohn, im Juli 1918 im Ural erschossen.

Egon Erwin Kisch, Schriftsteller und Journalist, Foto, 1932

Paläste stehen noch am Prospekt des 25. Oktober, genauso wie sie vor dem 25. Oktober standen, nur die Besitzer fehlen. Fürst Stroganow, Graf Scheremetjew, Graf Anitschkow, Graf Schuwalow, Großfürstin Elisabeth Feodorowna, […], Fürst Beloselskij-Bieloserskij und so fort (nach Paris).

Ihre Schlösser sind Museen geworden, meist verblieben Einrichtung und Anordnung, und der Palast wird als solcher besichtigt (Museum der aristokratischen Lebensweise), aber auch wissenschaftliche und künstlerische Kollektionen fanden in den Schlössern Unterkunft, Leningrad hat jetzt über zweihundert öffentliche Sammlungen – es ist vom Rom des Nordens zum Athen des Nordens geworden, und nirgends verfügen die Akademien, die Universitäten, die Kliniken, die Schulen, die Sammlungen, die Bibliotheken und die Professoren über derart splendide Räumlichkeiten. Dabei ist die Einwohnerzahl, die im Kriege zwei Millionen betrug und während Revolution, Bürgerkrieg und Hungersnot, und weil Leningrad aufhörte, Russlands Hauptstadt zu sein, auf sechsmalhunderttausend sank, wieder auf eine Million einhunderttausend angewachsen, trotzdem einige Superkluge schon das Gras in den Straßen wachsen hörten und prophezeiten, an Stelle der Ermitage werde bald der Urwald wuchern. Statt des Grases wächst die Bevölkerungsziffer konstant, statt des Urwaldes wuchern ein paar Nepmänner, und von den elfhundert jahrelang verödeten Häusern sind tausend von Neuem bewohnt. Die restlichen hundert Gebäude, so die Kasernen am Marsfeld, verfielen allerdings beträchtlich, und ihre Renovierung würde mehr Geld kosten als ein Neubau. Derzeit die Stadt ohne Wohnungsnot (jeder obdachlose Junge hat hier ein Palais!), wird sie's bald nicht mehr sein, da sie der einzige baltische Hafen Russlands ist, und da die zentralen Unterrichtsbehörden über kurz oder lang hierher verlegt werden sollen.

Jedoch wir hatten uns vorgenommen, auf dem Newskij-Prospekt zu bleiben. Dass keine Gestalten Dostojewskijs, Tolstois und Lermontows, keine Kaleschen mit galonierten Dienern und keine schnauzbärtigen Generale und keine reichen Kaufleute mehr in Erscheinung treten, haben wir wohl genügend oft wiederholt, und es wird allmählich Zeit zu sagen, was in Erscheinung tritt. Vor allem tritt in Erscheinung, dass Leningrad auch im neuen Russland eine elegante Stadt ist. Trotz der Textilnot ziehen sich die Frauen sehr gut an, nicht nur die jungen, auch die alten. Durchaus großstädtisch sehen die Männer aus, den Muschik im Schaffell und Ziegenfell, der in Moskau jenseits der Boulevards das Stadtbild beherrscht, findet man in Leningrad nicht; die Matrosen tragen sich außenbords wie aus dem Ei gepellt, sonst gibt es wenig Uniformen, nur die blauen Schildmützen der Studenten und der in technischen Berufen Tätigen; in sauberem Hemd und guten Anzügen gehen die Arbeiter auf den Straßen der inneren Stadt, stark unterschieden von ihren Genossen im Donezbecken, deren Mehrheit noch Lumpenproletariern gleicht.

Die Moral sitzt hier lockerer in den Gelenken, mag das nun Erbe der Hof- und Residenzstadt, mag das nun unveränderliche Eigenheit jeder Hafenstadt sein. Wirtshäuser blühen an allen Ecken und Enden, meist mit grün-gelbem Firmenschild und der Aufschrift »Wijn«, »Bawarja« oder »Lewnbrai« (laut lesen!), drei Kabaretts, eine Bar, und im Hotel d'Europe tanzt man sogar Foxtrott, dreimal in der Woche, sechs Paare aus dem Publikum, die sich, wenn Stimmungsbeleuchtung gemacht wird, auf neun erhöhen. Foxtrott und »Hotel d'Europe« – Sehnsuchtsziel aller Gents und Modedämchen Moskaus! (Unter »Foxtrott« versteht man in Sowjetrussland moderne Tänze; beim Foxtrott brach der Weltkrieg aus, und von Shimmy, Java, Blues, Charleston ahnen die Ärmsten nichts!) Außerdem gibt es zwei Spielklubs, einen mit Lotto auf dem Newskij- und einen auf dem Wladimirskij-Prospekt, wo man Bakkarat und Makao spielen und die Aufmerksamkeit der Geheimpolizei auf sich lenken kann, und drei oder vier Juwelenläden, davon einen – den im Handelshof – mit Halbedelsteinen des Ural, insbesondere Lapis Lazuli.

Die Geschäfte strahlen Lichtreklamen aus, normale Litfaßsäulen und dreikantige transparente Glassäulen auf sechskantigem Postament sind plakathaft bemalt; auf weiße Leinwand werden gleichfalls Reklamen projiziert, zwischen Nachrichten der Abendblätter. Lautsprecher des Radios dröhnen an den Straßenkreuzungen, und die Gläubigen, die vor der Filiale der Troize-Sergijewa-Lawra knien, hören gleichzeitig das Gebet der Popen und das Orchester des Akademischen Operntheaters und wissen nicht, wo Gott wohnt. […]

Manchmal ist der Newskij-Prospekt eine Straße, manchmal ein Platz, manchmal aber auch eine Brücke; denn senkrecht auf diese Koordinate der Stadt verlaufen Vertikalprojektionen, und die sind flüssig. Schifffahrtskanäle. Man muss schon ein arger Schmeichler sein, um auf Grund dieser Kanäle Petersburg so malen zu können, dass man es erkennt und doch von Venedig zu unterscheiden weiß. Was aber brächten höfische Maler nicht zustande! […]

Stefan Zweig, besucht Russland zum 100. Geburtstag Tolstois (1881–1942)

Großartig als Geschichte, tragisch als Gegenwart

Diese zweite Hauptstadt Russlands bedeutet nicht Ergänzung Moskaus, sondern ihr Widerspiel. So willkürlich entstanden aus Zufall und Volksansammlung Moskau, so zielhaft und willensmächtig, so planhaft und kategorisch gestaltet wirkt die alte Zarenstadt; jene aus eigenem Antrieb gewachsen, diese von einem plötzlichen despotischen Willen diktiert, jene nach Asien blickend bis in die fernen Horizonte der Tatarei und Chinas, diese nach Europa. Nichts hier von dem architektonischen Durcheinander, das in Moskau alle Stile und Kostüme der Baukunst in einen steinernen Maskenball zusammengedrängt, nein, man spürt es sofort, hier hat ein einziger autokratischer Wille eine Stadt plötzlich gewollt und genau in die Vision seines Willens gestaltet, ihr Herr und Ahnherr, Peter der Große. Sein Vorbild war Amsterdam. Aber mit dem Vorgefühl der russischen Weltweite hat er vor dreihundert Jahren schon die Dimensionen ins

Amerikanische gesteigert; wo dort schmale Grachten, strömen hier breite Kanäle, wo dort europäische Straßen, spannen sich hier prunkvolle Boulevards und riesenhafte radiale Plätze. Die russische Raumverschwendung, hier hat sie sich im harten Stein einmal sinnlich ausleben können, und nach drei Jahrhunderten erscheinen unserem durch New York und das napoleonische Paris doch schon ans Kolossalische gewohnten Blick diese Marmorbauten und Fronten, diese platzbreiten Avenuen noch immer monumental. Kein europäischer Herrscher hat sich ein solches Haus gebaut wie das Winterpalais, rechts flankiert von der stumm strömenden Newa, links großartig isoliert durch den runden Kolonnadenplatz, dessen Maße dem mächtigsten Gebäude dieser Erde, der Peterskirche, entnommen scheinen; und wie bedauert man, es nicht zur Zarenzeit noch gesehen zu haben, wenn tausend Karossen mit bepelzten Dienern sich hier aneinanderreihten, klirrende Regimenter mit dem Farbenspiel der Uniformen ihre Paraden entfalteten! Aber gleich phantastisch auch der Tag, wo die bewaffnete Arbeiterschaft, aus den Elendsquartieren zusammengerottet, trotz Maschinengewehrfeuer in diese Kolonnaden einbrach, während gleichzeitig das aufrührerische Kriegsschiff »Aurora« mit gebleckten Kanonen die Fenster des Winterpalais visierte, wo, von beiden Seiten mit eherner Zange gepackt, das tausendjährige Zarentum wie eine Nuss zerknackte. Gerade hier, an jener bildhaften Stelle, wo der Zar Peter das eherne Petschaft seines Herrscherwillens in den weichen, sumpfigen Lehm des Landes drückte, ist das alte Russland zerbrochen worden, und dieses Petersburg, dann Petrograd und nun triumphierend Leningrad benannt, ist heute bloß ein historisches Denkmal seiner verschollenen Schicksalsmacht.

Keine Stadt ist von dem Zarentum so kraftvoll emporgetragen worden, keine hat unter dem neuen Russland stärker gelitten. Denn diese Stadt war für Prunk und Luxus bestimmt, für Fürsten und Großfürsten, für die Eleganz der Garderegimenter und die Verschwendung des russischen Reichtums; darum wirkt Leningrad jetzt doppelt verarmt, widersinnig und tragisch. Nicht nur sein Reichtum ist ihm genommen, seine Gesellschaft, seine Schifffahrt, sondern auch die Ministerien, Bureaux und vor allem sein Blut, seine Menschen. Denn so überlebendig, so zukunftsfreudig Moskau jetzt anmutet, so ausgelaugt, so abgeklungen, so petrifiziert das alte Petersburg. Theatralisch, ja majestätisch, hebt sich noch immer die großartige Kulisse aus Stein, aber das Licht ist verloschen, die Schauspieler abgetreten. Unverändert breit und mächtig strömen die asphaltierten Boulevards durch die Stadt, der Newskiprospekt vor allem, sieben Kilometer lang und so breit wie die Champs-Élysées, aber man könnte abends beruhigt dort Tennis spielen auf dem verlassenen Asphalt, denn ganz selten nur kreuzt ein Wagen oder ein holperndes Automobil seine leere Bahn. Mit der Verlegung der Hauptstadt, mit der Wegnahme der Ministerien und Bureaux ist die Bevölkerung von drei Millionen auf siebenhunderttausend gesunken und füllt sich jetzt langsam wieder auf eine und eine halbe Million empor. Aber wieviel Jahre werden vergehen, ehe wieder diese Esplanaden hell leuchtend aufwachen, ehe diese breiten herrlichen Paläste wieder in sich Glanz aufsaugen; für Jahrzehnte ist dieser Stadt ihr Schicksal gesprochen. Ein Wille hat sie geschaffen, und sie ist groß geworden, solange dieser Wille, dieser Absolutismus noch mächtig und schöpferisch war: die beiden einzigen genialen Zaren, Peter und Katharina, haben sie in die Welt diktiert und einheitlich durch die Hand zweier italienischer Meister, Rossi und Rastrelli, zu einem der mächtigsten Monumente der Erde gemacht. Dann kamen die müden Zaren, die schwachen, die kunstfremden, die lebensfremden. Sie konnten nur erhalten, ängstlich bewahren und kleinmütig fortsetzen, und mit ihrem Sturz hat diese Stadt ihren lebendigen Sinn verloren. Aber gerade im sinnlichen Anschauen erkennen wir am besten das Historische; und nirgends begreift man besser, als in dieser tragischen Stadt, grandeur et décadence des russischen Zarentums, seine Größe und seinen Untergang. Und man geht beinahe wie durch die hallenden Tempeltrümmer von Luxor durch diese vor einem Jahrzehnt noch prunkenden Kolonnaden, die nun sinnlos ragen inmitten nivellierter Welt, gerade noch bewohnt, aber nicht wahrhaft belebt, ein stummes Gebäude, brausend bloß von Vergangenheiten, großartig als Geschichte, tragisch als Gegenwart.

Armin T. Wegner
(1886–1978)

Aus dem Tagebuche
Hotel Europe, den 17. November

[…] Ich ging allein aus und besuchte eine Buchhandlung des Staatsverlages. Man hatte mir erzählt, dass eine Auswahl meiner türkischen Novellen ins Russische übersetzt wurde. In zwei Minuten hatte der Verkäufer das kleine Buch gefunden; wann wäre mir das in Deutschland geschehen? Das Heft ist in fünfzehntausend Exemplaren in Russland verbreitet.

Hier liest man noch Bücher! Die Säle der Ermitage, die Museen sind an Sonntagen von Arbeiterscharen mit ihren Führern erfüllt, kaum möglich, vorwärts zu kommen. Welcher Hunger nach Bildung! Man darbt. Hat nicht genug für Essen und Kleidung, aber doch stets ein paar Kopeken für Bücher übrig. Schreit dies nicht laut den wahren Sinn dieser Umwälzung in die Welt?

Wilder noch als der Hunger ist in den kaum erwachten Massen die Gier nach Geist. – –

Mittags in den Kasematten der Peter-Pauls-Festung. In den leeren Zellen herrscht jetzt der Frost. Ich betrachtete die kümmerlichen Sträucher und Bäume im Schnee, die die Gefangenen neben dem Badehaus pflanzten. Sie waren noch nicht groß und schienen mit ihrem dünnen Gezweig die Kummerlinien der Seelen nachzuzeichnen, die sie gepflegt hatten.

Wera … Wera Figner. Das Herz schlug mir vor Schmerz und Empörung bis in den Hals.

Man führte uns durch zwei abgetrennte Räume in die Dunkelzelle, schloss die Tür ab, die schwarze eiserne Klappe über dem Fenster. Stille wie in einem Stein. Wir hielten den Atem an; einen Augenblick glaubte ich, diese Minute würde niemals ein Ende nehmen, und in dem Entsetzen der tödlichen Finsternis befiel mich fast eine Schwäche. Die Fenster sind hinter dem Gitter außen noch mit engmaschigen Drahtnetzen bespannt, um zu verhindern, dass die Gefangenen die Tauben fütterten. […]

Zum 10. Jahrestag der Oktoberrevolution 1927 dreht Sergei Eisenstein den Film »Oktober«, einen Schwarz-Weiß-Film, den Zeitgenossen und Nachfahren als Dokumentarfilm wahrnehmen. Eisensteins künstlerische Interpretation des Umsturzes von 1917 verleitet Generationen dazu, an einen »Sturm« auf den Winterpalast zu glauben, den es nicht gab.

SERGEI EISENSTEIN, Filmregisseur
(1898–1948)

»Weiße Schatten in blauem Nebel«
Museen muss man überhaupt bei Nacht besuchen. Denn nur bei Nacht, und besonders wenn man allein ist, besteht die Möglichkeit,

das Wahrnehmbare nicht nur anzuschauen, sondern damit zu verschmelzen. […]

Nie werde ich meinen nächtlichen Gang in einer weißen Nacht durch die Säle antiker Plastik in der Ermitage vergessen.

Ich drehte damals Szenen für den »Oktober« im Winterpalais und schlenderte einmal während irgendwelcher Beleuchtungsveränderungen durch Verbindungsgänge vom Winterpalais zur Ermitage.

Es war ein phantastischer Anblick, der sich mir bot!

Milchigblauer Nebel floss vom Kai durch die Fenster herein.

Und im blauen Nebel schienen die weißen Schatten der weißen Körper der griechischen Statuen sich zu beleben und zu schweben. […]

Will man Museen gründlich besichtigen, muss man es allein und bei Nacht tun …

Paul Scheffer, Journalist
(1883–1963)

Ausverkauf des alten St. Petersburg

Im Bereich der Zaren war St. Petersburg immer die europäischste Stadt. Leningrad, wie es jetzt heißt, ist wenigstens die Stadt im Sowjetreich geblieben, die für den Europäer die interessanteste ist. Anfangs 1922, nach dem furchtbaren Stoß der Revolution, war es menschenleer und schlotterte um ausgeleerte Räume, eine halbzerfetzte Hülle. Kaum ein paar Läden geöffnet, Märzveilchen der NEP. Nachts waren die weiten Plätze, die Straßen an den Kanälen reichlich unsicher. »Pugalo« (Vogelscheuche) stand damals schon auf dem Denkmal Alexanders des Dritten geschrieben. Aber ganz Leningrad hatte etwas von einer Vogelscheuche. Dennoch ergriff es, ja, es erschütterte. Es erschien als der erste Beginn des Verfalls unseres Zeitalters, unserer Gesellschaftsordnung, als Symbol unseres kommenden Verhängnisses. 1925 aber hatte sich bereits die neue bolschewistische Zeit in diesen Trümmern eingerichtet. Überall Büros der Sowjetorganisation, mit nicht immer klangvoll zusammengezogenen Namen, wie es sich nach der NEP-Morgenröte gehörte, eine Menge strebsamer privater Läden, Theater, Restaurants, viel Fahrverkehr auf dem Newskij-Prospekt. Immer noch gerade die üppigsten Straßen, früherer Zeit einsam. Überall gab es verlassene Häuser, Straßen, Winkel, in denen das Vergangene schwebte und schrie. Nirgendwo Glanz. Aber Leben unverkennbar. Trotz allem neues Leben.

Vielleicht ist es nicht günstig, in eine Stadt zu kommen, in der es gerade taut. Aber es deprimiert unvermeidlich, gleich beim ersten Blick Hunderte von Menschen in Schlamm und Schmutz in Reihen vor Läden stehen zu sehen. So ist es jetzt in Leningrad, im März 1929. Sie standen den ganzen Tag, und man fand solche Reihen noch spätabends selbst in den kleinsten Straßen der Vorstädte. Moment einer Panik, so wird gesagt. Sonst sei es nicht so schlimm. Gerüchte über ausgehenden Zucker, fehlendes Salz, Petroleum, ja Seife. Gerüchte woher? Störungen der Zufuhr bestehen, zufällige vielleicht nur, aber da doch schon das Brot seit langem rationiert ist … Und noch mehr wirken wohl die sich ständig verschlechternden Nachrichten vom Lande. Die Bauern, die klagend und wohl auch scheltend in die Stadt kommen, nähren die Unruhe. Draußen ist an manchen Stellen unzweifelhaft echter Hunger. Schon dreißig Kilometer vor der Stadt ist er deutlich. […]

Die »Oben«, die ganze Partei, haben starke Nerven. Sie gehen ihren Weg mit dieser Stadt weiter. Viele geschlossene Läden wieder. In dem Basarviertel am Newskij-Prospekt allein stehen Tausende leer. Die Restaurants sind jetzt nummeriert, proletarische »Stolowajas« (Kantinen), die fast ausschließlich einer großen Organisation angehören. Nur ein Hotel von den bekannteren ist noch zum Aufenthalt geeignet, hat Restaurant und andere Bequemlichkeiten, aber es ist nicht entfernt mehr so »bourgeois« wie vor drei Jahren. Auch hier ist der Rigorismus der Partei eingezogen. Die Uniform des Kommunismus, des Kollektivismus, zieht sich über die ganze Stadt. Äußerung zielbewussten, harten Wollens, aber so entsteht etwas ganz anderes, als das, was die NEP versprach, als sie echt war, und nicht, wie heute, beschleunigte Hinrichtung des privaten Erwerbswillens und beschleunigte Einführung des Sozialismus. Das geht in der Tat jetzt in Leningrad vor sich, stärker, scheint es, als anderswo.

Wer zum ersten Mal hierher kommt, kann den Zustand, den er vorfindet, als Durchgangspunkt vom Kommunismus zu freieren bürgerlicheren Wirtschaftsformen ansehen. Aber die Richtung der Entwicklung ist gerade umgekehrt. In tausend Dingen verrät sich der Rückgang der NEP und die Strenge, mit der der Kommunismus jetzt in Dinge greift, die er bisher schonte. Leningrad wird nun wieder grauer, nicht nur, weil es taut. Die großen kollektivistischen, wir fürchten, auch ein wenig bürokratischen Verkaufsorganisationen beherrschen das Bild der Straßen. Monotone, auf einen bestimmten Lebensstandard abgestimmte Auslagen. Und gewiss kein Übermaß an Waren. Der Verkehr auf den Fahrdämmen, wie auch in Moskau, augenscheinlich sehr zurückgegangen. Die Physiognomie der Bevölkerung erschreckend normalisiert. Wie schnell sind die Früheren weggeschmolzen oder untergetaucht worden? Für all das als positive Deutung: Vereinfachung, Zusammenfassung der Wirtschaftsvorgänge. Die negative: dass das Leben jetzt nur so fortkeimt durch seine zunehmende Gängelung. Von beiden ist etwas wahrscheinlich richtig. Schwer zu sagen jedoch, in welcher Mischung.

Jährlich wachsen dabei der Stadt 150 000 Bewohner zu! Trotzdem diese Stille. In den Häusern freilich umso mehr Bewegung. Lange Zeit hatte Leningrad, allein unter allen anderen Städten der Sowjetunion, ja Europas, nach dem Krieg Überfluss an Raum. Jedoch konnte man bisher nur 90 000 Quadratmeter neuen Wohnraum jährlich bauen, zwei Drittel Quadratmeter für jeden Hinzukommenden! Inzwischen wurden viele Häuser unbrauchbar, weil sie unbewohnt waren oder ganz Mittellose sie bewohnten. 2000 Familien mussten 1928 infolgedessen ausgesiedelt werden. Nun muss man die Einwohner der bewohnbaren Häuser zusammendrängen. Die Wohnungen werden »kommunalisiert«; zugleich denkt man, wie anderswo auch, die politisch Rechtlosen aus der Stadt zu entfernen. Die »Kommunalisierung« geschieht an sich aus praktischen Gründen. Wir kennen das auch aus Deutschland. Aber vom Standpunkt der Nivellierung der Klassen handelt es sich um einen wirklichen Fortschritt. Wohnungsverteilung, Angleichung der Wohnbedingungen, ist vielleicht ihr stärkstes Mittel.

In der Tat, diese tragisch und romantisch verhängte Stadt ist nicht ein totes Erbe toter Zaren, geflüchteten Glanzes geblieben. Sie wird durchgeknetet. Man ist »oben« nicht gesonnen, sie als schales Schattenbild bestehen zu lassen. Ein kluger Schwede sagte mir einmal: »Leningrad ohne Oberschicht ist eine Farce.« Aber wenn der Atem ausreicht, so könnte es zu vollendetem, proletarischem Ebenmaß gelangen. Jetzt schon lässt sich das vorstellen. Um die Fabriken, alte und neue Fabriken draußen, erhebt sich eine neue, rein und bewusst proletarische Zivilisation, Theater, Klubs, Schulen, Fürsorge und Erholungseinrichtungen besonderer, selbstbewusster Art, und in diesem Rahmen, der selbst erst sich runden muss, wachsen allmählich Menschen einer neuen, noch nicht durchgeformten, aber sich prägenden Gattung. Sie drängen gegen das Zentrum der Stadt, nachdem sie es verödet haben, ein großartiger, straff von wenigen geleiteter, dennoch elementarer Prozess, der Schilderung eines großen Dichters würdig. Denn diese Besitzergreifung bis ins

Letzte nach der Eroberung im großen Griff ist nicht schmerzlos. Das Vordringen dieses neuen Russland hat seinen Gegenspieler in dem Elend ohne Stimme, das noch im alten Petersburg haust.

Jedem sichtbar ist davon nur der Ausverkauf dieses alten Petersburg. Petersburg ist ein Möbelsteinbruch geworden. Ein Bilderbergwerk. Eine Kuriositätenfündigkeit. Viel nahm der Staat. Er konnte nicht entfernt alles nehmen. So viel war da. Die Russen des Vorkrieges verrieten die Nähe Asiens durch ihre Liebe zu greifbaren Schätzen – Sachwerten, sagt man neuerdings in Europa –, und ihre Liebe zu Europa, indem sie ungeheure Mengen bald guter, bald schlechter Wertobjekte aus dem Westen in ihre prächtigen, warmen Häuser brachten, die heute allesamt nach Katze riechen. Wieviel von jener Luxuseinfuhr wird der Sowjetunion bleiben? Diese Schatzkammer ist seit 1920 schon gründlich abgebaut worden. Lettland, Estland wurden die ersten Umschlagstellen nach Europa. Aufkäufer aus Skandinavien und England vor allem zogen seit der NEP durch die vornehmen, die reichen Häuser, begleitet von den verhärmten Besitzern, denen alle Pracht, aller Geschmack und aller Liebhaberwert durch die furchtbaren Erfahrungen der letzten Jahre oft völlig sinnlos geworden war. Das meiste wurde einfach verschleudert. Die Bieter kauften vielfach im Ganzen, in Güterzügen rollten durch Generationen gehäufte Einrichtungen über die Grenze. Es wurden große Kommissionsgeschäfte eingerichtet, das erste unter dem Namen des Roten Kreuzes. Ihre Betrachtung lehrt von Jahr zu Jahr, von Monat zu Monat, wie die Gier der Ausländer, und seit einiger Zeit die Betriebsamkeit des Außenhandelskommissariats, dem Fass des Bodens immer näher kommt. Ständig ist die Qualität gefallen. Betrachtet man jetzt dies Schlachtfeld, ist man versucht zu sagen, dass die Schlacht geschlagen ist.

Manche sprechen noch von der Unerschöpflichkeit Leningrads. Wie viel hat der Staat, seit er auf den Geschmack kam, aufgespeichert, abgesehen von dem Ertrag der früheren, oft wahllosen Nationalisierung? Vor einigen Jahren hat Rykow sich öffentlich gegen die Einrichtung einer Antiquitätenabteilung im Außenhandelskommissariat gewandt, im Interesse der Erhaltung dieser Art Kulturgüter für Russland. Jetzt denkt man offenbar kühler. Schließlich sind viele dieser »schönen Sachen« doch nicht viel mehr als Repräsentanten bürgerlichen Wohllebens und für einen strengen Proletarierstaat ohne Belang. »Absolute Kunstwerke« lassen sich mit Leichtigkeit für die Sowjetunion reservieren. Jedoch auch der frühere »Museumsfanatismus« nimmt ab, völlig konsequent. Das entspricht dem erwachten Interesse an der Ausfuhr von Kunstsachen aller Art. Ich spreche nicht davon, dass soeben in dem Moskauer Historischen Museum die wundervolle, mit größtem Eifer und höchstem Sachverständnis seit 1924 zusammengetragene Ikonensammlung endgültig aufgelöst wurde. Ihr wissenschaftlicher Stab ist bis auf ein oder zwei Assistenten entlassen. Ebenso ist die kirchliche Abteilung in der Ermitage geschlossen, die nach den Sequestrationen von 1922 eröffnet wurde. Hier spiegelt sich die kulturelle Offensive, die die Sowjetpolitik in der letzten Zeit überall verstärkt hat und die sich ebenso gut in der Schließung oder dem Abbruch von Kirchen äußert. Man will dem religiösen Gefühl auch durch Ikonensammlungen keine Nahrung geben. Zu rein ästhetischer Betrachtung erklärt man die Massen für nicht reif. Vom Standpunkt des Proletarierstaates leicht begreifliche Dinge. *Berliner Tageblatt*, 7. April 1929

Ossip Mandelstam

Leningrad

Meine Stadt find ich wieder, mir zum Weinen vertraut
Wie ein kindliches Fieber, wie ein Äderchen, Haut.

Leningrad siehst du wieder – so schluck schon den Tran!
Der den Uferlaternen entströmt wie ein Wahn …

Und erkenn ihn, den Tag, wie dezembrig er ist,
Wo dem düsteren Teer sich ein Eigelb beimischt.

Petersburg! Nein, ich will noch nicht sterben, noch nicht!
Denn du hast meine Nummern, Telephone, Nachricht.

Petersburg! Denn ich hab noch Adressen auf mir,
Wo ich Tote noch finde, ihr Stimmengewirr.

Und im Hinterhaus wohn ich, an die Schläfe mir springt
Eine Klingel, zerrissen, vom Fleisch noch umringt –

Ganze Nächte lang wart ich auf Gäste bei mir,
Zerr die eisernen Ketten da weg von der Tür.

Dezember 1930

X. Terror

Als Stalin Anfang 1926 Leningrad besuchte, wurde er bei einer Rede von Leningrader Arbeitern ausgepfiffen. Das hat er nie vergessen, er war nachtragend und rachsüchtig. Und er hasste die Stadt, ihre Intellektualität und ihren kritischen Geist. In Leningrad sah er einen Hort der Opposition, die er rücksichtslos verfolgen ließ. Keine andere Stadt hat unter dem Terror so gelitten wie Leningrad. Verhaftungen und Massenerschießungen hatte es in der Stadt seit dem Oktoberumsturz gegeben, aber der Große Terror der 1930er-Jahre übertrifft alles aus der Geschichte Bekannte. Auftakt ist hier die von Stalin initiierte Ermordung des populären Leningrader Parteisekretärs Sergei M. Kirow am 1. Dezember 1934. Verhaftungen beginnen noch in der Nacht, Leningrad zittert. In den folgenden Jahren werden Zehntausende Leningrader als vermeintliche Oppositionelle grundlos erschossen und in Massengräbern nördlich der Stadt, vor allem in der Einöde von Lewaschowo, verscharrt. Der Massenmord hat keinerlei Logik, die Henker morden im Namen einer Idee und sehen sich im Recht. Wenn die Angehörigen der Verhafteten die Nachricht bekamen, dass ihre Lieben eine Haftstrafe »ohne Recht auf Briefwechsel« erhalten hatten, war klar, dass die Strafe ein Todesurteil war, das oft bereits vollzogen worden war. Die Orte der Massenerschießungen sind heute – dank der aufopferungsvollen Arbeit der Menschenrechtsorganisation »Memorial« – Gedenkfriedhöfe. Aber noch nicht alle sind lokalisiert, und immer noch wissen Zehntausende Familien nicht, was mit ihren Vorfahren in der Stalin-Zeit geschah, wie sie umkamen, wo sie begraben liegen. Anna Achmatowas *Requiem* ist eine Hommage an die Opfer. Schostakowitschs Siebte und Achte Symphonie sind – nach eigener Aussage – sein »Requiem«. Russland hat seine mörderische jüngste Vergangenheit nicht bewältigt, das Sowjetsystem mit seinen Millionen Toten wurde nie verurteilt. Stalins willige Helfer wurden mit wenigen Ausnahmen nie zur Verantwortung gezogen, kein Täter, kein Denunziant, kein GULag-Wächter wurde je vor Gericht gestellt. Zum Gedenken an die vielen Opfer hat *Memorial* 1990 auf dem alten Dreifaltigkeitsplatz der Petrograder Seite ein Denkmal errichtet. Es besteht aus einem riesigen Findling, der von den Solowki-Inseln im Weißen Meer, dem einst berüchtigtsten Teil des GULag, hergeschafft und auf eine polierte schwarze Granitplatte gesetzt wurde. An jedem 30. Oktober, dem »Tag des politischen Gefangenen«, versammeln sich Hunderte Petersburger beim »Solowezker Stein«, der den »Häftlingen des GULag«, den »Kämpfern für die Freiheit« und den »Opfern des kommunistischen Terrors« gewidmet ist, und gedenken ihrer.

OSSIP MANDELSTAM

Petersburg, ein Sarg

HILF MIR, HERR, nur durch diese Nacht:
Meine Angst – ums Leben, wie um Deinen Knecht.
Petersburg: ein Sarg. In Särgen lebt man schlecht

Januar 1931

HARRISON E. SALISBURY, amerikanischer Journalist (1908–1993)

Nirgends waren die Schrecken größer …

Schon bevor Lenin 1924 starb, hatte sich manches verändert. Mit Moskau als Mittelpunkt nahm die Revolution ein anderes Gesicht und einen anderen Inhalt an. Vielleicht war das unvermeidbar. Vielleicht wäre es auch geschehen, hätte man Moskau nicht zur Hauptstadt gemacht. Aber niemand in ›Piter‹ war sich dessen ganz sicher. Mit der Verlegung des Regierungssitzes nach Moskau machten sich in Leningrad Veränderungen fühlbar, und das erzeugte gewisse Befürchtungen. Zweihundert Jahre war ›Piter‹ Moskau überlegen gewesen. Nun war Moskau an der Reihe. Und Moskau rächte sich. Es war die Rache eines wahnsinnigen und diktatorischen Herrschers, wie Russland ihn seit Iwan dem Schrecklichen nicht mehr hervorgebracht hatte.

[…] Zunächst waren die Veränderungen nicht allzu bedeutend. Stalin war damit beschäftigt, den ersten Fünfjahrplan anlaufen zu lassen, und begann, die Bauern mit blutigem Terror in die Kolchosen zu zwingen. Leningrad stand abseits dieser Massenkonflikte. Aus Leningrad war außerdem ein neuer und glänzender Führer hervorgegangen. Sergei Kirow, ein Anhänger Stalins, aber ein sympathischer und fähiger Mann, der die Zuneigung der Bevölkerung von Leningrad gewann und von den Mitgliedern des Zentralkomitees unterstützt wurde, das über die grausame Rücksichtslosigkeit Stalins zutiefst erschrocken war, und sich davon abgestoßen fühlte. Am 1. Dezember 1934 kam es jedoch dann zu einem Ereignis, welches das Leben in Leningrad für viele Jahre lähmen sollte. An diesem Tage betrat ein junger Mann namens Leonid W. Nikolajew das Büro Kirows im Smolny und erschoss Kirow.

Das Attentat löste in Leningrad einen Terror aus, wie ihn die Welt seit den Tagen der Pariser Kommune und selbst damals kaum erlebt hatte. Tausende wurden verhaftet und entweder erschossen oder in Konzentrationslager, Arbeitslager und sog. ›Isolationsgefängnisse‹ verschickt. [...] In Leningrad wurden in erster Linie junge Leute, Intellektuelle und Personen festgenommen, die irgendwann in den Verdacht geraten waren, gegen das Regime eingestellt zu sein. [...]

Das Kirow-Attentat hat also den Terror der dreißiger Jahre ausgelöst. Noch am gleichen Tag erhielt die Geheimpolizei Sondervollmachten. Danach durfte sie jeden beliebigen Menschen in der Sowjetunion auf dem Verwaltungswege verurteilen und hinrichten.

Dem Attentat folgte ein Terrorregime, das Russland in den folgenden Jahren von einem Ende zum anderen in Blut tauchte und das bis zum Beginn des Zweiten Weltkrieges andauerte. Nirgends waren die Schrecken größer als in Leningrad. In den Jahren 1937/38 kam es in Leningrad zu den grausamsten Unterdrückungsmaßnahmen. Hunderte von Parteifunktionären und höheren Beamten wurden liquidiert, unter ihnen vier Sekretäre der Parteikomitees der Stadt und des Bezirks, vier Vorsitzende der Stadtverwaltung, der Führer der jungen Komsomols [Komsomolzen] und Dutzende anderer höherer Parteileute.

Die Geschichte einer Leningrader Fabrik, der großen Roten Putilow-Stahlwerke, während der Zeit der Säuberungen ist bis in alle Einzelheiten rekonstruiert worden. [...] Kaum war das Werk auf den Namen Kirows umgetauft worden, als auch schon der stellvertretende Direktor, der Chef des Parteikomitees und die Vorarbeiter in zwölf Werkstätten gleichzeitig aus der Partei und aus ihren Ämtern entfernt wurden. Im Januar 1935 kam es zur Entlassung von mehr als

140 Personen, die anschließend verhaftet wurden, weil sie angeblich früher Beziehungen zum Zarenregime, zu ehemaligen Industriellen, Geschäftsleuten, Landbesitzern oder wohlhabenden Bauern unterhalten hatten. Sehr bald verhaftete man 700 weitere Personen als ›Klassenfeinde‹.

Die Produktion ging zurück. Wurde der Plan nicht erfüllt oder irgendein Fehler entdeckt, dann schob man die Schuld den ›Staatsfeinden‹ in die Schuhe, die entweder schon demaskiert worden waren oder sehr bald demaskiert werden sollten. […]

1936 ebbte die Verhaftungswelle etwas ab, aber 1937 wurde es dafür umso schlimmer. […] Die meisten Leiter der großen Industriewerke wurden erschossen […]. Fast jedes Industrieunternehmen in Leningrad verlor den Direktor und das leitende Personal. […]

Diese Säuberungen begannen nicht nur in Leningrad, sondern hier entstand auch ihr charakteristisches Leitmotiv, und hier entwickelten sie sich zu einer makabren Wahnsinnsorgie; denn wie man schon damals erkennen konnte und wie die Bewohner von Leningrad es lange vermutetet hatten – nach Stalins Tod wurde es bestätigt –, war das Attentat auf Kirow nicht die Tat eines einzelnen unzufriedenen oder geistesgestörten Menschen. Dieser Mord war unter sehr eigenartigen Begleitumständen begangen worden. Tatsächlich hatte Stalin selbst die Anregung dazu gegeben, oder die Tat sogar geplant. Stalins Polizei hatte den Mord arrangiert, und die Polizeioffiziere, die an der Inszenierung der Ermordung Kirows beteiligt waren, gehörten zu den ersten Opfern der dem Attentat folgenden Säuberung.

Natalja Lebina, Petersburger Historikerin
(geb. 1948)

Kirow »säuberte« gnadenlos

Der tiefe Eindruck, den der unerwartete Tod des Anführers der Leningrader Bolschewiki hinterlassen hatte, veranlasst viele Menschen bis heute, ihn gewissermaßen als das erste Opfer des Stalinismus hinzustellen. Einige halten Kirow sogar nach wie vor für den Gegenspieler Stalins. Tatsächlich kann man ihn jedoch, in der zeitgenössischen Terminologie, als Aktivisten der »Säuberungen« bezeichnen. Er hat systematisch das vielfältige »Unkraut« der NÖP-Zeit aus dem politischen, kulturellen und alltäglichen Leben der

Stadt getilgt. Gleichzeitig rottete er viele Dinge deshalb gnadenlos aus, weil sie für das alte St. Petersburg standen. Die intensivste Phase der Zerstörung von Kirchen und der Schließung von städtischen Kultureinrichtungen (an die dreihundert Institutionen waren hiervon betroffen) ereignete sich unter Kirow. 1927 wurde unter seiner Regentschaft die Anordnung zur »freiwilligen Abgabe von Wohnraum« beschlossen. Dies läutete die neue Epoche der Umverteilung des Wohnraums ein, im Zuge derer sich Leningrad zu einer Stadt der Kommunalwohnungen entwickelte und dies für lange Zeit blieb. [...] Unter Kirow begann auch die Repression vieler bekannter Petersburger Gelehrter. Unter der so genannten »Akademiker-Affäre« (akademitscheskoje delo) hatten unter anderen die bekannten Historiker Sergej Platonow und Evgenij Tarle zu leiden.

Unter Kirows Regentschaft homogenisierte sich die Sozialstruktur der Stadtbevölkerung in vielerlei Hinsicht. Auf ein Minimum reduziert wurde die Gruppe der so genannten »Ehemaligen« (bywschie ljudi), welche bürgerliche Intellektuelle, Adlige, Fabrikanten, Kaufleute sowie Priester einschloss. Sie wurden vom Wahlrecht ausgeschlossen und nicht nur abfällig als »Ehemalige«, sondern zuweilen auch als »Entrechtete« (lischenzy) bezeichnet. Im Herbst 1929 wurden viele dieser Menschen aus ihren Häusern und Wohnungen sowie aus der Stadt überhaupt vertrieben. 1933, mit der Einführung von Inlandspässen in Leningrad, ging die Staatsmacht zur umfassenden »Säuberung« der Stadt von »politisch schädlichen Elementen« über. Bereits Ende 1933 beeilte sich Kirow, Stalin über die erfolgreiche »Säuberung« Leningrads von den »schädlichen Elementen« zu berichten. Binnen kürzester Zeit waren an die 80 000 Menschen aus der Stadt vertrieben worden, in der Mehrheit solche, die zur Kategorie der »Ehemaligen« gezählt wurden. So verlor die Stadt einen Großteil der Träger der alten Petersburger Kultur. Nach der Ermordung Kirows wurden auch die noch Verbliebenen entfernt: Erneut wurden mehr als 10 000 Menschen vertrieben.

Dmitri Lichatschow, Literaturwissenschaftler (1906–1999)

»Jeder war verdächtig«
Heute hört oder liest man oft, die Bevölkerung des Landes habe nichts vom Ausmaß jenes Schreckens gewusst, den die Politik Stalins verbreitete. Als Einwohner Leningrads, der keine Kontakte hatte, Bekanntschaften vermied, wenig mit Arbeitskollegen sprach (ich saß über Fahnenkorrekturen, arbeitete im Akkord), kann ich bezeugen, dass mir doch sehr vieles bekannt war.

Wir kannten keine Einzelheiten, das stimmt, doch wir sahen, wie sich Anfang 1935 die Straßen Leningrads leerten (nach der Ermordung Kirows). Wir wussten, dass von den Bahnhöfen Zug um Zug mit Verbannten und Häftlingen abging …

1932. Die Hungersnot ergriff Dörfer und Städte. Die Torgsiny* machten auf. Dorthin schaffte man alles Gold, das sich in einer normalen Stadtfamilie nur auftreiben ließ: Uhren, Ohrringe, Broschen, Eheringe, silberne Ikonenauflagen. Nur kleine Edelsteine wurden in den Torgsiny nicht angenommen, sie mussten zurückgegeben werden. Ich weiß noch, wie meine Mutter sich beklagte: der Schätzer hatte die Rubine, Smaragde, kleinen Brillanten ausgebrochen und achtlos in eine danebenstehende Kiste geworfen. Es bestand der Verdacht (und wahrscheinlich war es wirklich so), dass die Schätzer sich ziemlich viele Edelsteine unter den Nagel rissen. Auch unsere Familie hat viel Geld drangegeben, besonders, als ich 1932 (im Herbst) und 1933 (im Winter) im Krankenhaus lag: Ich musste nach fürchterlichen Magenblutungen wieder hochgepäppelt werden. Das heißt, auch in den Städten herrschte Hungersnot.

Von der Hungersnot auf dem Land erfuhren wir auf den Märkten. Die Bäuerinnen (immer nur die Frauen) mit ihren am Rockzipfel hängenden Kindern verkauften auf den Märkten bestickte Tücher zu einem Spottpreis: das wertvollste Gut, »von Großmutter«, das sie auf der Flucht vor der Kollektivierung noch hatten retten können. Flüchtlinge! Ich wusste, was Flucht bedeutet, vom Ersten Weltkrieg und vom Bürgerkrieg her. Trotzdem war es nicht zu vergleichen. Um die Flüchtlinge von damals hatte man sich noch gekümmert … Jemand von uns kaufte auf dem Markte (die Frau

* Torgsin-Läden, Geschäfte für den Handel mit Ausländern (torgovlja s inostrancami) gegen Gold und fremde Währungen.

hatte so sehr darum gebettelt) zwei bestickte Tücher. Mit ihnen kehrte fremdes Leid in unser Haus ein … […]

Die Flüchtlinge vom Land nächtigten im Winter 1933 mit ihren Kindern in den Stiegenhäusern. Bald bekamen die Hausmeister Anordnung, sie nicht mehr hereinzulassen, doch sie kamen immer spät, und jeder, der am Morgen zur Arbeit ging, sah die Spuren ihrer Anwesenheit über Nacht. Ich bemerkte, dass jemand auf dem obersten Treppenabsatz lebte, wo sich unsere Wohnung befand. Ein großes Fenster, ein großer Absatz, dort nächtigten mehrere Familien mit Kindern. Aber es kam eine neue Verordnung: am Abend alle Stiegenhäuser abzuschließen. Die Eingangstüren wurden repariert, Schlösser eingebaut, eine Klingelleitung zum Hausmeister gelegt, die Tür zum Hof abgesperrt (sofort leerten sich die Theater und Konzertsäle).

Einmal, es dürfte im Winter 1933/34 gewesen sein, kam ich von der Philharmonie zurück. Es herrschte starker Frost. Von der Trambahnplattform aus sah ich auf dem Bolschoi Prospekt der Petrograder Seite ein Haus (Nr. 14) mit einer tiefen Einfahrt. Die zur Nacht abgeschlossene Tür lag ganz hinten (es gibt sie heute noch – jetzt hängt dort das Schild »Kindergarten«). Vorn an der Einfahrt, zur Straße hin, standen Bauersfrauen und hielten irgendwelche Tücher oder Decken hoch, mit denen sie die dahinter liegenden Kinder vor dem eisigen Wind schützten … Ich kann diese Szene bis heute nicht vergessen. Wenn ich jetzt an diesem Haus vorüberkomme, mache ich mir jedesmal den Vorwurf: Warum bin ich damals nicht zurückgegangen und habe ihnen wenigsten ein bisschen zu Essen gebracht?

Die Bauern in den Städten zu übersehen, war schlicht unmöglich! […] Ich sehe auch immer die halbverkohlten heizbaren Eisenbahnwaggons vor mir, in denen die frierenden entkulakisierten* Bauern versucht hatten einzuheizen und dabei selbst verbrannt waren. Ich hörte erzählen, wie die in Güterwaggons eingesperrten Menschen an Bahnhöfen ihre kleinen Kinder aus den Fensteröffnungen warfen, mit Zetteln wie diesem: »Liebe Menschen, erbarmt euch, rettet dieses Kind, es heißt Marija.« Später, in den 50er-Jahren, haben ich und Mitarbeiter der Abteilung für Altrussische Literatur, mit denen ich nach Wologda gefahren war, um »Tage der altrussischen Literatur« zu veranstalten, dort eine Kirche gesehen, die seinerzeit als

* Enteignete und in den Kolchos getriebene Bauern, die als Kulaken, d. h. als reiche Bauern galten, obwohl sie allenfalls mittlere Bauern waren.

Durchgangsstelle für bei der Umsiedelung entkulakisierte Familien gedient hatte. In ihr befanden sich Fresken, und keine einzige dieser Fresken war von den Familien – weder von den Kindern noch von den Erwachsenen – irgendwie beschädigt worden. Diese Bauern waren Menschen mit hoher Moral. […]

Von den Massenverhaftungen wusste man bereits Ende der 20er-Jahre. Als ich verhaftet wurde, erhielten meine Eltern Hunderte von Ratschlägen – was die Hilfspakete enthalten, was man im Fall der Verbannung kaufen sollte, wie man sich im Gefängnis vor Läusen schützt, wo und wie man sich einsetzen kann. Jedermann in Leningrad war auf eine plötzliche Verhaftung vorbereitet, denn an ihrer Willkürlichkeit bestand kein Zweifel. Darum waren auch die Beteuerungen, es werde »dort alles geklärt und man könne wieder gehen«, nichts als leere Worte. Meistens beschwichtigten die Verhafteten ihre Familien mit diesen Worten. Und die Angehörigen der Verhafteten taten, als glaubten sie daran. Es war pure Verstellung auf beiden Seiten. Nur ein sehr kleiner Teil derer, die »geschnappt« worden waren, hegte die schwache Hoffnung, zur Familie zurückzukehren. […]

Eine Dame in unserem Verlag meinte: »Wenn morgen die Isaak-Kathedrale nicht mehr an ihrem Platz steht, werden alle so tun, als sei nichts geschehen.« Und es stimmte! Niemand hat sich irgendwie geäußert (laut, natürlich).

[…] Nicht nur Adlige wurden verhaftet und verbannt. Ich wusste zum Beispiel, dass man aus Leningrad und vor allem aus den Adelsvororten der Stadt alle ehemaligen Lakaien und Dienstboten des Adels fortschaffte. Einige von ihnen hatten auch unter der Sowjetmacht treu weitergedient und waren zu zuverlässigen Bewahrern von allerlei Dingen aus den Adelshäusern sowie von historischen Überlieferungen geworden. Die Verbannung und Verhaftung dieser Menschen erwies sich dann für die Unversehrtheit des Adelsbesitzes als kolossaler Schaden und Verlust.

Heute werden nur noch 1936 und 1937 als »besondere« Jahre bezeichnet. Die Massenverhaftungen setzten 1918 mit der Verkündung des »roten Terrors« ein und verstärkten sich dann in Schüben – 1928, 1930, 1934 usw., von denen nicht einzelne, sondern ganze Bevölkerungsschichten betroffen waren, manchmal auch Stadtviertel, in denen man den »Arbeitern« Wohnungen verschaffen wollte (in Leningrad z. B. in der Gegend um das »Bolschoi dom«)*.

---

* Das Große Haus, Litejnyj prospekt 4, Sitz des Leningrader NKWD.

Wie konnte man nichts wissen vom Terror? Mit diesem »Nichtwissen« versuchte – und versucht – man, die Stimme des eigenen Gewissens zu ersticken.

Ich kann mich entsinnen, welch düsteren Eindruck bei uns allen der Befehl hinterließ, die Tafeln mit den Namen der Hausbewohner an den Eingängen zu entfernen (früher gab es in jedem Haus die Hinweistafel, wer in welcher Wohnung wohnt). Es wurden so viele verhaftet, dass diese Tafeln beinahe täglich geändert werden mussten. An ihnen war zu erkennen, wer über Nacht »abgeholt« worden war.

Einmal wurde sogar verboten, die Fahrgäste in der Straßenbahn, die Besucher von Behörden, die Kunden in den Geschäften, die Passanten (als Milizionär) mit »Genosse« anzusprechen. Alle sollten mit »Bürger« angesprochen werden. Jeder war verdächtig – und da sprichst du plötzlich einen »Volksfeind« mit »Genosse« an? Aber wer weiß heute überhaupt noch von diesem Verbot?

Und wie sich die Denunzianten vermehrten! Der eine denunziert aus Angst, der andere aus hysterischer Veranlagung. Viele bekräftigten mit Denunziation ihre Treue zum Regime. Prahlten sogar damit!

Anna Achmatowa
(1889–1966)

Requiem
Statt eines Vorwortes

In den schrecklichen Jahren des Justizterrors unter Jeshow habe ich siebzehn Monate mit Schlangestehen in den Gefängnissen von Leningrad verbracht. Auf irgendeine Weise »erkannte« mich einmal jemand. Da erwachte die hinter mir stehende Frau mit blauen Lippen, die meinen Namen natürlich niemals gehört hatte, aus jener Erstarrung, die uns allen eigen war, und flüsterte mir ins Ohr die Frage (dort sprachen alle im Flüsterton):

»Und Sie können dies beschreiben?«

Und ich sagte:

»Ja.«

Da glitt etwas wie ein Lächeln über das, was einmal ihr Gesicht gewesen war.

1. April 1957 · Leningrad

[…]

Einführung
Damals galt nicht der Tod als Verhängnis,
Nein: das Leben in Leningrad.
Real war hier nur das Gefängnis,
Wesenlos die übrige Stadt.
Die Verurteilten zogen in langen
Kolonnen in Reih und Glied,
Und die Lokomotiven nur sangen
Kurz pfeifend ein Abschiedslied.
In den Sternen stand Tod und Verderben,
Russland wand sich in Qual und Weh.
Unter Fußtritten ließ man uns sterben
Im Gefangnen-Transport-LKW.

1.
Früher Morgen war's, als sie dich holten.
Die Kinder weinten vor Schreck.
Ich folge dir wie einem Toten.
Die Kerze zerfloss im Eck.
Eiskalt deine Lippen, die blauen,
Schweiß des Todes auf deinem Gesicht.
Wie einst die Strelitzenfrauen
Werd' ich heulen beim Blutgericht

1935

2.
Stille fließt der stille Don.
Gelb tritt in das Haus der Mond.

Schaut in alle Winkel keck:
Sieht: Ein Schatten sitzt im Eck.

Eine Kranke muss das sein,
Eine kranke Frau, allein.

Tot der Mann, im Grabe schon,
Im Gefängnis sitzt der Sohn.

Diese kranke Frau bin ich.
Betet, schreit zu Gott für mich!

Anna Achmatowa, Fototypie, Petrograd 1914

3.
Nein – das bin nicht ich, das ist eine andere, die da leidet.
Ich könnte das nicht so. Aber das, was geschehen ist,
Sollen schwarze Tücher bedecken,
Und man soll die Lampen wegtragen . . .
Nacht.

4.
Ahntest du wohl, du geistreiche Spötterin,
Von so vielen geliebt und begehrt,
Du von all deinen Freunden Vergötterte,
Was dir noch das Leben beschert?!
Dass in endloser Schlage du stehen wirst
Vor Kresty, in der Hand ein Paket,
Dass die Nacht du mit Tränen begehen wirst
Da das Jahr zu Ende geht.
Übers Los der Gefangenen schweigen sich
Die trostlosen Wände aus.
Nur die Äste der Pappeln neigen sich …

5.
Vor siebzehn Monaten begann
Mein Leid, mein Kampf um *ihn*.
Ich flehte seinen Henker an,
Lag vor ihm auf den Knien
Die Welt verdunkelt sich vor mir,
Blind tappe ich herum:
Ist dies ein Mensch? Ist das ein Tier?
Bringt man den Sohn mir um?
Was blieb, sind staub'ge Blumen nur
Und Weihrauchduft und eine Spur
Ins Nirgends – fern, so fern.
Toddrohend, grad ins Aug mir schaut
– So hell, dass es dem Herzen graut
Ein ungeheurer Stern.

1939

6.
Wochen fliehn mit irrer Schnelle.
Was geschah? Ich fass' es nicht,
Wie der weißen Nächte Licht,
Sohn, dich fand in dunkler Zelle.
Und jetzt sind sie wieder da,
Deine Seele auszulaugen,
Schaun mit heißen Habichtsaugen,
Künden Kreuz und Golgatha.

1939

7. Das Urteil
Und nun ist das Wort aus Stein gefallen
Auf die immer noch lebend'ge Brust …
Macht nichts! Ich werde fertig mit dem allen.
Ich war drauf gefasst. Ich hab's gewusst.

Vieles ist mir jetzt zu tun vonnöten:
Meine Seele werde hart wie Stein;
Das Gedächtnis muss ich vollends töten,
Was geschehn ist, muss vergessen sein.

Und wenn nicht? … Ich bin zu Tode bange.
Wie ein Fest sieht dieser Sommer aus.

Ach, ich ahnte es ja schon so lange:
Hell der Tag, verödet ist das Haus.

Sommer 1939

8. An den Tod
Du kommst ja doch einmal – komme jetzt zu mir.
Ich kann mein Schicksal nicht mehr tragen.
Ich hab das Licht gelöscht. Ich öffne dir die Tür.
Erlöse mich von meinen Plagen.

Komm, wie es dir gefällt, wähl selbst die Gestalt:
Komm als Geschoss, mit Gift geladen,
Komm als Bandit, der Lust hat an Gewalt,
Vergifte mich mit Typhusschwaden.

Komm mit dem Märchen, das du ausgedacht,
Behaupte schlicht, ich spioniere,
Schick, zu verhaften mich in dunkler Nacht,
Soldaten und Geheimdienstoffiziere.

Mir ist jetzt alles gleich. Es rauscht der Jenissej,
Der Nordstern sendet seine Strahlen.
Wenn ich im Geist den Glanz geliebter Augen seh,
So lindern sich die letzten Qualen.

19. August 1939 · Haus an der Fontanka

9.
Halb hüllt er schon die Seele ein,
Der Wahnsinn lässt das Herz mir stocken,
Tränkt mich mit seinem Feuerwein,
Sucht mich ins dunkle Tal zu locken.
Ich weiß es schon: Der Sieg gehört
Dem Wahnsinn, er wird hier gewinnen.
Schon weiß mein Geist, im Wahn verstört,
Nicht mehr, was außen ist, was innen.
Und nichts von dem, was mir gehört,
Wird mitzunehmen er erlauben;
Mein Flehen lässt ihn ungestört,
er wird mir alles, alles rauben:
Selbst die Erinnrung an den Sohn,
An sein Gesicht, versteint im Leiden,
Ans letzte Treffen, als wir schon
Gewusst, dass wir auf ewig scheiden.
Der Freunde Liebe nimmt er fort,
Den tiefen Schatten blühnder Linden,
Der Dichtung Klang und selbst *das* Wort,
In dem wir letzte Tröstung finden.

4. Mai 1940 · Haus an der Fontanka

10. Kreuzigung

»Weine nicht um Mich, Mutter,
Wenn Ich im Grabe bin.«

1.
Die Engel rühmten Ihn, den Todesblassen,
Der Himmel brannte, als Sein Mund erblich,
Als Er zum Vater schrie, der Ihn verlassen,
Zur Mutter sagte: »Weine nicht um Mich!«

2.
Händeringend klagte Magdalene,
Schmerzerstarrt sah man den Jünger stehn.
Doch zur Mutter – schweigend, ohne Träne –
Wagte niemand auch nur hinzusehn.

1940/1943

Epilog

1

Ich kannte viele früh gewelkte Frauen,
Von Schrecken, Furcht, Entsetzen ausgeglüht.
Des Leidens Keilschrift sah ich eingehauen
Auf Stirn und Wangen, die noch kaum geblüht.

Ich sah manch junges Haar sich schnell verfärben,
Ein trübes Grau nahm Schwarz und Blond hinweg.
Ich sah manch frohes Lächeln plötzlich sterben –
In trocknem Lachen zitterte der Schreck.

Nun heb' ich um Gebete meine Hand,
Nicht nur für mich: Für jede, die dort stand,
In Winterkälte und im Sonnenbrand,
An jener blindgewordnen roten Wand.

1940

2

Der Tag des Gedenkens ist wiederum da,
Ich seh' euch vor mir, wie ich damals euch sah:

Dich, die nur mit Mühe das Fenster erreicht,
Und dich, die du längst schon vom Tode gebleicht.

Und dich, die so schön, so lieblich sah aus,
Die sagte: »Ich komme hierher wie nach Haus.«

Ich seh' euch, auch wenn mancher Name mir schwand
(Man riss uns das kleinste Papier aus der Hand!).

Ich habe für euch diesen Teppich gewebt
Aus dem, was ich damals gehört und erlebt.

Ich denke an euch überall, immerdar,
Vergesse euch auch nicht in neuer Gefahr.

Verstummt einst mein Mund, der zu sagen gewagt,
Was hundert Millionen nur schweigend geklagt,

Dann bitt' ich, dass ihr nun auch *meiner* gedenkt
Am Tage, an dem in das Grab man mich senkt.

Und will man dereinst mir ein Denkmal hier weihn,
so willige hiermit ich feierlich ein.

Unter einer Bedingung: Dies Mal soll nicht stehn
Dort, wo ich die Sonne zuerst hab' gesehn –

Am Ufer des Meers, mir so nah, so verwandt,
Denn längst ist zerrissen zum Meere das Band;

Auch nicht in dem Park, den ich innig geliebt,
Wo ein Schatten, mich suchend, dem Gram sich ergibt –

Nein, hier, wo ich dreihundert Stunden einst stand,
Der Sohn hinter Mauern und Riegeln verschwand,

Dass auch noch im Tod ich ihn höre und seh'
den schwarzen Gefangnen-Transport-LKW,

Noch zuknallen höre das schreckliche Tor
Und heulend im Jammer die Frauen davor.

Und fließt von den ehernen Wimpern mir dann
Der schmelzende Schnee, sieht's wie Tränen sich an.

Vom Zuchthaus her klingt mir das »Ruckediguh«,
Die Newa eilt rauschend dem Ozean zu.

März 1940

Lydia Tschukowskaja, Schriftstellerin
(1907–1996)

Aus der Liste gestrichen
Zweimal in meinem Leben musste ich aus Leningrad fliehen: im Februar 1938 und im Mai 1941.

Die erste Flucht rettete mich vor dem Lager. Als ich mich in Sicherheit brachte, wusste ich, warum, wozu und wovor ich floh.

Ossip Mandelstam, Fotos aus der Ermittlungsakte, 1938

Die zweite Flucht rettete mich, wie sich später herausstellte, gleich vor zwei Toden: vor dem Lagertod und vor jenem anderen, von dem damals noch niemand wusste, dem Blockade-Tod. (s. Kap. X)

... Februar 1938. Das kleine Holzfenster in der Špalernaja*, zu dem ich, tief gebückt, sagte: »Bronštejn, Matwej Petrowitsch« [Tschukowskajas Ehemann] und dabei Geld hinstreckte, antwortete mir von oben mit einer dunklen Stimme »Aus der Liste gestrichen!«, und der Mensch, dessen Gesicht sich auf einer für den Besucher unerreichbaren Höhe befand, schob mit Ellbogen und Bauch meine Hand mit dem Geld zur Seite.

»Aus der Liste gestrichen!« Ich ging sofort Schlange stehen, in der Staatsanwaltschaft auf dem Litejnyj. Nur zwei, drei Mal vierundzwanzig Stunden auf der Treppe, und schon bin ich im Arbeitszimmer des Staatsanwalts. Auf meine Frage antwortet er, ich könne die Entscheidung in der Militär-Staatsanwaltschaft in Moskau erfahren. Noch in der Nacht fuhr ich im »Pfeil« nach Moskau. Am nächsten Morgen ließ mich einer meiner Leningrader Freunde

* Špalernaja uliza (Spalierstraße), Straße im Zentrum Leningrads, in der sich ein Gefängnis befand; dort konnten Frauen Nahrungsmittel und Kleidung für ihre inhaftierten Männer, Söhne und Väter abgeben.

telefonisch wissen, dass man an diesem Tag Ljuscha (Kosename von Tschukowskajas Tochter Jelena) und das Kindermädchen Ida in die Kirotschnaja zu Kornej Iwanowitsch* bringe … Ich verstand diese Mitteilung so: Sie waren in die Wohnung an den »Fünf Ecken«, in unsere, in Mitjas Wohnung, wo ich nach seiner Verhaftung mit Ljuscha und dem Kindermädchen Ida weiter wohnte, gekommen, um mich abzuholen. Ich hatte mich nicht getäuscht. Wie sich herausstelle, waren sie um ein Uhr nachts gekommen, als ich im Korridor am Zugfenster stand und der Leningrader Bahnsteig ganz langsam an mir vorüberzugleiten begann.

In der Moskauer Militär-Staatsanwaltschaft, in der Puschkinskaja, vernahm ich das für die damaligen Zeiten völlig typische Urteil: »Bronštejn, Matwej Petrowitsch? Zehn Jahre ohne Recht auf Briefverkehr unter Beschlagnahmung des Besitzes.«

Zu der Zeit war uns schon bekannt, dass ein solches Urteil gegen den Ehemann Verhaftung und Lager für die Frau bedeutete. Deshalb erstaunte mich auch nicht der morgendliche Telefonanruf des Freundes mit der Mitteilung über Ljuscha und den dringenden Rat, nicht nach Leningrad zurückzukehren. Auch hatten wir uns damals durch zahlreiche Beispiele davon überzeugt, dass man Frauen, wenn sie sofort nach der Verurteilung ihrer Männer wegfuhren, nicht verfolgte. Doch was wir damals nicht ahnten: »10 Jahre ohne Recht auf Briefverkehr«, war eine Tarnbezeichnung für die Erschießung. Als ich in der Militär-Staatsanwaltschaft das Urteil vernahm, ahnte ich nicht, dass Matwej Petrowitsch schon nicht mehr auf dieser Erde weilte. Ich fühlte nicht nur Ljuschas, sondern auch Mitjas wegen die Verpflichtung, am Leben zu bleiben, der Verhaftung zu entgehen – wenn ich mich im Gefängnis befand, wer würde dann der Organisator der Rettungsarbeiten werden?

Trotzdem kehrte ich aus Moskau nach Leningrad zurück, ging jedoch nicht in meine Wohnung und auch nicht in die Kirotschnaja. Ich wohnte zwei Tage bei Freunden, mit Ljuscha, Ida und Kornej Iwanowitsch traf ich mich in einer kleinen Grünanlage. Ich verabschiedete mich, empfing von Kornei Iwanowitsch Geld und fuhr weg.

Das waren die Umstände meiner ersten Flucht.

---

* Kornej Iwanowitsch Tschukowskij, Vater der Autorin, Schriftsteller, Übersetzer (1892–1969); bekannt als Kinderbuchautor.

Anatoli Marienhof
(1897–1962)

Gewöhnlicher Anstand
Im neunzehnten Jahr der Revolution kam Stalin der Gedanke (nennen wir es so), in Leningrad eine »Säuberung« zu veranstalten. Er erfand eine Methode, die ihm geschickt erschien: den Umtausch der Pässe. Und Zehntausenden, hauptsächlich Adligen, wurden sie verweigert. Aber diese Adligen hatten sich schon lange in gewissenhafte sowjetische Angestellte mit billigen Aktentaschen aus Schweinsleder verwandelt. Der Ablehnung eines Passes folgte unverzüglich die Ausweisung, entweder näher an die Tundra oder näher an die glühenden Sande der Karakum.

Leningrad weinte.

Kurz zuvor hatte Schostakowitsch eine neue Wohnung erhalten. Sie war dreimal größer als seine frühere in der Marat-Straße. Aber die Wohnung konnte nicht leer und nackt stehen. Schostakowitsch kratzte ein bisschen Geld zusammen, brachte es Sofia Wassiljewna und sagte:

– Bitte, Mutter, kauf ein paar Möbel.

Und fuhr beruflich nach Moskau, wo er zwei Wochen verbrachte. Doch als er zurückkam in die neue Wohnung, traute er seinen Augen nicht. In den Zimmern standen Mahagonistühle aus der Zeit Pauls und Alexanders, ein Schrank, ein Schreibtisch. Fast in ausreichender Zahl.

– Und all das, Mutter, hast du für die paar Groschen gekauft, die ich dir dagelassen habe?

– Bei uns, siehst du, sind Möbel doch schrecklich billig geworden, antwortete Sofia Wassiljewna.

– Wieso das?

– Die Adligen sind ausgewiesen worden. Na ja, sie haben Sachen in aller Eile fast umsonst abgegeben. Hier, sagen wir, dieser Schreibtisch kostete früher …

Und Sofia Wassiljewna begann zu erzählen, wieviel dieses und jenes Stück früher kostete und wieviel jetzt dafür bezahlt wurde.

Dmitri Dmitrijewitsch wurde grau. Seine dünnen Lippen zogen sich zusammen.

– Mein Gott! …

Und eilig ein Notizheft aus der Tasche ziehend, nahm er einen Bleistift vom Tisch.

– Wieviel haben diese Stühle bis zum Unglück gekostet, Mutter? Und wieviel hast du jetzt bezahlt? … Wo hast du sie gekauft? Und diesen Schreibtisch? … Und den Diwan? … usw.

Sofia Wassiljewna antwortete genau, verstand aber nicht ganz, wozu er sie das fragte.

Nachdem er alles mit seiner scharfen, feinen, schwankenden Schrift aufgeschrieben hatte, riss Dmitrij Dmitrijewitsch die Seite nervös aus dem Büchlein und sagte, indem er sie seiner Mutter reichte:

– Ich fahre jetzt Geld auftreiben. Auch von unter der Erde. Und morgen früh, Mutter, bringst du es zu diesen Adressen. Alle haben doch Angehörige in Leningrad zurückgelassen. Sie schicken ihnen auch Geld – dorthin. Diese Stühle kosteten früher anderthalb tausend, du hast sie für vierhundert gekauft, – gib tausendeinhundert zurück … für den Schreibtisch und für den Diwan … für alles. Den Menschen ist ein Unglück geschehen, Mutter, wie kann man das ausnutzen? … Richtig, Mutter? …

– Natürlich habe ich alles so gemacht, wie Mitja wollte, erzählte mir Sofia Wassiljewna.

– Ich habe keinen Zweifel.

Was ist das? …

– Wahrscheinlich gewöhnlicher Anstand. Aber wie sehr fehlt der uns im Leben! Dieser gewöhnliche Anstand!

Wenjamin Kawerin
(1902–1989)

»Sie verbrennen das Gedächtnis«

… da erinnerte ich mich an das Leningrad von 1937.

Die Stadt war von irgendeinem krankhaften Gefühl des Unvermeidlichen, der Erwartung erfüllt. Die einen hatten Angst und taten so, als ob sie keine hätten; andere hatten sie in dem Bewusstsein, dass absolut alle in Angst leben; die dritten in der Vorstellung, sie seien tapferer als andere; die vierten in der Täuschung, es sei nützlich und sogar notwendig, Angst zu haben. Ich machte bei einem alten Freund einen Besuch, einem ernsthaften Gelehrten, der sich mit der Geschichte des russischen Lebens im vorigen Jahrhundert beschäftigte. Er war erbost – ruhig.

»Schau«, sagte er und führte mich zum Fenster, von dem aus sich der übliche Blick auf die Wand des Nachbarhauses öffnete.

»Siehst du?«

Der enge Alt-Petersburger Hof war leer. An das geflickte Dach eines Schuppens war ein hohes, hölzernes Häuschen mit einer Stiege und einer langen Stange geklebt. Ein Taubenschlag? Doch auch das Häuschen war leblos, leer.

»Ich sehe nichts.«

»Schau richtig hin.«

Und ich sah nicht den Hof, sondern die Luft des Hofes, einen fein verteilten, unsichtbar leichten Aschenstaub, der in einem schmalen, steinernen Schacht stand.

»Was ist das?«

Er lachte auf.

»Sie verbrennen das Gedächtnis«, sagte er, »seit langem und jede Nacht.«

Und er sprach vom Untergang der Briefe, Photographien und Dokumente, in denen sich mit unwiederholbarer Eigenart das Privatleben spiegele, von den Splittern der Zeit, die wertvoll seien, denn aus ihnen setze sich die Geschichte eines Volkes zusammen.

»Ich werde wahnsinnig«, sagte er, »wenn ich daran denke, dass jede Nacht Tausende von Menschen ihre Tagebücher ins Feuer werfen.« […]

Dmitrij Schostakowitsch
(1906–1975)

Kaum eine Familie ohne Verluste

Der Krieg brachte unsagbares Leid und Elend. Das Leben wurde sehr, sehr schwer. Es gab unendlich viel Kummer, unendlich viel Tränen. Doch vor dem Krieg war es noch schwerer, weil jeder mit seinem Leid allein war.

Schon vor dem Krieg gab es in Leningrad sicherlich kaum eine Familie ohne Verluste: der Vater, der Sohn, und wenn es kein Angehöriger war, dann ein naher Freund. Jeder hatte um jemanden zu weinen. Aber man musste leise weinen, unter der Bettdecke. Niemand durfte es merken. Jeder fürchtete jeden. Der Kummer erdrückte, erstickte uns.

Er würgte alle, auch mich. Ich musste ihn in Musik umsetzen. Ich empfand das als meine Pflicht und Schuldigkeit. Ich musste ein Requiem schreiben für alle Umgekommenen, für alle Gequälten.

Ich musste die furchtbare Vernichtungsmaschine schildern und den Protest gegen sie zum Ausdruck bringen.

Aber wie? Argwohn umgab mich, wo ich ging und stand. Die Kritiker rechneten aus, wie viele meiner Symphonien in Dur und wie viele in Moll geschrieben waren. Auch das war niederdrückend, lähmend.

Da kam der Krieg. Der heimliche, isolierte Kummer wurde zum Kummer aller. Man durfte über ihn sprechen, man konnte offen weinen, offen die Toten beklagen. Die Menschen brauchten sich nicht mehr vor Tränen zu fürchten. Nach und nach gewöhnte man sich daran, seinen Kummer zu äußern. Wir hatten ja auch genug Zeit, uns daran zu gewöhnen – volle vier Jahre. Desto schwerer traf es uns, als sich dies nach dem Krieg sehr schnell wieder änderte. Damals legte ich eine Reihe großer Arbeiten in den Schreibtisch, dort blieben sie lange Jahre liegen. [...]

Wir hatten es sehr schwer, dennoch atmeten wir leichter. In unserem Land waren die Kriegsjahre künstlerisch fruchtbare Jahre. Das war nicht überall so. In anderen Ländern hat der Krieg die Kunst wahrscheinlich eingeengt. Aber bei uns erlebte – aus tragischem Anlass – die Kunst eine Blütezeit.

Die Siebte Symphonie ist wohl mein populärstes Werk geworden. Mich kränkt dabei nur, dass die Zuhörer sie nicht immer richtig verstehen, obwohl hier doch alles ganz klar ist. Anna Achmatowa schrieb ihren Gedichtzyklus »Requiem«. Die Siebte und die Achte Symphonie sind mein »Requiem«.

Christian Neef
(geb. 1952)

Leningrader Martyrolog
[Anatolij Jakowlewitsch] Rasumow ist der Anwalt all jener, die in Leningrad, wie St. Petersburg zu sowjetischen Zeiten hieß, von der Staatsmacht erschossen, ertränkt, erwürgt, erschlagen oder Ende der Dreißigerjahre sogar in umgebauten Lastwagen vergast worden sind. Ein Buchhalter des Todes. Der Mann, der Jahr für Jahr Tausende Namen dem Vergessen entreißt. Seit 1995 gibt er die Buchreihe »Leningrader Martyrologium« heraus, ein Verzeichnis aller Opfer der Stalin-Zeit. Er arbeitet gerade an Band 14. In Leningrad wurde viel gestorben.

»Bis Alexander Solschenizyn seinen ›Archipel Gulag‹ schrieb, kannten wir die Zahl der Toten nicht«, sagt Rasumow. »Wir haben auch jetzt noch keine endgültige Vorstellung von diesem Massenmord. Zwischen 1917 und Stalins Tod sind nach meinen Berechnungen in unserem Land 50 Millionen Menschen ums Leben gekommen, fast die Hälfte davon während der Revolution, im Bürgerkrieg, infolge der willkürlich ausgelösten Hungersnöte und während des Stalinschen Terrors.«

Rasumow redet schnell, wie einer, der keine Minute zu verlieren hat. Zumindest den Opfern des Terrors will er ein Gesicht geben. Aufschreiben, wo sie geboren sind, welchen Beruf sie hatten, wann und warum sie verhaftet und wo sie hingerichtet worden sind. Er hat es eilig, weil diese Aufgabe ein Wahnsinn ist. Und weil er weiß, dass er sich gegen den Zeitgeist stemmt. Gegen einen ideologischen Trend, den er nicht aufhalten kann. Denn in Russland ist jetzt immer öfter zu hören, dass die Zahl der unter Stalin Verfolgten übertrieben werde. Dass die Repressionen nur einen begrenzten Kreis von Menschen betroffen hätten: Heerführer, Journalisten, Funktionäre. Ja, dass die Hinrichtungen womöglich zu rechtfertigen seien. […]

Rasumow war nicht leicht zu finden. Auf Mails antwortet er kaum, Telefonate hält er knapp. Dabei sitzt er mitten im Zentrum von St. Petersburg. In der Russischen Nationalbibliothek am Newski-Prospekt, die 1814 unter Alexander I. als Kaiserliche Bibliothek eröffnet worden ist.

Es geht an einem Polizeiposten vorbei, durch mehrere holzgetäfelte Lesesäle, dann enge Stiegen hinauf. Irgendwo im dritten Stock öffnet sich eine kleine Tür, und da sitzt dieser Mann: nicht besonders groß, graue Haare, grauer Schnurrbart, braunes Hemd und graues Jackett, die Füße stecken in Sandalen. Er sieht aus, als ob er möglichst nicht auffallen wolle.

In den Regalen in dem vollgestopften Kabinett stehen 35 rote Bände mit den Namen der 630 000 Menschen, die während der Leningrader Blockade durch die deutsche Wehrmacht starben, meist an Hunger. Dazu Lexika mit den Opfern politischer Verfolgungen in Polen, der Ukraine, Kasachstan. Und überall Ordner mit Akten, selbst auf dem kleinen Sofa liegen sie. […]

Rasumow ist 61 Jahre alt, er kommt nicht aus St. Petersburg, sondern aus einer weißrussischen Kleinstadt. […] Nach der Schule wollte er unbedingt nach Leningrad, für ihn »ein Symbol der Offenheit«, bis heute liebe er die Stadt.

Er hat sich einen Platz an der Historischen Fakultät erkämpft, Archäologie und Geschichte der sowjetischen Gesellschaft studiert. »Aber als Archäologe habe ich dann nicht arbeiten wollen, und sich ernsthaft mit den Problemen der Sowjetunion zu befassen, ging zu der Zeit nicht. Also bewarb ich mich in der Nationalbibliothek.« Dann kam Gorbatschows Perestroika, es war wie eine Befreiung für ihn.

Rasumow begann, ein Werk über die bisher unbekannten »Seiten der Geschichte« herauszugeben, stieg in den Bibliotheksrat auf, wurde Wandzeitungsredakteur. Man schlug ihm vor, eine Dissertation zu schreiben, dann bot man ihm eine politische Karriere an. Aber da hatte er bereits mit seiner Kartei der Opfer des Großen Terrors begonnen. Das erste Mal gab es die Chance, Bücher über das Schicksal der Hingerichteten und Verschollenen herauszugeben. »Ich glaubte, mit ihnen mehr bewirken zu können als auf anderen Wegen. So entstand der Plan für diese Buchreihe, und so hatte ich im August 1991 erstmals Zugang zu den Archiven des KGB.«

In Leningrad hatte der Geheimdienst NKWD, der spätere KGB, seinen Sitz im »Großen Haus« am Litejny-Prospekt. Heute sitzt dort der russische Inlandsgeheimdienst FSB, dort begann in den Siebzigerjahren auch Wladimir Putins Karriere. Im Großen Haus wurde über das Schicksal Tausender und Abertausender Leningrader entschieden.

Verfolgt und gemordet wurde mehr als ein Vierteljahrhundert lang, vor allem zwischen 1928 und 1954. Aber die Jahre 1937 und 1938, die Zeit des »Großen Terrors«, waren der Höhepunkt des Sterbens. Stalin rief damals zur »endgültigen Beseitigung der kapitalistischen Elemente« auf, um den Sieg des Sozialismus zu sichern. Mit dem Geheimbefehl Nr. 00447 vom Juli 1937 gab Moskau jedem Gebiet einen Plan für die zu Unterdrückenden vor. Sie wurden per Federstrich zu »Kulaken, Kriminellen und anderen antisowjetischen Elementen« erklärt, so auch in Leningrad.

Die »Troikas«, Schnellgerichte, denen der örtliche Geheimdienstchef, der Staatsanwalt und der Parteichef angehörten, ließen auf Grundlage von Spitzelberichten oder Denunziationen Zehntausende verhaften. Es traf alle, die wegen ihrer politischen Vergangenheit, ihrer sozialen Herkunft oder ihrer Nationalität ins Visier der Geheimpolizei geraten waren.

Aus ehrbaren Arbeitern und Bauern, Lehrern und Studenten, Ärzten und Geistlichen, Verkäufern und Hausmeistern wurden plötzlich Volksfeinde. Sie wurden ins NKWD-Gefängnis an der

Nischnegorodskaja-Straße gebracht, dort per Genickschuss niedergestreckt oder auf andere Weise umgebracht. Andere verschwanden für mindestens zehn Jahre im Gulag. Die Toten verscharrte man außerhalb von Leningrad, auf einem geheimen Gräberfeld in der Lewaschowsker Heide. Die Stelle wurde erst 1989 entdeckt.

»Das KGB-Archiv musste dem Stadtrat Anfang der Neunzigerjahre die Listen der Verfolgten herausgeben«, sagt Rasumow. »Aber die Angaben waren unvollständig oder gefälscht. Es gab nur Adressen, aber keine Hinweise, wer die Leute verurteilt hat, wann und wo sie hingerichtet worden sind.«

[…] Rasumow hat sich die vollständigen Listen aus dem Archiv besorgt: die biografischen Daten, die Todesurteile, die Bestätigung des Untersuchungsgefängnisses, die Urteile der Troika oder des Gerichts, den Akt der Vollstreckung. Es sind Papiere mit irrwitzigen Anschuldigungen und erzwungenen Unterschriften.

Mit dieser Inventur des Todes sucht er Angehörige und Nachfahren der Opfer und bittet sie um Fotos, Zeugnisse, Lebensberichte. »Zuerst hatten wir acht Bände geplant, dann neun. Jetzt sind es sehr viel mehr geworden – weil wir auch jene Verurteilten suchen, die nicht erschossen wurden. Die vorher im Gefängnis starben oder beim Hungerstreik. Wir haben kein Recht, nur einen einzigen Namen auszulassen. Unser Martyrologium ist der vollständigste Blick in diesen Bereich politischer Repressionen in Russland.« […]

Und wo hat er etwas über die Täter notiert? Über die Mörder und über jene, die die Opfer denunziert haben?

Rasumow schüttelt den Kopf. Das sei aus diesen Akten nicht ersichtlich. »Die Aussagen wurden damals oft gefälscht, um diese absurden Urteile zu ermöglichen.« Manchmal bestünden Angehörige darauf, er solle dazuschreiben: »Vom Nachbarn angezeigt.« Dann rede er auf sie ein, um sie davon abzubringen. »Ich darf in diesen Dingen nicht der Richter sein.«

Die Buchführung der Mörder war penibel. »Ewig aufbewahren« stempelte die Staatssicherheit auf ihre Dossiers, in manchen Mappen sind sogar die Kugeln der Henker archiviert. »Es muss etwas Sakrales dabei gewesen sein«, sagt Rasumow. »Die Vollstrecker waren von sich überzeugt, sie hatten keine Angst. Sie mordeten im Namen einer Idee.«

Landesweit sind bislang mehr als vier Millionen Menschen rehabilitiert worden – das lässt die Größenordnung des Stalinschen Terrors erahnen.

Wer in den Akten liest, ist fassungslos: Zu offensichtlich sind all diese Lügen, all dieser Schmutz. Rasumow hat vor 25 Jahren genauso empfunden. »Wir dachten, wenn die Leute die ganze Wahrheit über die Stalin-Zeit erfahren, werde eine Rückkehr zur Vergangenheit nicht mehr möglich sein. Mein Gott, was waren wir naiv!« […]

Wie die Geschichte zu deuten ist, bestimmt der Staat. Die Organisation »Memorial«, die das Thema Repression in den Mittelpunkt ihrer Arbeit gestellt hat, wird inzwischen als »verfassungsgefährdend« eingestuft. Und Rasumows »Leningrader Martyrologium« erhielt dieses Jahr keine öffentlichen Gelder mehr – seine Helfer gingen in den Kirchen von St. Petersburg mit dem Klingelbeutel herum, um die Druckkosten bezahlen zu können. […]

So seien die Zeiten, sagt Rasumow. Er habe eingesehen, dass er das Volk mit seinen Büchern über Stalins Opfer nicht erreichen wird. »Ich weiß jetzt: Wir arbeiten für die, die das alles verstehen. Denen das wichtig ist. Und für die, die uns irgendwann erhören werden.«

XI. Eingeschlossen

Die Schlacht um Leningrad war die längste Schlacht des Zweiten Weltkrieges, fast 900 Tage haben die Deutschen Leningrad belagert. Die Tragödie der Großen Stadt begann am 8. September 1941 mit dem Fall der Festung Schlüsselburg am Ladoga-See. Damit war der Belagerungsring geschlossen. Freilich sollte die Stadt keineswegs eingenommen werden, vielmehr sollte sie dem Erdboden gleichgemacht, ihre Bevölkerung dem Hungertod ausgeliefert werden. Die Deutschen waren so schnell vorangekommen, weil Stalin alle Warnungen vor einem deutschen Angriff in den Wind geschlagen und sein Land und seine Armee nicht auf einen Krieg mit Nazideutschland vorbereitet hatte. Auch Leningrad war nicht auf einen Angriff vorbereitet, schon gar nicht auf eine lange Belagerung. Lebensmittelvorräte waren nicht angelegt worden, Evakuierungsmaßnahmen begannen zu spät, sodass schnell rationiert werden musste. Ab dem 13. November 1941 beträgt die Brotration für Werktätige 300 Gramm und für Haushaltsmitglieder 150 Gramm pro Tag. Am 20. November wird diese Ration weiter verringert: 200 Gramm für Werktätige und 125 Gramm für alle anderen. Von nun an hält der Hungertod reiche Ernte, täglich sterben Tausende, während die Temperaturen auf 30–40 Grad unter null sinken. Heizmaterial und Strom gibt es nicht mehr, Wasser müssen sich die Belagerten aus der Newa und den Kanälen holen. Der öffentliche Verkehr kommt zum Erliegen, an Stelle von Bussen und Bahnen treten Schlitten, das Hauptverkehrsmittel der Blockadewinter. Die Lage der Eingeschlossenen bessert sich erst, als Ende 1941 die Transportmagistrale über das Eis des Ladoga-Sees zu funktionieren beginnt und zunächst an die 550 000 Menschen aus der Stadt gebracht und Tausende Tonnen Lebensmittel hineingeschafft werden können. Im Sommer übernehmen Schiffe den Transport über den See, sodass der Weg über den Ladoga als »Straße des Lebens« in die Blockadegeschichte eingeht. Von den etwa 3 1/2 Mio. Menschen, die zu Beginn des Unternehmens »Barbarossa« am 22. Juni 1941 in Leningrad lebten, hören am 27. Januar 1944 nur 540 000 den großen Siegessalut in der Stadt. Nach offiziellen Angaben kamen 632 232 Menschen in der Blockade um, andere Zahlen durften jahrzehntelang nicht genannt werden. Nach neueren Forschungen sind rund zwei Millionen Menschen durch Hunger, Kälte, Bomben und Artilleriebeschuss umgekommen, in der Stadt, an der Front und in der Evakuierung. Ihr Tod war gewollt, sodass die Leningrader Blockade als eines der schlimmsten Kriegsverbrechen der Deutschen an der Ostfront gelten muss.

Seekriegsleitung

Geheime Weisung Nr. 1a 1601/41
I. Der Führer ist entschlossen, die Stadt Petersburg vom Erdboden verschwinden zu lassen. Es besteht nach der Niederwerfung Sowjetrusslands keinerlei Interesse am Fortbestand dieser Großsiedlung. Auch Finnland hat gleicherweise kein Interesse an dem Weiterbestehen der Stadt unmittelbar an seiner neuen Grenze bekundet.

II. Die ursprünglichen Forderungen der Marine auf Schonung der Werft-, Hafen- und sonstigen marinewichtigen Anlagen sind dem OKW bekannt, ihre Erfüllung jedoch angesichts der Grundlinie des Vorgehens gegen Petersburg nicht möglich.

III. Es ist beabsichtigt, die Stadt eng einzuschließen und durch Beschuss mit Artillerie aller Kaliber und laufendem Lufteinsatz dem Erdboden gleichzumachen.

Sich aus der Lage in der Stadt ergebende Bitten um Übergabe werden abgeschlagen werden, da das Problem des Verbleibens und der Ernährung der Bevölkerung von uns nicht gelöst werden kann und soll. Ein Interesse an der Erhaltung auch nur eines Teiles dieser großstädtischen Bevölkerung besteht in diesem Existenzkrieg unsererseits nicht …

(23. Sept. 1941)

Lidia Ginsburg, Schriftstellerin
(1902–1990)

Der erste Kriegstag
Jeder, der ihn erlebt hat, erinnert sich an seinen ersten Kriegstag. Ein Sonntag. Eine kurze Schlange steht vor der Kasse für den Vorortzug. Die Hand nimmt das Wechselgeld und das Papprechteck der Fahrkarte entgegen. Und genau in dieser Sekunde ertönt eine scheinbar erstaunte (oder war das kein Erstaunen?) Stimme:

»Molotow spricht* … Er sagt da so etwas …«

Die Menschen standen schon dichtgedrängt auf dem Bahnhofsvorplatz. Aus dem Lautsprecher dröhnten Worte, und jedes trug, losgelöst von seiner Bedeutung, das bevorstehende Leid eines ganzen Volkes in sich. Die Ansprache ist zu Ende.

Ich kehre nach Haus zurück; die Zugfahrkarte, die ich an der Kasse gekauft hatte, presse ich in meiner Hand, bis sie schmerzt. Sie werden heute noch lange dort auf dem Bahnsteig stehen und vergebens auf mich warten. Kaum eine halbe Stunde ist vergangen, und schon schwindet die gewohnte Ordnung der Gefühle aus der Vorkriegszeit dahin. […]

Im ersten Augenblick des sich vollziehenden Geschehens schien es, als müsse man furchtbar eilig irgendwohin, und nichts könne mehr so sein wie zuvor. Dann zeigte sich, dass vieles noch so war wie zuvor. Noch fuhren die Straßenbahnen, Honorare wurden gezahlt, in den Geschäften verkaufte man die üblichen Dinge. Das erstaunte. Das Gefühl vom Ende des bisherigen Lebens war zunächst so überwältigend gewesen, dass das Bewusstsein alles, was auf dem Weg dorthin lag, überging und sich ausschließlich auf das Ende konzentrierte.

Harrison E. Salisbury
(1908–1993)

Verspätete Evakuierung
In der Aufregung hatte man vergessen, an die Bevorratung mit Verpflegung zu denken. Schon am 22. Juni hatte die Bevölkerung

* Ministerpräsident Wjatscheslaw M. Molotow verkündete am 22. Juni 1941 im Rundfunk die Nachricht vom deutschen Überfall auf die UdSSR.

angefangen, Lebensmittel zu horten, aber niemand hatte es unternommen, die Bewirtschaftung der vorhandenen Reserven in die Wege zu leiten. In allen sowjetischen Großstädten wurden am 18. Juli Lebensmittelkarten eingeführt. Die Zuteilungen in Leningrad entsprachen denjenigen im ganzen Lande. Es gab täglich 800 g Brot pro Kopf der arbeitenden Bevölkerung, 600 g für Angestellte, 400 g für Familienangehörige und Kinder. Die monatliche Fleischration für Arbeiter betrug 2200 g, für Familienangehörige und Kinder 600 g. Nährmittel, Fett und Zucker waren ausreichend vorhanden. [...]

Mit Einführung des Kartensystems wurden 71 freie Läden im ganzen Stadtgebiet eröffnet. Hier gab es alles ohne Karten zu kaufen. Auch die Mengen waren nicht begrenzt. Es gab Zucker, Butter, Fleisch und Kaviar. Aber die Preise waren hoch. Ein Kilo Zucker kostete 17 Rubel. Die Leute stürmten in die Läden, sahen die Preise und gingen grollend wieder hinaus. Die Mahlzeiten in den Restaurants waren nicht rationiert und schmeckten ebenso gut – oder schlecht – wie immer. [...]

Die Evakuierung Leningrads war mehrmals in Angriff genommen und dann wieder aufgegeben worden. Meist handelte es sich um Kinder, die zunächst in die nähere Umgebung aufs Land, dann aber in den Ural und andere entfernte Gebiete geschickt wurden. Für die Durchführung dieser Maßnahme hatte der Leningrader Stadtsowjet eine besondere Abteilung geschaffen. Bis zum 11. August verließen 467 648 Personen die Stadt. Aber diese Entlastung der Stadt wurde durch das Einströmen von Flüchtlingen aus den Baltischen Staaten wieder ausgeglichen. Am 10. August wurde beschlossen, noch einmal 400 000 Frauen und Kinder zu evakuieren. Nach vier Tagen erhöhte man diese Zahl auf 700 000, aber in Wirklichkeit kam es dann doch nicht mehr dazu. Als der Belagerungsring sich schloss, waren 216 000 Personen zwar registriert, aber noch nicht aus der Stadt abtransportiert worden. [...]

Bis zuletzt hatten die Leningrader das Gefühl, es sei ungehörig und sogar ein Zeichen von Feigheit, die Stadt zu verlassen. Dafür musste Leningrad sehr bald einen hohen Preis zahlen. Die Verantwortung lag hier ebenso wie für manche andere Maßnahme bei der Parteiorganisation, denn es waren die Parteiführer von Schdanow bis zu den Zellenleitern, die die Leute in ihrem Entschluss bestärkten, in der Stadt zu bleiben, und die jeden streng tadelten (außer Frauen und Kinder), der versuchte, hinauszukommen.

Dmitri Lichatschow
(1906–1999)

Bomben auf Lebensmittellager

Am 8. September kamen wir von unserer Poliklinik auf dem Kamenoostrowski. Es war Abend, und über der Stadt stand eine Wolke von überwältigender Schönheit. Sie war ganz weiß, türmte sich in dichten, irgendwie besonders »festen« Ballen wie steifgeschlagene Sahne. Sie wuchs, wurde in den Strahlen des Sonnenuntergangs zunehmend rosa und hatte schließlich gigantische, furchterregende Ausmaße angenommen. Später erfuhren wir: Bei einem der ersten Fliegerangriffe hatten die Deutschen die Badajew-Lebensmittellager zerbombt. Die Wolke war Rauch von verbranntem Fett. Die Deutschen bombardierten verstärkt alle Lebensmittellager. Sie trafen damals bereits Vorkehrungen für die Blockade. Unterdessen wurden aus Leningrad die Lebensmittel beschleunigt abgezogen, und man unternahm keinerlei Anstrengungen zu dezentralisieren, wie es die Engländer in London machten. [...] Der Abtransport der Lebensmittel aus Leningrad hörte erst auf, als die Deutschen die Eisenbahnverbindungen unterbrochen hatten; das war Ende August.

[...] Unterdessen füllte sich die Stadt mit Menschen: flüchtende Bewohner der Vorstädte, flüchtende Bauern. Die Fuhrwerke der Bauern standen wie ein Ring um Leningrad. Man ließ sie nicht in die Stadt. Sie kampierten in Feldlagern mit ihrem Vieh, ihren weinenden Kindern, die in den kalten Nächten zu erfrieren begannen. In der ersten Zeit fuhren die Leute wegen Milch und Fleisch von Leningrad aus zu ihnen hinaus: Vieh wurde geschlachtet. Gegen Ende 1941 waren alle in diesen Bauerntrossen erfroren. Erfroren waren auch jene Flüchtlinge, die man auf Schulen und andere öffentliche Gebäude verteilt hatte. [...] Schließlich starben vor allem auch die, die unter die »innere Evakuierung« aus den südlichen Stadtvierteln gefallen waren: Sie waren ebenfalls ohne Hab und Gut, ohne Vorräte. Wenn man sie sah, war einem der ganze Schrecken der Evakuierung sofort klar.

In die leergewordenen Wohnungen unseres Hauses wurden die Familien von Putilow-Arbeitern einquartiert. Als ich eines Tages aus dem Puschkin-Haus zurückkam, bemerkte ich in der Lachtinskaja uliza mehrere Autobusse. Aus ihnen stiegen Frauen und einige wenige Männer. Sehr viele Kinder waren dabei. Es war so, dass die Deutschen plötzlich bis zur Putilow-Fabrik vorgestoßen waren. Sie hatten das Viertel mit Granatwerfern beschossen. Die Bewohner wurden sofort weggebracht. Später kamen die aus den südlichen Vierteln Leningrads evakuierten Familien alle um. Sie begannen früh, Hunger zu leiden. […]

Ich entsinne mich noch: Aus irgendeinem Grund war ich in der privaten Poliklinik auf dem Bolschoi prospekt der Petrograder Seite. In der Anmeldung lagen einige Menschen auf dem Boden, die man auf der Straße aufgelesen hatte. Man hatte ihnen Wärmflaschen auf Hände und Füße gelegt. Aber inzwischen brauchten sie schlicht etwas zu essen, doch es gab nichts. Ich fragte, was aus ihnen wird, und bekam zur Antwort: »Sie werden sterben.« – »Kann man sie denn nicht ins Krankenhaus verlegen?« – »Geht nicht, außerdem haben sie dort auch nichts zu essen. Sie müssten sehr viel zu essen bekommen, denn sie sind hochgradig ausgezehrt.« Die Sanitätsschwestern schleiften die Toten in den Keller. Ich kann mich erinnern – einer war noch ganz jung. Sein Gesicht war ganz schwarz: Bei den Hungernden dunkelten die Gesichter stark. Die Sanitätsschwester erklärte mir, dass man die Leichen hinunterschaffen müsse, solange sie noch warm sind. Ist eine Leiche erst erkaltet, so kommen die Läuse heraus. In der Stadt herrschte eine Läuseplage: Wer Hunger leidet, kümmert sich nicht um »Hygiene«.

Was ich in der Poliklinik auf dem Bolschoi prospekt gesehen hatte, das waren die ersten Paroxysmen des Hungers. Es hungerte, wer keine Lebensmittelmarken beziehen konnte: die Flüchtlinge aus den Vororten und aus anderen Städten. Sie starben als Erste. Sie hausten in Bahnhöfen und Schulen dicht nebeneinander auf dem Boden. Die einen hatten zwei Lebensmittelmarken, andere gar keine. Solche Flüchtlinge ohne Marken gab es in unendlich großer Zahl, aber auch die mit mehreren Marken war nicht gerade selten zu finden.

Besonders viele Marken sammelten sich in den Händen der Hausmeister. Sie nahmen die Marken von den Sterbenden, bekamen sie für die Evakuierten, holten sich aus den verlassenen Wohnungen Sachen, die sie gegen Nahrung tauschen konnten, solange es noch möglich war. Mutter tauschte ihre Kleider gegen Leinkuchen. Der Leinkuchen* rettete Leningrad ein zweites Mal. Das erste Mal hatten ihn die Petrograder schon 1918 und 1919 gegessen, als in Petrograd Hungersnot herrschte. Doch wie ließe sich jene Hungersnot mit derjenigen vergleichen, die nun auszubrechen drohte!

* Nebenprodukt der Ölgewinnung, proteinreich, wird als Tierfutter verwendet.

Anna Achmatowa
(1889–1966)

Aus dem Zyklus »Kriegswind«
Die Vögel des Tods im Zenit.
Wo kommt, Leningrad, der dir hilft?

Und kein Lärm jetzt – es atmet, schwer.
Noch am Leben, lauschts. Hört:

Auf dem baltischen Seegrund nachts
Stöhnen seine Söhne im Schlaf,

Tief aus seiner Erde nach Brot
Brüllts zum siebenten Himmel hoch ...

Doch der Himmel versteint, gnadenlos.
Aus den Fenstern blickt ER: Der Tod.

28. September 1941 – Flugzeug

Lidia Ginsburg
(1902–1990)

Hunger
Der Blockademensch vom Herbst 1941 verwandelte sich in den Menschen des Winters 1941/42. Das wäre also jener Mensch, der eine Straße entlanggeht, obwohl sie unter Beschuss liegt. Er weiß, wie gefährlich und wie schrecklich das ist. Aber er ist auf dem Weg zum Mittagessen in der Kantine. Und anstatt sich zu fürchten, ist er nur wütend (nicht einmal in Ruhe zu Mittag essen lassen sie einen ...); anstatt sich vor dem Tod zu fürchten, fürchtete er bloß, man könnte ihn aufgreifen, festhalten und in einen Unterstand jagen, damit er sein Leben nicht in Gefahr bringt. Die Möglichkeit, umzukommen, ist diesem Menschen durchaus bewusst, aber sein unmittelbares Erleben wird bestimmt durch den Hunger, insbesondere aber durch seine Angst vor dem Hunger und durch die hungrige Hast, mit der er blindlings seinem Ziel zustrebt. [...]

In der Nacht wird der Mensch durch den Luftalarm geweckt. Seine Hoffnung, dass es vielleicht ein *harmloser* Angriff werde, ist nur von kurzer Dauer. Immer näher rückt das Donnern der Flak. Wie laut die Flak doch feuert! Oder war das schon eine Bombe? Er denkt gar nicht mehr daran, aufzustehen, die Überschuhe zu suchen und in den eisigen Keller zu gehen. Er denkt nur daran, dass er nicht einschlafen darf. Er will nicht, dass *es* im Schlaf geschieht. Er will nicht inmitten einer über ihm zusammenbrechenden Welt aufwachen, um dabei in einem einzigen, schon verlöschenden Augenblick seinen eigenen Tod zu erleben. Besser – man ist vorbereitet. Es ist besser, im Liegen auf das heranrückende Geschützfeuer zu horchen. Es ist besser, der Katastrophe ins Auge zu blicken. Er denkt daran, dass er nicht einschlafen darf, doch schon wenige Minuten später schläft er, denn er ist müde.

Etwas Schreckliches ist hier im Gange. Jetzt gleich, im nächsten Augenblick, schneller als er sich die Decke über den Kopf ziehen, schneller als er die Luft, die gerade seine Lunge füllt, wieder ausatmen kann, jetzt gleich kann sich die ihm vertraute Wirklichkeit in eine andere, nicht vorstellbare – in eine heulende und klirrende Wirklichkeit verwandeln, die vom Gipfel des Leidens ins Nichts stürzt.

Und obwohl das alles so ist, fühlt er sich außerstande, Angst zu empfinden. Er will schlafen. Er staunt darüber, was für ein anderer Mensch er früher einmal war. Jener Mensch war auch um ein oder zwei Uhr nachts durch das Alarmzeichen geweckt worden. Dieses Zeichen allein war für ihn Grund genug gewesen, augenblicklich sein warmes Bett gegen den eiskalten Keller einzutauschen. Dafür war die naive Frische des noch funktionierenden Selbsterhaltungstriebs verantwortlich gewesen, den Erschöpfung und endloser Leidenskampf noch nicht zersetzt hatten. Das Ergebnis dieses Kampfes: das vom Körper gewärmte Bett, der bewegungslos im Bett liegende Körper waren zu konkreten Werten, zum Wünschenswerten geworden, gegen die keine vom Intellekt bestimmte Schreckensvorstellung noch etwas ausrichten konnte.

Lew Marchasjow, Rundfunkjournalist
(1929–2011)

Das Leningrader Radio

Im Dezember, Januar und Februar bot die Stadt einen schrecklichen Anblick. Erstens diese dunklen Häuser, viele mit eingeschlagenen Scheiben. Einige auch halbzerstört, mit Spuren der Bomben und der

Geschosse. Zweitens hatte es Schneehaufen von mehr als Mannshöhe zusammengeweht. Drittens waren Trolleybusse und Straßenbahnen in dem Augenblick auf der Straße steckengeblieben, in dem der Strom abgeschaltet wurde. Schon zur Mitte des Winters hin waren die Scheiben eingeschlagen, es war schon etwas herausgerissen, mitgenommen worden, und einige Trolleybusse hatten sich in Abtritte, in Toiletten, verwandelt. Denn außer der Dystrophie gab es noch eine Krankheit: den »Hungerdurchfall«. Furchtbar abgemagerte Menschen, Dystrophiker, liefen schwankend durch die Straßen, schleppten sich dahin, fielen nicht selten in einen Schneehaufen, wo sie dann bis zum Frühling liegen blieben. Das war vielleicht ein Anblick, diese Straßen, auf denen der Verkehr stillstand und nur schwarze Figuren dahinschlichen …

Und dann kam noch etwas dazu, ein Bild, das ab Anfang Dezember immer häufiger zu sehen war: Schlitten, auf denen Verstorbene weggebracht wurden. Anfangs noch in Särgen, die man irgendwie aus Brettern zusammengehauen hatte. Später wickelte man die Toten einfach in ein Laken ein und dann in Lumpen. Überall sah man diese Schlitten, sie wurden immer zahlreicher. Das war das wichtigste Transportmittel der Blockade – der Kinderschlitten. Anfangs schafften die Menschen es noch, ihre Toten zum Friedhof zu bringen. Dann kamen sie in die Leichenhallen bei den Krankenhäusern und wurden dort gestapelt. […]

Warum erzähle ich von diesem schrecklichen Bild der Straße? Das einzige lebendige Element auf dieser Straße war der Lautsprecher, aus dem die Radiostimme tönte. Das war schon vor dem Krieg so. Ein Lautsprecher stand gerade so weit vom anderen entfernt, dass ein Fußgänger, wenn er sich von einem Lautsprecher entfernte und sozusagen den Klang der Stimme verlor, nach und nach schon den Klang der Stimme aus dem folgenden Lautsprecher hörte. Die Lautsprecher fingen ihn auf, ließen ihn nicht fallen, ließen ihn zumindest den Mut nicht sinken.

Im Dezember oder Januar, in den unheilvollsten Tagen des ersten Blockadewinters 1941/42, war die lange Erwartung des Todes vielleicht das vorherrschende Gefühl bei vielen Leningradern. Aber wenn das Radio zu sprechen begann, wurde es von einer scheuen Hoffnung auf Leben abgelöst: »Vielleicht überlebe ich doch? Vielleicht kommt jemand zu mir, wie sie zum Nachbarn gekommen sind und ihm geholfen haben? Vielleicht ist alles doch noch nicht so schlimm und wird morgen besser?«

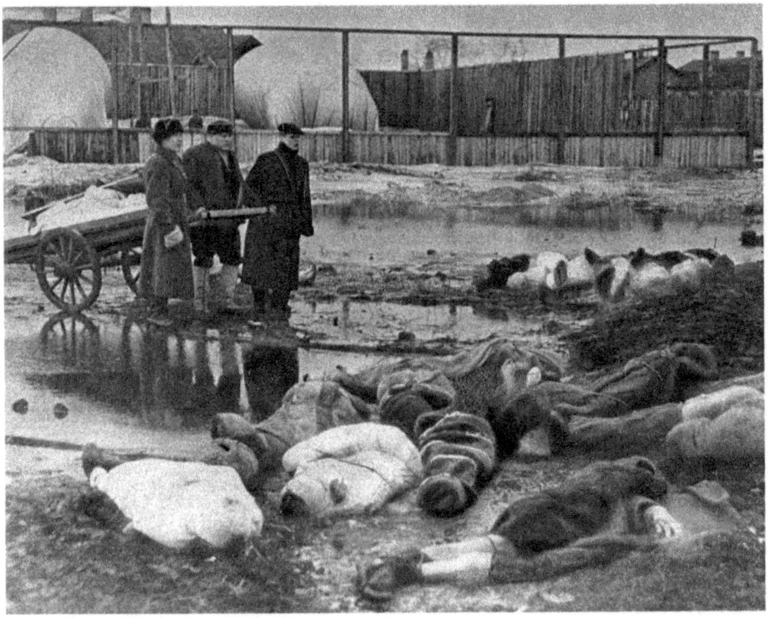

Auf dem Wolkowo-Friedhof, Foto, 1942

Heute fragt man: »Wieso hat das Radio eine so außerordentliche, einzigartige Rolle im Leben der belagerten Stadt gespielt?« Die Welt kennt einfach kein zweites Beispiel dafür, dass das Radio so wichtig für das Überleben einer Stadt gewesen wäre, dafür, dass sich die Stadt nicht ergab. Inzwischen ist eine ganze Reihe Bücher mit Archivmaterial erschienen, man hat eine Menge Materialien unseres NKVD, aber auch der Geheimdienste der 18. Armee, die hier vor Leningrad stand, und des SD freigegeben. Da heißt es schon im September 1941: »Die deutsche Propaganda ist absolut unwirksam, der Petersburger Rundfunk (natürlich nannten sie ihn Petersburger) ist viel wirksamer.«

Dafür gibt es mehrere Gründe. Der erste Faktor ist, dass wohl schon am 28. Juni eine Verfügung veröffentlicht wurde, derzufolge bei der Bevölkerung alle Radioempfänger eingezogen wurden, damit die Menschen die Hitlerpropaganda nicht hörten. [...]

Nun stellen wir uns einmal vor, die Bevölkerung hätte die Radioempfänger behalten. Erstens waren in der Stadt nicht alle so einig. Sehr viele, vielleicht auch nicht ganz so viele, verloren den Mut. Einige – nicht viele, aber es gab sie, besonders in den Kreisen der

Intelligenz – sagten, man müsse Leningrad zur offenen Stadt erklären. Nach dem Vorbild von Paris. Die Deutschen sind intelligente Menschen, kultivierte Menschen. Sie werden Leningrad nichts tun, man muss es zur offenen Stadt erklären. Stellen wir uns das vor. Die Deutschen warfen auch Flugblätter ab, die wenig Wirkung hatten, weil die Miliz und der NKVD sie sofort beschlagnahmten. Darauf hieß es: »Sie hungern Euch aus, wir werden Euch ernähren.«

Jetzt stellen wir uns vor, dass in dieser tatsächlich verhungernden Stadt täglich die mächtige deutsche Propaganda ertönt wäre, noch dazu eine solche, wie sie Goebbels angeblich zu entfalten verstand. Ich bin nicht sicher, dass sie keine Rolle gespielt hätte. »Ergeben Sie sich, niemandem droht etwas, außer den Kommunisten und den Juden.« Das hat es gegeben. Vielleicht war die Beschlagnahmung der Radioapparate absolut undemokratisch, aber sie trug dazu bei, dass die Stadt standgehalten hat. Es gab also keine alternativen Radioquellen, deshalb war das Leningrader Radio das einzige und wichtigste Mittel zum Überleben. Zweitens kam Moskau, das Moskauer Radio, nicht durch. Man konnte es hier nicht empfangen, weil die Deutschen es störten. Dieses Stören, das die Sowjetmacht später auch praktizierte, war damals sehr wirksam … Obwohl unsere Nachrichtensoldaten später ein Kanalkabel gelegt haben, sodass Moskau verhältnismäßig klar empfangen werden konnte. Drittens gelang es den faschistischen Propagandisten nicht, den Leningrader Sender zu stören, weil er über ein geschlossenes Kabel sendete. Das war Kabelrundfunk, das sogenannte städtische Übertragungsnetz. Es war unmöglich, dort einzudringen. Viertens wurden die Telefone, die man ja auch zur Einflussnahme verwenden konnte, im Herbst abgeschaltet. Außer einigen wenigen, die nach speziellen Listen angeschlossen blieben. Und fünftens gab es zwar noch Zeitungen, aber in den schwersten Monaten der Blockade – im Dezember, Januar und Februar 1941/1942 – blieb nur eine einzige Zeitung übrig, die zudem nicht alle Tage erschien. Das waren die heutigen *St. Petersburger Nachrichten*, damals die *Leningradskaja pravda*. Und dann war die Zeitung nicht operativ, sie erschien auf zwei Seiten und meldete alles mit Verspätung.

Unter diesen Umständen war das Radio das operativste Verbindungsmittel, es war überall eingeschaltet und übertrug alles sofort. Es sendete Berichte von der Front, es sendete Verfügungen der Führung wie auch Nachrichten aus der Stadt, und es sendete die Alarmsignale. Es diente auch als Kommunikationsmittel, denn die Menschen, die hier arbeiteten, allen voran Olga Bergholz und Maria Petrowa, übermittelten Worte des Trostes, der Ermutigung, der Hoffnung. Olga Bergholz las beinahe jeden zweiten Tag ihre Gedichte, wobei das alles sehr persönliche, intime, lyrische Gedichte waren, die die ganze Wahrheit enthielten, aber auch die Worte: »Haltet durch, wir werden widerstehen, wir werden standhalten.« Dank dessen kamen gleich damals und besonders später buchstäblich Hunderte Briefe:

»Sie haben uns gerettet, mit Ihrer Hilfe … Wir saßen in der leeren Wohnung, wir hatten keine Hoffnung mehr, bei uns war alles erfroren, die Nachbarn waren gestorben, aber wenn wir Sie hörten, die Stimme von Olga Bergholz, hatten wir genug Kraft aufzustehen, auf die Straße zu gehen, Brot zu holen und wieder zu leben.«

Auch dem Geist bot das Radio reichlich Nahrung. Denn die Menschen hatten nicht mehr die Kraft, Bücher zu lesen oder gar ins Theater zu gehen. Es gab auch keine Theater mehr, weil sie evakuiert worden waren. Es war nur noch ein Theater übriggeblieben, seltsamerweise die Musikalische Komödie, die in diesen schlimmsten Monaten, im Januar, Februar und wohl auch im Dezember ebenfalls nicht spielte. Kinos gab es nicht, es gab nur das Radio. Das Radio sendete nicht nur politische und gesellschaftliche Beiträge, sondern auch Lesungen. Zum Beispiel wurde Puschkins *Hauptmannstochter* gelesen. Es sind Erinnerungen daran erhalten, wie jemand durch die nächtliche Stadt läuft, die Lautsprecher sind eingeschaltet, und plötzlich hört er, wie ein Schauspieler russische Klassiker liest. Oder wie eine Schauspielerin Puschkins *Stationsvorsteher* liest, eine Erzählung über die Liebe, über Vatergefühle der Tochter. Es gab sehr viele solcher Literatursendungen im Leningrader Radio. […] Deshalb kam dem Rundfunk eine so einzigartige Rolle zu; sowohl als allgemeiner Informant, als auch als allgemeiner Tröster. Es war Theater, Buch und Musik zugleich. Auch Musik!

Das Rundfunkorchester war ja in der Stadt geblieben, sein Dirigent war Karl Iljitsch Eliasberg. Übrigens, am 22. Juni, als der Krieg anfing, erwartete man irgendeine außerordentliche Bekanntmachung, weil schon vor 12.00 Uhr alle üblichen Sendungen abgesetzt worden waren. Es lief aufwühlende Musik, alle möglichen Märsche wurden gespielt, aber es war noch unklar, was los war. Erst nach 12.00 Uhr, nach dem Auftritt Molotows, war klar, dass der Krieg begonnen hatte. Also, am 22. Juni probte das Orchester die Achte Symphonie Beethovens. Aber das Interessanteste war, dass dieses

Orchester noch bis Mitte Dezember in der Philharmonie spielte, wo schon nicht mehr geheizt wurde. Drei Grad plus waren es im Saal, als das Orchester sein letztes Konzert gab.

Am 9. November hatte es dort Beethovens Neunte aufgeführt. Aber um diesen mächtigen Chor zusammenzustellen, »Seid umschlungen, Millionen«, musste man alle Chorsänger zusammenbringen, die noch in der Stadt waren, und man brachte sie zusammen, 120 Chorsänger! Und nun stellen Sie sich dieses Bild vor: Es fror schon, es schneite, alle Lautsprecher waren eingeschaltet am 9. November, die Stadt hungerte bereits, die Rationen waren schon sehr klein. Ab dem 13. November betrug die Ration für Arbeiter 300 Gramm und die Ration für Haushaltsmitglieder 150 Gramm, und dann wurde sie verringert auf 250 und 125 Gramm. Aber am 9. November waren es noch 400 und 200 Gramm. Und in dieser Stadt, die erfriert und schon hungert, sind alle Lautsprecher eingeschaltet, und trotz allem ertönt Beethovens Neunte über der ganzen Stadt, und es ertönen auf Russisch Schillers Worte: »Seid umschlungen, Millionen.« Das war einfach erstaunlich.

Als ich anfing, die Geschichte unseres Blockade-Radios nachzulesen und darauf stieß, dass man Beethoven spielte, stiegen mir die Tränen in die Augen, weil Beethoven neben Tschaikowski mein Lieblingskomponist ist. Das Interessanteste aber war, dass auch die Deutschen auf der anderen Seite der Front zuhörten. Viele Jahre später, zwanzig werden es gewesen sein, kam zu Eliasberg, dem Dirigenten des Orchesters, ein schon älterer Mann und sagte: »Wissen Sie, ich lag im Herbst und Winter 1941 hier, vor Leningrad, in den Schützengräben. Schauen Sie, ich zeige Ihnen etwas«, und er zeigte ein kleines Tagebuch, in dem alle Konzerte des Symphonieorchesters des Leningrader Radios unter der Leitung Eliasbergs verzeichnet waren. Beethoven war besonders hervorgehoben. Und dieser Mann sagte: »Wissen Sie, als ich all das hörte, habe ich schon am Ende dieses Jahres begriffen – wir werden Leningrad niemals nehmen. Wenn in der belagerten Stadt so etwas passieren kann, werden wir niemals in Leningrad einmarschieren.«

Natürlich, bei allem, was Leningrad durchmachte, bei allem Heldentum der Armee, der Flotte und der Einwohner, geschah doch auch so etwas wie ein Wunder. Denn noch am 16., 17. September 1941 erwartete man, dass die Hitler-Armeen gleich einmarschieren würden. Am 16. September wurde in der ganzen Stadt der Aufruf geklebt »Der Feind steht vor den Toren«, in dem es hieß: »Bereitet Euch auf

Straßenkämpfe vor.« Als am 17. September Schostakowitsch eintraf, um vor dem Mikrofon zu sprechen, fand der Chefredakteur kein sauberes Blatt, das er ihm zum Schreiben geben konnte. Er gab ihm ein Blatt, auf dem etwas stand, dessen Rückseite aber unbeschrieben war. Und auf dieser Rückseite entwarf Schostakowitsch jene wenigen Worte, die er dann vor dem Mikrofon sprach – dass er an der Siebten Symphonie arbeite. Hier ist er aufgetreten, hier im Radio. Als man später das Blatt umdrehte und nachsah, was auf der Vorderseite stand, stellte sich heraus, dass es sich um eine Instruktion darüber handelte, wie die Straßenkämpfe in Leningrad zu führen und wie die Häuser zu befestigen waren, wie man sie mit Sandsäcken schützt usw. […]

Allerdings gab es im ersten Blockadewinter viel weniger Konzerte als gewöhnlich, aber schon zum Frühjahr hin verbesserte sich die Lage, obwohl das Jahr 1942 noch ein extrem schweres Jahr war. Am 9. August 1942 fand im Großen Saal der Philharmonie die Leningrader Erstaufführung der Siebten Symphonie statt.

Daniil Granin · Ales Adamowitsch
(1919–2017) · (1927–1994)

Ausgebrannte Häuser

Wer die von der Blockade umklammerte Stadt je gesehen hat, wird nie den Anblick ihrer Straßen, die vom Heulen der Geschosse erfüllte Luft und die seltsamen Begleiterscheinungen des Krieges vergessen, der nicht nur ganz in der Nähe, vor der Stadt geführt wurde, sondern sich in die Stadt und in ihren Alltag mit den langen Menschenschlangen vor den Geschäften, dem »Trödelmarkt« und der Arbeit in den Betrieben gestohlen hatte.

Alle berühmten Petersburger Architekturdenkmäler standen noch an alter Stelle, Brücken, Uferstraßen und Paläste waren genauso schön wie früher mit dem einzigen Unterschied, dass sie, wie ein Leningrader es definierte, die menschliche Seele jetzt nicht rührten, sondern eher durch ihre gespenstische Erscheinung belasteten. »Wir entdeckten an ihnen die Fähigkeit, nicht nur tödlich vernachlässigt auszusehen, sondern auch Teil der Verwüstung zu werden genau wie das berühmte Fleckchen Erde und die Quadern der ausgebrannten Häuser.«

Die Blockade entschwindet nicht mit anderen Ereignissen in die stillen Buchten der Vergangenheit, in die man nur gelegentlich blickt. Eine ihrer Besonderheiten ist: Sie bleibt scheinbar in der Ferne, ist jedoch greifbar wie etwas, das man stets vor Augen haben muss. Von Zeit zu Zeit misst man sich und andere an ihr.

Tote lagen auf Straßen und in Wohnungen, sie wurden Teil der Blockadelandschaft. Die Massen von Toten, die Alltäglichkeit des Todes ließ einen die Vergänglichkeit und Nichtigkeit eines Menschenlebens empfinden und jede Sache, jeden Wunsch sinnlos erscheinen. Die Unvollkommenheit des Menschen trat zutage, er wurde physisch erniedrigt und erwies sich als moralisch anfällig. Wie viele Menschen hielten den Prüfungen nicht stand und gaben sich auf!

Lidia Ginsburg

Vernagelte Fenster

Die Stadt bestand nun nicht mehr aus einer Reihe zufälliger Kombinationen von Straßen, Häusern und Bussen. Die Stadt war zu einer synthetischen Realität geworden. Sie, die Stadt, ist es, die kämpft, die leidet und die Mörder zurückschlägt. Sie ist ein materieller Sammelbegriff. Wir lernen nun, die Stadt aus der Vogelperspektive oder wie auf einer Landkarte zu betrachten. Sie bildet ein stoffliches Ganzes, umgeben von einer sichtbaren Grenzlinie. Bewachte Tore unterbrechen diese Grenzlinie (wie jede menschliche Wohnstätte hat auch die Stadt Türen). Der Feind stürmt gegen diese Tore an; doch die Wachen an den Toren der Stadt lassen ihn nicht eindringen.

Nun empfanden wir auch wieder die einem Menschen unserer Zeit fremde Realität der Entfernungen innerhalb der Stadt, die durch Straßenbahnen, Busse und Taxis längst unsichtbar geworden waren. Der Grundriss der Stadt mit ihren Inseln, mit den Armen der Newa, mit ihrer Aufteilung in die einzelnen Stadtbezirke wurde augenfällig, denn als im Winter [1941/1942] weder Straßenbahnen fuhren noch Telefone funktionierten, konnte es geschehen, dass die Menschen, die einander kannten, monatelang auf der Wassili-Insel, im Wyborger oder Petrograder Bezirk lebten, ohne einander zu begegnen, und sie starben, ohne dass einer vom anderen gewusst hätte. […]

Mit dem Beginn des Krieges hatte die Stadt begonnen, sich mit ungewohnten Details auszustatten. Als Erstes versah man die Fenster mit kreuzförmigen Klebestreifen (damit die Fensterscheiben nicht herausflogen). Diese Maßnahme war der Bevölkerung bereits in den ersten Kriegstagen empfohlen worden. Inmitten der unwiderstehlichen Schwermut jener ersten Tage, als sich die neuen Lebensformen noch nicht herausgebildet hatten, wirkte diese mechanische Tätigkeit beruhigend, sie lenkte von der Leere des Abwartens ab. Und dennoch hatte man dabei auch ein seltsames und qualvolles Gefühl, wie etwa beim Anblick eines vor Sauberkeit blitzenden Operationssaals, in dem noch keine Verwundeten versorgt werden, und doch weiß man genau, dass er sehr bald voll von ihnen sein wird.

Manch einer klebte die Streifen zu recht filigranen Mustern. Dergestalt bildeten die Fensterreihen mit ihren Klebestreifen ein Ornament. Bei Sonnenschein wirkten sie aus der Entfernung betrachtet sogar fröhlich. Sie ähnelten den geschnitzten Blumenornamenten, wie sie reiche Bauernkaten schmücken. Dieser Eindruck änderte sich jedoch, sobald man die Klebestreifen an den Fenstern der unteren Stockwerke bei schlechtem Wetter näher betrachtete. Das Gelb des durchweichten Papiers, die Kleisterflecke, die schmutzig hervortretenden Druckbuchstaben oder die schief abgerissenen Ränder – es waren Symbole des Todes und der Zerstörung, die sich nur noch nicht völlig entdeckt hatten und durch die kreuzförmigen Papierstreifen erst angedeutet wurden.

Später begann man Fenster und Schaufenster zu vernageln. Manche nagelten ihre Fenster zu, weil die Scheiben schon herausgeflogen waren, andere, damit sie nicht herausflogen. Teilweise benutzte man dafür neue, fast weiße Sperrholzplatten, manchmal auch ganz dunkle Bretter voller Astlöcher. Ein vernageltes Fenster ist ein Zeichen für eine verlassene Behausung. Doch im Herbst waren die Häuser noch nicht leer; drei Millionen eingekesselter Menschen füllten sie bis zum Rand. In jenen Herbsttagen verkehrte sich die Bedeutung der vernagelten Fenster auf furchtbare Weise in ihr Gegenteil – die vernagelten Fenster wurden zum Zeichen der lebendig Begrabenen und der in der Enge Sterbenden, jene Bretter wurden zu Todessymbolen für das Abgeschnittensein in den Kellern und für die Schwere der Stockwerke, die über den Menschen einstürzten.

Die Stadt wurde durch eine einförmige Vielfalt solcher Details beherrscht. Sie waren vielsagend und unterschieden sich im Einzelnen voneinander, und dennoch stellten sie etwas Einheitliches dar. So verschloss man die Fenster in den feuchten Wänden mit frischem Sperrholz, vernagelte sie mit dunklen Brettern, überklebte sie mit

Papier – blauem Packpapier, farbigem Papier, Zeitungspapier und mauerte sie mit Ziegeln zu. Manchmal vereinigten sich in ein und demselben Fenster Sektoren aus Sperrholz, Ziegeln, Glas und leimgetränktem Papier. Die Zeichen waren unsicher und widersprüchlich geworden; ohne feste Gestalt angenommen zu haben, lösten sich die beklemmenden Assoziationen auf. Schließlich wurde all das völlig gleichgültig. Die Fenster hatten sich mit Eis bedeckt. Die Menschen auf der Straße schenkten den Häusern nun keine Beachtung mehr. Sie achteten vielmehr auf den Boden vor ihren Füßen, denn die Gehwege waren vereist, und die Menschen hatten Angst, auf dem Glatteis auszurutschen und vor Entkräftung hinzufallen. Diese Angst war besonders groß, wenn ihr Essgeschirr voll Suppe war.

Im Winter verlor man kein Wort mehr über die Verdunklung. […] Es gab jetzt eben kein Licht mehr, man konnte nicht mehr spät nach draußen gehen, und man hatte dafür auch gar keinen Grund. Und doch schien es nachts auf der Straße nicht so dunkel, nicht so schrecklich zu sein wie zu Hause. Denn die Straßenbahnen (solange sie noch fuhren), schienen mit ihren blauen Lämpchen eine Zuflucht zu bieten. Da war Licht, auch wenn es nur blaues war, so war es doch Licht; da waren Menschen, denen es gelang, ein wenig Wärme zu atmen; da knurrte einen die geschäftige Schaffnerin an … Und der Mensch tauchte nach dem Warten an der verlassenen Haltestelle dort ein und fand Ruhe.

Keiner verschwendet mehr einen Gedanken an Verdunklung oder ähnliche Dinge. Einhundertfünfundzwanzig Gramm, Wasser aus dem Eisloch in der Newa, Kälte, die niemals nachließ – nicht beim Schlafen, nicht beim Essen, nicht beim Arbeiten; Dunkelheit, die mitten am Tag hereinbrach und sich erst am späten Morgen wieder lichtete; Leichen in den Torwegen, Leichen auf Kinderschlitten, ausgestreckt und dünn – Mumien ähnlicher als normalen menschlichen Leichen.

Dmitri Lichatschow

Menschenfresser

In den Straßen lagen Leichen. Niemand schaffte sie weg. Wer waren sie? Vielleicht hatte diese Frau noch ein Kind, das lebte und in einer kalten, dunklen Wohnung auf sie wartete? Es gab sehr viele Frauen, die ihre Kinder ernährten, indem sie sich das eigene dringend nötige

Stückchen absparten. Diese Mütter starben als erste, und die Kinder blieben alleine zurück. […]

Den auf der Straße herumliegenden Leichen wurden die Weichteile abgeschnitten. Es begann die Menschenfresserei! Zuerst wurden die Leichen ausgezogen, dann das Fleisch bis auf die Knochen abgelöst: es war kaum mehr welches an ihnen dran, die zerschnittenen nackten Leichen sahen grauenhaft aus.

Diese Menschenfresserei darf man nicht kurzerhand verurteilen. Größtenteils geschah sie unwillkürlich. Wer eine Leiche zerschnitt, aß selten selbst das Fleisch. Er verkaufte es entweder, indem er den Käufer anschwindelte, oder gab es seinen nahen Verwandten zu essen, um sie am Leben zu erhalten. Denn das Wichtigste an der Nahrung waren die Eiweißstoffe. Sie waren nirgendwo zu bekommen. Wenn ein Kind zu sterben droht, und du weißt, nur Fleisch kann es retten – dann schneidest du es auch von Leichen ab …

Allerdings gab es auch Schufte, die Leute umbrachten, um dann das Fleisch zu verkaufen. In dem riesigen roten Gebäude der ehemaligen Gesellschaft für Humanität […] entdeckte man folgendes: Jemand gab vor, mit Kartoffeln zu handeln. Er ließ den Käufer unter ein Sofa schauen, wo angeblich die Kartoffeln lagen, und als der sich hinunterbeugte, bekam er mit der Axt einen Schlag auf den Hinterkopf. Das Verbrechen wurde von einem der Käufer aufgedeckt, der auf dem Boden nicht weggewischtes Blut bemerkt hatte. Man fand die Knochen vieler Menschen. […] Wir fürchteten uns sogar, tagsüber mit den Kindern auf die Straße zu gehen.

Daniil Granin

Vorn die Deutschen, hinter uns die Stadt

Heute ist einfach nicht mehr zu begreifen, wie wir die Verteidigungslinie halten, auf Aufklärung gehen, ja sogar versuchen konnten, eine Höhe zurückzuerobern. […] Vorn waren die Deutschen, hinter uns sahen wir Leningrad. In der klaren Luft zeichneten sich die Konturen der Stadt mit ihren Türmen, Kuppeln und Schloten so klar ab, als habe ein alter Meister sie am Rand der Erde zwischen den weißen Feldern und dem blauen Himmel herausziseliert. Nachts zerfraß roter Widerschein von Feuersbrünsten die Stadt. Am Tag flogen Geschosse mit sanftem Orgeln über uns hinweg. Der Himmel war klar, aber wir hörten ihren unsichtbaren Flug, dann drangen mit Verspätung die dumpfen Schläge der Detonationen an unser Ohr. Die Deutschen beschossen die Stadt genau nach Plan, auch ihre Bomber tauchten nach Plan über der Stadt auf. Sie überflogen uns auf dem Rückweg. Einmal hatten wir in ohnmächtiger Wut aus Gewehren, mit panzerbrechenden Geschossen und Panzerbüchsen in der Hoffnung auf sie geschossen, eine ungeschützte, verwundbare Stelle zu treffen. Das war lange her. Jetzt waren wir klüger und sparten unsere Patronen für bessere Gelegenheiten. Wir beobachteten, wie die Flakgeschosse über der Stadt zerplatzten und die Bombardierung einsetzte. Schwarze Rauchsäulen stiegen langsam auf und entstellten die klare Silhouette. Wir versuchten zu erraten, welcher Stadtbezirk bombardiert wurde.

Unternehmen konnten wir gar nichts, das einzige, was uns blieb, war, nicht zurückzublicken auf Leningrad. Es zog uns nicht in die Stadt. Und man ließ uns auch nicht gern hin. Ich war in jenem Winter zum Beispiel ein einziges Mal dort gewesen, und es hatte mir gereicht. Dennoch spürten wir ständig hinter uns die Gegenwart dieser Stadt, ihren ungleichmäßigen, doch vernehmbaren Atem.

An keiner anderen Front gab es dergleichen.

Lidia Ginsburg

Sommer 1942

Dann muss man unbedingt den Unrat nach draußen bringen. Das ist eine lebenswichtige Angelegenheit, und N. nimmt sie dementsprechend ernst. Er wendet sich ein wenig ab, als wollte er versuchen, eine Distanz zwischen dem stinkenden Eimer und sich selbst aufzubauen. […]

Im Sommer 1942 waren nur noch wenige Menschen in der Stadt, nur ganz wenige Fabriken waren in Betrieb, und die Leningrader Luft war ungewohnt sauber. N. betrachtete den Granitbogen der Ufermauer, das verzierte Gitter und hinter dem Gitter das Wasser, das vor lauter Unrat seine ursprüngliche Farbe verloren hatte und nur noch träge dahinfloss. Irgendwie erinnerte einen diese Morgenstunde an das Leben auf dem Lande – weil es ein so ungewöhnlicher Stadtsommer war mit seiner seltsam sauberen Luft, weil es leer war und still, weil die Menschen beinahe barfuß mit ihren Eimern nach draußen kamen.

N. hebt seinen Eimer über das Gitter und kippt den Inhalt eilig und ohne hinzusehen ins Wasser. Ein Gefühl der Erleichterung …

Das Gefühl der Erleichterung verschmilzt für einen Augenblick mit der Leichtigkeit des Lebens. Der Wind spielt in seinen Haaren. Plötzlich durchzieht seinen Körper die deutlich spürbare Erinnerung an die Dorfstraße, an die Apfelbäume hinterm Zaun. [...]

Der Mensch im Sommer 1942 ... Seine Reaktionen weisen neue Nuancen auf. Man hatte sich mittlerweile an die Nervenanspannung gewöhnt, die gemeinsam mit dem Reiz, durch den sie hervorgerufen wurde, auch wieder verschwand. Auf seine Art bedeutet der Moment, in dem die Entwarnung gegeben wird, körperliches Wohlbehagen; eine Leichtigkeit, wie man sie empfindet, wenn Zahnschmerzen plötzlich wie weggeblasen sind. So kam es zu jenem merkwürdigen Umschalten, merkwürdig gerade durch den schnellen Wechsel. Vor einer Minute noch haben die Menschen dem Tod ins Auge geschaut, doch in der Redaktion plaudern und tratschen sie schon wieder, und die zu neuem Leben erwachten Frauen beschließen, sich Strümpfe zu beschaffen oder ihre Kleider umzunähen. [...]

Weshalb war der Hunger (die Deutschen hatten das begriffen) der stärkste Gegner dieser Widerstandskraft? Deshalb, weil Hunger etwas permanent Gegenwärtiges ist, weil er sich niemals abstellen lässt. Er ist ständig anwesend und macht sich unaufhörlich bemerkbar (nicht unbedingt immer durch das Verlangen zu essen); am qualvollsten, am schlimmsten ist er gerade während des Essens selbst; dann nämlich, wenn sich das Essen mit entsetzlicher Geschwindigkeit seinem Ende nähert, ohne dabei den Hunger zu stillen.

Anna Achmatowa

Erbleicht, erstarrt und verstummt
Für meine Stadt

Weiße Nacht des 24. Juni 1942. Die Stadt liegt in Trümmern. Vom Hafen bis zum Smolny ist alles überschaubar wie auf einer Handfläche. Hier und da schwelen noch alte Brände. Im Scheremetjewschen Garten blühen die Linden und singt eine Nachtigall. Ein Fenster des zweiten Stocks – vor dem der verstümmelte Ahorn steht – ist eingeschlagen, dahinter gähnt schwarze Leere. In Richtung Kronstadt wummern schwere Geschütze. Doch im Großen und Ganzen ist es still. Die Stimme des Autors, der siebentausend Kilometer von hier entfernt ist, spricht:

[…]
Du, die du mein Grab nicht geworden,
Rebellisch, geächtet, lieb meinem Herzen,
Erbleicht, erstarrt und verstummt.
Doch unsere Trennung ist nur eine Täuschung:
Wir beide sind unzertrennlich, mein Schatten
Liegt auf deinen Mauern, mein Bild,
Es spiegelt sich in deinen Kanälen,
Und in den Sälen der Ermitage,
Gehn meine Schritte und die meines Freundes,
Und auf dem alten Wolkowo-Friedhof,
Dort, wo ich ungehemmt schluchze,
Über den schweigenden Gräbern der Brüder.
Und was da gesagt wurde im ersten Teil
Von Liebe, Untreue, Leidenschaft,
Warf von seinen Schultern der freie Vers,
Es steht meine Stadt mit Brettern vernagelt …
Und schwer sind die Grabplatten
Auf deinen schlaflosen Augen.
Es schien, dass du mir nachjagtest, du,
Die du bliebst, um zugrunde zu gehen
Im Schein der Gewässer, der Turmspitzen Glanz.
Vergeblich hast du erwartet
Die Botschafterinnen … Über dir nur
Den Reigen der weißen Nächte, der schönen.
»Zuhause« – dies fröhliche Wort aber kennt
Jetzt keiner, denn es sehen alle
Zu fremden Fenstern hinaus: in Taschkent
Der eine, und in New York
Ein andrer, und der Verbannung
Bittere Luft gleicht vergiftetem Wein.
[…]

Beendet in Taschkent
am 18. August 1942

Lew Marchasjow

Haltet durch!
Aber am 9. August 1942 fand im Großen Saal der Philharmonie die Leningrader Erstaufführung der Siebten Sinfonie statt. Allein im Orchester waren im ersten Blockadewinter 27 Menschen umgekommen, mehr als ein Drittel der Musiker. Überlebt haben nur 16. Als man Eliasberg zu Frühlingsanfang aus dem Krankenhaus holte, hatte man ihm gesagt: »Wir werden die Premiere der Siebten machen.« Er fragte: »Mit wem? Man braucht dazu ein riesiges Orchester. Wo soll ich diese Musiker hernehmen?« – »Die Musiker werden da sein.« Und sie wurden auch gefunden, sie wurden von der Front demobilisiert.

Das muss man sich wiederum vorstellen – alle Lautsprecher waren eingeschaltet am 9. August 1942, und es erklang die Siebte Sinfonie! Übrigens krachte zu dieser Zeit kein einziges Artilleriegeschoss in der Stadt. Und kein einziges Flugzeug ist in unseren Luftraum eingedrungen. Nach dem Konzert kam der Oberbefehlshaber der Leningrader Front, General Goworow, zu Eliasberg und sagte: »Wissen Sie, wir haben ja heute auch für Sie gearbeitet.« Eliasberg erfuhr erst später, was dieser Satz bedeutete. Allen Batterien der Leningrader Front und der Baltischen Flotte war Befehl gegeben worden, jede gegnerische Batterie auszuschalten, die an diesem Abend das Feuer auf Leningrad hätte eröffnen können, damit am Tag der Premiere der Siebten hier kein einziger Schuss ertönte. Und so war es auch.

In diesem Sommer hatten wir bereits das Gefühl, dass die Stadt standhalten wird. Mehr noch, bereits zu Herbstanfang 1942 wandte sich Olga Bergholz im Rundfunk mit einem Aufruf an Stalingrad: »Haltet durch! Dass man durchhalten kann, zeigt unser Beispiel. Man kann standhalten. Haltet durch!« Das heißt, Leningrad hielt sich nun schon für berechtigt, so mit anderen Städten zu sprechen, die gerade gestürmt wurden.

Und dieses Gefühl, dass wir standhalten, wurde immer stärker, obwohl die Gefahr der Erstürmung immer noch drohte und die Stadt im Lauf des Jahres 1943 stärker beschossen wurde als zuvor. In Bezug auf den Beschuss war nicht 1941 und nicht 1942 das schrecklichste Jahr, sondern 1943. Der schlimmste Beschuss war 1943, und dennoch blieb das Gefühl, dass die Stadt standhält, erhalten.

Karl Eliasberg dirigiert die Siebte Symphonie im Großen Saal der Philharmonie, Foto, 9. August 1942

Dmitri Schostakowitsch

Widmung

Mit Gedanken an die Siebte beschäftigte ich mich schon vor dem Krieg: Sie war daher nicht das bloße Echo auf Hitlers Überfall. Das Thema »Invasion« hat nichts zu tun mit dem Angriff der Faschisten. Ich dachte an ganz andere Feinde der Menschheit, während ich dieses Thema komponierte. Natürlich ist mir Faschismus verhasst. Aber nicht nur der deutsche, sondern jeder Faschismus.

Man betrachtet die Vorkriegszeit heute gern als Idylle. Alles war schön und gut, bis Hitler kam. Hitler war ein Verbrecher, nicht zu bezweifeln. Aber auch Stalin war ein Verbrecher.

Ich empfinde unstillbaren Schmerz um alle, die Hitler umgebracht hat. Aber nicht weniger Schmerz bereitet mir der Gedanke an die auf Stalins Befehl Ermordeten. Ich trauere um alle Gequälten, Gepeinigten, Erschossenen, Verhungerten. Es gab sie in unserem Land schon zu Millionen, ehe der Krieg gegen Hitler begonnen hatte. Der Krieg gegen Hitler brachte unendlich viel neues Leid, neue Zerstörungen. Aber darüber habe ich die schrecklichen Vorkriegsjahre nicht vergessen. Davon zeugen alle meine Symphonien, angefangen mit der Vierten. Die Siebte und die Achte gehören auch dazu.

Ich habe nichts dagegen einzuwenden, dass man die Siebte die »Leningrader« Symphonie nennt. Aber in ihr geht es nicht um die Blockade. Es geht um Leningrad, das Stalin zugrunde gerichtet hat. Hitler setzte nur den Schlusspunkt.

Die meisten meiner Symphonien sind Grabdenkmäler. Zu viele unserer Landsleute kamen an unbekannten Orten um. Niemand weiß, wo sie begraben liegen, nicht einmal ihre Angehörigen. [...] Ich würde gerne für jeden Umgekommenen ein Stück schreiben. Doch das ist unmöglich. Darum widme ich ihnen allen meine gesamte Musik.

Am 27. Januar 1944 durchbrechen sowjetische Truppen den Belagerungsring. Nach fast 900 Tagen ist der Schrecken zu Ende.

JOSEPH BRODSKY

Unbezwungene Stadt

Die Blockade ist die tragischste Seite in der Geschichte der Stadt, und ich denke, dass eben damals der Name »Leningrad« von den Überlebenden endlich angenommen wurde im Gedanken an ihre Toten: Grabinschriften sind zwingend genug. Die Stadt sah plötzlich gealtert aus; als hätte die Geschichte ihre Existenz endlich anerkannt und beschlossen, das hier Versäumte auf ihre üblich makabre Art aufzuholen – mit Bergen von Leichen: heute, 39 Jahre danach, scheinen die Decken und Fassaden dieser unbezwungenen Stadt, obwohl verputzt und gestrichen, immer noch die Spuren der letzten Atemzüge, der letzten Blicke ihrer Bewohner als Flecke zu bewahren. Vielleicht aber ist einfach die Farbe schlecht, der Verputz untauglich ... 1979

Daniil Granin, Gedenkrede im Deutschen Bundestag, Foto, 27. Januar 2014

Olga Bergholz
(1910–1975)

*Hier liegen Leningrader**
Hier liegen Bürger – Männer, Frauen und Kinder.
Neben ihnen Soldaten der Roten Armee.
Mit ihrem Leben
Verteidigten sie Dich, Leningrad.
Die Wiege der Revolution.
Nicht alle ihre edlen Namen können wir hier nennen.
So viele sind es unter dem ewigen Schutz von Granit.
Aber wisse, der du diese Steine betrachtest.
Niemand ist vergessen und nichts ist vergessen.

* Inschrift an der Mauer des Piskarjow-Gedenkfriedhofs, auf dem die meisten Blockadeopfer begraben wurden.

XII. Nachkriegsjahre

Nach 1945 durfte die Leningrader Blockade nur als Heldenepos dargestellt werden. Sogenannte »negative Erscheinungen« wie der Hunger, das Leid, der Kannibalismus oder der Terror der Geheimpolizei kamen in den Darstellungen kaum vor. Die hohen Opferzahlen blieben bis in die 1980er-Jahre tabu. Wer war schuld an den vielen Toten? Die Verantwortung für die Blockade lag bei der NS-Führung, doch Fehlentscheidungen, Inkompetenz und Desorganisation auf Seiten der sowjetischen Führung vergrößerten das Ausmaß der Katastrophe. Das musste vertuscht werden. Schon Ende der 1940er-Jahre inszeniert Stalin eine neue Hetzjagd gegen die Leningrader Partei- und Stadtführung, die als »Leningrader Affäre« in die Stadtgeschichte eingegangen ist. Wieder werden Tausende erschossen oder in den GULag geschickt, und wieder strömen Menschen aus allen Teilen der UdSSR in die leere Stadt. Der Wiederaufbau Leningrads kommt nur zögerlich in Gang. Investiert wird vor allem in die Rüstungsindustrie, nicht in die Infrastruktur. Hunderttausende leben in sog. Kommunalkas, Gemeinschaftswohnungen, in denen mehrere Familien je ein Zimmer bewohnen und sich Bad und Küche teilen. Nach Stalins Tod im März 1953 kehren die ersten Häftlinge aus den Lagern zurück, erkennen ihre Heimatstadt kaum wieder und treffen gelegentlich auf diejenigen, die sie denunziert hatten. Ausländische Besucher finden nun, das Beste an Leningrad sei das alte Petersburg. 1955 kommt die Everyman Opera Company mit *Porgy und Bess* nach Leningrad, 1958 wird hier der erste Jazzclub der UdSSR gegründet, 1962 spielt Benny Goodman zusammen mit Leningrader Musikern auf einer Jamsession im *Astoria*, und später im Jahr besucht Igor Strawinsky noch einmal seine Vaterstadt, die er 1911 verließ, und erlebt einen triumphalen Empfang. Doch die Tauwetterperiode endet, und im März 1964 wird der junge Dichter Iossif Brodski (Joseph Brodsky) wegen Parasitentums – da er nach Ansicht des Gerichts nicht arbeitete – »auf die Dauer von fünf Jahren an eine entlegene Örtlichkeit zum Arbeitseinsatz verschickt«. Nach 18 Monaten entlassen, wird der künftige Literaturnobelpreisträger 1972 ausgebürgert. In den 1970er- und 1980er-Jahren gilt Leningrad, das 1965 zusammen mit elf anderen Städten, die sich im Zweiten Weltkrieg ausgezeichnet hatten, den Ehrentitel »Heldenstadt« erhielt, politisch als Hort der Stagnation. Doch die inoffizielle Subkultur, die als »Leningrader Underground« in die Kulturgeschichte der Stadt eingegangen ist, wird zum Boden, auf dem Gorbatschows Politik der *glasnostj* und *perestroika* gedeiht.

Joseph Brodsky

Ein beinahe verhungertes Aussehen

Für den Anfang verlasse ich mich lieber auf meine Geburtsurkunde, die besagt, dass ich am 24. Mai 1940 in Leningrad, Russland, geboren wurde – sosehr ich diesen Namen für die Stadt verabscheue, die vor langer Zeit von den einfachen Leuten kurz und liebevoll »Pieter« – von Petersburg – genannt wurde. Ein alter Zweizeiler heißt:

> Wer unter Pieter muckt,
> wird von ihm geduckt.

Von der Nation wird diese Stadt entschieden als Leningrad erlebt; mit der zunehmenden Vulgarität dessen, was sie umfasst, wird sie mehr und mehr zu Leningrad. Außerdem klingt dem russischen Ohr »Leningrad« als Wort bereits so neutral wie »Bau« oder »Wurst«. Und doch sage ich lieber »Pieter«, denn ich erinnere mich an diese Stadt in einer Zeit, wo sie noch nicht wie »Leningrad« aussah – gleich nach dem Krieg. Graue, blassgrüne Fassaden mit Einschlägen von Kugeln und Granatsplittern; endlose leere Straßen mit wenigen Passanten und schwachem Verkehr; ein beinahe verhungertes Aussehen mit infolgedessen ausgeprägteren und, wenn man so will, edleren Zügen. Ein mageres hartes Gesicht, in dessen Augen, den Fensterhöhlen, sich das abstrakte Glitzern des Flusses spiegelte. Ein Überlebender kann nicht nach Lenin heißen.

Jene prachtvollen pockennarbigen Fassaden, hinter denen – zwischen alten Klavieren, abgewetzten Teppichen, staubigen Gemälden

Joseph Brodsky, Foto, 1980

in schweren Goldrahmen, Überresten des während der Blockade von den Eisenöfen aufgezehrten Mobiliars (Stühle am allerwenigsten) – schwaches Leben aufzuflackern begann. Und ich erinnere mich, wie ich auf meinem Schulweg an diesen Fassaden entlangging, ganz versunken in meine Vorstellung von dem, was sich in jenen Räumen mit der welligen alten Tapete abspielte. Ich muss sagen, dass ich von diesen Fassaden und Portikus – klassisch, modern, eklektizistisch, mit ihren Säulen, Pilastern und Stuckköpfen mythischen Getiers oder Personals –, von ihren Ornamenten und balkontragenden Karyatiden, von den Torsos in den Eingangsnischen mehr über die Geschichte unserer Welt gelernt habe als später aus irgendeinem Buch. Griechenland, Rom, Ägypten – alles war hier vertreten, und alles war während der Bombenangriffe von den Artilleriegeschossen angeschlagen worden. Und von dem spiegelnden grauen Strom, der zur Ostsee hinfloss, mit hin und wieder einem Schlepper in der Flussmitte, der gegen die Strömung kämpfte, habe ich mehr über Unendlichkeit und Stoizismus gelernt als durch Mathematik und Zeno. All das hatte sehr wenig mit Lenin zu tun, den ich vermutlich schon in der ersten Klasse zu verachten begann – nicht so sehr wegen seiner politischen Philosophie oder Praxis, über die ich mit sieben sehr wenig wusste, sondern wegen seiner allgegenwärtigen

Abbildungen, die fast jedes Lehrbuch verseuchten, jedes Klassenzimmer, Briefmarken, Geld und was sonst noch, und auf denen er in verschiedenen Alters- und Lebensstufen dargestellt war.

Lew Marchasjow

Stalin rechnete immer grausam ab

1949 begann die berühmte »Leningrader Affäre«, die in der Umgebung Stalins gegen die ehemaligen Leningrader Parteiführer provoziert wurde. Schdanow war schon tot, aber Popkow und Kusnezow, die während der Blockade Führungspositionen bekleidet hatten, lebten noch. Mehr noch, Kusnezow war als ZK-Sekretär nach Moskau gegangen. Und die Moskauer Sekretäre, insbesondere Malenkow, fanden, dass ihnen ein gefährlicher Konkurrent erwachsen war. Sie beschlossen, ihn zu beseitigen. Aber wie? Diese Menschen bedienten sich immer des Misstrauens Stalins. Das heißt, sie schürten es. Und Stalin hatte immer eine große Abneigung gegen Leningrad. [...] Jetzt schürten sie bei Stalin den Verdacht, dass Leningrad erstens die Rolle der Hauptstadt der Russländischen Föderation beansprucht, das heißt, ebenfalls Hauptstadt werden will, gleichberechtigt mit Moskau. Und zweitens, dass die Leningrader Führung beansprucht, die wichtigsten Posten im Zentralkomitee zu besetzen. Stalin, der immer grausam abrechnete, zettelte die »Leningrader Affäre« an, die nicht öffentlich ablief. Keine Meldungen in der Presse, kein Rundfunk, nichts davon. Die Angeklagten wurden allesamt sofort nach dem Gerichtsurteil erschossen. Tausende Menschen wurden verhaftet, die während der Blockade irgendwelche Posten bekleidet hatten. Tausende verloren ihre Arbeit.

Dann folgte die Säuberung der Archive, damit die Namen dieser Menschen und auch ihre Stimmen nirgends auftauchten. Das Museum der Verteidigung Leningrads wurde geschlossen, eine Menge Exponate wurden vernichtet. Und es kam eine Kommission hierher, die sich mit dem Sortieren der Archive beschäftigte. Insgesamt hatte es etwa 360 dokumentarische Blockadereportagen gegeben. Wenn jede, sagen wir, 5–10 Minuten lang war, dann waren das mehr als 30 oder 35 Stunden. Die Redakteure, die Blockade- und Frontkorrespondenten sagen, dass es mehr Reportagen waren und zwar ungefähr tausend. Aber diese Angaben sind vielleicht überhöht. Doch selbst wenn es 35 Stunden waren, so wurde all das geprüft.

Und alle Reportagen, in denen die Namen Schdanow, Popkow, Kusnezow vorkamen und auch die der übrigen verhafteten Leningrader Führer – das konnten Betriebsdirektoren sein, Militärs, die Leiter der Verteidigung – all das wurde eingestampft, vernichtet, gelöscht.

Wir wussten davon nichts. Das alles wurde im Verborgenen gemacht und für geheim erklärt. Von der »Leningrader Affäre« erfuhren wir erst unter Chruschtschow, erst nach 1956, erst nach dem XX. Parteitag. Als ob das noch nicht genug gewesen wäre, begann im Jahr 1949 in Leningrad wie auch in Moskau die Kampagne gegen den Kosmopolitismus. Unter »Kosmopoliten« verstand man die Juden. Die jüdischen Journalisten, die in den Blockadejahren Frontkorrespondenten waren, wurden aus dem Rundfunk vertrieben, all ihre Reportagen wurden gelöscht. Als ich zum 60. Jahrestag der Aufhebung der Blockade, am 27. Januar 2004, die Chronik »Heroismus der Blockade« vorbereitete, entdeckte ich nur noch drei Stunden alter Aufnahmen, ganze drei Stunden, die natürlich in keinem guten technischen Zustand mehr waren.

Anatoli Sobtschak, Petersburger Bürgermeister (1991–1996) (1937–2000)

Tausende Opfer
Weiter will ich eine Version über die Gründe der »Leningrader Affäre« darlegen, die in den 50er-Jahren in Leningrad in Umlauf war. […]

Die Version lautet so: In jenen Jahren entstand in den Köpfen der Leningrader Parteifunktionäre, die im Rahmen der Russländischen Föderation unangefochtene Führer waren […], der Gedanke, dass es gerecht wäre, die RSFSR* in ihren Rechten mit den anderen Unionsrepubliken gleichzustellen, von denen jede ihre Hauptstadt, ihre Kommunistische Partei, ihr Zentralkomitee usw. hatte. Damals erinnerten sich alle an den bekannten Toast Stalins auf das große russische Volk, das den entscheidenden Beitrag zum Sieg über den Faschismus geleistet hatte.

Und wenn es groß ist, dann hat es die gleichen Rechte wie die anderen, und als ersten Schritt träumten sie von der Übertragung

* Russländische Sozialistische Föderative Sowjetrepublik, größte Teilrepublik der UdSSR.

der Hauptstadt Russlands aus Moskau nach Leningrad, natürlich unter Beibehaltung Moskaus als Hauptstadt der UdSSR. [...]

Verhaftungen und Gerichtsprozesse gegen andere Beschuldigte der »Leningrader Affäre« wurden auch nach der Erschießung ihrer Hauptfiguranten bis zum Tode des Tyrannen 1953 fortgesetzt. Die genaue Zahl der Opfer der Repressionen in der »Leningrader Affäre« ist bis heute nicht bekannt, aber zu rechnen ist mit Tausenden. Die ungewöhnliche Härte und die Vorbestimmtheit der Urteile in allen Prozessen, die in diesem Rahmen stattfanden, belegen, dass mit dieser »Affäre« dem Land eine Lehre erteilt werden sollte: Jeder beliebige Versuch freien Denkens oder auch nur eine Anspielung darauf wurden bestraft.

Und davor war niemand geschützt, auch Personen nicht, die einen hohen Posten im Partei- und Staatsapparat einnahmen.

Aber das waren nicht nur Repressionen gegen konkrete Personen. Im Kern unterlag die ganze Stadt den Repressionen. Ihr wurde noch einmal ihr Platz in dem System gezeigt, der Platz eines provinziellen Gebietszentrums. Bis zu Stalins Tod wirkte ein nichtöffentliches Verbot, die ungezählten Qualen und Opfer Leningrads in den Kriegsjahren auch nur zu erwähnen. Das mit so viel Arbeit und Liebe geschaffene Museum der Verteidigung Leningrads am Soljanyj Pereulok wurde geschlossen und sein Gebäude Militärorganisationen übergeben. Die Mehrheit der unschätzbaren Exponate ging verloren. [...]

Leider haben Stalin und seine Helfershelfer ihr Ziel erreicht: Leningrad konnte nach allem, was mit ihm in den Jahren 1949–1952 geschehen war, lange nicht zu sich kommen.

Wassili Grossman, Schriftsteller
(1905–1964)

Von der Zeit zerrissen
Iwan Grigorjewitsch blieb drei Tage in Leningrad. Er ging zweimal zur Universität, fuhr an die Ochta, ins Polytechnische Institut, suchte die Straßen, wo seine Bekannten gewohnt hatten, und fand sie nicht, die Häuser waren während der Blockade zerstört worden. Manchmal fand er zwar die Häuser und die Straßen wieder, aber auf den schwarzen Tafeln im Hausflur stand kein ihm bekannter Name.

Während er die bekannten Plätze abging, war er mal gelassen und zerstreut, umgeben von Gefängnisgesichtern und Lagergesprächen, mal blieb er, von Jugenderinnerungen aufgewühlt, vor einem bekannten Haus, an einer bekannten Kreuzung stehen. Er ging in die Ermitage und verließ sie gelangweilt und unberührt. Waren die Bilder wirklich all die Jahre, in denen er zu einem Lagergreis wurde, so schön gewesen? Warum hatten sie sich nicht verändert, warum waren die Gesichter der herrlichen Madonnen nicht gealtert, warum waren ihre Augen nicht tränenblind? Vielleicht lag in der Ewigkeit und Unwandelbarkeit nicht ihre Stärke, sondern ihre Schwäche? Vielleicht war das der Verrat der Kunst am Menschen, der sie geschaffen hatte?

Einmal traf ihn die Macht plötzlicher Erinnerung besonders heftig. Dabei schien die Erinnerung zufällig und bedeutungslos zu sein: Er hatte einer älteren lahmen Frau ihren Korb in den dritten Stock hinaufgetragen, und als er die dunkle Treppe hinunterlief, hatte er plötzlich aufgeächzt vor Glück – Frühling, Pfützen, Märzensonne. Jetzt war er auf dem Weg zu dem Hause, in dem Anja Samkowskaja wohnte, und es war für ihn unvorstellbar, von Neuem die hohen Fenster zu sehen, die Mauern aus Granitblöcken, den im Halbdunkel weiß schimmernden Marmor der Treppenstufen, das Metallgitter um den Fahrstuhl. Wie oft hatte er an dieses Haus gedacht! Nach nächtlichen Spaziergängen hatte er Anja heimgebracht, hatte unten gestanden und gewartet, bis in ihrem Zimmer das Licht anging. […] Iwan Grigorjewitsch sah Blumen im halbgeöffneten Fenster. Er stand eine Weile vor dem Eingang und ging dann weiter. Sein Herz schlug gleichmäßig – dort, hinter dem Stacheldraht, war ihm die Frau, die er tot geglaubt hatte, näher gewesen als jetzt, da er vor ihrem Fenster stand.

Er erkannte die Stadt wieder und erkannte sie doch nicht, vieles dünkte ihn unverändert, als wäre er erst vor ein paar Stunden durch diese Straßen gegangen, aber es war auch vieles neu entstanden, Häuser und Straßen, und vieles war verschwunden und durch nichts Neues ersetzt worden.

Doch Iwan Grigorjewitsch begriff nicht, dass sich nicht nur die Stadt verändert hatte, sondern auch er selbst; sein Interesse, sein suchender Blick war anders geworden.

Jetzt sah er in der Stadt das, was er früher nicht gesehen hatte, er war gleichsam von einer Etage des Lebens in eine andere umgezogen. Er sah Trödelmärkte, Milizreviere, Meldeämter, Stehkneipen,

Arbeitsvermittlungen, Stellenangebote, Krankenhäuser, Wartesäle … Die Welt der Theaterplakate, der Philharmonien, der Antiquariate, der Stadions, der Universitätsauditorien, der Lese- und Ausstellungssäle, war ihm entrückt, hatte sich in die vierte Dimension entfernt.

[…] Früher hatte er auf diesen Straßen überall bekannte Gesichter gesehen, und die Fenster der Freunde waren abends erleuchtet gewesen. […]

Heute sah er in der vieltausendköpfigen Menge keine Bekannten, und an den Unbekannten fand er nichts Vertrautes. Das allgemeine Erscheinungsbild der Gesichter hatte sich stark verändert.

Die sichtbaren und unsichtbaren Bindungen waren verschwunden, zerrissen von der Zeit, den Massenverbannungen nach Kirows Ermordung, von Stürmen, sie waren verschüttet vom Schnee und vom Staub Kasachstans und von dem Massensterben während der Blockade, es gab sie nicht mehr, und er war allein und fremd.

Die Völkerwanderung von Millionen Menschen hatte dazu geführt, dass helläugige Provinzler mit breiten Backenknochen die Straßen Leningrads füllten, während Iwan Grigorjewitsch in den Lagerbaracken neben traurigen Petersburgern mit ihrem Kehlkopf-R gelegen hatte. […]

Iwan Grigorjewitsch spürte den Geist der Lagerkaserne, wenn er in die Fenster der Leningrader Miliz blickte, wenn er am üppig gedeckten Tisch der Rede seines Cousins zuhörte, wenn er das Schild der Meldestelle betrachtete. Ihn deuchte, es bedürfe gar keines Stacheldrahtes mehr, das Leben außerhalb des Stacheldrahtes habe sich in seinem verborgenen Wesen dem in der Lagerbaracke angeglichen. […]

Iwan Grigorjewitsch stand in seinen Soldatenschuhen vor dem göttlich barfüßigen, bekränzten Reiter. Vor dreißig Jahren als junger Mann war er stets hier vorbeigegangen, und der eherne Peter war voller Macht gewesen. Nun hatte Iwan Grigorjewitsch endlich einen Bekannten getroffen.

Weder vor dreißig Jahren noch vor hundertdreißig, als Puschkin seinen Helden auf diesen Platz führte, schien der wunderbare Peter so groß gewesen zu sein wie heute. Es gab auf der Welt keine gewaltigere Macht als jene, die er verkörperte – die majestätische Macht eines wunderbaren Staates. Sie wuchs, stieg empor, herrschte über die Felder, die Fabriken, die Schreibtische der Dichter und Wissenschaftler, die Baustellen von Kanälen und Staudämmen, über Steinbrüche, Sägewerke und Holzeinschläge, und sie war in ihrer Mächtigkeit geeignet, riesige Räume ebenso zu beherrschen wie den letzten Seelenwinkel eines verzauberten Menschen, der ihr seine Freiheit zum Geschenk machte, ja selbst seinen Wunsch nach Freiheit.

[...] Iwan Grigorjewitsch übernachtete auf dem Bahnhof im Wartesaal. Er gab am Tage nicht mehr als anderthalb oder zwei Rubel aus und hatte es nicht eilig, Leningrad zu verlassen.

Dmitri Schostakowitsch
(1906–1975)

»Ich hatte Glück, ich kam nicht ins Lager«
Viele Leute schrieben damals Denunziationen, die Komponisten sicher auf Notenpapier, die Musikwissenschaftler auf gewöhnlichem. Und soweit ich weiß, hat keiner der Denunzianten seine Tat je bereut.

Mitte der fünfziger Jahre kamen allmählich Lagerhäftlinge, die das Glück hatten, zu überleben, nach Hause zurück. Einigen hatte man ihre Akten gezeigt, darin waren die Namen der Denunzianten vermerkt, die Denunziationen säuberlich dazugeheftet. Heute begegnen sich ehemalige Häftlinge und ihre Denunzianten in den Konzertsälen. Manche grüßen einander auch. Eines dieser Opfer erwies sich als nicht so großmütig. Er verpasste dem Denunzianten öffentlich eine Ohrfeige. Der Denunziant war ein hochherziger Mensch, beschwerte sich nicht bei der Miliz. So konnte der ehemalige Häftling in der Freiheit sterben, seine Gesundheit hatte das Lager zerrüttet.

Der Denunziant aber lebt und erfreut sich heute bester Gesundheit. Er ist sozusagen mein Biograph, ein Schostakowitsch-Spezialist.

Damals hatte ich Glück, ich kam nicht ins Lager. Doch dahin zu kommen, ist es nie zu spät.

Die Reise der Everyman Opera Company in die UdSSR Ende 1955, die erste, die je von einer amerikanischen Theatergruppe dorthin unternommen wurde, sollte die Krönung einer vierjährigen Welt-Tournee von Porgy and Bess *sein. Sie war nach langen Verhandlungen zwischen den Russen und den Produzenten der Gershwin-Oper zustande gekommen. Truman Capote hat die Truppe begleitet.*

Truman Capote, amerikanischer Schriftsteller (1924–1984)

Die Everyman Opera in Leningrad
Die Leningrader Premiere von *Porgy and Bess*, ein Ereignis, mit dem man internationales Aufsehen zu ernten gedachte, war für Montagabend, den 26. Dezember, geplant, was der Theatergesellschaft fünf Tage der Vorbereitung und Proben gab – eine ausreichende Zeit in Anbetracht dessen, dass man sich seit nahezu vier Jahren auf Gastspielreisen befand. Aber Robert Breen, der Regisseur dieser Aufführung, war entschlossen, dass die Zuhörer bei der Leningrader Premiere die denkbar beste Darstellung dieser Neger-Oper vorgesetzt bekommen sollten. Breen und seine tatkräftige Partnerin und Frau Wilva waren [...] überzeugt davon, dass die Russen »wie vor den Kopf geschlagen« sein würden von diesem folkloristischen Musical, dass sie »noch nie etwas Ähnliches gesehen haben« würden. Verschiedene, auch selbst wohlmeinende Beobachter waren sich dessen nicht ganz so sicher. Wie man es indes auch ansah, von den Amerikanern wie von ihren russischen Gönnern aus versprach diese Erstaufführung doch eine der spannungsgeladensten der Theatergeschichte zu werden. Allein am Morgen unserer Ankunft lag das Ereignis noch mehr als hundert Stunden fern; und nachdem die Truppe in bereitgestellten Bussen vom Bahnhof Leningrad zum Hotel *Astoria* gebracht worden war, konzentrierte sich ihre ganze Spannung auf die Unterbringung. [...]

Das *Astoria* erhebt mit Recht Anspruch darauf, das beste Haus in Leningrad zu sein. Manche halten es für das *Ritz* von ganz Russland. Aber es macht nur wenige Konzessionen an westliche Begriffe eines Luxus-Etablissements. Eine derselben ist ein von der Hotelhalle abgehender Raum, der sich als ein *Institut de Beauté* anpreist, wo für die Gäste *Pedicure*, *Manicure* und ein *Coiffeur pour Madame* bereit sind. Das Institut mit seiner fleckigen Weißgekalktheit, seinem peinigenden Zubehör erinnert an eine Armenklinik unter Obhut einiger nicht eben peinlich hygienischer Krankenschwestern, und die Coiffure, die Madame dort erhält, wird ihr Haar leicht in einen Zustand versetzen, der es ausgezeichnet als Topfkratzer verwendbar macht. Dann sind da, im gleichen Geschoss gelegen, drei Restaurants, eins ins andere übergehend, ein Höhlentrio, das etwa so viel Frohsinn verbreitet wie ein Flugzeugschuppen. Das mittlere ist Leningrads elegantestes Restaurant, und abends von acht bis Mitternacht spielt dort ein Orchester russischen Jazz für die lokale *haut monde*, die selten tanzt, sondern grämlich herumsitzt und die Bläschen in klebrigen Gläsern mit süßem Krimsekt zählt. Das Intouristbüro des Hotels befindet sich in der Haupthalle hinter einer niederen Theke, deren zwölf Pulte so arrangiert sind, dass die Angestellten jeweils einen guten Überblick haben, was ihre Aufgabe, das Kommen und Gehen der Gäste zu überwachen, wesentlich erleichtert. Es ist dies noch einfacher, ja sozusagen narrensicher gemacht worden, indem man eine Art Hausdame auf jedem der für die Gäste bestimmten Stockwerke stationiert hat, Aufseherinnen, die von Morgendämmerung bis Morgendämmerung im Dienst sind und niemandem erlauben, sein Zimmer zu verlassen, ohne dass er ihnen den Schlüssel abgibt, und die ständig, wie menschliche Kontrolluhren, das Ein und Aus in dicke Bücher einzutragen haben. […] Nun gibt es tatsächlich eine unbewachte Hintertreppe, die die oberen Stockwerke mit einer abgelegenen unteren Halle verbindet, und für heimliche Besucher oder den Gast, der unbemerkt fortzugehen wünscht, wäre dies ein idealer Weg. *Wäre*, hätte man sie nicht von oben bis unten mit hölzernen Gittern verbarrikadiert, die durch alte Sofas und Schränke noch verstärkt sind. Mag sein, dass die Hotelleitung keinen anderen Platz zum Abstellen für diese Möbelstücke finden konnte. Ganz gewiss ist in den Zimmern kein Platz mehr dafür vorhanden. Denn der übliche Gastraum im *Astoria* sieht wie die Mansarde in einem viktorianischen Dachgeschoss aus, wo irgendeine arme Verwandte ihr Leben unter den abgelegten Sachen der Familie begräbt: im ungesunden Dunsthauch romantischer Marmorsäulen, trübbrennender Birnen unter Tülllampenschirmen wie Ballettröckchen, Tischen – gleich mehreren davon – mit Perserdecken, massenhaft Stühlen, Plüschsesseln, Schränken, die Platz für Schiffskoffer bieten würden, geblümten Tapeten an den Wänden, buntschillernd von goldgerahmten Früchtestillleben und idyllischen Landschaften, Betten, die hinter klammfeuchten Samtportieren in höhlenartigen Alkoven verborgen sind – all dies hineingestopft in einen grabesdunklen, ungelüfteten Raum (man kann die Fenster im Winter nicht öffnen und würde es auch nicht wollen, wenn es ginge), der viermal so groß wie ein Eisenbahnabteil ist. Das Hotel hat natürlich auch großartigere Unterbringungsmöglichkeiten, Appartements von fünf und sechs Zimmern, aber die Innendekoration ist die gleiche, nur noch überladener.

Nichtsdestoweniger war die Mehrzahl unseres *Porgy-and-Bess*-Ensembles höchst einverstanden mit dem *Astoria*, meist weil sie »etwas so viel *Schlimmeres*« befürchtet hatten und nun ihre Zimmer »gemütlich« fanden [...].

Die Ausstellung von Beutekunst aus Deutschland im Spätsommer 1958 in Leningrad war eine absolute Sensation. Die Ermitage war bis 22 Uhr geöffnet, die Besucher standen Schlange bis zum Newski Prospekt; Anna Achmatowa fand den Pergamon-Altar »schrecklich«, »tragisch«, »großartig«.

Boris Piotrowski, Ermitage-Direktor (1964–1990) (1908–1990)

Aufbewahrte Kunstschätze

Im Juni 1958 kam eine Regierungsverordnung über die Übergabe der Kunstschätze aus den Museen Deutschlands, die sich in der Sowjetunion befanden, an die Deutsche Demokratische Republik heraus.

Im Zusammenhang damit wurde bis zur Ausführung der Regierungsverordnung in der Ermitage vom 7. August bis zum 10. September 1958 eine Ausstellung der Kunstwerke aus den Museen der Deutschen Demokratischen Republik veranstaltet.

Die riesige Ausstellung, auf der 640 000 Gegenstände gezeigt wurden, rief großes Interesse hervor. Die Besucher sahen aus Lehrbüchern und Büchern gut bekannte antike Skulpturen, großartige Denkmäler des alten Ägypten, westeuropäische Skulpturen, Gemälde und Zeichnungen. Die Ausstellung zeigte, welche Kunstschätze die Sowjetunion nach dem Sieg aufbewahrt und dem deutschen Volk zurückgegeben hat.

Alexander Solschenizyn, Schriftsteller (1918–2008)

Uns fremd – und doch unsere ruhmreichste Pracht!

Kniende Engel mit Leuchten in den Händen umgeben die byzantinische Kuppel der Isaakskathedrale.

Drei goldene, spitze Nadeln tauschen Zurufe über die Newa und die Mojka hinweg, Löwen, Greife und Sphinxe bewachen hier und dort Schätze oder schlummern. Das Sechsergespann der Siegesgöttin stürmt über den arglistigen geschwungenen Bogen von Rossi. Hunderte von Säulenhallen, Tausende von Säulen, aufbäumende Pferde, sich stemmende Stiere …

Welch ein Glück, dass hier nichts mehr gebaut werden kann! Kein Wolkenkratzer im Zuckerbäckerstil lässt sich in den Newskij hineinpressen – keine fünfstöckigen Kasten kann man am Gribojedow-Kanal zusammenpfuschen. Kein einziger Architekt, sei er noch so unbegabt, wird – sollte er auch seinen ganzen Einfluss geltend machen – eine Baustelle vor der Tschernaja Retschka oder Ochta erhalten.

Uns fremd – und doch unsere ruhmreichste Pracht! Welch ein Genuss, jetzt über die Prospekte zu schlendern! Aber mit zusammengebissenen Zähnen, unter Flüchen, verkommend im finsteren Moos, bauten Russen diese Schönheit. Die Knochen unserer Ahnen lagerten, verschmolzen, versteinerten zu Palästen – gelblichen, rotbraunen, schokoladenfarbenen, grünen …

Ein schrecklicher Gedanke – werden auch unsere ungereimten, hoffnungslosen Leben, alle Ausbrüche unserer Auflehnung, das Stöhnen der Erschossenen und die Tränen der Frauen – wird dies alles auch endgültig in Vergessenheit geraten? Wird all dies auch eine so vollendete, ewige Schönheit schenken?

Nadeschda Mandelstam, Memoirenschriftstellerin (1899–1980)

Die Düsternis des Nichts

Anna Achmatowa nannte Petersburg einmal eine Trauerstadt – Trauer tragen die Lebenden um die Toten, und ich habe nur ein einziges Mal lebendige Gesichter in Petersburg-Leningrad gesehen: als eine vieltausendköpfige Menge zur Beerdigung der Achmatowa kam [im März 1966] und einen dichten Ring um die Kirche Nikola Morskij legte. Die alten Frauen, denen die Kirche wie ihr eigenes Haus galt, kamen diesmal überhaupt nicht in die Kirche hinein, und sie fluchten über die Leute, die sonst nie in eine Kirche gingen. Diese Menge damals sah ganz jung aus. Es waren Studenten, die ihre Übungen kurzerhand im Stich gelassen hatten und gekommen waren, den letzten Dienst dem letzten Dichter zu erweisen. Diese Jugend wusste freilich nicht, wie sie sich in der Kirche benehmen sollte, und sie schwatzten, redeten und drängten sich um den Sarg. Ich stand neben Lewa [Lew Gumiljow, Achmatowas Sohn aus der Ehe mit Nikolaj Gumiljow], der zum ersten Mal seit einigen Jahren die Mutter wiedergesehen hatte. […]

Unter jener Menge, die zum Begräbnis der Achmatowa gekommen war, stand noch ein anderer Waise – Josif Brodskij. Unter den Freunden des »letzten Aufgebots«, das die letzten Jahre der Achmatowa noch einmal verschönerte, verhielt er sich am aufrichtigsten und ehrlichsten ihr gegenüber. Ich glaube, dass ihn die Achmatowa als echten Dichter einschätzte, denn sie wünschte mit aller Leidenschaft, dass wenigstens ein dünner Faden der poetischen Tradition nicht abriss. […]

Ich hatte einmal Gelegenheit zuzuhören, wie Josif seine Gedichte vorträgt. Eigenartigerweise spielt bei ihm die Nase eine wichtige Rolle, wenn er seine Laute bildete. So etwas hatte ich noch nie bei jemand bemerkt. Nasal trägt er jeden Vokal und jeden Konsonanten vor. Dabei ist er eigentlich gar kein Mensch, sondern ein geistiges Orchester. Davon abgesehen ist er ziemlich klein, und ich fürchte, er wird einmal ein schlimmes Ende finden. Dichter zu sein und Jude dazu – das empfiehlt sich in unserer Epoche nicht gerade.

Wo kamen nach so vielen Pogromen und Gasöfen noch so viele Juden her? In jener Menge, die zur Beerdigung der Achmatowa gekommen war, sah ich von ihnen unverhältnismäßig viele. In meiner Jugend hatte ich so ein Ereignis nie erlebt. Damals war die russische Intelligenz eine glänzende Erscheinung – heute kann man sie an einer Hand abzählen …

In der Stalin-Zeit wurden die meisten Leningrader Kirchen geschlossen oder abgerissen, Hunderte Geistliche erschossen oder inhaftiert. Der Druck ließ während der Blockade und nach Kriegsende vorübergehend nach, doch in der Chruschtschow-Zeit ging der antireligiöse Kampf weiter. 1962 wurde auch die 1865 geweihte und 1939 geschlossene Griechische Kirche, eine der schönsten der Stadt, abgerissen. An ihrer Stelle entstand der Große Konzertsaal »Oktober«, Ligowski Prospekt 6.

Joseph Brodsky

Haltestelle in der Wüste
In Leningrad sind jetzt so wenig Griechen.
Dass eine griechisch-orthodoxe Kirche
Man abriss, um an ihre Stelle einen
Konzertsaal hinzusetzen. Solch ein Bau
hat heute etwas Hoffnungsloses. Dabei
Muss ein Konzertsaal mit viertausend Plätzen
so hoffnungslos nicht sein: er ist ein Tempel,
ein Heiligtum der Kunst. Wer kann dafür,
dass die vokale Meisterschaft mehr Menschen
um sich vereint als mürbe Glaubensbanner?
Nur schade, dass wir jetzt von Weitem nicht
Mehr die gewohnte Kuppel sehen werden,
nur einen hässlich abgeflachten Umriss.
Doch hängt der Mensch nicht von der Hässlichkeit
Der Proportionen ab, vielmehr weit öfter von
Den Proportionen fader Hässlichkeit.

Ich weiß noch gut, wie man die Kirche abriss.
In jenem Frühling war ich oft bei einer
tatarischen Familie zu Gast,
die in der Nähe wohnte, wo vom Fenster
der Blick zur alten Griechenkirche schweifte.
Zu Anfang war tatarisches Gespräch;
doch drängte bald ein ratterndes Geräusch
sich ein, das unsre Rede erst nur zu
begleiten schien, dann rasch sie übertönte.
Im Kirchengärtchen stand ein Riesenbagger
mit einer Eisenbirne vorn am Kran.
Und klaglos gab die Kirchenmauer nach.
Nicht nachzugeben wär auch lächerlich
für eine so massiv bedrohte Mauer.

Es mochte außerdem der Bagger meinen,
sie sei ein unbeseelter Gegenstand
und also, in gewissem Maße, selber
ihm gleich. Gilt in der unbeseelten Welt
es doch als ungehörig, sich zu wehren.

Dann fuhren dort die Kipplastwagen vor,
Bulldozer … Irgendwann an jenem Abend,
sehr spät schon, saß ich auf den Apsistrümmern
Es gähnte durch die Löcher des Altars
die Nacht. Ich schaute durch die offenen Wunden
den Straßenbahnen nach, wie sie entschwanden
entlang der Kette bleicher Straßenlampen.
Und das, was man in Kirchen sonst nicht findet,
sah ich nun durch das Prisma dieser Kirche.

Dereinst, wenn wir nicht mehr am Leben sind,
genauer: nach uns, wird, wo unser Raum war,
ein Ding, ein Wesen solcher Art entstehen,
dass jeder, der uns kannte, sich entsetzt.
Doch die uns kannten wird's dann kaum mehr geben.
Die Hunde halten die Erinnerung wach
Und heben doch am alten Ort das Bein.
Schon lange ist die Mauer abgerissen,
doch in den Hundeträumen steht sie noch.
Und diese Träume löschen, was real ist.
Vielleicht auch hält die Erde den Geruch:
Asphalt kann Hundenasen nicht bezwingen.
Was kümmert sie das hässliche Gebäude!
Für sie steht hier die Kirche und nichts andres.
Denn das, was für die Menschen offensichtlich,
das ist den Hunden restlos einerlei.
Und ebendas nennt man wohl »Hundetreue«.
Und wenn im Ernst ich jemals sprechen sollte
vom Staffellauf der Generationen,
so glaubte ich allein an diese Staffel.
Vielmehr: an jeden, der den Duft noch wahrnimmt.

Jetzt sind in Leningrad nur noch so wenig Griechen –
Wie's überhaupt, außer in Griechenland,
nur wen'ge gibt –, zu wenig jedenfalls,
zu retten das Gebäude ihres Glaubens.
Nunmehr an das zu glauben, was wir bauen,
verlangt von ihnen keiner. Eines ist
es – allem Anschein nach –, ein Volk zu taufen,
das Kreuz zu tragen – etwas gänzlich andres.

Sie hatten eine einzge, klare Pflicht.
Sie waren nicht imstand, sie zu erfüllen.
Das ungepflügte Feld wuchs zu mit Unkraut.
»Du, Sämann, halte deinen Pflug bereit –
wir sagen dir, wann Zeit zu ernten ist.«
Sie hielten ihre Pflugschar nicht bereit.

Heut nacht schau in das dunkle Fenster ich
Und denke nach: Wie weit sind wir gekommen?
Und was ist ferner uns: der Hellenismus,
der orthodoxe Glaube? Was ist nah uns?
Was haben wir in Zukunft zu erwarten?
Harrt unser jetzt nicht eine andre Ära?
Und wenn's so ist, was ist dann unsre Pflicht?
Und welche Opfer müssen wir ihr bringen?

1. Jahreshälfte 1966

Karl Schlögel, Historiker
(geb. 1948)

Aus Landeskundlern werden Dissidenten
In der späten Sowjetunion war Nikolai Pawlowitsch Anziferows Buch »Die Seele Petersburgs« von 1922 ein Geheimtipp. Man fand es zuweilen in einem Antiquariat, in einer der eindrucksvollen privaten Bibliotheken, die die Sowjetzeit auf wundersame Weise überlebt hatten. Es zirkulierte in Freundeskreisen und wurde, wenn jemand Zugang zu einem Kopiergerät hatte, auch vervielfältigt. Wer »die Seele Petersburgs« kannte, gehörte zu den Eingeweihten, zu denen, die wussten, dass es neben der offiziellen Geschichte Leningrads noch eine andere Geschichte und neben dem einen Blick auf die Stadt noch einen ganz anderen gab. […]

Das Buch mochte seit Jahrzehnten aus den Buchhandlungen und den öffentlichen Bibliotheken verschwunden sein, vergessen war es nicht. Es gehörte wie andere Überreste der alten Hauptstadt zum Referenzsystem einer nostalgisch gestimmten Gemeinde, die zunächst aus den wenigen Ureinwohnern bestand, die noch eine unmittelbare und persönliche Beziehung zu der Stadt »davor« – vor der Revolution, vor dem Großen Terror, vor der Blockade – hatten, die seit den 1960er-Jahren aber immer mehr anwuchs und sich zu einer mächtigen Leningrader Subkultur auswuchs. Eine neue Generation war in der Zeit des Tauwetters in der Stadt herangewachsen. Die Jugend zog nicht mehr hinaus in die Weiten Sibiriens und des Fernen Ostens oder zur Neulandgewinnung, wenn sie den Geschmack der Freiheit schmecken wollte, sondern sie machte die eigene Stadt und ihre Geschichte, die zur Terra incognita geworden war, zum Terrain ihrer Ausflüge und Erkundungen. [...] Es gab nichts, was nicht sensationell gewesen wäre. Was man in Antiquariaten, in aufgelösten Wohngemeinschaften oder auf irgendwelchen Speichern fand – Zeitungsausschnitte, Inserate, Reklameblätter, Ladenschilder, altes Handwerkszeug –, war der Kulturschutt einer ganzen Epoche, kostbar und voller Bedeutung. Inmitten der Stadt, die ihre Vergangenheit verschwieg oder jedenfalls geringschätzte, wenn sie nicht die Stadt des Großen Oktober war, wuchs eine Kohorte von Leuten heran, die alles wussten über dieses Pompeji unter den Trottoirs des Newski-Prospekts. Eine Schicht intimer Connaisseurs hatte sich gebildet. Ein Wettbewerb der Kenner hatte eingesetzt, und wie immer in solchen Fällen stand das akademische Establishment daneben und reagierte mit großer Verspätung. Diese wachen und eigensinnigen Köpfe hatten bald die Topographie des anderen, in den Prachtbänden nicht abgebildeten und in den Stadtführern verschwiegenen Petersburg im Kopf: nicht die zahllosen Gedenkorte, wo Lenin und Genossen konspiriert, gewohnt, agiert, entschieden hatten, sondern die Gestalten, die Petersburgs Glanz und Ruf in der Welt der Kunst begründet hatten. So entstand eine andere Stadt, eine magische Stadt im Kopf. Jenseits von Leningrad, jenseits des »Großen Oktober«. [...] Die imaginäre Stadt begann sich mit anderem Personal zu bevölkern: mit Künstlern, die vergessen oder des Landes verwiesen worden waren, mit Verbannten und Ermordeten, mit Oppositionellen, die keine Chance gehabt hatten. Die Stadt sammelte im *underground* der 1960er- und 70er-Jahre virtuell vorab alles wieder ein, was ihr im Lauf des 20. Jahrhunderts an schöpferischen Kräften abhandengekommen war – durch Krieg, Unterdrückung, Gewalt, Emigration, Flucht. [...]

Der kulturelle Reichtum Leningrads/Petersburgs war so außerordentlich, dass sich für jeden etwas fand: für die Liebhaber des Balletts und Theaters, für die intimen Kenner der literarischen Zirkel um 1900, für die Adepten von Militär- und Eisenbahngeschichte. Für jedes Feld gab es Spezialisten, kenntnisreich, wie nur Leute sind, bei denen sich das Interesse und die Leidenschaft des Dilettanten mit höchster Spezialisierung treffen und einen Fundus generieren, den man in der akademischen Zunft nur selten antrifft. In diesem Kreis und von dieser Perspektive aus war die Stadt immer schon ein grandioses Museum russisch-sowjetischer Geschichte, ein Schauplatz für Tragödien, die ihren Akteuren nichts erspart hatten. Im späten Leningrad war ein großer Prozess der Sammlung, der Akkumulation im Gange, nicht immer sichtbar, weil er fast ausschließlich in den Köpfen und im allerprivatesten Bereich, in selbsthergestellten Zeitschriften, stattfand. Er ging vor sich, ohne dass es dafür Zeitschriften gab, ohne Reprints, kurz: ohne all das, was gewöhnlich als »städtische Öffentlichkeit« bezeichnet wird.

So harmlos und unpolitisch alles erschien, es stand viel auf dem Spiel. Das Monopol des sowjetischen Blicks auf die Stadt, die Definitionsmacht über die »weißen Flecken« der Vergangenheit und über ästhetische Urteile. Ortskenntnis ist subversiv. Man musste nur im alten Adressbuch »Ganz Petersburg« von 1913 nachsehen, um zu sehen, was die »kapitalistische Stadt« im letzten Vorkriegsjahr zu bieten hatte. Man musste sich nur die Mietshäuser von Fjodor Lidwal ansehen, um zu begreifen, was architektonisches und handwerkliches Können schon einmal zuwege gebracht hatte und was »bürgerliche Wohnkultur« einmal war. Wer sich mit dem vorrevolutionären Petersburg auch nur ein wenig vertraut gemacht hatte, war resistent geworden gegen Simplifikationen und Herabsetzungen der stromlinienförmigen und parteifrommen Fortschrittsgeschichten. Die Petersburger Stadthistoriker L. Ja. Lurje und A. V. Kobak haben es in den 1990er-Jahren einmal sehr schön formuliert. So wie die russische Literatur einmal aus dem *Mantel* Gogols hervorgegangen sei, so seien die Führer des Leningrader Dissidententums der 80er-Jahre aus der »Landeskunde«, also aus der Beschäftigung mit der Stadt- und Regionalgeschichte hervorgegangen. Der Protest gegen den Abriss des Hotels *Angleterre* am Isaaksplatz, Sergej Jessenins letztes Domizil vor seinem Selbstmord, war zu einem symbolischen und politischen Kräftemessen zwischen der spätsozialistischen Stadtregierung und einer jungen Bürgerbewegung geworden. Darin war es nicht nur um ein bemerkenswertes Gebäude gegangen, sondern um den freien Zugang zur Geschichte und um die freie Debatte in städtischen Angelegenheiten.

Es bedurfte nur einer Öffnung der Schleusen, bis das seit den 1960er-Jahren im Leningrader *underground* angehäufte Wissen um die verschwundene Stadt ins Offene hinaustreten und allgemein werden konnte. Die Zeit seither ist eine Zeit der stürmischen Aneignung geworden. Die Stunde der Perestrojka war auch eine Stunde der Offenbarung. [...] Die Stadt wurde eingeholt von ihrer Vergangenheit, die so lange unter Verschluss gehalten worden war. Es war in der Tat wie ein Dammbruch. Die ganze klassische Sankt-Petersburg-Literatur ist binnen kürzester Zeit wieder zugänglich gemacht worden. [...] Diese Arbeiten waren so etwas wie die Führer zur Selbstentdeckung, ein Thesaurus von Zitaten und Anspielungen, eine Schule des Sehens und des Sprechens über die eigene Stadt. Die Stadt, von der sich Anziferow melancholisch verabschiedet hatte, war wieder da.

Joseph Brodsky
(1940–1996)

Geistig immer noch die Metropole
Heute hat die Stadt an die fünf Millionen Einwohner, und um acht Uhr morgens fahren die überfüllten Straßenbahnen, Trolleybusse und Autobusse kreischend über die unzähligen Brücken und bringen die in Trauben an ihnen hängenden Menschen zu Fabriken und Behörden. [...] Man kann es den heutigen Stadtvätern als großes Verdienst anrechnen, dass sie den zentralen Teil der Stadt praktisch unangetastet ließen. Hier gibt es keine Wolkenkratzer, kein Geflecht von Stadtautobahnen. Russland hat architektonische Gründe, dem Eisernen Vorhang dankbar zu sein – der half dem Land, seine äußere Eigenart zu bewahren. [...]

Nicht, dass die Stadtväter sich nicht gern in Glas und Beton verewigt wüssten – sie trauen sich nur nicht. So unbedeutend sie auch immer sein mögen, auch sie geraten unter den Einfluss der Stadt und wagen nicht mehr, als allenfalls hie und da ein modernes Hotel zu errichten, in dem alles von Ausländern (Finnen) ausgeführt wird – mit Ausnahme der elektrischen Leitungen; diese unterliegen ausschließlich russischer Findigkeit. In der Regel sind diese Hotels nur den Touristen vorbehalten, oft genug den Finnen, dank der Nähe ihres Landes zu Leningrad.

Die Bevölkerung vergnügt sich in rund 100 Kinos und einem Dutzend Bühnen für Theater, Oper und Ballett; es gibt auch zwei große Fußballstadien – die Stadt unterhält zwei professionelle Fußballmannschaften und eine Hockey-Mannschaft. [...] Die beliebteste

Form des Zeitvertreibs ist freilich in Leningrad, wie überall in Russland, der »halbe Liter«. Bezüglich des Alkoholismus ist diese Stadt das Fenster zu Russland, und zwar ein weit aufgerissenes. Schon um 9 Uhr morgens sieht man eher einen Betrunkenen als ein Taxi. In der Alkohol-Abteilung einer staatlichen Kaufhalle bemerkt man immer mal zwei Männer mit unbeteiligter, doch zugleich suchender Miene; sie lauern auf einen »dritten«, um mit ihm den Preis und den Inhalt einer Flasche zu teilen. Das Erste – am Kassenschalter, das Zweite – im nächsten Hauseingang. Im Halbdunkel der Toreinfahrten erreicht das restlose Ausschenken des halben Liters in drei gleiche Portionen den höchsten Grad an Perfektion. [...] Indes ist Trunksucht überall auf der Welt unter Küstenbewohnern keine Seltenheit. Die charakteristischsten Merkmale der Leningrader sind jedoch folgende: schlechte Zähne (Folge des Vitaminmangels während der Blockade), Prägnanz in der Aussprache der Zischlaute, Selbstironie und ein gewisser Hochmut in Bezug auf den Rest des Landes. Geistig ist diese Stadt immer noch die Metropole, sie verhält sich zu Moskau so wie Florenz zu Rom oder Boston zu New York. Wie einige der Helden Dostojewskijs verwandelt Leningrad sein »Nicht-Anerkannt-Sein«, sein Außenseitertum, in Stolz und einen fast sinnlichen Genuss. Und außerdem ist diese Stadt begreiflicherweise für die, deren Muttersprache Russisch ist, realer als alle anderen Orte auf der Welt, in denen Russisch gesprochen wird.

Denn es gibt ein anderes Petersburg, gebildet aus russischen Gedichten und russischer Prosa. Diese Prosa wird gelesen und wieder gelesen, die Gedichte werden auswendig gelernt, und sei es nur, weil die Kinder in den sowjetischen Schulen sie auswendig büffeln müssen, wenn sie die Schule absolvieren wollen. Dieses Auswendiglernen ist es, was den heutigen Status der Stadt ebenso garantiert wie ihren Platz in der Zukunft – so lange die russische Sprache lebt.

1979

Im Mai 1985 besucht Michail S. Gorbatschow, der im März neugewählte Generalsekretär des ZK der KPdSU, Leningrad, wo er vor dem Parteiaktiv im Smolny frei spricht, sich zum Entsetzen der Parteibürokraten »unters Volk« begibt und mit den Menschen auf der Straße redet. Das war der Beginn von Glasnostj und Perestroika.

Michail Gorbatschow, Generalsekretär des ZK der KPdSU (geb. 1931)

»Nur weiter so!«

Am 15. Mai fuhr ich nach Leningrad. Wie es der Brauch vorschreibt, suchte ich Gedenkstätten auf und legte auf dem Piskarjow-Friedhof Blumen nieder. Ich besuchte auch die größten Industriebetriebe Elektrosila, die Kirow-Werke, Swetlana, Bolschewitschka, traf mit Lehrkräften und Studenten der Polytechnischen Hochschule zusammen und besichtigte die Ausstellung »Intensifikazija-90« (Intensivierung-90). Am Schluss meiner Reise stand ein Treffen mit dem Aktiv im Smolny auf dem Programm.

Die Leningrader waren nicht bloß höflich und gastfreundschaftlich. Sie wussten über die Beschlüsse des April-Plenums Bescheid, lauschten mit gespannter Aufmerksamkeit meinen Ausführungen, stellten Fragen, erteilten Ratschläge und sprachen mir Mut zu. Für mich war es sehr wichtig, gute Worte mit auf den Weg zu nehmen: »Nur weiter so!«

Im Juli 1989 wird das Ödland von Lewaschowo, wo von 1930 bis in die 1950er-Jahre rund 45 000 Leningrader in Massengräbern verscharrt wurden, zum Gedenkfriedhof erklärt.

Wiktor Kriwulin, Petersburger Schriftsteller (1944–2001)

Am Rande des Untergangs

Sankt Petersburg, diese größte Metropole Nordeuropas, die heute noch Leningrad heißt, steht am Rande ihres physischen und geistigen Untergangs. Diese Stadt trägt den baufälligen Namen des Führers der Revolution wie ein abgetragenes Kleid, und jeder, der sie heute besucht, kann sich mit eigenen Augen von den verhängnisvollen Ergebnissen jener sozialen Katastrophe überzeugen, der eine der schönsten Städte der Welt zum Opfer fiel.

Es genügt, sich unter die Menschenmassen des heutigen Leningrad zu mischen und in die Gesichter der Menschen zu schauen, die den Newski Prospekt mit seinen einstmals prächtigen, heute jedoch halbzerstörten und rasch verfallenden Fassaden bevölkern, und man wird in den Gesichtern und den Fassaden denselben abgehetzten und bekümmerten Ausdruck von Zerfall, ja von einer wütenden Hoffnungslosigkeit bemerken.

Das heutige Leningrad zerfällt innerlich wie äußerlich, und unter diesem Namen wird es auch schwerlich wiedererstehen können, ist es doch kaum vorstellbar, dass das historische Ansehen Lenins eine Wiedergeburt erleben könnte. Diese Stadt ist jedoch fähig, als eine andere wiederaufzuleben – als Sankt Petersburg, und sie kann ihren einstmals hohen Rang unter den Städten Europas wiedergewinnen – nicht mehr, wie vor der Revolution, als die politische, sondern als die geistige, kulturelle und wissenschaftliche Hauptstadt eines erneuerten Russland.

1990

Anfang Dezember beschließt das Unesco-Welterbekomitee auf seiner 14. Sitzung in Banff, Kanada, das historische Zentrum Leningrads und zugehörige Ensembles in die Liste des Welterbes aufzunehmen. Zugehörige Ensembles sind Gattschina, Kronstadt, Lomonossow (Oranienbaum), Pawlowsk, Peterhof, Puschkin (Zarskoje Selo) und Schlüsselburg. (Decision, CONF 004 VII A)

Unesco

Weltkulturerbe!

»Das Komitee empfahl dringend, dass die verantwortlichen Behörden die Kontrolle über die Entwicklung von umweltverschmutzenden Industrien verstärken und ein besseres Gleichgewicht zwischen Industriezonen und den gelisteten Zonen gewährleisten. Es empfahl auch, bei der möglichen Einrichtung von neuen touristischen Infrastrukturen, vor allem von Hotels, besondere Vorsicht walten zu lassen.«

XIII. Vivat, Sankt Petersburg

Der 12. Juni 1991 war ein Schicksalstag für Russland und seine Nördliche Hauptstadt. An diesem Tag wurde landesweit zum ersten Mal ein Präsident, in Moskau und Leningrad zum ersten Mal ein Bürgermeister frei gewählt, gleichzeitig fand in Leningrad ein Referendum über die Rückbenennung der Stadt in Sankt Petersburg statt. Erster Präsident Russlands, damals noch Teilrepublik (RSFSR) der Sowjetunion, wurde Boris N. Jelzin, erster Bürgermeister von Leningrad wurde der Juraprofessor Anatoli A. Sobtschak, der zuvor Vorsitzender des Leningrader Stadtsowjets (Lensowjet) gewesen war, und eine Mehrheit der Leningrader stimmte für Sankt Petersburg. Kurz darauf leisteten sie einen entscheidenden Beitrag zum Scheitern des reaktionären Moskauer Putsches vom 19. August, indem sie auf großen Kundgebungen »Nein!« sagten und Bürgermeister Sobtschak im 5. Kanal, dem Leningrader Fernsehsender, der damals unionsweit empfangen wurde, die Sowjetbürger zum zivilen Ungehorsam aufrief und die Putschisten in Moskau zum Aufgeben aufforderte. Der Putschversuch beschleunigt das Ende der Sowjetunion. Im Dezember 1991 hört sie auf zu existieren, die Russländische Föderation, also die frühere RSFSR, versteht sich als »Fortsetzerstaat«. Laut Artikel 65 der Verfassung von 1993 ist St. Petersburg ein Subjekt der Russländischen Föderation (RF) und eine »Stadt föderalen Ranges«. Der Subjektstatus garantiert der Stadt eine gewisse administrative Autonomie, aber keinen besonderen Einfluss auf die Politik des Landes. Auch unter der Präsidentschaft Wladimir Putins, der von der Wassili-Insel stammt, bleibt St. Petersburg zum Leidwesen seiner Einwohner eine »Große Stadt mit Provinzschicksal« (Lew Oserow). Die Hoffnung, dass St. Petersburg wieder Hauptstadt wird, diesmal eines neuen demokratischen Russland, ist in den 1990er-Jahren ebenso schnell wieder verflogen, wie sie aufgekommen war. Der ihm von Präsident Jelzin zugedachte Titel

»Kulturhauptstadt« wird zwar immer wieder verwendet, doch sein historisches Zentrum, seit Ende 1990 Weltkulturerbe der UNESCO, verfällt. Die Kulturhauptstadt ist arm. Immerhin hat die historische Bedeutung der alten Reichshauptstadt dazu geführt, dass mehrere föderale Organe, darunter das Verfassungsgericht, an die Newa verlegt wurden. Im Mai 2003 feierte St. Petersburg aufwendig seinen 300. Geburtstag, und unzählige »fremdländische Gäste« kamen, der Stadt ihre Reverenz zu erweisen und sie zur Rückkehr in den Kreis der großen, alten Metropolen Europas zu beglückwünschen.

Anatoli Sobtschak
(1937–2000)

Kampf um den historischen Namen

Mit der Liberalisierung des kommunistischen Regimes entstand in Leningrad eine starke Bewegung zugunsten der Rückkehr der Stadt zu ihrem historischen Namen. Der zum ersten Mal frei gewählte demokratische Stadtsowjet (Lensowjet) fasste im Mai 1991 zugleich mit dem Beschluss über die Wahl des ersten Bürgermeisters der Stadt auch den Beschluss über die Durchführung eines städtischen Referendums – einer Befragung der Einwohner Leningrads über die Rückkehr der Stadt zu ihrem historischen Namen.

Dieser Beschluss rief einen Sturm der Leidenschaften hervor und verschärfte die politische Lage in der Stadt erheblich. Die kommunistischen Machthaber und ihre Anhänger organisierten zahlreiche Protestmeetings. In den Massenmedien, die im Wesentlichen weiter von den Kommunisten kontrolliert wurden, fand eine intensive Bearbeitung der öffentlichen Meinung statt, wobei zahlreiche Kollektiv- und persönliche Proteste der Einwohner der Stadt und anderer Regionen des Landes veröffentlicht wurden.

Natürlich! Man griff ja ihre wichtigste Ikone an, den Namen Lenins, der, wie man uns allen in der Schule beigebracht hatte, ewig leben muss! »Verteidigen wir Leningrad!« Solche Aufrufe waren in jenen Tagen die wichtigste Losung der Kommunisten. Vorwürfe der Lästerung, des Vandalismus und der Verunglimpfung des Andenkens des Führers [Lenins] ertönten täglich von den Seiten der kommunistischen Zeitungen. Diese ganze politische Hysterie lief auf eines hinaus: Nachdem sie durch die Abschaffung von Artikel 6 der Verfassung der UdSSR das Monopol der Macht verloren hatten, klammerten sich die Kommunisten an den Lenin'schen Namen der Stadt wie an das letzte Bollwerk, die letzte Linie im Kampf gegen die Demokratie.

Auch unter den Anhängern der Durchführung eines Referendums gab es keine Einigkeit. Zur Abstimmung im Lensowjet wurden auch Vorschläge gestellt, die Stadt nicht in Sankt Petersburg umzubenennen, sondern in Petrograd. A. I. Solschenizyn schickte einen Brief mit dem Vorschlag, die Stadt »Newograd« zu nennen. Die Nationalisten wurden nicht müde, auf die deutsche Herkunft des Namens Sankt Petersburg zu verweisen. Michail Gorbatschow gab dem Korrespondenten der Zeitung *Prawda* ein spezielles Interview, das vor dem Referendum in allen Leningrader Zeitungen nachgedruckt und viele Male im Radio und Fernsehen wiederholt wurde. Darin hieß es: »*... Alle müssen bedenken, dass der Beschluss, den Namen Lenins zu verewigen, der 1924 auf dem Zweiten Sowjetkongress der UdSSR gefasst wurde, den Willen der Völker unseres Landes zum Ausdruck brachte. Das ist ein richtiger Beschluss, und ich bin fest davon überzeugt, dass es weder sittliche noch politische Gründe für seine Änderung gibt. [...]*«

Man versuchte sogar, uns davon zu überzeugen, dass diese Sache unzeitgemäß sei, dass es ein Verbrechen sei, sich unter den so schwierigen Bedingungen der Übergangszeit, wenn auf der Schwelle die Gefahr von Hunger und Kälte steht, mit der Umbenennung der Stadt zu beschäftigen. Diese Wahl flößte vielen Menschen Angst ein. [...]

Also, der Druck auf die Städter war gewaltig! All dem stellten wir einfache und klare Argumente entgegen: Bei den früheren Umbenennungen der Stadt interessierte sich niemand für die Meinung ihrer Bewohner, heute wenden wir uns an sie mit der Bitte, ihre Meinung zur Rückkehr der Stadt zu ihrem historischen Namen zu sagen (ich unterstreiche – nicht zur Umbenennung der Stadt, wie das 1914 und 1924 der Fall war, sondern zur Rückkehr der Stadt zu ihrem historischen Namen). Eine Stadt muss, wie ein Mensch, den Namen tragen, der ihr bei der Geburt gegeben wurde.

Wir erinnerten daran, dass W. I. Lenin selbst ein Gegner der Umbenennung von Straßen und Städten war. [...] Wir erinnerten auch daran, dass in den harten Tagen der Leningrader Blockade, als der Feind vor den Mauern der Stadt stand, in den Jahren 1943 und 1944, eine Bewegung für die Rückkehr der Straßen und Plätze zu den alten vorrevolutionären Namen entstand. Namentlich damals wurde der Platz der Opfer der Revolution wieder das Marsfeld, der Prospekt des 25. Oktober – der Newski Prospekt, der Sowjetprospekt – der Suworow-Prospekt, der Urizki-Platz – der Schlossplatz, die Uferstraße des 9. Januar – die Schlossuferstraße usw.

Indem sie sich der Vergangenheit zuwandte, erlangte die Stadt einen zweiten Atem für den Sieg. Früher geschlossene Kirchen wurden geöffnet, und in den schwersten Prüfungen fühlten die Menschen unbewusst, dass man nur überleben kann, wenn man sich um Unterstützung an Gott und den Schutzheiligen der Stadt, den Heiligen Apostel Petrus, wendet. Das kam aus den Tiefen des Volksbewusstseins, deshalb widersetzten sich die Mächtigen nicht, weil sie keine anderen Mittel sahen, die Stimmung des Volkes zu heben. [...]

Nach langen Diskussionen im Lensowjet wurde dem Urteil der Städter die Frage vorgelegt: »Wünschen Sie, dass unsere Stadt ihren ursprünglichen Namen zurückerhält – Sankt Petersburg?«

An der Abstimmung nahmen 64,69 Prozent der wahlberechtigten Einwohner teil. Mehr als die Hälfte von ihnen (54,86 Prozent) sprach sich dafür aus, dass die Stadt ihren ursprünglichen Namen Sankt Petersburg zurückerhält. Es sah so aus, als ob man in dieser Frage einen Punkt setzen konnte. Aber in der Realität war die Prozedur der Umbenennung der Stadt ziemlich schwierig und langwierig.

Auf der ersten Sitzung des Lensowjets nach dem Referendum (Ende Juni) bestätigten wir die Ergebnisse des Referendums und richteten einen Brief an den Obersten Sowjet Russlands mit dem Gesuch um Bestätigung dieser Entscheidung. In diesem Augenblick herrschte im Obersten Sowjet eine Periode der Machtlosigkeit, weil B. Jelzin nach seiner Wahl zum Präsidenten seine Vollmachten als Vorsitzender des Obersten Sowjets niedergelegt und der Oberste Sowjet einen neuen Vorsitzenden noch nicht gewählt hatte. [...]

Unsere Frage blieb in den Büros des Obersten Sowjets hängen, und obwohl ich die Leiter des Obersten Sowjets und den Präsidenten mehrfach daran erinnerte, war keine schnelle Entscheidung abzusehen.

Aber dann kam der August-Putsch des Jahres 1991! Die Niederlage der Putschisten beendete den verdeckten Widerstand gegen die Umbenennung Leningrads, der von vielen Vertretern der alten Parteinomenklatura im Obersten Sowjet ausging. In diesem Augenblick wurden die Kommunisten und ihre Anhänger still und fürchteten sich, offen mit irgendwelchen kommunistischen Ideen aufzutreten.

Deshalb bewegte sich die Frage der Bestätigung der Ergebnisse des Referendums und der Umbenennung der Stadt endlich vom toten Punkt, und am 6. September kam die lange erwartete Nachricht, dass das Präsidium des Obersten Sowjets mit seinem Ukas den Prozess der Umbenennung Leningrads in Sankt Petersburg beendet hatte.

Der Putsch, 19. August 1991

Kurz nach 15 Uhr kam ich in Leningrad an. Später, nach dem Scheitern des Putsches, erfuhr ich, dass der Leningrader KGB meine Verhaftung vorbereitet hatte und eine Eingreifgruppe mich im Flughafen festnehmen sollte. Aber auch hier ging es gut: die mir ergebenen Jungs der Wachmannschaft und die örtliche Miliz handelten geschickt. Überhaupt muss ich sagen, dass ich in diesen Tagen ständig die Unterstützung meiner Umgebung spürte, die entweder ganz direkt sagte: »Halten Sie durch! Wir sind mit Ihnen!« oder das durch ihr Benehmen zu verstehen gab.

Direkt von der Gangway stieg ich in ein Auto und befahl dem Chauffeur, mich sofort in den Stab des Leningrader Wehrkreises zu bringen. Warum ich so handelte, kann ich mir bis heute nicht erklären: offensichtlich arbeitete der Instinkt, weil, als ich im Stab am Schlossplatz ankam, dort eine Sitzung des örtlichen GKtschP* im Büro des Kommandierenden Generals des Distrikts, Samsonow, stattfand.

Ich forderte von den Versammelten, unter denen sich auch der Erste Sekretär des Gebietskomitees der KPdSU, B. W. Gidaspow, und einige Generäle befanden, unverzüglich auseinanderzugehen, weil in der Stadt alles ruhig sei und es keinerlei Gründe für die Verhängung des Ausnahmezustandes gebe. Ich erinnerte die Versammelten an die Verfassungsbestimmungen zum Verfahren über die Verhängung des Ausnahmezustandes und daran, dass dieses Verfahren im gegebenen Fall nicht eingehalten wurde, weil es weder eine Entscheidung des Präsidenten noch die Zustimmung des Parlamentes zu derartigen Maßnahmen noch Situationen gab, die im Gesetz aufgezählt werden und die Verhängung des Ausnahmezustandes erfordern (Epidemien, Naturkatastrophen, Massenunruhen usw.). Das bedeutet – so erklärte ich, dass jeder, der die Forderungen

* Staatskomitee für den Ausnahmezustand, dem acht Mitglieder angehörten, u. a. der Vizepräsident der UdSSR, der Verteidigungsminister, der Innenminister und der KGB-Vorsitzende.

des ungesetzlich geschaffenen GKtschP erfüllt, selbst gegen das Gesetz verstößt und zum Verbrecher wird.

Danach gingen alle auseinander, und ich sprach noch lange mit General Samsonow. […]

Unser Gespräch endete damit, dass der General sein Wort gab, keine Truppen in die Stadt zu führen, wenn nicht außergewöhnliche Umstände eintreten, und ich versprach Ruhe und Sicherheit in der Stadt.

Nach dem Gespräch mit Samsonow verabredete ich mit der Leitung des Leningrader Fernsehens einen Live-Auftritt. Man muss den Mut des damaligen Leiters des Leningrader Senders, B. M. Petrow, würdigen. Es war nicht nötig, ihn lange zu überreden. Die Sendung sollte um 20.20 Uhr im Programm »Fakt« laufen. […] In meiner Ansprache nannte ich die Mitglieder des GKTschP Verbrecher und »Ehemalige«. Ehemaliger Vizepräsident, ehemaliger Verteidigungsminister usw. Das machte einen starken Eindruck. […]

Ich möchte unterstreichen, dass am 19. August 1991 das Leningrader Fernsehen der einzige Sender in der Sowjetunion war, der es wagte, einen Beitrag zu senden, der gegen den Putsch gerichtet war. Alle anderen Sender brachten »Schwanensee«. Am Ende der Sendung riefen wir alle Städter auf, sich am Morgen des 20. August zu einem Protestmeeting auf dem Schlossplatz zu versammeln. Das spielte eine Rolle bei der Organisation dieser mächtigen Demonstration, die am nächsten Tag die ganze Stadt in Bewegung brachte. Aber das Wichtigste war, die Menschen gewannen die Überzeugung, dass es möglich ist, den Verschwörern zu widerstehen, was letztlich den Sieg sicherte.

Nach meiner Rückkehr vom Fernsehen wurde mir bekannt, dass sich die Luftlandedivision Pskow auf der Kiewer Chaussee Petersburg nähert. Sie aufzuhalten, gelang erst bei Gattschina (von dort ist es weniger als eine Stunde mit dem Auto bis Petersburg). Schließlich hat General Samsonow sein Wort gehalten. Obwohl, wie er mir dann erzählte, man ihn aus Moskau pausenlos anrief und die Einführung der Truppen in die Stadt forderte. In dieser Nacht ist General Samsonow grau geworden, aber auf die Seite der Putschisten ist er nicht übergelaufen.

Das war die erste schlaflose Nacht, die meine Mitarbeiter und ich im Marienpalast verbrachten, wo wir jede Minute auf Neuigkeiten aus Moskau oder Nachrichten über Truppenbewegungen warteten. […]

Anatoli Sobtschak (r.) auf dem Schlossplatz: Nein zum Moskauer Putsch! Foto, 20. August 1991

Beim Marienpalast hatten sich schon gegen Mittag des 19. August eine Menge Menschen eingefunden, da lief praktisch ununterbrochen ein Meeting. Ich sprach ein paarmal direkt aus dem offenen Fenster des zweiten Stockwerks des Palasts zu den Versammelten, wobei ich auf dem Fensterbrett stand. Ich verlas einen von Jelzin unterschriebenen Aufruf an das Volk und sprach davon, dass wir unbedingt siegen werden, wenn wir zusammenhalten.

Tausende Menschen blieben in der Nacht beim Marienpalast, um ihn notfalls zu schützen. In den anliegenden Straßen wurde damit begonnen, aus passenden Materialien Barrikaden zu errichten. Die Menschen hatten von den Truppenbewegungen in Richtung Leningrad erfahren und bereiteten sich auf Widerstand vor. Gott sei Dank, dass die Truppen nicht in die Stadt eindrangen, sonst wäre es nicht gelungen, ein Blutbad zu vermeiden. [...]

Der 20. August verlief ganz im Zeichen der grandiosen Demonstration auf dem Schlossplatz und den anliegenden Straßen der Stadt. Es war wunderbares, sonniges Wetter, und es sah so aus, als ob die ganze Stadt auf die Straße gegangen war, um den Putschisten ihr »Nein!« zu sagen. Petersburg war einmütig in der Abwehr des Putsches. [...] Am 20. August 1991 leiteten gute Gefühle und Impulse die

Menschen: Sie gingen hinaus zum Schutz ihrer Freiheit, des Gesetzes und der gesetzmäßigen Macht, das heißt, es ging das Volk hinaus und keine Menge. Und dieser Durchbruch bleibt in der russländischen Geschichte für immer eine ihrer hellsten und romantischsten Seiten.

Niemals, weder vorher noch danach – habe ich so helle, stolze und glückliche Gesichter gesehen. Die Begeisterung und der Elan waren ungewöhnlich. Viele Menschen, die sich früher nie für Politik interessiert hatten, wurden buchstäblich binnen weniger Stunden ins Zentrum der Ereignisse gezogen. Und was das Wichtigste war – aus ihrem eigenen Willen.

Das Selbstbewusstsein der Menschen als Bürger wuchs nicht täglich, sondern stündlich. Als Antwort auf meinen Aufruf, zur massenhaften Protestdemonstration gegen die Verschwörer zu kommen, mit dem ich mich am Abend des 19. August im Fernsehen an die Leningrader gewandt hatte, kamen am 20. ungefähr eine Million Einwohner der Stadt auf den Schlossplatz und den Isaaksplatz. Das war die größte Massendemonstration in ihrer ganzen Geschichte.

Ich möchte unterstreichen, dass das auch das erste Mal in der Geschichte Russlands war, dass das Volk sich zum Schutz der gesetzmäßigen Macht erhob. Vor der Revolution wechselten die Zaren nicht selten im Ergebnis von Palastumstürzen. Aber das Volk schwieg dabei. Es schwieg auch unter dem kommunistischen Regime, wenn ein Generalsekretär infolge von Kremlintrigen durch einen anderen ersetzt wurde.

Aber hier war alles anders. Das Volk erhob sich zum Schutz der gesetzlich gewählten Macht, letztendlich zum Schutz seiner Freiheit. Und man muss die begeisterten Gesichter von Hunderttausenden Städtern gesehen haben, die skandierten: »Der Faschismus kommt nicht durch!« »Nieder mit den Kommunisten und ihren kriminellen Führern!« usw.

In Moskau war die Lage komplizierter, und wir verstanden, dass das Schicksal des Landes sich namentlich dort entscheidet.

Aber für den Fall der Niederlage der Demokraten in Moskau bereiteten wir uns auf Widerstand vor: Es wurde der Plan diskutiert, die städtischen Organe auf die Wassili-Insel zu verlegen und die Brücken hochzuziehen, damit keine Panzer durchkamen. Auch die Variante, Panzersperren an den wichtigsten Einfahrten in die Stadt zu errichten, wurde diskutiert.

»Moloch des Totalitarismus«, Gedenkfriedhof Lewaschowo, Anna Dembowska, Foto, 2007

Am 15. Mai 1996 wurde auf dem Gedenkfriedhof Lewaschowo im Wyborger Bezirk das Denkmal »Moloch des Totalitarismus« enthüllt.

Weniamin Iofe, Covorsitzender von MEMORIAL Petersburg* (1938–2002)

Liebe Freunde!

Noch ein Symbol des Bösen ist in unserer Stadt erschienen. Es ist unser historisches Schicksal, dass wir Denkmäler nicht im Namen des Guten, der Gerechtigkeit, des Schaffens und der Liebe aufstellen, wir errichten und errichten Monumente zur Erinnerung an das Böse. Das ist erklärbar, so ist die vaterländische Geschichte. Aber man kann fragen, und warum hier, wo die Opfer liegen, warum nicht

* Ansprache bei der Eröffnung des Denkmals in Lewaschowo am 15. Mai 1996. Das Denkmal »Moloch des Totalitarismus« der Bildhauer N. Galizkaja und W. Gambarow wurde auf Anordnung des Petersburger Bürgermeisters A. Sobtschak errichtet. Nach seiner Rede bei der Einweihung des Denkmals hat A. Sobtschak sich vor dem Moloch verneigt.

neben den Häusern der Macht, damit sie daran erinnert würde, was ein selbstverliebter Staat, der von niemandem kontrolliert wird, mit seinen Bürgern machen kann. Dort müssten die Monumente stehen. Aber nein, neben den Häusern der Macht stellt man den Romantikern staatlicher Gewalt Denkmäler auf. Dort stehen Führer mit ausgestrecktem Arm, eiserne Volkskommissare in langen Mänteln, rätselhafte geflügelte Räuber und majestätische Reiter, wie sie schon in alter Zeit aufgestellt wurden. [...]

In der Zeit, in der hier gebaut wurde, als dieses Denkmal aufgestellt wurde, haben die offiziellen Erben der Strafbehörden sich auch beeilt. Und so haben wir jetzt ihr Buch*, ein Buch darüber, dass an den Henkern kein Blut klebt – so reden sie heute. Darüber, dass sie nichts zu bereuen haben – so reden sie heute. Darüber, dass man über die Weisheit der Henker und die Heiligkeit der Henker reden kann und muss – so reden sie heute. Also ist ihnen weder ein Gewissen gegeben, noch haben sie etwas verstanden. Deshalb müssen wir auch dieses Bild des triumphierenden Bösen in uns bewahren. Um uns zu erinnern. Ihr werdet sagen – unsere Väter, Großväter, unsere Mitbürger sind also jetzt dazu verdammt, hier unter dem ewigen Geleitschutz des Gulag zu liegen?

Aber wir sind hier, wir haben den Gulag doch überlebt, heute stehen wir am anderen Ufer dieses Abgrundes, wir sind verantwortlich für das Leben und nicht für den Tod des Landes, und ich hoffe, dass es uns gelungen ist, etwas lebendige Seele zu erhalten. Und uns hat wahrscheinlich jene heimliche Freiheit erhalten, über die einst Puschkin schrieb und an die Blok erinnerte, als die Sowjetmacht ihn angriff. Und deshalb wird dieser Friedhof in Lewaschowo mit seinen freien Bäumen und dem endlosen Himmel über ihnen, welche Unmenschen ihn auch umzingelt haben mögen, für uns immer ein Denkmal jener geheimen Freiheit bleiben, die sich vielleicht irgendwann einmal in bürgerliche Freiheit verwandelt und in politische Freiheit, aber derzeit unsere einzige Hoffnung bleibt.

Und deshalb, liebe Freunde, werden wir jetzt einen wichtigen symbolischen Akt vollziehen. Jetzt werden wir uns alle zusammen mit dem Rücken zum Moloch wenden und dorthin gehen, wo die unserem Herzen lieben Menschen liegen, und ihnen Blumen als

---

* Lukin, E.: *An den Henkern klebt kein Blut. Typen und Sitten des Leningrader NKWD*, SPb 1996 (E. V. Lukin ist Chef des Pressedienstes des UFSB für St. Petersburg und das Gebiet).

Gabe unserer Erinnerung und als Zeichen dessen bringen, dass wir uns bemühen, ihres Vermächtnisses würdig zu sein, für das sie freiwillig oder nicht freiwillig ihr Leben gegeben haben. [...]

Unter großer Anteilnahme der Bevölkerung und in Anwesenheit Präsident Boris Jelzins werden am 17. Juli 1998, auf den Tag genau 80 Jahre nach dem Mord von Jekaterinburg, in der Katharinenkapelle der Peter-und-Paul-Kathedrale die Gebeine Nikolaus' II., seiner Frau und der Töchter Olga, Tatjana und Anastasia beigesetzt. Die Gebeine der Großfürstin Marija und des Zesarewitsch Alexei sind zu diesem Zeitpunkt noch nicht gefunden.

ISWESTIJA, 18. Juli 1998

Schuld sind wir alle
[...] Um 11.15 Uhr landete das Flugzeug des Präsidenten Russlands im Flughafen Pulkowo. Hier begrüßte ihn der Petersburger Gouverneur Wladimir Jakowlew. Die Wagenkolonne des Präsidenten fuhr zur Peter-und-Paul-Festung ...

Schon lange vor Beginn der offiziellen Begräbniszeremonie strömte das Volk zur Festung. Es war ziemlich warm, aber die Menschen standen den ganzen Kronwerksboulevard entlang, der die Festung umgibt, in der Sonnenglut, besetzten sogar Plätze auf der Dreifaltigkeitsbrücke über die Newa, die für den Verkehr gesperrt war. Und die Mehrheit derjenigen, die hierherkamen, haben das nicht getan, um ein seltenes Schauspiel zu sehen, sondern weil sie das Bedürfnis hatten, an einem Ereignis teilzunehmen, das immer deutlicher als historischer Akt der Versöhnung und der Reue wahrgenommen wird. Besonders nachdem die aus dem Ausland angereisten Vertreter des Hauses Romanow den Kreuzer »Aurora« besucht hatten – das Symbol der Oktoberrevolution.

Viele kamen aus anderen Städten zum Begräbnis des letzten russischen Zaren. Zum Beispiel Alexander Schurygin, Oberleutnant der Ingenieurstruppen, der aus Moskau herkam, der einfach auf den Leningrader Bahnhof gegangen war, einen Fahrschein gekauft hatte und hergekommen war.

»Meine beiden Großväter waren Kosaken und dienten dem ermordeten Herrscher. Ja, und ganz Russland küsste 1916 das Kreuz und schwor dem Haus Romanow die Treue. Ich verstand, dass ich den Herrscher auf seinem letzten Weg begleiten muss. Gut, dass das heutige Ritual so feierlich endet, aber sehr schade, dass es für viele eine Show geworden ist«, sagte Alexander Igorjewitsch dem Korrespondenten der *Iswestija.*

Und Folgendes sagte dem Korrespondenten der *Iswestija* der Präsident des internationalen Anwaltskollegiums »St. Petersburg«, Artemi Nikolajewitsch Kotelnikow: »Ich halte es für meine Pflicht, an dieser Zeremonie teilzunehmen und zwar aus Respekt vor der Geschichte Russlands und vor dem Herrscherhaus der Romanows. Unter die blutige Geschichte Russlands musste ein Schlussstrich gezogen werden. Heute ist dieser Strich gezogen worden, und ich bin darüber sehr froh …« […]

Genau um 12 Uhr mittags gab eine Kanone der Peter-und-Paul-Festung drei Schüsse ab. Die Beisetzung begann. Die Grabrede hielt der Präsident. Als er den Entschluss fasste, zu dieser Zeremonie zu kommen, hat er wohl einen der wichtigsten Schritte seines Lebens getan.

Kein Offizieller im Kreml hatte in letzter Zeit riskiert, ihn an das zerstörte Ipatjew-Haus zu erinnern, keiner seiner Redenschreiber hat es unternommen, ihm direkt Worte der persönlichen Reue in den Text der feierlichen Rede bei der Beerdigung zu schreiben. Bis zum letzten Augenblick in der Geschichte der Beisetzung Nikolaus' und seiner Familie benahm sich Jelzin nicht wie ein Politiker, sondern wie ein Mensch. Er sagte, was er fühlte.

In seiner Abschiedsrede ließ er nicht den geringsten Zweifel an der Echtheit der zarischen Gebeine und bezeugte Reue für alle, aber vor allem für sich selbst. »Schuld sind wir alle. Wir dürfen uns nicht selbst belügen, indem wir Brutalität durch politische Ziele erklären. Dieses Jahrhundert ist das Jahrhundert der Reue und der Versöhnung.« – »Heute war es mir als Mensch und als Präsident nicht möglich, nicht hierherzukommen.« […]

Der abschließende Teil der Trauerzeremonie verlief still und bescheiden, wie es sich bei einer Beerdigung gehört. Etwa eine Stunde verweilten die Mitglieder der Familie Romanow bei den Gebeinen der Zarenfamilie und verabschiedeten sich. Worauf Boris Jelzin kurz in die Kapelle kam, um sich dann, ein Gespräch mit den Journalisten demonstrativ vermeidend, mit seiner Gattin ins Auto zu setzen und in Begleitung Boris Nemzows und Tatjana Djatschenkos zum Flughafen zu fahren.

19 Salven Artilleriesalut ertönten. Russland hat seinen letzten Zaren begraben.

Daniil Granin
(1919–2017)

Kulturhauptstadt?
Ich erinnere mich an den Besuch Präsident Boris Jelzins in Petersburg im Frühjahr 1999. Er war den Problemen der Kultur gewidmet. Und sollte irgendwie die Erhebung Petersburgs in den Rang einer Kulturhauptstadt bedeuten. Ich fürchte, das war eher eine nette Geste als eine neue Etappe in der Entwicklung unserer Stadt. Eine Kulturhauptstadt kann nicht ernannt werden. Die staatliche Hauptstadt Russlands, die kann man nach Moskau übertragen, mit der ganzen Regierung, aber die Kultur kann man nicht im Zug wegbringen und nicht herbringen.

Während ich die Rede des Präsidenten und einige andere Ausführungen hörte, versank ich in Gedanken über das Schicksal Leningrads-Petersburgs als Stadt der russischen Kultur mit einem glücklichen und einem bitteren, einem erfolgreichen und einem ungerechten Schicksal.

Die Kultur lebt nach ihren inneren, geheimen, nicht immer verständlichen Gesetzen, und Gott sei Dank entstehen diese nicht, weil die Chefs ihnen Aufmerksamkeit zuwenden oder nicht zuwenden. Nicht einer der sowjetischen Chefs war in der Ermitage. Also freiwillig, aus eigenem Wunsch. In der Ermitage war auch Lenin nicht, der als Kulturmensch gilt. [...] Weder Lenin noch die übrigen Parteiführer – treue Leninisten gingen nicht in die Ermitage, wie sie auch nicht in die Philharmonie oder ins Große Dramentheater gingen. Der Erste, der diese Tradition brach, war A. A. Sobtschak. Sein freiwilliges Interesse am Kulturleben der Stadt hat die Bevölkerung, die an ein derartiges Benehmen ihrer Stadtväter nicht gewohnt ist, einigermaßen verblüfft.

Das Kulturleben entwickelte sich all die Sowjetjahre unabhängig von der Kultur der Regierenden. Das heißt, das arme, es litt, erstickte und wuchs trotzdem. Die Kultur Petersburgs wurde in seinem genetischen Code angelegt, sie ist unerlässlich wie die Augenfarbe des Menschen, wie seine Stimme und sein Charakter.

Petersburg, die Hauptstadt, schuf ganz Europa. Petersburg wuchs als liebes Kind Europas durch die Mühen seiner besten Architekten, Gärtner, Bauarbeiter, Bildhauer, Künstler. Zusammen mit russischen Architekten schufen sie dieses Meisterwerk. Der europäische Anfang bestimmte vieles in der Bedeutung der Stadt.

[…] Wollen wir Kulturhauptstadt sein, oder ist das der Mehrheit egal? Das müssten wir verstehen. Und wenn wir wollen, was muss dafür getan werden?

Am 23. April 2003 verabschiedet die Gesetzgebende Versammlung das »Gesetz über die offiziellen Symbole Sankt Petersburgs«, das Gouverneurin Walentina Matwijenko am 13. Mai 2003 unterzeichnet. Seither ist die Hymne an die große Stadt aus dem Ballett Der eherne Reiter *von Reinhold Glière mit dem Text von Oleg Tschuprow die gesetzliche Hymne der Stadt St. Petersburg.*

Oleg Tschuprow
(geb. 1939)

Hymne der Stadt Sankt Petersburg

Herrscherstadt, die Newa überrage,
bist Herzen offen wie ein wunderbarer Tempel,
Jahrhunderte lebendig schön erstrahle,
der Eherne Reiter wacht über deinem Atem!

Unverwüstlich konntest du die Jahre,
die allzu rasenden in Sturm und Winde überstehn.
Unsterblich, Russland gleich, du Meerbeseelte,
fahre, Fregatte, unter Peters Segel!

Sankt Petersburg, bleib' ewig jung!
Der Tag, der kommt, ist Morgenrot von dir,
Erblühe, unsere herrliche Stadt,
Dein Schicksal zu teilen ist Ehre genug!

Konstantin Asadowski
(geb. 1941)

Prunk und Pracht neben Elend und Zerfall
[…] Der Tourist, der nach St. Petersburg kommt, sucht den Ort ihres vergangenen Ruhms. […] Er möchte den Uferstraßen der Newa entlangspazieren und die berühmten Vorstädte sehen – Zarskoje

Selo, Pawlowsk und Peterhof mit ihren Palästen und Parkanlagen. Die mächtige Zarenstadt, von Poeten besungen, von Mythen und Legenden umwoben – das ist das Bild von Petersburg, das im europäischen Bewusstsein verankert ist.

Doch es gibt noch eine andere Stadt – diejenige, in der ich mein ganzes Leben verbracht habe. Ich wurde während der Blockade geboren. Die Blockade von Leningrad kennt jeder, darüber sind viele Bücher geschrieben worden. Diese Bücher habe ich freilich nie gelesen. Ich kenne die Blockade aus den Erzählungen meiner Mutter, und das mehr als hinreichend. Der Winter 1941/42, den meine Mutter, die Petersburger Deutsche Lidija Brun, in Leningrad verbrachte, war die furchtbarste Prüfung ihres Lebens. Ihre Verwandten, Freunde und Bekannten – alle starben in diesen schrecklichen Monaten. Meine Eltern konnten sich retten, sie wurden im letzten Moment nach Moskau evakuiert. In das einzige Bündel, das sie in den vor Hunger kraftlosen Armen kaum tragen konnten, war ihr sechsmonatiger Sohn gewickelt.

1945 kehrten wir zurück, in eine demolierte und ausgeraubte Wohnung. Ich kam in die Schule. Wie jedes sowjetische Kind wurde ich gleichzeitig in drei Kollektiven erzogen: in der Familie, in der Schule und auf dem Hof. Jedes dieser Kollektive lebte nach seinen eigenen – völlig unterschiedlichen! – Gesetzen. In der Familie (jedenfalls in meiner) herrschte eine Moral, die ihren Ursprung hatte in den hohen Prinzipien der russischen Intelligenzia, in der Schule herrschte die sowjetische Ideologie und auf dem Hof das Recht der Straße.

Nach dem Unterricht spielten wir Fußball in den Alleen des Alexandergartens. Ganz in der Nähe brodelte der Newski Prospekt, das Gebäude der Admiralität ragte empor, ein wenig weiter entfernt stand der Winterpalast, und der traurige Engel auf der Spitze der Alexandersäule blickte mit geneigtem Kopf auf uns herunter. Hinter dem Zaun des Alexandergartens lag der Schlossplatz, entlang dem Fluss zog sich das Palastufer. Heute ist dieser Platz mit Touristenbussen überfüllt, und hier drängen sich mehr Fremde, Ausländer zumeist, als Petersburger. In den 1950er-Jahren hingegen gab es wenig Touristen, und an Ausländer konnte man sich damals in Petersburg kaum noch erinnern. Deutsche, Holländer, Franzosen: Das waren unbekannte Stämme, die auf einem fremden Planeten lebten, wohin niemand von uns je gelangen würde.

Ich kann mich nicht entsinnen, dass wir uns damals an der großartigen Newa-Landschaft oder am Panorama der Wassili-Insel erfreut hätten. Der graue nördliche Himmel, die granitenen Uferbefestigungen der Newa, die über dem Fluss hängenden Brücken, »die strenge Wohlgestalt«, für die sich Alexander Puschkin begeisterte – all das strömte in unser kindliches Bewusstsein, ohne es allzu sehr zu berühren. Ebenso wenig wird jemand die Schönheiten Venedigs bemerken, der von Kind an in dieser Stadt gelebt hat. [...]

Die Petersburger Höfe gleichen, wenn man sie von oben betrachtet, gewaltigen Schächten oder Grabstätten – sie bilden eine der wichtigsten Sehenswürdigkeiten der Stadt, die in keinem Reiseführer erwähnt wird. Diese Höfe in ihrer heutigen Form entstanden im 19. Jahrhundert, als im Stadtzentrum zunehmend auch Wohnhäuser gebaut wurden. Prunk und Pracht lebten in Petersburg schon immer einträchtig Seite an Seite mit entsetzlicher Armut; schmerzlicher als andere hat diese Dualität wohl Dostojewski empfunden – der Sänger der Petersburger Elendsviertel und »dunklen Winkel«. Übel riechend und staubig im Sommer, feucht und neblig im Herbst, eisig und düster im Winter, die Stadt der Schenken, Spelunken und Polizeireviere – das ist das Petersburg Dostojewskis, der das Bild einer gespenstischen, geheimnisvollen, phantasmagorischen Stadt erschuf. Puschkin besang das architektonische Ensemble des Schlossplatzes, Dostojewski die Wohnviertel um den Heumarkt. Dostojewskis zwiespältiges, kränkliches Petersburg ist dem harmonischen Petersburg Puschkins genau entgegengesetzt.

Diese Hinterhofschächte haben sich bis heute erhalten, und ihr Erscheinungsbild wurde während der Sowjetzeit noch unansehnlicher als zu Zeiten Dostojewskis. Nur wenige Europäer, die in gepflegten Städten aufgewachsen sind, werden beim zufälligen Blick in einen gewöhnlichen Petersburger Hinterhof nicht erschrecken. Abbröckelnde Torwege, aufgesprungener Asphalt mit klaffenden Rissen, winzige, halbblinde Fenster, die auf die Müllbehälter hinausgehen, und schließlich der Müll selbst, Haufen von Abfall aller Art, der aus riesigen Containern herausquillt wie Teig aus dem Backtrog – eine Dekoration, wie sie Hollywood nicht im Traum einfiele!

In Petersburg lässt es sich gut Dichter oder Künstler sein und aus der Schönheit oder der Hässlichkeit der Stadt Inspiration schöpfen. Es lässt sich gut Tourist sein, hingerissener Wanderer, Betrachter der Petersburger Paläste und Uferstraßen. Ganz anders jedoch ergeht es den Bewohnern der Stadt, die auf ewig in Kommunalkas, die überfüllten Gemeinschaftswohnungen, gezwängt sind und sich auf den Raum der Hinterhöfe mit den Müllcontainern beschränken müssen.

[...] Seit Leningrad Anfang der 1990er-Jahre wieder zu Petersburg wurde, wurde es mehr und mehr von Werbung überwuchert, farbige Plakate und leuchtend bunte Aushängeschilder tauchten auf, davon viele nicht auf Russisch. Schillernde Reklametafeln am Tag, vielfarbige Lichter am Abend – nach und nach erhält Petersburg wahrhaftig das Aussehen einer europäischen Stadt. [...]

Diejenigen, die zur Feier des 300-Jahre-Jubiläums von Petersburg kommen [...], werden bezaubert sein von den frisch gestrichenen Fassaden, dem restaurierten Engel auf der Alexandersäule, den gepflasterten Trottoirs und den leuchtenden Farben der neuen Straßencafés. Viele werden überzeugt sein, die Stadt Dostojewskis sei endgültig verschwunden, vom Antlitz der Erde getilgt. Keineswegs! Fragen Sie Ihre Petersburger Bekannten, und sie werden Ihnen erklären, dass die Stadt Dostojewskis bis heute lebendig ist und sich kaum verändert hat. Verlassen Sie den Schlossplatz und den Newski Prospekt, der wie eine vollkommen europäische Straße wirkt, und treten Sie ein in das Freilichtmuseum der Hinterhofschächte – halb Höhlenzeitalter, halb absurdes Theater! In keiner anderen Großstadt der Welt prallen Vergangenheit und Gegenwart, blendende, monumentale Fassade und abstoßender Alltag hinter den Kulissen so unverhohlen und schroff aufeinander wie in Petersburg. [...]

Im 20. Jahrhundert wurde die Stadt mehrmals verwüstet – es schien, als erfüllten sich die schrecklichen Verwünschungen. Anfang der 1920er-Jahre – nach Revolution, Elend und rotem Terror –, hatte sie die Hälfte ihrer Bevölkerung verloren. Die Menschen, die in den Palästen und den Stadtvillen gelebt hatten, waren erschossen oder verbannt, nur einigen wenigen gelang es, sich zu retten und ins Ausland zu fliehen. Nachdem sie ihren hauptstädtischen Glanz verloren hatte, verfiel die Stadt zusehends. Sie überlebte Elend, Hunger und Repression, die Säuberungen und die Blockade, sie änderte ihren Namen dreimal. Vom alten Petersburg ist im Grunde genommen schon Mitte der 1930er-Jahre fast nichts mehr geblieben.

Die antisemitischen ideologischen Kampagnen Ende der 1940er-, Anfang der 1950er-Jahre versetzten der noch verbliebenen Leningrader Intelligenzia einen Schlag, von dem sie sich nie wieder erholen konnte. Ich kann mich nicht daran erinnern, obgleich mein Vater, Professor an der Leningrader Universität, ebenfalls ein Opfer dieser Kampagne wurde. Dafür erinnere ich mich noch gut an die Zeit Anfang der 1970er-Jahre. Der Eiserne Vorhang hatte einen Riss bekommen, durch den alle diejenigen, denen die Atmosphäre der

Stagnation unerträglich geworden war, in den Westen strebten. Viele von ihnen kannte ich persönlich. Im Westen wurden sie später zu Recht berühmt, und heute kennt sie die ganze Welt: Michail Baryschnikow, Joseph Brodsky, Efim Etkind. Das war der letzte einer Reihe von unwiederbringlichen Verlusten.

Prophezeiungen und Vorurteile bestimmen vieles in der Geschichte, ganz besonders in der russischen. Die Frage von Petersburg als Hauptstadt wird seit Anfang der 1990er-Jahre in Russland wieder heftig diskutiert. »Zweite Hauptstadt«, »Kulturhauptstadt«, »Nördliche Hauptstadt« – das sind heute gewohnte Definitionen von Petersburg. Die neue gesellschaftlich-politische Situation in Russland, die im Jahre 2000 dadurch entstanden ist, dass eine »Petersburger Mannschaft« an die Macht kam, hat dieser Frage, die tief in der russischen Geschichte wurzelt, noch mehr Gewicht verliehen.

Der erste Schritt zur Rückkehr Petersburgs in die Kategorie der Hauptstädte wurde vor einigen Jahren gemacht, als am Ufer des Finnischen Meerbusens mit der Sanierung des Großen Konstantin-Palastes aus dem 18. Jahrhundert begonnen wurde. Dieser Palast wird in Kürze zur Hauptresidenz des Präsidenten in der Nördlichen Hauptstadt. Im historischen Zentrum Petersburgs werden bereits Gebäude geräumt, bald sollen einzelne Föderationsbehörden aus Moskau hierher verlegt werden. Noch weiß man nicht, ob Petersburg sich den Status der Hauptstadt zurückerobert, aber Rolle und Bedeutung dieser Stadt werden mit der Zeit ganz gewiss wachsen. In Russland gibt es zwei Hauptstädte – das ist heute für jedermann ersichtlich.

Doch während am Stadtrand ein Zarenpalast wiedererrichtet wird, bleibt der zentrale Teil der Stadt mit den Hinterhöfen seinem Wesen nach unverändert: Tausende Petersburger hausen weiterhin in Kommunalkas, Tausende Obdachloser wühlen unverhohlen in Mülleimern und schlafen auf Treppenabsätzen. Es gibt zwar bereits einige Höfe, die mit Metalltoren abgesperrt wurden und verschlossen oder bewacht sind. Aber das sind wenige. Prunk und Pracht liegen wie früher neben Elend und Zerfall. Das Petersburg der imperialen Macht und das Petersburg der Elendsviertel, die Stadt Puschkins und die Stadt Dostojewskis, die Paläste und die Höfe liegen seit alters in einem erbitterten Streit miteinander, dessen Ende nicht abzusehen ist.

Neue Zürcher Zeitung, 17. Mai 2003

Auf dem 12. Internationalen Petersburger Wirtschaftsforum Anfang Juni 2008 macht der Liedermacher Juri Schewtschuk, Lead-Sänger der populären Rockband DDT, bekannt, dass seit 2003 in Sankt Petersburg 300 Denkmäler geschleift wurden.

Alexander Margolis, Historiker, Landeskundler (geb. 1947)

Umbauten verunstalten die Baudenkmäler
»Bei der Petersburger ›Gesellschaft der Baukünstler‹ wurde eine spezielle Kommission gegründet, deren Ziel es ist, gegen die Zerstörung von Architekturdenkmälern des 18. und beginnenden 19. Jahrhunderts sowohl in Stankt Petersburg als auch in seiner Umgebung und an anderen Orten Russlands zu kämpfen. Die Kommission hat keinen offiziellen Charakter. All jene, die sich dem Schutz von Kunstwerken vor Vandalismus verpflichtet fühlen, sind eingeladen, sich an der Arbeit der Kommission zu beteiligen.« Diese Bekanntmachung war in der Aprilausgabe 1907 der Zeitschrift *Starye gody (Die frühen Jahre)* zu lesen, und sie endete entschlossen: »Es ist vorgesehen, die Vandalen im eigenen Land mit allen Mitteln zu bekämpfen.«

Mehr als hundert Jahre trennen uns von diesem Zitat, und dennoch klingt es keineswegs veraltet. Auch jüngst sind solche Aufrufe regelmäßig in Zeitungen und Zeitschriften zu finden, sie ertönen aus Lautsprechern, auf Fernsehbildschirmen, bei Kundgebungen und Versammlungen. Der historische Text wirkt vor allem dadurch aktuell, dass jene »Kommission zur Erforschung und Beschreibung des alten Sankt Petersburg«, die 1907 ins Leben gerufen wurde, ausdrücklich keinen »offiziellen Charakter« hatte, es sich also um eine Art Bürgerinitiative handelte, wie es auch heute die diversen Vereinigungen zum Schutz des kulturellen Erbes wieder sind.

Die unabhängigen Geister des anbrechenden 20. Jahrhunderts haben nicht nur das »Museum Altes Petersburg« (1907), sondern auch eine »Gesellschaft für den Schutz und die Erhaltung von Denkmälern der Kunst und Geschichte in Russland« (1909) gegründet. [...] Nach der Revolution wurde die von ihnen begonnene Arbeit durch die Gesellschaft »Altes Petersburg – neues Leningrad« (1921–1938) und ab der zweiten Hälfte der sechziger Jahre auch durch die Gesamtrussische Gesellschaft zum Schutz von Kultur und Geschichtsdenkmälern (WOOPIK) weitergeführt.

Zu den Gründern der WOOPIK gehörte Akademiemitglied Dmitri Lichatschow, von dem 1979 in der Literaturzeitschrift *Moskwa* ein Artikel mit dem Titel »Die Ökologie der Kultur« erschien. Darin entwickelte er die These, dass Ökologie nicht auf die Probleme der rein biologischen Umwelt beschränkt werden dürfe. Die Erhaltung des kulturellen Umfeldes sei eine ebenso wichtige Aufgabe wie der Schutz der Natur. Sehr eindringlich bestand der Verfasser darauf, dass sowohl das Verhältnis zur Natur wie auch das Verhältnis zur Kultur die Einhaltung allgemeiner moralischer Regeln erfordere und dass der Mensch sich als untrennbaren Bestandteil nicht nur der Natur, sondern genauso der Kultur begreifen soll. Lichatschows »Ökologie der Kultur« fand breite Resonanz und bildete die Grundlage für eine »kulturökologische Bewegung« in der sowjetischen Gesellschaft der achtziger Jahre.

In jener Zeit verkam das historische Stadtbild immer mehr, gerade unter den Alltagsbauten griffen Verfall und Zerstörung um sich, was die Behörden offenbar nicht bekümmerte. Unter Gorbatschows Perestroika mehrten sich in Leningrad Aktivitäten der Bewohner, um wenigstens jene alten Häuser zu retten, die die Erinnerung an bedeutende Persönlichkeiten bewahrten oder ein unverzichtbares Element des historischen Stadtbildes darstellten. Ohne Zögern stellte sich Lichatschow hinter die Jugend, die bereit war, seinem Aufruf zu folgen. »Um Kulturdenkmäler zu erhalten, genügt es nicht, sein Land platonisch zu lieben, diese Liebe muss von Taten begleitet sein.«

Die erste Massenaktion zur Verteidigung der »Ökologie der Kultur« fand am 19. Oktober 1986 auf dem Wladimirplatz statt, wo das Haus des Dichters Anton Delwig, eines Zeitgenossen Alexander Puschkins, zum Abriss bestimmt war. [...] Das bedrohte Baudenkmal konnte erhalten werden – ein Sieg, der Hoffnungen schürte.

Der Beginn einer wirklich demokratischen Massenbewegung lässt sich auf den März 1987 datieren, er ist verbunden mit den Ereignissen auf dem Isaaksplatz am ehemaligen Hotel *Angleterre*. Das Vorhaben, jenes Gebäude abzureißen, in dem sich der Dichter Sergej Jessenin das Leben genommen hatte, beschäftigte damals die gesamte Stadt. Viele Bürger waren nicht nur empört, dass wieder ein bauliches Zeugnis vernichtet werden sollte, sondern auch darüber, dass die Entscheidung über die Volksmeinung hinweg »am grünen Tisch« getroffen worden war. Die Jugendgruppe zur Rettung der Denkmäler, die an der Spitze der Verteidiger des *Angleterre* stand, mobilisierte Hunderte Sympathisanten, die drei Tage lang rund um die Uhr auf dem Isaaksplatz Wache hielten. Die Behörden versicherten zunächst, sie würden von den Abrissplänen Abstand nehmen, ließen dann aber das Gebäude von der Miliz mit einem Zaun abriegeln und schließlich vor den Augen der Streikposten niederreißen. Fast die gesamte überregionale Presse beschäftigte sich mit der »Schlacht um das *Angleterre*«, die zu einem der wichtigsten Ereignisse des zweiten Perestroika-Jahres wurde. [...]

Heute stehen in Petersburg 7800 Objekte des kulturellen Erbes unter staatlichem Schutz: Gebäude und Ingenieursbauten, Gärten und Parks, Teiche und Kanäle, einzelne Kolossalstatuen und Gartenskulpturen, aber auch historische Grabstätten und archäologische Objekte. Das historische Stadtbild wird allerdings weniger von einzelnen Schätzen der Baukunst als vielmehr vom architektonisch-räumlichen Gesamteindruck geprägt. Das ist es, was die Stadt an der Newa unter anderen Millionenstädten der Welt herausragen lässt, was ihre Originalität und Attraktivität ausmacht.

Im Jahr 2002 wurde das lange erwartete Gesetz »Über die Objekte des kulturellen Erbes (Kultur und Geschichtsdenkmale) der Völker der Russischen Föderation« verabschiedet. In puncto Schutzzonen wird darin auf den Welterbestatus Bezug genommen: Ein Objekt, das auf der Unesco-Liste steht, wird »als besonders wertvolles Objekt (...) von höchster Priorität anerkannt« (Artikel 24.2). Wenn also, nach Geist und Buchstaben des Gesetzes das historische Zentrum Sankt Petersburgs auf der Liste steht und somit zur obersten Kategorie der zu schützenden Zonen gehört – dann bestimmt Artikel 34.2: »Eine Schutzzone ist ein Gebiet, innerhalb dessen (...) besondere Vorschriften (...) gelten, die die wirtschaftliche Tätigkeit einschränken und den Bau verbieten, ausgenommen spezielle Maßnahmen, die der Erhaltung und Wiederherstellung der historisch-städtebaulichen oder natürlichen Umgebung des Objektes des kulturellen Erbes dienen.«

Doch auch diese Gesetzeslage konnte das barbarische Vordringen von Bauherrn in das historische Zentrum Sankt Petersburgs nicht stoppen. Regelmäßig finden in der Schutzzone Abrisse statt. In den letzten Jahren hat die Stadt historische Bausubstanz am Newski-Prospekt, am Liteiny-Prospekt, am Wosnessenski-Prospekt, an den Uferstraßen der Moika und der Fontanka, des Gribojedow-Kanals und des Krjukow-Kanals, an der Bolschaja Morskaja, der Kirotschnaja und anderen zentralen Straßen verloren. Neubauten von außerordentlich niedrigem künstlerischem Niveau sind an den Newa-Ufern, am Manegeplatz, am Kasaner und am Isaaksplatz entstanden. Es mehren sich die Fälle, in denen Baudenkmäler durch moderne Umbauten verunstaltet wurden. Dutzende Häuser im historischen Zentrum wurden mit hässlichen Dachgeschossen versehen, die die architektonische Landschaft der »nördlichen Hauptstadt« radikal verändert haben. Unter dem Druck habgieriger Bauherren haben die städtischen Behörden einen erheblichen Teil des Newski-Prospekts, die Hälfte der Uferstraße der Fontanka, einen großen Teil der Petrograder Seite und die Krestowski-Insel von der Schutzzone ausgenommen. Die neuen Bedrohungen, die aus der Wiederkehr der Marktwirtschaft in Russland herrühren, verbunden mit den Altlasten einer üblen Hinterlassenschaft (nach offiziellen Angaben befinden sich in Sankt Petersburg gegenwärtig mehr als 1300 staatlich geschützte Geschichts- und Kulturdenkmäler in der ›aktiven Phase der Zerstörung‹), haben die örtliche Zivilgesellschaft zum Schutz des architektonischen Erbes nun wieder mobilisiert.

Bauwelt, 24/2010

Joseph Brodsky

Weiße Nächte

Die Weiße Nacht ist eine Nacht, in der die Sonne kaum zwei Stunden untergeht – ein in nördlichen Breiten weitverbreitetes Phänomen. In dieser Stadt ist es die unwirklichste, bedrückendste Zeit: du kannst um zwei Uhr nachts ohne Lampe lesen und schreiben; die aufragenden Häuser, schattenlos, mit golden verbrämten Dächern wirken wie zerbrechliche Porzellangebilde. Es ist so still, dass du fast das Klirren des Löffels hören kannst, der in Finnland hinunterfällt. Das gläserne Rosa des Himmels ist so hell, dass die hellblaue Aquarellfläche des Flusses es kaum widerzuspiegeln vermag. Und die Zugbrücken sind weit geöffnet, als fassten sich die Inseln des Deltas nicht mehr bei den Händen, als ließen sie sich langsam von der Strömung treiben, der Ostsee entgegen. In solchen Nächten kann man nur schwer einschlafen, es ist zu hell, und kein Traum reicht an die Wirklichkeit heran. An diese Wirklichkeit, in der der Mensch keinen Schatten wirft – wie Wasser.

1979

XIV. Zwei Hauptstädte

St. Petersburg war von Anfang an keine Ergänzung, sondern Antithese zu Moskau, Gegensatz und Widerspruch, ein »Antimoskau«. Es war das Symbol der Orientierung des Landes nach Westen und seiner Modernisierung, unrussisch, fremd und künstlich, während Moskau das alte, natürlich gewachsene Heilige Russland verkörperte, urrussisch, warm, gemütlich. Aus Moskauer Sicht war der gewaltsame Bruch mit den Traditionen unverständlich und unverzeihlich. Moskau fühlte sich verwaist und war nicht gut auf die neue Hauptstadt zu sprechen. »Moskau ist die Seele Russlands, Petersburg seine Uniform«, sagte der Volksmund. Seit Puschkins großem Poem *Der Eherne Reiter* (1833) und Gogols launigem Feuilleton *Petersburger Skizzen* (1836) sind die Vergleiche zwischen Petersburg und Moskau in der russischen Literatur zahlreich und Teil der großen geschichtsphilosophischen Debatte zwischen Westlern und Slawophilen über Standort und Bestimmung Russlands in der Welt. »Unsere beiden Hauptstädte sind sich so wenig ähnlich wie London und Paris: Alles in ihnen, sogar die Natur, ist verschieden«, schreibt ein Zeitgenosse Puschkins und Gogols. Zu Beginn des 20. Jahrhunderts nennt Sinaida Hippius Moskau und Petersburg sogar »verschiedene Länder«. Ein Gegensatzpaar sind die beiden Metropolen auch heute noch. Die Petersburger wählen in der Regel nicht regierungskonform, während die Moskauer eher für die Partei der Macht stimmen. Moskau ist reich, Petersburg ist arm, Moskau zieht die besten Kräfte aus Petersburg ab. Ein Petersburger spricht anders, kleidet sich anders, benimmt sich anders als ein Moskauer und fühlt sich ihm überlegen. Den Reichtum Moskaus findet er unverdient, den Protz der Neureichen unanständig, den Mangel an Geschmack unangenehm. Heimlich träumt er von Revanche. Umgekehrt ist ein Petersburger für einen Moskauer irgendwie ein Wesen von einem anderen Stern, jedenfalls ein Snob, der das R nicht rollt, nicht flucht, jeden Tag in die Ermitage geht und sich für etwas Besseres hält. In Moskau geht man schnell zum Du über und küsst sich bei der Begrüßung, in Petersburg gilt ein Kuss als Zeichen schlechten Geschmacks, den Händedruck ersetzt dort ein Kopfnicken. – Seit die Stadt an der Newa wieder St. Petersburg heißt, hat Russland offiziell auch wieder zwei Hauptstädte. Die jüngere nennen die Russen zur Unterscheidung von der älteren »unsere Nördliche Hauptstadt«. Mit der Übersiedlung des Verfassungsgerichts, des Heraldischen Rates und anderer föderaler Behörden an die Newa hat die Stadt etwas Hauptstädtisches zurückgewonnen, doch der Statusverlust scheint endgültig. Und so hat die anhaltende Diskussion über den Antagonismus der Hauptstädte nur noch akademischen Charakter.

Katharina II. an Graf Peter S. Saltykow
(1729–1796)

Teures Petersburg, müßiges Moskau

In alten Zeiten wurde viel gelärmt und auch in der Gegenwart wird noch häufig – wenn auch mit weniger Schärfe – über den Bau der Stadt Petersburg geredet und darüber, dass der Hof sich in dieser Stadt niedergelassen und die alte Hauptstadt Moskau verlassen hat. Man sagt, und das ist teilweise wahr, dass dort einige Hunderttausend Arbeiter an Skorbut und anderen Krankheiten starben, besonders am Anfang, dass die Provinzen verpflichtet waren, Arbeiter dorthin zu schicken, die niemals nach Hause zurückkehrten, dass die hohen Preise für alle Gegenstände in dieser Stadt, verglichen mit den billigen Preisen in Moskau und anderen Gebieten, den Adel u. a. ruiniert haben, dass der Standort ungesund und unangenehm war, und ich weiß nicht, was sonst noch, und dass dieser Standort weniger als Moskau für die Herrschaft über das Imperium geeignet ist […]. Ich liebe Moskau überhaupt nicht, aber ich hege keinerlei Vorbehalt gegen Petersburg, ich lasse mich vom Wohl des Reiches leiten und äußere offen mein Gefühl. Moskau ist die Hauptstadt des Müßiggangs, und seine übermäßige Größe wird immer die Hauptursache dafür sein. Ich habe mir zur Regel gemacht, wenn ich dort bin, niemals nach jemandem zu schicken, weil man erst am nächsten Tag eine Antwort erhält, ob diese Person kommt oder nicht; für einen Besuch verbringt man den ganzen Tag in der Kutsche, folglich ist der

Tag verloren. Dem Adel, der sich an diesem Ort zusammengefunden hat, gefällt es dort; das ist nicht erstaunlich; aber von frühester Jugend an nimmt er dort den Ton und die Manieren des Müßiggangs und des Luxus an. Er verweichlicht, fährt immer in einer Kutsche mit Sechsergespann aus und sieht nur Armut. [...] Außerdem, nie hatte das Volk mehr Gegenstände des Fanatismus vor Augen wie die wundertätigen Ikonen auf Schritt und Tritt, die Kirchen, Popen, Klöster, Kapellen, Bettler, Diebe, nutzlose Diener in den Häusern – welche Häuser, welcher Dreck in den Häusern, deren Fläche riesig, aber deren Höfe dreckiger Sumpf sind! Gewöhnlich hat ein Adliger in der Stadt kein Haus, sondern ein kleines Gut. Und dieses Gesindel, diese buntgescheckte Masse, die immer bereit ist, sich gegen jede gute Ordnung zu empören und sich seit undenklichen Zeiten aus geringstem Anlass empört, liebt Erzählungen über diese Empörungen sogar leidenschaftlich und nährt damit seinen Verstand. [...] Die Eile, mit der ich das schreibe, bewirkt, dass ich vielleicht viele Umstände vergesse, die das, was ich sage, verstärken statt es abzumildern. [...]

Petersburg kostete, das muss man zugeben, viele Menschenleben und Geld; dort ist das Leben teuer, aber Petersburg hat im Laufe von 40 Jahren mehr Geld und Industrie im Reich in Umlauf gebracht als Moskau in 500 Jahren seit jener Zeit, als es gebaut wurde. Wieviel Volk ist dort auf dem Bau beschäftigt, mit der Zufuhr von Lebensmitteln und Waren, und wieviel Geld geht in die Provinzen. Das Volk ist dort weicher, gebildeter, weniger abergläubisch, mehr an Ausländer gewöhnt, von denen es ständig auf die eine oder andere Weise profitiert, usw.

1772

Joseph de Maistre an König Victor Emanuel, 27. 10./8. 11. 1812 (1753–1821)

Petersburg, ein Lusthaus

Es ist sogar so, dass die Entfernung des Hofes Moskau für die Russen verehrungswürdiger gemacht hat, weil der nationale Geist durch die Nörgler, die sich in dieser Stadt häufen, gestärkt und dem Einfluss des Hofes fast völlig entzogen ist, der in diesem Land oft ein Feind dieses nationalen Geistes ist.

Was ist Petersburg im Vergleich zu Moskau? Ein großes Lusthaus, nicht russischer, sondern sogar weniger russisch als Paris, wo alle Laster auf den Knien der Frivolität tanzen.

Nikolai Gogol
(1809–1852)

Was für ein Unterschied zwischen den beiden!
In der Tat, wohin hat es die russische Hauptstadt verschlagen – ans Ende der Welt! Ein merkwürdiges Volk, die Russen: Sie hatten ihre Hauptstadt in Kiew, doch da ist es zu warm, da gibt es zu wenig Kälte; sie zog um, die russische Hauptstadt, nach Moskau – nein, auch da gibt es zu wenig Kälte. So sei's mit Gott denn Petersburg! Ein tolles Stück vollbringt die russische Hauptstadt, wenn sie sich in der Nachbarschaft des Nordpols niederlässt. Ich sage das deshalb, weil ihr das Wasser im Munde zusammenläuft bei dem Gedanken, ganz in der Nähe Eisbären beobachten zu können. »Siebenhundert Werst weit vom Mütterchen wegzulaufen! Flinke Beine hat das Kind!«, so redet das Moskauer Volk und blinzelt dabei in finnische Fernen. Dafür aber – welche Wildnis in den Räumen zwischen der Mutter und dem Kleinen, dem Sohn! Welche Ausblicke, welche Natur! Wogende Nebel in der Luft; auf der fahlen, graugrünen Erde verkohlte Baumstümpfe, Kiefern, ein Tannenwäldchen, Blüten …

Wie gut noch, dass euch die pfeilgleiche dahinfliegende Landstraße und die singende tönende russische Troika mit Windesschnelle vorbeitragen. Und was für ein Unterschied, was für ein Unterschied zwischen den beiden! Moskau bietet sich bis heute mit russischem Vollbart, Petersburg dagegen ist schon ein akkurater Deutscher. Wie liegt das alte Moskau da – groß und breit hingestreckt! Wie struppig ist es! Und wie steht Petersburg vor uns – straff und gertenschlank und elegant! Ihn, den Stutzer Petersburg, umgeben von allen Seiten Spiegel – da ist die Newa, da ist der Finnische Meerbusen. Überall Gelegenheit sich zu beschauen. Kaum dass er ein Federchen, ein Flämmchen auf seinen Kleidern bemerkt – schnell her mit der Bürste. Moskau ist ein hausbackenes Weib; sie bäckt Plinsen, bleibt hocken, lässt sich, ohne vom Sessel aufzustehen, von den Dingen erzählen, die draußen in der Welt geschehen; Petersburg ist ein behender Bursche, der nie zu Hause hockt, der stets zum Ausgehen fertig ist und, zum Abgucken bereit, vor Europa paradiert.

Petersburg rührt sich in allem, vom Keller bis zum Dachboden; um Mitternacht beginnt man französisches Brot zu backen, das am Tag darauf vom Volk der Petersburger Deutschen restlos aufgegessen wird, und die ganze Nacht hindurch leuchtet bald das eine, bald das andere seiner Augen; Moskau liegt nachts in tiefem Schlaf, und am nächsten Morgen bekreuzigt es sich, verneigt sich nach allen vier Himmelsrichtungen und fährt mit Kringeln auf den Markt. Nicht umsonst ist im Russischen Moskau weiblichen und Petersburg männlichen Geschlechts. In Moskau ist alles Braut, in Petersburg ist alles Bräutigam. Petersburg legt größten Wert auf gepflegtes Aussehen, hat gar nichts übrig für grelle Farben, gar nichts für schroffe und gewagte Abweichungen von der Mode; Moskau dagegen – wenn Moskau schon eine Mode mitmacht, dann kennt es keine Halbheit: Soll die Taille lang sein, so wird sie in Moskau noch viel länger getragen; hat man allgemein breite Frackaufschläge, so sind sie in Moskau wie Scheunentore. Petersburg ist ein akkurater Mensch, ein perfekter Deutscher; er betrachtet alles mit Überlegung, und ehe er zu einer Abendgesellschaft einlädt, sieht er nach, wieviel er in der Tasche hat; Moskau ist ein russischer Adliger, und wenn sich Moskau vergnügt, so tut es das bis zur Erschöpfung und sorgt sich nicht darum, ob es womöglich mehr ausgibt, als es in der Tasche hat – Moskau ist kein Freund des Mittelmaßes. In Moskau bringen alle Journale, wie gelehrt sie auch sein mögen, am Ende eines jeden Hefts eine illustrierte Modeseite; die Petersburger fügen selten solche Bilder ein, und wenn sie es schon tun, so erschrickt der Leser gar, weil es ihn so unerwartet trifft. Die Moskauer Journale reden von Kant, Schelling und so weiter und so fort; in den Petersburger Journalen ist von nichts als vom Publikum und der rechten Gesinnung die Rede … In Moskau halten die Journale Schritt mit der Zeit, doch die Hefte erscheinen verspätet; in Petersburg halten die Journale gar nicht Schritt mit der Zeit, doch die Hefte erscheinen akkurat am dafür bestimmten Tag. In Moskau verschwenden die Schriftsteller das Geld, in Petersburg verdienen sie es.

Moskau ist, ins Bärenfell gehüllt, allezeit unterwegs, meist zu einer gedeckten Tafel; Petersburg, im Friesgehrock, beide Hände in den Taschen, von dahinpreschenden Pferden gezogen, eilt zur Börse oder »ins Amt«. Moskau amüsiert sich bis vier Uhr nachts und steht am nächsten Tag nicht vor zwei Uhr des Nachmittags auf; Petersburg amüsiert sich gleichfalls bis vier Uhr nachts, strebt aber am nächsten Tag, als wäre nichts gewesen, in seinem Friesgehrock um neun Uhr zur Kanzlei. Nach Moskau zieht Russland mit den Taschen voller Geld, und es verlässt die Stadt ohne derartige Last; nach Petersburg fahren Menschen ohne Geld, und wenn sie nach allen Himmelsrichtungen wieder abreisen, haben sie ein ansehnliches Kapital. Nach Moskau zieht Russland im winterlichen Reiseschlitten durch

Schneewehen, um Waren abzusetzen und Waren einzukaufen, nach Petersburg kommt das russische Volk in der Sommerzeit zu Fuß, um zu bauen und zu arbeiten. Moskau ist ein Speicher, es stapelt Bündel und Ballen, und den, der im Kleinen verkaufen will, beachtet es gar nicht; Petersburg geht ganz im Einzelnen, im Kleinen auf, es ist zerteilt, gegliedert in Läden, in kleine und größere, und hascht nach den kleinen Käufern. Moskau sagt: »Wenn der Käufer was braucht, wird er's schon finden.« Petersburg hält euch die Werbeaushänge dicht vor die Nase, es gräbt sich bis zu euren Füßen vor mit seinem »Rheinischen Weinkeller« und lässt die Droschken sich gleich vor eurer Tür sammeln. Moskau achtet nicht weiter auf seine Bewohner, doch es schickt Waren über ganz Russland hin; Petersburg verkauft Krawatten und Handschuhe an seine Beamten. Moskau ist ein großes Handelshaus; Petersburg ist ein schöner, heller Laden. Russland braucht Moskau. Petersburg braucht Russland. In Moskau stößt man selten auf Wappenknöpfe am Frack; in Petersburg gibt es keinen Frack ohne Wappenknöpfe. Petersburg macht sich gern über Moskau lustig, darüber, wie plump und ungeschlacht und geschmacklos es sei; Moskau stichelt Petersburg damit, dass die Stadt einem käuflichen Menschen gleiche und nicht russisch zu sprechen verstehe. In Petersburg, auf dem Newski Prospekt, promenieren um zwei Uhr Leute, von denen man meinen könnte, sie seien den Modebildern entstiegen, die aus den Journalen stammen und in die Fenster gestellt werden, unter ihnen alte Frauen mit ganz lächerlich schmalen Taillen; wo Moskau promeniert, findet man stets mitten in der modisch gekleideten Menge irgendein Mütterchen mit Tuch um den Kopf und ganz und gar ohne Taille. Gar manches würd ich noch sagen, doch …

Der Abstand ist von ungeheurem Ausmaß! 1836

Michail Lermontow
(1814–1841)

Jeder Russe muss Petersburg lieben
»Da Sie erst seit Kurzem in Petersburg sind«, sagte der Diplomat zur Fürstin, »haben Sie wahrscheinlich noch nicht alle Reize des hiesigen Lebens genießen und erleben können. Diese Gebäude, die Sie auf den ersten Blick nur in Erstaunen versetzen, wie alles Erhabene, werden Ihnen mit der Zeit unschätzbar werden, wenn Sie sich erinnern, dass

hier unsere Aufklärung entstanden und gewachsen ist, und wenn Sie erkennen, wie leicht und angenehm sie darin lebt. Jeder Russe muss Petersburg lieben: hier hat sich alles, was es an besserer russischer Jugend gibt, wie absichtlich zusammengefunden, um Europa die Freundeshand zu reichen. Moskau ist nur ein großartiges Denkmal, ein prächtiges und stummes Grabmal der Vergangenheit, hier aber ist das Leben, hier sind unsere Hoffnungen …«

So hochtrabend und wunderlich redete der hagere Diplomat, der Anspruch darauf erhob, ein glühender Patriot zu sein. Die Fürstin lächelte und erwiderte zerstreut: »Vielleicht werde ich mit der Zeit auch Petersburg liebgewinnen, aber wir Frauen überlassen uns so leicht den Gewohnheiten des Herzens und denken leider so wenig an die allgemeine Aufklärung und den Ruhm des Staates! Ich liebe Moskau. Mit der Erinnerung an Moskau verbindet sich für mich die Erinnerung an eine überaus glückliche Zeit. Hier aber, hier ist alles so kalt, so tot … Oh, das ist nicht meine Meinung, es ist die Meinung der hiesigen Bewohner selbst. – Man sagt, die Menschen veränderten sich gänzlich, hätten sie erst einmal das Petersburger Stadttor passiert.«

Diese Worte sprach sie, in dem sie Petschorin ansah und dem Diplomaten zulächelte.

Der Diplomat war zutiefst empört. »Was für eine schreckliche Verleumdung unserer lieben Stadt!«, rief er aus. »Das ist ganz die alte Klatschbase Moskau, die aus purem Neid ihre junge Rivalin verleumdet.«

1836–1837

Astolphe de Custine
(1790–1857)

In Moskau athmet man eine Luft der Freiheit

Die gerade Linie fehlt bei den Bauten in diesem Lande nie, doch haben die Schnur und das Winkelmaaß Moskau weniger entstellt als Petersburg. Die thörichten Tyrannen der modernen Städte fanden zwar einen leeren Raum, hatten hier aber mit den Unebenheiten des Bodens und den alten Nationalgebäuden zu kämpfen, und in Folge dieser unüberwindlichen Hindernisse der Geschichte und der Natur ist das Aussehen Moskaus das einer alten Stadt geblieben. Sie ist die malerischste von allen im Reiche, das sie noch immer als seine Hauptstadt anerkennt, trotz den fast übernatürlichen

Anstrengungen Peters des Großen und seiner Nachfolger; so stark ist das Gesetz der Dinge gegen den Willen der Menschen, selbst der mächtigsten.

Seiner kirchlichen Ehren entkleidet, seines Patriarchen beraubt, von seinen Fürsten und seinen alten Bojaren, die dem Hofe am meisten anhängen, verlassen, ohne einen andern Glanz als den einer heldenmüthigen That*, die aber zu neu ist, als dass sie von den Zeitgenossen gerecht gewürdigt werden könnte, ist Moskau, weil es nichts Besseres thun konnte, eine Stadt des Handels und der Industrie geworden. Man rühmt ihre Seidenfabriken! Aber die Geschichte und die Architektur erhalten ihr ihre unverjährten Rechte auf die politische Oberherrschaft. Die russische Regierung begünstigt die Fabriken; da sie den Strom des Jahrhunderts nicht ganz aufzuhalten vermag, so will sie ihr Volk noch lieber reich als frei werden lassen. [...]

Das erste, was mir in den Straßen Moskaus auffiel, sind die Einwohner, welche mir lebhafter im Gange, und offener in ihrer Heiterkeit vorkamen, als die von Petersburg. Man athmet hier eine Luft der Freiheit, die man in dem ganzen übrigen Reiche nicht kennt, – und dies erklärte mir die geheime Abneigung der Herrscher gegen diese Stadt, der sie schmeicheln, die sie fürchten und fliehen. 1839

Alexander Herzen
(1812–1870)

Undiszipliniertes Moskau, uniformiertes Petersburg
Die Petersburger lachen über die Kleidung in Moskau; die ungarischen Röcke, die Schirmmützen und die langen Haare, die unmilitärischen Schnurrbärte beleidigen sie. Moskau ist tatsächlich eine Zivilistenstadt, ein bisschen verdorben, nicht an Disziplin gewöhnt, doch ob das ein Verdienst ist oder ein Fehler, wollen wir dahingestellt sein lassen.

Harmonisch gegliederte Einheitlichkeit, das Fehlen des Verschiedenartigen, Persönlichen, Launischen, Eigenartigen, die obligatorische Uniform, die äußere Ordnung – all das ist im höchsten Grade in dem Ort entwickelt worden, wo der Mensch seinen

* Gemeint ist der vermutlich von den Russen selbst gelegte Brand Moskaus 1812, durch den Napoleon zu Umkehr gezwungen wurde.

unmenschlichsten Zustand erlebt – in den Kasernen. Die Montur und die Gleichförmigkeit – das ist die Leidenschaft des Despotismus. Die Moden werden nirgends mit solchem Respekt befolgt wie in Petersburg; dieser Umstand beweist die Unreife unseres Bildungsniveaus: wir tragen eine fremde Kleidung. In Europa ziehen sich die Leute an, wir aber kostümieren uns und haben darum Hemmungen, wenn ein Ärmel zu weit oder ein Kragen zu eng ist. In Paris fürchtet man nur, geschmacklos angezogen zu sein, in London lediglich, sich zu erkälten, in Italien kleidet sich jeder, wie er will. Wenn man einem Engländer diese Bataillone von oben bis unten zugeknöpfter Stutzer in ihren gleichförmigen Röcken zeigen wollte, würde er sie für eine Abteilung Polizisten halten. 1842

Wsewolod M. Garschin, Schriftsteller
(1855–1888)

Petersburg, doch die wahre Hauptstadt!
Ja, diese sumpfige, deutsche, finnische, bürokratische, aufrührerische, fremde Stadt, dieses »überflüssige Verwaltungszentrum«, wie sich kürzlich ein weiser Provinz-Sänger ausdrückte, der auf einer hiesigen Bühne auftreten sollte, aber – wie er sich ausdrückte – »aus Prinzip« absagte, – diese Stadt, die berühmt ist für die Herzlosigkeit ihrer Bewohner, ihren Formalismus und ihre moralische Versumpfung, ist meiner bescheidenen Meinung nach jedoch die einzige russische Stadt, die fähig ist, eine echte geistige Heimat zu sein. Hinter der äußeren Starre verbirgt sich echtes intellektuelles Leben, so weit es ein solches bei uns in Russland überhaupt geben kann. Mag Petersburg weit weg von Russland sein (alle Beschuldigungen der Moskauer Schwätzer gründen vor allem auf diesen Gedanken), mag Petersburg sich oft irren, über etwas reden, das es schlecht kennt, dennoch denkt es und spricht. Nicht in Moskau liegt der Fokus russischen Lebens oder jenes Gemeinsamen, das es in diesem Leben gibt, sondern in Petersburg. Schlechtes und Gutes kommt dort von überall her zusammen, und – freche Worte sage ich jetzt! – keine andere Stadt, sondern namentlich Petersburg ist die markanteste Vertreterin des Lebens des russischen Volkes, wobei für das russische Volk natürlich nicht nur die Moskauer Spitzbärte stehen, sondern dieser Begriff sowohl den Ukrainer als auch den Belorussen, den Bewohner Neurusslands und den Sibirjaken usw. usw. umfasst.

Wir sind daran gewöhnt zu sagen, dass Moskau ein natürliches Werk des russischen Lebens ist, Petersburg aber eine künstliche Anpflanzung und ein künstlich genährtes Gewächs; dass Russland Moskau braucht, aber dass Petersburg Russland braucht, dass Petersburg ein Parasit ist, der auf dem Schweiß des Volkes gewachsen ist, dass, wenn ganz Russland leidet, Petersburg sich weidet, räsoniert und sonst nichts.

Ach, werte Herrschaften. Kommen Sie hierher, in diese sich vergnügende und gleichgültige Stadt, und verleben Sie hier den Winter, und wenn Sie Augen haben, um zu sehen, und Ohren, um zu hören, dann werden Sie dieses vielleicht unverständliche, aber doch reale und mächtige Band zwischen dem Land und seiner wahren, nicht ausgedachten Hauptstadt fühlen! Sie werden sehen, dass die der menschlichen Würde auf dem ganzen Antlitz der russischen Erde beigebrachten Schläge sich auswirken und sich schmerzhaft auswirken. Ich werde nicht davon sprechen, in wessen und welchen Herzen sie sich auswirken … Überall gibt es alle möglichen Leute. Aber dennoch sorgt und freut sich für ganz Russland einzig und allein Petersburg. 1882

Alexander Benois
(1870–1960)

Moskau, eine riesige, finstere Gouvernementsstadt

In Moskau ist mehr echtes Leben, sind weniger Papiere, weniger Uniformen. Aber ob Moskau schöner ist – das ist eine andere Frage. Das Stein gewordene Märchen des Kremls ist zweifellos etwas ganz und gar Unvergleichbares. Aber der Kreml ist nicht ganz Moskau, und man wird zugestehen müssen, dass – abgesehen vom Kreml – die Stadt als ganze (von den einzelnen, reichlich sinnlos verstreuten Denkmälern ganz zu schweigen) eher hässlich und erst recht gesichtslos ist – eine riesige finstere Gouvernementsstadt. Ich mag auch Moskau sehr, vielmehr die Moskauer […]. Man stößt auch dort auf wunderbare Häuser, große und kleine, dann und wann steckt zwischen ihnen ein bezauberndes Kirchlein, doch der allgemeine Eindruck ist ungünstig, ja mitunter geradezu absurd.

Ganz anders Petersburg. Wenn Petersburg schön ist, dann eben als Ganzes, oder vielmehr in riesigen Blöcken, in großen Ensembles und weiten Panoramen – steif und formell zwar, und dennoch von majestätischer Schönheit. Diese ist nicht gerade heiter. Wenn man Ansichten von Petersburg neben manchen Ansichten von Paris betrachtet, fällt einem unwillkürlich der Vergleich eines gestrengen römischen Senators mit einer entzückenden Mänade ein. Der Senator ist zwar nicht weniger schön als die Mänade – sonst hätte er nicht die ganze Welt samt eben dieser Mänade erobert. In Petersburg herrscht derselbe strenge römische Geist, der Geist der Ordnung, jener Geist des formvollendeten Lebens, der für die allgemeine russische Schlampigkeit so unerträglich ist, aber doch ganz ohne Zweifel auch seine Reize besitzt.

Diese Steifheit, dieser scheinbar bloß philisterhafte »bon ton« enthält sogar etwas Phantastisches, gleichsam ein Märchen, das Märchen vom boshaft-schlauen Zauberer, der eine ganze Stadt erschaffen wollte, in der statt lebendigen Menschen und lebendigem Leben tadellos funktionierende Automaten tätig sind, angetrieben von einer grandiosen nimmermüden Sprungfeder. Die Mär ist reichlich düster, und doch nicht vollkommen abstoßend. Ich wiederhole – diese Maschinenhaftigkeit und Unnatürlichkeit haben einen besonderen, sogar enormen Reiz, jedenfalls einen größeren als das bürgerlich-vernünftige, fleißige Leben etwa von Berlin.

Gewiss, Berlin ist eine wunderbare Stadt. Welche Parks gibt es dort, welche Museen und Geschäfte. Aber man kann vor Langeweile eingehen, wenn man länger als einen Monat dort leben muss. Auch dort gibt es eine Sprungfeder, aber sie spielt schließlich – trotz aller Parks, Paläste und Museen – stets ›O, du lieber Augustin‹, während unsere Petersburger Sprungfeder eine unvergleichlich bedeutsamere, eine möglicherweise zwar tödlich schwermütige, dafür aber gewichtige und in gewisser Weise erhabene Musik intoniert. […] Mag Petersburg für das alte, große, gutmütige, schlampige Russland [sprich Moskau] immer noch wie schon seit 200 Jahren der fremde, unbegreiliche und verhasste Sergeant sein – nicht das gutmütige Onkelchen, sondern namentlich der Kommisshengst mit dem Stock, für jeden, der in das unwillige Murren der dahinkriechenden Alten, die sich von ihrem schweren, doch süßen Traum nicht lösen mag, nicht einstimmt, verwandelt sich dieser Sergeant in einen weisen, harten, doch faszinierenden Genius, der mit seinem lichten, kalten Blick wachsam auf alles ein Auge hat, was auf der Welt geschieht.

1902

Karl Stählin, Osteuropahistoriker, an seine Frau
(1865–1939)

Petersburg, ein geschichtsloser Parvenu
[...] Moskau ist offenbar in vielem das direkte Gegenteil von Petersburg: wenn in der Stadtanlage P.' die gerade Linie, der vorherrschende Zug ist, so hier der Kreis. Und der schnurgerade, von einem absoluten obersten Willen gezogene Prospekt ist wieder das Symbol der Militär- und Beamtenzentrale und zugleich des steiferen Lebens, während hier alles bequem und gemütlich und sans façon hergeht. Und vor allem: Moskau ist eben die altrussische Residenz mit ihrer ins tiefe Mittelalter reichenden Vergangenheit, ihren durch große Traditionen geheiligten Stätten, ihrem alten Zarenglanz und ihren großen Schicksalen der Tatareneroberung bis 1812: Petersburg ist diesen Erinnerungen gegenüber der geschichtslose Parvenu.
Moskau (Außerhalb) 15./28. 1910

Dmitri Mereschkowski
(1865–1941)

Moskau ist gewachsen, Petersburg wurde gezüchtet
Moskau ist aus russischer Erde gewachsen und von russischer Erde umgeben, nicht von einem sumpfigen Friedhof mit Bülten* statt Gräbern und Gräbern statt Bülten. Moskau ist von allein gewachsen, Petersburg wurde gezüchtet, aus der Erde herausgerissen oder sogar einfach ›erfunden‹. 1912

Boris Eichenbaum, Literaturwissenschaftler
(1886–1959)

Petrograd hat gar keine Seele
Moskau und Petersburg – ein altes Thema, aber ein lebendiges. In diesen beiden Namen ist so viel historischer Gehalt, dass Russland ohne sie nicht denkbar ist. Aber umso größer ist der Unterschied zwischen ihnen. So viele Züge auch den direkten, ebenen Stahlweg entlang rasen, jeder Petrograder, der nach Moskau kommt, ist

* Feste grasbewachsene Erdhaufen im Moor.

beeindruckt von seiner Eigenart, angefangen bei der archaischen Landschaft und endend bei den Menschen. Statt der graphischen Genauigkeit der Linien – Farben und bunte Flecken. Statt Einförmigkeit und gerader Perspektive – bizarre Verbindungen von Stilen und Tönen, breite Plätze und enge Gassen.

Kirchen an jeder Ecke – sie drängen sich rührend zwischen den Häusern und fremdeln überhaupt nicht, während es in Petrograd eigentlich keine Kirchen gibt, sondern nur feierlich von den Häusern entfernte Tempel. Und je hartnäckiger der Petrograder durch die Straßen Moskaus streift und sich in ihre wunderlichen Namen einliest, desto stärker fühlt er, dass Moskau irgendwie seine eigene Seele hat, eine schwierige, rätselhafte und der Seele Petersburgs nicht ähnliche. Ja, und Petrograd hat ja auch keine Seele, dafür gab es keine historische Notwendigkeit. Gerade seine Seelenlosigkeit macht Petrograd so faszinierend – es ist die Stadt des Intellekts, der Fiktion, die deshalb so leicht die Gestalt eines steinernen Gespenstes annehmen konnte. Stets ist sie in angespanntem und vernünftigem Nachdenken begriffen, ihre Blicke sind auf einen Punkt gerichtet wie bei einem nachdenkenden Menschen, und deshalb stehen ihr die weißen Nächte gut, die extra für sie geschaffenen. Moskau indessen kennt keine Nachdenklichkeit, es mag die Vernunft nicht, es lebt aus der Fülle und Vielfalt der Gefühle. Moskau wirkt malerisch, wohingegen Petersburg bloß Skizze, Kontur und Schema ist. In Moskau kann man verschiedene Perspektiven sehen, Petrograd kennt nur eine, die allmählich in die Ferne führt und im Nebel weiter verläuft. 1917

Leo Trotzki
(1879–1940)

Wir verspürten die Gegensätze sofort

Der historische Antagonismus zwischen Moskau und Petrograd hatte den Oktoberumsturz überlebt. Moskau war ehemals ein großes Dorf, Petrograd eine Stadt gewesen. Moskau war der Sitz der Gutsbesitzer und Kaufleute, Petrograd die Stadt der Militärs und der Beamten. Moskau galt als echt russisch, slawophil, gastfreundschaftlich, das Herz Russlands. Petersburg war der farblose Europäer, das egoistische, bürokratische Gehirn des Landes. Moskau wurde die Stadt der Textil-, Petrograd der Metallindustrie. Diese Gegenüberstellungen ergaben literarische Übertreibungen wirklicher Gegensätze.

Wir verspürten diese Gegensätze sofort. Der Lokalpatriotismus beherrschte auch die eingeborenen Moskauer Bolschewiki. [...]

Die Moskauer Periode wurde zum zweitenmal in der russischen Geschichte eine Periode des Sammelns von Staaten und der Schaffung von Organen ihrer Verwaltung. Jetzt wehrte Lenin ungeduldig und ironisch, manchmal sogar direkt höhnend, alle jene ab, die fortfuhren, auf jede Frage mit allgemeinen propagandistischen Formeln zu antworten. »Was fällt Ihnen ein, Verehrtester, sind Sie denn im Smolny?«, sprang er sie in einem Gemisch aus Zorn und Gutmütigkeit an. »Das ist reinster Smolny«, unterbrach er die Redner, die nicht zu Sache sprachen, »beruhigen Sie sich, bitte, wir sind nicht mehr im Smolny, wir sind ein Stück weitergegangen.« Lenin sparte niemals mit energischen Worten gegen den gestrigen Tag, wenn es galt, den morgigen vorzubereiten. 1929

Ossip Mandelstam
(1891–1938)

Literarisches Moskau

Moskau ist Peking: hier triumphiert das Festland, der Geist des Reiches der Mitte, hier verschlingen sich die schweren Stränge der Eisenbahnlinien zum festen Knoten, hier feiert der Kontinent Eurasien seinen immerwährenden Namenstag. Wer sich wohlfühlt im Reich der Mitte, ist ein willkommener Gast in Moskau. Dem einen der Geruch des Meeres, dem anderen der Geruch der Welt. [...]

Hier trinken die Kutscher Tee in den Kneipen wie griechische Philosophen. Hier zeigt man nachts auf dem Flachdach eines kleineren Wolkenkratzers ein amerikanisches Agentendrama. Hier pfeift auf einem Boulevard, ohne irgendwessen Aufmerksamkeit zu erregen, ein ordentlicher junger Mann eine komplizierte Tannhäuser-Arie daher, um sein Brot zu verdienen, und ein Künstler der alten Schule graviert Ihnen auf einer Parkbank in einer halben Stunde Ihr Porträt auf eine silberne Akademiemedaille. Hier gehen die Zigarettenjungen in ganzen Rudeln, wie in Konstantinopel die Hunde und fürchten keinerlei Konkurrenz untereinander. Händler aus Jaroslawl verkaufen Piroggen, Leute aus dem Kaukasus genießen ein wenig die Kühle eines Feinkostgeschäfts. Hier geht kein Mensch, er sei denn Mitglied des Allrussischen Schriftstellerverbandes, im Sommer zu einem literarischen Disput. [...] 1922

Nadeschda Mandelstam
(1899–1980)

Mandelstams ständiges Thema
In Moskau machten wir immer wieder Station, nach Moskau kamen wir oft, in Moskau lebten wir – aber Petersburg, das war der Ort, an den wir immer wieder zurückkehrten. Das war Mandelstams Heimatstadt – geliebt, bis in die letzten Winkel bekannt, ein Ort, von dem er niemals flüchten konnte. »Stadtliebe, Stadtleidenschaft, Stadthass«, so nannte er im *Gespräch über Dante* das Gefühl, das er selbst erfahren hatte. Petersburg ist Mandelstams ständiges Thema. Er schrieb über diese Stadt im *Lärm der Zeit,* in der *Ägyptischen Briefmarke,* viele Gedichte im *Stein* handeln davon, fast alle im Band *Tristia* und dann noch etliche Verse der dreißiger Jahre. Manchmal suchte Mandelstam seine Rettung vor Petersburg im Süden, um erneut zurückzukehren und dann wieder zu fliehen.

Petersburg – das ist der stechende Schmerz Mandelstams, das sind seine Gedichte und sein Stummsein. Wer hat sich das nur ausgedacht, dass ich Petersburg nicht geliebt hätte und nur deshalb nach Moskau wollte, weil dort mein Lieblingsbruder lebte? Das ist eine sentimentale Version unseres Lebens … Ich hatte nie auch nur den geringsten Einfluss auf Mandelstam, und er hätte mich auch schneller verlassen als seine eigene Stadt. Er hatte sie längst vor mir aufgegeben und sie später wiederholt verlassen, und dafür gab er auch eine genaue Erklärung ab: »In Petersburg leben – ja, um im Grab zu liegen …«

Im »Buddha-Moskau«, in der »unzüchtigen Hauptstadt«, lebte Mandelstam dennoch gerne, und er schaffte es sogar, dort ein gewisses Vergnügen zu finden: in der weit auseinander gefächerten Anlage der Stadt, in ihrer Ungleichmäßigkeit, in ihrer buddhaartigen Starrheit, in ihrer tausendjährigen Geschichtslosigkeit und auch in ihrer unaufhörlich drohenden Haltung, die ihn aus irgendeiner Ecke anfauchte. In Petersburg hätte Mandelstam das Jahr 1938 bestimmt nicht erlebt. Er konnte sich nur dadurch retten, dass er zu den »Nereiden des Schwarzen Meeres« flüchtete. Doch die Nereiden des Schwarzen Meeres retteten die Menschen genauso wenig wie die der Ostsee – was jemanden rettete, war allein der Zufall.

Schon früh hatte Mandelstam das Ende Petersburgs gefühlt und damit auch das Ende der Petersburger Periode der russischen Geschichte. […] Wir erfuhren das sehr eindeutig, als wir Mitte der zwanziger Jahre in Leningrad lebten. Ich hatte das Gefühl, als hätte Moskau die eigentliche Masse an Ereignissen in seinen Händen, während Leningrad von diesen Ereignissen entfernt war; Leningrad tat lediglich auch das, was der Ausbildung der menschlichen Seelen diente, die zur Vernichtung bestimmt waren.

Jewgeni Samjatin
(1884–1937)

Fenster nach Europa, Tür nach Asien
»Moskau ist weiblich, Petersburg männlich«, schrieb Gogol vor hundert Jahren. Das mutet wie ein zufällig hingeworfener Witz an, wie ein grammatikalisches Wortspiel, daran ist aber etwas Grundlegendes im Charakter der beiden Hauptstädte derart treffend beobachtet worden, dass man auch heute, nach hundert Jahren, daran erinnert wird.

Petersburg hat es seitdem zu Leningrad gebracht, es ist aber viel eher Petersburg geblieben, als Moskau – Moskau. Moskau hat sich der Revolution stürmischer, hemmungsloser, gehorsamer als Petersburg hingegeben. Wie war es auch anders zu erwarten: die siegreiche Revolution wurde ja Mode, und welche echte Frau würde es unterlassen, sich nach der Mode zu kleiden? Petersburg nahm das Neue ohne Eile hin, mit männlicher Kaltblütigkeit, mit größerer Rücksicht auf guten Geschmack. Es ging langsamer vorwärts, und das ist begreiflich: es musste eine schwere Last kultureller Traditionen mit sich tragen, die namentlich auf dem Gebiete der Kunst spürbar sind. Ohne dieses lästige Gepäck, leichten Fußes flogen die Moskauer Musen dahin und überholten nicht nur Petersburg, sondern auch Europa und mitunter sogar den gesunden Menschenverstand. »Moskau verlangt, wenn es schon auf die Mode käme, so müsse es eine Mode in aller Form sein«, machte sich schon Gogol über Moskau lustig, der diese seine weibliche Schwäche kannte.

Übrigens ist diese hemmungslose Jagd nach dem Neuen nicht nur ein weiblicher Zug, er rührt auch von der Jugend her: das neue Moskau, das neben, über, durch das alte sechshundertjährige lebt – ist erst sechzehn Jahre alt. Vor plötzlichen, bunten Mischungen aus Alt und Neu dreht sich einem in Moskau der Kopf; Petersburg ist strenger: auch heute noch, wie zu Gogols Zeiten »mag es bunte Farben nicht leiden«. Petersburg bleibt ein Fenster nach Europa, nach dem

Westen; Moskau wurde zu einer Tür, durch welche aus dem Osten, durch Asien, sich Amerika nach Russland ergoss.

All das ist freilich nur ein Schema. Im Leben, namentlich im widergespiegelten, in der Kunst, gibt es keine solche geographische Genauigkeit: bald taucht ein neckischer Moskauer Schopf auf dem Nevskij Prospekt auf, bald wird ein lauter Moskauer Platz unter dem strengen Schatten des Petersburger Ehernen Reiters still. Und am deutlichsten ist es vielleicht im steinernen Spiegel der Architektur zu sehen, welche Spur die Revolution in Petersburg und Moskau hinterlassen hat.

Petersburg wuchs als regierende kaiserliche Stadt, seine Baumeister waren der Fiskus, der Staat, das System. Die Mehrzahl seiner Bauten, die sein Gesicht bestimmen – die prächtigen Arbeiten Rastrellis, Quarenghis, Thomons, Voronichins –, stammen aus der Zeit Katharinas, Alexanders I. und Nikolajs I. Die Geschmacklosigkeit der letzten Kaiser hat der nordischen Hauptstadt glücklicherweise keinen Stempel aufgedrückt: bis dahin war die grundlegende architektonische Komposition Petersburgs bereits abgeschlossen. In dieser Gestalt trat es auch in die Revolution ein, und diese seine Abgeschlossenheit, seine architektonische Vollendung, brachte es mit sich, dass es auch nach der Revolution sein bisheriges Gesicht behielt. Für das Neue war nahezu kein Platz mehr da, abgesehen von der Peripherie, wo die Revolution auch ihre Spuren hinterließ. Dort, um Petersburg herum, wächst langsam ein Leningrad auf, dessen Elemente etwa das gelungene Arbeiterviertel am Narvator mit seinem glänzend ausgestatteten Kulturhaus und ähnliche Kulturhäuser in anderen Arbeitervierteln sind.

Ganz anders, orientalisch, wurde das zaristische Moskau gebaut: launenhaft, breit, bunt, planlos. Sein Wachstum wurde von keinem einheitlichen Willen geleitet. Im Gegensatz zum kaiserlichen Petersburg war Moskau die Hauptstadt der Gutsbesitzer und Kaufleute – der Kaufleute in erster Reihe. Reichgewordene Emporkömmlinge aus hinterwäldlerischen Nestern des Uralgebirges, aus altgläubigen Einsiedeleien des Volgalandes ließen sich hier nieder und bauten »Villen« nach ihrer Ural- oder Volgaphantasie. Ebenso wie die Paläste für Petersburg sind für Moskau diese »Villen« typisch, diese Einfamilienhäuser, die sich ungeniert neben den modernen vielstöckigen Ungeheuern breitmachen. Neben den Villen – Kirchen, eine auffallende Menge von Kirchen, meistenteils sehr alten, aus dem 14.–15. Jh., ein Erbe jener Epoche, da Moskau die Hauptstadt frommer Zaren war.

Sobald Moskau nach der Revolution wieder zur Hauptstadt wurde, ergoss sich hierher eine Flut von Ämtern und Beamten, die aus der neuen sozialistischen Wirtschaftsverfassung hervorgegangen war. Eine unerhörte Wohnungsnot, wie sie in keiner anderen europäischen Hauptstadt je vorgekommen war, gebot die schleunigste Errichtung neuer Häuser. Die einstigen kleinen »Villen« mussten vor ihnen weichen und die Hauptstraßen Moskaus räumen – zugleich begannen auch die Kirchen zu verschwinden (zum Teil auch die Folge der amtlichen antireligiösen Politik). [...]

Die kaiserliche Periode, in Moskau verhältnismäßig wenig bemerkbar, hat in den Leningrader Anlagen, auf den Plätzen und Kais eine ganze Chronik aus Bronze und Stein hinterlassen, die von dem herrlichen, von Puschkin besungenen Ehernen Reiter eingeleitet wird. Das revolutionäre Petersburg hat genug Geschmack und Haltung bewiesen, um all diese Denkmäler, bis auf wenige Ausnahmen, an ihrem Platze zu lassen – selbst die ungemein eindrucksvolle, massige Gestalt Alexanders III.* steht immer noch vor dem Bahnhofseingang zum Nevskij Prospekt und übermittelt dem Ankommenden den ersten Gruß von Leningrad. Gleichermaßen hatte Petersburg genügendes Stilgefühl aufgeboten, um eines der wenigen, nicht mehr interimistischen, sondern ständigen Revolutionsdenkmäler – die Statue Lenins – nicht im Zentrum aufzustellen, nicht unter den Empirebauten und den kaiserlichen Denkmälern, sondern näher zu den Arbeitervorstädten, zu Leningrad (am Platze vor dem Finnischen Bahnhof). Moskau springt mit den alten Denkmälern ungezwungener um, so erfuhren vor zwei Jahren die alten Moskauer mit Staunen, dass das Denkmal Minins und Požarskijs von seinem alten Platze weiter nach der Wasilij-Blažennyj-Kathedrale zu übersiedelt sei. Bei seinen neuen ständigen Monumenten zieht Moskau, ebenso wie bei den neuen Häusern, den »geometrischen Stil« vor (der weiße Obelisk am Alexanderpark, ein grauer am ehemaligen Skobelevplatz). Leider gibt es einstweilen unter den neuen Denkmälern Moskaus sowohl wie Leningrads nicht ein einziges, das über den Durchschnitt hinausginge, dessen eherne Stimme auch annähernd so klänge wie die Stimme des Petersburger »Ehernen Reiters«. [...]

1933

* Denkmal von Paolo Trubezkoi (1866–1938), 1909 eingeweiht. 1937 abgebaut und im Hof des Marmorpalastes wieder aufgestellt.

Boris Pasternak
(1890–1960)

Moskau möchte man verlassen …
Es ist seltsam, nach Moskau zu kommen aus Petersburg. Eine furchtbare, farblose, wirre, fatale Stadt. Unvorstellbare Preise. In Petersburg richten sie sich nach dem Menschen. Unvorstellbarer Mangel an Komfort. In Petersburg wurde das Gepäck (8 Gepäckstücke, 13 Pud) auf einem Wagen angeliefert. Hier kennt man das nicht. Hier will der Genossenschaftler verdienen, der Lastfuhrmann, der eine Gauner vom Chitrow rynok, der zusieht, dass während des Transportes nicht ein Teil der Sachen abhandenkommt, und der andre, damit er nicht dieser andre ist. Unvorstellbares Straßenpflaster. Ich setzte mich in einen Pferdewagen, und schon beim Verlassen des Bahnhofsvorplatzes gab ich innerlich alles verloren, was zerbrechlich und fragil ist, was mit Schrauben, Muttern, Glas und sonstigen unrussischen Vorurteilen gefertigt ist. So opferte ich innerlich den »Mallepost« (den Kinderwagen, der 50 Rubel gekostet hat). Ich wurde hochgeschleudert, landete auf meinem Sitz und hopste wieder hoch bei dem Geholper über die runden Kanaldeckel, und beim Anblick dieser im trockenen Kalk und Sand auf der Stelle tretenden Massen begriff ich, dass Moskau mir von Geburt an aufgebürdet ist, dass das meine passive Mitgift ist, die Stadt meiner Erinnerungen an euch und euer Leben, der Ort unseres sperrigen Inventars, die Puppenhülle all meiner Entwicklungsphasen, der Unmündigkeit, des Reifens dreier aufeinander folgender Berufungen, und kurz gesagt, der leicht zusammenfassbaren und von selbst eins werdenden Vergangenheit. Dass ich alles daransetzen werde, umzuziehen, fürs Erste, – vielleicht, – nach Petersburg.

Ich muss noch sagen, dass Moskau mit seiner Stil- und Bevölkerungsmischung etc. etc. jetzt einen höchstgradig verlogenen Eindruck macht. Manchmal beginnt man hier zu spüren, dass man Lüge atmet, allgemeine und durchgängige Lüge, die alles rundum entschieden durchdringt, vom Backstein und bis hin zu den Gesprächen der Leute.

Die Revolution, ob sie nun gut ist oder schlecht, mir nah oder fern, ist immerhin eine sinnvolle und einzigartige Realität mit ihrer eignen Gesetzmäßigkeit und Logik. In Moskau verliert sie sogar diese ihre gesetzmäßige Logik, – während man sie sich in Petersburg in gewissem Grade als etwas Bestimmtes erklären kann, und in dieser ihrer Bestimmtheit mit Peter dem Großen, Radischtschew, den Dekabristen, Puschkin, dem Jahr 1905 verbunden, und auch einfach mit der Stadt selbst, dem Meer, mit Kronstadt, mit der Geradheit der Straßen und allen Besonderheiten des »Fensters nach Europa«. In Moskau denkt man sie sich als den Gipfel der Vielfalt, sodass als wahre Revolution mitunter die Erinnerung an Asien gilt, der Weg zurück von der Stadt ins Dorf, vom Arbeiter zum Bauern, und es gibt keinen reaktionären Unsinn der instinktiven Art, der sich nicht mittels eines billigen Tricks erfolgreich als der »wahre Sinn« der Revolution ausgäbe. Hier mischen sich die Stimmen des Markts, der Grobheit, der Beschränktheit, der Rassenfeindlichkeit etc. prächtig und ungestört mit entgegengesetzten Elementen. Aus ihnen beziehen diese finsteren Nachbeter ihre Maßgeblichkeit, die sie selbst in den düstersten Zeiten nicht hatten. Plötzlich erweist sich, dass herausragende wissenschaftliche oder künstlerische Leistung etwas Philiströses ist oder, allgemein, etwas, wofür man sich schämen muss. Regierung und Partei können natürlich nicht denken und denken nicht, doch der Ton und die Lebensweise fördern nicht Höhepunkt und Persönlichkeiten, sondern die Macht der Quantität.

Die Intelligenz bekommt die Missgunst jener trägen Schicht zu spüren, die in ihrer sozialen Bedeutung (Bauernschaft) einen Teil der Revolution darstellt, doch im Grunde ihren Neigungen aus den vorpetrinischen Zeiten der »Deutschen Vorstadt« treu geblieben ist. All das ist von außen und vom historischen Standpunkt betrachtet, sehr interessant. Doch in dieser Konfusion, der höchstgradig heiklen und doppelzüngigen, leben zu müssen, ist sehr hart. Das ist Moskau. In Petersburg ist es wesentlich leichter, dort ist der Geist dieser Revolution reiner, unbedingter, direkter. Verlogenheit und Widerspruch sind dort nicht zum System erhoben.

Moskau möchte man auch deshalb verlassen, weil es maßlos übervölkert ist, und die unablässige Tortur mit der Wohnung wird nicht aufhören.

1942

Daniil Granin
(1919–2017)

Nördliche Hauptstadt

Ich liebe Moskau, aber das Moskauer Leben mag ich nicht. In den letzten Jahren ist Moskau hässlich und fett geworden, kriminell fett. Manchmal sieht es so aus, als ob die »neuen Russen« ihm ihre geschmacklose Schminke anlegen. Der Ausdruck »Kneipen-Moskau« kehrt leider zurück …

Zum Glück ist Petersburg vom korrupten Einfluss der hauptstädtischen Beamtenschaft verschont geblieben. Bei uns ist die Luft ein bisschen sauberer, und die sittliche Ökologie ist besser. Aber die Armut Petersburgs ist heute, wie seltsam das auch ist, stärker zu spüren. Der Status der nördlichen Hauptstadt hat die Ärmlichkeit unserer Existenz offenbart. Im Vergleich mit dem Ausmaß der Bautätigkeit in Moskau, seiner Rekonstruktion, seinem U-Bahn-Netz wird unser Petersburger Leben immer erniedrigender. Die Kultur beginnt nicht bei Museen, Konzerten und Ausstellungen. Vermüllte Höfe, abgewetzte Treppen, herausgeschlagene Fensterscheiben, demolierte Aufgänge. Ich weiß, dass es all das auch früher schon gab, aber heute, da die Rede von der Kulturhauptstadt ist, reizt die Verkommenheit der Stadt das Auge noch mehr. Man sagt mir, dass in Moskau 80 Prozent des Bankenkapitals des Landes konzentriert sind, natürlich, das ist absurd und schmerzlich für das Land, aber was haben damit der Dreck und der scheußliche Zustand der Toiletten sogar in solchen Einrichtungen wie dem Pulkowo Airport oder einem Bezirksgericht zu tun.

Andrei Bitow
(1937–2018)

Nur noch 0,4 Prozent gebürtige Leningrader übrig

[…] Nach Leningrad zieht aus Moskau schon lange niemand mehr um. Der Ausdruck »gebürtiger Leningrader« klingt stolz. Damals erfuhr ich von der Ziffer 0,4 Prozent. So viele »Gebürtige« waren zu der Zeit noch übrig (vor zehn Jahren). Und ich, ein angestammter Ehrenbürger von Sankt Petersburg (Großvater erhielt diesen Titel im Jahre 1915), der hier Gräber in der fünften Generation hat, der hier geboren wurde, dabei am Geburtstag der Stadt, der die Blockade überlebt hat, der seine Familie hier zusammengehalten hat, der hier Kinder und Enkel bekommen hat … ja, von denen es hundertmal weniger als 0,4 Prozent gibt! … ich wurde für einen Verräter und Moskauer nur aufgrund des Stempels im Pass gehalten!! Mir haben sie zum 60. Geburtstag auf dem Schuwalow-Friedhof das Kreuz auf den Gräbern der Eltern gestohlen!!! Traurig.

Darüber muss man sich klarwerden. 1998

Lew Lurje, Petersburger Historiker
(geb. 1950)

David gegen Goliath
Petersburg empfand Moskau gegenüber immer einen stillen Hass. Bei uns gelten die Moskauer als laute, schlecht erzogene und oberflächliche Leute, die auf fremde Kosten leben. Petersburg hegt ewig den Traum von Revanche. Alle Schichten der Bevölkerung und die sozialen Gruppen vereint die Hoffnung auf einen unerwarteten und unweigerlichen Sieg des Petersburger David über den Moskauer Goliath.

Anhang

Biobibliographie

Die russischen Namen sind aus Gründen der Verständlichkeit phonetisch transkribiert, aber in Klammern auch wissenschaftlich transliteriert. In mehreren Fällen stehen sie so da, wie Verlage und Redaktionen sie in ihren Publikationen angeben. – Nicht zitierte Werke der Autoren werden nur genannt, wenn sie ins Deutsche übersetzt sind.

Anna Achmatowa (Anna Andreevna Achmatova), geb. 1889 als Tochter eines Ingenieurs der Handelsflotte in Bolschoi Fontan bei Odessa, gest. 1966 in Domodedowo bei Moskau; Lyrikerin; wuchs bis zum 16. Lebensjahr in Zarskoje Selo auf, studierte Jura in Kiew; heiratete 1910 den Dichter Nikolai Gumiljow und brachte 1912 ihren Sohn Lew zur Welt; veröffentlichte 1911 ihren ersten Gedichtband *(Abend).* Blieb nach dem Oktoberumsturz in Petrograd/Leningrad, musste erleben, dass Gumiljow als »Konterrevolutionär« erschossen wurde und viele Freunde, Bekannte und Kollegen Sowjetrussland verließen; wurde von 1922 an nicht mehr gedruckt; blieb vom Terror der Stalin-Zeit nicht verschont. Ihr Sohn Lew wurde mehrfach verhaftet und kehrte erst 1956 aus den Lagern zurück, der Kunsthistoriker Nikolai Punin, ihr dritter Mann, verschwand 1949 im GULag. Den Beginn der Leningrader Blockade hatte sie noch in der Stadt erlebt, war aber Ende September 1941 nach Moskau ausgeflogen worden und lebte bis Mai 1944 in Taschkent. Nach dem berüchtigten ZK-Beschluss vom August 1946, demzufolge sie, Nonne und Hure zugleich, die Sowjetregierung schände und ihre lyrische Dichtung ein Hindernis beim Aufbau des Sozialismus sei, wurde sie aus dem Schriftstellerverband ausgeschlossen. Der Ausschluss kam einem Berufsverbot gleich. Rehabilitiert wurde sie erst nach Stalins Tod, aber nicht gedruckt. Das Versepos *Poem ohne Held*, an dem sie 22 Jahre gearbeitet hatte, erschien erst 1963 in der UdSSR, der Gedichtzyklus *Requiem* erst 1987, 21 Jahre nach ihrem Tod.

Die Stadt, in: *Vor den Fenstern Frost. Gedichte und Prosa.* Aus dem Russischen von Barbara Honigmann [Gedichte] und Fritz Mierau [Prosastücke]. Berlin: Friedenauer Presse ²1988, S. 3 f.

Petersburg im Jahre 1913, in: *Poem ohne Held. Poeme und Gedichte.* Russisch und deutsch. Hrsg. von Fritz Mierau. Leipzig: Reclam 1972, 1982, S. 203.

Petrograd, 1919, in: *Im Spiegelland. Ausgewählte Gedichte.* Hrsg. von Efim Etkind. Serie Piper. Neuausgabe 1988. München/Zürich: Piper 1988, S. 46. Ü: Kai Borowsky.

Requiem, in: *Im Spiegelland. Ausgewählte Gedichte.* Hrsg. von Efim Etkind. Serie Piper. Neuausgabe 1988. München/Zürich: Piper 1988, S. 180 f. Ü: Ludolf Müller.

Aus dem Zyklus »Kriegswind«, in: *Poem ohne Held. Poeme und Gedichte.* Russisch und deutsch. Hrsg. von Fritz Mierau. Leipzig: Verlag Philipp Reclam jun. 1979, 1982, S. 51.

Poem ohne Held, Dritter Teil, Epilog, Nachdichter: Heinz Czechowski. In: *Poem ohne Held. Poeme und Gedichte.* Russisch und deutsch. Hrsg. von Fritz Mierau. Leipzig: Verlag Philipp Reclam jun. 1979, 1982, S. 191 f., 203.

Ales Adamowitsch (Ales' Michailovič Adamovič), geb. 1927 in einem Dorf bei Minsk, gest. 1994 in Moskau, weißrussischer Schriftsteller, Kriegsteilnehmer, befragte in den 1970er-Jahren zusammen mit Daniil Granin (s. u.) Hunderte Überlebende der Leningrader Blockade, deren Berichte zunächst nicht veröffentlicht werden konnten. Erst 1982 erschien das *Blockadebuch* in Moskau, allerdings zensiert und gekürzt. 1984 kam eine deutsche Ausgabe in Berlin, DDR, heraus. Eine unzensierte, vollständige Fassung mit einem Vorwort von Granin über die Entstehungsgeschichte des Buches erschien erst 2003 in Moskau. Im August 2018 brachte der Aufbau Verlag Berlin eine Neuauflage unter dem Titel *Blockadebuch. Leningrad 1941–1944* mit einem Vorwort von Ingo Schulze heraus.

Das Blockadebuch. Zweiter Teil. Aus dem Russischen von Ruprecht Willnow. Berlin: Verlag Volk und Welt [2]1987, S. 162 f.

Alexander I. (Aleksandr Pavlovič), geb. 1777 als Sohn des Thronfolgers und späteren Kaisers Paul I. in St. Petersburg, gest. 1825 in Taganrog; Kaiser und Selbstherrscher von ganz Russland (1801), »Befreier Europas«.

Eigenhändiges Schreiben Alexanders an Graf Nikolai I. Saltykow, den Vorsitzenden des Staatsrats und des Ministerkomitees in St. Petersburg, aus Belkowščizna, Gouvernement Grodno. Ü: Marianna Butenschön. http://1812doc.ru/?p=46 (yandex.ru).

Alexander von Russland (Aleksandr Michajlovič), geb. 1866 als Sohn des Großfürsten Michail Nikolajewitsch in Tiflis (Tbilissi), Georgien, gest. 1933 in Roquebrune, Frankreich, Großfürst, Schwager Nikolaus' II., Handelsmarineminister, Admiral, Gründer der russischen Luftwaffe (1908).

Einst war ich Großfürst. Ins Deutsche übertragen von Herberth E. Herlitschka. Augsburg: Bechtermünz 2000, S. 66 ff.

Francesco Algarotti, geb. 1712 in Venedig, gest. 1764 in Pisa, Schriftsteller, Kunstkritiker, Kunsthändler, Korrespondent Friedrichs II., gehörte zu dessen »Tafelrunde«; reiste 1739 gegen Ende der Regierungszeit der Kaiserin Anna Ioannowna nach Russland und hielt sich sechs Wochen in St. Petersburg auf. Werke u. a. *Briefwechsel mit Friedrich II.* Berlin 2008.

Russische Reise (1764), in: Werkausgabe in Deutsch. Hrsg., übers. und kommentiert von Hans W. Schumacher, online-Ausgabe, S. 30 f.; das Buch beruht auf Algarottis Tagebuchaufzeichnungen, die er in Briefe an Lord Hervey (1696–1743), einen englischen Höfling und Schriftsteller, umarbeitete.

Jewgeni Anissimow (Evgenij Viktorovič Anisimov), geb. 1947 in Leningrad, Historiker, Professor am Institut für Geschichte der Akademie der Wissenschaften und an der Europäischen Universität in St. Petersburg, Autor und Moderator zahlreicher Fernsehsendungen zur russischen Geschichte, Biograf der Kaiserinnen Anna Ioannowna und Elisabeth Petrowna, Anziferow-Preisträger.

Zenščiny na rossijskom prestole (Die Frauen auf dem russländischen Thron). Ü: Marianna Butenschön, St. Petersburg: Norint 2003, S. 129 f.

Nikolai Anziferow (Nikolaj Pavlovič Anziferov), geb. 1889 in der Nähe von Uman, Gouvernement Kiew, gest. 1958 in Moskau, Historiker, Stadthistoriker, Begründer der russischen Landeskunde; schloss 1915 die Petrograder Universität ab, nahm an der Entwicklung des Exkursionswesens in Petrograd teil; wurde 1925 zum ersten Mal verhaftet und nach Omsk verschickt, kam nach drei Monaten wieder frei; wurde im April 1929 als angebliches Mitglied einer angeblichen »konterrevolutionären monarchistischen Organisation« erneut verhaftet und zu Zwangsarbeit auf den Solowki verurteilt; sollte nach der letzten Verhaftung im September 1937 für acht Jahre in ein Lager am Ussuri, kam jedoch nach zwei Jahren wieder frei; wurde 1943 in den Schriftstellerverband aufgenommen und promovierte 1944. Sein berühmtes Buch *Die Seele Petersburgs*, das 1922 herauskam, wurde erst 1990 in einer Auflage von 100 000 Exemplaren wieder aufgelegt.

Die Seele Petersburgs. Aus dem Russischen von Renata von Maydell. Vorwort von Karl Schlögel. Wien/München: Hanser 2003, S. 279 f. © 2003 Carl Hanser Verlag GmbH & Co. KG, München.

Kontantin Asadowski (Konstantin Markovič Azadovskij), geb. 1941 in Leningrad, Germanist, Schriftsteller, Übersetzer, langjähriger Petersburger PEN-Präsident, Träger des Bundesverdienstordens. Werke u. a. *Rilke und Russland: Briefe, Erinnerungen, Gedichte.* Hrsg. von Konstantin Asadowski (1986). *Ein Gespräch in Briefen. Rainer Maria Rilke und Marina Zwetajewa.* Hrsg. von Konstantin Asadowski (1992).

Zaren und Bettler, Paläste und Höfe. Erinnerungen an eine Zeit, die noch nicht lange vergangen ist. Aus dem Russischen von Dorothea Trottenberg, in: NZZ, 17. Mai 2003.

Isaak Babel (Isaak Ėmmanuilovič Babel), geb. 1894 in der Moldawanka, dem Judenviertel von Odessa, gest. 1940 in Moskau, Journalist, Schriftsteller, Übersetzer, absolvierte die Wirtschaftsschule von Odessa und das Institut für Ökonomie und Finanzen von Kiew, schrieb seine ersten Geschichten auf Französisch, zog 1916 nach Petrograd, wo er ein halbes Jahr als Reporter arbeitete; erspürte »diese wundervolle Stadt« aber erst 1939, bei seinem letzten Besuch; wurde der antisowjetischen verschwörerischen terroristischen Tätigkeit und der Spionage beschuldigt und angeklagt, gefoltert und einen Tag nach dem Todesurteil am 27. 1. 1940 in der Butyrka in Moskau erschossen; kehrte erst nach 1956 in die sowjetische Literatur zurück. Werke u. a. *Die Reiterarmee* (1926), *Mein Taubenschlag, Sonnenuntergang* (1928), *Geschichten aus Odessa* (1931), *Maria* (1935).

Die Pferde, in: *Petersburg 1918. Vierzehn Reportagen.* Aus dem Russischen übers. und hrsg. von Milo Dor und Reinhard Federmann. Pfullingen: Verlag Günther Neske 1977, S. 24.

Briefe 1925–1939. Hrsg. und aus dem Russischen übers. von Gerhard Hacker. Münster: J. Lang 1995, S. 345 f.

Andrei Bely (Andrej Nikolaevič Belyj), eigentlich Boris N. Bugajew, geb. 1880 als Sohn eines Mathematikers in Moskau, gest. 1934 ebenda; Schriftsteller, Kritiker, Essayist, bekanntester Vertreter des russischen Symbolismus; studierte zunächst an der physikalisch-mathematischen Fakultät der Moskauer Universität, später an deren historisch-philologischen Fakultät; begeisterte sich für die Revolution von 1905; lernte 1912 in Berlin Rudolf Steiner kennen und wurde sein Schüler; fand für seinen Roman *Petersburg* lange keinen Verlag; konnte 1921 nach Berlin ausreisen, kehrte 1923 jedoch nach Russland zurück. Werke u. a. *Die silberne Taube* (1910), *Kotik Letajew* (1926).

Petersburg (1913/1914). Aus dem Russischen übertr. von Gisela Drohla. Frankfurt a. M.: Insel Verlag 1959, S. 86, 106 f., 369 f.

Alexander Benois (Aleksandr Nikolaevič Benua), Petersburger Franzose, geb. 1870 als Sohn des Architekten Nikolai L. Benois in St. Petersburg, gest. 1960 in Paris; Großonkel Peter Ustinovs; Maler, Illustrator, Bühnenbildner, Kunsthistoriker, Kunstkritiker, Memoirenschriftsteller, Mitgründer der Künstlervereinigung »Welt der Kunst« (1898) und der gleichnamigen Zeitschrift sowie der *Ballets russes,* Direktor der Gemäldegalerie der Ermitage; leitete nach der Jahrhundertwende mit seinem Beitrag über das »pittoreske Petersburg« in der *Welt der Kunst* eine kurzzeitige Petersburg-Renaissance ein; illustrierte u. a. den *Ehernen Reiter* und die *Pique Dame;* kehrte 1925 von einem Aufenthalt in Paris nicht in die UdSSR zurück.

Tagebuch der Jahre 1916–1918. Ü: Marianna Butenschön, Moskau: Zacharov 2006, S. 186 f.

Moi vospominanija, kniga I (Meine Erinnerungen, Buch I). Ü: Marianna Butenschön, Moskau 2005, S. 494 f.

Pittoreskes Petersburg, in: *Mir Iskusstvo 2/1902* (Digitalisat), zit. nach Lange (Hrsg.), S. 133 f.

Olga Bergholz (Ol'ga Fëdorovna Berggol'c), geb. 1910 als Tochter eines deutschstämmigen Arztes in St. Petersburg, gest. 1975 in Leningrad, sowjetrussische Dichterin, arbeitete während der Leningrader Blockade als Autorin und Sprecherin für den Leningrader Rundfunk, »Muse der Blockade«. Werke u. a. *Goworit Leningrad (Hier spricht Leningrad), Dnevnye zvëzdy (Tagessterne).*

Hier liegen Leningrader, Gedicht, in: http://de.wikipedia.org/wiki/Piskarjow-Gedenkfriedhof

Hector Berlioz, geb. 1803 in La-Côte-Saint-André, gest. 1869 in Paris; französischer Komponist, Dirigent und Musikkritiker, reiste Anfang 1847 nach St. Petersburg, die »stolze nördliche Hauptstadt«, um dort seine dramatische Legende »La Damnation de Faust« für Soli, Chor und Orchester aufzuführen, die ihm in Paris weder künstlerisch noch finanziell den erhofften Erfolg gebracht hatte; in Petersburg und dann in Moskau hatte er mehr Glück. Von Berlioz ist der Satz überliefert: »Wenn der Kaiser von Russland mich will, verkaufe ich mich an ihn.«

Memoiren mit der Beschreibung seiner Reisen in Italien, Deutschland, Russland und England. 1803–1865, II. Aus dem Französischen übers. von Elly Ellès. Leipzig: Breitkopf & Härtel 1905, S. 233, 239 ff.

Otto von Bismarck, geb. 1815 in Schönhausen, Elbe, gest. 1898 in Friedrichsruh, preußischer Gesandter in St. Petersburg (1859), preußischer Ministerpräsident (1862), Bundeskanzler des Norddeutschen Bundes (1865–1871), Reichskanzler (1871–1890); seit 1865 Graf von Bismarck-Schönhausen, seit 1871 Fürst, Werke u. a. *Gedanken und Erinnerungen,* Stuttgart und Berlin 1905.

An den Bruder, in: *Bismarcks Briefe.* Für die Deutsche Bibliothek bearb. von Eugen Kalkschmidt, Dt. Bibliothek, Berlin ca. 1935, S. 165.

Andrei Bitow (Andrej Georgievič Bitov), geb. 1937 als Sohn eines Architekten in Leningrad, gest. 2018 in Moskau, Prosaiker, Essayist, Drehbuchautor; ursprünglich Geologe (Absolvent des Bergbauinstituts in Leningrad); Präsident des Russischen PEN-Clubs (1991), Werke u. a. *Das Puschkinhaus* (1988), *Das Licht der Toten. Erinnerungen an die Realität* (1990), *Georgisches Album: auf der Suche nach Heimat* (2017); *Postkarte, Der Schlossplatz in St. Petersburg,* NZZ Folio, Mai 1992.

Vol'naja ptica (Freier Vogel), in: *Putešestvie iz Rossii (Reise aus Russland)*, Ü: Marianna Butenschön, Moskau 2003, S. 468.

Joseph Brodsky (Iosif Aleksandrovič Brodskij), geb. 1940 in Leningrad als Sohn eines Militärfotografen und einer Dolmetscherin, gest. 1996 in New York; Dichter, Essayist, verließ die Schule mit 15, arbeitete als Fräser, Laborangestellter u. a., bildete sich im Selbststudium, fing Ende der 1950er-Jahre an zu schreiben; 1964 wegen »Nichtstun« zu 5 Jahren Verbannung am Weißen Meer verurteilt, aber nach internationalem Protest nach 18 Monaten entlassen; 1972 aus der UdSSR ausgewiesen, ging in die USA, lehrte als poet in residence an der Universität von Michigan, danach an sechs anderen amerikanischen Universitäten; Literaturnobelpreis 1987, beerdigt auf der Friedhofsinsel San Michele in der Lagune von Venedig.

Haltestelle in der Wüste, in: Haltestelle in der Wüste. Ostanovka v pustyne. Gedichte. Hrsg. von Ilma Rakusa. Aus dem Russischen von Ralph Dutli, Felix Philipp Ingold, Alexander Kaempfe, Sylvia List, Heinrich Ost, Birgit Veit. Bibliothek Suhrkamp, Bd. 1266. Frankfurt a. M.: Suhrkamp 1997, S. 27. Ü: Sylvia List. © Suhrkamp Verlag Frankfurt a. M. 1997.

Erinnerungen an Petersburg (1986). Aus dem Englischen von Sylvia List und Marianne Frisch. München: Hanser [3]2003, S. 8 ff. © 2003 Carl Hanser Verlag GmbH & Co. KG, München.

Führung durch eine umbenannte Stadt, in: *Flucht aus Byzanz, Essays* (1986). Aus dem Amerikanischen von Ingrid Tinzmann. Frankfurt a. M.: Fischer 1991, S. 54 f., 72, 72 f., 74 f. © 1986 Carl Hanser Verlag GmbH & Co. KG, München. Mit freundlicher Genehmigung des Verlags.

Robert Hamilton Bruce Lockhart, geb. 1887 in Anstruther, gest. 1970 in Brighton; britischer Diplomat, Agent, Autor, BBC-Journalist, Vizekonsul, Generalkonsul in Moskau (1912–1917), erster britischer Botschafter in Sowjetrussland (1928); Werke u. a. *Memoirs of a British Agent* (1932).

Die beiden Revolutionen. Vom Zarismus zum Bolschewismus. Von einem Augenzeugen. Aus dem Englischen übertr. von Hans Steinsdorff. Düsseldorf: Droste 1957, S. 107 f., 171 f.

Louise Bryant, geb. 1880 in San Francisco, gest. 1936 in Sèvres, amerikanische Journalistin, ging mit ihrem Ehemann John Reed nach Petrograd, wo beide den Oktoberumsturz erlebten, den sie als einzige westliche Journalistin beschrieb; kämpfte für die Rechte und Gleichstellung der Frau in Amerika, starb resigniert und alkoholabhängig in Frankreich.

Eine Amerikanerin in Russland. Reportagen aus dem Roten Oktober. Hrsg. und übersetzt von Peter Brollik. Köln: Prometh Verlag 1982, S. 25 f.

George W. Buchanan, geb. 1854 als Sohn des britischen Botschafters in Kopenhagen, gest. 1924 in London; britischer Botschafter in

St. Petersburg (1910–1917); unterhielt freundschaftliche Beziehungen zu Nikolaus II., den er vergeblich zu Reformen zu überreden suchte.

Meine Mission in Russland. Aus dem Englischen übertr. von Else Baronin Werkmann. Berlin: Verlag für Kulturpolitik 1926, S. 94, 116 f., 155, 165 f.

Iwan Bunin (Ivan Alekseevič Bunin), geb. 1870 in Woronesch, gest. 1953 in Paris; Schriftsteller, Lyriker, Übersetzer; Gegner der Sowjetmacht; emigrierte 1920 nach Frankreich; erhielt 1933 als erster Russe den Literaturnobelpreis; Werke u. a. *Ein Herr aus San Francisco* (1915), *Mitjas Liebe* (1925), *Das Leben Arsenjews. Eine Jugend im alten Russland* (1933).

Verfluchte Tage. Ein Revolutionstagebuch. Deutsch von Dorothea Trottenberg. Nachwort von Thomas Grob. Zürich: Dörlemann 2017, S. 97 ff. © 2017 Dörlemann Verlag AG, Zürich.

Truman Capote, geb. 1924 in New Orleans, gest. 1984 in Los Angeles, amerikanischer Schriftsteller, Schauspieler, Drehbuchautor, reiste 1955 mit der Everyman Opera Company in die UdSSR, um die Aufführung der Gershwin-Oper *Porgy und Bess* in Leningrad und ihre Aufnahme durch das sowjetische Publikum zu beschreiben.

Die Reiseerzählungen. Wiesbaden und München: Limes [4]1978, S. 189 ff. © 1978 Limes Verlag, Wiesbaden. Ins Deutsche übertragen von Hansi Bochow-Blüthgen und Marguerite Schlüter. – Truman Capote: *Die Hunde bellen.* Aus dem Amerikanischen von Marcus Ingendaay. Copyright © 2008 by KEIN & ABER AG Zürich – Berlin.

Lewis Carroll (eigentlich Charles Lutwidge Dodgson), geb. 1832 in Daresbury, Vereinigtes Königreich, gest. 1898 in Guildford, Großbritannien, britischer Schriftsteller, Fotograf, Mathematiker, Diakon, reiste nach Russland wie in ein Wunderland. Werke u. a. *Alice im Wunderland, Alice hinter den Spiegeln.*

Tagebuch einer Reise nach Rußland im Jahr 1867. Aus dem Englischen von Eleonore Frey. Frankfurt a. M.: Insel 1999, S. 34 ff. © Insel Verlag Frankfurt a. M. 1999.

Giacomo Casanova, Chevalier de Seingalt, geb. 1725 in Venedig, gest. 1798 auf Schloss Dux im Königreich Böhmen, Doktor beider Rechte der Universität Padua, Schriftsteller und Abenteurer; hielt sich 1764/65 mehrere Monate in Petersburg auf, wurde Katharina II. vorgestellt, lieferte eines der ersten Porträts der Kaiserin.

Geschichte meines Lebens, Band X. Hrsg. und eingeleitet von Erich Loor. Erstmals nach der Urfassung ins Deutsche übers. von Heinz von Sauter. Berlin: Propyläen 1966, S. 110 f., 137.

Paul Celan, geb. 1920 in einer deutschsprachigen jüdischen Familie in Czernowitz, damals Nordrumänien, heute Ukraine, gest. 1970 in Paris;

Lyriker; floh 1947 über Ungarn nach Wien und ging 1948 nach Paris, veröffentlichte 1948 seinen ersten Gedichtband *(Der Sand aus den Urnen)*; erhielt 1955 die französische Staatsbürgerschaft. Werke u. a. *Mohn und Gedächtnis* (1952), *Sprachgitter* (1959), *Die Niemandsrose* (1963), *Fadensonnen* (1968), *Lichtzwang* (1970).

PETROPOLIS, DIAPHAN, in: Drei russische Dichter. Alexander Blok, Ossip Mandelstamm, Sergej Jessenin, Gedichte übertragen von Paul Celan. Frankfurt a. M.: Fischer ²1958, S. 49.

MARC CHAGALL, geb. 1887 in einer orthodoxen jüdischen Arbeiterfamilie in der Nähe von Witebsk, Weißrussland (Belarus), gest. 1985 in Saint-Paul-de-Vence, Südfrankreich; ging 1906/07 nach St. Petersburg, um an der Kunstakademie zu studieren, fiel durch die Aufnahmeprüfung, studierte dann an anderen Kunstschulen und bei bekannten Malern, ging 1910 nach Paris, kehrte im Herbst 1915 nach Petrograd zurück, begeisterte sich für die Oktoberrevolution, wurde zum Kommissar für die Schönen Künste des Gouvernements Witebsk ernannt, gründete die Witebsker Kunstschule, ging 1920 nach Moskau und emigrierte 1922 über Berlin nach Paris.

Mein Leben. Übersetzung aus dem Französischen von Lothar Klünner. Stuttgart: Hatje 1959, S. 78 f.

WLADISLAW CHODASSEWITSCH (Vladislav Felicianovič Chodasevič), geb. 1886 in Moskau, gest. 1939 in Paris; Lyriker (einer der wichtigsten des Silbernen Zeitalters), Übersetzer, Prosaiker, Literaturkritiker; emigrierte 1919 mit seiner Lebensgefährtin Nina Berberova über Berlin und Prag nach Paris. Werke u. a. *Europäische Nacht*. Ausgewählte Gedichte, Tübingen 1985, Wuppertal 2014.

Nekropolis. Porträts. Essays. Erinnerungen. Hrsg. und übers. von Frank Göbler. Münster: Helmut Lang 2016, S. 272 ff.

ASTOLPHE DE CUSTINE, MARQUIS, geb. 1790 in Niderviller, Lothringen, gest. 1857 in Paris, Schriftsteller, Sohn eines wegen seiner Gegnerschaft zu den Jakobinern guillotinierten Generals; ging als überzeugter Legitimist 1839 nach Russland, um dort »Gründe gegen die repräsentative Regierung zu suchen«, und kam als »Anhänger der Constitutionen« zurück. Sein Buch *La Russie en 1839*, Paris 1842, wurde ein europäischer Bestseller.

Russische Schatten. Prophetische Briefe aus dem Jahre 1839. Aus dem Französischen von A. Diezmann. Nördlingen: Greno 1985, S. 40 ff., 242 f.

ANNA GRIGOREWNA DOSTOJEWSKI (Anna Grigorevna Dostoevskaja), geb. Snitkina, geb. 1846 in Petersburg, gest. 1918 in Jalta, zweite Ehefrau Dostojewskis, Stenotypistin; regelte alle finanziellen und vertraglichen Angelegenheiten ihres Mannes.

Erinnerungen. Das Leben Dostojewskis in den Aufzeichnungen seiner Frau. Aus dem Russischen übers. von Dmitri Umanski. Hrsg. von René Fülöp-Miller und Friedrich Eckstein. München/Zürich: R. Piper & Co. Verlag 1980, S. 380 f.

Fjodor Dostojewski (Fëdor Michailovič Dostoevskij), geb. 1821 als Sohn eines Armenarztes in Moskau, gest. 1881 in St. Petersburg; studierte von 1838 bis 1842 an der Petersburger Ingenieurschule im Michael-Schloss, die er als Ingenieur-Leutnant abschloss; sein Erstling *Arme Leute* erschien 1845, ebenso *Der Doppelgänger*; wurde 1849 wegen Teilnahme an einem revolutionären Kreis verhaftet und zum Tode verurteilt, jedoch zu vier Jahren Zuchthaus begnadigt, die er in einem Zuchthaus im westsibirischen Omsk absaß. Werke u. a. *Aufzeichnungen aus einem toten Haus* (1861/62), *Die Dämonen* (1871), *Die Brüder Karamasow* (1878–1880).

Arme Leute. Der Doppelgänger. Zwei Romane (1845/46). Übertragen von E. K. Rahsin. München: Piper 1920, S. 177.

Gesammelte Briefe. 1833–1881. Übersetzt, herausgegeben und kommentiert von Friedrich Hitzer unter Benutzung der Übertragung von Alexander Eliasberg. München/Zürich: Piper 1986, S. 76 f. © 1986 Piper Verlag GmbH, München.

Aufzeichnungen aus dem Kellerloch (1864). Übers. von Swetlana Geier. Nachw. von Hans Walter Poll. Stuttgart: Reclam 2013, S. 7.

Schuld und Sühne (1866). Übertragen von Benita Girgensohn. Gütersloh: C. Bertelsmann 1959, S. 5 f., 496.

Der Idiot (1868/1869). Aus dem Russischen von Hermann Röhl. Köln: Anaconda 2009, S. 527.

Simon Dubnow, geb. 1860 als Sohn eines Holzhändlers in Mstislaw, Weißrussland (Belarus), gest. 1941 in Riga, russisch-jüdischer Historiker, begrüßte die Februarrevolution als »dritte Emanzipation«, verdammte den Oktoberputsch und das Sowjetregime als »rote Despotie«, emigrierte 1922 über Litauen nach Berlin, flüchtete 1933 nach Lettland, wurde im Dezember 1941 von den Nazis in Rumbula nahe Riga ermordet. Werke u. a. *Weltgeschichte des jüdischen Volkes*, 10 Bände. Berlin 1925–1929.

Buch des Lebens. Erinnerungen und Gedanken; Materialien zur Geschichte meiner Zeit. Bd. 2: 1903–1922, Hrsg. im Auftr. des Simon-Dubnow-Instituts für jüdische Geschichte und Kultur von Verena Dohrn. Aus dem Russ. von Barbara Conrad. Göttingen: Vandenhoeck & Ruprecht 2005, S. 248 f. und S. 285. Mit freundlicher Genehmigung des Leibniz-Instituts für jüdische Geschichte und Kultur – Simon Dubnow.

Alexandre Dumas, geb. 1802 in Villiers-Cotterets, gest. 1870 in Puys, Enkel des Marquis Alexandre Davy de la Pailleterie und einer schwarzen

Sklavin; Sohn eines Generals und einer Gastwirtstochter; veröffentlichte 1829 sein erstes Stück: *Heinrich III. und sein Hof*; reiste 1858/59 mit einer Gruppe nach St. Petersburg, Moskau und weiter in den Kaukasus. Seine zunächst als Feuilletons im *Constitutionel* erschienenen Reisereportagen bestimmten über Jahrzehnte das Russland-Bild der Franzosen. Das Französische Gymnasium in St. Petersburg trägt seinen Namen. Werke u. a. *Denkwürdigkeiten eines Fechtmeisters oder achtzehn Monate in St. Petersburg* (1841), *Die drei Musketiere* (1843/44), *Der Graf von Monte Christo* (1845/46), *Das Halsband der Königin* (1848–1850).

Russlandreise. Kaukasische Fahrt (1861). Aus dem Französischen neu übers., hrsg. und mit einem Nachwort versehen von Th. P. Spiess. Hamburg: Hoffmann und Campe Verlag 1964, S. 84 f., 137.

ILJA EHRENBURG (Ilja Grigorevič Ėrenburg), geb. 1891 als Sohn eines Ingenieurs in Kiew, gest. 1967 in Moskau, sowjetrussischer Schriftsteller, Journalist, Berichterstatter im Spanischen Bürgerkrieg und im Zweiten Weltkrieg; lebte viele Jahre in Paris, kehrte Mitte Juli 1917 nach Sowjetrussland (Petrograd) zurück, schloss sich den Bolschewiki an und wurde ein linientreuer Autor. Werke u. a. *Julio Jurenito* (1922), *Spanien* (1931), *Der Fall von Paris* (1942), *Tauwetter* (1954), *Das Schwarzbuch* (mit Wassili Grossman), gekürzte russischsprachige Erstausgabe, Jerusalem 1980, vollständige deutsche Ausgabe: Reinbek: Rowohlt 1994.

Menschen, Jahre, Leben, I. Übers. von Alexander Kaempfe. München: Kindler 1962, S. 331.

ELISABETH ALEXEJEWNA (Elisaveta Alekseevna), geb. Luise von Baden, geb. 1779 in Karlsruhe, gest. 1826 in Beljowo, Gouvernement Tula, Frau Alexanders I., Kaiserin von Russland (1801–1825), Briefe in: Großfürst Nikolaj Michajlovic, *L'impératrice Elisabeth, épouse d'Alexandre Ier*, St. Petersburg 1908–1909, Brief vom 1./13. Sept. 1812, Bd. 2, S. 532 f.; Brief vom 7./19. Nov. 1824, Bd. 3, S. 312. Ü: Marianna Butenschön.

VLADIMIR FÉDOROVSKI, geb. 1950 in Moskau, französischer Schriftsteller ukrainisch-russischer Herkunft, ehemaliger sowjetischer Diplomat, Historiker, Absolvent des Instituts für internationale Beziehungen (MGIMO) in Moskau, engagierte sich früh für Perestroika und Glasnostj, erfolgreichster russischer Autor in Frankreich, vielfach ausgezeichnet, erhielt 1998 die französische Staatsbürgerschaft. Werke u. a. *Les Tsarines, les femmes qui ont fait la Russie*, Paris 2000. *De Raspoutine à Poutine*, Paris 2001. *L'Histoire secrète des ballets russes*, Paris 2002.

Le roman de Saint-Pétersbourg. Les amours au bord de la Néva. Ü: Marianna Butenschön, Edition du Rocher, Paris 2003, S. 210.

ANDRÉ JACQUES GARNERIN, geb. 1769 in einer bekannten Luftschifferfamilie in Paris, gest. 1823 ebenda; Luftfahrtpionier und Erfinder des rahmenlosen Fallschirms, unternahm 1790 den ersten Flug mit einem Heißluftballon, sprang 1797 als erster Mensch mit einem Fallschirm aus einem Ballonkorb ab; flog nach seinem Aufstieg über St. Petersburg im Oktober 1803 im Ballon von Moskau nach Polova.

Beschreibung der drei ersten Luft-Reisen, die in Russland im Jahre 1803 von Herrn Garnerin angestellet sind. Nach dem französischen mit einer Vorrede und Anmerkungen, St. Petersburg 1804, S. 9 ff.

Wsewolod Garschin (Vsevolod Michajlovič Garšin), geb. 1855 in der Ukraine, gest. 1888 in St. Petersburg; absolvierte das Realgymnasium in Petersburg, studierte an der Bergakademie; verließ sie, um als Freiwilliger am russisch-türkischen Krieg von 1877/78 teilzunehmen, und wurde durch seine Kriegserzählungen bekannt; publizierte seit 1876, starb durch Freitod; gilt als Vorläufer Anton Tschechows. Werke u. a. *Die Erzählungen.* Leipzig 1956; *Die rote Blume (und andere Erzählungen).* Leipzig 1967.

Peterburgskie pis'ma (Petersburger Briefe), St. Petersburg 1882; *Избранное* (Ausgewähltes), in: Sovremennik, Moskau 1982, Digitalisat.

Lidija Ginsburg (Lidija Jakovlevna Ginzburg), geb. 1902 als Tochter eines Ingenieurs in Odessa, gest. 1990 in Leningrad, Literaturwissenschaftlerin, Memoirenschriftstellerin; Überlebende der Leningrader Blockade.

Aufzeichnungen eines Blockademenschen. Aus dem Russischen von Gerhard Hacker, es 1672, NF Band 672, Suhrkamp Verlag, Frankfurt a. M. 1997, S. 11 f., 34 f., 37 f., 50, 52 f. © Suhrkamp Verlag Frankfurt am Main 1997.

Reinhold Glière (Rejngold Moricevič Gliėr), geb. 1875 als Sohn eines Blasinstrumentenmachers aus Sachsen in Kiew, gest. 1956 in Moskau, Komponist, komponierte die Musik zum Ballett *Der eherne Reiter,* aus dem die Melodie der Stadthymne stammt. Deren Text ging 2003 aus einem Wettbewerb zum 300. Geburtstag der Stadt hervor und wurde gesetzlich verankert.

http://www.eu-asien.de/Russland-Informationen/Sankt-Petersburg/Uebersicht/Symbole-Sankt-Petersburg.html

Nikolai Gogol (Nikolaj Vasil'evič Gogol'), geb. 1809 in Welyki Sorotschynzi, gest. 1852 in Moskau, ukrainisch-russischer Historiker, Dramatiker, Schriftsteller, ging 1828 nach St. Petersburg; erzielte 1831/32 mit seinen *Abenden auf dem Vorwerke bei Dikanjka* einen Überraschungserfolg, den er mit dem Erzählband *Mirgorod* (1835) wiederholen konnte. In den folgenden Jahren löste das Petersburger Thema die volkstümlichen ukrainischen Erzählungen ab. In den *Petersburger Novellen (Der Newski Prospekt, Die Nase, Das Porträt, Der Mantel)* treten erstmalig in der russischen Literatur Menschen in der Großstadt auf: Petersburger

Beamte, Offiziere, Handwerker. Werke u. a.: *Petersburger Skizzen aus dem Jahr 1836, Der Revisor* (1836), *Die toten Seelen* (1842), erster Teil.

Der Newskij-Prospekt, in: *Abende auf dem Vorwerke bei Dikanjka und andere Erzählungen*. Aus dem Russischen übertr. von Alexander Eliasberg. Frankfurt a. M.: Büchergilde Gutenberg 1962, S. 337.

Petersburger Skizzen und andere Aufsätze. Aus dem Russischen übers. von Werner Creutziger. Leipzig: Reclam 1982, S. 137 ff.

Michail Gorbatschow, (Michail Sergeevič Gorbačëv), geb. 1931 in Privolnoje, Kaukasus-Vorland, Generalsekretär des ZK der KPdSU (1985–1991), erster und letzter Präsident der Sowjetunion (1991), wollte mit Glasnost (Offenheit) und Perestroika (Umbau) das Sowjetsystem reformieren, bewirkte stattdessen ungewollt das Ende der UdSSR; erhielt 1990 den Friedensnobelpreis für seine führende Rolle bei der Beendigung des Kalten Krieges.

Erinnerungen. Aus dem Russischen von Igor Petrowitsch Gorodetzki. München: Siedler Verlag 1995, S. 272.

Daniil Granin (eigentlich Daniil Aleksandrovič German), geb. 1919 im Dorfe Wolyn, Gouvernement Kursk, gest. 2017 in St. Petersburg, Schriftsteller, studierte in Petrograd Elektrotechnik, nahm als Panzerfahrer am Zweiten Weltkrieg teil, verteidigte Leningrad, veröffentlichte 1949 seine erste Erzählung; war von 1954 bis 1969 Sekretär des Leningrader Schriftstellerverbands, wurde 1989 erster Präsident des neugegründeten russischen PEN-Clubs; Werke u. a. *Das Gemälde* (1981), *Leningrad. Erinnerungen und Entdeckungen* (1981), *Der Genetiker* (1988), *Flucht nach Russland* (1995), *Das Jahrhundert der Angst* (1999), *Peter der Große. Ein Roman über Russlands Glanz und Elend* (2001), *Mein Leutnant* (2015).

Das Blockadebuch. (Zusammen mit Ales Adamowitsch, s. o.) Zwei Bände. Aus dem Russischen von Ruprecht Willnow. Berlin: Volk und Welt 1984 und 1987, Zweiter Teil, S. 162 f., 177 f.

Goresti ljubvi. Vospominanija o Leningrade (Der Kummer der Liebe. Erinnerungen an Leningrad), in: *Tajnyj znak Peterburga (Das geheime Zeichen Petersburgs)*, St. Petersburg 2002, S. 28.

Piterskie santimenty (Piter'sche Gefühle), ebd., S. 105.

Apollon Grigorjew (Apollon Aleksandrovič Grigorev), geb. 1822 in Moskau, gest. 1864 in St. Petersburg; Dichter, Kritiker, Übersetzer, Freund der Dostojewski-Brüder; verließ die Moskauer Universität als erster promovierter Jurist (1842); Autor mehrerer populärer Lieder und Romanzen.

Zit. nach Lange, Wolfgang (Hrsg.), *Petersburger Träume. Ein literarisches Lesebuch*, München: Piper 1992, S. 133. 1992 © Piper Verlag GmbH, München

DMITRI GRIGOROWITSCH (Dmitrij Vasilevič Grigorovič), geb. 1822 als Sohn eines russischen Gutsbesitzers und einer Französin auf einem Gut in der Nähe von Simbirsk, gest. 1900 in St. Petersburg; Schriftsteller, Übersetzer, Kunstkenner, Sammler, studierte zunächst zusammen mit Dostojewski an der Ingenieurschule, wechselte später zum Studium der Kunstgeschichte an die Kunstakademie, diente Alexandre Dumas in St. Petersburg als Cicerone; förderte den jungen Anton Tschechow; Werke u. a. *Die Drehorgelspieler von Sankt Petersburg* (1978), *Das Dorf, Anton der Pechvogel, Die Fischer* (1859).

Progulka po Ermitažu. Predislovie (Spaziergang durch die Ermitage. Vorwort). Ü: Marianna Butenschön, St. Petersburg 1865, S. 1 ff.

WASSILI GROSSMAN (Vasilij Solomonovič Grossman), geb. 1905 in einer jüdischen Familie in Berditschew, gest. 1964 in Moskau, Schriftsteller, ursprünglich Ingenieur, während des Zweiten Weltkriegs Reporter für den »Roten Stern«, die Zeitung der Roten Armee; seine wichtigsten Werke galten als antisowjetisch und wurden in der UdSSR erst in der Glasnost-Ära gedruckt. Werke u. a. *Stalingrad (Die gerechte Sache)*, Moskau 1946; *Die Kommissarin*, Kiel 1989; *Das Schwarzbuch, der Genozid an den sowjetischen Juden* (Hrsg. zusammen mit Ilja Ehrenburg), Reinbek bei Hamburg 1995; *Leben und Schicksal*, Berlin 2007.

Alles fließt. Erzählung. Aus dem Russischen von Renate Landa. Berlin: Volk und Welt 1990, S. 53 ff.

ALEXANDER HERZEN (Aleksandr Ivanovič Gercen), geb. 1812 als Sohn eines russischen Vaters und einer deutschen Mutter in Moskau, gest. 1870 in Paris; Schriftsteller; begann 1829 ein Studium an der Moskauer Universität, wurde 1835 wegen angeblich regimekritischer Äußerungen nach Wjatka verbannt, konnte 1840 nach Moskau zurückkehren; verließ Russland 1847 und ließ sich 1852 in London nieder, wo er 1857 die regimekritische Zeitschrift *Kolokol (Die Glocke)* gründete, die auch mit unzensierten Beiträgen aus der Heimat versorgt wurde und einen enormen Einfluss in Russland hatte.

Aus den Memoiren eines Russen: Gedachtes und Erlebtes. Vierte Folge. Hamburg: Hoffmann und Campe 1859, S. 109; *Mein Leben. Memoiren und Reflexionen* (1) 1812–1847. Berlin: Aufbau 1962, S. 578 f.

SINAIDA HIPPIUS (Zinaida Nikolaevna Gippius), geb. 1869 als Tochter eines deutschbaltischen Vaters (von Hippius) in Bjelowo, Gouvernement Tula, gest. 1945 in Paris, Lyrikerin, heiratete 1888 den Philosophen Dmitri Mereschkowski und führte mit ihm ab 1902 einen der wichtigsten literarischen Salons in St. Petersburg. Beide standen den Sozialrevolutionären nahe, begrüßten die Februarrevolution 1917, lehnten die Machtergreifung der Bolschewiki im Oktober jedoch entschieden ab und verließen Petrograd im Dezember 1919 Richtung Minsk und Warschau, um 1922 nach Paris überzusiedeln, wo sie wiederum einen Literatursalon »Die grüne Lampe« führten.

Petersburger Tagebuch. Mit einer Nachbemerkung von Christa Ebert. Berlin und Weimar: Aufbau Verlag 1993, S. 8 f., 13 f., 15 f.

Petersburger Tagebücher 1914–1919. Übers. aus dem Russischen von Bettina Eberspächer. Berlin: Die Andere Bibliothek 2014, S. 14 f.

WENIAMIN IOFE (Veniamin Viktorovič Iofe), geb. 1938 in Ufa, Baschkirien, gest. 2002 in St. Petersburg; russischer Historiker, Publizist, Bürgerrechtler, Historiograf des GULag und der oppositionellen Bewegung in der UdSSR; wurde 1965 wegen antisowjetischer Propaganda zu drei Jahren Lager verurteilt, arbeitete nach seiner Freilassung als Chemiker, schrieb weiter für Samisdatpublikationen und war einer der Gründer der Gesellschaft MEMORIAL, seit 1989 ihr Co-Vorsitzender in St. Petersburg; gründete 1992 das Wissenschaftliche Informationszentrum MEMORIAL und initiierte die Installation eines Steins zum Gedenken an die Opfer der politischen Repressionen auf dem Dreifaltigkeitsplatz in St. Petersburg (Solowjezker Stein).

Moloch totalitarizma (Moloch des Totalitarismus), in: *Novye ėtjudy ob optimisme (Neue Studien über den Optimismus)*, Ü: Marianna Butenschön, Naučno-informationnyj centr MEMORIAL, St. Petersburg 1998, S. 113.

RYSZARD KAPUŚCIŃSKI, geb. 1932 in Pińsk, heute Belarus, gest. 2007 in Warschau, polnischer Historiker, Journalist und Reiseschriftsteller; studierte Geschichte an der Universität Warschau, begann 1955 für die Jugendzeitung *Sztandar Młodych* zu arbeiten, wurde Ende der 1950er-Jahre als Korrespondent nach Asien und in den Mittleren Osten geschickt, später nach Afrika und Lateinamerika; vielfach ausgezeichnet, in viele Sprachen übersetzt.

Imperium. Sowjetische Streifzüge. Aus dem Polnischen von Martin Pollak. Frankfurt a. M.: Eichborn 1993, S. 384 f.

TAMARA KARSAWINA (Tamara Pavlovna Karsavina), geb. 1885 in Petersburg, gest. 1978 in Beaconsfield, Primaballerina des Marientheaters, Tanzpädagogin, emigrierte 1919 mit ihrem Mann, einem britischen Diplomaten, nach Großbritannien, Mitgründerin der Royal Academy of Dance.

Teatral'naja ulica. Vospominanija (Theaterstraße. Erinnerungen). Ü: Marianna Butenschön, Moskau: Zentrolitgraf 2004, S. 281 f.

KATHARINA II., geb. 1729 als Prinzessin Sophie Auguste Friederike von Anhalt-Zerbst in Stettin, gest. 1796 in St. Petersburg, reiste im Februar 1744 nach St. Petersburg, um den russischen Thronfolger Peter Fjodorowitsch, geb. Karl Peter Ulrich von Holstein-Gottorp, zu heiraten, der seiner Tante Elisabeth Petrowna 1762 als Peter III. auf den Thron folgte;

entthronte ihren Mann im Sommer 1762 und rief sich selbst zur Kaiserin und Selbstherrscherin von ganz Russland aus; ihre Memoiren dienten hauptsächlich der Rechtfertigung ihres Staatsstreichs.

Lettres, 10. Sept. 1777

Lettres, 28. Okt. 1785

Lettres, 19. Sept. 1790

In: Ja. Grot (Hrsg.), *Lettres de Catherine II à Grimm. Pis'ma imperatricy Jekateriny II k Grimmu.* (1774–1796). Kaiserlich russische historische Gesellschaft, Bd. 23. St. Petersburg 1878, S. 64 f., 365, 499 f.

Erinnerungen der Kaiserin Katharina II.: von ihr selbst geschrieben. Nach Alexander von Herzens Ausgabe neu hrsg. von G. Kuntze. Stuttgart: Robert Lutz 1907. Digitalisat, Projekt Gutenberg, Achtes Kapitel.

Sočinenija imperatricy Jekateriny II. (Werke der Kaiserin Katharina II., Bd. XII), Ü: Marianna Butenschön, St. Petersburg 1907, S. 651–653.

Wenjamin Kawerin (Veniamin Aleksandrovič Kaverin), geb. 1902 als Sohn eines Kapellmeisters in Pskow, gest. 1989 in Moskau, Schriftsteller, Dramaturg und Drehbuchautor, Mitglied der Serapionsbrüder; weigerte sich, an der Hetze auf Pasternak teilzunehmen, setzte sich für Solschenizyn ein. Werke u. a. *Vor dem Spiegel.* Neuwied 1978, *Das Ende einer Bande.* Frankfurt a. M. 1973, *Das offene Buch.* Darmstadt 1977.

Das doppelte Porträt. Roman. Aus dem Russischen und mit einem Nachwort von Wolfgang Kasack. Frankfurt a. M.: Insel 1973, S. 194 f.

Egon Erwin Kisch, der »rasende Reporter«, geb. 1885 als Sohn eines Tuchhändlers in Prag, gest. 1948 ebenda, Schriftsteller und Journalist, »Weltbürger«; begründete den investigativen Journalismus; reiste 1925 erstmals, dann noch mehrfach in die Sowjetunion; engagierte sich in der antifaschistischen Arbeit; übersiedelte 1934 nach Paris und Versailles; wurde dort im September 1939 als »politisch unsicherer Ausländer« unter Polizeiaufsicht gestellt, konnte Frankreich Ende 1939 mithilfe des mexikanischen Generalkonsuls verlassen und ging über die USA nach Mexiko; kehrte nach dem Zweiten Weltkrieg nach Prag zurück. Werke u. a. *Der rasende Reporter.* Köln 1985, *Abenteuer in Prag.* Berlin 1987, *Marktplatz der Sensationen.* Berlin 1948 (Reinbek bei Hamburg 1962), *Schreib das auf, Kisch!* Berlin 2014.

Der Newskij-Prospekt, in: *Zaren, Popen, Bolschewiken.* Berlin: Reiss [1927], S. 78 f.

Johann Georg Kohl, geb. 1808 als Sohn eines Weinhändlers in Bremen, gest. 1878 ebenda, Reiseschriftsteller, Stadtbibliothekar (1863); konnte ein Studium der Rechtswissenschaften aus finanziellen Gründen nicht beenden, ging 1830 als Hauslehrer nach Kurland (seit 1795 Gouvernement des Zarenreiches), und bereiste von dort aus Russland.

Petersburg in Bildern und Skizzen. Zweiter Theil. Dresden und Leipzig: In der Arnoldischen Buchhandlung 1841, S. 228 ff.

Miliza Korschunowa (Milica Filipovna Koršunova), Ermitage-Kustodin, geb. 1934, gest. 2019.

Akvarelnye vidy Novogo Ėrmitaža (Aquarellansichten der Neuen Ermitage), in: Staatliche Ermitage (Hrsg.), *150 let Novomu Ermitažu. Nikolaj I i novyj Emitaž (150 Jahre Neue Ermitage. Nikolaus I. und die Neue Ermitage).* Ü: Marianna Butenschön, St. Petersburg: ARS 2002, S. 21 f.

Boris Kostin (Boris Akimovič Kostin), geb. 1943 in Tomsk, ehem. Berufsoffizier, Fallschirmjäger; Schriftsteller, Drehbuchautor.

Grom pobedy, razdavajsja! Sankt-Peterburg, 1812 (*Siegesdonner, erklinge!* Sankt Petersburg 1812). Ü: Marianna Butenschön, St. Petersburg: Lenizdat 2001, S. 176 f.

August von Kotzebue, geb. 1761 in Weimar, gest. 1819 in Mannheim; Schriftsteller, Dramaturg; studierte Rechtswissenschaften in Jena; erhielt eine Stelle als Sekretär des Generalgouverneurs von St. Petersburg, dann einen hohen Posten im Gouvernement Estland; nahm nach ersten Erfolgen als Schriftsteller einen Ruf als Theaterdirektor in Wien an, ging zurück nach Weimar und beschloss, nach Russland zu reisen; wurde an der Grenze als angeblicher Jakobiner verhaftet und nach Sibirien verbannt, von Paul I. begnadigt und zum Direktor des deutschen Theaters in Petersburg ernannt; kehrte 1801 nach Deutschland zurück und wurde einer der erfolgreichsten Bühnenautoren seiner Zeit, starb nach einem Anschlag des Theologiestundenten Karl Ludwig Sand 1819 in Mannheim.

Das merkwürdigste Jahr meines Lebens. Hrsg. von Wolfgang Promies. München: Kösel 1965, S. 273 f.

Wiktor Kriwulin (Viktor Borisovič Krivulin), geb. 1944 in Kadijiwka, Ukraine, gest. 2001 in St. Petersburg, Poet, Essayist, studierte Philologie an der Leningrader Universität, lebte als unabhängiger Kulturaktivist; schrieb für den Samisdat.

Zum neuen Russland. Ein Plädoyer für den Wiederaufbau Sankt Petersburgs, in: FAZ, 19. November 1990

Peter Kropotkin (Fürst Pëtr Alekseevič Kropotkin), geb. 1842 in Moskau, gest. 1921 ebenda, Anarchist, Wissenschaftler, Publizist, wurde im Petersburger Pagenkorps erzogen, diente Alexander II. als Page; widmete sich früh geographischen Studien in Sibirien; schloss sich 1872 der Ersten Internationale an; wurde 1874 verhaftet und verurteilt, floh aus der Haft, verließ Russland und wurde in Westeuropa zum Anarchisten; kehrte nach der Februarrevolution nach Russland zurück; fand sich jedoch isoliert; protestierte offen gegen die bolschewistische Diktatur und die Repressionen. Seine Beerdigung war eine Demonstration gegen das bolschewistische Regime. Werke u. a. *Die Eroberung des Brotes* (1892), *Die Große Französische Revolution* (1919).

Memoiren eines Revolutionärs (1898). Autorisierte Übersetzung von Max Pannwitz. insel taschenbuch, 21. Frankfurt a. M.: Insel 1969, S. 130 f., 158 f.

NATALJA LEBINA (Natalja Borisovna Lebina), geb. 1948 in Leningrad, Historikerin, Professorin für die Geschichte Russlands an der Staatlichen Universität für Wirtschaft und Finanzen in St. Petersburg; spezialisiert auf russische und sowjetische Alltagsgeschichte.

Die Leningrader – Gedanken über die Bewohner einer Stadt, in: Karl Schlögel, Frithjof Benjamin Schenk, Markus Ackeret (Hrsg.): *Sankt Petersburg, Schauplätze einer Stadtgeschichte.* Frankfurt/New York: Campus 2007, S. 402 f. © Natalja Borisovna Lebina.

MICHAIL LERMONTOW (Michail Jurevič Lermontov), geb. 1814 in Moskau, gest. 1841 in Pjatigorsk, einer der bedeutendsten Dichter der Romantik; wuchs auf dem Gut seiner Großmutter im Gouvernement Pensa auf, ging nach dem Studium an der Moskauer Universität nach St. Petersburg, trat 1834 in das Husarenregiment der Leibgarde ein, wurde zweimal in den Kaukasus strafversetzt; starb dort nach einem Duell. Werke u. a. *Wadim* (Romanfragment), *Maskerade* (1835), *Ein Held unserer Zeit* (1840).

Die Fürstin Ligowskaja, entstanden 1836/37, veröffentlicht 1882; in: *Prosa und Dramatik.* Ausgewählte Werke in zwei Bänden. Hrsg. von Ronald Opitz. Bd. 2. Aus dem Russischen übers. von Barbara Heitkam. Berlin: Rütten & Loening 1987, S. 205 f.

DMITRI LICHATSCHOW (Dmitrij Sergeevič Lichačëv), geb. 1906 als Sohn eines Ingenieurs in St. Petersburg, gest. 1999 ebenda, Literaturwissenschaftler, Mediävist, Autor fundamentaler Arbeiten zur russischen Kultur- und Literaturgeschichte; Mitglied der Akademie der Wissenschaften; wurde 1928 wegen Teilnahme an philosophisch-religiösen Zirkeln verhaftet und zu vier Jahren Arbeitslager auf den Solowki verurteilt, einer der wenigen Überlebenden dieses Lagers und einer der wichtigsten Zeitzeugen der jüngeren Geschichte Russlands, galt als »Gewissen der Nation«.

Hunger und Terror. Mein Leben zwischen Oktoberrevolution und Perestroika. Hrsg. von Igor P. Smirnow. Aus dem Russischen von Thomas Wiedling. Ostfildern vor Stuttgart: Edition Tertium. Russische Bibliothek 1997, S. 233 f., 250, 267.

CHARLES JOSEPH FÜRST VON LIGNE, geb. 1735 in Brüssel, gest. 1814 in Wien, aus belgischem Hochadel, Offizier und Diplomat in österreichischen

Diensten; Vertrauter Katharinas II., begleitete sie auf ihren Reisen, u. a. auf die Krim.

Porträt weiland Ihrer Majestät der Kaiserin aller Reußen, undatiert, vermutlich Dezember 1796, in: *Der Fürst von Ligne. Neue Briefe*. Aus dem Französischen übers. und hrsg. von Victor Klarwill. Wien: Manz 1924, S. 173 f.

MICHAIL LOMONOSSOW (Michail Vasil'evič Lomonosov), geb. 1711 im Gouvernement Archangelsk, gest. 1765 in St. Petersburg, Universalgelehrter (Naturwissenschaftler, Dichter, Sprachreformer, Historiker), Professor der Chemie (1745); wirkte bei der Gründung der später nach ihm benannten Moskauer Universität mit. Werke u. a. *Ausgewählte Schriften in zwei Bänden*. Bd. 1: *Naturwissenschaften*. Bd. 2: *Geschichte, Sprachwissenschaft und anderes*. Berlin 1961.

Auf den Tag der Thronbesteigung der Kaiserin Katharina II., zit. nach Anziferow, a. a. O., S. 88.

LUISE VON PREUSSEN, geb. 1776 in Hannover, gest. 1811 auf Schloss Hohenzieritz, Königin von Preußen (1797), Ehefrau Friedrich Wilhelms III., beide reisten im Dezember 1808 auf Einladung Alexanders I. von Königsberg nach St. Petersburg.

Tagebuch der Reise nach St. Petersburg, in: Rothkirch, Gräfin Malve (Hrsg.): Königin Luise von Preußen. Briefe und Aufzeichnungen, 1786–1810. München: Dt. Kunstverl. 1985, S. 462 f.

LEW LURJE (Lev Jakovlevič Lur'e), geb. 1950 in Leningrad, Stadthistoriker, Journalist, Drehbuchautor, Lehrer, Gründer des Petersburger Klassischen Gymnasiums (1989), Anziferow-Preisträger (2005).

Bez Moskvy (Ohne Moskau). Ü: Marianna Butenschön, St. Petersburg: bhv-Peterburg 2014, S. 351.

JOSEPH DE MAISTRE, geb. 1753 in Chambéry, gest. 1821 in Turin; Schriftsteller und politischer Philosoph, Vertreter des Ancien Régime, sardischer Botschafter in St. Petersburg (1803–1817). Werke u. a. *Die Abende von St. Petersburg oder Gespräche über das zeitliche Walten der Vorsehung*. Wien 2008.

Correspondance, IV, 1811–1814. In: Oeuvres complètes. Nouvelle édition, tome douzième. Ü: Marianna Butenschön, Lyon 1886, S. 240 f., 281.

NADESCHDA MANDELSTAM (Nadežda Jakovlevna Mandel'štam), geb. 1899 in Saratow, gest. 1980 in Moskau; Ehefrau Ossip Mandelstams, enge Freundin Anna Achmatowas; studierte Malerei in Kiew; promovierte 1956 in Anglistik; teilte die Verbannung ihres Mannes, lernte seine Gedichte auswendig, um sie zu bewahren; konnte erst 1974 nach Moskau zurückkehren; Werke u. a. *Das Jahrhundert der Wölfe. Eine Autobiographie*. Frankfurt a. M. 1971.

Generation ohne Tränen. Erinnerungen. Aus dem Russischen von Godehard Schramm. Frankfurt a. M.: S. Fischer Verlag 1975, S. 93, 94 f.

Ossip Mandelstam (Osip Ėmil'evič Mandel'štam), geb. 1899 als Sohn eines Kaufmanns und einer Klavierlehrerin in Warschau; wuchs in Riga auf, studierte in Paris, Heidelberg und St. Petersburg; gehörte zu den Akmeisten; sein erster Gedichtband erschien 1913, sein letzter 1928; starb vermutlich 1938 in einem Zwangsarbeitslager in der Nähe von Wladiwostok. Werke u. a. *Der Stein.* Frühe Gedichte (1908–1915). Zürich 1988, *Tristia: Gedichte 1916–1925.* Frankfurt a. M. *1996, Die Reise nach Armenien.* Frankfurt a. M. 1988.

Im Luftgrab. Ein Lesebuch. Hrsg. von Ralph Dutli. Mit Beiträgen von Paul Celan, Joseph Brodsky, Pier Paolo Pasolini und Philippe Jaccottet. Zürich: Ammann Verlag 1988, S. 45 f.

Bahnhofskonzert, in: *Drei russische Dichter. Alexander Block, Ossip Mandelstamm, Sergej Jessenin.* Übertragen von Paul Celan. Frankfurt a. M.: Fischer 1963, S. 62.

PETROPOLIS, DIAPHAN, ebd., S. 49.

Das blutige Mysterienspiel des 9. Januar, in: *Über den Gesprächspartner. Gesammelte Essays 1913–1924.* In der Übersetzung von Ralph Dutli. Frankfurt a. M.: Fischer Taschenbuch Verlag ²2010, S. 89. © S. Fischer Verlag GmbH, Frankfurt am Main.

Musik in Pawlowsk, in: *Das Rauschen der Zeit.* Gesammelte autobiographische Prosa der 20er-Jahre. Aus dem Russischen übertr. und hrsg. von Ralph Dutli. Zürich: Ammann 1985, S. 9 f. © 1985, S. Fischer Verlag GmbH, Frankfurt a. M.

Dr. Martin Mandt, geb. 1799 oder 1800 als Sohn eines Wundarztes in Beyenburg (Wuppertal), gest. 1858 in Frankfurt a. d. Oder; wurde von seinem Vater früh in die Anfangsgründe seines späteren Berufs eingeführt; diente im Befreiungskrieg von 1813–1815 als Lazarettchirurg; studierte in Berlin, promovierte 1822; wurde 1825 Arzt in Küstrin und 1830 Professor der Chirurgie in Greifswald, ging als Leibarzt einer deutschstämmigen Großfürstin nach St. Petersburg, wo er 1841 Leibarzt Nikolaus' I. wurde. Seine *Lebenserinnerungen* sind ein treffendes Sittengemälde seiner Zeit am Petersburger Hof.

Ein deutscher Arzt am Hofe Kaiser Nikolaus' I. von Russland. München und Leipzig: Duncker & Humblot 1923, S. 154.

Lew Marchasjow (Lev S. Marchasëv), geb. 1929 in Puschkin (Zarskoje Selo), gest. 2011 in St. Petersburg; Journalist, langjähriger Programmdirektor des Petersburger Rundfunks.

Im Interview, Nov. 2003, aufgezeichnet und bearbeitet von Marianna Butenschön. Aus dem Russischen übers. von Gabriele Leupold. In: *Die*

Leningrader Blockade. Der Krieg, die Stadt und der Tod, Osteuropa 8–9/2011, S. 220 ff., 224 f., 227 f.

ALEXANDER MARGOLIS (Aleksandr Davidovič Margolis), geb. 1947 in Leningrad, Historiker, Landeskundler, Publizist, Vorsitzender der Petersburger Abteilung der Allrussländischen Gesellschaft für den Schutz der Geschichts- und Kulturdenkmäler (WOOPIK), Chefredakteur der *Enzyklopädie St. Petersburgs*.

Der Kampf um das kulturelle Erbe, in: *Bauwelt*, 24/2010, S. 26 f.

ANATOLI MARIENHOF (Anatolij Borisovič Mariengof), geb. 1897 in Nischny Nowgorod, gest. 1962 in Leningrad, entstammte dem kurländischen Adel; Dichter, Prosaiker, Dramaturg; Vertreter der kurzlebigen Strömung des Imaginismus in der russischen Literatur. Werke u. a. *Roman ohne Lüge*, Berlin 1992, *Zyniker*, Leipzig 1990, *Der rasierte Mann und Zyniker*. Zwei Romane, Frankfurt a. M. 2001.

Eto vam, potomki, in: *Eto vam, potomki. Zapiski sorokaletnogo mužčiny. Ekaterina (Das ist für Euch, Nachfahren. Aufzeichnungen eines vierzigjährigen Mannes. Katharina)*. Ü: Marianna Butenschön, St. Petersburg, Petro-Rif 1994, S. 103 f.

DMITRI MERESCHKOWSKI (Dmitrij Sergeevič Mereškovskij), geb. 1865 in St. Petersburg als Sohn eines Hofbeamten, gest. 1941 in Paris. Philosoph, Historiker, Schriftsteller, einer der Wegbereiter des russischen Symbolismus, wurde vor allem durch historische Romane bekannt, unterhielt zusammen mit seiner Frau Sinaida Hippius einen literarischen Salon im Murusi-Haus am Litejny Prospekt 24; beide emigrierten 1919 nach Paris, wo sie ebenfalls einen literarischen Salon, die »Grüne Lampe«, unterhielten. Werke u. a. *Alexander I.*, München 1947, *Der vierzehnte Dezember*, München 1962, *Leonard da Vinci*, Leipzig 1911.

Tagebuch der Hofdame Arnheim, in: *Peter und Alexej*. Übers. von Alexander Eliasberg. München: R. Piper & Co. 1924, S. 95f.

Zimnie radugi (Winterliche Regenbögen). In: *Bol'naja Rossija (Krankes Russland)*. Ü: Marianna Butenschön, St. Petersburg, 1912, Digitalisat.

ADAM MICKIEWICZ, geb. 1798 als Sohn eines Rechtsanwalts in Nowogródek, Gouvernement Minsk, gest. 1855 in Konstantinopel; Polens Nationaldichter, lebte nach dem Studium in Wilna (1815–1819) von 1824–1829 in russischer Verbannung in Odessa, Moskau und St. Petersburg, wo er Alexander Puschkin kennenlernte. Die beiden wurden Freunde, doch die polnische Frage stand zwischen ihnen. Mickiewicz kämpfte zeit seines Lebens für die Wiederherstellung eines unabhängigen polnischen Staates, den Russland, Preußen und Österreich Ende des 18. Jh. unter sich aufgeteilt hatten. Im III. Teil seines großen Dramenzyklus *Die Ahnenfeier*, den er nach der brutalen Niederschlagung des polnischen

Aufstandes von 1830/31 durch die Russen im Pariser Exil schrieb, rechnet Mickiewicz mit dem Zarismus bzw. der Teilungsmacht Russland ab. Das Gedicht *Petersburg* ist dem III. Teil der *Ahnenfeier* entnommen.

Die Ahnenfeier. Ein Poem. Zweisprachige Ausgabe. Übers., hrsg. und mit einem Nachwort vers. von Walter Schamschula. Mit einem Vorwort von Hans Rothe. Köln/Weimar/Wien: Böhlau Verlag 1991, S. 427 ff.

HELMUTH KARL BERNHARD GRAF VON MOLTKE, geb. 1800 in Parchim, gest. 1891 in Berlin; reiste 1956 als Adjutant Friedrich Wilhelms von Preußen zur Krönung Alexanders II. über Petersburg nach Moskau.

Feldmarschall Graf Moltke's Briefe aus Russland. Berlin: Paetel Verlag 1877, S. 39 ff.

NICOLAS NABOKOV, geb. 1903 in der Nähe von Minsk, Weißrussland, gest. 1978 in New York; Komponist, zog als Kind mit der Familie nach St. Petersburg, wo seine erste Komposition, eine *Berçeuse* für Klavier, entstand; emigrierte nach dem Oktoberumsturz, lebte seit 1933 in den USA, leitete von 1964–1966 die Berliner Festspiele; komponierte zwei Opern, Ballettmusik und mehrere Orchesterwerke.

Zwei rechte Schuhe im Gepäck. Erinnerungen eines russischen Weltbürgers. Deutsch von Claus H. Henneberg und Hellmut Jaestrich. München: DTV 1979, S. 98 f., 112.

WLADIMIR D. NABOKOW (Vladimir Dmitrievič Nabokov), geb. 1870 als Sohn des Kriminologen und Justizministers Dmitrij Nabokow (1827–1904) in Zarskoje Selo, gest. 1922 in Berlin, Mitglied der liberalen Partei der Konstitutionellen Demokraten (Kadetten), Geschäftsführer der Provisorischen Regierung (1917), emigrierte 1919, wurde in Berlin von einem rechtsradikalen Monarchisten ermordet.

Petrograd 1917. Der kurze Sommer der Revolution. Aus dem Russischen von Norbert Randow. Berlin: Rowohlt 1992, S. 107 f., 125 f.

WLADIMIR W. NABOKOW (Vladimir Vladimirovič Nabokov, im Westen: Vladimir Nabokov), Sohn des Vorigen, geb. 1899 in St. Petersburg, gest. 1977 in Montreux; Schriftsteller, Literaturwissenschaftler, Schmetterlingsforscher, 1919 mit der Familie emigriert. Werke u. a. *Lolita,* Reinbek bei Hamburg 2000; *Maschenka,* Reinbek bei Hamburg [4]1999; *König, Dame, Bube,* Reinbek bei Hamburg, Neuausg. 1999; *Pnin;* Reinbek bei Hamburg, [8]2002.

Nikolaj Gogol. Deutsch von Jochen Neuberger, in: Vladimir Nabokov, Gesammelte Werke. Hrsg. von Dieter E. Zimmer. Bd. XVI. Reinbek bei Hamburg: Rowohlt 2000, S. 19 ff.

Andere Ufer. Ein Buch der Erinnerung. Aus dem Amerikan. übertr. von Dieter E. Zimmer. Reinbek bei Hamburg: Rowohlt 1964, S. 130 f., 168, 172 f.

Christian Neef, geb. 1952 in Perleberg (DDR), studierte Journalistik und Geschichte in Leipzig; ging 1983 als Korrespondent nach Moskau, war dort ab 1991 für den SPIEGEL tätig. Werke u. a. *Ein Land in Bewegung. Skizzen zur Perestroika*, Berlin 1990; *Der Kaukasus. Russlands offene Wunde*, Berlin 2000; *Ukraine: Land zwischen Ost und West*, Hamburg 2014. *Archivar des Terrors*, in: *Der Spiegel* 53/2015. © DER SPIEGEL 53/2015, Christian Neef.

Nikolaus II. (Nikolaj Aleksandrovič) geb. 1868 als zweiter Sohn des Großfürsten Thronfolgers Alexander Alexandrowitsch, gest. 1918 in Jekaterinburg, letzter Kaiser und Selbstherrscher von Russland; folgte Alexander III., seinem Vater, 1894 auf den Thron, weigerte sich, den Übergang zur konstitutionellen Monarchie zu vollziehen; dankte am 2. März 1917 ab.

Dnevnik imperatora Nikolaja II 1890–1906 g. g. (Tagebuch des Kaisers Nikolaus II. der Jahre 1890–1906), Ü: Marianna Butenschön, Paris: LEV 1980, S. 194.

Das Tagebuch des letzten Zaren von 1890 bis zum Fall. Nach den unveröffentlichten russischen Handschriften herausgegeben. Mit einer Einleitung von Professor S. Melgunoff. Berlin: Ullstein 1923, S. 132.

Maurice Paléologue, geb. 1859 in Paris, gest. 1944 ebenda; Diplomat, Schriftsteller, studierte Jura in Paris, trat 1880 in den Auswärtigen Dienst ein; war Gesandter in Sofia (1909–1913) und Botschafter am Petersburger Hof (Jan. 1914–Mai 1917); Mitglied der Académie française (1928); Werke u. a. *L'art chinois* (1887), *Talleyrand, Metternich, Le roman tragique de l'empereur Alexandre II* (1923), *Chateaubriand* (1924).

Das Ende der Romanows. Bearbeitung von Christoph Meyer. München: F. Bruckmann Verlag 1962, S. 29, 52, 328, 343, 361 f., 365, 378.

Boris Pasternak (Boris Leonidovič Pasternak), geb. 1890 als Sohn des Malers Leonid Pasternak und der Pianistin Rosalija Kaufmann in Moskau, gest. 1960 in Peredelkino bei Moskau, wollte zunächst Pianist und Komponist werden, studierte dann aber Philosophie an der Moskauer Universität; verbrachte ein Auslandssemester (Sommer 1912) an der Universität Marburg; veröffentlichte 1914 seine erste Gedichtsammlung, blieb nach dem Oktoberumsturz im Land, während Eltern und Geschwister 1921 emigrierten. In den 1930er-Jahren entsprachen seine Gedichte nicht mehr dem offiziellen sozialistischen Realismus; Pasternak musste von Übersetzungen leben; arbeitete nach dem Zweiten Weltkrieg vor allem an *Dr. Schiwago*, seinem einzigen Roman, der 1957 zuerst in Italien erschien. Für sein Gesamtwerk erhielt Pasternak 1958 den Nobelpreis, den er zunächst annahm, aber unter dem Druck der Partei doch ablehnen musste. Dem Skandal folgte der Ausschluss aus dem Schriftstellerverband. Sein Land verlassen wollte der Autor jedoch nicht. *Dr. Schiwago* erschien erst 1987 in der Glasnost-Ära in der UdSSR. Werke u. a. *Meine Schwester das Leben*, Frankfurt a. M. 2015, *Lüvers Kindheit*, München 1960, *Über mich selbst. Versuch einer Autobiographie*, Frankfurt a. M. 1959.

An Eltern und Schwestern, Moskau, 20. September 1942, in: *Eine Brücke aus Papier. Die Familienkorrespondenz 1921–1960*. Mitgeteilt von Jewgeni und Jelena Pasternak. Deutsch von Gabriele Leupold. Aufgrund der russischen Edition herausgegeben von Johanna Renate Döring-Smirnow. Frankfurt a. M.: S. Fischer 2000, S. 42 f.

Boris Pilnjak (Boris Andreevič Pilnjak, eigentlich Boris A. Wogau), geb. 1894 in Moschaisk als Sohn eines Tierarztes wolgadeutscher Abstammung, gest. 1938 in Moskau. Erste Erzählungen erschienen 1915, den Sammelband *Gewesenes* (1920) bezeichnete Pilnjak selbst als den »ersten Erzählband über die Sowjetrevolution in der RSFSR«. Er bekannte sich zwar zur Revolution, übte aber zugleich heftige Kritik an ihr; veröffentlichte als Erster in russischen Exilverlagen im Ausland (»Tamizdat«), vor allem in Berlin. Nach Erscheinen der Erzählung *Mahagoni* 1929 im Verlag »Petropolis« in Berlin begann eine Hetzkampagne gegen den Autor. Er kam mit dem Schrecken davon, musste den Vorsitz des Moskauer Schriftstellerverbandes jedoch niederlegen; wurde im Oktober 1937 verhaftet, als japanischer Spion und Trotzkist angeklagt und nach einem Scheinprozess am 21. April 1937 in der Moskauer Butyrka erschossen. Pilnjak wurde 1956 rehabilitiert, aber seine Bücher konnten erst in den 1970er-Jahren wieder in der UdSSR erscheinen. Werke u. a. *Das nackte Jahr*, Frankfurt a. M. 1994; *Maschinen und Wölfe. Roman aus den Jahren der russischen Revolution*, München 1962; *Mahagoni: Erzählungen*, Nördlingen 1988; *Die Wolga fällt ins Kaspische Meer*, Berlin 1930.

Seine Majestät Kneeb Piter Kommandor, in: *Die Geschichte vom nichtausgelöschten Mond. Erzählungen. 1915 bis 1926*. In der Übersetzung von Barbara Conrad. Frankfurt a. M.: S. Fischer 1989, S. 30 ff.

Boris Piotrowski (Boris Borisovič Piotrovskij), geb. 1908 in St. Petersburg, gest. 1990 in Leningrad, Archäologe, Orientalist, Ägyptologe, Mitglied der Akademie der Wissenschaften, Direktor der Staatlichen Ermitage (1964–1990). Werke u. a. *Urartu*, München 1980. Die von ihm organisierte Ausstellung von »Beutekunst« im Spätsommer 1958 war eine Sensation.

Istoria Ermitaža (Geschichte der Ermitage). Ü: Marianna Butenschön, Moskau: Iskusstvo 2000, S. 109

Alexander Puschkin (Aleksandr Sergeevič Puškin), geb. 1799 als Sohn eines Majors in Moskau, gest. 1837 in St. Petersburg, Urgroßenkel Ibrahim Hannibals; Russlands größter Dichter, Schöpfer der russischen

Literatursprache, besuchte das von Alexander I. gegründete Lyzeum in Zarskoje Selo; wurde 1821 wegen einiger freiheitlicher Gedichte in den Süden versetzt, d. h. verbannt; lebte dann in Michailowskoje in der in Nähe von Pskow, kehrte 1831, nun schon verheiratet, nach Petersburg zurück, wo Nikolaus I. ihn zum Fahnenjunker ernannte, starb im Februar 1837 nach einem Duell mit dem Franzosen d'Anthès in seinem Haus an der Moika. Werke u. a. *Eugen Onegin, Die Hauptmannstochter, Boris Godunow, Pique Dame.*

An Praskowja Alexandrowna Ossipowa, Gutsbesitzerin in Trigorskoje, 29. Juni 1831. in: *Gesammelte Werke in sechs Bänden*. Hrsg. von Harald Raab. Bd. 6, *Briefe*. Frankfurt a. M.: Insel 1973, S. 284. © Insel Verlag Frankfurt a. M. 1973.

Der eherne Reiter. Eine Petersburger Erzählung. 1833. Übers. von W. Groeger, in: Poeme, Gedichte, Eugen Onegin. Hrsg. von W. Neustadt. Berlin: SWA-Verlag 1947, S. 232, 236; der *Eherne Reiter* gilt als Antwort Puschkins auf Adam Mickiewicz' antizaristische Auslassungen in der »Ahnenfeier« (s. o.).

Stadt des Reichtums, Stadt der Armut. In: Judith Pelz (Hrsg.): *Poetischer Sankt Petersburg-Führer.* Russisch und deutsch. Darmstadt: WBG 2002, S. 45.

Edward Radsinski (Edvard Stanislavovič Radzinskij), geb. 1936 in Moskau in einer aus Odessa stammenden Familie, absolvierte das Moskauer Historische Archivinstitut, Historiker und Schriftsteller, Dramaturg und Drehbuchautor, Biograph Napoleon Bonapartes, Stalins, Alexanders II. u. a.

Nikolaj II, žizn' i smert' (Nikolaus II., Leben und Tod). Ü: Marianna Butenschön, Moskau: Vagrius 2003, S. 148 f.

Lina Ramann, geb. 1833 als Tochter eines musikinteressierten Weinhändlers in Mainstockheim, gest. 1912 in München, deutsche Musikpädagogin und Musikschriftstellerin; Freundin und Biographin Franz Liszts. 1860 erschienen ihre *Technische Studien für Pianoforte*, die »Herrn Dr. Franz Liszt, dem Begründer einer neuen Ära des Klavierspiels« gewidmet sind.

Franz Liszt. Als Künstler und Mensch. Zweiter Band. Leipzig: Breitkopf & Härtel 1887, S. 184 f.

John Reed, geb. 1887 in Portland/Oregon, gest. 1920 in Moskau; amerikanischer Journalist, studierte Soziologie und Wirtschaftswissenschaften in Harvard, gründete die erste amerikanische KP, die Kommunistische Arbeiterpartei, und wurde ihr Vorsitzender, war im Ersten Weltkrieg als Kriegsberichterstatter in Frankreich tätig, ging im August 1917 mit seiner Frau Louise Bryant nach Russland, beide erlebten den Oktoberumsturz vor Ort; die amerikanische Ausgabe seines Buches *Ten days that shook the world* erschien im März 1919 mit einem Vorwort von Lenin. John Reed starb an Typhus und erhielt ein Ehrengrab an der Kremlmauer. Werke u. a. *Mexico in Aufruhr* (1972), *Stationen meines Lebens. Eine Anthologie* (1977).

Zehn Tage, die die Welt erschütterten. [Übersetzer nicht angegeben.] Berlin: Dietz 71966, S. 150 ff.

Heinrich Christoph von Reimers, geb. 1768 in Reval, gest. 1812 in St. Petersburg; Deutschbalte, Hofrat; studierte Jura in Göttingen, veröffentlichte 1805 die erste Geschichte und 1809 das erste Adressbuch der Nördlichen Hauptstadt. Werke u. a. *L'Académie Impériale des Beaux-Arts à St Pétersbourg. Depuis son origine jusqu'au Régne d'Alexandre 1er en 1807. Publié par le Conseiller d'État Henri de Reimers,* Drechsler, 1807. *St. Petersburg am Ende seines ersten Jahrhunderts. Mit Rückblicken auf Entstehung und Wachstum dieser Residenz unter den verschiedenen Regierungen während dieses Zeitraums. Mit Kupfern und Planen. Erster Theil.* Bei F. Dienemann und Comp., St. Petersburg 1805. Digitalisat.

Rainer Maria Rilke, geb. 1875 in Prag, gest. 1926 in Montreux (Schweiz); reiste 1899 zusammen mit der gebürtigen Petersburgerin Lou Andreas-Salomé (1861–1937) und ihrem Mann zum ersten Mal nach Russland, das schon vor der Reise sein Sehnsuchtsland war und nun zu einer poetischen Offenbarung wurde; im August 1900 folgte die zweite Russland-Reise mit Lou Andreas-Salomé. Russland war nun seine »liebe geistige Wahlheimat«. Werke u. a. *Die Aufzeichnungen des Malte Laurids Brigge,* 1910; *Die Weise von Liebe und Tod des Cornets Christoph Rilke,* Leipzig 1912.

Nächtliche Fahrt. Sankt Petersburg, in: *Die Gedichte.* Frankfurt a. M.: Insel 52014, S. 512.

Michail W. Rodsianko (Michail Vladimirovič Rodzjanko), geb. 1859 als Sohn eines Gutsbesitzers im Gouvernement Jekaterinoslawl, gest. 1924 in Belgrad; absolvierte das Petersburger Pagenkorps; wurde 1906 Mitglied des Staatsrats, dann Abgeordneter der I. Staatsduma; Präsident der III. und der IV. Staatsduma (1911–1917).

Erstes Telegramm des Dumapräsidenten an Nikolaus II. Zit. nach Manfred Hellmann (Hrsg.): *Die russische Revolution 1917. Von der Abdankung des Zaren bis zum Staatsstreich der Bolschewiki.* München: DTV 31974, S. 120.

Joseph Roth, geb. 1894 in Brody, Galizien, gest. 1939 in Paris; studierte Literaturwissenschaften und Philosophie in Lemberg und Wien; nahm am Ersten Weltkrieg teil, lebte ab 1918 als Journalist in Wien und Berlin; reiste als Korrespondent der Frankfurter Zeitung (1923–1932) Mitte der 1920er-Jahre nach Sowjetrussland; emigrierte 1933 nach Frankreich. Werke u. a. *Radetzkymarsch,* München 1982; *Hiob. Roman eines einfachen Mannes*, Hamburg 1980.

Leningrad, Frankfurter Zeitung, 18. 3. 1928, in: *Reise nach Russland, Feuilletons, Reportagen, Tagebuchnotizen 1919–1930.* Hrsg. und mit einem Nachwort von Klaus Westermann. Köln: Kiepenheuer & Witsch 1995, S. 100 ff.

BERTRAND RUSSELL, geb. 1872 bei Trellech, Wales, gest. 1970 in Penrhyndeudraeth, Wales, Philosoph, Mathematiker, Logiker, Pazifist; Literaturnobelpreisträger von 1950; traf Lenin 1920 in Moskau, fand ihn weniger beeindruckend als erwartet, nannte ihn eine Reinkarnation Cromwells; Werke u. a. *Die Praxis und Theorie des Bolschewismus,* Darmstadt 1987.

Autobiographie 1914–1944. Aus dem Englischen von Julia Kirchner. Frankfurt a. M.: Insel 1970, S. 144. © der deutschen Übersetzung: Suhrkamp Verlag Frankfurt a. M. 1970.

HARRISON E. SALISBURY, geb. 1908 in Minneapolis, Minnesota, gest. 1993 in Rhode Island; amerikanischer Journalist, Pulitzer-Preisträger, Stellvertretender Chefredakteur der New York Times. Kritiker haben das aus Quellen und Recherchen vor Ort erarbeitete Epos *900 Tage* mit Tolstois *Krieg und Frieden* verglichen.

900 Tage. Die Belagerung von Leningrad. In der Übersetzung von Jürgen Baron von Koskull. Frankfurt a. M.: Fischer Taschenbuch Verlag 1989, S. 150 f., 231. © 1989, S. Fischer Verlag GmbH, Frankfurt am Main. Copyright © 1969 by Harrison E. Salisbury. Veröffentlicht mit Genehmigung Nr. 72 514 der Paul & Peter Fritz AG in Zürich. Originaltitel: *The 900 days: the siege of Leningrad.* New York, N. Y.: Harper & Row, 1969.

JEWGENI SAMJATIN (Evgenij Ivanovič Zamjatin), geb. 1884 in Lebedjan, Gouvernement Tambow, gest. 1937 in Paris, Schriftsteller, Kritiker, Drehbuchautor, studierte Schiffsbau am Petersburger Polytechnischen Institut, schloss sich 1905 den Bolschewiki an, arbeitete als Ingenieur, veröffentlichte 1908 seine erste Erzählung *(Allein),* beteiligte sich aktiv an der Oktoberrevolution, kritisierte jedoch die sich im Aufbau befindliche Sowjetgesellschaft; konnte die UdSSR 1931 mit Erlaubnis Stalins verlassen und ging nach Frankreich. Werke u. a. *Wir,* Köln 1958; *Attila, die Geißel Gottes: eine Geschichte,* Zürich 1979; *Der Floh,* Hamburg 1972.

Aufsätze, Autobiographie, Brief an Stalin. Aus dem Russischen übertr. von Irina Reetz. Leipzig und Weimar: Gustav Kiepenheuer 1991, S. 115.

Moskau und Petersburg, in: Slavische Rundschau 5, Prag 1933, S. 298–310.

JAKOB DE SANGLEN (Jacques de Saint-Glin), geb. 1776 in einer französischstämmigen Familie in Moskau, gest. 1864 od. 1868 ebenda; studierte in Leipzig und Berlin; arbeitete als Hochschullehrer und Übersetzer; stieg unter Alexander I. zum Chef der Geheimpolizei auf, betätigte sich i. R. als Publizist; Memoirenschriftsteller.

Memoiren von Jakob Iwanowitsch de Sanglen. 1776–1831. Band I, Kapitel 41, 43. Aus dem Russischen übers. von L. von Marnitz. Bibliothek Russischer Denkwürdigkeiten. Stuttgart: Cotta 1894. Digitalisat/Lexikus.

Fjodor Schaljapin (Fëdor Ivanovič Šaljapin), geb. 1873 in der Nähe von Kasan; Opernsänger in der Stimmlage Bass; künstlerischer Leiter des Marientheaters (1918–1922), erster »Volkskünstler« Sowjetrusslands (Titel 1927 aberkannt, 1992 wieder verliehen), verließ Sowjetrussland im Juli 1922; starb 1938 in Paris, wo er zunächst beigesetzt wurde; 1992 ließ die russische Regierung seine sterblichen Überreste nach Moskau überführen und auf dem Neujungfrauenfriedhof beisetzen.

Ohne Maske. Erinnerungen. 40 Jahre Sänger. Unter der Zarenherrschaft. Unter den Bolschewiken. In der Fremde. Berlin: Drei Masken Verlag 1933, S. 177 f., 195 ff.

Paul Scheffer, geb. 1883 als Sohn eines Landrats in Kaldau/Pommern, gest. 1963 im selbstgewählten Exil in Vermont/USA; studierte Philosophie und Soziologie in München, Marburg und Graz; wurde 1919 vom Berliner Tageblatt nach Den Haag und 1921 nach Moskau geschickt, wo er sich zu einem der führenden Russland-Experten seiner Zeit entwickelte; Chefredakteur des Berliner Tageblatts (1934–1936); verließ Deutschland 1936 und arbeitete fortan in den USA als freier Journalist.

Ausverkauf des alten Petersburg, Berliner Tageblatt, 7. April 1929, in: *Augenzeuge im Staate Lenins.* München: Piper Verlag 1972, S. 364.

Wiktor Schklowski (Viktor Borisovič Šklovskij), geb. 1893 als Sohn eines Mathematikers in Petersburg, gest. 1984 in Leningrad, Schriftsteller, Kritiker und Drehbuchautor, studierte klassische Philologie, schloss sich nach 1917 den Sozialrevolutionären an; floh 1922 aus Petrograd, ging nach Berlin, kehrte aber schon 1923 in die UdSSR zurück und machte Karriere als Film- und Literaturkritiker, angepasst und doch nicht angepasst.

Kindheit und Jugend. Aus dem Russischen von Alexander Kaempfe. Bibliothek Suhrkamp, Bd. 218. Frankfurt a. M.: Suhrkamp 1968, S. 71 f., 154.

Petersburg während der Blockade. In: *Die Serapionsbrüder von Petrograd.* Aus dem Russischen übers. und hrsg. von Gisela Drohla. Frankfurt a. M.: Insel 1963, S. 15 f.

Heinrich Schliemann, geb. 1822 in Neubukow, gest. 1890 in Neapel, Kaufmann, Archäologe, Troja-Entdecker; ging 1846 als Generalagent der Amsterdamer Firma B. H. Schröder nach St. Petersburg, machte sich schnell selbständig; erwarb Anfang 1847 die russländische

Staatsbürgerschaft und im Juli 1850 in Kalifornien die US-Staatsbürgerschaft; verdiente ein Vermögen durch den Indigohandel und später – während des Krimkrieges – durch den Handel mit Kriegsmaterialien (Salpeter, Schwefel und Blei); lernte in Petersburg u. a. Alt- und Neugriechisch, heiratete im Oktober 1852 in erster Ehe eine Anwaltstochter, die seine Interessen nicht teilte; studierte Archäologie in Paris; begann 1871 mit Grabungen auf dem Hügel von Hissarlik, wo schon andere vor ihm das bronzezeitliche Troja vermutet hatten.

Briefwechsel. Aus dem Nachlass in Auswahl hrsg. von Ernst Meyer. Bd. 1: Von 1842–1875. Berlin: Mann 1953, S. 114 f.

KARL SCHLÖGEL, geb. 1948 in Hawangen, Osteuropa-Historiker, Schriftsteller, Professor an der Universität Konstanz und der Europa-Universität Viadrina, Frankfurt a. d. Oder (1990–2013). Werke u. a. *Petersburg. Das Laboratorium der Moderne 1909–1921* (2002); *Terror und Traum. Moskau 1937* (2008); *Moskau lesen, Verwandlungen einer Metropole* (2011); *Entscheidung in Kiew. Ukrainische Lektionen* (2015); *Grenzland Europa. Unterwegs auf einem neuen Kontinent* (2013); *Das sowjetische Jahrhundert* ([3]2018).

Die Seele Petersburgs von Nikolai P. Anziferow. *Ein legendäres Buch und sein unbekannter Autor*, in: Nikolai Anziferow, *Die Seele Petersburgs.* Aus dem Russischen von Renata von Maydell. Vorwort von Karl Schlögel. München: Hanser 2003, S. 7.

KURD VON SCHLÖZER, geb. 1822 als Sohn eines Kaufmanns in Lübeck, gest. 1894 in Berlin, Enkel des Historikers Ludwig August von Schlözer, der als Adjunkt an der Petersburger Akademie der Wissenschaften gearbeitet und die altrussische Nestor-Chronik herausgegeben hatte, bevor er Professor in Göttingen und von Alexander I. nobilitiert wurde; Diplomat und Historiker, 2. Legationssekretär an der preußischen Botschaft in Petersburg (1852); Werke u. a. *Römische Briefe* (1912); *Jugendbriefe* (1920); *Amerikanische Briefe* (1927); *Friedrich der Große und Katharina II.* (1859).

Petersburger Briefe. Stuttgart, Berlin und Leipzig: Deutsche Verlagsanstalt 1923, S.22, 27, 34, 203 f., 224 f., 225 f., 226.

DMITRI SCHOSTAKOWITSCH (Dmitrij Dmitrievič Šostakovič), geb. 1906 in St. Petersburg als Sohn eines Ingenieurs und einer Pianistin, gest. 1975 in Moskau; einer der bedeutendsten russischen Komponisten des 20. Jahrhunderts; wurde vom Sowjetregime drangsaliert und in der Stalinzeit mehrfach gemaßregelt, komponierte viele Jahre für die Schublade, wurde erst nach Stalins Tod wieder aufgeführt.

Zeugenaussage. Die Memoiren des Dmitrij Schostakowitsch. Aufgezeichnet und hrsg. von Solomon Volkov. Aus dem Russischen von Heddy Pross-Weerth. Hamburg: Albrecht Knaus Verlag 1979, S. 144, 156 f., 175.

Robert und Clara Schumann. Robert (1810–1856) und Clara (1819–1896) Schumann, seit 1840 verheiratet, reisten 1844 nach St. Petersburg und Moskau; Clara gab mehrere nicht sehr gut besuchte Konzerte, spielte dann aber vor Kaiserin Alexandra im Winterpalast und ärgerte sich, dass sie nicht zuerst vor der Kaiserin gespielt hatte, »so hätte ich viel bessere Concerte gemacht – in Petersburg muss Alles vom Hofe ausgehen, wenn der Adel teilnehmen soll«.

Ehetagebücher 1840–1844. Hrsg. von Gerd Nauhaus und Ingrid Bodsch. Frankfurt a. M. [u. a.]: Stroemfeld [u. a.] 2007, S. 194 ff., 209.

Hans Lothar von Schweinitz, geb. 1822 auf Gut Klein Krichen, Landkreis Lüben, gest. 1901 in Kassel, General, preußischer Militärbevollmächtigter in St. Petersburg (1865), Generaladjutant Wilhelms I., kaiserlich deutscher Botschafter in Wien und in St. Petersburg (1876–1892).

Denkwürdigkeiten des Botschafters General von Schweinitz. Berlin: Hobbing 1927. Erster Band, S. 211; Zweiter Band, S. 100 f.

Seekriegsleitung, eine der höchsten Kommandostellen der deutschen Kriegsmarine, unterstand dem Oberbefehlshaber der Marine, die auf die Nutzung der Leningrader Hafenanlagen drängte, sich aber gegen Hitlers Zerstörungswut nicht durchsetzen konnte. Die geheime Anweisung des Chefs des Stabes der Seekriegsleitung über die Vernichtung der Stadt Leningrad, die am 29. 9. 1941 an die Heeresgruppe Nord erging, wurde dem Internationalen Gerichtshof im Nürnberger Prozess als Beweismittel (Dokument C-123) vorgelegt.

Eine Schuld die nicht erlischt. Dokumente über deutsche Kriegsverbrechen in der Sowjetunion. Mit einem Geleitwort von Ales Adamowitsch. Köln: Pahl-Rugenstein (Kleine Bibliothek 389) 1988, S. 321 f.

Louis-Philippe de Ségur, geb. 1753 in Paris, gest. 1830 ebenda; Sohn eines Marschalls von Frankreich, Schriftsteller, französischer Botschafter in St. Petersburg, gern gesehener Gast und Gesprächspartner Katharinas II. (1785–1789).

Mémoires ou souvenirs et anecdotes, par le comte de Ségur. Avec avant-propos et notes par M. F. Barrière. Bd. 3, Ü: Marianna Butenschön, Paris: Eymery 1859, S. 324 f., 328 f.

Victor Serge (eigentlich Wiktor Kibaltschitsch), geb. 1890 als Sohn russischer Emigranten in Brüssel, gest. 1947 in Mexiko-Stadt, Journalist, Schriftsteller, Revolutionär, ursprünglich Anarchist, schloss sich 1919 den Bolschewiki an; wurde später wegen trotzkistischer Tendenzen mehrfach verhaftet, 1933 in den Ural deportiert; kam 1936 Dank der Intervention prominenter westlicher Freunde frei und konnte die UdSSR verlassen.

Erinnerungen eines Revolutionärs. 1901–1941. Aus dem Französischen von Cajetan Freund. Hamburg: Edition Nautilus 1991, S. 221 f.

JOHANN GOTTFRIED SEUME, geb. 1763 als Sohn eines Landwirts in Posema, Kursachsen, gest. 1810 in Teplice, Böhmen, Schriftsteller und Dichter; studierte 1780/1781 Theologie in Leipzig, schloss sein Studium 1789 ab und habilitierte sich, erhielt eine Stelle als Sekretär mit Offiziersrang bei einem russischen General; wurde in St. Petersburg von Kaiserinmutter Maria Fjodorowna, einer gebürtigen Württembergerin, empfangen. Seume starb in Armut, die ersehnte russische Offiziersrente wurde ihm erst nach seinem Tod bewilligt. Werke u. a. *Spaziergang nach Syrakus* (1802), *Mein Leben* (1810).

Mein Sommer 1805. Berlin: Rütten und Loening 1968, S. 81 f.

IGOR SEWERJANIN (Igor' Vasil'evič Severjanin, eigentlich Igor' V. Lotarëv), geb. 1887 als Sohn eine Militäringenieurs in St. Petersburg, gest. 1941 in Tallinn; wurde Anfang 1918 auf einem Dichtertreffen in Moskau zum Dichterkönig gewählt; begrüßte zunächst die Oktoberrevolution, emigrierte 1921 jedoch nach Estland. Werke u. a. *Christus und Antichrist – Poemen – russisch und deutsch.* IMA-Print. Moskau 1992; *Ananas in Champagner. Poesen.* Münster 1996.

Abgesang auf Petrograd. Übers. von Bruno Goetz, zit. nach Wolfgang Lange (Hrsg.): *Petersburger Träume.* München: Piper 1992, S. 250. © 1992 Piper Verlag GmbH, München.

NAUM SINDALOWSKI (Naum Aleksandrovič Sindalovskij), geb. 1935 in einer Eisenbahnerfamilie in Leningrad, ursprünglich Ingenieur, Kenner der Petersburger Stadtfolklore, Stadthistoriker, Autor von drei Dutzend Petersburg-Büchern.

Chronika Sankt-Peterburga. Gody, Sobytija. Legendy (Sankt Petersburger Chronik. Jahre, Ereignisse, Legenden). Ü: Marianna Butenschön, St. Petersburg: Norint 2003, S. 230.

ANATOLI SOBTSCHAK (Anatolij Aleksandrovič Sobčak), geb. 1937 in Tschita, gest. 2000 in Swetlogorsk (Rauschen), Juraprofessor an der Universität Leningrad, Vorsitzender des Leningrader Stadtsowjets (Lensowjet), erster frei gewählter Bürgermeister von Leningrad/Petersburg (Juni 1991); organisierte im August 1991 den Widerstand der Leningrader gegen die Putschisten in Moskau; politischer Ziehvater der Präsidenten Wladimir Putin und Dmitri Medwedjew; unterlag bei den Wahlen 1996 seinem Ersten Stellvertreter Wladimir Jakowlew; verließ Russland aufgrund dubioser Korruptionsvorwürfe; kehrte nach dem Amtsantritt Putins nach St. Petersburg zurück, starb überraschend nach einem Herzinfarkt in Swetlogorsk, Gebiet Kaliningrad.

Iz Leningrada v Peterburg: puteščestvie vo vremeni i prostranstve (Aus Leningrad nach Petersburg: Reise in der Zeit und im Raum). Ü: Marianna Butenschön, St. Petersburg: Kontrfors 1999, S. 17 f., 83 f., 91 f., 99 f. 123 ff.

Alexander Solschenizyn (Aleksandr Isaevič Solženicyn), geb. 1908 in Kislowodsk, gest. 1998 in Moskau, studierte Mathematik und Philosophie in Rostow am Don; nahm als Artillerieoffizier am Zweiten Weltkrieg teil; wurde 1945 in Ostpreußen wegen Kritik an Stalin verhaftet und zu acht Jahren Lager verurteilt; wurde 1956/57 rehabilitiert. Seine Erzählung *Ein Tag des Iwan Denisowitsch* (1962) machte ihn schlagartig bekannt. Es folgten die Romane *Die Krebsstation* und *Im ersten Kreis der Hölle*, die in der Sowjetunion nicht erscheinen durften und 1968 in deutscher Übersetzung herauskamen. Der Autor wurde 1969 aus dem sowjetischen Schriftstellerverband ausgeschlossen, erhielt 1970 den Literaturnobelpreis und wurde Anfang 1974 nach Erscheinen seines monumentalen Werks *Der Archipel GULAG* in russischer Sprache in Paris wegen Landesverrats aus der Sowjetunion ausgewiesen. Er fand Aufnahme bei Heinrich Böll in Köln, lebte zunächst in der Schweiz, später in den USA, Bundesstaat Vermont. Im Mai 1994 kehrte Solschenizyn nach Russland zurück, politischen Einfluss hatte er nicht mehr.

Das rote Rad. Erster Knoten. August Vierzehn (23. August – 3. September). Aus dem Russischen von Swetlana Geier. München/Zürich: Piper 1983, S. 920. © 1987 Piper Verlag GmbH, München.

Stadt an der Newa (1963). In: *Im Interesse der Sache. Erzählungen.* Aus dem Russischen von Mary von Holbeck. Neuwied u. a.: Luchterhand 1970, S 266 f.

Karl Stählin, geb. 1865 in Breitenau, gest. 1939 in Berlin, Historiker, Pastorensohn, studierte Geschichte in Leipzig, habilitierte sich 1905 an der philosophischen Fakultät der Universität Heidelberg; wurde 1920 auf den Lehrstuhl für Osteuropäische Geschichte nach Berlin berufen, den er bis 1933 innehatte. Werke u. a. *Geschichte Russlands von den Anfängen bis zur Gegenwart.* 4 Bände. Berlin 1923–1929; *Aus den Papieren Jacob von Stählins: Ein biographischer Beitrag zur deutsch-russischen Kulturgeschichte des 18. Jahrhunderts*, Königsberg 1926.

Reisebericht aus Russland. 1910. Briefe an seine Frau. Diessen: Happach 1968, S. 50.

Jacob von Stählin, geb. 1709 in Memmingen, gest. 1785 in St. Petersburg; ging 1735 nach Russland, wurde 1737 zum Professor der Rhetorik ernannt; Erzieher des Thronfolgers Peter Fjodorowitsch (Peter III.); die erstmals 1785 in Leipzig erschienenen *Originalanekdoten* kamen 1786 auch auf Russisch heraus. Sie werden bis heute von Historikern und Schriftstellern gleichermaßen als Quellen genutzt.

Originalanekdoten von Peter dem Großen. Aus dem Munde angesehener Personen zu Moskau und Petersburg vernommen und der Vergangenheit entrissen von Jacob von Stählin (1709–1785). München: Winkler 1968.

Autor: van Bruyns, Generalequipagemeister des Admiralitätskollegiums, in: Stählin, S. 109 f.

Autor: Herr de Swart, holländischer Resident und Successor des Herrn de Wilde, bei dem er als Legationssekretär zu Petersburg gestanden, in: Stählin, S. 115 f.

Autor: Baumeister Förster, der das Schloss Sarskoje gebaut hat und bei der erzählten Begebenheit zugegen gewesen, in: Stählin, S. 117 ff.

Autor: Herr Rat Schumacher als Bibliothekar und Oberaufseher der Naturalien- und Kunstkammer, in: Stählin, S. 55 f.

HEINRICH FRIEDRICH KARL FREIHERR VOM UND ZUM STEIN, geb. 1757 in Nassau, gest. 1831 in Cappenberg bei Lünen, preußischer Staatsmann, leitete ab 1807 zusammen mit Karl August Hardenberg die preußischen Reformen ein, musste wegen seiner anti-napoleonischen Haltung schon Ende 1808 seinen Hut nehmen, trat 1812 als Berater in die Dienste Alexanders I. und lebte bis 1813 in St. Petersburg; als Sekretär begleitete ihn Ernst Moritz Arndt.

Denkwürdigkeiten und Briefe des Freiherrn vom Stein. Ausgew. und hrsg. von Ludwig Lorenz. Berlin: Dt. Bibliothek [ca. 1919], S. 187 f., 195.

Zit. nach: Kurt von Raumer: *Die Autobiographie des Freiherrn vom Stein.* Münster I. Westf.: Aschendorff – Köln/Graz: Böhlau ^{2}1955, S. 43.

HEINRICH VON STORCH (russisch Andrei Karlowitsch Schtorch), geb. 1766 in Riga, gest. 1835 in St. Petersburg, deutsch-russischer Wirtschaftswissenschaftler, studierte in Jena und Heidelberg, erhielt 1789 einen Ruf als Lehrer an das Petersburger Kadettenkorps, wurde 1796 Mitglied der Akademie der Wissenschaften; unterrichtete zunächst die Töchter, später auch die Söhne Pauls I.; Vizepräsident der russländischen Akademie der Wissenschaften (1830); Werke u. a. *Cours d'économie politique ou exposition des principes qui déterminent la prospérité des nations.* St. Petersburg 1815.

Gemählde von St. Petersburg. Bd. 1, Riga 1794, S. XV f. Digitalisat.

ALEXANDER SUMAROKOW (Aleksandr Petrovič Sumarokov), geb. 1717 in Moskau, gest. 1777 ebenda, Poet, Literaturkritiker, Dramatiker (»Vater des russischen Theaters«); wurde 1747 durch seine erste Tragödie *Chorew* bekannt und 1756 zum Direktor des ersten regulären Theaters in St. Petersburg ernannt; gründete 1759 eine eigene Zeitschrift *(Fleißige Biene)*, das erste private Journal Russlands; schuf eine Vielzahl von lyrischen Werken, Gedichten, Komödien; verließ Petersburg 1769, starb verarmt und vergessen.

Fünfte Rede zur Eröffnung der Kaiserlichen Sankt Petersburger Akademie der Künste (1764), zit. nach Anziferow, a. a. O., S. 87.

Alexei Tolstoi (Aleksej Nikolaevič Tolstoj), der »rote Graf«, geb. 1885 in Sosnowka, Gouvernement Samara, gest. 1945 in Moskau, sowjetrussischer Schriftsteller aus dem Tolstoi-Clan, studierte Jura in Petersburg und Dresden, wandte sich aber kurz vor dem Abschluss der Literatur zu; emigrierte 1919 nach Paris, ging dann nach Berlin und kehrte 1923 nach Sowjetrussland zurück. Werke u. a. *Nikitas Kindheit,* Berlin 1949; *Der Leidensweg.* Romantrilogie, Berlin 1967.

Peter der Erste. Übers. von Maximilian Schick. Berlin: Aufbau Verlag 1960, S. 723 f.

Der Leidensweg. Zweites Buch. *Das Jahr Achtzehn.* Berlin und Weimar: Aufbau Verlag 1977, S. 5 ff.

Leo Trotzki (Lev Davidovič Trockij, eigentlich Bronštejn), geb. 1879 als Sohn eines wohlhabenden Landwirts in Janowka, Gouvernement Cherson, Vorsitzender des Petersburger Sowjets von 1905. Organisator des Oktoberumsturzes 1917; wurde 1940 im Auftrag Stalins in Coyoacán, Mexiko-Stadt, ermordet; Werke u. a. *Die russische Revolution.* 2 Bände. Frankfurt a. M. 1931/32; *Stalin. Eine Biographie,* Reinbek bei Hamburg 1972; *Verratene Revolution,* Dortmund 31979.

Der junge Lenin. Der 1. März 1887. Wien 1969. Ins Deutsche vom russischen Originalmanuskript übersetzt von Walter Fischer. Digitalisat.

Mein Leben, Versuch einer Autobiographie. Deutsch von Alexandra Ramm. Frankfurt a. M.: S. Fischer Verlag 1961, S. 166 f., S. 326 f.

Lydia Tschukowskaja (Lidija Korneevna Čukovskaja), geb. 1907 in St. Petersburg als Tochter des populären Kinderbuchautors Kornei I. Tschukowski, gest. 1996 in Moskau; Schriftstellerin, Literaturkritikerin, Dissidentin, enge Freundin Anna Achmatowas, zeichnete Gedichte der Freundin auf, die diese zu ihrer eigenen Sicherheit nur rezitierte, aber nicht aufschrieb; war fortwährend Schikanen ausgesetzt, setzte sich in den 1960er-Jahren für Solschenizyn, Brodski u. a. ein, wurde 1974 aus dem Schriftstellerverband ausgeschlossen und erst 1987 wieder gedruckt. Werke u. a. *Ein leeres Haus,* Zürich 1967; *Untertauchen,* Zürich 1978; *Sofia Petrowna,* Zürich 2003.

Aufzeichnungen über Anna Achmatowa. Übers. von Kay Borowsky, mit einem Nachwort von Raissa Orlowa-Kopelew. Tübingen: Gunter Narr Verlag 1987, S. IX f.

Oleg Tschuprow (Oleg Akimovič Čuprov); geb. 1939 in Objatschewo, Komi ASSR, Journalist, (sowjet-)russischer Poet, Autor der Petersburger Stadthymne, vgl. you Tube.

Juri Tynjanow (Jurij Nikolaevič Tynjanov), geb. 1894 in Reschiza, Gouvernement Witebsk (heute Rezekne in Lettland), gest. 1943 in Moskau, sowjetrussischer Schriftsteller, Literaturtheoretiker (bedeutendster Vertreter des russischen Formalismus), Übersetzer, arbeitete ab 1921 am Institut für Geschichte der Künste des Grafen Subow; Werke u. a. *Der Tod des Wesir-Muchtar* (1988); *Puschkin* (1987).

Peterplatz. In: *Wilhelm Küchelbecker, Dichter und Rebell.* Übers. aus dem Russischen von Maria Einstein. Berlin: Verlag Volk und Welt 1948, S. 238.

Peter Ustinov, geb. 1921 in London, gest. 2004 in Genolier, Kanton Waadt, britischer Schauspieler, Regisseur, Schriftsteller, Drehbuchautor, Universitätsrektor, Weltbürger mit russisch-deutsch-italienisch-französischen Wurzeln, reiste 1982 zum ersten Mal nach Russland.

Mein Rußland. Eine Geschichte des Landes meiner Väter und Vorväter, wie sie in keinem Geschichtsbuch steht. München: Heyne 1985, S. 81.

Elisabeth Vigée-Lebrun, geb. 1755 in Paris, gest. 1842 ebenda, französische Malerin, Lieblingsmalerin der Königin Marie Antoinette, verließ Frankreich 1789, reiste 1795 nach St. Petersburg, wurde Mitglied der Kaiserlichen Akademie der Künste und als vielbeschäftigte Porträtmalerin eine reiche Frau; kehrte 1802 nach Paris zurück.

Der Schönheit Malerin … Erinnerungen der Elisabeth Vigée-LeBrun. Hrsg. von Lida von Mengden. Darmstadt [u. a.]: Luchterhand 1985, S. 206 f., 266 f.

Serena Vitale, geb. 1945 in Brindisi, italienische Slawistin und Übersetzerin (Puschkin, Mandelstam, Nabokow), lehrte an der Universität Pavia. Werke u. a. *Der Eispalast*, Berlin 2001.

Puschkins Knopf. Aus dem Italienischen von Irmengard Gabler. Frankfurt a. M.: S. Fischer Verlag 1997, S. 337 f.

Heinrich Vogeler, geb. 1872 in Bremen, gest. 1942 in Karaganda; Maler, Grafiker, Architekt, Designer, Pädagoge, Schriftsteller; erwarb 1895 den Barkenhoff in der Künstlerkolonie Worpswede, reiste im Juni 1923 erstmals und 1924 zum zweiten Mal in die Sowjetunion, hoffend, am Aufbau einer neuen Gesellschaft gestalterisch mitwirken zu können; trat 1925 der KPD bei, reiste erneut für ein paar Monate in die UdSSR und blieb 1931 in Moskau; wurde nach dem deutschen Überfall auf die UdSSR 1941 nach Kasachstan deportiert.

Reisebilder aus der Sowjetunion. 1923–1940. Hrsg. von Peter Elze. Worpsweder Verlag 1988, S. 30 f.

Richard Wagner, geb. 1813 in Leipzig, gest. 1883 in Venedig, gab Anfang 1863 sechs Konzerte in St. Petersburg.

An Editha von Rahden in Petersburg, Penzing, Mittwoch, 15. Juli 1863, in: Sämtliche Briefe. Hrsg. von der Richard-Wagner-Stiftung Bayreuth. Ed.-Leitung Werner Breig. Bd. 15: *Briefe des Jahres 1863*. Hrsg. von Andreas Mielke. Red. Mitarb. Isabel Kraft. Wiesbaden [u. a.] 2005, S. 219.

Friedrich Christian Weber, Herkunft, Lebensdaten und Lebensweg nahezu unbekannt, Diplomat, Gesandter des Kurfürstentums Hannover am Hofe Peters des Großen (1714–1719).

Des veränderten Russlands Zweyter Theil. Worinnen die Folge derjenigen wichtigen Veränderungen, welche der Rußische Kayser Petrus der Erste ... vorgenommen, auch die seit Anno 1721. bis an seinen Tod vorgefallenen Merckwürdigsten Begebenheiten ... enthalten ist. Band 2, Frankfurt/Leipzig/Hannover: Nicolai Förster und Sohn, 1739, S. 3 f., 18 f. Digitalisat.

Armin T. Wegner, geb. 1886 in Elberfeld, gest. 1978 in Bonn, Dr. iur., Lyriker und Reiseschriftsteller, Pazifist, dokumentierte den Völkermord an den Armeniern im Osmanischen Reich; Mitgründer des Bundes der Kriegsdienstgegner (VdK); reiste 1927/28 in die UdSSR; emigrierte Ende 1933; lebte seit 1936 in Italien. Werke u. a. *Der Weg ohne Heimkehr: ein Martyrium in Briefen*, Berlin 1919.

Fünf Finger über dir – Bekenntnis eines Menschen in dieser Zeit. Berlin/Leipzig: Deutsche Verlagsanstalt 1930, S. 68 f.

H. G. Wells, geb. 1866 in Bromley, gest. 1946 in London, Historiker, Soziologe, Schriftsteller, Pionier der Science fiction-Literatur, bekannt vor allem durch die Romane *Die Zeitmaschine* (1895) und *Krieg der Welten* (1898), sympathisierte mit der Russischen Revolution und reiste Ende Sept. 1920 nach Sowjetrussland.

Nacht über Rußland: Skizzen aus dem bolschewistischen Rußland. Aus dem Englischen übertr. von Marie du Bois-Reymond. Berlin: Deutsche Verlagsgesellschaft für Politik und Geschichte 1922, S. 5 f.

Maria Wolkonskaja (Fürstin Marija Nikolaevna Volkonskaja) geb. 1804 als Tochter eines Generals im Dorf Kamenka, Gouvernement Kiew, gest. 1863 in Voronki, Gouvernement Tschernigow, heiratete Anfang 1825 den künftigen Dekabristen Sergei G. Wolkonski (1788–1865), dem sie 1826 in die Verbannung nach Sibirien folgte.

Erinnerungen. Nachwort u. Anmerkungen von Lieselotte Remané. Nachdichtungen von Martin Remané. Frankfurt a. M.: Insel 1989, S. 24.

Baron Wrangel (Nikolaj Nikolaevič Vrangel'), geb. 1880 auf dem Gut seiner Eltern im Gouvernement Kiew, gest. 1915 in Warschau; Kunsthistoriker, Literaturkritiker, Denkmalschützer schwedisch-deutschbaltischer Herkunft.

Dni skorbi, Dnevnik 1914–1915 godov (Tage der Trauer. Tagebuch der Jahre 1914–1915), 19. Aug. 1914, St. Petersburg, Journal Neva 2001, S. 44.

Stefan Zweig, geb. 1881 in Wien als Sohn eines Textilunternehmers, gest. 1942 in Petropolis, Brasilien; reiste zur Feier von Leo Tolstois 100. Geburtstag im September 1928 in die Sowjetunion. Werke u. a. *Sternstunden der Menschheit* (1927); *Joseph Fouché* (1929); *Marie Antoinette. Bildnis eines mittleren Charakters* (1932); *Maria Stuart* (1935); *Schachnovelle* (1941); *Die Welt von gestern* (1942).

Reise nach Rußland, Ausflug nach Leningrad. In: *Länder, Städte, Landschaften.* Frankfurt a. M.: Fischer Taschenbuch Verlag 1981, S. 126 f.

Bibliographie

Die Schreibweise der russischen Namen erfolgt nach der wissenschaftlichen Transliteration, es sei denn, die Namen sind phonetisch eingeführt.

Achmatowa, Anna: *Vor den Fenstern Frost.* Gedichte und Prosa. Berlin [2]1988

Anisimov, Evgenij: *Peterburg vremën Petra Velikogo (Petersburg in den Zeiten Peters des Großen).* Moskau/St. Petersburg 2000

Ders., *Elizaveta Petrovna (Elisabeth Petrowna).* Moskau 2005

Asvarišč, Boris I.: *Nemeckie chudožniki i ich raboty v Rossii v XIX veke (Deutsche Künstler und ihre Arbeiten in Russland im XIX. Jahrhundert).* St. Petersburg 1995

Bechtolsheim, Hubert von: *St. Petersburg, Biographie einer Stadt.* München [4]1994

Berberova, Nina: *Ich komme aus St. Petersburg. Autobiographie.* Reinbek bei Hamburg 1992

Blok, Aleksandr: *Zapisnye knižki 1901–1920 (Notizbücher 1901–1920).* Moskau 1965

Boguslavskij, Gustav A.: *100 očerkov o Peterburge. Severnaja stolica glazami Moskviča (100 Petersburger Skizzen. Die Nördliche Hauptstadt mit den Augen eines Moskauers).* St. Petersburg 2011

Brodsky, Joseph: *Less Than One. Selected Essays, New York 1986 (Flucht aus Byzanz. Essays, Frankfurt am Main 1991),* darin enthalten *Führung durch eine umbenannte Stadt*; darin nicht enthalten die Essays *Less Than One (Weniger als man)* und *In one and a half room (In eineinhalb Zimmern),* beide in: *Erinnerungen an Leningrad.* München 1988. Frankfurt a. M. 1990; *Erinnerungen an Petersburg.* München/Wien [3]2003

Butenschön, Marianna: *Ein Zaubertempel für die Musen. Die Ermitage in St. Petersburg.* Köln 2008

Dies.: *Die Preußin auf dem Zarenthron. Alexandra. Kaiserin von Russland.* München 2011

Dies.: *Maria, Kaiserin von Russland. Die Württembergerin auf dem Zarenthron.* Darmstadt 2015

Dies.: *Die Hessin auf dem Zarenthron. Maria, Kaiserin von Russland.* Darmstadt 2017

Coetzee, J. M.: *Der Meister von Petersburg.* Frankfurt a. M. 1996

ČESNOKOVA, A.N.: *Inostrancy i ich potomki v Peterburge (Die Ausländer und ihre Nachfahren in Petersburg).* St. Petersburg 2003

[DIMSDALE, ELIZABETH]: *An English Lady at the court of Catherine the Great. The Journal of Baroness Elizabeth Dimsdale.* 1781. Cambridge 1989

DONNERT, ERICH: *Sankt Petersburg. Eine Kulturgeschichte.* Köln 2002

DOSTOJEWSKIJ, FJODOR: *Aufzeichnungen aus dem Kellerloch.* Stuttgart 1984

FEDOTOVA, MARINA; KOROLËV, KIRILL: *Sankt-Peterburg. Avtobiografia (Sankt Petersburg. Autobiographie).* St. Petersburg 2010

FOLLETT, KEN: *Der Mann aus Sankt Petersburg.* Köln 1982

FRANZ, NORBERT; KIRJUCHINA, LJUBA (Hrsg.): *Sankt Petersburg – »der akkurate Deutsche«. Deutsche und Deutsches in der anderen russischen Hauptstadt.* Frankfurt a. M. 2006

GALKINA, NATALJA: *Archipelag Svjatogo Petra (Der Archipel des Heiligen Petrus).* St. Petersburg 2000

GEORGI, JOHANN GOTTLIEB: *Versuch einer Beschreibung der rußisch kayserlichen Residenzstadt St. Petersburg und der Merkwürdigkeiten der Gegend.* St. Petersburg 1790

GIPPIUS, ZINAIDA: *Vospominanija (Erinnerungen).* Moskau 2001

GROYS, BORIS: *St. Petersburg – Petrograd – Leningrad.* In: Ders.: *Die Erfindung Russlands.* München 1995

GRÜNWALD, CONSTANTIN DE: *An den Wurzeln der Revolution. Alexander II. und seine Zeit.* Wien/Berlin/Stuttgart 1963

HAMSUN, KNUT: *Im Märchenland.* München 1959

HUMBOLDT, ALEXANDER VON: *Briefe aus Russland 1829.* Hrsg. von Eberhard Knobloch, Ingo Schwarz und Christian Suckow. Berlin 2009

IZMOZIK, V. S.: *Peškom po Millionoj (Zu Fuß durch die Millionenstraße).* St. Petersburg 2004

JÄGER, VALERIA; KLEIN, ERICH (Hrsg.): *Europa erlesen. Sankt Petersburg.* Klagenfurt 1998

KAPUŚCIŃSKI, RYSZARD: *Imperium. Sowjetische Streifzüge.* Aus dem Polnischen von Martin Pollak. Frankfurt a. M. 1993

KIRJUCHINA, LJUBA: *Petersburger Mythos und Alltag. Deutsches literarisches Leben in St. Petersburg (1703–1917).* Frankfurt a. M. 2011

KOSTIN, BORIS A.: *Grom pobedy, razdavajsja!! Sankt-Peterburg, 1812 (Siegesdonner, erklinge!! Sankt Petersburg, 1812).* St. Petersburg 2001

Köhne, Baron Bernhard von: *Die Gotzkowskische Gemäldesammlung in der Kaiserlichen Eremitage.* In: Schriften des Vereins für die Geschichte der Stadt Berlin, Heft XX. Berlin 1882

Kusber, Jan: *Kleine Geschichte Petersburgs.* Regensburg 2009

Lange, Wolfgang (Hrsg.): *Petersburger Träume. Ein literarisches Lesebuch.* München 1992

Lincoln, W. Bruce: *Sunlight at midnight. St. Petersburg and the rise of modern Russia.* New York 2001

Lotman, Jurij M.: *Besedy o russkoj kulture. Byt i tradicii russkogo dvorjanstva (XVIII – načalo XIX veka), (Gespräche über die russische Kultur. Alltag und Traditionen des russischen Adels. XVIII. – Beginn des XIX. Jahrhunderts).* St. Petersburg 1994

Ders.: *Alexander Puschkin.* Leipzig 1889

Marginter, Maria; Gawrilow, Fyodor: *St. Petersburg. Weiße Nächte, dunkle Tage. Literarische Spaziergänge.* Stuttgart 1998

Popova, N. I.; Rubinčik, O. E.: *Anna Achmatova i fontannyj dom (Anna Achmatowa und das Fontänenhaus).* St. Petersburg 2006

Pyljaev, Michail I.: *Staryj Peterburg (Das alte Petersburg).* St. Petersburg 1997

Radzinskij, Edvard: *Aleksandr II. Žizn i smert'. Dokumentalnyj roman (Alexander II. Leben und Tod. Dokumentarischer Roman).* Moskau 2006

[Raguse, Duc de] *Mémoires du Maréchal Duc de Raguse.* Bd. 8. Paris 1859. Digitalisat

Rakov, Jurij: *Peterburg – gorod literaturnych geroev (Petersburg – Stadt der Literaturhelden).* St. Petersburg 1997

Ders.: *Ėmblemy i simvoly Peterburga (Embleme und Symbole Petersburgs).* St. Petersburg 2001

Ders.: *Mističeskij Peterburg (Mystisches Petersburg).* St. Petersburg 2001

Ders.: *Ėnciklopedičeskie zametki o Peterburge (Enzyklopädische Anmerkungen über Petersburg).* St. Petersburg 2003

Reimers, Heinrich Christoph von: *St. Petersburg am Ende seines ersten Jahrhunderts. Mit Rückblicken auf Entstehung und Wachstum dieser Residenz unter den verschiedenen Regierungen während dieses Zeitraums.* Mit Kupfern und Planen. Erster Theil. Bei F. Dienemann und Comp., St. Petersburg 1805. Digitalisat

Sankt-Peterburgskie vedomosti Nr. 76, 20. Sept. 1820, Beilage

Schalthöfer, Ingrid: *St. Petersburg. Literarische Spaziergänge.* Frankfurt a. M. 2002

ŠERICH, DMITRIJ: *Peterburg. 300 let. Den' za dnem (Petersburg. 300 Jahre. Tag für Tag).* St. Petersburg 2003

SCHLÖGEL, KARL: *Petersburg. Das Laboratorium der Moderne (1909–1921).* München/Wien 2002

SCHLÖGEL, KARL; SCHENK, FRITHJOF BENJAMIN; ACKERET, MARKUS (Hrsg.): *Sankt Petersburg, Schauplätze einer Stadtgeschichte.* Frankfurt/New York 2007

SEMEVSKIJ, M. I.: *Pavlovsk. Očerk istorii i opisanie 1777–1877 (Pawlowsk. Historische Skizze und Beschreibung).* St. Petersburg 1997

SINDALOVSKIJ, NAUM A.: *Marsovo pole. Peterburgskie ètjudy (Das Marsfeld. Petersburger Studien).* St. Petersburg 2006

STOLPJANSKIJ, P. N.: *PETERBURG. Kak voznik, osnovalsja i ros Sankt-Peterburg (PETERSBURG. Wie Sankt Petersburg entstand, gegründet wurde und wuchs).* St. Petersburg 1995, Moskau/St. Petersburg ²2011

STORCH, HEINRICH VON (1766–1835): *Gemaehlde von St. Petersburg.* 2 Bde. Riga 1794. Digitalisat

TARASOVA, N. I.: *Zimnij dvorec Petra I (Der Winterpalast Peters I.).* St. Petersburg 2006

TOPOROV, VLADIMIR N.: *Peterburgskij tekst russkoj literatury (Der Petersburger Text der russischen Literatur).* St. Petersburg 2003

VOLKOV, SOLOMON: *Istorija kultury Sankt-Peterburga s osnovanija do našich dnej (Kulturgeschichte Sankt Petersburgs von der Gründung bis in unsere Tage).* Moskau 2001

Personenverzeichnis

Die Schreibweise der russischen Namen folgt hier der phonetischen Transkription.

Alexander I. Pawlowitsch (1777–1825), Sohn Pauls I., Enkel Katharinas II., Kaiser von Russland (1801), erhielt nach dem Sieg über Napoleon den Ehrentitel »Befreier Europas«.

Alexander II. Nikolajewitsch (1818–1881), Neffe des Vorigen, Sohn Nikolaus' I., Kaiser von Russland (1855), erhielt aufgrund der von ihm durchgeführten Bauernbefreiung (1861) den Ehrentitel »Zar-Befreier«.

Alexander III. Alexandrowitsch (1845–1894), Sohn des Vorigen, Kaiser von Russland (1881), Vater Nikolaus' II., führte keinen Krieg, erhielt den Beinamen »Zar-Friedensstifter«.

Alexander (»Sandro«) Michailowitsch Romanow (1866–1933), Großfürst von Russland, Schwager Nikolaus' II., Admiral, verließ Russland 1919, Memoirenschriftsteller (*Einst war ich Großfürst,* Augsburg 2000).

Alexandra Fjodorowna, geb. Charlotte von Preußen (1798–1860), Schwester Friedrich Wilhelms IV. und Wilhelms I., Kaiserin von Russland, Frau Nikolaus' I., Mutter Alexanders II.

Alexij II. (1929–2008), geb. als Alexei M. Ridiger, deutschbaltischer Herkunft (von Rüdiger); in Estland groß geworden, studierte in Leningrad. Bischof von (Sowjet-)Estland (1961), Patriarch von Moskau und ganz Russland (1990).

Anna Iwanowna/Ioannowna Romanowa (1693–1740), Halbnichte Peters des Großen, Tochter seines Halbbruders Iwan V., Herzogin von Kurland (1710/1711), Regentin von Kurland (1711–1730), Kaiserin von Russland (1730); verlegte die Hauptstadt des Reiches von Moskau zurück nach St. Petersburg.

Anna Petrowna Romanowa (1708–1728), älteste Tochter Peters I., Großfürstin von Russland, Herzogin von Holstein-Gottorp (1725), Mutter Peters III. (geb. als Karl Peter Ulrich von Holstein-Gottorp). Stammmutter des Hauses Romanow-Holstein-Gottorp.

Antokolski, Mark (1843–1902), Litwak aus Wilna, Bildhauer, Werke u. a.: *Iwan der Schreckliche, Peter der Große, Kaiserin Maria Fjodorowna.*

Bachmetjew, Alexei I., Gründer (1764) der nach ihm benannten Bachmetjew-Glashütte in Nikolsko-Pestrowka, Gouvernement Pensa, eines führenden Unternehmens der Glas- und Kristallproduktion, belieferte den Hof, den Adel und die Kirche.

BALTIMORE, CHARLES CALVERT, 5. BARON (1699–1751), Member of Parliament (1734–1751), leitete die Delegation der englischen Regierung zur Hochzeit der Nichte der Kaiserin Anna, Elisabeth Katharina Christine von Mecklenburg-Schwerin (in Russland: Anna Leopoldowna, Regentin 1740/41). Der Delegation gehörte auch Graf Algarotti an.

BARYSCHNIKOW, MICHAIL N. (geb. 1948), russisch-lettisch-amerikanischer Balletttänzer, Choreograph, Schauspieler; Solotänzer des Kirow-Balletts, setzte sich 1974 in Kanada von seiner Truppe ab und beantragte Asyl.

BASCHENOW, WASSILI I. (1737/38–1799), Architekt, entwarf in Zusammenarbeit mit Paul I. das Michael-Schloss.

BEDNY, DEMJAN, eigentlich: Jefim A. Pridworow (1883–1945), sowjetrussischer Dichter, schrieb Fabeln und Gedichte, wurde nach dem Oktoberumsturz 1917 populär, einer der Begründer des sozialistischen Realismus.

BERNHARDT, SARAH (1844–1923), französische Schauspielerin; reiste 1881, 1892 und 1908 an die Newa.

BESBORODKO, ALEXANDER A. (1747–1799), Staatssekretär Katharinas II., von ihrem Sohn Paul zum Kanzler ernannt (1797), gegraft und gefürstet (1797).

BLOK (BLOCK), ALEXANDER A. (1880–1821), Dichter, einer der wichtigsten Vertreter des russischen Symbolismus.

BRENNA, VINCENZO (1747–1820), italienischer Maler und Architekt, ging 1784 nach Russland, Erster Hofarchitekt Pauls I., erweiterte den Großen Palast in Pawlowsk und leitete den Bau des Michael-Schlosses in St. Petersburg.

BULGAKOW, MICHAIL A. (1891–1940), sowjetrussischer Schriftsteller *(Die weiße Garde, Die Tage der Turbins, Hundeherz, Der Meister und Margarita).*

BULLA, CARL OSWALD, russisch Karl Karlowitsch Bulla (1855–1929), Petersburger Fotograf deutscher Herkunft, Begründer der russländischenen Fotoreportage, unterhielt ein eigenes Fotoatelier am Newski Prospekt 54.

CAMERON, CHARLES (1745–1812), schottischer Architekt, ging auf Einladung Katharinas II. nach St. Petersburg; baute vor allem in Zarskoje Selo und Pawlowsk.

Caravaque, Louis (1684–1754), französischer Maler, ging 1716 nach St. Petersburg, Hofmaler; porträtierte Peter I., Katharina I., Anna I. und Großfürstin Katharina Alexejewna, die spätere Kaiserin Katharina II.

Carlotti di Riparbella, Marquis Andrea (1864–1920), italienischer Botschafter in Petrograd (1913–1917).

Chabalow, Sergei S. (1858–1924), Generalleutnant, Chef des Petrograder Militärbezirks (1916/17), hatte im Februar 1917 die höchste Kommandogewalt in Petrograd inne.

Chanzy, Antoine Alfred (1823–1883), General, französischer Botschafter in St. Petersburg (1879–1882).

Charlamow (Harlamoff, Harlamov), Alexei A. (1840–1925), Maler, gehörte zu den Peredwischniki (Wanderer), Vertretern des Realismus, die Wanderausstellungen organisierten.

Chirico, Giorgio de (1888–1878), italienischer Maler, Vorläufer des Surrealismus.

Cimarosa, Domenico (1749–1801), italienischer Opernkomponist, wurde Ende der 1780er-Jahre nach St. Petersburg eingeladen, Hofkomponist Katharinas II.

Cipriani, Sebastiano (1660–1740), italienischer Architekt.

Clodt von Jürgensburg, Peter, russisch Pjotr Karlowitsch Klodt (1805–1867), Bildhauer, Deutschbalte aus Estland; Schöpfer der Rossebändiger auf der Anitschkow-Brücke und der Reiterstatute Nikolaus' I. auf dem Isaaksplatz, die selbst die Bolschewiki nicht anzurühren wagten.

Constantin/Konstantin Pawlowitsch Romanow (1779–1831), Großfürst von Russland, Sohn Pauls I., jüngerer Bruder Alexanders I., älterer Bruder Nikolaus' I., Zesarewitsch (Thronfolger) seit 1797, Statthalter von Polen (1815), heiratete 1820 in zweiter Ehe nicht standesgemäß eine polnische Gräfin; erklärte 1822 seinen Verzicht auf den Thron.

Delwig, Anton A. (1798–1831), russischer Lyriker deutschbaltischer Herkunft.

Diderot, Denis (1713–1784), französischer Schriftsteller, Philosoph und Aufklärer, Herausgeber und Autor der großen französischen *Encyclopédie*, Kunstagent Katharinas II. in Frankreich; reiste 1773/74 nach Russland, wurde mehrfach von der Kaiserin empfangen.

Djagilew, Sergei P. (1872–1929), Mitgründer der Gruppe *Welt der Kunst*, Impresario, organisierte Ausstellungen in Petersburg, u. a. »Das alte Petersburg« (1903) und »Russische Porträts« (1905); Gründer und Leiter der *Ballets russes;* starb in Venedig.

DJATSCHENKO, TATJANA B. (geb. 1960), jüngere Tochter des Präsidenten Boris Jelzin, zeitweise seine Beraterin.

DMITRI I. DONSKOI (1350-1389), Großfürst von Moskau, besiegte die Tataren der Goldenen Horde im September 1380 auf dem Schnepfenfeld (Kulikowo pole) am Don, daher sein Beiname Donskoi, d. h. »der vom Don«; Nationalheld; wurde 1988 von der Russischen Orthodoxen Kirche heiliggesprochen.

DOLGORUKOW/DOLGORUKI, WLADIMIR S. (1717–1793), Diplomat, Gesandter Katharinas II. am preußischen Hof (1762–1886).

DOSTOJEWSKI, MICHAIL M. (1820–1864), älterer Bruder von Fjodor M. Dostojewski, Publizist, Literaturkritiker, Übersetzer; gründete die Zeitschriften »Wremja« und »Epocha«.

DU BELLAY, JOACHIM (1522–1560), neben Pierre de Ronsard bedeutendster französischer Lyriker des 16. Jahrhunderts.

DUDIN, MICHAIL A. (1916–1993), Leningrader Dichter und Übersetzer.

DUNGLAS HOME, DANIEL (1833–1886), schottischer Zauberkünstler und spiritistisches Medium, reiste 1858 in einer Gruppe mit Alexandre Dumas nach St. Petersburg und trat dort auf.

DYBENKO, PAWEL J. (1889–1938), Revolutionär, Volkskommissar für Militär- und Marineangelegenheiten 1917/1918, Ehemann Alexandra Kollontais; 1938 nach einem Schauprozess hingerichtet.

EILENBERG, RICHARD (1848–1927), deutscher Komponist *(Krönungsmarsch* [für Alexander III.], *Petersburger Schlittenfahrt, Mühle im Schwarzwald, Rose von Schiras).*

ELIASBERG, KARL I. (1907–1978), Violinist, Dirigent, Chef des Großen Symphonieorchesters des Leningrader Rundfunks (1937–1950), dirigierte am 9. November 1941 Beethovens Neunte und am 9. August 1942 die 7. Symphonie (»Leningrader«) von Schostakowitsch im belagerten Leningrad; die Aufführung wurde über Kurzwelle in die UdSSR und die ganze Welt übertragen.

ELISABETH PETROWNA, »Liza« (1709–1762), Großfürstin von Russland, jüngere Tochter Peters I., ergriff Ende 1741 mithilfe der Garde die Macht, Kaiserin von Russland (1741–1762).

ETKIND, JEFIM G. (1918–1999), Literaturwissenschaftler und Übersetzer, Professor am Pädagogischen Herzen-Institut in Leningrad, musste die UdSSR 1974 verlassen.

FALCONET, ETIENNE-MAURICE (1716–1791), französischer Bildhauer, ging 1766 nach Sankt Petersburg, wo er im Auftrag Katharinas II. die berühmte Reiterstatue Peters des Großen schuf. Seine Schülerin Marie-Anne Collot (1748–1821) schuf den Kopf Peters.

Figner, Vera (1852–1942), russische Revolutionärin, Memoirenschriftstellerin (*Nacht über Russland*, Reinbek bei Hamburg 1988).

Filaret (bürgerlich: Wassili M. Drosdow), (1782/1783–1867), Metropolit von Moskau und Kolomenskoje (1826).

Friedrich Wilhelm III. (1770–1840), König von Preußen (1797), Vater der Kaiserin Alexandra Fjodorowna.

Friedrich Wilhelm von Preussen (1831–1888), Sohn Wilhelms I., preußischer Thronfolger seit 1861, als Friedrich III. König von Preußen und Deutscher Kaiser (1888), regierte nur 99 Tage.

Galkina, Natalja W. (geb. 1943), Petersburger Schriftstellerin.

Ganz, Bruno (1941–2019), Schweizer Schauspieler.

Gapon, Georgi A. (1870–1906), Arbeiterpriester, Gewerkschaftsführer, organisierte am 9./22. Januar 1905 den Bittgang zum Winterpalast, der mit einem Blutbad endete; soll ein agent provocateur der Geheimpolizei gewesen sein.

George, Marguerite-Joséphine, »Mlle George« (1787–1867), französische Schauspielerin, lebte vier Jahre (1808–1812) in St. Petersburg, trat bei Hofe und im Großen Steintheater auf; war Napoleons Geliebte gewesen und als Spionin nach St. Petersburg geschickt worden, um Alexander I. zu verführen und auszuhorchen; als die Stadt den Sieg über Napoleon feierte und illuminiert war, blieben Mlle Georges Fenster am Newski Prospekt 15 dunkel.

Gidaspow, Boris W. (1933–2007), Erster Sekretär des Leningrader Gebietsparteikomitees (1989–1991), ZK-Mitglied (1990–1991), Sekretär des ZK der KPdSU (1990–1991).

Gide, André (1869–1951), französischer Schriftsteller, Literaturnobelpreisträger (1947), reiste im Juni 1936 in die UdSSR und veröffentlichte einen begeisterten Reisebericht (*Zurück aus Sowjet-Russland,* Zürich 1937), dem er im gleichen Jahr eine in Teilen revidierte Fassung *(Retuschen zu meinem Russlandbuch)* folgen ließ.

Giers, Nikolai K. (1820–1895), Außenminister (1882–1895), mitverantwortlich für die Abkehr Russlands von Deutschland und seine Hinwendung zu Frankreich.

Ginzburg (Günzburg), Baron David G. (1857–1910), Bankier, Orientalist, Wappenkundler, Schriftsteller, Mäzen, förderte Marc Chagall kurze Zeit mit 10 Rubel monatlich.

Glière (Glier), Reinhold M. (1875–1956), sowjetrussischer Komponist deutscher Herkunft *(Der Eherne Reiter)*.

Glinka, Michail I. (1804–1857), Komponist *(Ein Leben für den Zaren, Ruslan und Ludmila)*; starb in Berlin, Französische Straße 8 (Gedenktafel).

Gontscharow, Iwan A. (1812–1891), Schriftsteller *(Eine alltägliche Geschichte* [1847], *Oblomow* [1859], *Die Schlucht* [1869]).

Gordon, Thomas (1658–1741), Commodore der Royal Scots Navy, seit 1717 in russischen Diensten, Admiral; Kommandant des Hafens von Kronstadt.

Gorki, Maxim, eigentlich Alexei M. Peschkow (1868–1936), sowjetrussischer Schriftsteller *(Nachtasyl* [1902], *Die Mutter* [1907], *Meine Kindheit* [1912]).

Gounod, Charles (1818–1893), französischer Komponist.

Goworow, Leonid A. (1897–1955), General, Oberbefehlshaber der Leningrader Front (Juni 1942), Marschall der Sowjetunion (Juni 1944), Held der Sowjetunion (Januar 1945).

Gribojedow, Alexander S. (1875–1829), Dichter und Diplomat, Autor der gesellschaftskritischen Komödie *Verstand schafft Leiden*, Botschafter in Teheran (1828), starb beim Sturm eines aufgehetzten Mobs auf die Botschaft.

Grimm, Baron Friedrich Melchior von (1723–1807), Schriftsteller, Theater- und Musikkritiker, Diplomat, Herausgeber der in ganz Europa gelesenen *Correspondance littéraire, philosophique et critique*, Brieffreund Katharinas II.

Guédéonof (Gedeonow), Stepan A. (1816–1878), Historiker, Dramaturg, Kunstwissenschaftler, erster Direktor der Kaiserlichen Ermitage (1863), liberalisierte die Eintrittsregeln.

Gumiljow, Nikolai S. (1886–1921), Dichter, Übersetzer und Literaturkritiker, Begründer des Akmeismus, wurde im August 1921 unter dem Vorwand der Teilnahme an einer konterrevolutionären Verschwörung von den Bolschewiki erschossen.

Hau, Eduard (1807–1888), Deutschbalte aus Livland, Maler und Graphiker, wurde als Porträtmaler bekannt und als Interieurmaler berühmt. Seine detailgenauen Innenansichten aus dem Winterpalast und anderen kaiserlichen Palästen stammen aus der Zeit Nikolaus' I. und Alexanders II.

Hervey, John, 2nd Baron Hervey (1696–1743), englischer Höfling, Publizist, Memoirenschriftsteller.

Humboldt, Alexander von (1769–1859), Gelehrter und Weltreisender, unternahm 1829 auf Einladung und Kosten Nikolaus' I. eine Forschungsreise durch Russland und Sibirien.

Iwan V. Alexejewitsch (1666–1696), war zusammen mit seinem jüngeren Halbbruder Peter I. (1672–1725) Zar von Russland (1682–1696), Vater der Kaiserin Anna Iwanowna (Ioannowna).

Iwan VI. Antonowitsch (1740–1764), Urenkel des Vorigen, Großneffe der Kaiserin Anna; wurde 1764 wahrscheinlich im Auftrag Katharinas II. ermordet, da er Thronansprüche hatte.

Iwanow, Georgi W. (1894–1958), Schriftsteller, Publizist, Übersetzer, wichtigster Autor der russischen Emigration.

Jaguschinski, Pawel I. (1683–1736), Weggefährte Peters I., Oberstallmeister, General en chef, erster General-Prokuror des Dirigierenden Senats (1722–1736), leitete und kontrollierte dessen Tätigkeit.

Jakowlew, Wladimir A. (geb. 1944), Gouverneur von St. Petersburg (1996–2003).

Jelzin, Boris N. (1931–2007), erster Präsident Russlands (1991–1999).

Jeropkin, Pjotr M. (ca. 1698–1740), Architekt und Stadtplaner.

Jessenin, Sergei A. (1895–1925), Bauernsohn aus einem Dorf im Gouvernement Rjasan, volkstümlicher Dichter, nahm sich am 28. Dez. 1925 in Zimmer 5 des Hotels *Angleterre* in Leningrad das Leben.

Jones, Inigo (1573–1652), erster englischer Architekt des Klassizismus.

Jurjew, Oleg (1959–2018), Lyriker, Dramatiker, Romancier und Essayist, lebte seit den 1990er-Jahren in Frankfurt am Main.

Jussupow, Name einer russischen Adelsfamilie tatarischer Herkunft, eine der reichsten Familien Russlands. Fürst Felix F. Jussupow (1887–1967), war einer der Mörder Rasputins; emigrierte 1919 mit zwei Rembrandts im Gepäck nach Frankreich.

Kalergis, Dimitrios (1803–1867), griechischer General und Staatsmann.

Karamsin, Nikolai M. (1766–1826), Schriftsteller *(Briefe eines russischen Reisenden, Arme Lisa)*, Historiker *(Geschichte des Russländischen Staates)*.

Katharina I. Alexejewna, geb. Martha Skawronska, »Katharinchen«, »Katjinka« (1684–1727), litauisch-lettischer Herkunft, Dienstmagd eines lutherischen Theologen in Livland, zweite Ehefrau Peters I. (1712), Mutter der Großfürstinnen Anna und Elisabeth, Kaiserin von Russland (1725–1727).

Katharina II. Alexejewna, geb. Sophie Auguste Friederike von Anhalt-Zerbst (1729–1796), Großfürstin von Russland (1744), Ehefrau Peters III., entthronte ihren Mann im Jahr seines Regierungsantritts (1762), rief sich selbst zur Kaiserin und Selbstherrscherin von ganz Russland aus, erhielt als erste Herrscherin den Beinamen »die Große«.

KERENSKI, ALEXANDER F. (1881–1970), Rechtsanwalt, Dumaabgeordneter (1912), Justizminister in der Provisorischen Regierung (März 1917), Kriegs- und Marineminister (Mai 1917), Ministerpräsident (Juli–Oktober 1917), emigrierte nach dem Oktoberumsturz nach Paris, floh beim deutschen Einmarsch 1940 aus Frankreich in die USA, starb in New York.

KHAGOLOFF, richtig: CHABALOW, SERGEI, s. o.

KIROW, SERGEI M. (1886–1934), Leningrader Parteichef (1926), Gefolgsmann Stalins. Der Mord an Kirow am 1. Dezember 1934 war der Auftakt zur »Großen Säuberung« der 1930er-Jahre.

KLENZE, LEO VON (1784–1864), Hofarchitekt Ludwigs I. von Bayern, reiste 1839 erstmals nach Petersburg, entwarf für Nikolaus I. die Neue Ermitage.

KLINGER, FRIEDRICH MAXIMILIAN (1752–1831), Dichter und Dramatiker, trat 1780 in russische Dienste; sein philosophischer Roman *Fausts Leben. Thaten und Höllenfahrt* erschien 1791 zuerst in St. Petersburg. Generalmajor (1801); liegt auf dem Smolensker Lutherischen Friedhof der Wassili-Insel begraben.

KORNILOW, LAWR G. (1870–1918), General der Infanterie, Chef des Petrograder Militärbezirks (März–April 1917), Oberbefehlshaber der russländischen Armee, versuchte, die Disziplin mit drakonischen Maßnahmen wiederherzustellen; scheiterte Ende August 1917 beim Versuch, eine Militärdiktatur zu errichten, schuf nach dem Oktoberumsturz zusammen mit anderen Generälen die weiße »Freiwilligenarmee«, kam im April 1918 bei Kampfhandlungen ums Leben.

KOROBOW, IWAN K. (1700–1747), Architekt, baute die Admiralität.

KOTELNIKOW, ARTJEMI N. (1923–2005), Rechtsanwalt, verteidigte in den 1960er-Jahren Dissidenten, wurde 1970 selbst zu drei Jahren Haft verurteilt; Gründer und erster Präsident des Internationalen Anwaltskollegiums »St. Petersburg«; Vizepräsident der Petersburger Anwaltskammer.

KÖHLER, HEINRICH KARL (1765–1838), russischer Altphilologe und Archäologe deutscher Herkunft, Hofrat, Leiter der I. Abteilung der Kaiserlichen Ermitage (1805–1838).

KRÜGER, FRANZ (1797–1857), genannt Pferde-Krüger, Berliner Tiermaler, Porträt- und Militärmaler.

Kschessinskaja, Matilda F., polnisch Krzesińska, Matylda (1877–1971), russische Ballerina polnischer Herkunft, Mitglied des Marientheater-Ensembles (1890–1917), Primaballerina der Kaiserlichen Theater (1896), Geliebte des Thronfolgers Nikolaus Alexandrowitsch, des späteren Kaisers Nikolaus II.; emigrierte 1920 nach Frankreich, ehelichte in Paris den Großfürsten Andrei Wladimirowitsch (1879–1956), einen Enkel Alexanders II. und Cousin Nikolaus' II., und wurde durch die Heirat Fürstin Krassinskaja (1921), später Fürstin Romanowskaja-Krassinskaja (1935); eröffnete 1929 in Paris eine eigene Ballettschule, in der sie spätere Stars wie Margot Fonteyn unterrichtete; veröffentlichte 1960 ihre Autobiographie.

Kusnezow, Alexei A. (1905–1950), Erster Sekretär des Leningrader Gebiets- und Stadtparteikomitees (1945–1946), ZK-Sekretär (1946–1949), im Zuge der »Leningrader Affäre« vor Gericht gestellt und nach einem Geheimprozess erschossen.

Kutusow, Michail I. (1745–1813), Fürst von Smolensk (1812), Generalfeldmarschall der russländischen Armee, Held des Vaterländischen Krieges gegen Napoleon, veranlasste den Rückzug der russländischen Armee und die Räumung Moskaus; starb während des letzten Feldzuges gegen Napoleon in Bunzlau/Schlesien.

Küchelbecker, Wilhelm K. (1797–1846), Petersburger Dichter deutscher Herkunft, Absolvent des Lyzeums von Zarskoje Selo, Dekabrist.

Landé, Jean-Baptiste (1697–1748), französischer Balletttänzer, ging nach Engagements am polnischen und schwedischen Hof 1734 nach Petersburg, gründete und organisierte die erste russische Ballettschule.

Le Blond, Jean-Baptiste (1679–1719), französischer Architekt und Gartenarchitekt, folgte 1716 einer Einladung Peters I. nach St. Petersburg, wurde Generalarchitekt (1716) und entwarf einen Generalplan (1717) der neuen Hauptstadt mit der Wassili-Insel als Zentrum, den Peter ablehnte.

Lenin (Uljanow), Wladimir Iljitsch (1870–1924), Rechtsanwalt, Berufsrevolutionär, Führer der Bolschewiki, Vorsitzender des Rates der Volkskommissare (Nov. 1917), Gründer der Sowjetunion (Dez. 1922), sowjetische Ikone.

Leuchtenberg, Maximilian Josèphe Eugène Auguste Napoléon de Beauharnais, Herzog von (1817–1852), Enkel Joséphine de Beauharnais', der Kaiserin der Franzosen, und Stiefenkel Napoleons, erbte von seinem Vater Eugène de Beauharnais den ihm von König Maximilian I. Joseph von Bayern verliehenen Titel Herzog von Leuchtenberg; heiratete 1839 Großfürstin Maria Nikolajewna, die älteste Tochter Nikolaus' I. und erhielt den Titel Fürst Romanowski; blieb in Russland; Präsident der Akademie der Künste (1841) und Direktor der Bergakademie (1844);

die von Leuchtenberg 1851 organisierte Ausstellung privater Gemälde war die erste dieser Art in Russland und galt als Sensation.

Lidwal, Fjodor I. (1870–1945), russisch-schwedischer Architekt, entwarf u. a. das Hotel *Astoria*.

Liszt, Franz (1811–1886), österreichisch-ungarischer Komponist, Pianist und Dirigent, gab im April/Mai 1842 sechs öffentliche Konzerte in St. Petersburg und wurde stürmisch gefeiert.

Lopuchina, Jewdokija F. (1669–1731), Zarin (1689–1698), erste Frau Peters I., Mutter des Zarewitsch Alexej; lehnte die Reformen ihres Mannes ab; wurde in ein Kloster verbannt.

Lotman, Juri M. (1922–1993), Literaturwissenschaftler, Semiotiker, lehrte an der Universität Tartu in Estland; Puschkin-Biograph.

Lurje, Lew Ja. (geb. 1950), Petersburger Historiker, Gründer des Klassischen Gymnasiums, Geschichtslehrer, Autor, Anziferow-Preisträger.

Lwof (Lwow), Sergei L. (1740–1812), Flügeladjutant, Infanteriegeneral

Lwoff (Lwow), Alexei F. (1798–1870); Violinist, Komponist, Direktor der Hofkapelle (1837–1861), komponierte die Musik der Hymne »Gott, schütze den Zaren« (1833), die bis 1917 Nationalhymne war.

Lwow, Fürst Georgi J. (1861–1925), Mitglied der Partei der Konstitutionellen Demokraten (Kadetten); Chef der (bürgerlichen) Provisorischen Regierung und Innenminister (März–Juli 1917); nach dem Oktoberumsturz in der Weißen Bewegung aktiv, starb in Paris.

Mahler, Gustav (1860–1911), österreichischer Komponist und Dirigent.

Malenkow, Georgi M. (1902–1988), sowjetischer Parteifunktionär, Gefolgsmann Stalins, sowjetischer Regierungschef (1953-1955).

Maria Fjodorowna (Feodorowna), geb. Sophie Dorothea von Württemberg (1759–1828), Kaiserin von Russland (1796–1801), Frau Pauls I., Mutter Alexanders I. und Nikolaus' I., Schöpferin des Palastparkensembles Pawlowsk, gründete und unterhielt zahlreiche wohltätige Einrichtungen, erste »Sozialministerin« Russlands.

Marschak, Samuil J. (1887–1964), sowjetrussischer Kinderbuchautor, Übersetzer.

Matwijenko, Walentina I. (geb. 1949), Politikerin, Gouverneurin von St. Petersburg (2003–2011), Vorsitzende des Föderationsrates (2011) der Russländischen Föderation.

Medinski, Wladimir R. (geb. 1970), Kulturminister der Russländischen Föderation (2012).

Menschikow, Fürst Alexander D., »Kinder-Sascha« (1673–1729), enger Vertrauter Peters I., Generalissimus, Feldmarschall, erster General-Gouverneur St. Petersburgs; lebte verschwenderisch, fiel unter Peters Enkel Peter II. in Ungnade und wurde nach Sibirien verbannt, starb in der Verbannung.

Mereschkowski, Dmitri S. (1865–1941), Historiker, Philosoph, Dichter, Wegbereiter des Symbolismus, Ehemann der Dichterin Sinaida Hippius, beide unterhielten einen Literatursalon im Murusi-Haus am Litejny prospekt 24; 1920 emigriert, führte mit seiner Frau auch in Paris einen literarischen Salon, die »Grüne Lampe«.

Michail Alexandrowitsch Romanow, »Mischa« (1878–1918), Großfürst von Russland, jüngerer Bruder Nikolaus' II., der 1917 zu Michails Gunsten abdankte; Michail lehnte die Krone ab, weil er der Konstituierenden Versammlung nicht vorgreifen wollte; 1918 von den Bolschewiki in Perm ermordet.

Miljukow, Paul N. (1859–1943), Vorsitzender der Partei der Konstitutionellen Demokraten (»Kadetten«), von März bis Mai 1917 Außenminister der Provisorischen Regierung, hielt entschieden an der Fortsetzung des Krieges an der Seite der Westalliierten fest; verließ Russland im November 1918.

Minkus, Léon, eigentlich Ludwig Alois Minkus (1826–1917) österreichisch-ungarischer Ballettkomponist, Kapellmeister und Pädagoge.

Molotow, Wjatscheslaw M. (1890–1986), Vorsitzender des Rates der Volkskommissare (1930–1941), Volkskommissar für Auswärtige Angelegenheiten (1939–1949), Außenminister (1953–1956); gab am 22. Juni 1941 an Stelle Stalins im Rundfunk den Beginn des Krieges mit Deutschland bekannt.

Montferrand, Auguste de (1786–1858), französischer Architekt, kam 1816 nach St. Petersburg und blieb, schuf u. a. die Isaak-Kathedrale und die Alexandersäule auf dem Schlossplatz, entwarf das Reiterstandbild Nikolaus' I.

Münnich, Graf Burkhard Christoph von (1683–1767), aus Oldenburg stammender Ingenieur, trat 1721 als Ingenieurgeneral in russische Dienste, leitete u. a. den Bau des Ladoga-Kanals und des Hafens von Kronstadt, wurde 1727 von Peter II. in den russischen Grafenstand erhoben und 1729 zum Gouverneur von St. Petersburg ernannt; fiel später in Ungnade; beendete seine wechselvolle Karriere dennoch als Generalfeldmarschall.

MÜNNICH, GRAF ERNST JOHANN VON (1707–1788), Sohn des Vorigen, Diplomat, Zolldirektor unter Katharina II., verfasste den ersten Katalog der Kaiserlichen Ermitage, Memoirenschriftsteller.

NEMZOW, BORIS J. (1959–2015), Physiker, Politiker, Gouverneur von Nischni Nowgorod (1991–1997); Vizepremier (1997/98), Leiter der Regierungskommission, die mit der Prüfung der Echtheit der bei Jekaterinburg gefundenen Gebeine der letzten Kaiserfamilie befasst war; nahm als Vertreter der Regierung an der Beisetzung Nikolaus' II. und seiner Familie in St. Petersburg teil; 2015 in Moskau ermordet.

NEWSKI, ALEXANDER JAROSLAWOWITSCH (ca. 1220–1263), Sohn des Großfürsten Jaroslaw II. von Wladimir, Fürst von Nowgorod (1236), schlug die Schweden 1240 unweit der Newa, worauf er den Beinamen »Newski« (»der von der Newa«) erhielt; von der Russischen Orthodoxen Kirche heiliggesprochen, russischer Nationalheld.

NIKOLAJEW, LEONID W. (1904–1934), erschoss Sergei Kirow in dessen Büro im Smolny nach eigener Aussage aus Eifersucht; die Tat wurde jedoch von Stalin initiiert, zum politischen Mord erklärt und als Vorwand für zahllose Verhaftungen und Hinrichtungen genutzt.

NIKOLAUS I. PAWLOWITSCH (1796–1855), Sohn Pauls I., jüngerer Bruder Alexanders I., Kaiser von Russland (1825), schlug den polnischen Aufstand nieder (1830); half den Habsburgern, die ungarische Revolution 1848/49 niederzuschlagen; trug den Beinamen »Gendarm Europas«.

NIKOLAUS II. ALEXANDROWITSCH, »Niki«, »Nicki« (1868–1918), Sohn Alexanders III., Kaiser von Russland (1894–1917); hielt an der seiner Ansicht nach gottgewollten Selbstherrschaft fest; dankte am 2./15. März 1917 ab; in der Nacht vom 16. auf den 17. Juli 1918 mit seiner Familie von den Bolschewiki in Jekaterinburg ermordet.

NIKOLAUS ALEXANDROWITSCH, »NIKS« (1843–1865), ältester Sohn Alexanders II., Thronfolger Zesarewitsch und Großfürst.

NIKOLAUS MICHAILOWITSCH ROMANOW (1859–1919), Großfürst von Russland, Historiker, Mitglied mehrerer europäischer Akademien, Vorsitzender der Kaiserlichen Historischen Gesellschaft; Ehrendoktor der Berliner Friedrich-Wilhelms-Universität; am 29. Januar 1919 zusammen mit drei Verwandten in der Peter-und-Paul-Festung von den Bolschewiki erschossen.

NOAILLES, COMTESSE ANNA ELISABETH (1876–1933), französische Schriftstellerin rumänischer Herkunft, Lyrikerin.

NOBEL, ALFRED (1833–1896), schwedischer Chemiker, Erfinder (Dynamit), Stifter und Namensgeber des Nobelpreises, verbrachte einen Teil seiner Kindheit und Jugend in St. Petersburg.

Nobel, Immanuel (1801–1872), Vater des Vorigen, schwedischer Ingenieur, Architekt, Industrieller, Erfinder, Gründer einer Maschinenfabrik in St. Petersburg.

Orlow, Alexei G. (1737–1808), Offizier, Admiral (1768), Pferdezüchter; verhalf zusammen mit seinen Brüdern der Großfürstin Katharina Alexejewna 1762 auf den Thron, tötete vermutlich Peter III. in Ropscha; wurde von Paul I. des Landes verwiesen. Die Orlow-Traber sind nach ihm benannt.

Ossipowa, Praskowja A. (1781–1859), Nachbarin Puschkins auf Gut Trigorskoje im Gebiet Pskow; ihr und ihren Töchtern sind viele seiner Gedichte gewidmet.

Pahlen, Graf Peter Ludwig von der, russisch Peter Alexejewitsch Palen (1745–1826), Deutschbalte aus Estland, Kavalleriegeneral, Militärgouverneur von St. Petersburg (1798–1801); war maßgeblich beteiligt an der Ermordung Pauls I.

Palladio, Andrea (1508–1580), italienischer Architekt, bedeutendster Architekt der Renaissance in Oberitalien.

Paul I. Petrowitsch (1754–1801), Sohn Peters III. und Katharinas II., Kaiser von Russland (1796–1801), am 1./13. März 1801 von Gardeoffizieren im Michael-Schloss ermordet.

Pawlowa, Anna (1881–1931), Balletttänzerin; gehörte seit 1899 zum Corps de ballet des Marientheaters, schloss sich 1909 den *Ballets russes* in Paris an.

Peter I. Alexejewitsch, der Große, »Peter Michailow« (1672–1725), letzter Zar von Russland (1682–1721), erster Kaiser des Russländischen Reiches (1721–1725); Gründer St. Petersburgs (1703), leitete die Europäisierung und Modernisierung Russlands ein.

Peter II. Alexejewitsch (1715–1730), Enkel des Vorigen (Sohn seines Sohnes Alexei), Kaiser von Russland (1727–1730), verlegte die Hauptstadt zurück nach Moskau, wo er starb und auch begraben wurde.

Peter III. Fjodorowitsch, geb. Karl Peter Ulrich von Holstein-Gottorp (1728–1762), Enkel Peters des Großen (Sohn seiner Tochter Anna Petrowna, verehelichter Herzogin von Holstein-Gottorp), Kaiser von Russland (1762); regierte nur sechs Monate; von seiner Frau Katharina II. gestürzt (1762).

Petipa, Marius (1818–1910), französisch-russischer Balletttänzer, Choreograph, Erster Ballettmeister der kaiserlichen Theater; Vater des klassischen russischen Balletts; schuf mehr als 60 Ballette.

Petrowa, Maria G. (1906–1992), Schauspielerin, populäre Sprecherin des Leningrader Rundfunks während der Blockade.

Platonow, Sergei F. (1860–1933), Petersburger Historiker.

Popkow, Pjotr S. (1903–1950), Vorsitzender des Exekutivkomitees des Leningrader Stadtsowjets (1939–1946); Erster Sekretär des Leningrader Gebiets- und Stadtparteikomitees (1946–1949), im Zuge der »Leningrader Affäre« zum Tode verurteilt und erschossen.

Premazzi, Luigi (1814–1891), italienisch-russischer Maler, ging 1834 nach Petersburg; wurde einer der bekanntesten Aquarellisten seiner Zeit, Mitglied der Kaiserlichen Akademie der Künste (1854), Professor an der Akademie der Künste (1861).

Putjatin, Jefimi W. (1803–1883), Admiral, Erziehungsminister (1861–1862).

Quarenghi, Giacomo (1744–1817), italienischer Architekt, Wegbereiter des Neoklassizismus in Russland, ging 1779 zunächst nach Moskau, 1781 nach St. Petersburg, wo er das Ermitage-Theater, das Gebäude der Akademie der Wissenschaften auf der Wassili-Insel, das Marienkrankenhaus, das Smolny-Institut, den Alexander-Palast in Zarskoje Selo u. a. baute.

Rachel, Mlle, eigentlich Elisa Rachel Félix (1821–1858), französische Schauspielerin.

Radischtschew, Alexander N. (1749–1802), Schriftsteller, Aufklärer, geißelte in seinem Roman *Reise von Petersburg nach Moskau* die sozialen Zustände im Russland Katharinas II., insbesondere aber die Leibeigenschaft. Dafür wurde er 1790 zum Tode verurteilt. Radischtschew bat um Gnade und distanzierte sich von seinem Buch, das nur in Abschriften zirkulierte. Daraufhin begnadigte Katharina ihn zu zehn Jahren Verbannung und ließ die *Reise* verbieten. Ihr Sohn Paul I. erlaubte dem Autor die Rückkehr, sein Buch erschien erst nach der Revolution von 1905 in Russland.

Rasputin, Grigori J. (1869–1916), sibirischer Wanderprediger, gewann Einfluss auf Nikolaus II. und seine Frau Alexandra, weil er die Blutungen ihres an Hämophilie leidenden Sohnes Alexei stoppen konnte; nahm damit auch Einfluss auf die Regierungsgeschäfte; riet Nikolaus II. dringend von einem Krieg ab, prophezeite sein Ende und das Ende der Monarchie.

Rastrelli, Bartolomeo Carlo (1675–1744), italienischer Bildhauer, Kunstgießer und Architekt in russischen Diensten, schuf das Peter-Denkmal vor dem Michael-Schloss, die Wachsfigur Peters I. (Ermitage) und andere Büsten des Kaisers.

Rastrelli, Bartolomeo Francesco (1700–1771), Sohn des Vorigen, kam 1716 mit seinem Vater nach St. Petersburg, Hofarchitekt, »König des Petersburger Barock«; baute den Winterpalast, das Smolny-Kloster und den Gostinny dwor in St. Petersburg, den Katharinenpalast in Zarskoje Selo, den Großen Palast in Peterhof u. a.; baute das Bernsteinzimmer im Winterpalast ein und verlegte es 1755 in den Katharinenpalast in Zarskoje Selo.

Rasumow, Anatoli Ja. (geb. 1954), Petersburger Historiker, Archivar des Terrors; erforscht seit 30 Jahren das Schicksal der rund 40 000 Leningrader, die Stalins Terror zum Opfer fielen; seine Buchreihe *Leningrader Martyrologium* umfasst bisher 13 Bände.

Rasumowski, Graf Alexei K. (1748–1822), Minister für Volksbildung (1810–1816).

Reimers, Heinrich Christoph von (1768–1812), Deutschbalte aus Reval, studierte Jura in Göttingen, ging 1786 nach St. Petersburg, arbeitete als Übersetzer im Kollegium für auswärtige Beziehungen; Autor der ersten Petersburger Stadtgeschichte (*Sankt Petersburg am Ende seines ersten Jahrhunderts*, St. Petersburg 1805) und des ersten Adressbuchs der Nördlichen Hauptstadt, St. Petersburg 1809.

Riparbella, Andrea Carlotti di (1864–1920), italienischer Botschafter in St. Petersburg (1913–1917).

Romodanowski, Fjodor Ju. (1640–1717), Leiter der Geheimen Kanzlei Peters I., führte das Reich in Peters Abwesenheit; erster Geheimdienstchef Russlands.

Rossi, Carlo (1775–1849), italienisch-russischer Architekt, Vertreter des späten Klassizismus, ging bei Vincenzo Brenna in die Lehre, baute den Generalstab am Schlossplatz, das Alexandra-Theater am Newski Prospekt, die nach ihm benannte Rossi-Straße, den Michael-Palast, in dem 1898 das Russische Museum eröffnet wurde, u. a.

Rubini, Giovanni Battista (1794–1854), italienischer Opernsänger, trat seit 1843 in St. Petersburg auf.

Rykow, Alexei I. (1881–1938), sowjetischer Politiker, Volkskommissar verschiedener Ressorts, Vorsitzender des Rates der Volkskommissare (1924–1930); seit 1928 Gegner Stalins; nach einem Schauprozess hingerichtet.

Saltykow, Nikolai I. (1736–1816), Erzieher der Großfürsten Alexander und Konstantin Pawlowitsch, Graf (1770), Generalfeldmarschall, Vorsitzender des Staatsrats und des Ministerkomitees (1816).

Saltykow, Pjotr S. (1698–1773), Generalfeldmarschall, Generalgouverneur von Moskau (1764–1771).

SCHDANOW, ANDREI A. (1896–1948), 1. Sekretär des Leningrader Gebiets- und Stadtparteikomitees (1934–1944), Politbüromitglied (1939), Hauptorganisator des Terrors in Leningrad.

SCHEREMETJEW, BORIS P. (1652–1719), Heerführer Peters I. im Nordischen Krieg, einer der ersten Generalfeldmarschälle Russlands; erster Graf des Moskauer Zartums (1706).

SCHISCHKIN, IWAN I. (1832–1898), Maler, Zeichner und Lithograf; einer der bedeutendsten Landschaftsmaler Russlands.

SCHLIEMANN, HEINRICH (1822–1890), Kaufmann, Archäologe, Entdecker Trojas, ging 1844 nach St. Petersburg, seit 1864 Ehrenbürger der Nördlichen Hauptstadt.

SCHLÜTER, ANDREAS (1659?–1714), Architekt und Bildhauer; ab 1694 in Berlin tätig; schuf 1701 das Bernsteinzimmer; ging im Mai 1713 auf Einladung Peters I. als dessen Baudirektor nach St. Petersburg; das Bernsteinzimmer schenkte der preußische König Friedrich Wilhelm I. dem russischen Zaren erst 1716.

SCHOLEM-ALEJCHEM, Pseudonym von Scholem Jankew Rabinowitsch (1859–1916), Schriftsteller, einer der Begründer der jiddischen Literatur, wurde weltberühmt durch den Roman *Tewje der Milchmann*, aus dem das Musical *The fiddler on the roof* bzw. *Anatewka* hervorging.

SCHUMACHER (SCHUHMACHER), JOHANN DANIEL, russisch Iwan Danilowitsch (1690–1761), Elsässer, studierte an der Universität Straßburg Theologie, Jura und Literatur, ging 1714 nach Petersburg, leitete die Bibliothek und das Kuriositätenkabinett Peters des Großen; wirkte bei der Gründung der Akademie der Wissenschaften mit, wurde deren Generalsekretär und Bibliothekar, ab 1728 Leiter der Akademiekanzlei; warb viele deutsche Wissenschaftler an, sodass die Mitglieder der Akademie der Wissenschaften anfangs mehrheitlich Deutsche waren.

SEBA, ALBERT (1665–1736), deutsch-niederländischer Apotheker, Naturaliensammler (Mineralien, Pflanzen, Muscheln) und Herausgeber des *Thesaurus*, einer ausführlichen Beschreibung seiner Sammlung, die er 1716 Peter I. verkaufte.

SIEMENS, CARL VON (1829–1906), Industrieller, ging 1853 nach Russland, baute das Russland-Geschäft der von seinem Bruder Werner gegründeten Telegrafenbauanstalt Siemens und Halske auf; 1895 von Nikolaus II. nobilitiert.

SIEMENS, WERNER VON (1816–1892), älterer Bruder des Vorigen, Erfinder, Industrieller, Begründer der modernen Elektrotechnik, 1888 von Kaiser Friedrich III. in den Adelsstand erhoben.

Sinowjew, Grigori J. (1883–1936), Revolutionär, Vorsitzender des Petrograder/Leningrader Sowjets der Arbeiter- und Soldatendeputierten mit unbeschränkten Vollmachten (1918–1926), Organisator des »Roten Terrors« in der Stadt, Mitglied des Politbüros der KPR/ KPdSU (1921–1926), Vorsitzender des Exekutivkomitees der Komintern (1919–1926), von Stalin entmachtet; nach einem Schauprozess in Moskau hingerichtet.

Słonimski, Antoni (1895–1976), polnischer Dichter, Literaturkritiker, Autor (*Misère et grandeur de la Russie Rouge*, Paris 1930), reiste 1932 in die UdSSR *(Moja podróż do Rosji)*.

Sontag, Henriette (1805–1854), bedeutendste Sopranistin ihrer Zeit; konzertierte in ganz Europa, verließ die Bühne 1828, um den sardischen Diplomaten Carlo Graf Rossi zu heiraten.

Sotow, Nikita M. (1644–1717), Lehrer Peters I., Leiter seiner Kanzlei.

Strangford, Percy Clinton Sydney Smythe, 6th Viscount (1780–1855), britischer Diplomat, Botschafter in St. Petersburg (1825–1826).

Strauss, Johann (1825–1899), österreichischer Komponist und Kapellmeister, »Walzerkönig«, musizierte viele Jahre im Musikbahnhof von Pawlowsk.

Strauss, Richard (1864–1949), deutscher Komponist und Dirigent.

Suworow, Alexander W. (1730–1800), Feldherr, kämpfte gegen die Türken und das revolutionäre Frankreich, Graf (1789), Feldmarschall (1794), Generalissimus (1799), Namensgeber des Suworow-Platzes und des Suworow-Prospekts in St. Petersburg.

Tarle, Jewgeni W. (1874–1955), sowjetischer Historiker.

Tolstoi, Alexei N. (1883–1945), der »rote Graf«, sowjetrussischer Schriftsteller *(Nikitas Kindheit, Der Leidensweg)*, dreifacher Stalinpreisträger.

Tolstoi, Dmitri I. (1860–1941), Jurist, Diplomat, Direktor der Kaiserlichen Ermitage (1909–1918).

Tolstoi, Leo N. (1828–1910), Schriftsteller (*Krieg und Frieden*, 1867; *Anna Karenina*, 1877; *Auferstehung*, 1899)

Totleben, Eduard (1818–1884), Deutschbalte aus Kurland, General, Festungsbauingenieur (Sewastopol).

Trepow, Alexander F. (1868–1928), Senator, Mitglied des Staatsrats (1914), Verkehrsminister (1915), Ministerpräsident (1916), einer der Führer der Weißen Bewegung.

Trepow, Fjodor F. (1809–1889), Polizeichef von St. Petersburg (1866), Generaladjutant (1867), Stadtoberhaupt (Gouverneur) von St. Petersburg (1873–1878).

Trezzini, Domenico (um 1670–1734), Schweizer Architekt, von Peter I. nach St. Petersburg geholt, Hofarchitekt, errichtete ab 1712 die Peter-und-Paul-Kathedrale auf der Haseninsel anstelle einer früheren Holzkirche.

Trotzki (Bronstein), Leo D. (1879–1940), marxistischer Theoretiker, Revolutionär, Vorsitzender des Petersburger Sowjets 1905, Organisator des Oktoberputsches 1917, Volkskommissar des Äußeren, Gründer der Roten Armee, Gegner Stalins, 1927 aus der UdSSR ausgewiesen; im Auftrag Stalins in Mexiko-Stadt ermordet.

Trubezkoi, Juri J. (1668–1739), Weggefährte Peters I., Geheimrat, Senator. Nach ihm ist die Trubezkoi-Bastion der Peter-und-Paul-Festung benannt.

Trubezkoi, Sergei P. (1790–1860), Oberst der Garde, führender Dekabrist (»Diktator«); wurde zunächst zum Tode verurteilt, dann zu »ewiger Katorga« (Zwangsarbeit) begnadigt.

Tschaikowski, Modest I. (1850–1916), Dramatiker, Librettist.

Tschaikowski, Peter I. (1840–1893), älterer Bruder des Vorigen, Komponist.

Tschernow, Wiktor M. (1873–1952), Revolutionär, Mitgründer der Partei der Sozialrevolutionäre (SR), Präsident der Verfassunggebenden Versammlung (5./6.-18./19. Jan. 1918); starb in New York.

Tsereteli (Zereteli), Irakli (1881–1959), Jurist, Revolutionär aus georgischem Adel, Menschewik, Mitglied des Exekutivrats des Petrograder Sowjets der Arbeiter- und Soldatendeputierten, Minister der Provisorischen Regierung (Mai–August 1917).

Turgenjew, Iwan S. (1818–1883), Schriftsteller *(Aufzeichnungen eines Jägers, Väter und Söhne)*, starb in Bougival bei Paris.

Uchtomski, Konstantin A. (1818–1881), Aquarellist, Interieurmaler, Architekt, bekannt für seine Interieuransichten aus dem Winterpalast und der Neuen Ermitage.

Urizki, Moissei S. (1873–1918), Tscheka-Chef von Petrograd, wurde von einem Gegner der Bolschewiki erschossen, worauf in Petrograd 900 Geiseln hingerichtet wurden; nach ihm hieß der Schlossplatz bis 1944 Urizki-Platz.

Viardot, Louis (1800–1883), französischer Theaterdirektor und Schriftsteller.

Viardot-Garcia, Pauline (1821–1910), Ehefrau des Vorigen, spanisch-französische Sängerin (Mezzosopran), Pianistin und Komponistin, Schülerin Franz Liszts; gastierte 1843 zum ersten Mal in St. Petersburg;

auch ihretwegen verließ Iwan Turgenjew 1845 Russland und zog nach Paris, wo er mit den Viardots in einer ménage à trois lebte.

Villasinda, Luis Valera Marqués de (1870–1926), letzter spanischer Botschafter am Petersburger Hof.

Vitruv (Marcus Vitruvius Pollio), römischer Architekt und Ingenieur, lebte im 1. Jahrhundert v. Chr.

Weiner (Vejner), Peter P. (1879–1931), Kunsthistoriker, Kunstsammler, Mitgründer des Museums »Altes Petersburg«.

Wielgorski (Wielhorski), Graf Matwei Ju. (1794–1866), russischer Cellist, Komponist, Mäzen polnischer Herkunft.

Wielgorski (Wielhorski), Graf Michail Ju. (1787–1856), Bruder des Vorigen, Cellist, Komponist, Mäzen; das Haus der Wielgorskis war eines der Zentren des Petersburger Musiklebens, in dem auch ausländische Gäste gerne empfangen wurden oder auftraten, u. a. Clara und Robert Schumann, Liszt, Berlioz.

Wilhelm I. (1797–1888), Sohn Friedrich Wilhelms III. und Luises von Preußen, Kronprinz (1840), Prinzregent (1858), König von Preußen (1861), Deutscher Kaiser (1871); älterer Bruder der Kaiserin Alexandra Fjodorowna von Russland.

Wittgenstein, Graf Ludwig Adolph Peter zu Sayn-Wittgenstein-Berleburg, russisch Pjotr Christianowitsch Witgenschtejn (1768–1843), Generalleutnant, versperrte den Franzosen 1812 den Weg nach St. Petersburg und erhielt den Ehrentitel »Retter von Petersburg«, Generalfeldmarschall.

Zuboff (Zubow, Suboff, Subow), Platon A. (1767–1822), letzter Favorit Katharinas II., nahm 1802 an der Verschwörung gegen Paul I. teil.

Zubow, Graf Valentin (1884–1969), Nachfahre des Vorigen, Kunsthistoriker, Gründer des Petersburger Instituts für Kunstgeschichte am Isaaksplatz (1912).

Glossar

Adelsversammlung, Organ der Selbstverwaltung des Adels auf Gouvernements- und Kreisebene; existierte von 1766–1917; der Saal der Petersburger Adelsversammlung diente auch als Ball- und Konzertsaal; heute: Großer Saal der Schostakowitsch-Philharmonie, Michailowskaja 2/ Italjanskaja 9.

Admiralität, ursprünglich eine Werft, die noch zu Peters I. Lebzeiten nach seinen persönlichen Plänen entstand und zur Festung ausgebaut wurde, die vor schwedischen Angriffen schützen sollte. Der erste Stapellauf fand im Mai 1706 statt. 1711 erhielt das Tor des Gebäudes eine hölzerne Turmspitze, die ein Holländer 1718 mit dem Reichsapfel, der Krone und einer Fregatte versah, während der Turm eine Uhr erhielt. In den Jahren 1733–1738 wurden die Holzbauten durch Steinbauten ersetzt und die Spitze um 22 Meter verlängert, sodass die inzwischen vergoldete Fregatte in 72 Meter Höhe am Petersburger Himmel schwamm. Die Spitze der Admiralität wurde mehrfach restauriert, zuletzt 1977, als das goldene Schiffchen von einem Hubschrauber aus wieder montiert wurde. Seit 2012 beherbergt die Admiralität das Verwaltungszentrum der Russländischen Flotte. Die von vielen Stellen der Innenstadt gut zu sehende Turmspitze ist ein Orientierungspunkt, auf den der Newski und zwei andere Prospekte sternförmig zulaufen.

Akmeismus, Strömung der russischen Literatur zwischen 1910 und 1920, entstand als Gegenströmung zum Symbolismus; betonte das Irdische, Gegenständliche, Klare. Hauptvertreter des Akmeismus waren Nikolai Gumiljow, Anna Achmatowa und Ossip Mandelstam.

Alexander-Lyzeum, von Alexander I. im »neuen« Flügel des Katharinenpalastes in Zarskoje Selo gegründete und 1811 eröffnete Eliteschule für Söhne des Adels, die für den Staatsdienst ausgebildet werden sollten; der berühmteste Schüler war Alexander Puschkin.

Alexander-Newski-Kloster, russisch-orthodoxes Männerkloster, am östlichen Ende des Newski Prospekts gelegen, 1713 von Peter I. gegründet – demonstrativ an dem Ort, an dem Alexander Jaroslawitsch, Fürst von Nowgorod, später Großfürst von Kiew und Großfürst von Wladimir, 1240 die Schweden besiegte. 1547 wurde er von der Russischen Orthodoxen Kirche heiliggesprochen. Am 30. Aug./12. Sept. 1724 wurden die Gebeine des Hl. Alexander Newski aus Wladimir nach St. Petersburg überführt und im Beisein Peters I. im Kloster beigesetzt. Der Tag der Überführung der Gebeine des Heiligen ist bis heute ein städtischer Feiertag. Am Kreuzgang von der Kasaner Kathedrale bis zum Kloster nehmen bis zu 100 000 Gläubige teil. – Schon 1797 hat Paul I. dem Kloster den Ehrentitel »Lawra« verliehen; es ist Sitz des Metropoliten von Sankt Petersburg und Ladoga. Auf seinem Territorium liegen mehrere Kirchen und Prominentenfriedhöfe, die Touristen gern besuchen.

Angleterre, Hotel am Isaaksplatz, Anfang des 19. Jahrhunderts als Mietshaus gebaut; seit 1876 unter wechselnden Namen als Hotel genutzt: *Anglija, Angleterre* (1911–1919), *International* (1919–1925), *Angleterre* (1925–1948), *Leningradskaja* (1948f.); gegen den Protest der Leningrader Öffentlichkeit 1987 abgerissen, unter Erhalt der historischen Fassaden neu gebaut; 1991 als Fünf-Sterne-Hotel *Angleterre* wieder eröffnet.

Ansiedlungsrayon, erstreckte sich von der Ostsee bis zum Schwarzen Meer, umfasste etwa 1 Mio. Quadratkilometer im westlichen Zarenreich; ging zurück auf einen Erlass Katharinas II. aus dem Jahr 1791, der – von ihren Nachfolgern modifiziert – festlegte, wo Juden leben und arbeiten durften. Anfang des 20. Jahrhunderts lebten mehr als 5 Millionen Juden in den westlichen Gouvernements Russlands.

Anziferow-Preis, internationaler Preis zu Ehren Nikolai P. Anziferows; 1995 auf Initiative der Stiftung zur Rettung Petersburg-Leningrads und des Baltischen Humanitären Fonds gestiftet; wird alle zwei Jahre für die besten Arbeiten über St. Petersburg an In- und Ausländer verliehen.

April-Plenum (1985), historisches Plenum des Zentralkomitees der KPdSU, auf dem Michail S. Gorbatschow, der neugewählte Generalsekretär, sein Programm vorstellte und für Glasnost und Perestroika warb.

Assemblée de la Noblesse, siehe *Adelsversammlung.*

Astoria, Schwesterhotel des *Angleterre*; im Dezember 1912 eröffnet; beherbergte in den 1920er-Jahren hohe Parteifunktionäre; diente während des Zweiten Weltkriegs als Feldlazarett, nach der Eroberung Leningrads wollte Hitler im *Astoria* eine Siegesfeier veranstalten; 1987–1989 renoviert; seit 1997 Fünf-Sterne-Hotel einer italienischen Kette.

Aurora, berühmter Kreuzer, der am 25. Okt./7. Nov. 1917 mit einem Schuss auf den Winterpalast das Signal zum Sturm auf den Palast gegeben haben soll; tatsächlich hat er nur einen Blindschuss abgegeben, um die auf der Newa liegenden Schiffe zu erhöhter Wachsamkeit anzuhalten. Der Sturm ist eine sowjetische Legende.

Ballets russes, von Sergei Djagilew gegründete und geleitete Ballettcompagnie, trat erstmals 1909 triumphal in Paris auf und erlangte Weltruhm; existierte bis 1929.

Barin, Herr.

Batjuschka, Vater, Väterchen; russischer Priester.

Bernsteinkabinett, Werk von Andreas Schlüter, Geschenk des Preußenkönigs Friedrich Wilhelms I. für Zar Peter I.; unter Elisabeth Petrowna zunächst im Winterpalast, 1755 im Katharinenpalast in Zarskoje Selo installiert; im Zweiten Weltkrieg 1941 von den Deutschen geraubt, noch einmal in Königsberg aufgestellt; seit Evakuierung des Schlosses verschollen; eine in Zarskoje Selo/Puschkin gefertigte, von der Ruhrgas AG teilfinanzierte originalgetreue Nachbildung wurde 2003 im Katharinenpalast eingebaut.

Blutsonntag, 9. Januar 1905, an dem eine friedliche Prozession von Arbeitern, die dem Kaiser im Winterpalast eine Bittschrift überreichen wollten, zusammengeschossen wurde.

Bolschewiki, radikaler Flügel der Sozialdemokratischen Arbeiterpartei Russlands (SDAPR), der sich auf dem II. Parteitag 1903 in Brüssel von den Gemäßigten (Menschewiki) trennte und sich unter Führung Lenins zu einer selbständigen Kaderpartei entwickelte; die Partei nahm im März 1918 den Namen Kommunistische Partei Russlands (Bolschewiki) und 1952 den Namen KPdSU (Kommunistische Partei der Sowjetunion) an, wobei der Zusatz »Bolschewiki« gestrichen wurde.

à la Capoul, Haartracht benannt nach Joseph Capoul (1839–1924), französischer Tenor: Mittelscheitel und beiderseits in die Stirn fallende Locken.

Chitrow rynok, Markt in Moskau, Treffpunkt von Arbeitslosen, Bettlern, Landstreichern.

Coehorn'sche Befestigungsmanier, so benannt nach *Menno van Coehorn* (1641–1704), einem holländischen Artilleriegeneral und Festungsbaumeister, der das Befestigungswesen seiner Zeit modernisierte und die ersten Mörser entwickelte.

Dekabristenaufstand, Aufstand adliger Offiziere gegen die Selbstherrschaft am 14./26. Dezember 1825 auf dem Senatsplatz; dauerte nur vier Stunden, wurde von Nikolaus I. niedergeschlagen; nach »dekabr«, dem russischen Wort für Dezember, werden die Aufständischen »Dekabristen«, manchmal auch »Dezembermänner« genannt.

Denkmal Alexanders III., Reiterstandbild auf dem *Snamenskaja Platz (Platz des Aufstandes)*, ein Werk des Bildhauers Paolo Troubetzkoy (1866–1938); wurde 1909 eingeweiht, 1927 abmontiert und dem Russischen Museum übergeben; steht heute im Hof des Marmorpalastes, der zum Russischen Museum gehört.

Dritte Abteilung (vollständig: Dritte Abteilung Seiner Kaiserlichen Majestät eigenen Kanzlei), nach dem Dekabristenaufstand von Nikolaus I. am 3./15. Juli 1826 als höchstes Organ der politischen Polizei des Reiches eingerichtet; ausführendes Organ war das Gendarmenkorps; existierte bis 1880.

Duma, von duma = Gedanke, dumatj = denken, nachdenken; Name einer beratenden Versammlung; Organ der städtischen Selbstverwaltung (Stadtduma) und Volksvertretung (Staatsduma) im kaiserlichen Russland (s. u.).

Dumablock/Progressiver Block, Zusammenschluss (1915) aller Parteien der Staatsduma mit Ausnahme der radikalen Rechten und Linken, stärkste parlamentarische Oppositionsgruppierung seit 1906; umfasste mehr als 300 der 445 Abgeordneten; verlangte eine »Regierung des gesellschaftlichen Vertrauens«; scheiterte an der Halsstarrigkeit Nikolaus' II. und an seiner Überzeugung, dass der Krieg fortgesetzt werden müsse.

Ehemalige (russ.: Bywschije), Angehörige des Adels und des Bürgertums, hohe Beamte und Militärs, fielen zu Zehntausenden dem Terror zum Opfer.

Eherner Reiter, volkstümlicher Name (nach Puschkin) für das Denkmal Peters des Großen auf dem Senatsplatz; die lateinisch-russische Inschrift auf dem Granitsockel lautet: PETRO PRIMO CATHARINA SECUNDA/PETRU PERVOMU JEKATERINA WTORAJA (PETER DEM ERSTEN KATHARINA DIE ZWEITE).

Eisgang, setzt auf der Newa in der Regel im April ein und lockt viele Schaulustige an.

Ermitage (Eremitage), Staatliche, größtes Kunstmuseum Russlands, 1764 von Katharina II. gegründet, bis 1917 im Privatbesitz der Romanows; die Kleine, Große bzw. Alte Ermitage und das Ermitage-Theater entstanden von 1764 bis 1782, die Neue Ermitage von 1840 bis 1851; Bauherr der Neuen Ermitage war Nikolaus I.; der Winterpalast ist seit seiner Verstaatlichung 1917 das Hauptgebäude der Staatlichen Ermitage.

Februarrevolution, begann am 23. Febr. 1917 (alten Stils, daher Februarrevolution) bzw. am 8. März (neuen Stils) mit Demonstrationen und Streiks, führte zur Bildung einer Provisorischen Regierung unter Fürst Lwow, die sich auf die liberalen bürgerlichen Parteien stützte und zur Abdankung des Kaisers am 15. März 1917 führte. Zeitgleich formierte sich wieder, wie schon 1905, ein Sowjet (Rat) der Arbeiter- und Soldatendeputierten, dessen Exekutivkomitee ebenfalls Regierungsgewalt beanspruchte, sodass eine Doppelherrschaft entstand.

FSB, Föderaler Sicherheitsdienst, Nachfolgeorganisation des KGB.

Fontanka, linker Newa-Arm, einer von 93 Flüssen und Kanälen St. Petersburgs, an dessen Uferstraße viele Adelspaläste liegen.

Fontänenhaus, siehe *Scheremetjew-Palast*.

Galiot, seegehendes Schiff mit geringem Tiefgang.

Generalgouverneur, unter Alexander I. eingeführtes Amt; oberster Beamter einer Stadt, eines Gouvernements bzw. einer Provinz, Vorgesetzter eines oder mehrerer Zivilgouverneure.

Golodai, Insel nördlich der Wassili-Insel, wurde 1926 zum Andenken an die Dekabristen in Insel der Dekabristen/Dekabristeninsel umbenannt.

Gostiniza Klee (Hotel Klee), vierstöckiges Gebäude aus den 1820er-Jahren, das 1871 abbrannte; an seiner Stelle entstand 1875 das fünfstöckige Grand Hotel »Europa«, Ecke Newski Prospekt/Michailowskaja 1/7; wurde zuletzt in den Jahren 2005–2008 restauriert.

Gossudar, Herrscher, Gebieter, Herr.

Gouvernement, von Peter I. geschaffene Verwaltungseinheit.

Gribojedow-Kanal, ursprünglich Katharinenkanal, 1739 angelegt; einer von drei Kanälen, die durch das Zentrum Petersburgs fließen; 5 km lang, 32 m breit, wird von 21 Brücken überspannt; wurde 1923 nach dem Schriftsteller und Diplomaten Alexander S. Gribojedow benannt, der von 1816–1818 am Kanal wohnte und 1829 in Teheran ermordet wurde.

*GULag, G*lawnoe *U*prawlenije *Lag*erej, Hauptverwaltung der Lager.

Halbtagsschuss, täglich um 12 Uhr mittags von der Naryschkin-Bastion der Peter-und-Paul-Festung abgefeuerter Kanonenschuss; wurde im Februar 1865 eingeführt, 1934 als »Anachronismus« abgeschafft, zum 250. Geburtstag der Stadt im Juni 1957 wieder eingeführt; in Artikel 8 des Statuts der Stadt gesetzlich verankert. Die Kanone wird von pensionierten Marineoffizieren in Uniform bedient. Nach dem Halbtagsschuss stellen die Petersburger auch heute noch ihre Uhren.

Haseninsel (750 Meter lang, 400 Meter breit) liegt an der breitesten Stelle der Newa; am 16./27. Mai 1703 wurde auf dieser Insel der Grundstein für eine Festung gelegt, die Zar Peter Sankt-Piterburch nannte. Der Name der Festung ging auf die Stadt über, der Tag der Grundsteinlegung gilt als ihr Geburtstag.

Heldenstadt (»gorod geroi«), Ehrentitel, der zwölf sowjetischen Städten verliehen wurde, die sich während des Großen Vaterländischen Krieges im Kampf gegen die deutschen Eindringlinge besonders ausgezeichnet hatten. Als erste Städte erhielten Leningrad, Stalingrad, Sewastopol und Odessa den Titel, gefolgt von Kiew, Moskau, der Festung Brest u. a.

Ingermanland, historische Provinz zwischen den Grenzflüssen Narva und Sestra in Nordwestrussland; von finnougrischen Stämmen besiedelt; fiel 1019 infolge einer Heirat an die Stadtrepublik Nowgorod, kam 1617 an Schweden und nach dem Nordischen Krieg 1721 wieder an Russland;

erstes russisches Gouvernement (1708), das Peter I. nach seiner neuen Hauptstadt Gouvernement Petersburg nannte; seit 1927 Leningrader Gebiet (Leningradskaja oblastj).

Intourist, staatliche sowjetische Fremdenverkehrsorganisation, die den gesamten Tourismus kontrollierte.

Ipatjew-Haus, Haus des Ingenieurs Nikolai N. Ipatjew in Jekaterinburg, in dem Nikolaus II. mit seiner Familie, seinem Leibarzt Dr. Botkin und einigen Bediensteten gefangen gehalten und in der Nacht vom 16. auf den 17. Juli 1918 erschossen wurde; das Haus wurde während der Amtszeit Boris Jelzins als Gebietsparteichef von Swerdlowsk (Jekaterinburg) abgerissen; an seiner Stelle entstand zunächst eine Holzkapelle, in den Jahren 2002/2003 die Kathedrale auf dem Blut, eine der größten Kirchenbauten Russlands.

Isaak-Kathedrale, größte Kirche St. Petersburgs, hatte mehrere Vorgängerinnen; den vorhandenen Bau schuf Auguste de Montferrand, der 1818 unter Beibehaltung älterer Bauteile mit der Arbeit begann; sie dauerte 30 Jahre. Der Innenraum wurde erst 1858 fertig; im gleichen Jahre wurde die Kathedrale geweiht. 1931 wurde das Gotteshaus in ein antireligiöses Museum umfunktioniert, ein Gottesdienst fand hier erst 1990 wieder statt; heute findet wieder täglich ein Gottesdienst statt.

Kadetten, siehe *Konstitutionell-Demokratische Partei.*

Kalender, Julianischer, von Julius Cäsar 45 v. Chr. eingeführt; 1582 in den meisten europäischen Ländern infolge der Kalenderreform von Papst Gregor XIII. durch den nach ihm benannten Gregorianischen Kalender ersetzt; Russland blieb beim Julianischen Kalender, der im 19. Jahrhundert 12 Tage und im 20. Jahrhundert 13 Tage hinter dem Gregorianischen Kalender zurück war. Schon auf der ersten Sitzung des Rates der Volkskommissare nach dem Oktoberumsturz von 1917 wurde die Frage der Kalenderreform diskutiert. Am 24. Januar 1918 verabschiedete der Rat der Volkskommissare »mit dem Ziel, die Berechnung der Zeit in Russland mit allen Kulturvölkern identisch zu machen«, das Dekret über den Übergang zum Gregorianischen Kalender.

Kasaner Kathedrale, Kasan'sche Kirche, in den Jahren 1801–1811 im Auftrag Pauls I. von Andrei N. Woronichin (1759–1814) am Newski Prospekt erbaut; dem Petersdom in Rom nachempfunden und der wundertätigen Ikone der Gottesmutter von Kasan gewidmet, von der zu Peters I. Zeiten eine Kopie nach Petersburg gelangt war. Wann immer die Petersburger Kaiser auf Reisen gingen, kamen sie vorher zum Gebet hierher. Auch Feldmarschall Michail I. Kutusow betete hier, bevor er sich zur Armee begab, um in den Krieg gegen Napoleon zu ziehen. Nach seinem Tod im schlesischen Bunzlau wurde er an der Stelle in der Kathedrale beigesetzt, an der er 1812 für den Sieg gebetet hatte. Nach dem Sieg über Napoleon wurde die Kasaner Kathedrale zur Gedächtniskirche, in der die Fahnen und Schlüssel der eroberten Städte Frankreichs aufgehängt wurden. In der Sowjetzeit war die Kathedrale ein Museum für die Geschichte der Religion und des Atheismus (1932–1990). Seit dem Ende der Sowjetmacht finden hier wieder Gottesdienste statt, die Ikone ist erhalten.

Kehlkopf-R, nicht gerolltes R.

Kirche, Griechische, Sammelbezeichnung für die orthodoxen Kirchen bis in die 1920er-Jahre, seither nationale orthodoxe Kirchen mit eigenem Namen, z. B. Russische Orthodoxe Kirche, Serbische Orthodoxe Kirche u. a.

Kollegium der auswärtigen Angelegenheiten, seit Alexander I. Außenministerium.

Kolumna (heute: Kolomna), populäres Petersburger Stadtviertel auf der Admiralitätsinsel.

Komsomol, Jugendverband der KPdSU; dessen Mitglieder hießen Komsomolzen.

Konstituierende Versammlung, Konstituante, Verfassunggebende Versammlung, wurde Mitte November 1917 demokratisch gewählt, trat am Nachmittag des 5./18. Januar 1918 zum ersten Mal im Taurischen Palais zusammen, wurde am frühen Morgen des 6./19. Januar 1918 von den Bolschewiki, die nur ein Viertel der Stimmen erhalten hatten, aufgelöst.

Konstitutionell-Demokratische Partei (kurz: Kadetten), im Oktober 1905 gegründete Partei, die sich auf bürgerlich-liberale Kräfte stützte und für eine parlamentarische Monarchie eintrat; die Partei stellte 57 Abgeordnete der IV. Staatsduma (1912–1917), den ersten demokratisch legitimierten Ministerpräsidenten (Fürst Lwow) und mehrere Minister der Provisorischen Regierung; verlor das Vertrauen ihrer Wähler, weil sie am Krieg festhielt und die Bodenreform zugunsten der Bauern verschleppte; nach dem Oktoberumsturz organisierten die Kadetten den Widerstand gegen die Bolschewiki; die Partei wurde im Dezember 1917 verboten, ihre Mitglieder zu »Volksfeinden« erklärt; ihre Führer gingen nach dem Ende des Bürgerkriegs ins Exil.

Krasnoselo (Krasnoje Selo), gegr. 1714, südwestlich von Petersburg gelegen; Ort, an dem seit Katharina II. große Manöver stattfanden, später auch Sommerlager der Garde und der Petersburger Garnison; »Militärhauptstadt« des Reiches; gehört administrativ zu St. Petersburg.

Kresty, ehemaliges Untersuchungsgefängnis Nr. 1 am Arsenal-Ufer 7; besteht aus zwei kreuzförmig (krest = Kreuz) angelegten Gebäudekomplexen; wurde Ende der 1860er-Jahre eingerichtet; bis 2017 eine der größten Haftanstalten Russlands. Gegenüber, am anderen Ufer der Newa, steht ein Achmatowa-Denkmal – ihr dritter Mann Nikolai Punin und ihr Sohn Lew Gumiljow waren in den Kresty inhaftiert.

Kreutzersonate (1887/89), Erzählung von Leo Tolstoi, Psychogramm einer zerrütteten Ehe; benannt nach Beethovens Violinsonate A-Dur, op. 47, die dem französischen Geiger Rodolphe Kreutzer gewidmet ist; wurde zunächst von der kirchlichen Zensur verboten, erschien erstmalig in deutscher Übersetzung in Leipzig und erst 1891 in Moskau.

Krieg, Großer Nordischer (1700–1721), Krieg um die Vorherrschaft im Ostseeraum zwischen der Großmacht Schweden einerseits und dem Zarenreich und seinen Verbündeten andererseits; endete mit der Niederlage Schwedens und dem Aufstieg des Zarenreiches bzw. Kaiserreichs Russland (1721) zur europäischen Großmacht. Im Frieden von Nystad erhielt Russland die schwedischen Provinzen Estland und Livland, die als Gouvernements organisiert und auch Ostseeprovinzen genannt wurden.

Krieg, Großer Vaterländischer (1941–1945), russischer Name des Zweiten Weltkriegs.

Krieg, Spanischer, gemeint ist der Spanische Erbfolgekrieg (1701–1714).

Krieg, Vaterländischer (1812/1813), russischer Name für den Krieg gegen Napoleon.

Kunstkammer, erstes russisches Museum, ging aus der Raritätensammlung Peters des Großen hervor; 1714 gegründet, 1719 eröffnet, befand sich zunächst im Sommerpalast, dann in einem Bojarenhaus in der Schpalernaja Straße, bis auf der Strelka der Wassili-Insel ein Extra-Gebäude errichtet wurde.

Laker, Glückspilz, Spieler.

Lawra, Ehrentitel eines bedeutenden Klosters; die Alexander-Newski-Lawra trägt den Titel seit 1797.

Leibeigenschaft, wurde in Russland 1861 von Alexander II. aufgehoben, allerdings sehr unzulänglich durchgeführt.

Leningrader Affäre, Angriff Stalins auf die Leningrader Stadt- und Parteiführung, die 1949 nach Geheimprozessen erschossen wurde; Tausende gingen in den GULag; die Erschossenen wurden 1988 rehabilitiert und nominell wieder in die Partei aufgenommen.

Leningrader Underground, alternative Kulturszene der 1970er- und 1980er-Jahre, die sich der Zensur widersetzte.

Lewaschowo, Ödland/Heide nördlich von St. Petersburg, wo von 1930 bis in die 1950er-Jahre rund 45 000 Leningrader, Opfer des Stalin-Terrors, in Massengräbern verscharrt wurden; 1989 zum Gedenkfriedhof erklärt.

Lubcza, Stadt am Njeman (Memel), Weißrussland (Belarus), Geburtsort Nicolas Nabokovs.

Marienpalast am Isaaksplatz, 1939–1844 von Andrei I. Stakenschneider (1802–1865) erbaut; Hochzeitsgeschenk Nikolaus' I. für seine Tochter Maria Nikolajewna, Herzogin von Leuchtenberg; ab 1884 Sitz des Staatsrates und des Ministerrates, 1917 Sitz der Prov. Regierung (bis Juni 1917); heute: Sitz der Gesetzgebenden Versammlung St. Petersburgs.

Marientheater (Mariinski teatr), entstand anstelle des abgebrannten hölzernen Theater-Zirkus am Theaterplatz im Stadtteil Kolomna. Das Theater erhielt den Namen der Kaiserin Maria Alexandrowna, einer gebürtigen Hessin, und wurde am 2. Oktober 1860 mit Glinkas Oper *Ein Leben für den Zaren* eingeweiht; hieß in der Sowjetzeit Kirow-Theater.

Marsch aus Petersburg/Petersburger Marsch, soll von Erik Eriksson (1807-1840?), Musikfeldwebel des Finnländischen Regiments der Kaiserlichen Leibgarde, komponiert worden sein, daher auch: Suomi-Marssi, Erikssons mars.

Marsfeld (»Petersburger Sahara«), ehemaliger Exerzierplatz, auf dem 1917 die Opfer der Februarrevolution beigesetzt wurden.

MEMORIAL, Menschenrechtsorganisation, gegründet 1987 als »Internationale Gesellschaft für historische Aufklärung, Menschenrechte und soziale Fürsorge«; bemüht sich um die Aufarbeitung der kommunistischen Gewaltherrschaft in Russland, die Einhaltung der Menschenrechte und soziale Fürsorge für Überlebende des GULag.

Menschewiki, liberaler Flügel der Sozialdemokratischen Arbeiterpartei Russlands (SDAPR), von dem sich die Bolschewiki 1903 unter Führung Lenins trennten.

Michael-Palast, im Auftrag Pauls I. von Carlo Rossi für seinen Sohn Michail Pawlowitsch gebaut (1819–1825) und von dessen Witwe Jelena Pawlowna der Krone vermacht; 1895 von Nikolaus II. zum Museum Kaiser Alexander III. bestimmt und 1898 feierlich von ihm eröffnet. Bestückt wurde es mit Werken russischer Kunst aus den Sammlungen der Ermitage und den Palästen der Hauptstadt; 1917 in Russisches Museum umbenannt; enthält die größten Sammlungen russischer Kunst. Zum Russischen Museum gehören das Michael-Schloss, der Marmorpalast an der Palastuferstraße, das Stroganow-Palais am Newski Prospekt und das Peter-Häuschen auf der Petrograder Seite.

Michailowscher Palast/Michael-Schloss, im Auftrag Pauls I. als Zufluchtsort erbaut; wurde unter Nikolaus I. als Ingenieurschule genutzt, daher auch »Ingenieurschloss« genannt; prominentester Student war Fjodor M. Dostojewski; heute Außenstelle des Russischen Museums.

Muisa, Landhaus, Hof, Gehöft.

Museum Altes Petersburg, im Oktober 1907 von Mitgliedern der Gesellschaft der Architekten und Künstler gegründet; 1918 als eigene Abteilung in das Stadtmuseum inkorporiert; 1930 aufgelöst.

Narodnaja wolja (Volksfreiheit, Volkswille), Terrororganisation, 1879 aus der Organisation *Semlja i wolja* (Land und Freiheit) hervorgegangen, verantwortlich für das Bombenattentat auf Alexander II.

Narodniki (Volkstümler), junge Idealisten, vielfach Angehörige des Adels und des Bürgertums, die ins Volk (v narod) gingen, um es zu unterrichten und aufzuklären. Die Bewegung ins Volk begann in den 1860er-Jahren, erreichte in den 1870er-Jahren ihren Höhepunkt, blieb jedoch erfolglos, weil die Bauern nicht verstanden, was diese gebildeten jungen Leute aus der Stadt von ihnen wollten. Viele Narodniki radikalisierten sich und schlossen sich Terrorgruppen an, denen es aber auch nicht gelang, die gewünschte Revolution herbeizuführen. Die Erben der Narodniki waren die Sozialrevolutionäre, Anhänger eines bäuerlichen Sozialismus.

Nenzen, indigenes Volk Russlands; lebt diesseits und jenseits des Ural.

Nep (Nowaja ekonomitscheskaja politika), Neue ökonomische Politik, auch NEP oder NÖP; 1921 proklamiert; sollte die durch den Bürgerkrieg und den Kriegskommunismus zerrüttete Wirtschaft Sowjetrusslands durch marktwirtschaftliche Elemente beleben und eine bessere Versorgung der Bevölkerung ermöglichen, gewinnorientierte Produktion und Privateigentum wurden vorübergehend wieder erlaubt; »Nepmany« sind Nepmänner.

Nihilisten, als »Nihilisten« bezeichnet Iwan Turgenjew in seinem Roman *Väter und Söhne* die vielen jungen Leute seiner Zeit, die alle Werte der Eltern negieren. »Ein Nihilist ist ein Mensch, der sich vor keiner Autorität beugt, keinen Grundsatz anerkennt, und sollte derselbe auch noch so verbreitet sein«, lässt der Autor den angehenden Arzt Basarow sagen, der zum Vorbild einer ganzen Generation wird.

Nikolaus-Bahn (Nikolai-Bahn), erste Bahnverbindung zwischen St. Petersburg und Moskau, nahm 1851 den Betrieb auf; 1855 nach Nikolaus I. benannt.

Njeman, 937 km langer Fluss in Osteuropa, entspringt in Weißrussland (Belarus), poln. Niemen, litauisch Nemunas, deutsch Memel.

NKVD/NKWD (Narodnyj kommissariat vnutrennych del), Volkskommissariat für innere Angelegenheiten, nahm zeitweilig auch Aufgaben der politischen Polizei und des Geheimdienstes wahr; beaufsichtigte den GULag.

Nyenschanz, schwedische Festung, lag an der Mündung der Ochta in die Newa, also im heutigen Stadtteil Malaja Ochta; 1703 von Peter I. erobert.

Oktober, Schwarz-Weiß-Film von Sergei M. Eisenstein, den viele Zuschauer bis heute für einen Dokumentarfilm, also die Wiedergabe wirklicher Ereignisse, halten; wurde zum 10. Jahrestag des Oktoberumsturzes 1927 nach John Reeds Buch *Zehn Tage, die die Welt erschütterten* gedreht.

Oktobermanifest (Manifest über die Vervollkommnung der staatlichen Ordnung), von Nikolaus II. am 17./30. Oktober 1905 erlassen. Darin versprach er die Wahl einer Volksvertretung, der Ersten Staatsduma, sowie bürgerliche Freiheiten wie Versammlungs-, Rede- und Pressefreiheit. Die Rechte der Staatsduma waren jedoch beschränkt, die Minister waren allein dem Kaiser verantwortlich, und Nikolaus besaß ein Vetorecht bei der Abstimmung über Gesetzesvorlagen. Das Wahlrecht schloss große Teile der Bevölkerung aus. Die Staatsduma als Institution wurde im Dezember 1917 vom Rat der Volkskommissare abgeschafft.

Oktobersaal, Großer Konzertsaal am Ligowski Prospekt 6, der anstelle der Griechischen Kirche errichtet wurde.

Oktoberumsturz, Machtergreifung der Bolschewiki am 25. Okt./7. Nov. 1917.

Ouverture solennelle »1812« op. 49, Werk von Peter Tschaikowski, das den Sieg Russlands im Vaterländischen Krieg von 1812 thematisiert.

Palais, Taurisches, in den Jahren 1783–1789 im Auftrag Katharinas II. für den Fürsten Potjomkin gebaut, der für den Anschluss der Krim den Titel Fürst von Taurien (antiker Name der Krim) erhalten hatte; Tagungsort der Staatsduma (1906–August 1917) und des Petrograder Sowjets der Arbeiter- und Soldatendeputierten (1917) sowie der Konstituante im Januar 1918. Heute tagt im Sitzungssaal die Interparlamentarische Versammlung der Gemeinschaft Unabhängiger Staaten (GUS).

Pawlowsk, Schlossparkensemble südlich von St. Petersburg, 1782–1784 von Paul I. und seiner Frau Maria Fjodorowna errichtet, Residenz der Kaiserinwitwe Maria Fjodorowna, Sommerfrische der Petersburger; im Musikbahnhof traten seit den 1830er-Jahren österreichische Orchester auf, von 1856 bis 1865 gastierte dort Johann Strauss mit seiner Kapelle.

Pawlowski Regiment, Garderegiment, 1796 von Paul I. (Pawel I.) gebildet und nach ihm benannt.

Peterhof, Sommerresidenz der Petersburger Kaiser am Finnischen Meerbusen (»russisches Versailles«).

Peterplatz/Peter-Platz, Name des Senatsplatzes seit 1782, s. u.

Petersburger Text, Gesamtheit der Texte, Bilder und Reflexionen über die Stadt, für die der Kulturhistoriker Wladimir N. Toporow den Begriff eingeführt hat.

Peterstatue, Reiterdenkmal Peters I. von Bartolomeo Carlo Rastrelli, 1747 vollendet, von Paul I. im Jahre 1800 vor dem Michael-Schloss aufgestellt. Die Inschrift lautet: »Dem Urgroßvater der Urenkel«.

Phaeton, mythische Gestalt, Sohn des Helios; Herrenkutsche.

Philosophenschiff, Sammelbezeichnung für mehrere Schiffe, die Ende 1922 mehr als 200 missliebige Intellektuelle (Philosophen, Historiker, Schriftsteller, Journalisten, Juristen, Ingenieure u. a.) gegen ihren Willen außer Landes beförderten. Aus Petrograd brachten die *Oberbürgermeister Haken* und die *Preußen* einen Teil der Ausgewiesenen nach Stettin.

Piter/Pieter, volkstümlicher Name für Petersburg, wurde schon im frühen 18. Jahrhundert verwendet.

Poltawa, Stadt in der Zentralukraine, in deren Nähe Peter I. im Sommer 1709 den Schwedenkönig Karl X. in der entscheidenden Schlacht des Nordischen Krieges besiegte.

Portsmouth, Frieden von, beendete am 5. Sept. 1905 den Russisch-Japanischen Krieg zugunsten Japans.

Preobraschensker Regiment, ältestes Regiment der Kaiserlichen Leibgarde, in dem praktisch nur Adlige dienten; 1691 von Peter I. im Dorf Preobraschenskoje bei Moskau gegründet; Chef war der jeweilige Thronfolger bzw. Herrscher; das erste Bataillon war neben dem Winterpalast Ecke Millionnaja/Wintergraben einquartiert; half im Dezember 1825, den Dekabristenaufstand niederzuwerfen und im Dezember 1837 den Brand des Winterpalastes zu löschen.

Provisorischer Rat der Russischen Republik, Ende September 1917 gewähltes Vorparlament, dem die Prov. Regierung bis zur Einberufung der Verfassunggebenden Versammlung verantwortlich sein sollte; die Mehrheit im Vorparlament hatten die Sozialrevolutionäre.

Provisorische Regierung, ging am 2./15. März 1917 aus dem Provisorischen Komitee der Vierten Staatsduma hervor, wurde zunächst von den bürgerlichen Parteien, später auch von sozialistischen Parteien getragen, betrachtete sich als »provisorisch«, weil zuerst eine Verfassunggebende Versammlung über die künftige Staatsform Russlands entscheiden sollte; durchlebte mehrere Krisen; wurde im Oktober 1917 gestürzt.

Pud, altes russisches Gewichtsmaß, entsprach 16,38 Kilogramm.

Puschkin, siehe *Zarskoje Selo.*

Puschkin-Haus, Institut der russischen Literatur, Einrichtung der Akademie der Wissenschaften, gegr. 1905 als Literaturmuseum und Zentrum der Puschkinkunde; bewahrt vor allem Puschkin-Reliquien, aber auch Handschriften und Archive anderer Schriftsteller auf.

Putilow-Werke, Maschinenbaufabrik, 1801 gegründet, produzierten Kessel und Stahlgusserzeugnisse, ab 1900 auch Rüstungsgüter, hatten im Oktober 1917 rund 28 000 Arbeiter; in sowjetischer Zeit: Kirow-Werke.

Ramasse, Bergschlitten.

Raskolnikow-Haus, Ecke Graschdanskaja uliza/Stoljarny pereulok.

Rat der Volkskommissare, erste Regierung Sowjetrusslands, im November 1918 in Petrograd gebildet; Vorsitzender war Wladimir I. Lenin.

Romanow, Name der Dynastie, die von 1613 bis 1917 über Russland herrschte; ab 1762: Romanow-Holstein-Gottorp, da Peter III. Fjodorowitsch, ein Enkel Peters des Großen, Sohn seiner Tochter Anna, als Herzog Karl Peter Ulrich von Holstein-Gottorp geboren wurde; wurde 1742 von seiner Tante, der Kaiserin Elisabeth, zum Thronfolger ernannt und nach St. Petersburg gerufen; gelangte 1762 kurzfristig auf den Thron.

Rout, Abendgesellschaft.

RSFSR, Russländische Sozialistische Föderative Sowjetrepublik, gegr. am 10. Juli 1918, größte Teilrepublik der UdSSR (Union der Sozialistischen Sowjetrepubliken/Sowjetunion), heute Russländische Föderation (RF).

Russisch (russki), ethnisch-sprachlicher Begriff: Russe, russisches Volk, russische Sprache, russische Literatur, russische Malerei, russische Sitten und Gebräuche.

Russländisch (rossijski), Neologismus, staatlicher Begriff, bezieht sich auf den Vielvölkerstaat Russland (Rossija): Russländische Selbstherrscher/Kaiser, Russländisches Imperium, Russländische Föderation (RF), Russländischer Präsident.

RF (Rossijskaja Federacija), Russländische Föderation.

Scheremetjew-Palast, Uferstraße der Fontanka 36, Palast der Familie Scheremetjew aus den 1740er-Jahren; auch Fontänenhaus genannt, weil es viele Brunnen in seinem Innern gab.

Schtschi, Kohlsuppe.

Schwarze Hundert, Sammelbezeichnung für rechtsextreme, nationalistische Organisationen in den letzten Jahrzehnten des Kaiserreiches, stifteten zahlreiche Pogrome an.

Semstwo, Plural: Semstwa, ländliches Selbstverwaltungsorgan, in den 1860er-Jahren von Alexander II. eingeführt.

Senat, Dirigierender, 1711 von Peter I. geschaffen, höchstes Staats- und Gesetzgebungsorgan des Reiches; dem Kaiser untergeordnet; hatte im 19. Jahrhundert nur noch Aufsichtsfunktion.

Senatsplatz, einer der ältesten Plätze Petersburgs, an dem 1710 die erste (hölzerne) Isaak-Kirche errichtet wurde; erhielt seinen Namen erst nach dem Bau des Senatsgebäudes 1763; wurde 1782 nach der Einweihung von Falconets Denkmal Peters des Großen in Peter-Platz umgetauft, aber weiter auch Senatsplatz genannt; zum 100. Jahrestag des Dekabristenaufstandes von 1825 erneut umgetauft in Dekabristenplatz; seit 2008 wieder Senatsplatz.

Seraphim von Sarow, bürgerl.: Prochor Moschnin (1759–1833), russischer Mönch und Mystiker, 1903 heiliggesprochen, wichtiger Heiliger der Russischen Orthodoxen Kirche.

Serapionsbrüder von Petrograd, Schriftstellergruppe, die sich im Februar 1921 bildete und nach dem Werk von E. T. A. Hoffmann nannte; waren keine Schule, hatten keine Satzung und keinen Vorsitzenden, lehnten Regeln und Bestimmungen ab; glaubten an die Freiheit der Kunst und des Schriftstellers.

Smolny dwor, Teerhof; seit Peter I. wurde in den Teerhöfen am Ufer der Newa Teer für die Admiralitätswerft gewonnen.

Smolny, Gebäude, das Giacomo Quarenghi in den Jahren 1806–1808 für die von Katharina II. gegründete Erziehungsgesellschaft für adlige Mädchen auf dem Gelände des Smolny Klosters baute; das Smolny Institut war die erste Bildungseinrichtung für Frauen in Russland; wurde im August 1917 Sitz des Petrograder Sowjets der Arbeiter- und Soldatendeputierten und des Zentralkomitees der Bolschewiki, ab Oktober Sitz der Sowjetregierung; seit 1996 Residenz des Gouverneurs von St. Petersburg.

Smolny Kloster, von Elisabeth Petrowna als Alterssitz geplant und von Bartolomeo Francesco Rastrelli in den Jahren 1748–1757 unweit des Teerhofes ihres Vaters erbaut. Der Bau blieb zunächst unvollendet; Katharina II. nutzte die Gebäude zur Unterbringung der Zöglinge ihrer 1764 gegründeten Erziehungsgesellschaft für adlige Mädchen.

Solowki, Inselgruppe im Weißen Meer, die als Verbannungsort genutzt wurde und als eines der schlimmsten Lager des GUlag galt.

Sowdepien, von Sowjet der Arbeiter- und Sodatendeputierten, Sowjetland.

Sowjet, Rat; Räte entstanden erstmals spontan 1905.

Sozialrevolutionäre (SR), 1902 aus der Bewegung der Volkstümler (Narodniki) hervorgegangene, gemäßigte linke Partei, vertrat Bauerninteressen; ihr linker Flügel unterstützte 1917 die Bolschewiki und konstituierte sich Ende 1917 als eigene Partei; gewannen die Mehrheit in der Konstituierenden Versammlung.

Staatsduma/Reichsduma, Volksvertretung; nach dem Blutsonntag von 1905 und den folgenden Streiks genehmigte Nikolaus II. im Oktober 1905 die Wahl der Ersten Staatsduma, die als Zweite Kammer neben den seit Alexander I. existierenden Staatsrat (Reichsrat) treten sollte. Die Regierung war dem Kaiser verantwortlich und nicht dem Parlament. Die Erste wie auch die Zweite und Dritte Staatsduma wurden von Nikolaus II. mehr oder weniger schnell wieder aufgelöst. Die Vierte Staatsduma (1912–1917) trat nach dem Beginn des Ersten Weltkrieges kaum mehr zusammen, sie wurde zuletzt Anfang Februar 1917 noch einmal vom Kaiser einberufen; am 12./25. Dez. 1917 schaffte der Rat der Volkskommissare die Staatsduma per Dekret ab. Nach dem Ende der UdSSR und der Gründung der Russländischen Föderation (RF) wurde im Dezember 1993 die Fünfte Staatsduma gewählt. Sie ist das Unterhaus der Föderalen Versammlung der RF, das Oberhaus ist der Föderationsrat, in dem die 85 Regionen des Landes (Föderationssubjekte) vertreten sind.

Staatsrat/Reichsrat, 1810 von Alexander I. gegründete Körperschaft, eines der höchsten Staatsorgane im kaiserlichen Russland, hatte gesetzesberatende Funktion.

Stadtduma, Organ der städtischen Selbstverwaltung im kaiserlichen Russland von 1785–1917; befasste sich mit Fragen des Wohnungsbaus, der Gesundheit und der Wirtschaft; wurde vom Stadtoberhaupt geleitet; die sechsköpfige Exekutive wurde von den Stadtverordneten gewählt. – Die Petersburger Stadtduma befand sich am Newski Prospekt 33/Dumskaja uliza 1–3 (Kennzeichen: roter Turm). – Das heutige Stadtparlament, die Gesetzgebende Versammlung, hat seinen Sitz im Marienpalast.

Statut (russisch ustav) der Stadt St. Petersburg, wurde von der ersten Gesetzgebenden Versammlung (1994–1998) angenommen, von Gouverneur Wladimir A. Jakowlew jedoch erst am 14. Januar 1998 nach Abänderungen zugunsten der Exekutive unterzeichnet.

Steintheater, 1777–1783 von Antonio Rinaldi als erstes ständiges Theater der Stadt mit 2000 Plätzen im klassizistischen Stil gebaut; 1802 umgebaut und in Großes (Bolschoi) Theater umbenannt; nach dem Brand von 1811 restauriert und 1836 modernisiert; hier wurden die ersten russischen Opern, Glinkas *Ein Leben für den Zaren* (1836) und *Ruslan und Ljudmila* (1842) uraufgeführt. 1889 wurden die Opern- und Ballettaufführungen ins Marientheater verlegt; 1891 wurde das Große Theater wegen Baufälligkeit abgerissen; an seiner Stelle entstand 1896 ein neues Gebäude für das 1862 gegründete Petersburger Konservatorium.

Storona, deutsch Seite, hier: Stadtviertel auf der einen oder anderen Seite der Newa, u. a. Petersburger Seite, Wyborger Seite.

Strelitzen, ursprünglich Bogenschützen, Palastgarde und Hausmacht Iwans IV. seit Mitte des 16. Jahrhunderts; gut ausgestattete Elitetruppe, die auch Polizei- und Wachdienste versah, sowie als Feuerwehr diente und Volksaufstände niederschlug. Zweimal erhoben die Strelitzen sich gegen die Regierung; ihren zweiten Aufstand 1698 beendete Peter I. mit einem blutigen Strafgericht auf dem Roten Platz in Moskau.

Strelka, Name der Ostspitze der Wassili-Insel mit den beiden Rostra-Säulen, die früher als Leuchttürme dienten.

Symbolismus, literarische Strömung des Silbernen Zeitalters, die sich anfangs am französischen Symbolismus orientierte, währte von 1892–1920; versuchte, durch symbolische Darstellung zu wirken; Andrej Belyjs Roman *Petersburg* ist das wichtigste Prosawerk des Symbolismus.

Tenischew-Schule, 1898 in der Mochowaja uliza 33–35 gegr., zunächst private Realschule, die Ossip Mandelstam und Wladimir Nabokow besuchten; von 1900 bis 1917 Handelsschule, in die Schüler unabhängig von ihrer sozialen, nationalen Herkunft oder ihrer Konfession aufgenommen wurden.

Terror, Roter, wurde nach dem Anschlag auf Moissei S. Urizki (1873–1918), den Chef der Petrograder Tscheka, am 30. August 1918 und dem Attentat einer Sozialrevolutionärin auf Lenin am selben Tag in Moskau ausgerufen.

Toise, altes französisches Längenmaß = 1,949 m.

Torgsin (russ. Abkürzung für den Handel mit Ausländern), sowjetische Handelskette (1929–1936) mit eigener konvertierbarer Währung, dem Torgsin-Rubel; in den Torgsin-Läden konnten auch Russen einkaufen, sofern sie Devisen oder Gold, Silber, Juwelen oder Antiquitäten besaßen.

Trigorskoje, Landgut der Familie Ossipow-Wulf im Gebiet Pskow; liegt zwei Kilometer entfernt von Puschkins Landsitz Michailowskoje, wo er sich gerne aufhielt und einige seiner wichtigsten Werke schrieb. Das Grab des Dichters befindet sich im nahegelegenen Swjatogorski Kloster.

Tscheka, Außerordentliche Kommission zur Bekämpfung von Konterrevolution, Sabotage und Spekulation, kurz: Tscheka; am 20. Dez. 1917 als erste Geheimpolizei Sowjetrusslands gegründet, 1922 in GPU/OGPU umbenannt, 1934 im Volkskommissariat für innere Angelegenheiten (NKWD) aufgegangen, dem auch der GULag unterstand; Vorläuferin des KGB.

Tschornaja Retschka, Schwarzes Flüsschen, mündet im Stadtgebiet in einen Newa-Kanal; unweit der heutigen Metrostation Tschornaja Retschka fand 1837 das Duell statt, an dessen Folgen Alexander Puschkin starb.

Tschuchonen/Tschuchonzen, finnische (finnougrische) Stämme, die um Petersburg herum siedelten.

Ukas m. (veraltet: Ukase f.), Dekret.

Vasistas, Klappfenster in einer Ladentür.

Via sacra (heilige Straße), im alten Rom der Hauptweg des Forum Romanum.

Villa Kschessinskaja, Villa auf der Petrograder Seite, die Nikolaus II. seiner früheren Geliebten, der Ballerina Matilda Kschessinskaja, bauen ließ; diente Lenin und Genossen von April bis Juni 1917 als Generalstabsquartier; heute Museum der politischen Geschichte Russlands.

Volkshaus Nikolaus' II., Volkshäuser entstanden seit den 1880er-Jahren in ganz Russland, ca. zwanzig Volkshäuser gab es allein in St. Petersburg. Sie dienten vor allem der Erwachsenenbildung, standen sowohl der Arbeiterschaft als auch dem Mittelstand offen und enthielten Bibliotheken, Theater und Gaststätten; wurden von den Kommunen, vom Staat und von privaten Spendern finanziert; nach 1917 wurde die Bezeichnung *Volkshaus* durch *Kulturhaus* oder *Kulturpalast* ersetzt. – Das Volkshaus Nikolaus' II. im Alexander-Garten auf der Petersburger Seite, in dem Schaljapin am 25. Okt./7. Nov. 1917 sang, brannte 1933 ab, wurde wieder aufgebaut und wird heute als Theater-Festival »Baltisches Haus« geführt.

Wasserweihe, Große (6. Januar a. St.), sakramentaler Gottesdienst der orthodoxen Kirche zur Erinnerung an die Taufe Jesu im Jordan; fand in St. Petersburg vor dem Winterpalast auf der (meistens) zugefrorenen Newa statt. Nach dem zeremoniellen Auszug der kaiserlichen Familie aus ihren Privatgemächern in die Große Palastkirche und dem Gottesdienst führte eine Prozession mit dem Petersburger Metropoliten und der Hofgeistlichkeit an der Spitze durch die Paradesäle im ersten Stock, die große Botschaftertreppe hinab ins Erdgeschoss und aus dem Vestibül über die Palastuferstraße auf den zugefrorenen Fluss bis zu der Stelle, an der eine Holzkapelle über einem Eisloch errichtet war. Hier tauchte der Metropolit sein Kreuz dreimal in das Eisloch, womit das Wasser und zugleich die gesamte Schöpfung gesegnet waren. Dann wurde das Kreuz noch einmal in ein anderes Eisloch getaucht. Am Palastufer waren Garderegimenter aufgezogen, der Hof beobachtete das Schauspiel aus den großen Fenstern der Newa-Enfilade des Winterpalastes.

Welt der Kunst (Mir iskusstwa), tonangebende Künstlervereinigung, die 1898 von Sergei Djagilew und Alexander Benois gegründet wurde und zum Ziel hatte, vergangene Kunstepochen und die traditionelle Folklore attraktiv zu machen und mit der Moderne zu verbinden. Die gleichnamige Zeitschrift erschien bis 1904; in der Ausgabe 1/1904 veröffentlichte Alexander Benois 33 Zeichnungen zu Puschkins *Ehernem Reiter.*

Werschok, altes russisches Längenmaß, 1 Werschok = 4,4 cm.

Werst f., altes russisches Wegemaß, 1 Werst = 1,067 km.

Winterpalast/Winterpalais, Hauptresidenz der Petersburger Kaiser an der Newa; heißt so, weil die kaiserliche Familie nur im Winter darin wohnte; den *ersten Winterpalast,* sein »Winterhaus«, ließ Peter der Große 1708 zwischen Millionenstraße und Newa bauen, ein einstöckiges Gebäude mit Ziegeldach und fünf Zimmern, das 1711 erweitert wurde und in den Quellen mal als *erster,* mal als *zweiter Winterpalast* bezeichnet wird. An gleicher Stelle errichtete Georg Johann Mattarnovi von 1716 bis 1721 den *zweiten/dritten Winterpalast,* in dem Peter 1725 starb. Der *dritte/vierte Winterpalast* entstand 1735 nach einem Entwurf des Italieners Bartolomeo Francesco Rastrelli im Auftrag der Kaiserin Anna Ioannowna. In den Jahren 1754–1762 baute Rastrelli den Palast für die Kaiserin Elisabeth Petrowna im Stil des Petersburger Barock um. Während der Bauzeit entstand 1855 am Newski Prospekt, Ecke Moika ein *vierter/fünfter* provisorischer Holzpalast, der abgerissen wurde, als Elisabeths Palast fertig war. Allerdings starb die Kaiserin, bevor sie einziehen konnte. Erste Hausherrin des *fünften/sechsten Winterpalastes* war Katharina II., die das Innere des Palastes ausgestalten ließ. Dieser Palast brannte 1837 bis auf die Grundfesten ab, wurde auf Befehl Nikolaus' I. binnen Jahresfrist wieder aufgebaut und weiter genutzt. Im Palast lebten bis zu 3000 Menschen. Im Jahre 1904 verlegte Nikolaus II. die offizielle Residenz in den Alexander-Palast in Zarskoje Selo, in dem er 1868 geboren worden war, und kam nur noch zu offiziellen Anlässen in die Hauptstadt. Seit Juli 1917 tagte im Winterpalast die Provisorische Regierung, die am 25. Okt./7. Nov. im Kleinen Speisezimmer von Rotgardisten festgenommen wurde. Der heutige Winterpalast, seit Ende 1917 Hauptgebäude der Staatlichen Ermitage, ist – je nach Zählweise – der fünfte oder sechste dieses Namens und eines der wichtigsten Architekturdenkmäler St. Petersburgs, ein Musterbeispiel des Petersburger Barock.

Wolkowo-Friedhof, einer der ältesten und größten Petersburger Friedhöfe, galt anfangs als Armenbegräbnisstätte und hatte zunächst nur eine Holzkapelle; 1785 entstand die (heutige) Auferstehungskirche in Stein, 1842 die (heutige) Erlöserkirche; der Wolkowo-Friedhof hatte auch einen lutherischen Abschnitt; bekannt sind die sog. »Literatenbrücken«, ein Abschnitt, in dem viele bekannte Schriftsteller, Künstler, Wissenschaftler und Politiker begraben wurden.

Zar (von lateinisch Caesar), Titel der Moskauer Selbstherrscher seit 1547; 1721 von Peter I. durch den Titel Kaiser (Imperator) ersetzt, sodass die Petersburger Selbstherrscher als Kaiser zu bezeichnen sind. Das Moskauer Zarenreich bildete die Grundlage des neuen, von Peter I. geschaffenen Russländischen Kaiserreiches. Der Titel Zar hat sich jedoch im Bewusstsein der Nachwelt erhalten und wird auch in der Literatur – nicht quellengerecht – immer noch verwendet.

Zarewitsch, Sohn eines Zaren, Zarensohn.

Zarskoje Selo (»Zarendorf«), Sommerresidenz der Petersburger Kaiser 30 km südlich von St. Petersburg; 1918 in Detskoje Selo (»Kinderdorf«) umbenannt; 1937 aus Anlass von Puschkins 100. Todestag in Puschkin umbenannt; 1998 nach Petersburg eingemeindet.

Zeitalter, Silbernes, Blütezeit der russischen Kultur, besonders der Dichtkunst; begann in den 1890er-Jahren, endete mit dem Oktoberputsch und dem Bürgerkrieg.

Zesarewitsch (Cäsarewitsch), ältester Sohn des russländischen Kaisers, offizieller Titel des Thronfolgers (1798–1917), vollständiger Titel: Seine Kaiserliche Hoheit, der Thronfolger Zesarewitsch, entspricht dem Titel »Prince of Wales« oder »Dauphin«.

Zeittafel

1682–1721 Peter I. Zar und Großfürst.

1721–1725 Peter I. Kaiser und Selbstherrscher von ganz Russland.

1700 Beginn des Nordischen Krieges (1700–1721).

1703 Grundsteinlegung der Festung Sankt-Piterburch auf der Haseninsel = Geburtstag der Stadt (16./27. Mai). – Grundsteinlegung der Peter-und-Paul-Kathedrale (29. Juni/10. Juli) auf der Haseninsel. – Erste Überschwemmung seit der Gründung (30. Aug./10. Sept.).

1704 Zar Peter nennt sein »Paradies« in einem Brief an A. D. Menschikow zum ersten Mal »Hauptstadt«.

1705 Bau der (hölzernen) Admiralität.

1706 Erstes Großfeuer in der Stadt, bei dem sieben Pulverfässer explodieren (29. Juli/8. Aug.).

1708 »Winterhaus« Peters I.; Holzhaus an der Newa mit sechs Zimmern, Werkstätten, Küche, Vorratskammer und Flur; gilt auch als erster Winterpalast.

1709 Schlacht bei Poltawa, entscheidende Schlacht des Nordischen Krieges (27. Juni/8. Juli); nach dem Sieg über die schwedischen Invasoren beginnt Peter mit dem Ausbau seiner Stadt, deren Zentrum nicht – wie ursprünglich geplant – auf der Wassili-Insel entsteht, sondern auf der Admiralitätsinsel.

1710 Ukas Peters I. über die Verschickung von 4000 Arbeitern und Bauern mit Handwerksgerät auf die Baustellen von St. Petersburg (1./11. Jan.).

1711 Bau des Alexander-Newski-Klosters am Ende der Großen Perspektive.

Die erste Typografie der Stadt druckt die erste Petersburger Ausgabe der ersten russischen Zeitung *Vedomosti*, die seit 1702 in Moskau erscheint (22. Mai).

1712 Zar Peter I. alias »Konteradmiral Peter Michailow« heiratet seine Geliebte Martha Skawronska (Katharina Alexejewna), die spätere Kaiserin Katharina I., in der ersten (hölzernen) Isaak-Kirche (19. Febr./1. März); gefeiert wird im ersten/zweiten Winterpalast, der auch »Hochzeitspalast« genannt wird.

Verlegung des Hofes und des Dirigierenden Senats aus Moskau an die Newa, wodurch St. Petersburg faktisch Hauptstadt des

Zarenreiches wird; Krönungsstadt bleibt Moskau, die Erste Residenzstadt.

Zar Peter lässt die Gebeine des Hl. Alexander Newski aus Wladimir nach St. Petersburg bringen und im Kloster am Ende der Großen Perspektive, dem späteren Newski Prospekt, beisetzen (12. Sept.).

1713 Beginn des Häuserbaus an der Großen Perspektive.

1714 Andreas Schlüter stirbt in St. Petersburg (23. Juni).

Erster Sieg der jungen russischen Flotte in der Seeschlacht bei Hangö (Hanko-Halbinsel) über die Schweden (27. Juli/7. Aug.).

Ukas zur Zwangsbesiedlung (16./27. Aug.) der Stadt; jedes Fahrzeug muss, ob zu Wasser oder zu Lande, Steine mitbringen.

Peter befiehlt, seine Kuriositätensammlungen und seine Bibliothek in die neue Hauptstadt zu bringen (14. Sept.).

1715 Peter lässt im Sommergarten eine Venus-Statue aufstellen, die erste antike Statue überhaupt in Russland (26. Juni), heute als Taurische Venus in der Ermitage.

1717 Peter verpflichtet den Adel per Gesetz zum Umzug nach St. Petersburg, wo er Paläste bauen und jährlich 300 000 Rubel für den Bau der Hauptstadt entrichten muss.

1718 Peter kehrt aus Westeuropa zurück und findet die Kanäle und die anliegenden Straßen auf der Wassili-Insel zu eng, jedenfalls nicht so breit wie die Grachten in Amsterdam; damit wird der Plan, die neue Stadt auf der Wassili-Ostrow zu bauen, hinfällig; stattdessen entsteht das Stadtzentrum auf der Admiralitätsinsel.

Einteilung der Stadt in fünf Stadtteile: Petersburger Seite, Wyborger Seite, Admiralitätsseite, Moskauer Seite, Wassili-Insel.

Anlage der Millionenstraße (Millionnaja) beim Winterpalast.

Tod des Zarewitsch Alexei Petrowitsch, der die Reformen seines Vaters ablehnte, vor Gericht gestellt wurde und an den Folgen der Folter starb (26. Juni/7. Juli).

1720 Dritter Winterpalast Peters I.; Einzug am 30. Okt. 1720.

1721 Frieden von Nystad, beendet den Nordischen Krieg zwischen Russland und Schweden (30. Aug./10. Sept.); Russland gewinnt die Ostseeprovinzen Estland und Livland sowie Ingermanland und einen Teil Kareliens. Zar Peter I. nimmt auf Bitten des Senats den Titel »Vater des Vaterlandes, Kaiser von ganz

Russland und Petrus Magnus« an und befiehlt, den Zarentitel durch den Kaisertitel zu ersetzen (22. Oktober).

Überschwemmung, 7 Fuß 4 Zoll über normal (5. Nov.).

1723 Das kleine Übungsboot Peters I. (»Großväterchen der russischen Flotte«) wird aus Moskau nach Petersburg überführt und auf einer Bastion der Peter-und-Paul-Festung aufgestellt (29. Aug./10. Sept.).

1724 Eröffnung der Kunstkammer; erhält Peters Raritätensammlung. Gründung der Petersburger Akademie der Wissenschaften (28. Jan./8. Febr.).

1725 Tod Peters I. in seinem »Winterhaus« (28. Jan./8. Febr.).

1725–1727 Katharina I.

1725 Auf der Wassili-Insel werden 109 Steinhäuser und 354 Holzhäuser gezählt.

1727–1730 Peter II.

1728 Peter II., ein Enkel Peters des Großen, verlässt St. Petersburg mit dem Hof und verlegt damit die Hauptstadt wieder nach Moskau (8./19. Jan.).

1730–1740 Anna Ioannowna.

1732 Anna Ioannowna, eine Nichte Peters, kehrt mit dem Hof nach St. Petersburg zurück, wodurch die Stadt wieder Hauptstadt wird (15./26. Jan.).

1734 Tod Domenico Trezzinis (2. März).

Bau der Kasaner Kirche (Vorläuferin der Kathedrale).

1737 Ein Großfeuer vernichtet einen ganzen Stadtteil, mehr als 1000 Häuser brennen ab (24. Juni/5. Juli).

1738 Eröffnung der ersten russischen Musikschule im Winterpalast.

1740 Rekordkälte: -45° Celsius.

1741–1762 Elisabeth Petrowna.

1741 Elisabeth Petrowna, die Tochter Peters I. und Katharinas I., putscht sich mithilfe des Preobraschensker Regiments der Garde an die Macht (25. Nov./6. Dez.); ernennt ihren Neffen Karl Peter Ulrich von Holstein-Gottorp, zum Thronfolger (Peter Fjodorowitsch).

1743 Erster Kreuzgang über den Newski Prospekt zum Alexander-Newski-Kloster zur Erinnerung an die Überführung der Gebeine des Hl. Alexander Newski aus Wladimir nach

St. Petersburg (1./12. Sept.); wurde 1921 verboten und 2013 wieder erlaubt; heute offizieller städtischer Feiertag.

1744 Ankunft der Fürstin Johanna von Anhalt-Zerbst und ihrer Tochter Sophie Friederike Auguste, der Braut des Thronfolgers, in St. Petersburg (23. Jan./3. Febr.).

1745 Ukas der Kaiserin Elisabeth »Über die Verschickung von Katzen an den Hof« (24. Okt./4. Nov.). Die Katzen aus Kasan sollten bei der Mäuse- und Rattenjagd im Winterpalast eingesetzt werden.

1754 Bau des Anitschkow-Palastes am Newski Prospekt vollendet.

1757 Gründung der Kaiserlichen Akademie der Künste.

1756–1762 Bau des fünften Winterpalastes (B. F. Rastrelli).

1762 Tod Elisabeth Petrownas (5. Jan.); ihr Neffe Peter Fjodorowitsch tritt ihre Nachfolge an.

1762 Peter III. (Jan.–Juli).

1762 Katharina Alexejewna setzt ihren Mann ab und ruft sich selbst zur Kaiserin und Selbstherrscherin von ganz Russland aus (28. Juni/9. Juli).

1762 Tod Peters III. (6./17. Juli); wird, da er noch nicht gekrönt war und abgedankt hatte, nicht in der Peter-und-Paul-Kathedrale beigesetzt, sondern im Alexander-Newski-Kloster.

1762–1796 Katharina II.

1764–1783 Bau des Marmorpalastes für Grigori G. Orlow.

1764 Erwerb der Gotzkowski'schen Gemäldesammlung in Berlin, Bau der Kleinen Ermitage.

1768 Grundsteinlegung für die (erste) Isaak-Kirche.

1769 Manifest Katharinas II. über die Einrichtung von Staatsbanken in Moskau und St. Petersburg (9./20. Jan.).

1780 18. Mai: Katharina II. bestätigt das Stadtwappen: »Auf rotem Grund zwei silberne Anker, zum Kreuz gelegt und davor ein goldenes Zepter«.

1782 Einweihung des Peter-Denkmals auf dem Senatsplatz/Peterplatz (18./29. Aug.); die Inschrift auf Russisch und Lateinisch lautet: PETER dem Ersten KATHARINA die Zweite. MDCCLXXXII

1783 Eröffnung des Großen Steintheaters.

1785 Katharina II. genehmigt ständische Stadtverordnetenversammlungen/Stadtuma (21. April).

Bau des Gostinny Dwor am Newski vollendet.

1787	Bau des Gebäudes der Stadtduma am Newski Prospekt.
1789	Bau des Taurischen Palais vollendet.
1790	Johann Gottlieb Georgis *Versuch einer Beschreibung der Rußisch-Kayserlichen Residenzstadt St. Petersburg und der Merkwürdigkeiten der Gegend* erscheint auf Deutsch in St. Petersburg, gefolgt von einer russischen und einer französischen Übersetzung.
1792	202 857 Einwohner (Dezember).
1795	Gründung der Kaiserlichen Öffentlichen Bibliothek.
1796	Tod Katharinas II. (6./17. Nov.).
1796–1801	Paul I.
1796	Beisetzung Peters III. und Katharinas II. in der Peter-und-Paul-Kathedrale (18./29. Dez.).
1797	Grundsteinlegung des Michael-Schlosses (26. Febr./3. März).
1798	Paul I. ersetzt die Stadtduma durch ein »Rathaus«, dem ein Präsident, ein Wirtschaftsdirektor, sechs Bürgermeister und zehn gewählte Ratsherren angehörten, und bestätigt ein »Statut der Hauptstadt St. Petersburg« (12./23. Sept.).
1800	Ukas Pauls I. »Über das Pflanzen von Birken zu beiden Seiten des Newski Prospekts von der Moika bis zum Ligowski Kanal« (2. März). Die Birken gingen ein und wurden durch Linden ersetzt; die Lindenallee existierte bis 1819.
1801	Einzug der kaiserlichen Familie ins neue Michael-Schloss, das nach dem Willen Pauls I. prunkvoller sein sollte als der Winterpalast (Februar).
	Ermordung Pauls I. durch adlige Verschwörer im Michael-Schloss (12./24. März); Rückkehr des Hofes in den Winterpalast.
1801–1825	Alexander I.
1801	Grundsteinlegung der Kasaner Kathedrale, die dem Petersdom in Rom nachempfunden ist (8. Sept.).
1803	Petersburg feiert seinen 100. Geburtstag (16. Mai); erster Städtegeburtstag in Russland.
	Erster Heißluftballonflug in Russland über St. Petersburg (20. Juni/2. Juli).
1805	Johann Gottfried Seume in Petersburg.
	Erste Geschichte Petersburgs erscheint.

1809 Friedrich Wilhelm III. und Luise von Preußen auf Staatsbesuch in St. Petersburg (Jan.).

1811 Weihe der Kasaner Kathedrale (15./27. Sept.).

Eröffnung des berühmten Lyzeums in Zarskoje Selo, das auch Alexander Puschkin besuchte (19. Okt.).

1812 Einmarsch der Großen Armee in Russland (24. Juni).

Wittgenstein versperrt den Franzosen den Weg nach St. Petersburg (Schlacht von Kljastizy, 30. Juli–1. Aug.).

Schlacht von Borodino (26. Aug./7. Sept.).

Einzug der Franzosen in Moskau und Brand Moskaus (Okt.); Ratlosigkeit in Petersburg; Evakuierungspläne.

1815 Rückkehr Alexanders I. aus Frankreich; grandioser Empfang in Pawlowsk.

Entstehung von Geheimgesellschaften, die das politische System Russlands reformieren wollen.

Bau der vierten Isaak-Kathedrale beschlossen.

1816 Eröffnung der Börse

1818–1858 Bau der Isaak-Kathedrale.

1819 Gründung der Petersburger Universität (8./20. Febr.).

1824 Überschwemmung (7./19. Nov.); das Wasser steigt 4.10 Meter über normal: 208 Menschen und 3600 Stück Vieh ertrinken, 462 Häuser werden zerstört, 3681 beschädigt; die Überschwemmung darf in der Presse nicht erwähnt werden.

1825 Tod Alexanders I. in Taganrog (19. Nov./1. Dez.).

Dekabristenaufstand (14./26. Dezember).

1825–1855 Nikolaus I.

1829 Alexander von Humboldt in St. Petersburg.

1831 Premiere der Komödie *Verstand schafft Leiden* von Alexander Gribojedow im Bolschoi Theater (25. Jan./7. Febr.).

Choleraunruhen in St. Petersburg, Nikolaus I. erscheint auf dem Heumarkt, wo 5000 Menschen versammelt sind, und beruhigt die Demonstranten (23. Juni/5. Juli).

1833 *Der Eherne Reiter. Eine Petersburger Erzählung* vollendet, erscheint erst nach Puschkins Tod.

1836 *Petersburger Skizzen* von Nikolai Gogol erscheinen.

1837 Tod Puschkins nach einem Duell (29. Jan./10. Febr.).

	Inbetriebnahme der ersten russischen Eisenbahnlinie St. Petersburg–Zarskoje Selo/Pawlowsk (30. Okt./11. Nov.).
	Brand des Winterpalastes (17./29. Dez.). Wiederaufbau binnen Jahresfrist.
1838	Wiedereinzug der kaiserlichen Familie.
1839	Eröffnung des Observatoriums in Pulkowo (7./19. Aug.).
	Marquis de Custine in St. Petersburg.
	Bau des Marienpalastes als Hochzeitsgeschenk Nikolaus' I. für seine Tochter Maria Nikolajewna.
	Der bayerische Hofarchitekt Leo von Klenze trifft in St. Petersburg ein (Mai) und legt Nikolaus I. einen ersten Entwurf für ein öffentliches Museum vor (17. Juli).
1842	Franz Liszt gibt sein erstes Konzert in St. Petersburg (8./20. April).
1843	Gastspiel Pauline Viardots in St. Petersburg.
	Honoré de Balzac in St. Petersburg, wohnt in der Millionnaja.
1844	Robert und Clara Schumann in St. Petersburg, Clara spielt bei Hofe.
1844	Ukas Nikolaus' I. »Über die Begrenzung des Baus von hohen Gebäuden und des Aufbaus von Etagen auf den bestehenden Gebäuden«: Die Häuser durften nicht höher sein als die Straßen breit waren, in denen sie standen. Wenn ein Haus auf einem offenen Platz entstand, so durfte es nicht höher als 23.5 Meter sein. Der Ukas legte die Mindesthöhe der Häuser auf 4 Meter fest.
1846	Ankunft Heinrich Schliemanns in St. Petersburg (30. Jan./12. Febr.).
1848	Verbot des Baus von Holzhäusern im Stadtzentrum.
1849	Hector Berlioz dirigiert in St. Petersburg seinen *Faust*.
1850	Scheinhinrichtung Dostojewskis und weiterer 20 Mitglieder des Petraschewski-Kreises auf dem Semjonow-Platz (22. Dez. 1849/3. Jan. 1850).
1851	Eisenbahnlinie Petersburg—Moskau nimmt Betrieb auf (seit 1855 Nikolausbahn, seit 1953 Oktoberbahn) 1./13. Nov.; der erste Zug brauchte 21 Stunden und 45 Minuten für die Strecke.
1852	Eröffnung der Neuen Ermitage (5./17. Febr.).
1855	Tod Nikolaus' I. (18. Febr./2. März).

1855–1881	Alexander II. (»Zar-Befreier«).
1856	Erstes Konzert von Johann Strauss im Musikbahnhof von Pawlowsk 6./18. Mai).
1858	Ankunft Alexandre Dumas' in Petersburg (23. Juni/5. Juli).
1859	Brand des Petersburger Theater-Zirkus (25. Jan./7. Febr.); Bau des Marientheaters an seiner Stelle (Eröffnung mit Glinkas *Ein Leben für den Zaren* im Okt. 1861).
	Ankunft Bismarcks in Petersburg (17./29. März).
	Einweihung des Reiterstandbildes Nikolaus' I. auf dem Isaaksplatz (25. Juni/7. Juli).
1860	Tod Alexandra Fjodorownas (20. Okt./1. Nov.).
1861	Manifest Alexanders II. über die Leibeigenenbefreiung (19. Febr./3. März); Beginn der Landflucht.
1861/62	Dostojewskis *Erniedrigte und Beleidigte* und *Aufzeichnungen aus einem Totenhaus* erscheinen in der Zeitschrift *Wremja.*
1863	Ankunft Richard Wagners in St. Petersburg; gibt auf Einladung der Philharmonischen Gesellschaft drei Konzerte, zwei im Saal der Adelsversammlung und eines im Bolschoi Theater (12./24. Febr.).
1864	Heinrich (Andrei Aristowitsch) Schliemann, Kaufmann der Ersten Gilde, wird erblicher Ehrenbürger von St. Petersburg (3./15. Jan.).
	Dostojewskis *Aufzeichnungen aus dem Kellerloch* erscheinen in der Monatszeitschrift *Epocha* (März–Juni).
1865	Erster Halbtagsschuss aus der Admiralität abgefeuert (6./18. Febr.), wird später von der Naryschkin-Bastion der Peter-und-Paul-Festung aus abgefeuert.
1866	Erstes Attentat auf Alexander II. (4./16. April).
	Hinrichtung des Attentäters Dmitri Karakosow auf dem Smolensker Feld der Wassili-Insel (3./15. Sept.).
	Schuld und Sühne erscheint im *Russki vestnik* (Jan.-Dez.).
1867	Ankunft des englischen Erfolgsautors Lewis Carroll *(Alice im Wunderland)* in St. Petersburg (15./27. Juli).
1869	Erste Volkszählung in St. Petersburg. Die Stadt zählt 667 026 Einwohner und 9109 Häuser.
1870	Reform der städtischen Selbstverwaltung; in 509 von 1130 Städten Russlands wird die Stadtduma wählbar.

Entstehung der terroristischen Bewegung.

1879 Dostojewski beendet seinen letzten Roman *Die Brüder Karamasow* (Nov.).

1880 Sprengstoffanschlag im Winterpalast, Alexander II. und seine Familie bleiben unverletzt; Dutzende Tote und Verletzte unter den Soldaten des Wachbataillons und der Dienerschaft; nach dem Attentäter, einem gewissen Stepan Chalturin, der als Kunsttischler im Palast gearbeitet hatte, hieß die Millionenstraße beim Winterpalast in der Sowjetzeit Chalturinstraße (5./17. Febr.).

1881 Tod Dostojewskis (28. Jan./9. Febr.); 60 000 Menschen geben ihm das letzte Geleit zum Tichwiner Friedhof der Alexander Newski-Lawra.

Alexander II. stirbt nach einem Bombenattentat am Katharinenkanal (heute: Gribojedow-Kanal), (1./13. März); Errichtung der Kirche *Erlöser auf dem Blut* am Tatort.

1881–1894 Alexander III. (»Zar-Friedensstifter«).

1881 Verlegung der Residenz nach Gattschina 42 km südwestlich von St. Petersburg.

Manifest Alexanders III. »Über die Unantastbarkeit der Selbstherrschaft« (30. April/12. Mai): Abkehr von den Reformen Alexanders II., Beginn eines reaktionären, nationalistischen Kurses.

1884 Der Newski Prospekt erhält von der Admiralität bis zum Anitschkow-Palast elektrische Straßenlampen (30. Juni/11. Aug.).

1887 Hinrichtung Alexander I. Uljanows in Schlüsselburg (8./20. Mai).

1890 Premiere von Tschaikowskis Oper *Pique Dame* im Marientheater (7./19. Dez.).

1891 Wladimir I. Uljanow (Lenin) kommt aus Samara nach St. Petersburg, um sein juristisches Staatsexamen als Externer abzulegen (Anfang April).

1893 Uljanow, nun bereits Marxist, übersiedelt von Samara nach St. Petersburg (1. Sept.) und findet eine Anstellung als Anwaltsgehilfe; wird in marxistischen Zirkeln aktiv.

Tod Tschaikowskis (25. Okt./6. Nov.).

1894 Tod Alexanders III. in Livadia auf der Krim (20. Okt./1. Nov.); Beisetzung in der Festung (3./18. Nov.).

1894–1917 Nikolaus II.

1894 Hochzeit Nikolaus' II. mit Alice von Hessen und bei Rhein (14./26. Nov. 1894).

1895 Eröffnung des Straßenbahnverkehrs auf dem Newski Prospekt (19./31. Jan.).

Gründung des Kampfbundes zur Befreiung der Arbeiterklasse (Herbst).

Festnahme Lenins und mehrerer Genossen: Lenin beginnt in der Haft mit der Arbeit an seinem Buch *Die Entwicklung des Kapitalismus in Russland*, St. Petersburg 1899 (9. Dez.).

1896 Eröffnung des ersten Kinotheaters am Newski Prospekt 46.

1897 Verbannung Lenins für drei Jahre nach Ostsibirien (Febr.).

1898 Gründung der einflussreichen Künstlervereinigung *Mir iskusstva (Welt der Kunst)*, die von 1999 bis 2004 die gleichnamige Zeitschrift herausgibt.

1900 Volkszählung in St. Petersburg (15./28. Dez.); die Stadt hat 1 439 613 Einwohner.

1901 Das Theater des Volkshauses Nikolaus' II. eröffnet mit Glinkas Oper *Ein Leben für den Zaren* (21. Dez./3. Jan.).

1902 Alexander Benois leitet mit seinem Essay *Pittoreskes Petersburg* in der Zeitschrift *Mir iskusstva (Welt der Kunst)* Nr. 5 die Wiederentdeckung des klassizistischen Petersburg ein.

1903 Letzter historischer Kostümball im Winterpalast (11.–13. Febr.).

Überschwemmung, 2.58 Meter über normal (25. Nov.).

1904–1905 Russisch-Japanischer Krieg.

1904 Nikolaus II. zieht mit seiner Familie in den Alexander-Palast in Zarskoje Selo und kommt nur noch zu offiziellen Anlässen in die Hauptstadt.

Blutsonntag (9./22. Jan.).

1905 Oktobermanifest »Über die Vollendung der Staatlichen Ordnung« (17./30. Okt.); Nikolaus II. gewährt ein Parlament und bürgerliche Freiheiten.

1906 Eröffnung der Ersten Staatsduma im Thronsaal des Winterpalastes (27. April/10. Mai); wird von Nikolaus II. aber schon am 8./21. Juli wieder aufgelöst.

1907 Weihe der Kirche Christi Auferstehung *(Erlöser auf dem Blut)* am Katharinenkanal, dem Tatort vom 13. März 1881 (18. Aug./1. Sept.).

Beginn des Straßenbahnverkehrs in der Stadt (16./29. Sept.); die ersten zehn Straßenbahnen wurden in England gekauft.

Architekten und Maler gründen das populäre Museum »Altes Petersburg«.

Eröffnung der Zweiten Staatsduma (23. Febr./5. März).

Auflösung der Zweiten Staatsduma (3./16. Juni).

1909 Einweihung des Denkmals für Alexander III. auf dem Snamenskaja-Platz vor dem Nikolaus-Bahnhof (23. Mai/5. Juni); 1919 mit der Inschrift »Vogelscheuche« versehen; 1937 abgebaut und vor dem Russischen Museum abgestellt; 1994 im Hof des Marmorpalastes wieder aufgestellt.

1912 Auf den Straßen St. Petersburgs wird die erste Nummer der in einer Auflage von 60 000 Exemplaren gedruckten bolschewistischen Tageszeitung *Prawda (Die Wahrheit)* verkauft (22. April/5. Mai).

1913 300-Jahr-Feier des Hauses Romanow.

1914 Kriegserklärung Deutschlands an Russland (1. Aug.). Antideutscher Pogrom in der Hauptstadt; russische Niederlage bei Tannenberg (23.–31. Aug.).

Nikolaus II. benennt St. Petersburg per Ukas in Petrograd um (19./31. Aug.).

1915 Eröffnung des Instituts für Kunstgeschichte durch Walentin Subow (9./22. März); Zentrum der russländischen Kunstwissenschaft; existierte bis in die 1930er-Jahre.

Eröffnung des ersten städtischen Arbeitsamtes am Kronwerk Prospekt 49, funktionierte bis zur offiziellen Beseitigung der Arbeitslosigkeit (29. Jan./11. Febr.).

1916 Ermordung Rasputins (17./30. Dez.).

1917 Streiks und Demonstrationen in St. Petersburg; aus der Vierten Staatsduma geht eine Provisorische Regierung hervor; gleichzeitig entsteht, wie schon 1905, wieder ein Sowjet der Arbeiter- und Soldatendeputierten, der ein Exekutivkomitee bildet; beide Institutionen tagen im Taurischen Palais (Febr.).

Nikolaus II. dankt zugunsten seines Bruders Michail ab (2./15. März).

Die Kaiserliche Familie wird im Alexander-Palast in Zarskoje Selo unter Hausarrest gestellt (8./20. März).

Die Provisorische Regierung erklärt Russland zur Republik (1./14. Sept).

Oktoberumsturz (25. Okt./7. Nov.).

Wahlen zur Konstituante (12./25. Nov.).

1918 Erste (und letzte) Sitzung der Verfassunggebenden Versammlung (5./6. Januar).

Dekret des Rates der Volkskommissare »Über die Einführung des westeuropäischen Kalenders in der Russischen Republik«, in dem es heißt: »Der erste Tag nach dem 31. Januar dieses Jahres ist nicht der 1. Februar, sondern der 14. Februar.« (24./26. Januar); die Russische Orthodoxe Kirche hält bis heute am Julianischen Kalender fest.

Frieden von Brest-Litowsk zwischen Russland und den Mittelmächten (3. März).

Verlegung der Hauptstadt Sowjetrusslands »zeitweilig« nach Moskau (10. März).

Auf ihrem 7. Kongress ändert die SDAPR (Bolschewiki) ihren Namen in KPR (Bolschewiki), d. h. Kommunistische Partei Russlands (Bolschewiki).

1919 Erschießung der Großfürsten Nikolaus Michailowitsch, Georgi Michailowitsch, Dmitri Konstantinowitsch und Paul Alexandrowitsch Romanow in der Peter-und-Paul-Festung (24. Jan.).

1920 Eröffnung des Revolutionsmuseums im Winterpalast.

1921 Aufstand der Kronstädter Matrosen; fordern Sowjets ohne Bolschewiki; von der Roten Armee blutig niedergeschlagen; Tausende Hinrichtungen und Repressalien in der Stadt. (28. Febr.–18. März).

Verhaftung des Dichters Nikolai S. Gumiljow (3. Juli); wird wegen angeblicher Teilnahme an einer konterrevolutionären Verschwörung von der Tscheka erschossen (26. Aug.).

1922 Aktion »Philosophenschiff«, Ausweisung von Hunderten Intellektuellen zu Wasser und zu Lande, u. a. aus Petrograd auf der *Oberbürgermeister Haken* (29./30. Sept.) und der *Preußen* (16. Nov.), die die Ausgewiesenen nach Stettin bringen. – An der Ablegestelle wurde 2003 ein Gedenkstein aufgestellt.

1922 Gründung der UdSSR (30. Dez.).

1924 Tod Lenins in Moskau (21. Jan.).

Beschluss des Petrograder Sowjets, Petrograd in Leningrad umzubenennen. (23. Jan.).

Der Zweite Sowjetkongress billigt die Umbenennung der Stadt (26. Jan.).

1924 Eröffnung der ersten städtischen Zahnklinik am Newski Prospekt 46 (1. März).

1925 Bei einem Aufenthalt in Leningrad wird Stalin von Leningrader Arbeitern vom Rednerpult gezogen und ausgepfiffen.

Selbstmord Sergei Jessenins im Hotel *Angleterre* (28. Dez.).

Egon Erwin Kisch besucht Leningrad (Dez.).

1926 Einweihung des ersten Lenin-Denkmals der Stadt vor dem Finnländischen Bahnhof (7. Nov.).

1927 Sergei Eisenstein beginnt mit den Dreharbeiten zu seinem Film *Oktober* (April).

1928 Gründung des Museums für die Geschichte der Religion und des Atheismus in der Kasaner Kathedrale.

Der Film *Das Ende von Sankt Petersburg* von Wsewolod Pudowkin kommt in die Kinotheater (10. Jan.).

1931 George Bernard Shaw besucht die UdSSR (21.–30. Juli); hält im Leningrader Studio »Sojuskino« eine kurze Rede für den Tonfilm *Lenin* (25. Juli).

1932 Verhaftung der Leningrader Mönche (18. Febr.).

1933 Glockengeläut in der Stadt wird ab 15. Juli verboten.

1934 Ermordung des Leningrader Parteisekretärs Sergei M. Kirow (1. Dez.), Beginn des Großen Terrors in Leningrad.

Halbtagsschuss aus der Festung als »Anachronismus« abgeschafft.

1938 Schließung des Museums »Altes Petersburg«.

1937 Detskoje Selo (Zarskoje Selo) in Puschkin umbenannt (9. Febr.).

1941 Überfall der deutschen Wehrmacht auf die UdSSR (22. Juni).

Beginn der systematischen Artilleriebeschießung der Stadt durch die Wehrmacht (4. Sept.); Beginn der Leningrader Blockade (8. Sept.).

Eröffnung der Transportmagistrale (»Straße des Lebens«) über den Ladoga-See (12. Sept.); funktionierte bis März 1943.

Dmitri Schostakowitsch u. a. prominente Leningrader werden ausgeflogen (1. Okt.); Schostakowitsch beendet seine 7. Sinfonie

	in Kuibyschew (Samara), wo sie am 5. März 1942 vom Orchester des Moskauer Bolschoi Theaters uraufgeführt wird.
1942	Erstaufführung der 7. Sinfonie im belagerten Leningrad durch das Leningrader Rundfunkorchester unter Leitung von Karl I. Eliasberg im Großen Saal der Philharmonie (9. Aug.).
1944	Mehrere alte Petersburger Straßen, die nach 1917 umbenannt worden waren, erhalten ihre historischen Namen zurück, u. a. der Newski Prospekt *(Prospekt des 25. Oktober)* und der Schlossplatz *(Urizki-Platz).* (13. Jan. 1944).
1944	Vollständige Aufhebung der Blockade (27. Jan.).
1949	Leningrader Affäre.
1953	Tod Stalins (5. März); die ersten GULag-Häftlinge kehren nach Hause zurück.
1955	Eröffnung der ersten Linie der Leningrader U-Bahn (15. Jan.).
1956	Auf dem 20. Parteitag in Moskau entlarvt Nikita Chruschtschow Stalins Verbrechen; Beginn der Entstalinisierung (25. Febr.).
1957	Zum 250. Geburtstag der Stadt wird der Halbtagsschuss wieder eingeführt (23. Febr.); am 2. Juni 2008 wird der Halbtagsschuss im Statut der Stadt verankert.
	Sensationelle Ermitage-Ausstellung von Beutekunst aus Deutschland (Aug./Sept.).
1964	Prozess gegen den »Parasiten« Iossif Brodski.
1966	Tod Anna Achmatowas (5. März) in Moskau; Beisetzung in der Siedlung Komarowo bei St. Petersburg.
1970	Letzte Straßenbahnfahrt in Leningrad (20. Febr.).
	Leningrader Juden versuchen vergeblich, ein Flugzeug vom Typ An-2 nach Schweden zu entführen (15. Juni).
	Eröffnung des ersten Selbstbedienungsladens der UdSSR in der Bukarester Straße 90 (3. Sept.).
1972	Ausreise Iossif Brodskis nach Wien (4. Juni).
1975	Überschwemmung, 2,70 Meter über normal (29. Sept.).
1981	Eröffnung des ersten Rockclubs der UdSSR in der Rubinsteinstraße 13.
1985	Michail S. Gorbatschow in Leningrad, Beginn der Perestroika (15.–17. Mai).
1991	Referendum über die Rückkehr der Stadt zu ihrem historischen Namen (12. Juni).

	Erste freie Wahl eines Leningrader Bürgermeisters (12. Juni).
	Offizielle Rückbenennung der Stadt in St. Petersburg (6. Sept.) durch den Obersten Sowjet Russlands.
1996	Bürgermeisterwahlen; Anatoli Sobtschak verliert die Wahl gegen Wladimir A. Jakowlew, seinen Ersten Stellvertreter (19. Mai/2. Juni).
1997	Einweihung der ersten Fußgängerzone Petersburgs in der Malaja Konjuschennaja (2. Sept.).
1998	Beisetzung der sterblichen Überreste Nikolaus' II., seiner Frau und seiner Töchter Olga, Tatjana und Anastasia in der Peter-und-Paul-Kathedrale (17. Juli); Umzug des Verfassungsgerichts nach St. Petersburg.
	Erschießung der populären Bürgerrechtlerin und Dumaabgeordneten Galina Starowoitowa am Gribojedow-Kanal (20. Nov.).
1999	Präsident Boris Jelzin nennt St. Petersburg erstmalig »Kulturhauptstadt Russlands«.
2003	300 Jahre Petersburg; Präsident Wladimir Putin empfängt im restaurierten Konstantin-Palast in Strelna Amtskollegen aus aller Welt (27. Mai).
2004	Paul McCartney gastiert auf dem Schlossplatz. Dabei bröckelt im Winterpalast Putz ab, und die Ermitage-Katzen geraten in Panik (20. Juni).
2006	Beisetzung der Kaiserin Maria Fjodorowna, der Mutter Nikolaus' II., in der Peter-und-Paul-Kathedrale; die gebürtige dänische Prinzessin Dagmar konnte 1919 aus Sowjetrussland fliehen und war nach Dänemark zurückgekehrt, wo sie 1928 starb.
2009	Sprengstoffanschlag auf das Lenin-Denkmal vor dem Finnländischen Bahnhof (1. April); es wurde restauriert und am 20. April 2010 wieder aufgestellt.
2011	Eine engagierte Öffentlichkeit verhindert mit Unterstützung der Unesco den Bau eines Gazprom-Turms in Ochta (Ochta-Zentrum); der geplante Turm wurde weiter nördlich in Lachta (Lachta-Zentrum) gebaut; höchster Turm Europas.
	Präsident Wladimir Putin weiht den umstrittenen Damm quer durch das Newa-Delta ein, der St. Petersburg vor Überschwemmungen schützen soll (12. Aug.).
2012	Geburt des fünfmillionsten Einwohners (24. Sept.).
2014	Die Kunstkammer feiert ihr 300-jähriges Bestehen (14. Sept.); die Ermitage begeht ihren 250. Geburtstag (7. Dez.).

2015 Weltkongress der Neonazis in St. Petersburg (22. März).

2015 Beisetzung des Zesarewitsch Alexei Nikolajewitsch und seiner Schwester Maria Nikolajewna in der Peter-und-Paul-Festung (18. Okt.).

2017 Die deutsche Nationalmannschaft gewinnt den FIFA Confederations Cup in St. Petersburg (3. Juli).

Terroranschlag in der Petersburger Metro nahe der Station Sennaja Ploschtschadj (Heumarkt), (3. April).

2018 St. Petersburg ist FiFA-WM-Stadt.

2019 Gouverneurswahlen (8. Sept.); der von der Kremlpartei »Einiges Russland« unterstützte Kandidat Alexander D. Beglow, Jahrgang 1956, siegt mit 64,43 Prozent; die Wahlbeteiligung liegt bei nur 30,08 Prozent.

2021 St. Petersburg zählt 5 388 759 Einwohner.

Bildnachweis

Vorsatz: © INTERFOTO/Sammlung Rauch – Nachsatz: © Historical image collection by Bildagentur-online/Alamy Stock Foto. – S. 2, Frontispiz: © akg-images/Elizaveta Becker. – S. 39: © Matteo Omied/Alamy Stock Foto. – S. 49, 83, 89, 97, 105, 112, 119, 130, 143, 171: The State Hermitage Museum, St. Petersburg. Photograph © The State Hermitage Museum/photo by Vladimir Terebenin, Pavel Demidov, Dmitri Sirotkin, 2021. – S. 59: © Svintage Archive/Alamy Stock Foto. – S. 69: © akg-images/Elizaveta Becker. – S. 81: © akg-images/Elizaveta Becker. – S. 110: © akg-images. – S. 113: © akg-images. – S. 150: © akg-images. – S. 153: © akg-images/Elizaveta Becker. – S. 159: © Heritage Image Partnership Ltd/Alamy Stock Photo. – S. 172: © The Picture Art Collection/Alamy Stock Photo. – S. 187: © Heritage Image Partnership Ltd/Alamy Stock Photo. – S. 203: © akg-images. – S. 211: © akg-images. – S. 223: © Heritage Image Partnership Ltd/Alamy Stock Photo. – S. 246: © Historic Images/Alamy Stock Photo. – S. 252: © CTK/Alamy Stock Photo. – S. 273: © akg-images/Archive Photos. – S. 279: © akg-images/Archive Photos. – S. 298: © SPUTNIK/Alamy Stock Photo. – S. 311: © imago images/ITAR-TASS. – S. 313: © imago images/Xinhua. – S. 317: © akg-images/Archive Photos. – S. 345: © akg-images/imago images/Votava. – S. 347: © Anna Dembowska, Foto, 2007.

In Fällen, bei denen die Rechteinhaber nicht festzustellen sind, ist der Verlag bereit, nach Anforderung rechtmäßige Ansprüche abzugelten.

Ft Katharina
Ft Alexander
St Traiza K.
Batt. No 5
Batt. No 6
Batt. (Ruine)
Batt. No 7
Batt. No 10
Batt. No 8
Batt. No 9
Batt. No 11
Batt. (Ruine)
Nordkanal
Insel
Kotlin
KRONSTADT
Landungsplätze
Südkanal
Ft Konstantin
Ft Alexander
Ft Peter I
Hand. Hafen
Kronslot (Kronschloss) f.
Fort
Eisbank
Kriegs Hafen
Batt. No 2
Batt. No 1
Kangal
Kalpalo
Lisij Noss
Baracken
Bai von Kronsta
Seekanal
Meerbusen
Finnischer
Kl. Ishorskaja
Ob. Bronnaja
Kronst. Hospital
Kol. Kronstadt
Bahnh.
Landungsplatz
ORANIENBAUM
Kais. Lust Schloss
Martischkina
Penniki
Langelewo
Latiki Wenki
Kl. Bolotina
Kl. Konowalowa
Kokuschkina
Gr. Nowaja Ussleija
Kol. Oranienbaum
Kol. Peterhof
PETERHOF
Schloss
Serg. Schloss
ALT
NEU
Alexandrinen Schl.
Snamenskaja
Poesija
Alexandrinen Park
Kusnezy
Gr. Konowalowa
Lepnisi
Norwerk
Wolynskaja
Tenjaschkina
Traizkaja
Kl.
Gr. Pliki
Rainolowa
Neu Notkolowo
Poschkolowo
Oserki Pav.
Bahnh. Orlin T.
Luisino
Ziegl.
Karasta
Kusnezy
Rottuli
Junelewo
Monum.
Saschino
Ruinen T.
Tujusi
Babygon. T.
Sanino
Gr. Tujusi Awdija
Kostino
Babygon
Kais. Landhs.
Kusnezy
Mariino
Olino
Milljusi
Porsolowa
Nisino
Mischino
Samerjasi
Saraj
Gr. Simonogond
Porsolowsk. S.
Wladimirowa
Scheune
Gr. Piudusi
Kl.
Alt Gorbunki
Neu
Korowina
Kl. Usigont
Gr.
Pastolowa
Bessabotnaja
Pawkulja
Post Stat. Petrowskaja
Weligont
Poststat.
Pawkolowo
Chalus
Korku
2m
4m
6m
8m